POUILLÉ HISTORIQUE

DE

L'ARCHEVÊCHÉ DE RENNES

RENNES. — IMPRIMERIE DE CH. CATEL.

POUILLÉ HISTORIQUE

DE

L'ARCHEVÊCHÉ DE RENNES

PAR

L'ABBÉ GUILLOTIN DE CORSON

Chanoine Honoraire.

TOME III

RENNES
FOUGERAY, LIBRAIRE-ÉDITEUR,
rue aux Foulons, 49.

PARIS
RENÉ HATON, LIBRAIRE-ÉDITEUR,
rue Bonaparte, 35.

1882

INTRODUCTION

AU TROISIÈME VOLUME

Le troisième volume du *Pouillé de Rennes* complète la deuxième partie de l'ouvrage, traitée dans le tome II. Comprenant un grand nombre de matières historiques, il présente d'abord la suite des établissements religieux existant avant 1790, et formant une première section dont nous avons donné le Ier livre; il se poursuit et se termine par l'étude des communautés religieuses existant actuellement. Il porte, comme les précédents, un nom générique : *Les Monastères*, parce qu'il renferme tous les couvents et toutes les communautés d'hommes et de femmes et de plus les hôpitaux, écoles, maisons de retraite, etc., établissements qui, sans être des monastères proprement dits, étaient du moins et sont encore presque tous tenus par des membres de diverses congrégations religieuses.

Le IIe livre, — par lequel commence ce volume, — est consacré aux collégiales, c'est-à-dire aux antiques Chapitres de Notre-Dame de Fougères et Notre-Dame de Vitré, — et aux collégiales plus modernes de Notre-Dame de la Guerche, la Magdeleine de Vitré et la Magdeleine de Champeaux.

Les Ordres religieux militaires occupent le IIIe livre : tout d'abord les Ordres du Temple et de Saint-Jean de Jérusalem, avec leur commanderie de la Guerche et les membres de leur commanderie de Carentoir; puis les Ordres de Saint-Lazare et de Notre-Dame du Mont-Carmel.

Avec le IVe livre apparaissent les couvents autres que les abbayes et prieurés : couvents d'hommes, tels que ceux d'Augustins, Capucins, Carmes, Cordeliers, Dominicains, Jésuites, Minimes, Récollets, etc.; — couvents de femmes, occupés par les Bénédictines, Calvairiennes, Carmélites, Filles de la Charité, Dominicaines, Hospitalières, Filles de la Sagesse, Ursulines, Urbanistes, Visitandines, etc., etc. Nous tâchons de donner brièvement, mais exactement, un aperçu historique sur toutes les maisons fondées par ces religieux et religieuses dans nos villes de Rennes, Saint-Malo, Saint-Servan, Fougères, Vitré, Montfort, Redon, Dol, Hédé, Bécherel, etc.

Le V° livre, renfermant tout ce qui concerne l'assistance publique au moyen-âge et nos nombreux hôpitaux anciens, n'est pas le moins intéressant. Hôtels-Dieu, hôpitaux généraux, hospices ruraux, maladreries, léproseries, lazarets, bureaux de charité, en un mot, tous les établissements secourables créés par la charité chrétienne pour venir en aide aux pauvres malades, membres souffrants de Notre-Seigneur, passent ici devant nos yeux avec leurs actes de fondation, leurs constitutions et leurs règlements, tous empreints de cette idée religieuse qui faisait la force de notre société d'autrefois.

C'est ce même esprit profondément chrétien qui fit naître partout les établissements d'instruction dont nous nous occupons dans le VI° livre : grands et petits séminaires, collèges, écoles charitables tant à la ville qu'à la campagne, deviennent ici l'objet de nos études. Depuis ce magnifique collège de Rennes, où les Jésuites enseignaient jusqu'à trois mille élèves, jusqu'à la plus humble des écoles de hameau, tenue soit par un prêtre, soit par une sœur du Tiers-Ordre, toujours sous la surveillance de l'Église, nous passons en revue tous les établissements scolaires d'avant 1790. Ils étaient certes bien plus nombreux que nous ne nous l'imaginons maintenant; obéissant aux prescriptions formelles de leurs évêques, presque tous les recteurs avaient jadis des écoles chrétiennes dans les paroisses qu'ils desservaient.

Enfin, le VII° et dernier livre de cette étude du passé a pour objet tous les autres établissements religieux dont nous n'avons pas encore trouvé l'occasion de parler. Ce sont les anciens monastères dont l'histoire se dérobe à nos investigations; — ce sont les minibys, lieux d'asile d'origine éminemment bretonne, à l'un desquels la ville de Saint-Malo doit en grande partie sa vieille importance; — ce sont encore les ermitages, plus communs dans notre contrée qu'on ne se le figure peut-être, petits établissements dont le souvenir resté un peu dans l'ombre se présente empreint d'une douce et fraîche poésie ; — ce sont, enfin, les maisons de retraite, créées également en Bretagne sous la chaude inspiration de nos modèles dans la vie chrétienne, et destinées dès leur origine à faire le plus grand bien aux âmes, soutenant les unes et convertissant les autres.

La seconde section de cette deuxième partie est consacrée aux établissements religieux que possède actuellement l'archidiocèse de Rennes. Elle ne comprend que deux livres, dont l'un traite des communautés diocésaines et l'autre des communautés étrangères.

Le Ier livre présente un intéressant tableau du développement moderne de l'esprit religieux dans le diocèse de Rennes ; là figurent d'un côté la société des Missionnaires diocésains, ou Prêtres de l'Immaculée-Conception, et la maison de l'Oratoire, — et de l'autre d'assez nombreuses congrégations de femmes : les Adoratrices de la Justice divine, les Filles du Cœur immaculé de Marie, les Sœurs de l'Immaculée-Conception, les Filles de la Sainte Vierge, les Sœurs des Saints-Cœurs de Jésus et de Marie, et surtout les admirables Petites Sœurs des Pauvres, dont la diffusion est vraiment merveilleuse. Toutes ces pieuses sociétés sont nées chez nous, toutes y ont grandi visiblement protégées par Dieu, toutes y font le plus grand bien ; leur histoire est la page d'honneur des annales contemporaines de l'Église de Rennes.

Nous ne pouvons que faire entrevoir ce que renferme le IIe livre, consacré aux communautés d'origine étrangère. Subdivisé en deux chapitres, il nous montre ici les Carmes, les Eudistes, les Lazaristes, les Récollets, et ces bons et simples Frères des Écoles et de l'Instruction Chrétiennes, — là les très-nombreuses congrégations de femmes vouées à l'enseignement et au service des malades et des pauvres, dont nous n'entreprendrons même pas dans cette préface l'interminable mais édifiante nomenclature. C'est avec ces pieuses femmes, servantes du Seigneur ignorées de la foule, mères des orphelins, consolatrices des malades, douces maîtresses des petits enfants, que nous terminerons la deuxième partie et le troisième volume du *Pouillé*. Quel tableau final plus consolant et plus instructif pourrions-nous présenter à nos lecteurs ? Quoi de plus propre à nous édifier et à ranimer en nos cœurs les flammes de l'amour divin et le feu sacré de la charité !

Des sources historiques où nous avons puisé pour composer la première section de ce volume nous n'avons ici rien à dire, nos lecteurs les connaissent déjà suffisamment ; ce sont les mêmes que pour les tomes précédents. Mais quelques mots d'explication ne seront pas de trop sur ce qui concerne la section des établissements religieux actuels.

Pour cette dernière étude, nous n'avions plus à recourir aux vieilles archives, il nous fallait des renseignements modernes puisés non dans les grands dépôts publics, mais dans les maisons mêmes dont nous voulions parler. Nous avons donc pris la liberté de demander des notices à toutes les communautés, tant d'hommes que de femmes, possédant quelque établissement dans l'archidiocèse de Rennes. La plupart des supérieurs nous ont obligeamment répondu, beaucoup nous ont envoyé d'excellentes notes, un petit nombre s'est borné à de belles promesses qui ne se sont pas suffisamment réalisées, deux ou trois n'ont pas cru devoir nous honorer d'une réponse. Malgré le silence de ces derniers, nous sommes parvenu à trouver moyen de consacrer quelques mots à leurs maisons, ne voulant pas de lacunes dans notre œuvre.

Mais ce que nous tenons surtout à signaler ici, c'est notre profonde reconnaissance pour les lettres aussi encourageantes qu'édifiantes qui nous ont été adressées à l'occasion de ces recherches, c'est notre gratitude pour les notices si complètes que nous ont envoyées tant de religieux, notamment les RR. PP. Missionnaires diocésains et les RR. PP. Eudistes, les T.-H. Frères du vénérable de la Salle et ceux de M. de la Mennais. Nous avons même éprouvé une véritable peine en nous voyant forcé d'élaguer des notices de ces derniers une foule de détails intéressants que nous ne pouvions insérer faute d'espace ; qu'ils veuillent bien tous recevoir ici l'expression de nos très-sincères remerciements.

Les communautés de femmes n'ont pas montré moins de bienveillance à notre égard ; les unes nous ont remis les *Histoires* imprimées de leurs congrégations et les *Vies* de leurs fondateurs, les autres nous ont adressé de curieux et parfois volumineux *Mémoires ms.* sur leurs établissements. Là encore nos congrégations diocésaines se sont distinguées : les Petites Sœurs des Pauvres, les religieuses de Paramé, de Rillé, de Saint-Méen, et une foule d'autres pieuses sociétés ont répondu à notre appel avec autant d'intelligence que de bonne volonté. Que le Seigneur et les saints protecteurs de l'Église de Rennes veuillent les en récompenser! Elles ont compris notre légitime désir de glorifier Dieu en faisant connaître l'œuvre de ses servantes!

Tel est le plan de ce troisième volume et tels sont les documents que nous y avons employés. Merci encore une fois à tous ceux qui nous ont facilité l'accomplissement de cette partie de notre tâche, partie des plus intéressantes mais non des moins difficiles.

DEUXIÈME PARTIE

LES MONASTÈRES

PREMIÈRE SECTION

ÉTABLISSEMENTS EXISTANT AVANT 1790

(Suite et fin).

LIVRE DEUXIÈME

LES COLLÉGIALES

CHAPITRE UNIQUE

Notre-Dame de Fougères. — Notre-Dame de Vitré. — Notre-Dame de la Guerche : fondation, en 1206, par Guillaume, seigneur de la Guerche; statuts, revenus et usages; armoiries et sceaux; description de l'église collégiale; chefciers de la Guerche. — Sainte-Magdeleine de Vitré : fondation, en 1209, par André, seigneur de Vitré; statuts et usages; déclaration des biens en 1790; sceaux et armoiries; description de l'église collégiale; trésoriers de Vitré. — Sainte-Magdeleine de Champeaux : fondation, en 1437, par Robert, seigneur d'Espinay; statuts; réformation de 1777; revenus; sceau et armoiries; description de l'église collégiale; doyens de Champeaux.

On appelle collégiale l'église qui, n'étant point cathédrale, est cependant desservie par un collège ou réunion de chanoines. Nous avons précédemment parlé des collégiales régulières, c'est-à-dire des abbayes de religieux appelés chanoines réguliers; il nous reste à nous occuper des églises collégiales séculières, désignées plus particulièrement par la simple dénomination de collégiales. Elles furent toutes fondées dans notre pays par de puissants seigneurs, pour le service plus solennel des chapelles de leurs châteaux.

I. — NOTRE-DAME DE FOUGÈRES

Auffroy, seigneur et fondateur du château et de la ville de Fougères, construisit vers l'an 1024, dans l'enceinte même de sa forteresse, la collégiale de Notre-Dame de Fougères, dont il confia le service à quatre chanoines. Nous avons déjà fait connaître l'intéressante histoire de cette église, qui, après de curieuses péripéties, devint, vers 1145, une dépendance de l'abbaye de Saint-Pierre de Rillé, de l'Ordre des chanoines réguliers. (V. tome II, p. 595, 596, 597 et 598.)

II. — NOTRE-DAME DE VITRÉ

Robert Ier, seigneur de Vitré, ayant construit son château là où il se trouve maintenant, y fonda, vers 1060, la collégiale de Notre-Dame. Mais les chanoines chargés de desservir cette église tombèrent de bonne heure dans le relâchement et méritèrent d'en être chassés, une première fois en 1116, et une seconde en 1132. A partir de cette dernière époque, l'église de Notre-Dame de Vitré fut définitivement donnée aux Bénédictins de l'abbaye de Saint-Melaine de Rennes, qui en firent un prieuré (V. tome II, p. 46, 47 et 48). Toutefois une charte de Sainte-Croix de Vitré nous montre, en 1136, les Bénédictins de Saint-Melaine et les chanoines de Notre-Dame vivant ensemble à Notre-Dame. De ce rapprochement il faut conclure qu'une transaction était intervenue, grâce à laquelle les chanoines purent continuer de vivre dans l'église qu'on leur avait enlevée, jusqu'à ce que la mort, les frappant successivement, eût éteint naturellement l'ancien Chapitre[1].

III. — NOTRE-DAME DE LA GUERCHE

Les premiers seigneurs de la Guerche donnèrent aux religieux de Saint-Melaine toutes les églises de leur château et de leur ville : la chapelle de leur forteresse, « *capellam castelli Guirchie,* » appelée aussi chapelle de Notre-Dame, « *ca-*

---

1. *Bull. de l'Assoc. bret.*, IX, 137.

pellam *Beate Marie*, » — la chapelle de Saint-Nicolas, — celle de la Sainte-Trinité, — et enfin celle de Saint-Maimbœuf, « *capellam Sancti Magnobodi.* » L'abbaye de Saint-Melaine fut successivement confirmée dans la possession de toutes ces églises par les Papes, les évêques et le Chapitre de Rennes, en 1152, 1158 et 1170; et ce doit être tout cet ensemble d'édifices religieux que désigne, en 1185, la charte du pape Luce III confirmant au monastère de Saint-Melaine la chapellenie de la Guerche et toutes ses chapelles, « *capellaniam Guirchie cum capellis suis*[1]. »

De toutes ces églises de la Guerche, les Bénédictins de Saint-Melaine ne conservèrent que Saint-Nicolas, dont ils firent un prieuré mentionné plus haut (V. tome II, p. 92 et suiv.). Quant à celle de Notre-Dame, déjà célèbre par un pèlerinage en l'honneur de la Mère de Dieu[2], Guillaume II, seigneur de la Guerche, fils de Geffroy de Pouencé, l'érigea en collégiale en l'an 1206. Cette fondation fut faite très-solennellement, en présence de Pierre de Dinan, évêque de Rennes, de Pierre Giraud, évêque de Saint-Malo, de Pierre et Réginald, archidiacres de Rennes, Guillaume de Pincé, trésorier de Rennes, Pierre, abbé de Saint-Méen, Geffroy, abbé de Saint-Melaine, Raoul, archidiacre de Saint-Malo, Robert Hurel, doyen d'Aubigné, Guillaume Coupechoul, doyen de la Guer', Eudon, doyen de Vitré, Jean de la Bruère, chanoine de Re..., et plusieurs autres personnages distingués[3].

Pour assurer le salut de son âme et celui de ses parents vivants et défunts, le seigneur de la Guerche institua douze chanoines pour desservir l'église de Notre-Dame, « *duodecim canonicos in ecclesia Beate Marie de Guerchia Deo in perpetuum servituros,* » et il s'en réserva, à lui et à ses héritiers,

---

1. *Cartul. Sancti Melanii.*
2. D'après M. de Blois, la Guerche tire son nom du mot celtique *guerc'h*, qui signifie la Vierge, et c'est une tradition fort ancienne et bien respectable que dès les premiers siècles chrétiens le culte de Marie s'établit en ce lieu.
3. D. Morice, *Preuves de l'Hist. de Bret.*, I, 800.

le patronage et la collation. Par suite, le seigneur de la Guerche conférait de plein droit la dignité de chefcier et les onze canonicats formant ensemble la collégiale de Notre-Dame, et sur le simple mandement de ce seigneur, sans qu'il fût besoin d'avoir recours à l'évêque, le Chapitre de la Guerche mettait en possession les nouveaux élus, après avoir reçu d'eux le serment d'observer les statuts de leur église[1].

Guillaume de la Guerche donna d'abord aux chanoines de Notre-Dame un emplacement pour construire leurs maisons de demeure et leur cloître : c'était un terrain renfermé dans le château même de la Guerche, avoisinant le chevet de l'église de Notre-Dame, et borné en partie par la douve du Bourg-Neuf. Toutes ces maisons situées dans le cloître furent déclarées exemptes de toutes impositions, parce que le seigneur désirait sans doute y voir loger tous les chanoines; mais la même faveur ne fut pas accordée aux maisons que le Chapitre pourrait avoir hors de ce cloître.

Guillaume de la Guerche dota ensuite ses chanoines en leur donnant ce qui suit : sa dîme de Martigné, c'est-à-dire la moitié des blés et des pailles qu'il retirait de cette paroisse; — tous les cens de la Guerche, de Martigné et de Saint-Maimbœuf, avec tous les droits faisant partie du cens; — la dîme des moulins de l'étang de Carcraon; — la dîme de son moulin à tan; — la dîme de la cohue de la Guerche; — la vigne seigneuriale de la Guerche; — 6 liv. de rente sur le passage de Martigné, payables le 1er jour de mai; — 104 sols sur le passage de la Guerche, payables à la Nativité de la Sainte Vierge; — 100 sols sur la mouture de Carcraon, payables en deux termes, le mercredi des Cendres et le jour Saint-Michel; — le droit d'usage dans la forêt de la Guerche pour le chauffage des chanoines seulement, sans qu'ils eussent le droit de donner ou vendre du bois cueilli par eux; — le droit d'usage de bois à merrain dans la même forêt, pour la

---

1. Guérin, *Hist. ms. de la Guerche.* — *Déclaration de 1771.*

construction et les réparations des maisons du cloître; — le droit à chaque chanoine résidant en personne ou ayant un vicaire le remplaçant, d'avoir dans la même forêt le panage pour dix porcs, depuis la Nativité de Notre-Dame jusqu'au jour Saint-André; — la moitié des revenus de la foire de la Guerche, à la fête de l'Assomption; la recette en devait être faite par un serviteur des chanoines accompagnant un serviteur du seigneur; — le droit pour tous les chanoines de dîner, le jour de l'Assomption, à la table du seigneur de la Guerche[1].

Le seigneur de la Guerche régla ensuite l'exercice de la juridiction seigneuriale qu'il donna au Chapitre de Notre-Dame : il défendit aux chanoines de retenir dans leurs maisons ses propres vassaux sans sa permission; il voulut ensuite ce qui suit : s'il arrive que quelqu'homme du Chapitre frappe, hors du cloître, un homme du seigneur, il sera jugé par ce dernier, s'il est hors d'état de rentrer au cloître; dans le cas contraire, il le sera par le Chapitre; si un acte de violence a lieu dans le cloître même, entre des hommes appartenant aux deux juridictions, chacune d'elles jugera son vassal coupable.

Enfin, Guillaume de la Guerche défendit aux chanoines d'acheter dans sa seigneurie, sans son autorisation, des terres pour enrichir leurs prébendes; il ne voulut pas qu'on augmentât même le nombre de douze chanoines, avant que chacun d'eux ne fût assuré d'un revenu de 20 liv.; il ordonna que les chanoines n'observant point la résidence ne toucheraient que 10 sols pour leur gros, le reste de leur revenu devant être employé au profit de l'église; il chargea le Chapitre de corriger les clercs : il termina en donnant 60 sols à un sacriste et 30 sols à un sous-sacriste, ces deux rentes prélevées sur la coutume de la Guerche et payables à Noël[2].

A l'exemple du seigneur de la Guerche, plusieurs per-

---

1. D. Morice, *Preuves de l'Hist. de Bret.*, I, 804, 805.
2. *Ibidem*, I, 805, 806.

sonnes voulurent contribuer à la fondation de la collégiale de Notre-Dame. Le chefcier, H. de la Bellière, donna à cet effet toute la tenue d'André de Soussigné, le clos de la Chapelle avec sa prairie, 6 sols de rente sur la vigne de Geffroy de Rethiers, etc.; — R. de Sourfait céda la chapellenie de son père; — G. Béjeu abandonna des vignes; — G. Le Chapelain et G. Le Vicomte offrirent différentes terres; en un mot, ce fut une sainte rivalité parmi les habitants de la Guerche pour participer à la bonne œuvre[1].

Guillaume de la Guerche mourut le 4 septembre 1223, selon Du Paz et d'après le *Nécrologe* de Saint-Pierre de Rennes. Ce dernier manuscrit nous apprend que tous les seigneurs de la Guerche à cette époque furent les bienfaiteurs de l'Église de Rennes[2]. Guillaume donna lui-même à l'évêque de cette ville le droit d'usage dans la forêt de Chelun pour l'entretien de son four banal de Rannée, et un chêne chaque année à prendre dans cette forêt. Il paraît qu'il fit ce don pour se rendre le prélat favorable à la fondation de la collégiale de la Guerche, ayant retenu, comme nous l'avons dit, pour lui et ses héritiers, tous les droits de collation aux bénéfices de ce Chapitre, sans que l'évêque eût rien à y voir.

Guillaume de la Guerche fut inhumé dans le chœur de l'église collégiale qu'il avait fondée; on lui fit un tombeau en pierre élevé de terre, et portant son effigie couchée, de grandeur naturelle, sur une table que soutenaient six colonnettes. En 1735, les chanoines de Notre-Dame, trouvant ce tombeau

---

1. D. Morice, *Preuves de l'Hist. de Bret.*, I, 805, 806.
2. JULIUS, X Kal. Obiit Gaufridus de Poenceto, pater Willimi de Guircheia qui fecit prebendas apud Guirch. et propter hoc dedit episcopo Redon. usagium pro furno suo in foresta de Chalun et unam quercum singulis annis.
AUGUSTUS, IV Kal. Obiit Gaufridus de Poenceto dominus Guirch. filius domini W. qui instituit prebendas in ecclesia Beatæ Mariæ de Guirch. qui Gaufridus dedit ecclesiæ Beati Petri Redon. XX sol. annui redditus in costuma cohum de Guirch. ad suum anniversarium faciendum.
SEPTEMBER, II Non. Obiit Guillelmus de Guirchia.
NOVEMBER, Non. Obiit Petrus puer, filius Gaufridi de Guirchio, canonicus noster. (*Necrolog. Sancti Petri Redon.*)

génant dans le sanctuaire, le firent enfouir, et mirent à sa place une plaque de cuivre portant cette simple inscription, fausse quant à la date du décès de leur fondateur :

TOMBEAU DE GUILLAUME DE LA GUERCHE.
1206 [1].

L'évêque et le Chapitre de Rennes, aussi bien que l'archevêque de Tours, avaient approuvé la fondation de la collégiale de la Guerche telle que l'avait établie Guillaume[2]; aussi le nouveau Chapitre prospéra-t-il longtemps. Mais au xve siècle on apporta quelques changements à ses statuts : ainsi, en 1438, l'évêque de Rennes autorisa les chanoines de la Guerche à ne plus chanter des heures canoniales que vêpres et complies, dans les jours de fêtes n'ayant pas neuf leçons à matines. En revanche, Marie de Bretagne, duchesse d'Alençon et baronne de la Guerche, fonda en 1441 une grand'messe quotidienne au chœur de la collégiale[3]. En 1484 on s'occupa aussi de réviser les statuts d'une façon générale, et, un peu plus tard, Charles, duc d'Alençon et baron de la Guerche, entreprit la réformation du Chapitre de Notre-Dame. En 1518, il fit décerner une commission à ce sujet à Jean Bordier, chanoine du Mans, par le cardinal de Luxembourg, évêque du Mans et légat du Saint-Siège. Au mois d'août de cette même année, le chanoine Bordier vint à la Guerche et procéda à cette réformation du Chapitre de la collégiale, dont les membres menaient une vie peu régulière et presque scandaleuse; il dressa les statuts qui existent encore et qui furent revêtus de toutes les formalités nécessaires pour avoir force de loi; le duc d'Alençon y donna son approbation, que renouvela plus tard un de ses successeurs, le duc de Brissac, en 1629 [4].

1. Guérin, *Hist. ms. de la Guerche.*
2. D. Morice, *Preuves de l'Hist. de Bret.*, I, 808.
3. *Arch. départ. d'Ille-et-Vil.*, 8 G, 64, 66.
4. *Ibidem*, 8 G, 63. — Guérin, *Hist. ms. de la Guerche.*

Le même Charles, duc d'Alençon, exécuta en 1520 le testament de sa tante Catherine d'Alençon, comtesse de Laval et baronne de la Guerche. Cette dame avait laissé 100 liv. de rente au Chapitre de la Guerche pour la fondation des quatre petites heures canoniales qui ne s'y disaient pas, et pour celle de deux messes chantées, avec diacre et sous-diacre, au maître-autel de la collégiale, l'une après matines et l'autre après tierce; le duc d'Alençon, baron de la Guerche, ordonna qu'une table de marbre, attachée au pilier voisin du maître-autel, conserverait le souvenir de cette fondation. On voit aussi, par le testament de Catherine d'Alençon, que cette dame avait l'intention de construire une chapelle dans l'église collégiale, du côté de la chefcerie, et de la dédier à la Conception de la Sainte Vierge [1].

Les chanoines de la Guerche devaient, ainsi que leur chef, appelé chefcier, habiter le cloître contigu à la collégiale; ce cloître, qu'on nommait dans les derniers temps la cour de la Chefcerie [2], était commun au chefcier et aux autres chanoines, qui y avaient chacun leur maison; c'est ce que confirma une sentence du Présidial en 1658. Le Chapitre avait soin de tenir fermées les portes du cloître pendant la nuit, comme le prouve l'ordre qu'il donna, en 1689, d'en faire réparer les serrures [3].

Lorsque le seigneur de la Guerche avait nommé quelqu'un chanoine de sa collégiale, celui-ci devait « faire preuve de chant; » puis il jurait sur les Saints Évangiles d'observer les statuts, et s'engageait à faire sa rigoureuse et à payer à la fabrique 60 liv. pour droit de chape, et 12 liv. aux officiers du chœur; le chefcier seul devait 100 liv. pour droit de chape. Après avoir rempli ces formalités, le nouvel élu était mis en possession par le Chapitre.

Nous avons dit que ce Chapitre de la Guerche se compo-

---

1. *Arch. dép. d'Ille-et-Vil.*, 8 G, 64.
2. C'est aujourd'hui la cour du presbytère de la Guerche.
3. *Arch. dép. d'Ille-et-Vil.*, 8 G, 66, 67.

sait d'un chefcier, seul dignitaire, de onze chanoines, d'un diacre et d'un sous-diacre qui étaient en même temps sacristes. Dans l'origine, le chefcier et les chanoines avaient chacun leur prébende particulière : le chefcier jouissait du fonds et des revenus attachés à sa dignité; quatre chanoines levaient les dîmes de Martigné, données par le fondateur; un autre avait le lieu de Soussigné, en la paroisse de Rannée, don du premier chefcier H. de la Bellière; un sixième chanoine possédait la maison et le jardin de Saint-Maimbœuf, situés près l'église collégiale, et anciennes dépendances de l'abbaye de Saint-Melaine; deux autres avaient le lieu de la Fraize, en la paroisse d'Availles; deux autres le lieu de la Lande; enfin, le dernier possédait le lieu de la Reinière. De là venaient les noms de sieurs de Martigné, de Soussigné, de Saint-Maimbœuf, de la Fraize, de la Lande, etc., que portaient respectivement, aux xviie et xviiie siècles, les chanoines de la Guerche. Cependant, à cette époque, ces prébendes territoriales étant devenues trop inégales, avaient été modifiées [1].

En effet, en 1638, l'évêque de Rennes Pierre Cornulier, voyant que la collégiale de la Guerche n'avait plus de revenus suffisants, unit à sa mense capitulaire plusieurs bénéfices tels que les chapellenies de Saint-Lazare, de la Forestrie, de Sainte-Catherine, des Deux-Coquilles, de Chévreuse, de Beaumanoir, du Pré-Bouessel et de la Hairie [2]. Déjà au siècle précédent, Anne d'Alençon, marquise de Montferrat et baronne de la Guerche, avait aussi cherché à égaliser les prébendes des chanoines de sa collégiale.

Le Chapitre de la Guerche n'était pas riche; aussi, en 1564, demanda-t-il à être exempté des taxes imposées alors par le roi sur les établissements ecclésiastiques. Les chanoines donnèrent, il est vrai, pour raison, « que les huguenots

---

1. Guérin, *Hist. ms. de la Guerche.* — *Reg. des insin. ecclés. de l'évêché de Rennes.*
2. *Arch. dép. d'Ille-et-Vil.*, 8 G, 64.

avoient, l'an derroin passé, ravi et emporté tous les calices, ornements, livres et biens de leurdite église collégiale, rompu et brisé les coffres, bancs, pupistres, portes, lampes et ustenciles de ladite église[1]. » Mais par ailleurs la pauvreté relative de Notre-Dame de la Guerche est encore prouvée par les *Déclarations* faites aux deux derniers siècles. En 1693, chaque chanoine ne jouissait que de 212 livres de rente par an, toutes charges déduites; le chefcier n'avait guère plus lui-même.

Lorsque le duc de Brissac vendit sa baronnie de la Guerche[2] à François de Neufville, marquis de Villeroy, en 1673, il fut réglé que pour l'acquit de la fondation des anciens seigneurs de la Guerche, le nouveau baron paierait, chaque année, 322 liv. 8 sols de rente, à la Saint-Jean et à Noël, au Chapitre de la Guerche. A cette somme il fallait joindre les revenus du fief de la Chefcerie, les dîmes de Martigné valant alors 500 liv., les terres de Soussigné, la Fraize, la Lande, Saint-Maimbœuf, etc., et enfin les chapellenies annexées, mais le tout n'était estimé qu'environ 3,000 liv. de rente, toutes charges déduites[3].

A cette époque s'éleva un singulier débat au sujet du dîner de l'Assomption. Nous avons vu que Guillaume de la Guerche avait réglé que, ce jour-là, tous les chanoines mangeraient à la table du seigneur de la Guerche; lorsque des princes étrangers devinrent maîtres de la Guerche, lorsque le château même de ce nom eut disparu, le chefcier prit l'habitude de recevoir chez lui ses confrères à la mi-août, et quand ceux-ci ne pouvaient se rendre à son invitation, il payait à chaque absent la somme de 3 liv. Mais il paraît que le seigneur de la Guerche, duc d'Alençon ou duc de Brissac, remboursait au chefcier tous les frais de ce dîner. Or, en 1688, après la

---

1. *Arch. dép. d'Ille-et-Vil.*
2. Ludovic de Gonzague, duc de Mantoue, petit-fils d'Anne d'Alençon, avait cédé la Guerche à Charles de Cossé, comte de Brissac, vers le milieu du XVIe siècle.
3. *Arch. dép. d'Ille-et-Vil.*

vente de la baronnie, le nouveau seigneur de la Guerche refusa d'indemniser le chefcier, sous le prétexte que ce dernier avait dû recevoir des anciens barons un revenu fixe pour subvenir à ses dépenses. De là un long procès entre la chefcerie et la seigneurie; mais le duc de Villeroy perdit et fut condamné, en 1725, à payer chaque année 35 liv. à un traiteur, choisi par les chanoines, qui les régalerait moyennant cette somme, là où ils voudraient; le chefcier fut déchargé du soin d'offrir sa table, et le dîner de l'Assomption se fit de la sorte jusqu'à l'époque de la Révolution [1].

Parmi les autres usages du Chapitre de la Guerche, nous signalerons les suivants :

La ville de la Guerche, et par suite son château et sa collégiale, se trouvaient de temps immémorial dans la paroisse de Rannée. A la Fête-Dieu, les chanoines de Notre-Dame faisaient une procession solennelle dans toute la ville et stationnaient dans les diverses chapelles qu'elle renfermait; pour la première fois, en 1718, le recteur de Rannée, en même temps doyen de la Guerche, entreprit de faire lui-même la procession du Sacre, le même jour, dans cette même ville, et d'y venir stationner en une chapelle; le Chapitre regarda cette conduite comme une sorte d'insulte, et un procès faillit en résulter [2].

Les chanoines de Notre-Dame rendaient, au reste, d'assez grands services au recteur de Rannée pour être ménagés par lui : ils desservaient personnellement les chapelles de la Sainte-Trinité et de Saint-Nicolas; leur diacre disait la messe à l'hôpital Saint-Jean et leur sous-diacre à la chapelle des Prisons; ils allaient processionnellement, deux fois l'an, à la chapelle du Temple; enfin, ils chantaient tous les jours dans l'église de Notre-Dame, outre leur office canonial et leur grand'messe de chœur, quatre autres grand'messes, dont

1. *Arch. dép. d'Ille-et-Vil.*, 8 G, 66.
2. *Ibidem*, 8 G, 66, 79.

l'une pour la confrérie de Toussaints [1]. Outre cela, ils disaient encore une messe matinale, tous les jours, pour permettre aux ouvriers d'assister au saint sacrifice; ils payaient un prédicateur pendant l'Avent et le Carême [2]; ils faisaient les exercices des Quarante-Heures qu'y avait fondées, à carnaval, Françoise Tirot en 1688; enfin, ils entretenaient avec soin l'esprit de foi et les pratiques religieuses dans la population. Aussi les habitants de la Guerche, ayant établi une communauté de ville, admirent dans son sein le chefcier et deux chanoines de Notre-Dame, pour leur témoigner leur reconnaissance du bien qu'ils faisaient à la Guerche [3].

Terminons en disant qu'il y avait dans la collégiale, comme dans les autres Chapitres, quelques rares chanoines honoraires, c'est-à-dire des chanoines démissionnaires dont on voulait honorer la retraite; tel fut, en 1661, François Gesnys, doyen de la Guerche et recteur de Rannée, reçu le 29 juillet chanoine honoraire de la collégiale, où il avait été dix-huit ans titulaire [4].

En 1697, les chanoines de la Guerche firent enregistrer les armoiries de leur Chapitre : *d'azur, à une assomption de la Sainte Vierge représentée debout, environnée de rayons et soutenue par deux anges, le tout d'or* [5].

Le plus ancien sceau de la collégiale de la Guerche venu à notre connaissance est de 1448; il est de forme ogivale et présente *la Sainte Vierge assise dans un fauteuil et sous un dais, ayant sur le bras gauche l'Enfant Jésus et tenant de la main droite une branche de lys fleurie.* Autour est écrit : S. Capit. eccle. Be. Marie. Virg. de. Guirchia [6].

Deux autres sceaux sont plus modernes :

---

1. *Arch. dép. d'Ille-et-Vil.*, 8 G, 66, 79. — *Déclaration de* 1693.
2. Mais ils ne nourrissaient pas ce prédicateur, qui mangeait « chez les particuliers de la ville à tour de rôle. » (*Arch. dép. d'Ille-et-Vil.*, 8 G, 63.)
3. *Arch. dép. d'Ille-et-Vil.*, 8 G, 66.
4. *Ibidem*, 8 G, 63.
5. *Armorial général ms.*
6. *Arch. dép. d'Ille-et-Vil.*, 8 G, 67.

L'un, de 1700, est de forme ovale et figure *la Sainte Vierge montant au ciel sans le secours des anges, quoique deux petits anges lui rendent hommage à ses côtés.* La légende porte : SIGILLUM ECCLESIÆ COLLIG. GUERCHIÆ[1].

L'autre, de même forme, et que nous avons trouvé sur un titre de 1709, représente *la Sainte Vierge portée au ciel par deux anges,* avec cette légende : SIGILLUM CAPITULI ECCLE. M. VIRG. DE GUERCHIA[2].

Quelques mots maintenant sur l'église collégiale de la Guerche.

Primitivement, l'église de Notre-Dame était un édifice roman ; la belle arcade triomphale qui précède le chœur, très-haute et de grand style, semble indiquer que dès les XI° et XII° siècles ce temple avait déjà de l'importance ; la base de la tour carrée, accolée au Sud du chœur, paraît aussi du même temps ; la partie supérieure de cette tour est plus moderne, et elle se terminait jadis par un clocher qui fut renversé par une furieuse tempête, le 30 décembre 1705[3].

Le chœur appartient au XIII° siècle, et comme Guillaume de la Guerche y fut inhumé en 1223 dans un tombeau existant encore en 1735, il est vraisemblable que cette partie de l'église fut construite par le fondateur de la collégiale, pour remplacer un chœur en cul-de-four, de style roman, trouvé probablement trop obscur par les nouveaux chanoines. La nouvelle abside est à pans coupés et ses fenêtres sont en tiers-point, sans divisions intérieures, mais ornées seulement à l'extérieur d'une archivolte en forme de larmier. Entre chaque fenêtre, les contreforts, terminés par un toit à double égout, s'élèvent par étages en retraite les uns sur les autres et sans pesanteur. La nef et son collatéral méridional sont du XVI° siècle et de la dernière période ogivale. L'extérieur de

---

1. C'est ce sceau qui fut gravé sur le timbre de l'horloge de la Guerche en 1740.
2. *Arch. dép. d'Ille-et-Vil.*, 8 G, 66.
3. *Ibidem,* 8 G, 65.

cette façade du Sud est construit avec une certaine élégance; les fenêtres y sont bien dessinées et les contreforts qui les séparent ne manquent pas de grâce et de légèreté; leurs clochetons et leurs gargouilles sont curieux de forme [1].

Tel est l'ensemble de l'église. Entrons maintenant dans quelques détails.

Le chœur de la collégiale était garni de stalles en bois sculptées et fermé par un jubé qui devait correspondre à ces stalles. Le jubé fut malheureusement détruit, au siècle dernier, par le chefcier Charles de Tanouarn, qui en fit transporter les débris au bas de la nef pour en faire une tribune d'orgues [2]. Mais le double rang des stalles existe toujours et fait encore l'admiration des artistes, malgré l'épaisse couche de peinture jaune dont on a eu la sottise d'empâter ses plus fines ciselures. Les accoudoirs, les miséricordes et les montants des extrémités sont couverts d'élégants feuillages et de figurines pleines d'originalité. Au Sud, les miséricordes représentent les diverses scènes du Paradis terrestre : la création d'Adam et d'Ève, la tentation, le renvoi, etc.; au Nord, les miséricordes sont consacrées à figurer les péchés capitaux sous des scènes extrêmement pittoresques; les ivrognes, surtout, y sont largement représentés. Les dossiers sont couverts de charmantes arabesques qui rappellent les plus jolis dessins de la renaissance : hercules, génies, centaures, griffons, fleurs et plantes de toutes sortes, animaux et végétaux, chimères fantastiques et délicieux types d'enfants; tout cela court, se joue, s'entremêle, forme mille contours et arrête, sans le lasser, l'œil qui les contemple avec bonheur. Mais là aussi, sous prétexte de décence, de jolies figurines ont été horriblement mutilées. Enfin, le dais qui se prolonge au-dessus des stalles est une découpure d'un dessin très-heureux et d'une exécution plus délicate encore que tout le reste; au milieu

---

1. M. l'abbé Brune, Cours d'Archéol. relig., 318, 319.
2. Arch. dép. d'Ille-et-Vil., 8 G, 60.

des autres motifs d'ornementation on y voit apparaître des joueurs d'instruments d'un excellent effet.

De nombreuses verrières ornaient jadis l'église de Notre-Dame; on a essayé de nos jours de les restaurer. Des débris de celles qui occupaient le chœur, joints aux fragments d'autres vitraux du collatéral Sud, on a pu remplir les fenêtres de ce collatéral. Nous ne pouvons plus juger de ce qu'étaient jadis ces verrières, généralement toutes du XVIe siècle, que par les quatre fenêtres qu'on est parvenu à remplir de leurs restes.

Premier vitrail. — Sous un riche portique de la renaissance, l'évêque de Rennes Yves Mahyeuc est agenouillé au pied d'un autel que surmonte la scène de l'Annonciation de l'ange à Marie; derrière le prélat se tient debout son patron, saint Yves, vêtu d'une robe rouge avec un surcot d'hermines et un rouleau de papiers à la main. Aux pieds d'Yves Mahyeuc, deux petits anges tiennent l'écu épiscopal : *d'argent à trois mouchetures d'hermines de sable, au chef d'or chargé de trois couronnes d'épines de sinople.* A côté, sur un cartouche, on lit la date 1536. Le Bienheureux Yves Mahyeuc, mort en odeur de sainteté en 1541, affectionnait beaucoup Notre-Dame de la Guerche; il faisait partie de la confrérie de Toussaints établie en cette église; aussi voulut-il y être représenté aux pieds de Marie. Ce vitrail est d'autant plus précieux que nous ne connaissons pas d'autre portrait de ce saint prélat.

Deuxième vitrail. — Les ducs de Brissac, seigneurs de la Guerche, semblent avoir donné cette verrière; on y voit, en effet, au haut, quatre écussons enveloppés dans des manteaux de ducs et pairs et couronnés de couronnes ducales : trois d'entre eux portent les armes pleines de Cossé-Brissac : *d'or, à trois fasces de sable denchées par le bas;* un quatrième écu renferme une alliance d'un seigneur de Brissac. La principale scène de ce vitrail, rempli de fragments hétérogènes, représente le couronnement de la Sainte Vierge au ciel.

Troisième vitrail. — Dans les débris qui composent cette verrière sont de très-jolies têtes. La seule scène un peu complète figure un jeune homme armé qui pourrait bien être l'archange saint Michel; à ses côtés se tiennent un homme et une femme qui semblent le contempler avec admiration et le remercier de son aide; sur un cartouche est inscrite la date 1537, et non loin est un écusson portant : *d'argent, à l'aigle éployée de sable, membrée et becquée de gueules, à la cotice de même brochant sur le tout.* Ce sont les propres armes de l'illustre connétable Bertrand Du Guesclin, seigneur de la Guerche en 1380 et membre de la confrérie de Toussaints en l'église de Notre-Dame. Il est permis de croire que ces armoiries furent placées au XVIe siècle par les seigneurs Du Guesclin, qui possédaient non loin de la Guerche la terre de la Roberie, en Saint-Germain-du-Pinel.

Quatrième vitrail. — On ne voit dans cette verrière que des scènes informes où apparaissent des anges, des évêques, un vieux seigneur, un donateur présenté par son saint patron, etc. Plusieurs écussons s'y trouvent aussi : d'abord, celui de Marie de Bretagne, duchesse d'Alençon et baronne de la Guerche : *parti, au 1er de France à la bordure de gueules,* qui est Alençon, *au 2e d'hermines plein,* qui est Bretagne; — puis celui d'un duc d'Alençon, baron de la Guerche, peut-être le duc Charles, qui s'occupa beaucoup vers 1518 de la collégiale de la Guerche; — enfin, quelques écussons des seigneurs de Cossé, ducs de Brissac : *d'or, à trois fasces de sable denchées par le bas.*

A propos de ces derniers, notons en passant que c'est dans l'église de Notre-Dame de la Guerche que François de Cossé, duc de Brissac et baron de la Guerche, épousa, le 17 février 1621, Guyonne Ruellan, fille du seigneur du Rocher-Portal[1].

Il y avait autrefois dans l'église de Notre-Dame un grand nombre d'autels et de chapellenies. Outre le maître-autel, on y voyait en 1705 ceux de la Sainte-Vierge, du Saint-Esprit, de Toussaints, de Sainte-Catherine, de Saint-Sébastien, de

---

1. Guérin, *Hist. ms. de la Guerche.*

Saint-Mammert, de l'*Ecce-Homo* et de Sainte-Avoye. Parmi les chapellenies qu'on desservait, les plus importantes étaient celles de Sainte-Catherine [1], d'Availles, de la Déserterie, du Touchet, du Prébarré, de Saint-Lazare, de la Forestrie, de la Hairie, de Beaumanoir, des Coquilles, de Chévreuse, d'Auffray Le Vayer, de Guy de Domagné, de Geffroy de Pouencé, etc.

Nous avons déjà parlé de la confrérie de Toussaints, mentionnée dans nos archives dès 1402, mais plus ancienne encore, puisque la tradition veut que Du Guesclin en ait fait partie [2]. En 1693 elle avait 300 liv. de rentes fixes, sans compter les oblations, qui étaient nombreuses; on chantait la messe à son autel, avec diacre et sous-diacre, tous les jours pour les confrères vivants, et on y célébrait un service à la mort de chacun d'eux [3].

Chefciers de la Guerche [4].

H... de la Bellière, « *H... de Bellaria,* » semble avoir été le premier chefcier de la collégiale; dans l'acte de fondation il est appelé « *primiserius,* » *primicier;* or, le primicériat correspondait jadis à la chefcerie. Il donna en 1206 au nouveau Chapitre le lieu de Soussigné et d'autres terres.

Étienne du Fougeray, « *Stephanus de Fugereio, capicerius B. M. de Guercheia,* » était en 1214 l'un des exécuteurs testamentaires de Geffroy de Pouencé, seigneur de la Guerche.

Jehan Lesné vivait en 1448.

Pierre James figure en 1537.

Jehan Laisné (1552).

Jehan des Champs, chefcier dès 1590, rendit aveu en 1599.

---

1. La chapelle Sainte-Catherine est une sorte de tribune ou chantrerie construite dans le style ogival, au-dessus de la sacristie, et occupant avec celle-ci la première travée du collatéral méridional.
2. *Arch. dép. d'Ille-et-Vil.*, 8 G, 70.
3. *Déclaration de 1693.* — Nous ne mentionnons pas ici la nouvelle tour de Notre-Dame de la Guerche et le collatéral septentrional de cette église, parce que nous ne faisons aujourd'hui que la description de la collégiale; nous reparlerons de ce monument à l'article des *Paroisses*.
4. D. Morice, *Preuves de l'Hist. de Bret.*, I, 806. — *Arch. dép. d'Ille-et-Vil.*, 8 G, 64, 65, 66, 67, 68. — *Insin. ecclés. de l'évêché de Rennes.* — Guérin, *Hist. ms. de la Guerche.* — *Reg. capitul. de la Guerche* (1597-1770).

Jean Jamois, vivant vers 1600, était fils de Pierre Jamois et de Jeanne de Montalembert, sieur et dame de la Boussardière.

Jean Dupont (1612).

Mathurin Martineau, chefcier dès 1624, fit reconstruire en 1642 l'autel des confrères de Toussaints, et mourut le 13 juin 1648.

Charles Le Mestayer, neveu du précédent, devint chefcier le 12 juin 1648 et mourut en 1688.

David des Monts succéda au précédent le 14 juillet 1688; il se démit en 1722.

Maxime Floccard, du diocèse de Genève, issu d'une famille italienne, était fils de Claude Floccard, gentilhomme de la maison du prince de Bavière; il épousa Dominique Audan, puis, devenu veuf, se fit prêtre et fut nommé chefcier le 17 septembre 1722 par le duc de Villeroy, seigneur de la Guerche; il prit possession le 28 octobre suivant. Il permuta sa dignité en 1727 contre la cure de Balazé avec le suivant.

Charles-René de Tanouarn, fils de René de Tanouarn, seigneur du Plessix-Bardoul et du Chastel, docteur en théologie, recteur de Balazé et doyen de Vitré, devint par permutation chefcier de la Guerche, avec l'approbation du duc de Villeroy, en date du 20 août 1727; il prit possession le 29 du même mois. Le 2 décembre 1744, il fonda un obit et une messe hebdomadaire dans sa collégiale, et mourut quelques jours après.

Pierre Paris, précédemment chanoine, fut nommé chefcier le 25 janvier 1745 par le duc de Villeroy et prit possession le 10 février; il mourut vers la fin de 1771.

Joseph-Paul Courcier, déjà chanoine, fut nommé chefcier le 15 décembre 1771 par le duc de Villeroy et prit possession le 28 du même mois. Quand vint la Révolution, il eut la douleur de voir la destruction du Chapitre dont il était le chef et la transformation en église paroissiale constitutionnelle de sa collégiale de Notre-Dame. Bien plus, il apprit que l'un de ses chanoines, Paul-René Gallet, acceptait la charge de curé constitutionnel de la Guerche. Le malheureux chefcier mourut sur les entrefaites, âgé de soixante-trois ans, dans son vieil hôtel de la Chefcerie, le 9 juillet 1791, huit jours avant la prestation de serment du sieur Gallet [1].

IV. — SAINTE-MAGDELEINE DE VITRÉ.

Lorsque les seigneurs de Vitré eurent donné aux moines

---

1. Paul Gallet prêta serment à la Constitution le 17 juillet 1791 et prit le même jour possession de l'église de Notre-Dame de la Guerche.

de Saint-Melaine leur église collégiale de Notre-Dame, en 1132, ils construisirent une autre église dans l'enceinte de leur château et la dédièrent à sainte Marie-Magdeleine. Ils firent d'abord desservir ce nouveau temple par plusieurs chapelains, dont le chef prit le nom de grand chapelain, « *major capellanus.* » Il est fait mention de ce chapelain de la Magdeleine de Vitré en 1172, lorsque Robert, seigneur de Vitré, donna aux Bénédictins de Sainte-Croix de Vitré la moitié des revenus de la foire de Saint-Blaise, s'en réservant l'autre moitié, que devait percevoir en son nom ledit chapelain [1].

Mais le 7 décembre 1209 André, seigneur de Vitré, de concert avec Pierre de Dinan, évêque de Rennes, fonda un collège de chanoines dans cette église de la Magdeleine bâtie par ses ancêtres. Il déclara faire cette bonne œuvre pour son propre salut et pour celui des âmes de son frère Robert, autrefois chantre de Paris, de sa défunte femme Eustachie et de sa mère, Emme de Dinan; il fit constater aussi qu'il ne faisait cette fondation qu'avec le consentement de ses enfants, André et Anne, et de ses principaux vassaux [2].

Après ces préliminaires, le seigneur de Vitré entre dans les détails de sa fondation. Remarquons tout d'abord qu'il ne se présente pas comme seul fondateur, car il dit que l'évêque de Rennes veut contribuer à cette érection en fondant lui-même trois prébendes, « *instituo novem canonicos, et dominus episcopus Redonensis tres canonicos instituit, quorum trium prebendae, quoties vacaverint, a D. Redonensi erunt in perpetuum conferendae.* » Il ajoute que tous ces chanoines devront servir Dieu, la Sainte Vierge et Marie-Magdeleine dans l'église de la Bienheureuse Magdeleine de Vitré, « *in ecclesia Beatae Mariae Magdalenae de Vitreio Deo et Beatae Virgini et B. Mariae Magdalenae et omnibus sanctis in perpetuum servituros.* » Enfin, il

---

1. D. Morice, *Preuves de l'Hist. de Bret.*, I, 660.
2. *Ibidem*, I, 813. — Pierre Hévin a publié une copie de l'acte de cette fondation beaucoup plus complète que D. Morice. (V. à la Bibliothèque de la ville de Rennes le n° 10873.)

règle que quatre au moins de ces chanoines devront être prêtres, aussi bien que leur chef, nommé trésorier [1].

La collégiale de Vitré fut donc fondée pour douze chanoines, ayant à leur tête l'un d'entre eux, appelé trésorier. Le baron de Vitré conférait de plein droit la dignité de trésorier et sept autres prébendes; le trésorier présentait le neuvième chanoine au même baron, qui lui conférait son bénéfice; enfin, l'évêque de Rennes instituait les trois derniers chanoines.

A la tête de la collégiale, André de Vitré plaça le grand chapelain de la Magdeleine, qui dut prendre le nom de trésorier et être nécessairement prêtre, « *major capellanus qui necessario erit sacerdos et qui a modo thesaurarius nuncupabitur.* » On l'appela trésorier parce que le seigneur de Vitré lui confia le trésor de l'église de la Magdeleine et les sceaux de sa baronnie; il le chargea aussi de percevoir les revenus de la collégiale et, semble-t-il, ceux mêmes de sa baronnie, et voulut être assisté de ses conseils [2].

Quant à la dotation de ce trésorier, elle fut celle dont il jouissait auparavant en qualité de grand chapelain. Or, il paraît que ses revenus étaient assez considérables, puisqu'il put en distraire une partie pour doter une autre prébende. Celle-ci fut la prébende du chanoine coadjuteur du trésorier; elle fut créée parce que le trésorier pouvait difficilement s'acquitter seul de tous ses devoirs à la collégiale et à la cour seigneuriale; le chanoine du trésorier devait donc lui aider de tout son pouvoir; aussi le trésorier le choisissait-il lui-même, et après l'avoir fait accepter par le baron, il recevait le serment de fidélité de ce coadjuteur et s'engageait à lui fournir une rente de 10 liv., somme qui paraît avoir été à l'origine la dotation commune de toutes les prébendes de Vitré [3].

André de Vitré régla ensuite les revenus des quatre autres prébendes qui devaient être occupées par des prêtres. Il donna

---

1. D. Morice, *Preuves de l'Hist. de Bret.*, I, 815.
2. *Ibidem.*
3. Ces 10 liv. valaient environ 1,000 fr. de nos jours.

à la première 10 liv., c'est-à-dire 100 sols sur l dîme des mangers de Carême et de la Pentecôte, et 100 sols sur le passage de Vitré; — à la deuxième 10 liv., c'est-à-dire 7 liv. et 10 sols sur les forêts de Vitré, payables à la Saint-Michel, et au besoin sur les moulins de Chevré, et 50 sols sur quelques dîmes; — à la troisième 10 liv. sur le passage de Vitré, et au besoin sur les mangers du Carême; — enfin, à la quatrième, 40 sols sur les hommages dus à Noël et à Pâques, 4 liv. sur les cens de Chevré, 40 sols sur les dîmes de Hamel et la moitié des dîmes du moulin de Métibœuf pour parfaire les 10 liv. totales [1].

Voilà donc six prébendes dotées. Ce sont les seules dont les revenus soient consignés dans l'acte de fondation de la collégiale de Vitré. Il est vraisemblable que l'évêque de Rennes dota lui-même les trois prébendes qu'il institua. Quant aux trois dernières, Hévin pense avec raison que leurs titulaires eurent la jouissance des revenus des anciens chapelains, à l'instar du trésorier et de son coadjuteur; on pourrait peut-être même en conclure que dans l'origine ces premiers chapelains de la Magdeleine étaient au nombre de quatre, en y comprenant le grand chapelain, leur chef.

L'acte de fondation mentionne ensuite les revenus et les privilèges communs à tous les chanoines, ce qu'on appelait la mense capitulaire. Après leur avoir rappelé que le Chapitre devra entretenir et desservir l'église de la Magdeleine, le seigneur fondateur ajoute : Tous les chanoines et tous leurs clercs mangeront à la table du baron de Vitré le jour de la solennité de Sainte-Magdeleine; — ils jouiront du droit d'usage dans la forêt de Vitré, tant de bois mort pour leur chauffage que de bois à merrain pour la construction et l'entretien de leurs édifices; — ils auront la faculté de faire paître leurs porcs, sans payer les droits de panage, dans la même forêt; le trésorier pourra envoyer vingt porcs et chaque chanoine

1. D. Morice, *Preuves de l'Hist. de Bret.*, I, 815.

dix; — ils auront le droit de tenir chaque année une foire à Vitré, à la fête de la Purification; — ils seront exempts de toutes impositions seigneuriales pour les terres qu'ils possèdent ou qu'ils posséderont à l'avenir; — ils jouiront, eux et leurs hommes (s'ils viennent à posséder un fief avec la permission du seigneur), de tous les privilèges et immunités dont jouissent déjà les moines et les hommes du prieuré de Sainte-Croix de Vitré [1].

Enfin, André de Vitré donna aux chanoines de la Magdeleine les emplacements qui se trouvaient libres dans le Châtelet, c'est-à-dire dans l'avant-cour de son château, « *concedo plateas quas in Castellulo meo vacuas poterunt invenire;* » il leur permit même de s'étendre au-delà, dans le Boulet ou au Vieux-Bourg, « *in Boleto scilicet aut in Veteri Burgo,* » et exempta les places choisies par le Chapitre de toutes charges seigneuriales [2]. Les chanoines s'établirent donc en ces lieux, autour de leur église collégiale; la trésorerie fut construite dans la cour même du Châtelet et les autres maisons prébendales l'avoisinèrent; le tout forma ce qu'on appelait le cloître de la Magdeleine; la rue de Boulet prit aussi le nom de rue de la Magdeleine.

Le seigneur André de Vitré assura l'exécution de ses volontés en donnant à ses chanoines une charte de fondation scellée de son grand sceau et du propre sceau de l'évêque de Rennes, et il termina ce document par les paroles suivantes : Si quelqu'un de mes héritiers (ce que Dieu ne permette jamais!) était assez téméraire pour oser violer, diminuer ou détruire cette fondation, qu'il ne soit pas seulement privé, en punition de sa présomption, de la bénédiction paternelle, mais qu'il ressente encore les effets de la malédiction de notre Père céleste. *Amen !* [3]

L'année suivante, André de Vitré, s'étant croisé contre les

---

1. D. Morice, *Preuves de l'Hist. de Bret.*, I, 816.
2. *Ibidem.*
3. *Ibidem.*

Albigeois, passa par Tours, en 1210, et pria l'archevêque de cette ville de confirmer la fondation qu'il avait faite d'une collégiale à Vitré. L'archevêque, Jean de Faye, y consentit d'autant plus volontiers que le sire de Vitré lui présenta les lettres par lesquelles Pierre de Fougères, évêque de Rennes, et le Chapitre de cette dernière ville approuvaient la fondation de la Magdeleine de Vitré; ces lettres étaient datées du 1er juillet 1210, et l'archevêque de Tours y joignit son approbation et son sceau [1].

Enfin, cette même année 1210, André de Vitré donna au Chapitre de la Magdeleine la dîme de ses Moulins-Neufs. Au xvie siècle, on appelait ces derniers les moulins de Malipasse, et la seigneurie de Vitré fut condamnée en 1579 à payer aux chanoines une rente de 10 écus, estimée valoir la dîme du revenu de ces moulins [2].

André, seigneur de Vitré, mourut peu de temps après, en 1211, et fut inhumé au milieu du chœur de la collégiale qu'il avait fondée; son tombeau, élevé de terre, se trouvait près du pupitre.

Le Chapitre de la Magdeleine de Vitré se composa, dans la suite, du trésorier, seul dignitaire, de onze autres chanoines, de deux chapelains faisant les offices de diacre et sous-diacre, d'un maître de psallette, de quatre enfants de chœur et d'un massier. Le trésorier présidait partout et tenait le rang le plus honorable, même lorsqu'il n'officiait pas; aux processions il marchait toujours sans pair. Il avait le droit de porter une soutane rouge et une ceinture semblable; comme ses confrères les chanoines, il portait toujours l'aumusse, et de plus, en hiver, un grand camail ou manteau appelé chape. Au commencement du xviie siècle, quelques trésoriers cessèrent de porter la robe rouge, mais leurs successeurs la reprirent, et nous voyons encore, en 1736, le trésorier Jean Nouail, au jour de son installation, « revêtir la robe rouge qu'il a droit

---

1. D. Morice, *Preuves de l'Hist. de Bret.*, I, 816.
2. *Arch. dép. d'Ille-et-Vil.*, 8 G, 4.

de porter, le surplis et l'aumusse, et s'asseoir ainsi vêtu sur sa chaise de chœur prohibitive à toute autre. » Il ne prit point la chape, parce qu'on était alors au mois d'août. Enfin le trésorier de la Magdeleine habitait dans le cloître un hôtel particulier appelé la Trésorerie [1].

Tous les chanoines devaient résider au cloître et officier à l'église; en cas de légitime absence, ils devaient se faire remplacer au chœur par des clercs compétents; ceux d'entre eux qui étaient prêtres ne pouvaient être remplacés que par d'autres prêtres [2].

La psallette de la Magdeleine fut fondée par un comte de Laval, seigneur de Vitré, qui la dota de 36 liv. de rente assise sur la forêt de Brécilien; elle jouissait, en outre, de 10 liv. de rente due par la seigneurie du Désert, en Domalain [3].

En 1471, le pape Sixte IV, par bulle datée du 17 décembre, donna au trésorier et aux chanoines de Vitré la permission de faire leur office à l'instar de la Sainte-Chapelle de Paris, en adoptant l'ordre et les rubriques de cet illustre Chapitre [4].

En 1570, les chanoines de Vitré dressèrent de nouveau leurs statuts, modifiés en quelques points peu importants. Ils réglèrent que désormais, outre le chapitre général fixé au lendemain de la fête de sainte Magdeleine et durant huit jours, il y aurait deux autres chapitres généraux, durant chacun deux jours, et tenus les vendredis après Pâques et après la Toussaint; dans ces assemblées générales, auxquelles tous les chanoines étaient tenus d'assister, on relisait les statuts et l'on traitait des affaires importantes communes à la collégiale. Il fut aussi ordonné à tous les chanoines de porter leurs chapes noires, « *cappas nigras,* » c'est-à-dire leurs grands man-

---

1. *Reg. des insin. ecclés. de l'évêché de Rennes.* — *Biblioth. Nat.,* ms. lat., n° 22325, p. 569.
2. D. Morice, *Preuves de l'Hist. de Bret.,* I, 816.
3. *Arch. dép. d'Ille-et-Vil.,* 8 G, 10.
4. *Ibidem,* 8 G, 4.

teaux de chœur, depuis les premières vêpres de la Commémoration des défunts jusqu'aux premières vêpres de Pâques[1].

Les banquets jouaient un certain rôle à la collégiale de Vitré. Nous avons vu que le fondateur avait voulu que tous les chanoines et leurs clercs dinassent à la table seigneuriale du baron de Vitré le jour de la fête de sainte Magdeleine. Une lettre du comte de Laval, de 1491, nous apprend que les religieux de Notre-Dame prenaient part à ce festin[2]. Cinquante ans plus tard, ce dîner n'ayant point été donné, les chanoines s'en plaignirent à Guyonne, comtesse de Laval et dame de Vitré, et comme cette dame ne paraissait pas leur être favorable, ils s'adressèrent à la justice et obtinrent, le 13 juillet 1548, une sentence condamnant le châtelain de Vitré à leur payer, chaque année, « les frais et coustages d'un banquet, à la feste de la Magdeleine[3]. »

Mais outre ce grand dîner annuel, les chanoines avaient coutume de se réunir à la prise de possession de chacun d'entre eux; le nouveau trésorier ou le nouveau chanoine recevait alors ses confrères. En 1611, le Chapitre abolit ces repas et régla que les nouveaux trésoriers et chanoines, au lieu de faire la dépense d'un dîner, paieraient à la fabrique un droit de chape fixé à 100 liv. tournois pour le trésorier et 60 liv. pour chaque chanoine, ces sommes devant être employées à l'entretien des ornements de la collégiale[4].

Une autre réforme eut lieu vers le même temps. Certains chanoines n'assistaient point aux offices de leur église; ils se contentaient d'y venir les jours de la fête et de l'octave de la Magdeleine, et d'y réclamer leur gros à cette occasion. Il y avait aussi des difficultés entre ceux qui résidaient, au sujet

---

1. Poligné, *Notice hist. sur la Collégiale de Vitré.*
2. « Nous avons coustume, — dit le seigneur de Vitré, — de donner un dîner à nos chers et bien aimez les thésaurier et chapitre de nostre église collégiale de la Magdeleine de Vitré, et aux prieur et couvent de Nostre-Dame dudit lieu, au jour et feste de la Magdeleine, lequel dîner désirons leur entretenir, etc. » (*Arch. dép. d'Ille-et-Vil.*, 8 G, 4.)
3. *Arch. dép. d'Ille-et-Vil.*, 8 G, 4.
4. *Ibidem*, 8 G, 22.

du service de l'église et des distributions manuelles. Le 24 octobre 1620, Pierre Cornulier, évêque de Rennes, rendit à ce sujet une sentence arbitrale ayant force de loi : il ordonna que tous les douze chanoines de la collégiale seraient également tenus à assister à l'office canonial; que les chanoines prêtres feraient l'office tour-à-tour, chacun durant une semaine, et d'après l'ordre de leur réception au Chapitre; que tous les chanoines assistants recevraient également leurs gros fruits; que, quant aux distributions manuelles, elles seraient égalisées entre tous les chanoines prêtres, diacres et sous-diacres; mais que les chanoines n'étant pas dans les Ordres sacrés recevraient seulement la moitié des mêmes distributions manuelles, quoiqu'ils fussent tenus d'assister exactement à l'office canonial, comme leurs confrères. Enfin, l'évêque défendit formellement au trésorier d'excuser aucun chanoine de son service canonial sans raisons très-graves, et de lui adjuger son gros lorsqu'il n'assistait pas régulièrement à l'office divin [1].

Quand vint la Révolution, voici quel était l'état financier de la collégiale de Vitré :

Le trésorier, Jean Thomas de la Plesse, déclara, le 6 mars 1790, posséder : l'hôtel de la Trésorerie; les terres de la Basse-Épine, en Châtillon, et de la Morlière, en Montreuil-des-Landes; une dîme en Saint-M'hervé et quelques rentes dues par le baron de Vitré; le tout estimé 1,812 liv. de rente. Le trésorier ajouta qu'en qualité de chanoine il avait aussi droit aux distributions manuelles faites en raison du produit net des revenus de la collégiale; enfin, il déclara avoir 265 liv. de charges [2].

De son côté, le Chapitre tout entier déclara, le 4 mars 1790, que la mense capitulaire, réunissant toutes les fondations faites primitivement en chaque prébende, se composait de ce qui suit :

1. *Arch. dép. d'Ille-et-Vil.*, 8 G, 10.
2. M. l'abbé Paris-Jallobert, *Journal hist. de Vitré*, 431.

Quatorze maisons à Vitré, tant au cloître proche l'église qu'aux rues de la Magdeleine, du Grand-Four, de Bourrienne, de Villaudain et du Bourg-aux-Moines, estimées ensemble 1,469 liv. 13 s. 4 d. de rente; — rentes, en grain et en argent, dues par le seigneur de Vitré, le prieur de Sainte-Croix et la fabrique de Notre-Dame, montant à 1,146 liv. 12 s. 3 d.; — en la paroisse de Saint-M'hervé : les métairies de Gaboreau et des Prunelais, affermées 1,020 liv.; une dîme de 1,486 liv. et des rentes montant à 233 liv. 14 s.; — en Balazé : la terre de la Hairie, affermée 620 liv.; une dîme de 1,670 liv. et une rente de 33 liv. 4 s. 6 d.; — en Montjean, dans le Maine : la métairie de la Bergerie, affermée 360 liv.; — en Luitré : la métairie de Loisonnière, affermée 500 liv.; — en Montreuil-sur-Pérouse : la métairie de la Pélerinais, affermée 562 liv., et une rente de 18 liv. 8 d.; — en Argentré : la métairie de la Chalmière, affermée 912 liv., une dîme de 400 liv. et une rente de 18 liv. 12 s. 4 d.; — en Étrelles : une dîme de 172 liv. 13 s. 4 d., et une rente de 54 liv. 7 s. 6 d.; — en Marcillé-Robert : une dîme de 500 liv.; — au Pertre : une rente de 20 boisseaux de seigle; — en Torcé : une rente de 65 liv. 16 s. 4 d.; — rentes dues par les recteurs de Moulins, de Billé et de la Chapelle-Erbrée, 45 liv. 12 s.; — quelques petites rentes presqu'insignifiantes dans les paroisses de Saint-Didier, Saint-Aubin-des-Landes, Saint-Germain-du-Pinel, Pocé, Taillis, Vergeal, Brielles, Montautour, Erbrée, Champeaux et Domalain; — 36 liv. de rente sur la forêt de Brécilien, — et enfin 300 liv. constituées [1].

Le total de tous ces revenus formait à peu près 12,000 liv. de rente; mais comme il y avait des charges considérables [2], chaque chanoine était loin de percevoir 1,000 liv. de rente.

---

1. M. l'abbé Paris-Jallobert, *Journal hist. de Vitré*, 420.
2. Honoraires des diacre et sous-diacre et du maître de psallette, 1,632 liv. 17 s. 4 d.; — dépenses pour les enfants de chœur, 299 liv.; — entretien de la sacristie, 910 liv.; — orgues et organiste, 223 liv.; — réparations et frais divers, 1,520 liv.; — rentes et aumônes dues, 157 liv., etc., etc.

Tout en étant moins pauvre que le Chapitre de la Guerche, la collégiale de Vitré ne pouvait donc pas encore être regardée comme riche.

Nous connaissons plusieurs sceaux du Chapitre de la Magdeleine.

L'un, de 1466, est ogival et représente *Notre-Seigneur Jésus-Christ apparaissant après sa résurrection à sainte Magdeleine;* on lit autour : Sigillum capituli Magdalene de Vitreio. Le contre-sceau figure les mêmes personnages en moindre grandeur et la même légende.

Un autre sceau de 1470, et servant encore en 1509, est également ogival : on y voit *Jésus, orné du nimbe crucifère, sortant du tombeau et tenant sa croix de la main droite, apparaissant à sainte Magdeleine, qui tombe à ses pieds, sous l'arbre d'un jardin;* la légende porte : Sigillum.capituli.Be.Mar. Magdal.de.Vitreio.

Le contre-sceau représente la même scène, avec ces mots : S.capituli.Magdalene.de.Vitreio.ad.causas.[1]

Enfin, un sceau moderne, de 1700, est de forme ovale et représente *sainte Magdeleine portant un vase de parfums et se dirigeant vers le tombeau de Notre-Seigneur;* on lit autour : Sigillum B. Mariæ Magdalenæ de Vitreio.[2]

En 1698, le Chapitre de la collégiale de Vitré fit enregistrer les armoiries suivantes : *d'azur, à une sainte Magdeleine d'or, tenant de sa main senestre une boîte de même, qu'elle découvre de sa dextre*[3].

L'église collégiale de la Magdeleine de Vitré ayant été détruite en 1860, il est d'autant plus intéressant de rechercher et de rappeler ici ce qu'elle était.

Cette église présentait les traces de trois constructions successives. La partie centrale de la nef était la plus ancienne

---

1. *Arch. dép. d'Ille-et-Vil.*, 8 G, 22.
2. *Ibidem*, 8 G, 61.
3. *Armorial général ms.*

de tout l'édifice; on y voyait une porte romane au Sud et deux fenêtres longues et étroites de même style; « leur plein cintre, en pierres schisteuses recourbées, annonçait une époque antérieure au moins au XII° siècle, » disait, en 1841, M. Pollet, qui voyait encore debout les ruines de la collégiale [1]. Cette partie romane devait appartenir à l'église de Sainte-Magdeleine, mentionnée en 1172.

Il n'est guère supposable qu'André, seigneur de Vitré, ait reconstruit l'église qu'il érigea en collégiale en 1209, car, comme nous allons le voir, rien dans cet édifice ne rappelait la belle architecture du XIII° siècle.

En effet, toute la partie supérieure de la nef et le chevet lui-même, ainsi qu'une petite chapelle accolée au Nord du sanctuaire, étaient du XV° siècle; le toit en était plus élevé que celui de la nef romane; les fenêtres et les contreforts y présentaient quelques caractères architecturaux de style ogival flamboyant. C'était l'œuvre du trésorier Jean Hodéart, qui gouverna la collégiale de 1404 à 1420 : voyant que son prédécesseur Hamon Le Taillandier avait construit le clocher de son église, il continua ses travaux; il fit refaire le chœur de cet édifice et fit couvrir la moitié de la nef; il s'apprêtait même à achever la restauration de cette nef, c'est-à-dire probablement à en détruire la partie romane, lorsqu'il fut surpris par la mort [2].

Quant à la partie occidentale de l'église et au bas de la nef, la date de construction était précise : à la base même du pignon, dit M. Pollet, on lisait sur une pierre carrée reposant sur le roc la date *1535*; de plus, treize autres pierres portaient les inscriptions suivantes, relatant les noms de tous les membres du Chapitre de cette époque : *F. D. the*, — *G. de Grasmesnil*, — *E. des Marches*, — *J. Catherine*, — *G. Le Marchant*, — *A. Godart*, — *Guy Daunair*, — *Floart*, —

---

1. V. la *Notice histor.* précitée.
2. Arch. dép. d'Ille-et-Vil., 8 G, 4.

M. Le Febvre, — *F. Amy,* — *F. Daville,* — *J. Fouesré.* 1535[1].

Le trésorier, désigné par ses seules initiales, était alors François, fils naturel de Guy XVI, comte de Laval, et d'Anne d'Espinay; il ne fut légitimé qu'en 1539, de sorte qu'à l'époque où il fit agrandir sa collégiale il portait probablement encore le nom de sa mère; de là ses initiales *F. D. (François Despinay).*

A l'intérieur de l'église collégiale de Vitré, on remarquait l'écusson de ce même seigneur Guy XVI, comte de Laval et baron de Vitré, et celui de sa troisième femme, Antoinette de Daillon; le premier portait les armes pleines de Laval entourées du collier de l'Ordre de Saint-Michel, le second était *parti de Laval et de Daillon.*

Le chœur était séparé de la nef par deux murs avançant l'un vers l'autre et réunis par une grille; dans ce chœur étaient trois autels : l'autel principal dédié à sainte Marie-Magdeleine et deux autres autels consacrés à saint Yves et à saint Louis. Au Nord du sanctuaire était une chapelle renfermant l'autel de Sainte-Marthe et contenant de précieuses reliques. Enfin, dans cette partie de l'église s'élevait encore une tribune à l'usage des seigneurs de Vitré.

Au haut de la nef et aux deux côtés de l'entrée du chœur se trouvaient les autels de N.-D. de Toutes-Aides et de Saint-Étienne. Au bas de l'église était une tribune occupée par les gens attachés au service des chanoines[2].

Plusieurs chapellenies se desservaient dans la collégiale, telles que celles du Bois-Jarry, de la Bergerie, du Bois-Mancel et de la Sacristie.

Un certain nombre de tombeaux ornaient l'église de Sainte-Magdeleine :

---

1. Pollet, *Notice histor.* précitée. — On retrouve dans les archives de cette époque les noms de la plupart de ces chanoines : Guillaume de Grasmesnil, Jehan Catherine, Guillaume Le Marchant, André Godart, Michel Le Febvre, François Daville, Jehan Fouesré et Fiacre Amy. (*Arch. dép. d'Ille-et-Vil.,* 8 G, 4.)

2. Pollet, *Notice histor.*

« Il y a deux tombeaux élevés au milieu du chœur, — écrivait, en 1683, le trésorier Jean Vigneaux, — l'un près du grand pupitre, où sont les ossements d'André de Vitré, fondateur de cette église (+ 1210), enfermés dans une châsse de plomb; l'autre, vis-à-vis les marches du sanctuaire, avec une figure en représentation de pierre blanche, qui est celui de Guy de Laval, mort à la bataille de la Roche-Derrien, l'an 1347, le 18 juin [1]. »

A côté de ce tombeau de Guy X, comte de Laval et baron de Vitré, était celui de son fils Guy XI, qui ne lui survécut qu'un an; c'est probablement ce dernier que désigne Jean Vigneaux, en disant : « Il y a un autre tombeau aussi relevé, dans le sanctuaire, devant l'oratoire vitré de la chapelle Sainte-Marthe, qui est d'un autre comte de Laval, dont il n'est pas possible de lire le nom, tant l'écriture gravée dessus est effacée. »

Outre ces monuments funéraires, on voyait encore les tombeaux moins importants de Marguerite de Bretagne, fille du duc Jean V, fiancée toute enfant à Guy XIV, comte de Laval, et décédée au château de Vitré en 1420; — d'Antoinette de Daillon, femme de Guy XVI, comte de Laval, morte le 19 avril 1537, et inhumée dans le chœur, proche la muraille, du côté du Châtelet; — de Jean de Montigny, évêque de Saint-Pol-de-Léon, décédé aux États de Bretagne siégeant à Vitré, le 29 septembre 1671, et inhumé au bas du chœur[2].

Enfin, deux petits monuments renfermaient les cœurs de Guy XVI, comte de Laval, décédé le 20 mai 1531, et de François de Laval, son fils, trésorier du Chapitre et évêque de Dol, mort le 2 juillet 1556. Le cœur de Guy XVI reposait au milieu du sanctuaire, et une inscription en son honneur était gravée sur une plaque de cuivre posée sur la seconde marche de l'autel. — Le cœur de François de Laval était

---

1. Biblioth. Nation., ms. lat.
2. Arch. dép. d'Ille-et-Vil., § G, 1.

« à l'entrée du sanctuaire, sur l'endroit duquel est une épitaphe en vers alexandrins gravée sur une grande planche carrée de cuivre [1]. »

Nous avons vu précédemment que la chapelle de Sainte-Marthe, située au Nord du sanctuaire, était « un oratoire vitré » renfermant de précieuses reliques. Cette chapelle était réservée aux barons de Vitré quand ils assistaient aux offices de la collégiale : « Vis-à-vis le grand autel, du costé de l'évangile, — dit une *Déclaration* de 1680, — est un bel oratoire nommé la chapelle Sainte-Marthe, bastie d'une même construction et en mesme temps que l'église, y ayant dans la muraille deux grandes fenestres et ouvertures à costé dudit grand autel, par lesquelles les seigneurs de Vitré peuvent, quand bon leur semble, entendre la messe et le divin service qui est célébré dans ladite église; dans laquelle chapelle il y a aussi un autel pour y célébrer la messe et une ancienne tribune pour placer lesdits seigneurs, avec une cheminée pour leur commodité au temps d'hiver; à laquelle chapelle lesdits seigneurs barons ont coutume d'aller de leur chasteau par le cloistre de ladite église collégiale, et pour plus grande commodité ils ont fait bastir une ancienne galerie joignant d'un bout à la tour dudit chasteau, dite tour de la Magdeleine, et conduisant jusqu'au cloître de ladite église [2]. »

Les principales reliques déposées dans la chapelle de Sainte-Marthe étaient : une relique insigne de sainte Marthe, envoyée aux chanoines de Vitré, en 1477, avec l'authentique de l'archevêque d'Aix, par Jeanne de Laval, reine de Sicile; — un doigt et une dent de sainte Marie-Magdeleine, donnés, le 3 août 1478, par René d'Anjou, roi de Sicile, mari de ladite dame Jeanne de Laval; — un reliquaire de forme ronde, renfermant de vénérables ossements, provenant de l'ancienne chapelle Saint-Jean du château de Vitré, et donné au Cha-

---

1. Biblioth. Nat., ms. lat.
2. M. l'abbé Paris-Jallobert, *Journal hist. de Vitré.*

pitre, en 1626, par la duchesse de la Trémoille, baronne de Vitré, etc.[1]

Mais en dehors de la chapelle Sainte-Marthe, d'autres précieuses reliques se trouvaient exposées sur le maître-autel de la Magdeleine.

C'était d'abord le corps de saint Marse, évêque démissionnaire de Nantes, mort à Bais, sa paroisse natale. Ce corps fut confié au Chapitre de Vitré vers 1427, et placé dans une nouvelle châsse, en 1521, par Guy XVI, comte de Laval, et Anne de Montmorency, sa femme, seigneur et dame de Vitré. Le nouveau reliquaire fut posé « sur la cornière du grand autel de la Magdeleine, du côté de l'évangile; » en voici la description : la châsse de saint Marse était faite en forme de chapelle, avec six pilastres de cuivre doré et quatre tableaux en bas-relief d'argent massif; elle était recouverte de feuilles d'argent en façon d'ardoises; aux deux bouts étaient les écussons du comte et de la comtesse de Laval. Les quatre bas-reliefs représentaient, outre les figures de saint Marse, de saint Victor, de saint Aubin et de saint Melaine, Guy XVI agenouillé devant un crucifix, et sa femme priant dans la même posture aux pieds de sainte Anne, sa patronne. Quatre distiques ornaient ces tableaux et étaient ainsi conçus :

Jésus qui mort souffris pour les humains,
Merci, de cœur, te crie, à jointes mains.

Royne des cieux, pure et nette sans sy
Prie pour nous fille de Montmorency.

Saints Mars, Victour, Aubin et saint Melaine[2]
Priez tous Dieu qu'à sa gloire nous meine.

---

1. Arch. dép. d'Ille-et-Vil., 8 G, 10.
2. Les saints évêques Victor, Aubin et Melaine étaient les amis particuliers de saint Marse, comme on peut le voir dans la vie de ce bienheureux.

Corps de saint Mars est ici enchâssé
Par Guy et Anne; requiescant in pace!
Amen.

Outre cette châsse précieuse, l'autel de sainte Magdeleine était garni de deux bustes en bois doré, remplis de reliques, armoriés aux armes du trésorier François de Laval, évêque de Dol, qui les donna vers 1540; ils étaient placés « au haut dudit autel. »

Enfin, au-dessus et au milieu du même autel, était une suspension renfermant les Saintes-Espèces; c'était, en 1750, « un ciboire d'argent suspendu au grand autel et couvert d'un pavillon de velours fin cramoisi, orné de rubans or et argent, bordé de dentelles et petits glands rouges et argent et doublé de moire d'argent[1]. »

Treize pièces de tapisseries de haute-lice complétaient à la même époque l'ornementation de l'autel et du chœur de la Magdeleine, aux fêtes solennelles[2].

Telle était l'église collégiale de la Magdeleine de Vitré, que la Révolution transforma en magasin à fourrages, après en avoir dispersé le Chapitre. Elle devint plus tard caserne; aujourd'hui elle n'existe plus, ayant été rasée pour faire place à la construction d'une école communale.

Trésoriers de Vitré[a].

Guillaume (1210).
André, au XIII° siècle.
Raoul du Matz donna en 1287 les dîmes qu'il possédait dans la paroisse de Marcillé-Robert, et fonda ainsi la sacristie de la collégiale, unie plus tard au diaconat.

---

1. En 1485, Michel Guibé, évêque de Rennes, avait autorisé les chanoines de Vitré à élever un « sacraire » dans leur église. (*Arch. dép. d'Ille-et-Vil.*, 8 G, 22.)
2. *Ibidem.*
3. *Ibidem*, 8 G, 4. — *Journal hist. de Vitré*, 568. — *Reg. des insin. ecclés. de l'évêché de Rennes*, etc.

James Robasnier, vivant vers 1327, fonda deux obits en mars et juillet.

N..... *Robasnier* succéda au précédent, dont il était parent.

Hamon Le Taillandier, archidiacre de Rennes, fit construire vers 1374 le clocher de l'église collégiale; on célébrait à son intention quatre obits en février, mai, septembre et octobre.

Gilles Tirel vivait en 1388.

Jehan Hodéart, archiprêtre de Bourgueil-en-Vallée, reçut le 27 juin 1404 la chapellenie de dom Gilles d'Erbrée, unie à la trésorerie, et la terre de la Chalmière, donnée au Chapitre le 17 août 1406. Jeanne, comtesse de Laval, lui confirma le 21 mai 1418 la jouissance de la dîme des moulins de Malipasse. Ce trésorier fit, comme on l'a vu, reconstruire le chœur de son église et mourut en 1420. Il avait été aussi prieur de Saint-Nicolas de Vitré.

Guillaume Portejoie, licencié en droit canon, passa une transaction le 22 octobre 1426; il vivait encore en 1451 et était alors prieur de Saint-Nicolas.

Guy du Boschet accepta le 5 juin 1455 une rente de 100 liv. sur la seigneurie de Chévré, faite par le comte de Laval, seigneur de Vitré, pour la fondation des Petites-Heures canoniales dans l'église de la Magdeleine; il devint conseiller et vice-chancelier de François II, duc de Bretagne, et fut nommé évêque de Cornouailles le 30 mars 1479. Il quitta alors Vitré et mourut le 10 janvier 1484.

Raoul Charron fut trésorier de 1480 à 1488.

Pierre Chabot l'était en 1488 et 1492. De son temps, Guy, comte de Laval et baron de Vitré, fonda le 15 mai 1491 l'office de la fête et de l'octave de la Visitation de la Sainte Vierge en son église collégiale, moyennant 100 sols de rente.

Pierre Le Baud, fils de Pierre Le Baud, seigneur de Saint-Ouen, dans le Maine, et de Jeanne de Châteaugiron, et doyen de Saint-Tugdual de Laval, était aussi trésorier de la Magdeleine de Vitré en 1493; il devint conseiller et aumônier de la reine-duchesse Anne de Bretagne, qui voulut en 1502 le nommer évêque de Rennes; mais il ne monta point sur ce siège et mourut le 19 septembre 1505. Ce trésorier composa une *Histoire de Bretagne* et les *Chroniques des maisons de Vitré et de Laval*.

Jean d'Espinay, fils d'Henri, seigneur d'Espinay, et de Catherine d'Estouteville, prit possession de la trésorerie le 24 octobre 1505. Il fut aussi prieur de Saint-Nicolas de Senlis et chanoine de la Sainte-Chapelle de Paris.

Pierre Jouan était trésorier en 1513 et 1516.

Jean Boulay alias *de la Boulaye*, recteur de la Chapelle-Erbrée, d'abord chanoine, fut nommé trésorier en avril 1518, fit le 21 juin 1521 la translation du corps de saint Marse dans la nouvelle châsse donnée par Guy XVI, et mourut le 22 septembre de la même année.

Tristan de Vendel, docteur en droit, fils de Jean de Vendel et d'Étaisse de Langan, chanoine de Dol, protonotaire apostolique, recteur de Plesguen, abbé du Tronchet en 1508, fut encore reçu trésorier de Vitré le 18 octobre 1523 ; il se démit en 1527. et mourut en 1533.

François de Laval, fils naturel de Guy XVI et d'Anne d'Espinay, fut reçu le 12 décembre 1527 ; l'année suivante il devint évêque de Dol. Il fut aussi abbé de Paimpont et du Tronchet, etc. Il mourut le 2 juillet 1556 dans son prieuré de Sainte-Catherine de Laval. Son corps fut inhumé dans le sanctuaire de sa cathédrale de Dol et son cœur fut déposé dans sa collégiale de Vitré.

Fiacre Amy fut pourvu à la suite du décès de l'évêque de Dol, en 1556, et mourut vers 1565.

Michel Tyrel, fils d'Olivier Tyrel et de Guyonne de Gennes, recteur de Cornillé et administrateur de Saint-Yves de Vitré, d'abord chanoine de la Magdeleine, prit possession de la trésorerie le 1er mars 1565 ; il résigna en 1574 et mourut le 5 septembre 1578.

Charles d'Argentré, pourvu sur la résignation du précédent, prit possession le 5 mai 1574 et résigna en 1582 en faveur du suivant.

Olivier Geslin, déjà chanoine, prit possession de la trésorerie le 31 juin 1582. Il embrassa avec ardeur le parti de la Ligue, devint recteur d'Étrelles et ne mourut que le 18 novembre 1630.

Georges de Frétart, sieur d'Anvilliers, prêtre du diocèse de Reims, prit possession le 8 février 1631 et mourut le 13 avril 1667.

Louis-Maurice de la Trémoille, fils de Henri de la Trémoille, duc de Thouars, prince de Talmont, comte de Laval et baron de Vitré, et de Marie de la Tour, prit possession de la Magdeleine le 31 mai 1667. Il devint abbé de Charroux et de Talmont, et doyen de Saint-Tugdual de Laval ; il résigna en faveur du suivant en 1672 et mourut le 25 janvier 1681.

Jean Vigneaux, docteur en théologie, prit possession le 6 octobre 1672 et mourut le 16 décembre 1688.

Philippe Amyot, recteur de Cesson, prit possession de la trésorerie le 4 avril 1689 et résigna cette dignité dès l'année suivante.

Jean Le Moyne, fils de Jean Le Moyne, sieur de la Maison-Neuve, et d'Étiennette Nouail, bachelier en théologie, prit possession le 17 octobre 1690 ; il fonda un obit au jour anniversaire de son décès, mourut le 20 août 1695 et fut inhumé le lendemain dans son église collégiale.

Charles-François Billon, sieur de l'Épineray, fils de Mathurin Billon, sieur du Demaine, et de Marie Hardy, licencié en l'Université de Paris, prit possession le 20 décembre 1695. Il fit en 1697 enregistrer ses armoiries : *d'azur, à un chevron d'or, accompagné de trois billettes de même, deux en chef, une en pointe.* Il mourut au commencement de 1736.

Jean-Baptiste Nouail, bachelier en droit, fils de Jean Nouail, sieur de la Foncherie, et de Marie Guy, fut nommé par le duc de la Trémoille, baron de Vitré, le 16 août 1736, et prit possession le 27 du même mois. Il mourut en 1753.

René Hourdier, sieur de Crannes, né à Domagné, fils de René Hourdier et de Jeanne Morel, devint trésorier le 24 janvier 1754 ; il mourut, âgé de soixante-douze ans, le 9 mars 1769, et fut inhumé dans son église collégiale.

Jean Thomas de la Plesse, fils de Jean Thomas de la Plesse et de Marie Curie, fut pourvu le 8 juin 1769. Il était aussi recteur de Chantenay, près Nantes, et y demeurait en 1772. Il conserva la trésorerie de la Magdeleine jusqu'à la destruction de cette collégiale, effectuée par la Révolution ; mort à Vitré le 9 avril 1791.

V. — SAINTE-MAGDELEINE DE CHAMPEAUX

Au mois de février 1413, Jean V, duc de Bretagne, permit à Simon d'Espinay, seigneur d'Espinay et de la Rivière, en la paroisse de Champeaux, évêché de Rennes, de réédifier « une vieille et ancienne chapelle de la Magdeleine, » dépendant de son château d'Espinay et située dans le cimetière paroissial de Champeaux [1]. Cette chapelle servait alors de lieu de sépulture aux sires d'Espinay, qui y possédaient un enfeu.

Simon d'Espinay eut, de son mariage avec Marie de la Frète, un fils nommé Robert, qui lui succéda dans la seigneurie d'Espinay et qui mourut en 1439. C'est à ces deux seigneurs d'Espinay qu'il faut attribuer la fondation de l'église collégiale dont nous nous occupons.

A cette époque, dit d'Argentré, l'église paroissiale de Saint-Pierre de Champeaux était « fort vieille, caduque et ruineuse, » et Robert d'Espinay ayant « fait rebastir tout de neuf » sa chapelle de Sainte-Magdeleine, d'après la permission donnée à son père, et l'ayant « agrandie et amplifiée en la façon qu'elle est

---

[1] *Bibl. Nat.*, ms. lat.; n° 22325, p. 378.

aujourd'hui, » offrit aux paroissiens de Champeaux de la leur donner pour remplacer leur église.

Guillaume Palet, alors recteur de Champeaux, accueillit cette proposition avec empressement ; à sa prière, le sire d'Espinay s'adressa à l'évêque de Rennes, et ce dernier, Guillaume Brillet, transféra « les droits de paroisse » de l'ancienne église Saint-Pierre, qui fut démolie, à la nouvelle église de Sainte-Magdeleine, qu'il érigea en église paroissiale de Champeaux [1].

Cette ordonnance épiscopale fut confirmée le 24 avril 1437 par le pape Eugène IV. Mais le Souverain-Pontife ne se borna pas à cela. Sur le désir manifesté par Robert d'Espinay d'établir et de doter cinq chapelains pour desservir, avec le recteur, la nouvelle église, Eugène IV éleva la Magdeleine de Champeaux au rang d'église collégiale, tout en la maintenant paroissiale ; il nomma ensuite le recteur de Champeaux doyen du nouveau Chapitre [2].

Cette fondation ne se fit pas toutefois sans quelque opposition. Armel de Champeaux, dernier représentant d'une noble et vieille famille qui avait dans l'origine possédé le manoir de la Rivière et la seigneurie de Champeaux, réclama contre la translation de l'église paroissiale, dont il se disait seigneur fondateur. Mais ses plaintes furent vaines et il dut faire taire ses prétentions, légitimes ou non, devant la puissance déjà grande du seigneur d'Espinay. Une *Notice* anonyme dit, au reste, que ce dernier lui acheta le manoir qu'il habitait et les droits honorifiques qu'il possédait dans l'église de Champeaux [3].

Sur ces entrefaites, Robert Ier, seigneur d'Espinay, mourut le 19 mars, avant Pâques, l'an 1439. Il fut inhumé au milieu du chœur de la collégiale qu'il avait fondée, sous une tombe « enlevée de terre, portant sa figure » et accompagnée de cette

---

1. *Arch. dép. d'Ille-et-Vil.*, 8 G, 35.
2. *Ibidem.*
3. *Ibidem.*

inscription : *Cy gist hault et puissant Messire Robert d'Espinay, chevalier, en son temps sire d'Espinay, d'Escures, de la Rivière, de Sauldecourt et de la Marche, grand maistre de Bretagne et premier chambellan du Duc nostre souverain seigneur, qui décéda le XIX° jour de mars, l'an de grâce M CCCC XXXVIII*[1].

Robert Ier d'Espinay avait épousé Jeanne de Montbourcher et en avait eu un fils nommé Simon, marié à Marguerite de Châteaubriant; mais ce dernier mourut avant son père, laissant un fils, Robert, qui succéda à son grand-père. Quant à ces deux dames d'Espinay, Jeanne de Montbourcher et Marguerite de Châteaubriant, elles furent l'une et l'autre inhumées à la Magdeleine; il en fut ainsi, vraisemblablement, de Simon d'Espinay, fils de l'une et mari de l'autre.

Robert II, seigneur d'Espinay, continua l'œuvre entreprise par ses ancêtres; quelques-uns croient même que le pape Eugène IV n'érigea qu'en 1441, — c'est-à-dire sous son gouvernement, — l'église de Champeaux en collégiale; mais cela n'est pas certain et n'est même guère supposable, car nous allons voir ce seigneur changer complètement en 1448 l'organisation de la collégiale.

Le sire d'Espinay, en effet, jugea insuffisante la dotation des chanoines de Champeaux, et pour l'augmenter il ne craignit pas d'avoir de nouveau recours au Saint-Siège; il demanda directement au Souverain-Pontife l'union de six églises paroissiales à la collégiale de Champeaux. Quelque exorbitante que fût cette demande, le pape Nicolas V l'accueillit favorablement, et le 29 avril 1448 il confirma l'union faite par son prédécesseur de la cure de Champeaux au doyenné de la collégiale de ce nom, et unit en outre cinq autres rectoreries aux cinq autres canonicats de la Magdeleine. Il assigna en même temps à la fabrique de cette collégiale les anciens revenus des prébendes.

---

1. Du Paz, *Hist. génèal. de Bret.*, 270. — L'année commençant alors à Pâques, le 19 mars 1438 (vieux style) est en réalité pour nous le 19 mars 1439.

Ainsi fut définitivement organisé le Chapitre de Champeaux, dans des conditions qui le distinguaient de toutes les autres collégiales. Aussi le P. Du Paz disait-il avec vérité : « Le collège de Champeaux est un des plus beaux et rares de la France, car il y a peu de princes et seigneurs qui aient tel droit de présentation. Car il est composé de six prébendes ou canonicats, où à chacun y a une cure annexée, que présente le seigneur d'Espinay, sans qu'il soit besoin aller à l'évesque, ny faire courir à Rome. Mais le premier ecclésiastique qui a dignité, soit évesque, abbé ou autre, en peut donner la collation. Il y a dignité de doyen, dix chapelains, quatre enfants de chœur, maistre de psallette, et chaque chanoine doit avoir un prestre sous lui. Il y a bonne musique, le service divin y est célébré avec beaucoup de devotion. Duquel collège le revenu vaut huit mille livres ou environ[1]. »

Les cures annexées à la collégiale de Champeaux par Nicolas V furent celles de Champeaux, Montdol, Saint-M'hervé, Vergeal, Guipel et Montreuil-sur-Pérouse. Mais un peu plus tard, en 1474, probablement à la suite d'une réclamation de l'évêque de Dol, dans le diocèse duquel se trouvait Montdol, cette rectorerie fut retirée de Champeaux et remplacée par celle de Saint-Jean-sur-Vilaine. La rectorerie de Saint-M'hervé, retirée aussi, nous ne savons pourquoi, et remplacée par celle de Domagné, fut définitivement réunie de nouveau à Champeaux en 1485 par le pape Innocent VIII, à la prière du seigneur d'Espinay. A partir donc de cette époque, et jusqu'en 1777, les doyen et chanoines de Champeaux furent en même temps recteurs des paroisses de Champeaux, Saint-Jean-sur-Vilaine, Saint-M'hervé, Vergeal, Guipel et Montreuil-sur-Pérouse[2].

Le 25 juillet 1477, une nombreuse assemblée de nobles et doctes personnages se réunit au château d'Espinay pour y

---

1. *Hist. général. de Bret.*, 265.
2. *Arch. dép. d'Ille-et-Vil.*, 8 G, 35.

rédiger les statuts de la collégiale fondée par les seigneurs du lieu. En tête se trouvait Jacques d'Espinay, évêque de Rennes, fils de Robert II, seigneur d'Espinay, et de Marguerite de la Courbe; il était accompagné de ses trois neveux, Guy d'Espinay, seigneur d'Espinay, Robert d'Espinay, grand chantre et chanoine de Rennes, et Jean d'Espinay, scholastique et chanoine de Rennes; Pierre Méhaud, également chanoine de Rennes et official du diocèse, se trouvait avec eux. A côté de l'évêque, du sire d'Espinay et des dignitaires ecclésiastiques se trouvaient les autres membres principaux de la famille et leurs alliés : André d'Espinay, alors chevalier et seigneur de la Courbe, mais qui devint plus tard scholastique de Rennes; Henri d'Espinay, seigneur de Sérigné, François de Montbourcher, seigneur du Bordage, Jean de Châteaubriant, seigneur du Guesclin, Robert Busson, seigneur de Gazon, Jean Le Seneschal, seigneur du Val, et Pierre de Boisbaudry, seigneur de Trans. Les statuts du Chapitre de Champeaux, rédigés en cette circonstance avec le concours du doyen et de ses chanoines, furent approuvés d'abord par l'évêque de Rennes, puis, en 1484, par le pape Sixte IV [1].

Ces statuts ne manquaient pas de sévérité; le sire d'Espinay, fondateur de la collégiale de Sainte-Magdeleine, dit d'Argentré, « fist bastir et édifier des maisons et les fist enclore et cerner de bonnes et fortes murailles, pour loger cinq chapelains et un doyen, qui priassent Dieu en icelle église, y célébrant journellement le divin office, comme grandes messes et heures canoniales, à la façon des églises cathédrales et collégiales [2]. » C'est dans ce cloître que devaient demeurer les chanoines de Champeaux, car dès 1448 le pape Nicolas V les avait autorisés à tenir toutes sortes de bénéfices, sans être astreints à y résider, pourvu qu'ils observassent la résidence à Champeaux. Chacun d'eux avait dans le cloître sa maison

---

1. *Arch. dép. d'Ille-et-Vil.*, 8 G, 39.
2. Cité par Du Paz, *Hist. général.*, 278.

avec cour et jardin; leur chef habitait l'hôtel du Doyenné, situé également dans le cloître, et au milieu de celui-ci se trouvait un puits commun [1].

Dix chapellenies furent ajoutées, dans la suite des temps, à la fondation première; on les nommait : le Saint-Esprit, unie à la Sacristie; — Saint-Julien, avec Sauldecourt et Estiau ses annexes, unie à la Psallette; — le Diaconat; — le Pont-Esperon, unie au Sous-Diaconat; — la Grande-Angelerie ou Sainte-Catherine; — la Petite-Angelerie; — la Hurie ou les Quatre-Évangélistes; — Saint-Nicolas de la Guerpinaye; — la Chevalerie, — et Saint-André.

Comme les chanoines, tous les chapelains desservant ces fondations, tous les employés du chœur et les enfants de la psallette eux-mêmes étaient obligés de résider dans le cloître : « Aucun du Chapitre de Champeaux, disent les statuts, doyen, chanoines, chapelains et autres choristes ou servant au chœur, ne pourra coucher ou prendre sa nourriture ordinaire hors des maisons du cloître. Aucun d'eux ne pourra s'absenter du service sans demander congé au Chapitre..... Personne du Chapitre, soit doyen, chanoine, chapelain ou autre, ne pourra avoir aucune femme pour servante, voire même leurs parentes, et même ne pourra coucher aucune femme dedans ledit collège..... Les portes du cloître seront fermées tous les jours, à jour tombant, tant en été qu'en hiver [2]; et tous ceux du cloître ayant des portes qui s'ouvrent sur des rues hors l'enclos de leurs jardins, devront les faire fermer et murer..... Ceux qui ont la charge des enfants de chœur ne les pourront envoyer, ni leur donner congé d'aller en aucun lieu hors du cloître, sans la permission du Chapitre..... Enfin, pour les longues absences, comme d'un mois, outre le congé du Chapitre, seront tenus les chanoines et les chapelains prendre

---

1. *Arch. dép. d'Ille-et-Vil.*, 8 G, 33.
2. En 1660, les portes du cloître s'ouvraient le matin à quatre heures en été et à cinq heures en hiver; on les fermait le soir à dix heures, de Pâques à la Toussaint, et à neuf heures de la Toussaint à Pâques.

congé de Mgr l'évêque de Rennes et de Mgr le patron et fondateur (le seigneur d'Espinay), et auront des prêtres et choristes pour les remplacer au chœur[1]. »

Le 8 juin 1542, Claude Dodieu, évêque de Rennes, autorisa le doyen et les chanoines de Champeaux à porter l'aumusse et la chape, à l'instar des chanoines de sa cathédrale[2].

Lorsqu'un chanoine, nommé par le seigneur d'Espinay, se présentait au Chapitre de la Magdeleine de Champeaux pour y prendre place, il devait faire solennellement les promesses suivantes : Observer les statuts de la collégiale ; — résider dans le cloître ; — assister journellement à l'office canonial et aider à y faire le service divin ; — entretenir continuellement un prêtre pour le remplacer, quand il devrait se rendre dans la paroisse dont il devenait recteur ; — garder fidèlement les secrets du Chapitre ; — payer à la fabrique de Champeaux 60 liv. pour droit de chape, à son entrée seulement, et 60 sols chaque année pour l'entretien de la lampe du chœur[3].

La grande difficulté pour les chanoines de Champeaux était d'accorder leur obligation de résider au cloître avec leur devoir pastoral d'administrer les paroisses dont ils étaient recteurs. A l'époque de la fondation de leur collégiale, les recteurs ne résidaient guère dans leurs paroisses, et les bénéfices s'entassaient sur les mêmes têtes par le moyen des commendes ; mais après le Concile de Trente, et au xviie siècle surtout, les évêques ne voulurent plus de recteurs n'apparaissant que très-rarement dans leurs paroisses.

En 1669, Charles de la Vieuville, évêque de Rennes, enjoignit l'ordre formel à tous les chanoines de Champeaux d'aller résider dans les paroisses dont ils étaient chargés ; mais les statuts de la collégiale s'opposaient à l'accomplissement de cet ordre, et l'on vit, en 1681, Paul Bourniche, chanoine de Champeaux et recteur de Saint-Jean-sur-Vilaine, privé de

---

1. Statuts édictés en 1624. (Arch. dép. d'Ille-et-Vil.)
2. Arch. dép. d'Ille-et-Vil., 8 G, 33.
3. Ibidem, 8 G, 30.

son gros parce qu'il ne résidait point exactement à Champeaux[1].

Pour obvier à cet inconvénient, Jean-Baptiste de Beaumanoir, successeur de Mgr de la Vieuville sur le siège épiscopal de Rennes, voulut obliger les chanoines de Champeaux à opter entre leurs canonicats et leurs cures ; il ne leur accorda de lettres de collation qu'à la condition expresse que, dans les trois mois, ils choisiraient l'un de ces bénéfices, soit la prébende, soit la cure, et résigneraient l'autre. Mais le Chapitre de Champeaux s'empressa de protester, et le seigneur d'Espinay refusa d'accepter les démissions qu'offrirent quelques chanoines désireux d'obéir au prélat.

De ces tiraillements malheureux mais inévitables résultèrent de fâcheuses conséquences. Les chanoines de Champeaux se divisèrent : les uns obéirent à l'évêque en se rendant dans leurs paroisses ; les autres se crurent tenus, par leur serment d'entrée, d'observer les statuts du Chapitre. L'office canonial de la Magdeleine en souffrit beaucoup, et les paroisses ne s'en trouvèrent guère mieux. Peu à peu cependant le cloître devint de plus en plus vide, car les évêques de Rennes successeurs de Mgr de Beaumanoir marchèrent sur les traces de ce dernier. En 1734, le doyen et deux chanoines résidaient seuls à Champeaux ; en 1769, lorsque René Beziel se présenta à la Magdeleine pour y être installé doyen et recteur de Champeaux, il n'y avait plus au cloître qu'un seul chanoine résidant : c'était François Pannetier, recteur de Montreuil-sur-Pérouse ; tout seul, il « s'assembla capitulairement » pour recevoir le nouveau doyen du Chapitre[2].

Ce triste état de choses eut heureusement une fin. Lorsque François Bareau de Girac devint évêque de Rennes, il trouva dans René Le Prestre, baron de Châteaugiron et marquis d'Espinay, les meilleures dispositions pour régler à l'amiable

[1]. *Reg. capitul. de Champeaux de 1618 à 1760.* (Arch. dép. d'Ille-et-Vil.)
[2]. *Ibidem.*

la situation des chanoines de Champeaux, et tout se termina de la manière suivante.

Par ordonnance épiscopale du 27 novembre 1777, l'évêque de Rennes désunit les canonicats et les cinq cures possédés par les chanoines de Champeaux, laissant seulement la rectorerie de Champeaux unie au doyenné; — il éteignit les titres des dix chapellenies, dont les revenus furent réunis au gros du Chapitre; — trouvant le nombre des membres de la collégiale beaucoup trop considérable pour ses revenus (ils étaient vingt-deux, savoir six chanoines, six prêtres choristes pour les remplacer au chœur et dix chapelains), il le réduisit à huit : six chanoines et deux officiers de chœur faisant les fonctions de diacre et sous-diacre; — enfin, il établit deux menses distinctes : la mense fabricale, jouissant du tiers de tous les revenus (gros du Chapitre, fonds des chapellenies et des fondations[1]), évalué à 2,200 liv. de rente, et la mense capitulaire, ayant les deux autres tiers du même revenu total, c'est-à-dire 4,400 liv., à la charge pour cette dernière mense : 1° de payer un préciput de 300 liv. au doyen, et un traitement de 300 liv. à chacun des deux officiers du chœur; 2° d'acquitter les fondations, qu'il fallut réduire considérablement; 3° de payer les assistances des six chanoines à l'office canonial[2].

Le seigneur d'Espinay approuva volontiers cet arrangement, parce que l'évêque lui laissa non-seulement la présentation du doyen-recteur de Champeaux et de tous ses chanoines, mais encore celle des recteurs de Saint-Jean-sur-Vilaine, Vergeal, Saint-M'hervé, Guipel et Montreuil-sur-Pérouse[3].

---

1. Le gros du Chapitre se composait principalement de la fondation primitive, consistant en dîmes en Chelun et Éancé; des métairies de la Poultière, la Bardoulière, la Balue, le Petit-Breil, la Gehinnière, la Pille et la Grivellère, en Martigné-Ferchaud; de celle de la Grand'Maison, au bourg de Brécé, et du fief du Boisdulier, en Noyal et Servon. — Les principaux biens affectés aux fondations étaient : les métairies de Launairon, du Fresnay, de Fourée, et un assez grand nombre de rentes diverses. (Communication de M. l'abbé Paris-Jallobert.)

2. *Arch. dép. d'Ille-et-Vil.*, 8 G, 33.

3. *Ibidem*.

Des lettres patentes du roi, datées de décembre 1777 et enregistrées au Parlement de Bretagne le 31 janvier 1778, consacrèrent définitivement cette transformation du Chapitre de Champeaux, et les chanoines de cette collégiale, débarrassés de leurs cures, demeurèrent paisiblement ensuite dans leur cloître de la Magdeleine jusqu'au jour trop prochain où la Révolution les en chassa.

Comme on vient de le voir, le total des revenus de la collégiale de Champeaux était de 6,600 liv. à l'époque qui précéda sa destruction; mais, dans l'origine, ce Chapitre était beaucoup plus riche, jouissant des revenus des six rectoreries qui lui étaient unies; il n'avait conservé que celle de Champeaux, mais les cinq autres cures valaient en 1790 : Saint-M'hervé, 3,854 liv.; — Vergeal, 3,200 liv.; — Guipel, 1,800 liv.; — Saint-Jean-sur-Vilaine, 3,956 liv.; — Montreuil-sur-Pérouse, 1,330 liv. — Total, 14,140 liv.[1]

La désunion des bénéfices avait donc réduit de plus des deux tiers les revenus des chanoines de Champeaux; c'est ce qui explique la répugnance qu'éprouvaient le Chapitre de la Magdeleine et le seigneur d'Espinay à accepter cette désunion que voulait l'évêque de Rennes.

On possède encore au presbytère de Champeaux la matrice du sceau de la collégiale; il est rond : *le champ, semé de larmes, est occupé au centre par une sainte Magdeleine debout, portant de la main gauche un vase de parfums qu'elle recouvre de la main droite; à ses pieds est l'écusson en bannière des sires d'Espinay : d'argent, au lion coupé de gueules et de sinople, armé, couronné et lampassé d'or.* La légende porte : SIGILLUM . CAPITULI . DE . CAMPELLIS.

En 1697, le Chapitre de Champeaux fit enregistrer les armoiries suivantes : *de gueules semé de larmes d'argent, à une Magdeleine debout d'or*[2].

---

1. *Arch. dép. d'Ille-et-Vil.*, 1 V, 24, 27.
2. *Armorial général ms.*

L'église collégiale et paroissiale de Champeaux existe encore et est très-intéressante.

Elle se compose d'une seule nef, terminée par un chevet droit, et accompagnée de plusieurs chapelles irrégulièrement disposées.

La partie ancienne consiste dans la nef et dans une chapelle au Nord qui a tous les caractères d'une ancienne chapelle seigneuriale prohibitive; c'est là l'édifice qu'a dû bâtir le seigneur d'Espinay vers l'an 1430. Plus tard, on y ajouta une chapelle au Sud, à peu près vis-à-vis la précédente, et du xv° siècle comme elle; puis on construisit de chaque côté du chœur deux chapelles irrégulières, l'une, assez vaste, dédiée d'abord à saint Julien, aujourd'hui dite de Sainte-Barbe, bâtie vers 1490; — l'autre, réservée aux seigneurs d'Espinay et construite en 1594. Entre cette dernière chapelle et la première chapelle méridionale dont nous avons parlé, fut élevée la salle capitulaire[1]. Enfin, une tour fut accolée au Nord de la nef; commencée en 1712, cette tour fut achevée en 1723.

Examinons maintenant en détail chaque partie de cette église.

La nef n'offre par elle-même rien de bien saillant; au-dessus du portail occidental on y trouve cependant une ancienne verrière représentant le baptême de Notre-Seigneur.

La première chapelle du Nord ne présente aussi de particulier que ses sculptures plus richement travaillées, rappelant le style de toutes les chapelles seigneuriales du xv° siècle.

Mais la première chapelle méridionale, — celle que M. l'abbé Brune nomme le transept Sud, — mérite qu'on s'y arrête. Sa fenêtre est ornée d'une belle verrière portant les dates 1520 et 1540, et représentant la descente du Saint-Esprit sur les apôtres. « Plusieurs têtes, entre autres celle de la Vierge, y sont d'un caractère noble et original. » Cette chapelle ren-

---

1. Au-dessus de la porte conduisant du chœur à la chapelle seigneuriale et à la salle capitulaire on lit l'inscription suivante, qui donne le nom de l'architecte de cette partie de l'église et la date de sa construction : RICAND ME FECIT. 1594.

ferme aussi un autel à baldaquin dans le style du xvi° siècle. Au-dessous du dais richement sculpté est « un retable présentant en demi-ronde-bosse plusieurs sujets de la Passion, tels que le Sauveur attaché à la colonne, le portement de croix et le crucifiement; puis la descente aux limbes et les saintes femmes au tombeau, avec l'ange chargé de leur annoncer la résurrection. Tout cela est sculpté en bois et présente des groupes d'un arrangement heureux et souvent d'une exécution remarquable [1]. »

En entrant dans le sanctuaire, on admire tout d'abord la belle fenêtre ogivale, dont les meneaux flamboyants appartiennent au gothique du xv° siècle. Elle décore parfaitement tout le chevet, étant garnie d'une admirable verrière, conservée dans un état de fraîcheur et de transparence peu ordinaire. En voici la description par M. l'abbé Brune : « Là est peinte en grande dimension, — dit-il, — la scène imposante du Calvaire. Aux pieds du Christ est la Madeleine éplorée et la Vierge, mère de Jésus. Dans l'Évangile, Marie, participant au sacrifice de son fils et l'offrant elle-même comme victime du monde, est plus que mère, elle est prêtre, et c'est pour cela qu'elle est représentée debout auprès de l'autel de l'immolation. La plupart de nos peintres lui ont conservé ce caractère et cette pose, et ils ont bien fait. Ici elle est assise et comme accablée de douleur; ses yeux se fixent sur la victime et son expression est trop celle de la nature. Du reste, cette figure, comme toutes les autres, est parfaitement drapée et d'un dessin qu'on pourrait attribuer à Jean Cousin. Autour de la croix sont groupés le grand-prêtre, les bourreaux et les soldats. A droite et à gauche, le bon et le mauvais larron expirants, et leurs âmes, représentées par de petites figures nues, s'échappent de leurs têtes et sont reçues, l'une par un ange, l'autre par un démon. Au-dessus du chef du Christ brille en couleur d'or l'entrée de la cité céleste, où il vient de donner

---

1. M. l'abbé Brune, *Cours d'Archéol. relig.*, 393.

rendez-vous au bon larron. Sur la même ligne et de chaque côté de ce portique, on voit deux trônes occupés par deux personnages, qui ne peuvent être que Énoch et Élie. Enfin, dans le tympan de l'ogive, le Père-Éternel, couronné comme un empereur et vêtu en pape, tient son fils mort sur ses genoux. Il est entouré d'une triple bordure de petits anges groupés en cercles, dont chacun est de couleur différente [1]. »

Au milieu de ce chœur fut inhumé en 1439 Robert d'Espinay, fondateur de la collégiale de Champeaux ; son tombeau, élevé au-dessus du pavé, n'existe plus. Nous avons relaté précédemment son épitaphe, et nous avons dit que sa femme, Jeanne de Montbourcher, et sa bru, Marguerite de Châteaubriant, avaient été inhumées près de lui.

Là aussi devait reposer Jacques d'Espinay, évêque de Rennes, décédé en janvier 1482. Avant de mourir, ce prélat « ordonna que son corps fût enterré à Champeaux, où il fonda deux chapellenies et y donna sa librairie, et ordonna qu'il fût enséptulturé sans aucunes pompes funèbres [2]. » Il ne reste malheureusement nulle trace de son tombeau.

Mais un autre monument funèbre apparaît dans le sanctuaire, à droite de l'autel, du côté de l'évangile : c'est le beau mausolée de Guy III, seigneur d'Espinay, et de Louise de Goulaine, sa femme.

En 1542, ce seigneur et cette dame fondèrent à Champeaux douze obits par an ; ils stipulèrent dans l'acte de fondation qu'un *libera* serait chanté chaque fois sur leur tombeau, et que le distributeur des assistances dirait à chaque assistant, en lui remettant ses honoraires : *Requiescant in pace!* à quoi l'on devrait répondre : *Amen!* [3]

Guy III d'Espinay mourut le 2 août 1551 et fut inhumé à droite du maître-autel. Sa veuve s'empressa de faire construire

---

1. *Cours d'Archéol. relig.*, 385.
2. Du Paz, *Hist. généal. de Bret.*, 288.
3. *Arch. dép. d'Ille-et-Vil.*, 8 O, 33.

sur sa tombe le monument que nous y voyons, portant la date 1553. Louise de Goulaine mourut elle-même le 8 février 1567 et fut inhumée près de son époux.

Tout ce mausolée du seigneur et de la dame d'Espinay « est décoré de sculptures et d'incrustations en marbre de différentes couleurs. La richesse et la beauté du travail annoncent qu'on n'a ménagé ni la dépense ni les soins; malheureusement, on n'y voit que des emblèmes de mort ou des ornements insignifiants, mais rien de religieux, rien pour ainsi dire de chrétien dans toute cette composition, qui rappelle à sa manière le caractère du temps où elle a été exécutée. Deux statues de grandeur naturelle sont couchées sur le sarcophage, représentant les deux époux à l'état de cadavre, dépouillés de toute pompe, nus, les yeux fermés, les lèvres légèrement crispées, les muscles du cou raidis, vraie image de la mort. Ces sculptures, exécutées en pierre, semblent avoir été moulées d'abord sur nature, tant il y a de vérité dans les formes[1]. » Des cartouches portent, comme nous l'avons dit, le chiffre 1553, date de l'érection de ce tombeau, et les lettres G et L, initiales des deux défunts. Presque au sommet du monument, qui garnit toute la muraille à droite de l'autel, est gravée l'inscription suivante en vers latins :

Mors in utriusque mortem :
Non cedat tellus, styx, aer, pontus amori;
Tellus, styx, aer cedat et unda mihi;
Cedat et ipse puer quidvis mihi, si quid amoris
Mundus habet; mundus nam donat quidquid habet :
Quos nunc funereo junxi sub marmore quondam
Junxit amor, vici, sic quoque victus amor;
At quis amor? Mortalis amor quid numina divi?
Emeritus erat, vicit at alter amor;
Sic mors victus amor cœlum concessit utrique

---

[1]. M. l'abbé Brune, *Cours d'Archéol. relig.*, 389.

Vitam, nectar, opes, morte, siti, spoliis.
Fama mortalibus
Una supersters [1].

A côté de ce monument se trouve la chapelle de Saint-Julien, appelée maintenant de Sainte-Barbe. Elle fut construite par Guy Ier, dit le Grand, seigneur d'Espinay, qui la « fist dédier à Monsieur saint Julien et y fonda une messe chacun jour de la semaine, qui doit estre chantée par les enfans de chœur, et voulut y estre enterré avec sa compagne épouse[2]. » Il fit son testament le 2 septembre 1494 et mourut le 2 mai 1501, étant au service du roi; son corps fut porté à Champeaux, selon ses dernières volontés. Quant à sa femme, Isabeau de Goyon, fille du seigneur de Matignon, nous ignorons l'époque de sa mort, mais elle dut reposer auprès de son mari, et l'on voyait encore au XVIIe siècle leur tombeau, qui a disparu depuis.

C'est vraisemblablement dans cette même chapelle, et près de son aïeul, que fut inhumé en 1522 Guy II, seigneur d'Espinay, fils d'Henri d'Espinay et de Catherine d'Estouteville : « Ledit sire d'Espinay fit testament le 5° de juin, l'an 1522, par lequel il ordonna son corps estre inhumé en l'église de Champeaux et porté en terre par six de ses mestaiers, à chacun desquels il donna deux aulnes et demie de drap noir pour faire une robe, et aussi une mine de bled seigle[3]. » Le tombeau de Guy II n'existe plus aujourd'hui.

Mais auprès de l'autel de cette chapelle est un autre monument funéraire : c'est celui que Charles d'Espinay, alors chantre de Rennes et abbé de Saint-Gildas-des-Bois, plus tard évêque de Dol, fit élever à la mémoire de sa sœur, Claude d'Espinay. Ils étaient enfants l'un et l'autre de Guy III, sei-

---

1. Nous devons la lecture de cette inscription à l'obligeance de M. l'abbé Paris-Jallobert.
2. Du Paz, *Hist. généal. de Bret.*, 296.
3. *Ibidem*, 299.

gneur d'Espinay, et de Louise de Goulaine. Ce monument fort simple consiste en une longue inscription, plus païenne que chrétienne, vrai type de l'époque de la renaissance, en laquelle elle fut composée; la voici tout entière :

D. D. Castitat. et memor.
Claudiæ Spinaiæ virgin. generossim. cerr.
eruditiss. Gudonis Spinai et Lodoicæ Goulinæ
nobiliss. ex antiquiss. famil. parentum filiæ.
Quæ et ad musas nata et a musis, ut cr...
educata, sic artis musicæ cæterumq. bon. art.
commendationi, alteram Minervæ castitatem et
futuram de suo ingenio memoriam addidit ut et castiss.
ut et memoria digniss. ut ex musis una propemodum
habeatur. Quæ sic deniq. inter suos vixit, quæ
sic deniq. ann. M D XXXXIIII, et ætatis suæ
XX, inter suorum amplexus vita functa est,
ut et opt. et feliciss. virginem vivere et mori
docuit.
Carolus Spinaius S. G. abbas, frater sorori,
pius piæ plusquam volgaris amicitiæ ergo et in
vestram, o d. d. castitas et memoria, gloriam
non sine lacrimis et votis perennib.

Dans la chapelle qui renferme ce monument est une belle verrière comparable à celle du maître-autel et représentant l'histoire du martyre de sainte Claude, patronne de la demoiselle d'Espinay, inhumée à côté. « On voit la vierge appliquée à la torture et martyrisée, puis reparaissant triomphante, la palme à la main, dans une attitude pleine de dignité, de grandeur et de céleste ravissement. Cette figure rappelle la sainte Cécile de Jules Romain et la sainte Catherine de Raphaël. Non loin d'elle, on voit un apostat que le démon saisit et entraîne. »

Il nous reste à visiter la chapelle placée au Sud du chœur; elle n'est pas la moins curieuse de la collégiale.

Une inscription placée extérieurement dans la muraille nous apprend l'origine de cette partie de l'église de Champeaux :

« *Cy est la premiere pierre de ceste chapelle fondée par defunct hault et puissant Messire Jan premier marquis d'Espinay*[1] *et haulte et puissante dame Marguerite de Scepeaulx sa compagne, comte et comtesse de Durestal, laquelle chapelle a esté faicte construire par ladicte dame, depuis le déceix dudict d'Espinay seigneur, et ceste pierre fondamentalle mise, présents ladicte dame et hault et puissant Charles à présent marquis d'Espinay, baron de Barbezieux, son petit-fils, le 2° jour d'aoust 1594.*

C'est par copie de la première pierre.
Jullian Ricand architecte.

Jean, marquis d'Espinay, mourut le 9 décembre 1591, après avoir ordonné qu'on l'inhumât à Champeaux et qu'on y fît une fondation pour lui. Marguerite de Scepeaux, sa veuve, n'y manqua pas, et, le 24 février 1593, elle fonda une messe solennelle avec service pour le repos de l'âme de son mari; puis elle s'occupa de la construction d'une chapelle au-dessus du tombeau qu'elle lui avait fait faire.

Cette chapelle se compose donc d'un caveau à demi-souterrain, dont la voûte s'élève un peu au-dessus du sol, et d'une chapelle supérieure.

Le caveau n'offre d'intéressant qu'une colonne centrale qui en soutient la voûte; sur le chapiteau de cette colonne sont les armoiries des sires d'Espinay : d'argent au lion de gueules coupé de sinople, armé, couronné et lampassé d'or. Ce caveau

---

1. La seigneurie d'Espinay fut érigée en marquisat en faveur de ce Jean, sire d'Espinay, l'an 1573.

est vide maintenant; en 1793, on y trouva deux châsses et un cœur de plomb. Il est vraisemblable que ces châsses renfermaient les corps des fondateurs Jean, marquis d'Espinay, décédé en 1591, et Marguerite de Scepeaux, sa veuve, morte à Rennes le 28 mars 1603, puis transférée très-solennellement à Champeaux. Quant au cœur qui accompagnait leurs châsses, ce devait être celui de l'évêque de Dol, Charles d'Espinay. Ce prélat décéda le 12 septembre 1591; son corps fut inhumé dans sa cathédrale de Dol, mais son cœur fut transporté, dit Du Paz, « en l'église de la Magdeleine de Champeaux, selon qu'il l'avait ordonné par testament. »

Nous croyons d'autant mieux que ces châsses renfermaient les restes de ces personnages, que le dernier sire d'Espinay mourut peu après, en 1609, dans sa baronnie de Durestal; son héritier, Charles de Schomberg, seigneur étranger au pays, vendit, dès 1630, le marquisat au duc de la Trémoille, dont les descendants le revendirent en 1716 à Louis Bouscher et Joseph Galpin; ces derniers le vendirent peu après, en 1719, à René Le Prestre de Lezonnet, baron de Châteaugiron. Or, tous ces seigneurs-là avaient leurs enfeux ailleurs qu'à Champeaux.

Montons maintenant dans la chapelle supérieure au caveau. Elle est pavée avec des briques historiées et armoriées; elle avait jadis de belles verrières dont il reste encore de précieux débris. On y voit « une représentation de Dieu le Père, une main appuyée sur le globe terrestre et paraissant occupé de ce qui se passe au-dessous de lui; quelques anges l'environnent, mais le sujet inférieur a disparu. Une autre fenêtre de la même chapelle contenait la peinture du sacrifice d'Abraham [1]. »

Nous n'avons pas voulu interrompre cette description des verrières et des nombreux tombeaux qui distinguent l'église de Champeaux, et cependant il est encore dans cet édifice

---

1. M. l'abbé Brune, *Cours d'Arch. relig.*, 386.

quelque chose de plus intéressant peut-être au point de vue artistique : nous voulons parler des stalles qui ornent le chœur.

« Rien de plus gracieux, dit M. l'abbé Brune, que la broderie légère, riche et délicate qui décore le baldaquin régnant au-dessus du double rang de sièges des anciens chanoines; rien de plus varié que les décorations des panneaux formant le dossier, des supports, des accoudoirs, des miséricordes elles-mêmes. L'imagination la plus féconde et le goût le plus exquis semblent avoir présidé à ce travail, à peu près unique dans son genre dans le diocèse de Rennes; car les stalles de la Guerche, qu'on pourrait seules comparer à celles-ci, leur sont inférieures et ont beaucoup perdu par suite des couches de couleurs à l'huile dont elles sont revêtues. A Champeaux, c'est l'original dans toute sa franchise, sa hardiesse, sa vigueur de ciseau; tandis qu'à la Guerche on ne trouve qu'une belle copie exécutée avec timidité et défiance de talent. Tout ce qui manque ici, c'est la pensée chrétienne, c'est l'inspiration et la direction de la foi. Toutes ces dentelles légères, tous ces enroulements et arabesques, toutes ces figures mythologiques ou grotesques, toutes ces décorations, en un mot, exécutées avec tant de verve et de facilité, ne contiennent rien qui annonce la piété des artistes, ni l'intention chrétienne des donateurs. C'est le XVIe siècle avec ses beautés et ses défauts [1]. »

On voit qu'il reste encore de belles choses dans l'ancienne église collégiale de Champeaux, aujourd'hui simple église paroissiale de campagne; mais combien d'autres objets précieux la Révolution n'a-t-elle pas détruits! Nous pouvons nous en convaincre en parcourant les anciens inventaires de

---

1. *Cours d'Arch. relig.*, 392. — Il existe aussi dans la chapelle Sainte-Barbe un siège en bois à dossier sculpté, assez curieux, offrant un médaillon central qui représente la Charité; ce siège a évidemment été transféré là de sa place primitive. On croit que c'est un débris des stalles de l'ancienne salle capitulaire. La porte de cette salle est, en effet, ornée de panneaux de même style que le siège en question, et elle est datée, avons-nous dit, de 1594.

la Magdeleine, c'est par eux que nous terminerons cette description déjà longue de l'église qui nous occupe à si juste titre.

Autrefois, dans les solennités, on garnissait de riches tentures tout le chœur de la collégiale : « Six grandes tapisseries où se voit l'histoire de sainte Magdeleine » entouraient le sanctuaire, s'étendant même « sur les chaires dudit chœur ; » une autre tapisserie décorait « l'entrée du chœur » et s'attachait « au jubé. » Ainsi, il y avait à Champeaux, comme à la Guerche, un jubé à l'entrée du sanctuaire, et ces jubés devaient naturellement répondre aux élégantes stalles que nous admirons tant. Quelle perte artistique nous cause la destruction de ces jubés! Mais revenons aux tentures de la Magdeleine; en voici d'autres encore : ce sont six pièces garnies de franges, qui ne sont pas peu curieuses : « On y voit par ordre toutes les armes d'alliance de la maison d'Espinay. » Enfin, une autre tapisserie représente le crucifiement de Notre-Seigneur et est ornée « des devises de la maison d'Espinay [1]. »

Le maître-autel était lui-même orné d'un « devant brodé d'or, aux armes d'Espinay et de Goulaine; » les blasons d'Espinay et de Scepeaux apparaissaient « sur le dais, » et ceux d'Espinay et de La Rochefoucauld resplendissaient sur « les chasubles. »

Mentionnons maintenant les reliques que possédait l'église collégiale : c'est d'abord « un assez grand reliquaire en façon de chapelle, où il y a plusieurs niches avec verrines, garni devant, derrière et aux bouts de bandes d'argent; deux desquelles niches contiennent plusieurs reliques précieuses des lieux où Notre-Seigneur a touché (sic), avec trois petites croix en haut, et à celle du milieu y a cinq petites pierres inconnues. » — A côté est une Vraie Croix offerte par la dame d'Espinay; c'est « une croix d'argent doré avec une patte, à l'estomach de laquelle croix y a une petite croix d'or où sont

---

[1]. La devise des sires d'Espinay était : *Repellam umbras*.

quatre petits m... ...aux de la Vraye Croix donnée par Marguerite de Scepea... » — Notons encore un autre reliquaire « en forme d'image de saint Jacques, en argent, » et renfermant des reliques de ce saint apôtre.

Nous n'énumérons point ici les calices et autres vases sacrés que contenait le trésor, parce qu'il nous faut terminer; mais nous ne pouvons passer sous silence une belle croix processionnelle ainsi décrite : « Une grande croix d'argent avec son baston, ayant d'un costé l'image de Nostre-Seigneur crucifié, et de l'autre l'image de Nostre-Dame, et où sont quatre pièces rapportées, d'argent doré, esmaillées, et d'un costé sont les images des quatre Évangélistes et de l'autre costé les armes d'Espinay et leurs alliances [1]. »

L'on voit ainsi que les seigneurs d'Espinay n'avaient point cessé d'enrichir leur collégiale; leurs armoiries y paraissaient partout, jusque sur la « masse » du bedeau du Chapitre, « où il y a un écusson avec un lyon. » Ils affectionnaient tant cette église de la Magdeleine de Champeaux qu'ils en avaient fait, comme disait le P. Du Paz, « un des plus beaux et des plus rares collèges de France. »

Doyens de Champeaux [2].

Guillaume Palet, recteur de Saint-Pierre de Champeaux en 1437, fut vraisemblablement le premier doyen de la collégiale de Sainte-Magdeleine.

Raoul Deschamps vivait en 1477.

Jacques Douesneau figure en 1553.

Pierre Sauldrais, docteur en théologie, doyen dès 1590, l'était encore en 1609; il résigna à cette époque et mourut à Champeaux le 29 novembre 1616.

Louis Guyard, docteur en théologie et protonotaire apostolique, succéda au précédent en 1609.

Jacques de Bourgon, sieur de la Corbinaye, doyen en 1617, fonda deux obits à Champeaux le 23 décembre 1622.

---

1. *Inventaires de 1637 et 1681.* (Arch. dép. d'Ille-et-Vil.)
2. Arch. dép. d'Ille-et-Vil., 8 G, 33. — *Reg. des insin. ecclés. de l'évêché de Rennes.* — Notes ms. de M. l'abbé Paris-Jallobert.

Pierre Le Moyne, sieur du Plessix, né à Vitré, en 1585, de Floridas Le Moyne et de Marguerite Le Gouverneur, était doyen en 1627; il mourut recteur de Notre-Dame de Vitré, chanoine de la Magdeleine, en cette ville, et doyen de Vitré, en 1631, le 18 mai, et fut inhumé devant l'autel de Notre-Dame-de-Pitié, en l'église de Notre-Dame de Vitré.

Étienne Bricet, sieur de Beauregard, doyen dès 1628, mourut le 17 février 1650; il avait fondé l'année précédente une messe hebdomadaire dans la chapelle Sainte-Anne de son église, et il y fut inhumé.

Olivier du Verger naquit à Vitré de Michel du Verger et de Gillette de Gennes, sieur et dame de la Richardais; reçu doyen le 2 mars 1650, il permuta en 1662 avec le suivant et devint recteur de Dourdain.

Claude Le Drogo, prêtre de Saint-Brieuc, précédemment recteur de Saint-Pierre de Janzé et doyen de Châteaugiron, puis recteur de Dourdain, fut reçu doyen de Champeaux le 4 janvier 1662, à la place du précédent. Il résigna à la fin de 1665.

René Doré, prêtre de Rennes, prit possession et fut reçu le 15 janvier 1666; il fonda un obit dans sa collégiale le 20 mars 1695 et mourut peu de temps après, le 17 mars 1697; il fut inhumé le 19 dans la chapelle Sainte-Barbe de son église.

Léon Pager prit part au synode de 1701 en qualité de doyen de Champeaux; il mourut le 10 février 1710 [1].

Paul de Gennes, sieur du Perray, fils de Paul et de Jeanne Le Moyne, naquit dans l'Église protestante le 22 août 1669; devenu catholique, il se fit prêtre à Vitré et fut reçu doyen de Champeaux le 25 février 1710. Il mourut le 12 août 1728 et fut inhumé le lendemain à l'entrée du chœur de son église collégiale.

Jacques de Bonnemez, chanoine de Champeaux et recteur de Montreuil-sur-Pérouse, fut nommé doyen le 31 août 1728 par Jacques Le Prestro, baron de Châteaugiron et marquis d'Espinay, reçut le 1er septembre le *visa* épiscopal, et prit possession le lendemain. Ce doyen résigna en 1731 et devint simple chanoine et recteur de Saint-Jean-sur-Vilaine.

Pierre de Gennes naquit à Brest de Jean de Gennes et de demoiselle Fiacre Legendre; devenu chanoine de Champeaux et recteur de Montreuil-sur-Pérouse, il prit possession du doyenné le 7 février 1731. Il mourut le 3 août 1769, âgé de soixante-six ans.

René-Luc Le Beziel, nommé le 6 août 1769, prit possession le

---

1. En 1698, le doyen de Champeaux fit enregistrer les armoiries suivantes : *d'argent, à une montagne de sinople accompagnée de trois croisettes de sable, une en chef et deux en flancs.*

10 du même mois; il résigna en 1772 et devint recteur de Vergeal.

Pierre-Joseph Beaugeard, fils de François-Joseph et de Marie Durocher, sieur et dame de la Rivière, naquit à Vitré le 3 août 1739; il prit possession, le 29 juin 1772, du doyenné de Champeaux, qu'il conserva jusqu'en 1791; + recteur de Sainte-Croix de Vitré en 1803.

LIVRE TROISIÈME

LES COMMANDERIES

CHAPITRE UNIQUE

Notions préliminaires sur les Ordres du Temple et de Saint-Jean de Jérusalem, et sur leurs possessions en Bretagne. — Commanderie du Temple de la Guerche : origines; étendue de la commanderie au XVIII° siècle; membres de la Guerche, de Vitré, de Venêfles, de la Violette, de Dol, de Rennes, de Romillé, etc.; revenu total, armoiries; description de la chapelle et du manoir du Temple de la Guerche; commandeurs de la Guerche. — Membres de la commanderie du Temple de Carentoir : 1° le Temple de la Coëffrie, en Messac; état de ce manoir et de ses dépendances en 1574, 1641 et 1715; 2° l'Hôpital de Port-Stablon, en Saint-Suliac; 3° la chapelle Saint-Jean, en Roz-sur-Couasnon. — Ordres de Saint-Lazare et de Notre-Dame du Mont-Carmel.

Pour l'intelligence de ce chapitre, il nous faut d'abord dire quelques mots de la situation générale des Templiers et des Chevaliers de Saint-Jean de Jérusalem en Bretagne.

« L'origine de ces deux Ordres militaires offre une différence sensible. Les Templiers furent dès leur naissance une association guerrière, instituée pour la conservation et la défense des Lieux-Saints conquis par les Francs en Palestine. Fondé en 1118 par quelques chevaliers croisés, dont Hugues de Payen était le chef, installé par Beaudouin II dans une maison sur l'emplacement du Temple de Salomon, d'où il prit son nom, l'Ordre du Temple reçut sa confirmation solennelle au Concile de Troyes, en 1128, et ce ne fut qu'après cette date qu'il commença à s'étendre et à acquérir des domaines dans les États occidentaux. On sait qu'au moment de sa suppression il possédait en Europe neuf mille couvents ou seigneuries[1]. »

Il existe une charte datée de 1182, et attribuée au duc de Bretagne Conan IV, par laquelle ce prince confirme aux Templiers tous les biens qu'ils possédaient en Bretagne. Cette charte est apocryphe, le duc Conan IV étant mort dès 1161; cependant elle a une certaine valeur, car elle doit être de la fin du XIIIe siècle, et, ayant été composée au profit des Chevaliers de Saint-Jean de Jérusalem, héritiers des Templiers, elle a tout au moins la force d'une vieille tradition relatant les possessions du Temple devenues les propriétés des Chevaliers-Hospitaliers. A ce titre elle est intéressante pour nous, et nous devons la consulter pour y relever les noms de localités se rapportant au cadre de notre étude. Ainsi, nous trouvons mentionnés dans cette charte Vildé-Bidon, Lanhélin, Hédé, Romillé, Montfort, Rennes, Vitré et Châteaugiron comme étant des paroisses où les Templiers avaient des biens. Plus loin nous parlerons de chacune de ces diverses possessions du Temple.

Un siècle après la fondation de leur Ordre, les Templiers reçurent en 1217 du duc Pierre Mauclerc et de la duchesse Alix de Bretagne, sa femme, des lettres confirmatives touchant leurs biens en Bretagne. Dans ces lettres, « Pierre Mauclerc relate les noms des princes ses prédécesseurs qui avaient successivement enrichi l'Ordre du Temple de leurs largesses : c'est d'abord Conan III, dit le Gros, fils d'Alain Fergent, « *comes Conanus piæ memoriæ;* » ensuite le comte Hoël, fils désavoué du même Conan; le comte Alain-le-Noir et son fils Conan IV; le comte Geoffroy et la comtesse Constance. Pierre ratifie tous leurs dons et énumère ensuite les concessions qui lui sont propres, prenant soin de les distinguer de celles qu'il vient de ratifier[2]. » Malheureusement pour nous,

---

1. M. Paul de la Bigne Villeneuve, *Bull. de l'Assoc. bret.*, IV, 189.
2. *Ibidem*, IV, 193. — D. Morice, *Preuves de l'Hist. de Bret.*, I, 830.

nous ne trouvons point les commanderies de notre pays mentionnées parmi les dons du duc Pierre.

Parlons maintenant de l'Ordre de Saint-Jean de Jérusalem, appelé successivement Ordre de Rhodes et de Malte.

« Les Hospitaliers de Saint-Jean de Jérusalem ont une origine plus humble mais plus ancienne que les Templiers. Ce fut d'abord, au milieu du xie siècle, une société de Frères servants, d'Oblats, employés par les Bénédictins de Sainte-Marie de la Latine, à Jérusalem, pour servir les malades et les pèlerins dans un hôpital dédié sous le vocable de Saint-Jean. On les appela : *Fratres Sancti Joannis in Jerusalem,* — *Fratres Jerosolimitani hospitalis,* — *Hospitalarii.* C'est par une cause accidentelle, pour protéger les pèlerins et les malades, qu'ils devinrent Ordre militaire et firent un corps à part, commandé par un chef indépendant des moines, leurs supérieurs primitifs.

« En 1113, une bulle de Pascal II, adressée à Gérard, prévôt de l'Hôpital de Saint-Jean-Baptiste de Jérusalem, énumère les possessions déjà nombreuses de la nouvelle religion, tant en deçà qu'au delà de la mer, et organise définitivement la constitution des Frères Hospitaliers[1]. Il est tout naturel de croire que, dès lors, ils reçurent quelques libéralités des princes et des seigneurs bretons qui allaient aux Croisades[2]. »

En 1160, en effet, le duc Conan IV confirma solennellement les Hospitaliers de Saint-Jean de Jérusalem dans la possession de tous leurs biens en Bretagne. D. Morice, en publiant cette charte, a cru mal à propos qu'il s'y agissait des commanderies du Temple : c'est une erreur, comme l'a fort bien prouvé M. de la Bigne Villeneuve[3].

Dans cette charte des Hospitaliers figure un seul établissement situé en notre région : c'est l'hôpital de Port-Stablon, en Saint-Suliac.

---

1. *Art de vérifier les dates,* 121.
2. *Bull. de l'Assoc. bret.,* IV, 190.
3. *Ibidem,* IV, 180, 190. — D. Morice, *Preuves de l'Hist. de Bret.,* I, 638.

On connaît la déplorable fin de l'Ordre du Temple. Le roi Philippe-le-Bel ayant pris la résolution de faire disparaître les Templiers, accusés de crimes nombreux, et de s'emparer de leur fortune, envoya ordre à tous ses baillis de s'assurer des Chevaliers de leur ressort. « Les mesures furent si bien prises que le 13 octobre de l'an 1307 tous les Templiers qui étaient dans le royaume furent arrêtés. Le roi fit aussi saisir tous leurs biens et nomma des commissaires pour les administrer. Pierre de Bailleux et Jean Robert, chevaliers, furent envoyés en Bretagne pour y recueillir tous les biens meubles et immeubles des Templiers. A peine ces deux commissaires furent-ils arrivés à Nantes qu'ils se mirent en devoir de faire l'inventaire des effets qui étaient dans le Temple, en présence d'un notaire et de plusieurs témoins. Mais les bourgeois les chassèrent, en leur déclarant que le roi n'avait aucun droit sur ces effets et que tous les biens des Templiers en Bretagne appartenaient au duc [1]. »

Peu de temps après, en 1312, le Concile de Vienne prononça la dissolution définitive de l'Ordre du Temple et donna tous les biens de cette importante congrégation aux Chevaliers-Hospitaliers de Saint-Jean de Jérusalem. Cette décision du Concile fit loi en Bretagne, et « c'est une opinion fort bien autorisée, dit M. de Blois, que nos ducs ne cherchèrent pas à profiter du malheur des Chevaliers du Temple, et que leurs biens en général passèrent à ceux de Saint-Jean de Jérusalem [2]. »

Lorsque l'on parle des commanderies bretonnes, qui appartinrent depuis le XIVe siècle aux Hospitaliers, connus plus tard sous le nom de Chevaliers de Malte, il faut donc distinguer la double provenance des dotations de cet Ordre : l'une a pour principe les libéralités faites directement aux Hospitaliers eux-

[1]. D. Morice, *Hist. de Bret.*, 1, 229. — *Preuves*, I, 1216.
[2]. *Bull. de l'Assoc. bret.*, I, 49.

mêmes, l'autre se rapporte à l'arrêt de confiscation lancé par le roi Philippe-le-Bel contre les Templiers.

« C'est ici l'occasion, dit encore M. de la Bigne Villeneuve, de remarquer que, parmi les possessions des Chevaliers de Malte, tous les lieux qui portent le nom de *Temple* (et ils sont nombreux) dénotent habituellement que là fut un établissement primitif de Templiers; de même que tous les lieux, villages, chapelles isolées, auxquels est affecté le titre d'*Hôpital*, le vocable de *Saint-Jean*, doivent être rangés au nombre des propriétés originaires des Hospitaliers; je crois que cette règle souffre peu d'exceptions, s'il en existe[1]. »

Tout ce qui formait la dotation de l'Ordre de Malte dans notre province relevait du grand-prieuré d'Aquitaine, l'un des plus considérables de la Langue de France[2]. Il y avait en Bretagne quatre grandes commanderies, composées chacune de plusieurs membres qui avaient été eux-mêmes jadis bénéfices séparés en titre de commanderie, puis, avec le temps, réunis pour former des dotations plus importantes. La première était le Temple de Nantes, s'étendant dans le comté nantais; la deuxième, celle du Palacret et de la Feuillée, située en Basse-Bretagne; nous n'avons point à nous occuper de ces deux commanderies. La troisième était le Temple de Carentoir, dans l'évêché de Vannes; elle comprenait quinze membres, parmi lesquels ceux de la Coëffrie, en Messac, — de Saint-Jean de Port-Stablon, en Saint-Suliac, — et de Roz-sur-Couasnon, qui seront l'objet d'une partie de nos recherches. Enfin la quatrième commanderie était celle du Temple de la Guerche, dont nous allons parler en détail.

1. *Bull. de l'Assoc. bret.*, I, 191.
2. Les *Langues* étaient les différentes nations dont l'Ordre de Malte se composait. Il y en avait huit : Provence, Auvergne, France, Italie, Aragon, Allemagne, Castille et Angleterre (avant le schisme de Henri VIII).

I. — COMMANDERIE DU TEMPLE DE LA GUERCHE

La commanderie du Temple de la Guerche avait son chef-lieu dans la paroisse de Rannée, au manoir du Temple, situé à la porte de la ville de la Guerche. Cette commanderie s'étendait dans les évêchés de Rennes, Saint-Malo, Nantes, Dol et Saint-Brieuc, et comprenait en 1681 onze membres, savoir : la Guerche, — Vitré, — Venèfles, — la Violette, — Dol, — Rennes, — la Nouée, — Créhac, — la Caillibotière, — Plumaugat — et Romillé.

Nous étudierons successivement chacun de ces établissements, en commençant par celui de la Guerche, qui donnait son nom à toute la commanderie.

1° *Le membre du Temple de la Guerche.*

Nous savons peu de chose de ce qu'était le Temple de la Guerche entre les mains des Templiers; la charte apocryphe de Conan IV ne le mentionne point, et cependant il devait certainement exister au XII° siècle. Il est permis de croire que ce pieux établissement dut sa fondation aux sires de la Guerche; peut-être fut-il l'œuvre de Guillaume, seigneur de la Guerche, qui, en 1156, prit la croix et partit pour Jérusalem[1]. En 1245, il est fait mention de ce Temple : nous voyons alors frère Pierre de Langan, précepteur des maisons du Temple en Bretagne, faire un accord avec Bonabes de Rougé; par cet acte, les Templiers renoncèrent à une dîme qu'ils levaient à Rougé, et le seigneur du lieu donna en échange 70 sols de rente sur le passage de Soulvache au précepteur et aux Frères du Temple de Notre-Dame de la Guerche, « *preceptori et fratribus domus Beate Marie Virginis de Guirchia*[2]. »

---

[1]. D. Morice, *Preuves de l'Hist. de Bret.*, I, 624.
[2]. *Arch. dép. de la Vienne.* — *Anciens Évêchés de Bret.*, VI, 170.

Un peu plus tard, en 1254, un nommé Durand du Temple, « *Durandus de Templo,* » légua aux Frères du Temple de la Guerche un champ situé proche la ville, en la paroisse de Rannée et dans le fief de Saint-Jean de la Guerche [1].

Nous ignorons la date précise de l'arrivée des Chevaliers-Hospitaliers de Saint-Jean de Jérusalem à la Guerche, mais ce dut être au xiv° siècle, peu de temps après la destruction de l'Ordre du Temple. Nous verrons bientôt que les nouveaux possesseurs du Temple de la Guerche reconstruisirent complètement, au xv° siècle, le manoir principal et la chapelle de cette commanderie, bâtis précédemment par les Templiers.

Mais arrivé au xvii° siècle, nous trouvons quelques détails intéressants sur l'état du Temple de la Guerche, mentionné comme il suit en 1681 [2] :

Le manoir du Temple, en Rannée, dont nous ferons la description dans quelques instants; — la métairie du Temple; — le fief de Rannée; — le fief de la Bataille, en Fercé; — quelques dîmes en Martigné et Argentré; — quelques rentes dans les paroisses de la Celle-Guerchoise, d'Availles, de Domalain et de Bais; — en Marcillé-Robert, une rente sur la maison de la Templerie « de 6 septiers de blé, 3 septiers de grosse avoine et 3 septiers d'avoine menue, à raison de 16 boisseaux chaque septier, mesure de Vitré, » et, de plus, 45 sols de rente féodale, le tout payable à la Saint-Michel et rendu au manoir du Temple [3]; — en la paroisse de Moutiers, une rente de 24 boisseaux de seigle, mesure de Vitré, dus par le recteur du lieu, et 12 boisseaux de même grain dus par le prieur de Saint-Nicolas de Vitré « à cause des dîmes qu'ils

---

1. *Arch. dép. de la Vienne.* — *Anciens Évêchés de Bret.*, VI, 182.
2. Cf. *Déclaration de la commanderie du Temple de la Guerche, en 1681.* — *Procès-Verbaux des visites des commandeurs de la Guerche, en 1708 et 1747.* — *Registres terriers* de ladite commanderie. (*Arch. dép. de la Loire-Infér. et d'Ille-et-Vil.*)
3. En 1747, le commandeur de la Guerche possédait complètement cette métairie de la Templerie, renfermant alors trente journaux de terre, plus un pré, un marais et une châtaigneraie; elle avait été précédemment afféagée moyennant les redevances ci-dessus.

lèvent à Moutiers; » dans cette même paroisse, 10 liv. de rente sur la maison de la Blanchère, dues par le seigneur de la Roberie, et 4 septiers d'avoine, mesure de Vitré, dus sur la terre de la Métairie-au-Blanc par le sieur de la Motte; — enfin, « il est deub sur le passage de Soulvache 70 sols monnaie » par le seigneur de Rougé.

Ce qui précède constituait donc ce qu'on appelait le membre du Temple de la Guerche, jouissant d'une juridiction seigneuriale qualifiée haute justice dans la *Déclaration* de 1681, mais seulement moyenne et basse dans les aveux du siècle dernier. Cette juridiction s'exerçait tous les quinze jours, le lundi, dans la maison de l'auditoire du Temple, située en la ville de la Guerche; elle se composait d'un sénéchal, d'un procureur fiscal et d'un greffier, institués par le commandeur. La preuve qu'elle était autrefois une véritable haute justice, c'est qu'auprès de la métairie du Temple « il y avait anciennement une justice (c'est-à-dire un gibet) élevée à quatre posteaux. »

Le commandeur du Temple avait aussi un droit de bouteillage sur tous ses vassaux de la Guerche « vendant vins et cidres, consistant en deux pots par pipe de boisson débitée, » et le droit de les « contraindre à venir moudre leurs grains à son moulin à vent du Temple[1]. »

2° *Le membre de Vitré.*

La charte apocryphe de Conan IV, datée de 1182, dit que les Templiers avaient des droits sur trois habitants de Vitré, « *tres homines in Vitré.* » Un acte de vente, de 1455, fait aussi mention de la « rue aux Templiers, » dans le faubourg du Rachapt, à Vitré[2]. La *Déclaration* de 1681 ajoute enfin que « le membre de Vitré, dépendant de la commanderie de la Guerche, a cours dans les ville et forsbourg dudit Vitré et ès paroisses d'Argentré, Étrelles et Erbrée. » Il consistait, à

---

1. *Arch. dép. d'Ille-et-Vil.*, 3 H, 1.
2. M. l'abbé Paris-Jallobert, *Journal hist. de Vitré*, 131.

cette dernière époque, « en fief et juridiction » sur quelques habitants et en rentes sur quelques maisons, notamment sur certaines habitations du faubourg Saint-Martin et sur la « maison de la Croix, en la ville de Vitré. »

Ce membre, comme l'on voit, n'avait plus d'importance au XVIIe siècle.

3° Le membre de Venèfles.

Le commandeur de la Guerche possédait en Venèfles même une grande partie des dimes [1], et le fief de Venèfles s'étendant en dix paroisses : Venèfles, Châteaugiron, Piré, Domloup, Saint-Pierre de Janzé, Cesson, Noyal-sur-Vilaine, Nouvoitou, Brécé et Saint-Jean-sur-Vilaine. La charte de 1182 dit que les Templiers avaient une maison à Châteaugiron, « una domus in Castro Girunt; » en 1681, il n'est plus fait mention de ce logis; mais à cette dernière époque les vassaux de Saint-Jean-sur-Vilaine « confessent ne devoir aucunes rentes par argent ny grain que peu de chose, mais des *Pater noster* et des *Ave Maria*, le Vendredi-Saint, pour le sieur commandeur du Temple de la Guerche. »

4° Le membre de la Violette [2].

Ce membre s'étendait dans les paroisses du Châtellier, de la Chapelle-Janson et de Fougères, « consistant en fief, juridiction, dixme, rentes, chapelles, etc. » Mais, au XVIe siècle, un commandeur de la Guerche vendit à la famille de Beaucé son manoir des Temples, appelé aussi la Templerie, sis en la Chapelle-Janson, ainsi que son fief de la Templerie et son droit de tenir foire et marché au bourg de la Templerie; il ne conserva que les deux tiers des dimes cueillies autour de ce bourg. On appelait ainsi un village de la Chapelle-Janson

---

1. La *Déclaration* de 1681 dit les deux tiers, le *Registre terrier* de 1708 la moitié, la *Déclaration* de 1790 la totalité.
2. Ayant été aliéné, comme nous allons le voir, ce membre ne figure plus dans les terriers du XVIIIe siècle.

dans lequel se trouvait une chapelle. Dans l'origine, cette chapelle de la Templerie appartenait certainement aux Templiers, mais plus tard elle devint frairienne, et en 1677 elle était qualifiée « fillette de la Chapelle-Janson; » aussi, à cette époque, l'abbesse de Saint-Georges de Rennes y avait-elle les droits de fondation et de patronage, à cause de son prieuré de la Chapelle-Janson. En 1793, la chapelle de la Templerie était dans un état de vétusté et de délabrement tel, qu'il y avait danger à y entrer. On profita pour la démolir de l'occasion qu'offrait un élargissement de la route, devenu nécessaire. Elle avait, suivant le procès-verbal dressé alors, 16 mètres de long sur 6 mètres de large [1].

Quant à la Violette, qui donnait son nom à tout ce membre de la commanderie, c'était et c'est encore un village de la paroisse du Châtellier [2]; il s'y trouvait autrefois une chapelle dédiée à saint Denis, mais les Chevaliers durent aliéner de bonne heure ce domaine, dont il ne reste que le nom dans leur histoire.

Enfin, du même membre de la Violette dépendait encore, à l'origine, la chapelle du Petit-Saint-Nicolas et la maison voisine, sises l'une et l'autre dans la ville même de Fougères, au bas de la rue de l'Aumaillerie. Mais M. Maupillé croit que cette chapelle fut annexée à l'Hôtel-Dieu de Fougères aussitôt après la destruction de l'Ordre du Temple [3].

5° *Le membre de l'Hôpital de Dol.*

Ce membre assez important se composait d'éléments très-anciens et fort disparates : ainsi, le nom d'Hôpital de Dol indique suffisamment que les Hospitaliers de Saint-Jean de Jérusalem possédèrent cet établissement dès son origine, tan-

---

1. M. Maupillé, *Notices histor. sur les cantons de Fougères*, 57.
2. Le village de la Violette, situé sur les confins du Châtellier, de Poilley et de Villamée, est partagé entre ces trois paroisses, mais la chapelle Saint-Denis, aujourd'hui rasée, s'élevait dans la première.
3. *Hist. de Fougères*, 182.

dis que les noms des paroisses de Vildé-Bidon et de Lanhélin, faisant partie du même membre, se trouvent inscrits parmi les biens des Templiers confirmés par le duc Conan IV.

La juridiction de l'Hôpital de Dol s'étendait en cette ville dans le faubourg de la Boulangerie et dans les dix-sept paroisses dont les noms suivent : Vildé-la-Marine, relevant tout entière de la commanderie, à la réserve d'une seule maison ; le commandeur y avait quelques rentes, un droit de moulin à vent, « dont il y a la masse que la mer a ruinée, » et la présentation du bénéfice ; — Vildé-Bidon, mentionnée sous le nom de « *Bidon* » au XIIe siècle, et relevant aussi tout entière de la commanderie, à l'exception d'une maison ; le commandeur y avait quelques petites rentes et y présentait le bénéfice paroissial ; — Rozlandrieuc, où le commandeur avait une rente de 12 boisseaux et demi de froment rendus à Dol, et la sixième partie des dîmes de la paroisse [1] ; — Baguer-Morvan, dont les vassaux devaient au commandeur 6 boisseaux de froment rendus également à Dol ; — Lanhélin ; le commandeur y prenait la moitié des dîmes, y levait quelques rentes et y tenait les plaids généraux de sa juridiction le lendemain de la fête de saint André ; il prétendait même avoir en l'église droit de fondation. Nous avons dit que Lanhélin, « *Alahalan,* » figure dans la charte apocryphe de 1182 ; la tradition locale veut que les Chevaliers aient habité jadis le village actuel des Chapelles, situé en cette paroisse ; — Lourmais et Combour ; dans ces paroisses s'étendait le bailliage de Terre-Rouge, dont les vassaux devaient au commandeur une petite rente d'argent et une paire de gants blancs ; le commandeur y jouissait aussi d'un petit dîmereau, et l'on trouve encore à Combour aujourd'hui une maison appelée la Templerie, située

---

1. On a conservé en Rozlandrieuc un vague souvenir des Chevaliers, qu'on dit avoir habité le prieuré du lieu ; cela semble une erreur, car ce prieuré a été de bonne heure mis entre les mains de l'abbaye du Tronchet ; mais cette tradition, quoiqu'elle confonde les Bénédictins avec les Templiers, n'en est pas moins intéressante à recueillir.

dans la ville même; — Saint-Suliac, où se trouvait le bailliage de Dolet, relevant de la commanderie, et devant quelques rentes en argent et en grains, payables à la Saint-Gilles, fête patronale de la chapelle bâtie au village de Dolet; — Saint-Méloir-des-Oudes; le commandeur y possédait le petit fief de la Merveille; — Cancale, Cherrueix, Baguer-Pican, Le Vivier, Bonnemain, Lanrigan et Saint-Broladre, paroisses dans lesquelles les Chevaliers avaient quelques vassaux et quelques mouvances; on retrouve encore en quelques-unes d'entre elles, notamment en Bonnemain, le village du Temple; — La Boussac, enfin, où le commandeur avait un fief et « un droit de bouteillage des vins et cidres qui se débitent sous l'estendue de sondit fief. »

Mentionnons encore ici les possessions que les Hospitaliers avaient aux environs de Tinténiac au XIIIe siècle. C'étaient la terre de Lesternac, en Tinténiac même, et les manoir, domaine et oratoire de la Bouhourdière, en Saint-Domineuc. Deux chartes de 1211 et de 1213 sont relatives à des stipulations entre Stéphanie, abbesse de Saint-Georges, et deux grands dignitaires de l'Ordre des Hospitaliers, l'un frère Guillaume de Villiers, prieur de l'Hôpital en France, et l'autre frère Geoffroy, maître de l'Hôpital de Jérusalem en France. L'abbesse, en leur concédant des terres dans son fief de Tinténiac, aux lieux susdits, fit remarquer qu'il ne leur était pas permis d'y élever une chapelle ni d'y construire un cimetière au détriment des privilèges de son abbaye et de ses bénéfices de Tinténiac et de Saint-Domineuc. Il est dit ailleurs que ces Chevaliers avaient également en Tinténiac la maison servant d'Hôpital aux lépreux en 1207[1]. M. de la Bigne Villeneuve pense que ces biens faisaient partie de la commanderie de la Guerche, et nous croyons dès lors qu'ils se rattachaient plutôt à l'Hôpital de Dol qu'à tout autre membre.

1. *Cart. Sancti Georgii*, 40, 209, 210, 211, 492.

6° *Le membre de Rennes.*

La prétendue charte de 1182 mentionne comme il suit les possessions des Chevaliers du Temple à Rennes : « *Domus Radulphi archidiaconi Raenes juxta ecclesiam Sancte Marie et unus burgensis in eadem civitate, et una elemosina juxta Forest ejusdem civitatis*[1]. » En 1681, le commandeur de la Guerche avait encore la mouvance de certaine maison située « près la porte Mordelaise, » et par suite à côté de la chapelle de N.-D. de la Cité; c'est bien là l'emplacement de la maison de l'archidiacre Raoul; il parait que cet archidiacre, qui fit, en 1168, le voyage de Terre-Sainte, avait donné sa maison aux Templiers. Le commandeur avait aussi quelques vassaux dans les rues de la Minterie, la Charbonnerie, Saint-François, la Basse-Baudrairie[2], Trassart et Saint-Georges; la tradition veut aussi que les maisons de la Grande et de la Petite-Palestine, alors en Saint-Jean, dépendissent également de lui, mais nous ne croyons pas cette tradition bien fondée.

En dehors de la ville, le commandeur de la Guerche avait la mouvance de la métairie de la Touche, située au Tertre de Joué, et appartenant en 1681 aux Jésuites de Rennes, « lesquels doibvent audit commandeur un homme vivant, mouvant et confiscant, pour l'indemniser de son fief. » — En la paroisse de Saint-Jacques-de-la-Lande se trouvaient les Temples du Cerisier et de Blosne, relevant du commandeur, qui avait aussi des vassaux aux villages de la Maltière, de la Croix-Verte et de Couaraudière, dans la même paroisse. Quand on se rappelle qu'une sombre forêt couvrait jadis toute cette partie des environs de Rennes, donnant son nom à la paroisse de Saint-Jacques, appelée fort longtemps Saint-Jacques-de-la-Forêt, on ne peut douter qu'il ne s'agisse des Temples

---

[1] *Bull. de l'Assoc. bret.*, IV, 105.
[2] Dans la rue du Veu-Saint-Germain, qui n'est qu'une continuation de l'ancienne rue de la Basse-Baudrairie, existe une maison dont la vieille cour porte encore le nom de *cour de l'Hôpital.*

de Blosne et du Cerisier dans ce qu'on nommait en 1182 « *elemosina juxta Forest.* » D'un autre côté, nous voyons qu'en 1141 le duc Conan III et Ermengarde, sa mère, donnèrent aux Templiers deux métairies qu'ils possédaient dans la forêt de Rennes, et dont jouissait auparavant un chapelain nommé Hervé, dédommagé par une somme de 70 sols. En même temps, la duchesse Mahaut, femme de Conan III, abandonnait également à l'Ordre du Temple ce qu'elle possédait dans cette même forêt[1]. Ne semble-t-il pas que ce fut l'origine des deux Temples en question? — Enfin, le membre de Rennes s'étendait encore dans la paroisse de Betton, où les Chevaliers avaient quelques vassaux.

7° *Le membre de la Nouée.*

La Nouée, qu'on croit reconnaître dans le « *Lonhoc* » de la charte apocryphe de 1182, était une ancienne commanderie devenue avec les années une annexe du Temple de la Guerche. La Nouée se trouvait dans la paroisse d'Yvignac, évêché de Saint-Malo; elle consistait dans un manoir avec sa chapelle, dédiée à saint Jean-Baptiste, son cimetière, le clos de la Justice, un moulin, des bois, des fiefs et des dîmes; elle s'étendait dans dix paroisses : Yvignac, Corseul, Saint-Carné, Plénée-Jugon, Vildé-Guingalan, Bourseul, Tramain, Ploree, Quévert et Dinan; entre autres bailliages, elle renfermait ceux du Temple en Plénée-Jugon, de la Nouée et de Guingallay en Yvignac, de Treffort en Corseul, du Temple-ès-Saulneufs en Ploree, et de Vildé-Goëllo à Dinan; enfin, elle comprenait la chapelle de Saint-Jean de Loublet en Quévert.

8° *Le membre de Créhac.*

Situé dans la paroisse de Plédran, évêché de Saint-Brieuc, Créhac semble avoir été une commanderie très-ancienne; elle

---

1. *Arch. dép. de la Vienne.* — *Anciens Évêchés de Bret.*, V, 121.

s'étendait dans les paroisses de Plédran, Plémy, Saint-Casreuc et Plaintel, et consistait en fiefs, domaine, dîmes et rentes. Le commandeur y avait aussi « la chapelle de Créhac, fondée de saint Jean-Baptiste, où il y a assemblée le jour de la feste, avec droits et prééminences uniques et anciens. » Cette chapelle, qui existe encore, est pavée de dalles tumulaires qu'on a prétendu être des tombes templières; autour se trouvait un cimetière. Dans le village nommé le Temple, qui l'avoisine, les tenanciers étaient obligés, outre les rentes habituelles, d'entretenir une croix de fer au lieu le plus éminent de leurs maisons, comme marque et intersigne de la seigneurie [1].

9° Le membre de la Caillibotière.

C'était une vieille dépendance des Templiers; mais en 1681 le manoir de la Caillibotière, en la paroisse de Plurien, évêché de Saint-Brieuc, était complètement ruiné; dans une pièce de terre nommée la Templerie, on voyait seulement à cette époque quelques pans de mur qui en étaient les derniers débris. La Caillibotière s'étendait dans neuf paroisses, savoir : Plurien, Pléhérel, Pléboulle, Hénan-Bihan, Hénansal, Pléneuf, Erquy, Planguenoual et Saint-Alban; elle jouissait d'un petit domaine en Plurien, d'un moulin en Planguenoual, d'une dîme en Hénan-Bihan, d'une juridiction et de quelques rentes dans les autres paroisses; enfin, la chapelle de Saint-Samson, en Hénan-Bihan, faisait partie de cette commanderie. On peut aussi remarquer qu'il y avait en Plurien une chapelle de Saint-Jean de l'Hôpital, en Pléboulle celle de Notre-Dame du Temple, en Hénan-Bihan, Pléneuf et Saint-Alban plusieurs villages nommés le Temple. On ne sait pas toutefois si ces localités dépendaient bien de la Caillibotière, parce que les hôpitaux de Port-Stablon et de la Croix-Huys avaient des biens dans ces mêmes paroisses.

---

1. Bull. de l'Assoc. bret., IV, 201.

10° Le membre de l'Hôpital de Plumaugat.

Le nom de ce membre indique assez qu'originairement c'était une dépendance de l'Ordre de Saint-Jean de Jérusalem; il est cependant mentionné dans la charte des Templiers de 1182 « *elemosina de Ploemaga*, » probablement parce que l'Ordre du Temple avait lui-même quelques possessions dans la paroisse de Plumaugat. En 1681, ce membre consistait en un moulin à eau avec étang, situés au bord de la Rance, dans le bailliage de Plumaugat, et en rentes dues par quelques hommes des paroisses de Plumaugat, Lanrelas et Éréac. C'était assurément peu de chose. Mais la chapelle de Saint-Yves de Benain, en Plumaugat, celle du Temple, en Lanrelas, le moulin du Temple, en Plumaugat, et le clos de la Justice, qui l'avoisinait, attestaient la primitive importance de ce fief entre les mains des moines-chevaliers.

11° Le membre de Romillé.

Ancienne propriété des Chevaliers du Temple, ce membre ne s'étendait pas dans moins de dix-neuf paroisses : Romillé, Hédé, Montfort, Monterfil, Saint-Maugand, Saint-Gonlay, Saint-Malon, Langan, Meillac, Irodouër, Pleumeleuc, Saint-Gilles, la Chapelle-Thouarault, Mordelles, Iffendic, Bréal, Talensac, le Verger et Miniac-sous-Bécherel. Il semble avoir été composé de trois anciens Temples : Hédé, Romillé et Montfort, signalés en ces termes dans la charte apocryphe de 1182 : « *Molendina de Haduc et stagnum, elemosina de Romillé, et elemosina de Montfort*[1]. » Mais en 1681 ce membre ne conservait plus guère qu'un vague souvenir de son antique importance; il renfermait alors la métairie de la Metterie, en Romillé, et les bailliages de Romillé, Langan, Miniac, Montfort, Irodouër et Hédé.

1. *Bull. de l'Assoc. bret.*, VI, 24.

Nous n'avons pas de données sur ce qu'étaient à l'origine les membres de Romillé et de Hédé. La Metterie de Romillé, voisine d'un village appelé le Temple, n'était évidemment que la métairie de l'ancien manoir du Temple, aliéné à une époque inconnue.

La métairie de l'Hôpital d'Irodouër eut le même sort, car en 1733 Guy Aubert, seigneur de Trégomain, la tenait du commandeur de la Guerche « à cause de son membre de Romillé; » il déclara même devoir pour cette terre audit commandeur « une rente de 50 sols et une paire de gants garnis d'un filet d'argent, à la grand'messe du jour de Noël[1]. »

Les moulins et l'étang de Hédé furent également aliénés, et les Chevaliers n'y conservèrent qu'un fief « ayant cours en la ville de Hédé et ès forsbourgs et forges d'icelle. » Il est expressément dit en 1681 que les bailliages de Montfort et de Hédé faisaient alors partie du membre de Romillé; il nous reste donc à voir ce qu'était primitivement le Temple de Montfort.

Dès 1163 nous trouvons les Templiers établis à Montfort. A cette époque, en effet, Josse, archevêque de Tours, adjugea à l'abbaye de Saint-Melaine le four de Montfort voisin du prieuré de Saint-Nicolas, et que lui disputaient les Chevaliers du Temple. D'après la tradition locale, qui place au haut de la rue de Coulon l'ancien cimetière des Templiers, il paraîtrait que le manoir de la commanderie de Montfort se trouvait vers cet endroit, auprès du puits de Coulon, entre l'église de ce nom et celle de Saint-Nicolas.

Voici comment la *Déclaration* du comté de Montfort parle des biens dépendant en ce pays du commandeur de la Guerche : « Les Chevaliers de Malte, dit-elle, ont plusieurs fiefs, rentes, juridictions et bailliages s'extendant en les paroisses du Verger, Tallensacq et Monterfil, sous la mouvance et ressort de la cour et seigneurie de Montfort, à devoir de foy et sans rachapt. Ils possèdent aussi en la paroisse d'Iffendicq plu-

---

1. *Arch. dép. d'Ille-et-Vil.*, 3 H, 3.

sieurs fiefs et juridictions sous ladite mouvance de Montfort, entre autres aux environs des maisons nobles du Val, du Bois-Marquer, de Canlou, de Tréhieuc, du bourg d'Iffendicq, de la Ville-Briand, de la Cordonnais, de la Ville-Marchand, et plusieurs autres endroits de ladite paroisse. Ils possèdent aussi en les paroisses de Saint-Maugand, de Saint-Gonlay et de Saint-Malon plusieurs fiefs, juridictions et bailliages sous ladite mouvance de Montfort, la juridiction desquels Chevaliers s'exerce en l'auditoire de Montfort [1]. »

Une autre *Déclaration* de la même époque nous dit que le commandeur de la Guerche possédait anciennement « le manoir des Maisons-Neufves, en Saint-Malon, avec ses jardins, rabines, colombier, bois, estang, moulins, etc. » Ce manoir fut aliéné aussi bien probablement que celui de Saint-Jean, situé dans la même paroisse; ce dernier semble, en effet, avoir également dans l'origine appartenu aux Chevaliers-Hospitaliers.

Enfin, l'on retrouve encore de nos jours quelques souvenirs du passage des Templiers dans le pays de Montfort; ainsi, en Saint-Gonlay, est un village appelé la Ville-ès-Chevaliers, et en Iffendic se trouvent deux autres villages nommés le Temple. De ces derniers, l'un est limitrophe de Saint-Malon et l'autre de la Nouaye; c'est probablement à cause de celui-ci que la tradition place des Templiers à la Nouaye, quoique cela ne nous paraisse pas prouvé.

Quant aux Hôpitaux de Talensac et de Monterfil, mentionnés dans la charte de fondation de l'abbaye de Montfort en 1152, ce devait être des établissements de l'Ordre des Hospitaliers, réunis plus tard au Temple de Montfort, et que rappelaient encore en 1681 les fiefs du commandeur de la Guerche en ces deux paroisses de Talensac et de Monterfil.

La *Déclaration* de la commanderie de la Guerche, en 1681, se termine par la mention d'un usage déjà signalé et particulier à l'Ordre des Chevaliers : « Et sont tous les hommes et

---

1. *Déclaration* du XVIIe siècle. — L'abbé Oresve, *Hist. de Montfort*, 119.

sujects de ladite juridiction et chacun d'eux tenus et obligez d'entretenir sur le lieu le plus éminent de leurs maisons une croix, pour marque de la mouvance de ladite commanderie. »

En résumé, la commanderie du Temple de la Guerche se composait au xviie siècle de neuf membres ayant appartenu aux Templiers : la Guerche, Vitré, Venèfles, la Violette, Rennes, la Caillibotière, Créhac, la Nouée et Romillé, et de deux autres membres dépendant dès l'origine des Hospitaliers : Dol et Plumaugat. Toutefois, ces membres ayant été formés après l'union des Temples aux Hôpitaux, renfermaient de part et d'autre quelques éléments hétérogènes ; ainsi dans le Temple de Romillé se trouvaient les Hôpitaux de Talensac et de Monterfil, dans l'Hôpital de Dol était le Temple de Lanhélin, dans l'Hôpital de Plumaugat s'élevait la chapelle du Temple de Lanrelas, etc.

Quant au revenu total de la commanderie du Temple de la Guerche, il n'était point, dans les siècles derniers, en rapport avec l'énorme étendue de sa juridiction, touchant à plus de quatre-vingts paroisses. Ce morcellement des propriétés et des droits du commandeur ne lui était d'ailleurs guère profitable, et prouvait seulement la grande faveur dont jouirent au moyen-âge, en Bretagne, les Ordres des Chevaliers du Temple et de Saint-Jean de Jérusalem. Le commandeur de la Guerche n'affermait tous ses biens que 2,400 liv. en 1708 et 2,750 liv. en 1741 ; encore avait-il, à cette dernière époque, 701 liv. de charges. Quand vint la Révolution, le revenu de la commanderie atteignait toutefois 10,000 liv., suivant M. de la Bigne Villeneuve [1].

En 1697, le commandeur de la Guerche fit enregistrer les armoiries suivantes de sa commanderie du Temple : « *De gueules, à une bande d'or, au chef cousu de gueules chargé d'une croix d'argent* [2]. »

---

[1]. *Arch. dép. d'Ille-et-Vil.*, 3 B, 1. — *Bull. de l'Assoc. bret.*, IV, 202.
[2]. *Armorial général ms.*

En 1708, Henri de Béchillon, commandeur du Temple de la Guerche, demanda, suivant un usage pratiqué dans l'Ordre de Malte, la visite de sa commanderie et le procès-verbal des améliorations qu'il y avait faites. Sa requête fut écoutée, et les Chevaliers frère Charles de Cherbonneau, commandeur de Théval, et frère Louis de Brilhac furent chargés par le grand-prieur d'Aquitaine d'effectuer la visite sollicitée. Après avoir prêté serment sur la croix de leur Ordre, ils arrivèrent au Temple de la Guerche le 22 novembre 1708, et y furent reçus par le commandeur. Ils commencèrent immédiatement leur visite, dont Louis Renier, notaire de la baronnie de la Guerche, dressa procès-verbal, et c'est à leur suite que nous allons prendre connaissance du manoir du Temple de la Guerche à cette époque. Nous laissons la parole aux Chevaliers inquisiteurs :

« Et pour commencer au fait de notre commission, ledit sieur commandeur nous a conduits au bas d'une cour joignant, du bout occidental, le chemin qui conduit au lieu du Portail, où nous avons vu un grand portail de pierre, la grande porte duquel est de bois, faite à deux battants, dans lequel portail est aussi une autre petite porte à main droite, et nous avons vu que le chapeau de pierre dudit portail a été raccommodé, etc.

« Et ensuite nous a ledit sieur commandeur conduits à la chapelle de ladite commanderie, dans laquelle avons entré par une grande porte faite à deux battants, et y avons trouvé vénérable et discret messire David Roujoux, prestre, chanoine de l'église collégiale de Notre-Dame de la Guerche, desservant à présent ladite chapelle, auquel, après avoir pris de l'eau béniste et dis nos prières, avons demandé à quel saint ou sainte est dédiée ladite chapelle; il nous a dit qu'elle est dédiée à sainte Anne[1] et qu'il ne sait et n'a connaissance qu'il

---

1. Il paraît que depuis le départ des Templiers cette chapelle avait changé de patronne, car nous avons vu précédemment qu'en 1245 elle était dédiée à la Sainte Vierge.

y ait de messes d'obligation autres que trois par semaine, sans distinction de jours, fondées par un chanoine du Chapitre de la Guerche, pour assurance desquelles messes il a affecté et hypothéqué une closerie nommée la Grange-Laceron, valant environ 130 liv. de rente, et nous a dit que les messes se disent fort régulièrement[1]. »

Cette fondation fut faite au xve siècle par Jean Reveleau, chanoine de la Guerche; les barons de la Guerche refusèrent d'abord de l'autoriser; Catherine d'Alençon, dame de la Guerche, y consentit toutefois, le 12 mai 1504, à la prière du chapelain Antoine des Échelles, successeur dans ce petit bénéfice de Louis Reveleau, neveu du fondateur. Mais la baronne de la Guerche posa les conditions suivantes, auxquelles le chapelain dut souscrire : dire chaque année, en la chapelle du Temple, à la fête de la Décollation de saint Jean-Baptiste, une messe pour les sires de la Guerche, et y offrir un cierge; de plus, à chaque mutation de chapelain, dire dans l'église collégiale de la Guerche une messe le jour de la Visitation de Notre-Dame, et y offrir aussi un cierge de deux livres[2].

La présentation de cette chapellenie, dite de la Grange-Laceron, appartenait au commandeur de la Guerche, et le Chapitre de Notre-Dame de la Guerche en avait la collation. Le commandeur présentait presque toujours un des chanoines de la collégiale pour desservir cette fondation.

Au reste, il n'y avait ordinairement que de bons rapports entre la commanderie et la collégiale de la Guerche; ainsi, en 1440, le commandeur Guy de Domaigné avait fondé, comme nous allons le voir, deux processions des chanoines de Notre-Dame à la chapelle du Temple, pour célébrer en cette dernière des obits pour le repos de son âme.

Reprenons notre procès-verbal :

« Après quoy, avons demandé audit sieur Roujoux qu'il

---

1. *Arch. dép. d'Ille-et-Vil.*, 3 H, 4.
2. Guérin, *Hist. ms. des seigneurs de la Guerche.*

nous fit voir les ornements de ladite chapelle, et nous a fait voir un calice d'argent avec sa patène aussi d'argent, un calice et un crucifix d'étain, des chasubles, nappes, etc..... Avons pareillement vu que dans le tableau de ladite chapelle sont les figures de l'Enfant-Jésus, la Sainte Vierge, sainte Anne, saint Joachim et saint Joseph; au bas duquel tableau sont les armes d'un commandeur, lequel tableau a été fait en l'an 1667, ainsi qu'il est escrit au bas d'icelui.

« Avons aussi vu proche l'autel, du costé de l'évangile, un ancien tombeau de pierre qui marque qu'il a été enterré un commandeur dans ladite chapelle. »

Ce tombeau existe encore, mais depuis la destruction de la chapelle du Temple il a été transféré dans le parc qu'ont créé les propriétaires actuels. Il se compose d'un belle pierre de granite élevée de terre et posée sur des pieds-droits; au haut de la tombe sont deux écussons : l'un *de gueules, à la croix d'argent*, qui est l'ancien blason de l'Ordre de Saint-Jean de Jérusalem [1]; — l'autre : *d'argent fretté de gueules*, qui est de Domaigné; tout autour de la dalle est écrit ce qui suit, en caractères gothiques : *Cy gist frère Guy de Domaigné, humble hospitalier et serf des paouvres, qui trespassa en 1452. Priez Dieu que en Paradis soit son asme. Amen.*

On trouve aussi dans ce parc un autre tombeau moins ancien, provenant aussi de la chapelle; il n'a point d'inscription et porte seulement une croix, un calice et un livre. On dit que c'est la tombe du commandeur frère André de Montecler, décédé à son manoir du Temple de la Guerche et inhumé dans sa chapelle, le 21 septembre 1725; mais nous croyons plutôt y voir le tombeau d'un simple prêtre, peut-être d'un chapelain du Temple.

Rentrons dans cette chapelle de la commanderie :

« Et au bout dudit tombeau (de Guy de Domaigné) avons

---

[1]. Les armoiries plus modernes de l'Ordre furent : *de gueules à la croix pattée d'argent à huit pointes*, dite croix de Malte.

remarqué un banc de bois où se met le sieur commandeur pour entendre la sainte messe, comme aussi avons vu dans ladite chapelle trois autres bancs de bois servant à asseoir le peuple; comme aussi avons vu une chaise pour prescher, un benistier de pierre, et dans le clocher avons vu une cloche de moyenne grosseur bien sonnante. Avons pareillement remarqué que la chapelle a esté blanchie nouvellement et que le vitrail a esté raccommodé en plusieurs endroits de vitres neuves; dans lequel vitrail avons vu les *armes du Roy* et de la province de *Bretagne*, et dans le mur au dedans de ladite chapelle avons aussi vu les *armes de la Religion* et *celles d'un commandeur*[1]. Et avons aussi vu que la charpente qui soutient le clocher de ladite chapelle a esté raccommodée tout à neuf en plusieurs endroits.

« Et nous a ledit sieur commandeur déclaré que ladite chapelle est en sa présentation, comme commandeur, et qu'il y a deux obits fondés par frère Guy de Domaigné, en son vivant commandeur de ladite commanderie, en l'an 1440; la fondation desquels obits oblige Messieurs les chanoines du Chapitre de la Guerche de venir les dire en ladite chapelle, processionnellement, les jours de Sainte-Anne et de la Décollation de saint Jean-Baptiste[2]; que lesdits sieurs chanoines avaient cessé d'acquitter ladite fondation et que, par arrest de la Cour, feu Monsieur le commandeur de Menou les fist condamner à continuer ladite fondation, laquelle s'acquitte régulièrement à présent.

« Après quoy, avons fait toiser ladite chapelle, laquelle contient de long 45 pieds et 16 à 17 pieds de large; et sortis de ladite chapelle par une porte au costé oriental, avons

---

1. Ces deux derniers écussons ont été conservés et transférés au dessus des portes des écuries neuves; le premier porte : *de gueules à la croix d'argent*, qui est de l'Ordre de Saint-Jean de Jérusalem; le second : *d'argent fretté de gueules*, qui est du commandeur Guy de Domaigné.

2. C'étaient alors les deux fêtes patronales du Temple de la Guerche, sainte Anne étant patronne de la chapelle et saint Jean-Baptiste patron de l'Ordre des Hospitaliers.

remarqué une croix de pierre plantée sur un pilastre estant sur un escalier de pierre à trois marches. »

Nous venons de dire qu'il ne restait plus rien de cette chapelle du Temple. Le manoir de la commanderie a été plus heureux : converti en maison de ferme, il est resté debout, à peu près tel qu'en 1708, sauf la partie joignant la chapelle.

On y arrive maintenant encore en traversant deux groupes de maisons appelés, l'un la Rue du Temple, et l'autre le Portail; la Rue du Temple, située à un petit kilomètre de la Guerche, devait dépendre originairement de la commanderie; le Portail, qui la touche, tire son nom de cette antique porte d'entrée dont nous venons de voir la description. Une fois ce portail franchi, on se trouvait jadis dans une grande cour fermée par la chapelle et le manoir du commandeur; ce dernier édifice, en forme d'équerre, formait naturellement deux côtés du carré de cette cour; la chapelle composait au Midi un troisième côté qui n'existe plus, et les écuries, transférées ailleurs depuis, complétaient alors avec le portail la cour du manoir vers l'Orient.

Maintenant que nous connaissons l'ensemble du bâtiment, entrons par la vieille porte ogivale, à la suite des Chevaliers.

« Après quoy, nous a ledit commandeur conduits au manoir et maison principale de ladite commanderie, où nous avons entré par un portail, la porte duquel avons veu estre faite de bois de chesne tout à neuf... et ensuite avons entré dans la salle du manoir. »

Les Chevaliers ne décrivirent pas cette salle et ils eurent tort, car elle renferme encore maintenant une belle cheminée à colonnes, sur le manteau de laquelle apparait l'écusson de Guy de Domaigné : *d'argent fretté de gueules.*

« Et ensuite avons entré dans l'office, deux celliers, la cuisine... et sommes montés dans une chambre estant sur la salle principale, par un escalier de pierre reparé à neuf; dans ladite chambre il y a une cheminée, le manteau de laquelle est fait d'une pierre sur laquelle nous avons vu les armes d'un commandeur. »

Cette cheminée existe toujours dans la chambre en question; elle est blasonnée de trois écussons : au centre celui de Guy de Domaigné : *d'argent fretté de gueules;* de chaque côté de cet écu sont les armoiries de la Religion, c'est-à-dire de l'Ordre des Hospitaliers : *de gueules à la croix d'argent.*

De cette chambre, qui devait être la chambre d'honneur du manoir, une porte conduisait anciennement, semble-t-il, dans une tribune élevée au bas de la chapelle. Mais, en 1708, cette porte ne communiquait plus qu'avec « un pigeonnier composant le chapiteau de l'entrée » de cette chapelle.

Revenant sur leurs pas, les Chevaliers visitèrent ensuite le corps de logis formant angle droit avec le précédent. Ce bâtiment subsiste avec sa galerie extérieure, qui donne entrée dans plusieurs chambres dont les cheminées à colonnes ont malheureusement perdu leurs manteaux; le commandeur occupait le dernier de ces appartements. « Nous sommes allés dans une autre chambre estant au bout de ladite galerie, dans laquelle couche le sieur commandeur, et y avons vu une armoire toute neuve dans laquelle sont les titres de la commanderie[1]. Et de ladite galerie sommes montés par un escalier de bois dans une petite tourelle conduisant dans les greniers, qui sont tous en bon estat. »

Redescendus dans la cour intérieure, les Chevaliers visitèrent les écuries, qui formaient, comme nous l'avons dit, le quatrième côté de cette cour; puis ils se rendirent à la métairie, dont ils parcoururent les bâtiments.

« Ensuite ledit commandeur nous a conduits dans le jardin de retenue de ladite commanderie, où nous avons entré par ur. pont de bois, lequel jardin est entouré de douves, et avons remarqué qu'il y a un réservoir aux costés occidental et méri-

---

[1]. Qu'est devenu ce chartrier? Nous n'en savons rien, mais le dépôt des titres du Temple de la Guerche, fait aux Archives départementales d'Ille-et-Vilaine, est aujourd'hui peu considérable.

dional... De là nous a conduits ledit commandeur au bout de la première cour, du costé oriental, où nous avons vu un petit bois de haulte fustaye dans lequel il y a des chesnes, etc... Après quoy nous a conduits au moulin à vent dépendant de ladite commanderie, distant d'environ demy quart de lieue d'icelle, qui est en bon estat. »

Les Chevaliers visiteurs se reposèrent de cette petite course en interrogeant les habitants voisins du Temple sur la conduite du commandeur de la Guerche; ceux-ci déclarèrent unanimement « avoir vu ledit commandeur venir tous les ans à sadite commanderie, et qu'il a fait une fois ses pasques à la collégiale de la Guerche. » Ils ajoutèrent « qu'il y a des officiers de la baronnie de la Guerche qui exercent la juridiction du Temple en l'absence des juge et procureur fiscal de ladite juridiction, et que la justice s'y rend quand le cas y eschet. »

Ainsi se termina la visite du Temple de la Guerche. Le 25 novembre, les Chevaliers continuèrent leur inquisition dans les dépendances de la commanderie et gagnèrent Rennes; le lendemain ils allèrent à Dinan, et le 27 ils arrivèrent à la Nouée; ils visitèrent, le même jour, l'Hôpital de Plumaugat et furent coucher à Saint-Méen; le 28 ils virent le Temple de Romillé et revinrent le lendemain à Rennes; enfin, toujours à cheval, ils rentrèrent au Temple de la Guerche le 30 novembre, à sept heures du soir.

La journée du 1er décembre fut employée par les Chevaliers à se rendre compte des autres possessions du commandeur qu'ils n'avaient pu visiter; pour cela ils parcoururent avec lui les archives de la commanderie, et, le même jour, ils signèrent un procès-verbal favorable au commandeur Henri de Béchillon.

Telle était la commanderie du Temple de la Guerche dans les derniers siècles, avant que la Révolution l'eût totalement détruite. Le manoir du commandeur, à la Guerche, sécularisé depuis cette époque néfaste, est devenu une jolie propriété moderne : on y a bâti une nouvelle habitation de maître, l'antique logis a été converti en maison de ferme, la chapelle a disparu, et un fort beau parc, où se trouvent de magnifiques étables, a complètement changé la physionomie du lieu.

Commandeurs du Temple de la Guerche, Chevaliers de Saint-Jean de Jérusalem [1].

Frère Guy de Domaigné fonda en 1440 deux obits dans la chapelle de sa commanderie et mourut en 1452.

Ses armoiries, *d'argent fretté de gueules*, sculptées sur les murailles de cette chapelle, sur son tombeau, placé jadis dans le sanctuaire de cet édifice, et sur les cheminées du manoir de la commanderie, prouvent que ce Chevalier fit reconstruire tous les bâtiments du Temple de la Guerche; ce qui reste de ce manoir indique bien au reste par son architecture qu'il date du xv° siècle. Guy de Domaigné doit donc être considéré comme le restaurateur de sa commanderie; il est probable qu'il la trouva telle que les Templiers l'avaient eux-mêmes construite, et qu'il la laissa dans l'état où elle était encore au siècle dernier.

Frère Jean d'Eschelles donna en 1482 une quittance aux bourgeois de Rennes pour une rente due à sa commanderie de la Guerche sur une maison voisine des Portes-Mordelaises, à Rennes, et achetée par la Communauté de ville. Il rendit aveu au roi pour les commanderies de la Guerche et de la Nouée le 23 octobre 1497 et le 2 avril 1503.

La famille d'Eschelles, originaire de l'Orléanais, porte : *échiqueté d'or et d'azur*.

Frère André Desmier rendit aveu pour les mêmes commanderies de la Guerche et de la Nouée le 28 mars 1510 et le 15 octobre 1517.

Frère Philippe de Kerléau, d'une famille de Basse-Bretagne portant *d'azur au cerf d'or*, fils du seigneur de Goazagarant, était commandeur de la Guerche en 1523 et rendit aveu pour ce bénéfice le 24 octobre 1526. Il devint grand-prieur de France en 1540. Inhumé au Temple de Paris en 1546.

Frère Jehan de Cahideuc, fils de Charles de Cahideuc et de Béatrix de la Noë, fut reçu Chevalier de Rhodes vers 1515. Il devint vers 1539 commandeur de la Guerche et jouissait encore de ce Temple en 1556.

---

[1]. *Arch. dép. d'Ille-et-Vil. et de la Loire-Infér.* — *Arch. municip. de Rennes*, 16. — Do Courcy, *Nobil. de Bret.* — Levot, *Biogr. bret.* — Vertot, *Hist. des Chevaliers de Malte*, etc.

Armes : *de gueules à trois têtes de léopard d'or, lampassées de gueules.*

Frère François Bonnard se trouvait à son manoir de la Guerche en 1564, lorsqu'on taxa par ordre du roi les biens ecclésiastiques en Bretagne.

Ce commandeur semble avoir appartenu à la famille Bonnard vel Bonnardy, qui portait : *de gueules à la tour couverte et sommée d'une girouette, accostée de deux étoiles, le tout d'argent.*

Frère Claude de Montagu était d'une famille originaire du Poitou, portant : *d'azur à deux lions d'or, lampassés et couronnés d'argent.* Fils d'Olivier de Montagu et de Jeanne de la Roncière, il fut reçu Chevalier de Malte en 1594 et était en 1608 commandeur de la Guerche. Nous le voyons en 1630 et 1637 résider au manoir du Temple, chef-lieu de cette commanderie.

Frère Handouin de Voyer de Paulmy, fils de Louis de Voyer, vicomte de Paulmy, et de Françoise de Larsay, était commandeur de la Guerche en 1647, époque à laquelle il fit faire un terrier de sa commanderie.

Armes : *d'azur à deux lions léopardés d'or passant l'un sur l'autre, couronnés de même.*

Frère René de Menou, d'une famille de Touraine portant : *de gueules à la bande d'or*, était commandeur de la Guerche en 1672 et en 1701. A cette dernière époque il habitait Génilly, en Touraine.

Frère Henry de Béchillon des Isleneaux appartenait à une famille du Poitou qui porte : *d'argent à trois fusées de sable mises en pal.* Il devint commandeur de la Guerche en 1703, fit faire la visite de sa commanderie en 1708 et en fit confectionner le terrier en 1711.

Frère Gabriel du Chilleau était d'une famille poitevine portant : *d'azur alias de sable à trois moutons paissants d'argent, 2, 1.* Il fut reçu Chevalier de Malte en 1684 et devint commandeur d'Ansigny et de la Guerche; en cette dernière qualité il fit en 1717 la visite priorale de la commanderie du Temple de Carentoir.

Frère André de Montecler, d'une famille portant : *de gueules au lion couronné d'or*, fut reçu Chevalier en 1693, et il présenta en 1723, en qualité de commandeur de la Guerche, la chapellenie de la Grange-Laceron au chanoine Louis de Corce. Il mourut en 1723 et fut inhumé le 24 septembre dans la chapelle de sa commanderie.

Frère Antoine-Théodoric de Godet de Soudé, grand-prieur d'Aquitaine, commandeur du Petit-Saint-Jean de Metz, la Romagne et le Temple de la Guerche, reçut des aveux en 1726 et 1729. Il résidait ordinairement à son château de la Romagne.

Armes : *de gueules à trois coupes d'argent.*

Frère Charles Guinot de Densic appartenait, semble-t-il, à une famille du pays de Rennes portant : *de gueules à trois merlettes d'argent, au chef d'or.* Commandeur de la Guerche, il fit faire en 1735 le procès-verbal des améliorations faites par lui dans sa commanderie.

Frère Jacques-François Guinedault de la Grostière, reçu Chevalier en 1716, fit en qualité de commandeur de la Guerche la visite de la commanderie de Carentoir en 1745. Il obtint deux ans après la visite de sa propre commanderie et fit restaurer à cette époque sa chapelle de Saint-Jean de Loublet, en Quévert. Il était en même temps, comme son prédécesseur, commandeur d'Ausigny.

Le sceau de Jacques Guinebauld de la Grostière, en 1745, est rond et renferme un écusson portant ses armoiries : *de gueules à trois roses d'argent, posées 2, 1*, qui est Guinebauld ; *au chef cousu de gueules, à la croix d'argent*, qui est de l'Ordre de Saint-Jean de Jérusalem ; l'écu est placé au centre d'une croix de Malte à huit pointes, entouré d'une patenôtre et surmonté d'une couronne de marquis.

Frère Auguste de Cumont était d'une famille d'Angers alliée à plusieurs maisons de Bretagne et portant : *d'azur à la croix pattée d'argent.* Il était commandeur de la Guerche dès 1750, selon M. de Courcy, et jouissait encore de ce bénéfice en 1763.

Frère François Paris de Soulange appartenait à une famille du comté nantais portant : *d'argent à la croix de gueules, cantonnée de quatre lionceaux affrontés de même.* Il fut reçu Chevalier en 1728, était commandeur de la Guerche en novembre 1763 et 1773, et habitait Ancenis.

Frère Charles-Toussaint de la Bourdonnaye de Montluc était issu d'une famille bretonne qui porte : *de gueules à trois bourdons de pèlerin d'argent, 2, 1.* Fils de Louis de la Bourdonnaye, marquis de la Juliennais et de la Marzelière, comte de Montluc, etc., et de Renée-Thérèse de Boiséon, il fut reçu Chevalier de Malte le 23 février 1751 et devint commandeur de la Guerche en 1786. Il possédait encore cette commanderie en 1789, lorsque la Révolution vint détruire l'antique établissement des Templiers de la Guerche.

II. — MEMBRES DE LA COMMANDERIE DU TEMPLE DE CARENTOIR

La commanderie du Temple de Carentoir, située dans la paroisse de Carentoir, évêché de Vannes, était une très-ancienne propriété des Templiers; c'est évidemment d'elle qu'il est fait mention sous le nom de « *Karantoc* » dans la charte apocryphe de Conan IV, au xii° siècle [1].

Après la ruine de l'Ordre du Temple, cette commanderie échut aux Chevaliers-Hospitaliers de Saint-Jean de Jérusalem. Aux xvi° et xvii° siècles, elle comprenait quinze membres, savoir : dix membres dans l'évêché de Vannes : les Temples de Carentoir, du Guerno, de Questembert, de Limerzel, de Fescal, de Lantiern et de la Vraie-Croix; les Hôpitaux de Malansac et de Villenart; enfin, le Pont-d'Oult; — deux membres dans l'évêché de Saint-Brieuc : les Hôpitaux de Quessoy et de la Croix-Huys; — un membre dans l'évêché de Rennes : le Temple de la Coëffrie; — un membre dans l'évêché de Saint-Malo : l'Hôpital de Port-Stablon, — et un membre dans l'évêché de Dol : l'Hôpital de Roz-sur-Couasnon. Nous ne nous occuperons que de ces trois derniers membres.

1° *Le Temple de la Coëffrie.*

En 1217, le duc Pierre Mauclerc et Alix de Bretagne, sa femme, confirmèrent les donations faites aux Templiers par leurs prédécesseurs, et y ajoutèrent une localité appelée *Medeia*, qui pourrait bien être Messac [2]; telle serait donc probablement l'origine du Temple de la Coëffrie. Ce qui prouve au reste l'importance de cette maison de Chevaliers, c'est le choix qu'en firent les commandeurs de Carentoir pour y fixer leur résidence, après la ruine de leur manoir du Temple de Carentoir, arrivée au xvi° siècle.

L'Ordre du Temple ayant été détruit en 1312, la Coëffrie passa entre les mains des Chevaliers-Hospitaliers de Saint-Jean de Jérusalem. C'était probablement dans l'origine une commanderie indépendante, mais elle ne tarda guère à être

1. *Bull. de l'Assoc. bret.*, VI, 24.
2. *Anciens Évêchés de Bret.*, VI, 138.

réunie au grand nombre de Temples et d'Hôpitaux formant, aux xv° et xvi° siècles, la vaste commanderie du Temple de Carentoir.

Le 1ᵉʳ août 1527, frère Jehan Briolins rendit aveu au roi pour ses deux commanderies de Carentoir et de la Coëffrie. Ce fut, comme nous venons de le dire, dans le courant de ce xvi° siècle que les commandeurs de Carentoir vinrent résider au Temple de la Coëffrie. Toutefois, remarquons bien que ces commandeurs, étant tous des Chevaliers de Malte obligés de demeurer ordinairement en cette ile, ne faisaient chaque année qu'une apparition de quelques semaines, tout au plus de quelques mois, en Bretagne. Un intérêt particulier s'attache néanmoins au Temple de la Coëffrie, qui recevait toujours dans son vieux manoir les commandeurs de Carentoir séjournant parmi nous.

Voyons donc ce qu'était la Coëffrie en 1574 et au temps du commandeur Jehan Pelletier :

« Le Temple de la Coueffrye, en la paroisse de Messac, avecques la maison et manoir dudit lieu, contient tant en cours, jardins, prairies, bois de haulte futaye, etc., 15 journaux environ.

« L'église et chapelle dudit lieu de la Coueffrye est située au joignant de ladite maison ; le sieur commandeur de Carentoir jouist du tout des aumosnes et oblations faites en ladite chapelle, sans que le recteur de Messac y prenne aucune chose.

« Il y a un moulin à grain avecques l'estang d'iceluy et un moulin à fouler draps, avec leurs destroits et moutaulx, iceux moulins et estang situez près et au joignant de ladite maison de la Coueffrye.

« Révérend Père en Dieu Monseigneur l'évesque de Saint-Malo doit de pension audit sieur commandeur, sur les dixmes qu'il ève ès paroisses de Guipry et Messac, le nombre de 28 mines de grain, scavoir 14 mines de bled seigle et 14 mines d'avoisne grosse, le tout mesure de Lohéac.

« Les seigneur et dame de Chasteaubriant doibvent à ladite commanderie, au jour et feste de saint Jean-Baptiste, la somme et nombre de sept livres monnaie [1]. »

Soixante-dix ans plus tard, le commandeur Gilles du Buisson [2] fit faire, vers 1644, « l'état des améliorissements de sa commanderie de Carentoir ; » nous y trouvons une description fort détaillée et vraiment intéressante du manoir du Temple de la Coëffrie :

« Despend de la commandrye de Carentoir un membre vulgairement appelé le Temple de la Coëffrie, séjour ordinaire des commandeurs, distant du Temple de Carentoir d'environ cinq lieues.

« Auquel lieu de la Coëffrie y a une chapelle fondée en l'honneur de Monsieur saint Jean-Baptiste, nostre patron, laquelle est à présent servie par dom Pierre Collin, prestre de la paroisse de Messac, en laquelle avons vu des ornements pour faire le service divin accoustumé, qui est la garniture d'un autel, lesquels ont esté donnés par ledit commandeur Gilles du Buisson, et lesquels sont bons et convenables et en la garde dudit dom Pierre, qui est sallarié par ledit du Buisson.

« Laquelle chapelle avons vu reparée tout de neuf tant de couverture qui est d'ardoizes que de charpente et partie de la muraille, avec les vittres aux vittraux, et commencée à blanchir, se proposant ledit du Buisson la faire achever de blanchir, et ès principales vittres sont les armes de nostre Ordre.

« En laquelle chapelle y a quatre autels, sur le principal desquels est un beau buffet en menuiserie fait faire par ledit du Buisson, pour honorer une image de la Vierge qui y a esté donnée par ledit du Buisson ; et sur le pignon de la chapelle y a une bretesche ou campanier faict en maçonnail, auquel y a une cloche de moyenne grosseur.

---

1. *Déclaration du Temple de la Coëffrie.* (Arch. dép. de la Loire-Inférieure.)
2. Successeur des frères N... Le Breton (1609) et François Rogeron (1617).

« Au costé de laquelle chapelle, vers le Nord, est le logix et manoir dudit lieu, où l'on entre par un grand portail, sur lequel y a un colombier; et entrant dans une cour carrée, au bas de laquelle est un corps-de-logix composé d'une cuisine, deux petits celliers, et sur iceux deux chambres hautes, dans l'une desquelles y a une cheminée, avec des grilles de fer à deux croisées, et les greniers au-dessus; et au costé y a une garde-robe joignant laquelle est un cabinet sous lequel y a un four; et pour monter auxdictes chambres y a un dégré de bois fait à jour.

« Et proche ledit logix est un aultre grand corps-de-logix au bout duquel est une chambre haulte à cheminée et sous icelle un cellier, à la suite duquel logix sont les estables à loger les bestiaux de la mestairie. »

D'autres écuries et un « fagottier » sont encore mentionnés dans cette cour, « laquelle est renfermée de murailles de bonne haulteur, et en laquelle y a un puits.

« Autour desquels logix sont les jardins et vergers, en l'un desquels jardins y a un réservoir à garder du poisson, avec une petite sauldraye près d'où passe un canal d'eau vive que ledit du Buisson a fait faire tout à neuf. »

Viennent ensuite plusieurs pièces de terre avoisinant les jardins; « plus, au-devant de ladite entrée et portail, est une basse-cour renfermée de paliz, et au-devant de ladite basse-cour est une chesnaye plantée de rabines de chesnes et chasteigniers, entourée de fossés, contenant environ deux journaux et demy. »

Il est ensuite fait mention de plusieurs autres terres en labour, parmi lesquelles figure une pièce appelée « la Justice, » où devait dans l'origine se trouver un gibet; puis on parle d'une autre « petite chesnaye de haulte futaye, avec un petit bois taillis, pouvant contenir, le tout, environ trois journaux, dans lequel ledit du Buisson a fait faire des mottes à lapereaux. »

Enfin, « autour desdits bois, domaines et jardins est la prée dudit lieu, qui aboutit à la chaussée, et qui autrefois estait un estang qui peut contenir environ 16 journaux, par le milieu de laquelle et au costé vers Nord passe un ruisseau qui aultrefois faisait moudre deux moulins, l'un à bled, l'autre à draps; mais la prée vaut aujourd'hui quatre fois plus. Néanmoins ledit du Buisson a fait faire tout de neuf un moulin à draps, sans que cela détériossisse ladite prée, qui pourra valoir, estant en estat, 25 ou 30 escus de rente [1]. »

Après cette description du manoir de la Coëffrie et l'énumération des terres constituant son pourpris et sa métairie, vient le relevé des autres dépendances de cette maison seigneuriale :

« En la paroisse de Foulgeré, évesché de Nantes, à une lieue dudit lieu de la Coëffrie, est un petit bailliage appelé l'Hostel-Ferré ou la Ruantaye, où est deub 45 sols de rente et obéissance par les estaigiers qui sont audit lieu et dépendent de la commanderie.

« Plus, au bourg de Messac, à une petite lieue dudit lieu de la Coëffrie et proche le cimetière de Saint-Jacques, est une tenue où y a quatre ou cinq estaigiers qui doibvent 3 sols de rente et obéissance.

« En ladite paroisse de Messac est deub un trait de dixme au lieu appelé le Plessix-Tenet, qui se lève ès domaines appelés Soubs-le-Bé, la Sagoussinaye et les Croix de la Roberdaye, et est affermé avec la dixme du bourg le nombre de 11 bouexeaux de bled, mesure de Bain, 6 à la charge.

« Item, la dixme qui se lève sur les sujects dudit lieu, à la dixiesme des grains et fillaces, peut valoir, bon an mal an, 30 bouexeaux de bled, dite mesure; et les rentes par deniers peuvent valoir 10 liv. tournois.

« Plus despend dudit lieu de la Coëffrie une maison située en la ville de Rennes, en la rue de la Haulte-Baudrairie, et doit 5 sols de rente et obéissance.

---

1. *Arch. de la fabrique du Temple de Carentoir.*

« Item en la ville de Baulon, à quatre lieues dudit lieu de la Coëffrie, sont deux maisons avec deux jardins, appelées le Temple, l'une desquelles est à présent possédée par dom Vincent Le Prins et l'autre par demoiselle Renée de la Rivière, veuve de feu Pierre Trelluyer, vivant sieur du Temple; lesquelles maisons étaient, de temps presque immémorial, presque aliénées de ladite commanderie; néanmoins ledit du Buisson les a retirées avec de grands frais et réunies à sadite commanderie, au membre de la Coëffrie, et doivent 7 deniers de rente et obéissance. »

L'*État des améliorissements* mentionne ensuite « la rente de 7 liv., monnaie de Bretagne, » due par le baron de Châteaubriant, mais qui « ne se paie plus, faute de titres, » et la rente de grains due par l'évêque de Saint-Malo, évaluée alors « 220 liv. d'argent. » Il se termine enfin par ce tableau de la juridiction seigneuriale du Temple de la Coëffrie :

« Est érigé ledit lieu de la Coëffrie en droit de haulte, moyenne et basse justice, lods, ventes, espaves, gallois, déshérences, successions de bastards et tout ferme droit, où y a officiers créés qui y exercent la juridiction, quand besoin est, tant sur les subjects estaigers du bourg de Messac, l'Hostel-Ferré, le Temple de Baulon que du Temple de la Coëffrie, lesquels sont subjects à cour et à moulin. Et y a pour seneschal François Luczot, sieur de la Noë, pour procureur fiscal Adrien Le Biebeux, sieur de la Roche, et pour greffier Robert Ramaceul, sieur de Saint-Laurent, et y a plusieurs notaires et sergents, tous demeurant en ladite paroisse de Messac[1]. »

A cette même époque de 1644, Gilles du Buisson affermait sa terre de la Coëffrie « pour 80 escus, » et le « total de la commanderie de Carentoir pour 1,266 liv., » non compris le moulin de Quessoy et celui de la Coëffrie. »

Ce commandeur Gilles du Buisson, dont nous venons de parler, fit de fréquents séjours au manoir de la Coëffrie; il y

---

1. *Arch. de la fabrique du Temple de Carentoir.*

reconstruisit en partie la chapelle, sur la charpente de laquelle on voit encore son nom sculpté; il s'occupa également de tous les membres de sa commanderie, relevant les édifices qui menaçaient ruine, faisant rentrer les rentes injustement aliénées, recueillant avec soin les titres et les traditions de son bénéfice, embellissant même volontiers sa résidence champêtre du Temple. Il eut pour successeurs, en 1645 frère Jacques Coustard du Moulinet, qui mourut en 1649, puis frère Charles Laurencin, grand-vicaire de l'Ordre en Aquitaine, et en 1670 frère René Chevrier.

Ce dernier commandeur rendit aveu au roi, en 1677, pour la commanderie de Carentoir, et le 3 janvier 1681 pour le Temple de la Coëffrie en particulier. Il habitait « ordinairement en la ville d'Angers, paroisse de Saint-Auron, » mais il venait souvent visiter la Coëffrie. Il semble même que René Chevrier fit de notables réparations à ce manoir; la date de 1682, qui se voit sur les fenêtres du rez-de-chaussée de la Coëffrie, permet d'attribuer à ce commandeur la construction de la salle et du salon qui subsistaient naguères encore; il fit aussi faire une nouvelle chambre haute et l'escalier intérieur actuel.

René Chevrier soutint un long procès contre les paroissiens de Messac, relativement aux dîmes dues par eux au Temple de la Coëffrie; il eut pour successeur, en 1696, frère Jacques Arnault, remplacé lui-même par frère François Coupperie de Beaulieu, qui voulut en 1717 visiter la Coëffrie.

Le commandeur Simon Bouchereau, qui vint ensuite, demeurait à son manoir de la Coëffrie en 1729; il mourut à la fin de 1738 et fut remplacé par frère Jacques Frin des Touches. Ce dernier demanda à ses supérieurs et obtint d'eux, en 1745, une visite de sa commanderie de Carentoir, pour en constater les améliorations. Cette visite, commencée le 25 mai 1745, fut faite par René de Brilhac, commandeur d'Amboise, et Jacques Guinebauld de la Grostière, commandeur de la Guerche. Ces chevaliers, accompagnés de Jacques Frin des

Touches, visitèrent d'abord l'Hôpital de Quessoy, près de Moncontour, le Temple de Carentoir, le Pont-d'Oult et le Temple de Malansac; puis ils commencèrent l'inspection de la Coëffrie le lundi 31 mai.

Ils entrèrent de prime-abord dans la chapelle, édifice assez remarquable pour nos campagnes, composé d'un rectangle de 15ᵐ 50 de longueur intérieure, avec une grande aile méridionale en équerre. Tout le monument appartient au style ogival, sauf le campanier, qui fut reconstruit au xviiᵉ siècle par le commandeur Gilles du Buisson, et qui se compose de deux arcades géminées, réunies sous un même faîte. Au dessus du maître-autel et au bas de la nef s'ouvrent de longues fenêtres ogivales qui rappellent le xiiiᵉ siècle; une large arcade de même style fait communiquer avec la nef la chapelle méridionale, dans laquelle se plaçaient peut-être les commandeurs, mais qui semble un peu moins ancienne que le reste de l'édifice.

Les Chevaliers remarquèrent dans cette chapelle « l'autel entièrement boisé, garni d'un gradin, avec deux statues de la Sainte Vierge et de sainte Anne, de six chandeliers, de dix bouquets et d'un crucifix d'ivoire qui est sur le couronnement du tabernacle, avec trois statues représentant saint Jean au milieu, saint Fiacre du costé de l'évangile et saint Étienne du costé de l'épistre; au dessus duquel autel il y a une niche avec une croix de bois, au dessous de laquelle il y a une petite statue de la Vierge. »

Ils notèrent aussi « une chaise de bois à prescher, une cloche bien sonnante, deux pierres tombales [1] et deux escussons des armes de la Religion : *de gueules à la croix d'argent,* » placés des deux côtés du maître-autel.

Le commandeur de Carentoir dit alors à ses hôtes qu'il était tenu à faire célébrer une messe par semaine en la cha-

---

[1]. Nous avons vainement cherché ces deux tombeaux sous les fagots de bois qui remplissent aujourd'hui la chapelle de la Coëffrie; les propriétaires nous ont dit qu'ils existaient encore mais qu'ils n'avaient plus d'inscription.

pelle de la Coëffrie, et qu'il payait à cet effet 34 liv. par an au curé de Guipry qui desservait cette fondation.

Il introduisit ensuite les commandeurs d'Amboise et de la Guerche dans son manoir, modeste logement composé d'une cuisine avec son office, d'une salle et d'un salon au rez-de-chaussée, et de trois chambres avec un cabinet « servant d'archivier, » à l'étage supérieur. Ils visitèrent ensuite les greniers et le cabinet « servant à coucher les domestiques ; cabinet blanchi à neuf, bien carrelé et ouvert de deux fenestres. » Puis, revenus dans la cour, ils parcoururent la boulangerie, les celliers, les écuries « contenant cinq chevaux, » les fanneries, etc., et remarquèrent au dessus du grand portail « un pavillon servant de colombier [1] ; et au dessus dudit colombier est située l'horloge, qui est en bon estat. »

Les Chevaliers se promenèrent ensuite dans les trois jardins réservés au commandeur et entrèrent chez son fermier, Guillaume Voland, qui habitait « une grande chambre » à laquelle on parvenait par un escalier de pierre. Puis ils examinèrent les écuries, grange, fanneries, greniers, fours et autres dépendances de la métairie, sans oublier, « à une portée de fusil, une petite chambre à ramasser les moutons, appelée, sans doute par dérision, le Grand-Chasteau. »

Le fermier interrogé répondit qu'il fournissait au commandeur 100 boisseaux de blé-seigle, 50 boisseaux de blé-noir, 78 liv. d'argent, 50 liv. de beurre et 400 fagots. Quant aux Chevaliers, ils terminèrent leur journée par visiter les bois de haute futaie et les taillis, ainsi que les prairies composant la retenue de la Coëffrie.

Le lendemain, 1ᵉʳ juin, les Chevaliers mirent fin à leurs investigations en questionnant le commandeur et les paroissiens de Messac, et en faisant l'inventaire du mobilier de la Coëffrie. Nous dispenserons nos lecteurs de cet inventaire,

---

1. On lit encore sur ce colombier l'inscription suivante : ..... *faict rebastir ce coulombier.* 1608.

mais nous noterons en finissant les particularités suivantes :

Le commandeur déclara que douze chapelles dépendaient de Carentoir, mais qu'il n'en avait que trois à sa présentation : l'église du Temple de Carentoir et les chapelles de Malansac et de la Coëffrie ; il termina en disant qu'il était dû un rachat sur la chapellenie de Baulon [1].

De leur côté, les paroissiens de Messac rendirent le meilleur témoignage du commandeur Frin des Touches, disant que le service divin se faisait très-décemment dans la chapelle de la Coëffrie, et que le commandeur habitait son manoir tout le temps qu'il n'était pas appelé ailleurs par ses supérieurs, et « que mesme depuis le mois d'août qu'il est revenu de Malte il y a toujours fait sa résidence. »

Le commandeur Frin des Touches eut pour successeur frère Claude Le Normant, « prestre conventuel de l'Ordre de Saint-Jean de Jérusalem ; » ce dernier afferma 1,700 liv. tous les biens de sa commanderie de Carentoir, en 1754, époque à laquelle il se trouvait à la Coëffrie. Nous le voyons encore résider en ce manoir en 1776, mais alors il était en même temps que commandeur de Carentoir, chancelier de l'Ordre au grand-prieuré d'Aquitaine ; il eut pour successeur à la Coëffrie frère N... des Valettes, qui fut probablement le dernier commandeur de Carentoir.

Aujourd'hui, il ne reste plus à Messac qu'un vague souvenir des Chevaliers du Temple et de Saint-Jean de Jérusalem. Leur manoir du Temple de la Coëffrie n'est plus qu'une maison de village, et leur chapelle est un bâtiment de décharge. Toutefois il est encore intéressant de visiter les lieux qu'illustra la présence des célèbres Templiers et des vaillants Chevaliers de Rhodes et de Malte ; on aime à y rechercher un dernier vestige de l'ancienne puissance de ces moines guer-

---

1. Cette chapellenie, fondée par un religieux de l'abbaye de Montfort, était établie sur la maison du Temple de Baulon, relevant de la Coëffrie ; il y eut un procès entre le titulaire, dom Vincent Le Prins, et le commandeur Gilles du Buisson, et ce fut ce rachat qui termina le procès.

riers, et l'on revoit avec plaisir leur vieille résidence de la Coëffrie si gracieusement posée dans les vertes prairies qu'arrosent la Vilaine et ses affluents.

2° L'Hôpital de Port-Stablon.

Les Chevaliers-Hospitaliers de Saint-Jean de Jérusalem construisirent vers la fin du xi° siècle ou au commencement du xii° un petit Hôpital sur les bords de la Rance, dans la paroisse de Saint-Suliac, évêché de Saint-Malo, près d'un petit port appelé Port-Stablon. Évidemment leur but était de venir en aide aux pauvres voyageurs qui avaient besoin de traverser la Rance. Ils bâtirent une chapelle dans le village et la dédièrent à leur patron saint Jean-Baptiste; par suite, le village prit le nom de Port-Saint-Jean, nom qu'il garde encore, et perdit peu à peu son ancienne dénomination de Port-Stablon.

En 1160, Conan IV, duc de Bretagne, confirma les Chevaliers-Hospitaliers dans la possession de leur Hôpital de Stablon, « *eleemosina de Stablon* » (alias *de Stablehon*)[1].

En 1244, le commandeur Pierre de Villedieu approuva la vente faite à l'abbaye de Saint-Aubin-des-Bois d'un hébergement et d'une vigne situés à l'Hôpital de Port-Stablon, « *in hospitali de Portu de Establehon*[2]. »

Les Chevaliers réunirent Saint-Jean de Port-Stablon à leur Hôpital de Quessoy, dont il nous faut dire ici quelques mots.

Quessoy, mentionné dans la charte de 1160 « *eleemosina de Kessoé*, » était originairement une commanderie d'Hospitaliers située dans la paroisse de même nom, évêché de Saint-Brieuc. Mais en 1566, Jean de la Valette, grand-maître des Chevaliers de Saint-Jean de Jérusalem, unit cette commanderie, indépendante jusqu'alors, à celle de Carentoir[3].

---

1. D. Morice, *Preuves de l'Hist. de Bret.*, I, 638.
2. *Anciens Évêchés de Bret.*, III, 103.
3. *Ibidem*, VI, 253.

La commanderie de Quessoy se composait de quatre membres : les Hôpitaux de Quessoy, de Port-Stablon, de la Croix-Huys (paroisse de Pléboulle) et de Roz-sur-Couasnon.

Nous ne parlons ici en détail que de Port-Stablon et de Roz-sur-Couasnon ; cependant nous devons noter aussi quelques autres petites dépendances de Quessoy et de la Croix-Huys : le bailliage de l'Hôpital, en la paroisse de Pleugueneuc, s'étendant autour d'un gros village qui porte encore le nom de l'Hôpital ; — les fief et tenue de la Villaze, en la paroisse de Pleine-Fougères ; — un petit bailliage en la paroisse de Bécherel, au village de la Barre, — et un autre petit bailliage en celle de la Chapelle-Chaussée [1].

Revenons à Port-Stablon.

En 1574, Jean Pelletier, commandeur de Carentoir et de Quessoy, déclara posséder : « La chapelle de Sainct-Jehan, sise en la paroisse de Sainct-Suliac, évesché de Sainct-Malo, auprès de laquelle il y a masse et emplacement de fuie et coullombier caduc, avecq debvoir de dixme sur les fiefs, valant environ deux bouexeaux de gros bled ; — le bailliage du Port, en ladite paroisse, auquel est deub, par chacun an, de rente, en juridiction, seigneurie et obéissance : par deniers, 22 sols 9 deniers ; par avoisne, mesure de Chasteauneuff, au terme de Noël, 23 bouexeaux, et par poules, 6 poules [2]. »

Le commandeur Gilles du Buisson est beaucoup plus explicite en 1644, et voici comme il s'exprime :

« Plus, dépend dudit Hospital de Quessonai un autre membre appelé Saint-Jan du Port-Establehon, à environ trois lieues de Dinan et à environ dix dudit Quessouai, en la paroisse de Saint-Suliac, évesché de Saint-Malo, où il y a une chapelle couverte d'ardoises, fondée de saint Jean-Baptiste, en laquelle y a la garniture d'un autel pour y faire le service divin qui y est entretenu, comme encore les oblations qui y

---

1. *Déclaration de la command. de Quessoy.* (*Arch. Nat.*, P. 1708.)
2. *Arch. dép. de la Loire-Infr.*

tombent journellement; et sur le pignon de ladite chapelle y a une cloche de moyenne grosseur.

« És environs de laquelle chapelle y a plusieurs tenues d'héritages, sur lesquelles sont deues plusieurs rentes tant par argent, blé que poulailles.

« Et est ledit lieu érigé en pareils droits que l'Hospital de Quessouai, y ayant officiers créés pour exercer la juridiction, savoir pour alloué Jan Lucas, sieur de la Marre, pour procureur d'office Yves Lucas, et pour greffier ......, tous demeurant à Dinan.

« Et n'y a ni maison ni domaine (appartenant au commandeur) fors l'emplacement d'un colombier. »

L'on voit par là qu'il ne restait plus que la chapelle de l'Hôpital primitif de Port-Stablon; cependant les ruines du colombier prouvent que jadis les Chevaliers avaient eu en ce lieu une maison, aliénée ou détruite dans la suite des temps.

Quant à la juridiction seigneuriale de Port-Stablon, elle s'étendait assez loin et en treize paroisses, savoir : « Ès paroisses de Hillion, Planguenoual, Hénon, Saint-Aaron, Plaine-Haute, Pleslin, Plaintel, Plouer, Taden, Pléneuf, Caulnes, Pleudihen et Évran; ésquels lieux n'y a ni maison ni domaine qui soit du temporel de ladite commanderie (de Quessoy): mais sont dues sur nombre de villages quelques rentes, avec droit de lods et ventes; et les hommes qui y sont estaigers dudit commandeur dépendent de sa juridiction de Saint-Jean d'Establehon. »

On retrouve encore aujourd'hui dans les paroisses de Planguenoual, de Saint-Aaron, de Plaine-Haute et de Pleudihen des villages qui portent le nom d'*Hôpital*, en souvenir de leur dépendance ancienne des Chevaliers-Hospitaliers de Quessoy.

Enfin, ces derniers avaient également des droits sur deux maisons situées à Dinan, « près l'Hostel-Dieu, » et dépendant aussi de la juridiction de Port-Stablon [1].

1. *Arch. de la fabr. du Temple de Carentoir.*

Au xvii° siècle, les commandeurs de Carentoir et de Quessoy négligèrent de maintenir leurs droits sur la chapelle du Port-Saint-Jean ou les cédèrent aux habitants. Toujours est-il qu'en 1663 Alain Chouamel, sieur des Alleux, y fonda par testament une chapellenie en l'honneur de saint Jean, dont la présentation fut réservée à sa famille. En 1710, Gabriel Perrinet en était chapelain; en 1741, Gabriel Chouamin, également chapelain, étant mort, Jean-Baptiste de Taillefer, sieur de Belisle, descendant et héritier d'Alain Chouamel, présenta pour le remplacer François Jamet, qui fut pourvu le 11 décembre 1741. Le sieur de Belisle déclara toutefois que son chapelain ne dirait la messe au Port-Saint-Jean qu'en attendant la construction d'une chapelle au manoir de Vaubœuf, demeure de ce seigneur. Cependant, ce chapelain mourut avant de quitter Port-Stablon, et le 19 mars 1766 Jacques Jamet lui succéda. Nous apprenons par ses lettres de collation qu'il était tenu de dire la messe tous les dimanches et fêtes « en la chapelle de Saint-Jean du Port-Stablon, » et d'y faire le catéchisme à la suite du saint sacrifice.

Cette chapelle n'existe plus maintenant, et le village du Port-Saint-Jean, qui lui doit son nom, se trouve aujourd'hui dans la paroisse de la Ville-ès-Nonains, n'offrant de remarquable que sa jolie position sur les rives de la Rance.

3° *Saint-Jean de Roz-sur-Couasnon.*

Les Chevaliers-Hospitaliers de Saint-Jean de Jérusalem avaient dans la paroisse de Roz-sur-Couasnon, évêché de Dol, une chapelle dédiée à leur saint patron et dépendant primitivement de l'Hôpital de Quessoy, et plus tard de la commanderie du Temple de Carentoir, après l'union de Quessoy à celle-ci.

Vers 1570, la « chapelle de Monsieur Sainct Jehan, en la parouesse de Roz-sur-Couasnon, » était « caduque et ruisnée de si long-temps qu'il n'est mémoire d'homme l'avoir vue en prospérité. » Bien plus, elle avait eu récemment beaucoup à souffrir d'une tempête, et « par les grands et impétueux vents depuis les trois ou quatre ans avait esté découverte et ruinée à bas. » Jean Pelletier, commandeur de Carentoir et de Quessoy, entreprit de relever ce vieux sanctuaire, et en 1574 la chapelle Saint-Jean était « preste à recevoir sa nouvelle couverture. »

Auprès de cette chapelle était « un petit logis, avec jardin et pièce de terre, » que tenait Thomas Chenay, « à rente de 20 sols. »

De plus, le commandeur jouissait d'un trait de dîme, « tant de bled que fillaces, ayant cours ès paroisses de Roz-sur-Couasnon et Saint-Marcan ; quelle dixme vault, commun an, de dix à douze bouexeaux, gros bleds, mesure de Dol[1]. »

Il paraît que les commencements de restauration faits à la chapelle de Saint-Jean par le commandeur Pelletier ne furent pas poursuivis, car il n'est point fait mention de cet édifice dans l'état de la commanderie dressé en 1644. Voici comment s'exprime à cette époque, au sujet de Roz-sur-Couasnon, le commandeur Gilles du Buisson :

« Oultre, en la paroisse de Roz-sur-Couasnon, y a un village appelé la Poultière, ès environs duquel sont pareillement deub quelques rentes et dixmes et obéissances tant par bled, argent que sel, le tout de peu de valeur, sans aucun domaine. »

Enfin, la *Déclaration* faite en 1681 par René Chevrier, commandeur de Carentoir, dit formellement que la chapelle de Saint-Jean, en Roz-sur-Couasnon, était alors en ruines[2].

Ainsi disparut à Roz-sur-Couasnon, comme à Saint-Suliac, l'action des Chevaliers-Hospitaliers, qui s'était exercée pendant des siècles dans ces deux paroisses. Le nom seul de leur patron saint Jean-Baptiste demeura en ces lieux, rappe-

---

1. *Arch. dép. de la Loire-Infér.*
2. *Arch. Nat.*, P. 1708.

lant encore vaguement la charité première de ces moines guerriers fondateurs d'Hôpitaux et si terribles en même temps sur les champs de bataille dans la Palestine, à Rhodes et à Malte.

L'Ordre des Chevaliers de Saint-Lazare prétendit aussi, à certaines époques, avoir des possessions dans notre pays, et c'est pourquoi nous devons en dire un mot en terminant ce chapitre.

Cet Ordre religieux et militaire fut institué à Jérusalem par les Croisés lorsqu'ils furent devenus maîtres de la Terre-Sainte; son but était de recevoir et sauvegarder les pèlerins, et de soigner les chrétiens malades, spécialement les lépreux. Le pape Alexandre IV confirma en 1255 cette pieuse association, qui adopta la règle de saint Augustin.

Les Chevaliers de Saint-Lazare ayant été plus tard chassés de Palestine, vinrent en France, où ils fondèrent la commanderie de Boigny, dans l'Orléanais. Mais en 1607 le pape Paul V les unit aux Chevaliers de Notre-Dame du Mont-Carmel, à la prière d'Henri IV.

En 1672, Louis XIV ordonna la réunion à l'Ordre de Saint-Lazare et du Mont-Carmel de tous les biens des léproseries de France pour en faire des commanderies. Ce fut alors qu'on vit apparaître les prétentions des Chevaliers de Saint-Lazare dans notre contrée; ils réclamèrent spécialement le prieuré de Saint-Lazare de Montfort, — la chapelle de la Magdeleine de Fougères, — celle de Saint-Antoine de la Houlle à Cancale, etc.[1]

Il paraît qu'originairement l'Ordre de Saint-Lazare avait réellement possédé Saint-Lazare de Montfort et la Magdeleine de Fougères, et peut-être bien aussi quelques autres établissements; mais il nous reste trop peu de documents pour que nous soyons éclairé suffisamment sur cette ques-

1. *Arch. Nat.*, S, 4830.

tion d'origines. Quoi qu'il en fût, les prétentions de ces Chevaliers, étant surtout fondées sur l'édit de 1672, ne furent pas de longue durée, car Louis XIV révoqua cet édit dès 1693, et unit alors tous les biens des léproseries aux hôpitaux voisins, à la charge pour ces hôpitaux de recevoir les pauvres malades des paroisses où étaient situés ces mêmes biens.

LIVRE QUATRIÈME

LES COUVENTS

CHAPITRE I

COUVENTS D'HOMMES

Préliminaires. — Augustins : Rennes, Vitré; — Bénédictins : Saint-Malo; — Capucins : Rennes, Saint-Servan; — Carmes (Grands) : Dol, Rennes; — Carmes déchaussés : Rennes; — Cordeliers : Rennes, Landéan, Césambre; — Dominicains : Rennes, Vitré; — Eudistes : Rennes, Dol; — Frères des Écoles chrétiennes : Rennes, Saint-Malo; — Jésuites : Rennes; — Lazaristes : Saint-Méen, Saint-Servan; — Minimes : Rennes; — Récollets : Fougères, Vitré, Césambre, Saint-Malo, Saint-Servan; — Trinitaires : Dinart.

Nous avons dit dans le volume précédent que nos grandes abbayes, si bien peuplées au moyen-âge, avaient vu peu à peu le vide se faire dans leurs vastes cloîtres : elles ne renfermaient plus aux siècles derniers qu'un petit nombre de religieux. Les prieurés qui dépendaient d'elles avaient également, sauf de rares exceptions, perdu tous leurs moines.

Cependant les vocations monastiques ne cessaient pas de surgir pour cela, et l'Église catholique continuait d'enfanter sans cesse des religieux; la direction de ces derniers changeait seulement avec le temps.

Saint Jean de Matha, saint Dominique, saint François d'Assise, saint François de Paule, saint Ignace de Loyola, saint François de Sales, saint Vincent-de-Paul et tant d'autres pieux personnages fondaient, à partir du xii° siècle, une multitude de congrégations religieuses destinées à répandre partout les bienfaits des Ordres monastiques. C'est alors que commencèrent à surgir non plus de vastes et puissantes abbayes commandant à de nombreux prieurés, — ces grands établissements avaient fait leur œuvre en fondant nos paroisses, — mais de simples couvents d'hommes ou de femmes, continuant les traditions des premiers fondateurs des Ordres monastiques, les Benoît et les Augustin, agissant toutefois plus simplement peut-être, quoiqu'avec une aussi grande efficacité.

Ces couvents ne tardèrent pas à devenir nombreux chez nous, et toutes nos villes en possédèrent plusieurs jusqu'à l'époque de la Révolution ; nous allons leur consacrer deux chapitres, en les plaçant dans l'ordre alphabétique et en commençant par les couvents d'hommes.

AUGUSTINS

Les Augustins étaient originairement des ermites que le pape Alexandre IV réunit en une même congrégation vers 1256, en leur confirmant la règle de saint Augustin, dont ils prirent le nom.

1° Ancien établissement de Rennes.

D'après une tradition mentionnée par Le Baud dans son *Histoire de Bretagne*, et par Albert Le Grand dans sa *Chronologie des Évêques de Rennes*, et relatée également dans les *Titres de la vicomté de Rennes*, les ermites de saint Augustin occupaient à Rennes la chapelle de Toussaints à la fin du x° siècle. Vers cette époque, la vicomtesse Gwen-Argant, femme de Riwallon, premier seigneur de Vitré, transféra, dit la même tradition, la communauté des ermites de Rennes à

Vitré[1]. C'est tout ce que nous savons de ce premier établissement des Augustins; encore devons-nous faire remarquer que son existence n'est point appuyée sur des documents parfaitement authentiques, mais sur de simples traditions, assez respectables toutefois pour que nous ne les passions point sous silence.

2° *Nouveau couvent de Rennes.*

« *D'azur à un cœur d'or, enflammé de gueules, surmonté d'une croisette d'argent, et soutenu d'un agneau couché de même*[2]. »

Le 28 juillet 1662, Louis XIV écrivit en même temps au marquis de Coëtlogon, gouverneur de Rennes, et aux maire et échevins de cette ville; le roi les priait de ne point s'opposer à l'établissement que désiraient faire à Rennes les Augustins du faubourg Saint-Germain de Paris, dépendant de la communauté de Bourges. Ces religieux sollicitaient, en effet, la permission d'avoir à Rennes une maison ou « hospice » où ils pussent se retirer quand les affaires de leur congrégation les appelaient dans la capitale de la Bretagne, ayant plusieurs couvents dans cette province[3].

La reine Anne d'Autriche, qui jouissait alors du gouvernement de la Bretagne, écrivit aussi en faveur de ces religieux, et la Communauté de ville, ayant égard à ces lettres royales, consentit, le 22 août 1663, à ce que les Augustins fondassent leur hospice, composé seulement d'une maison et d'un jardin, au lieu dit la Perrière, au-delà des barrières du Bourg-l'Évêque[4]. Deux ans plus tard, le 12 décembre 1665, Mgr de la Vieuville, évêque de Rennes, donna son approbation à l'établissement des Augustins, en conséquence du consentement

---

1. *Arch. dép. d'Ille-et-Vil.*, fonds de la vicomté de Rennes.
2. *Armorial général ms. de* 1697.
3. *Arch. dép. d'Ille-et-Vil.*, 9 H, 1.
4. Au haut du faubourg de Brest.

donné par la Communauté de ville et par le gouverneur de Rennes[1].

Les Augustins ne demeurèrent pas longtemps à la Perrière ; dès en 1670 ils achetèrent, par l'entremise du président Claude de Cornulier, deux maisons au carrefour Jouaust, « l'hôtellerie de Saint-Louis et l'hôtellerie du Heaume-d'Argent[2]. » Puis ils obtinrent en mai 1671 des lettres patentes du roi les autorisant à venir s'établir en ce quartier de la ville. Quatre mois après, le 7 septembre 1671, parut une lettre de Mgr de la Vieuville, déclarant très-utile au public l'établissement des Augustins au carrefour Jouaust, à cause de l'éloignement de l'église paroissiale de Saint-Étienne, dont dépendait ce quartier[3].

La Communauté de ville ne consentit toutefois à cette translation des Augustins qu'aux conditions suivantes : les religieux ne pourront pas s'établir dans la ville close, en quelque manière que ce soit ; ils ne pourront quitter désormais le carrefour Jouaust qu'avec l'agrément de la Communauté ; enfin, il ne pourront demander à cette Communauté de ville aucune contribution pour faire leur nouvel établissement. Cette convention fut signée le 28 septembre 1671, et, le 24 novembre suivant, le P. provincial des Augustins donna son approbation au nouveau couvent de son Ordre à Rennes[4].

Mais tout à coup, sans qu'on sache pourquoi, la Communauté de ville changea d'avis et s'opposa formellement, en 1672, à l'établissement des Augustins au carrefour Jouaust. Cette opposition, toutefois, ne dura pas ; les Augustins avaient de puissants protecteurs qui agirent vigoureusement en leur faveur, et, le 21 août 1676, la Communauté de ville passa un nouveau traité, définitif cette fois, avec ces religieux ; elle

1. *Arch. dép. d'Ille-et-Vil.*, 9 H, 1.
2. En 1716, les Augustins possédaient au carrefour Jouaust un grand nombre de maisons, parmi lesquelles nous remarquons, outre l'emplacement de l'hôtellerie Saint-Louis, la métairie du Heaume et l'hôtellerie des Trois-Maures.
3. *Arch. dép. d'Ille-et-Vil.*, 9 H, 1.
4. *Ibidem.*

leur permettait par cet acte de transférer leur couvent de la Perrière dans les maisons de Saint-Louis et du Heaume qu'ils possédaient au carrefour Jouaust[1].

De son côté, le P. général des Augustins s'empressa d'approuver le nouvel établissement, et, par lettre du 18 décembre 1676, unit le couvent des Augustins de Rennes à la communauté de Paris[2].

Aussitôt les religieux commencèrent la construction de leur couvent, d'après l'alignement que leur donna la Communauté de ville, et le 12 décembre 1677 Gilles de Gain, chantre, chanoine et vicaire capitulaire de Rennes, bénit la nouvelle chapelle du monastère[3]. Mais ce n'était qu'une chapelle provisoire ou secondaire, car on entreprit vers le même temps la construction d'une église beaucoup plus vaste qui ne fut solennellement bénite que le 16 janvier 1700[4].

Les Augustins établirent dans leur église les confréries de Saint-Augustin, de la Ceinture de sainte Monique, du Précieux-Sang, du saint Nom de Marie et de la Conversion des Pécheurs, ce qui prouve l'empressement des fidèles à venir prier dans leur temple. Ils demeurèrent au carrefour Jouaust jusqu'à l'époque de la Révolution; ils furent alors chassés de Rennes, et leur église conventuelle devint plus tard ce qu'elle est encore aujourd'hui, l'église paroissiale de Saint-Étienne. C'est un édifice assez vaste composé de trois nefs avec transepts et abside, le tout construit dans le style si froid des derniers siècles.

1. *Arch. dép. d'Ille-et-Vil.*, 9 H, 1.
2. *Ibidem.*
3. *Ibidem.*
4. « Le 16e janvier 1700, la grande chapelle des Pères Augustins a esté beniste, et l'après-dînée on y a porté le Saint-Sacrement qui estoit en la petite chapelle; et le 17 on y a dit des messes. » (*Journal d'un Bourgeois de Rennes*. — *Mél. hist. de Bret.*, I, 281.)

3° *Vitré*.

« D'or, à un cœur enflammé de gueules percé de deux flèches en sautoir de sable ferrées d'argent[1]. »

D'après la tradition relatée plus haut, les ermites Augustins de Rennes eussent été appelés à Vitré par la femme de Riwallon, premier baron de Vitré, dès la fin du x⁰ siècle. Cette dame, dit le P. Le Grand, « leur édifia un petit monastère près l'église de la Trinité, au pied de son château de Vitré[2]. » Mais, de son côté, M. l'abbé Tresvaux dit que le couvent des Augustins de Vitré ne fut fondé qu'en 1240 et qu'il appartenait à la réforme de Bourges[3].

Le 17 juin 1592, Montmartin, capitaine huguenot, fit brûler l'église et le couvent des Augustins, à Vitré, sans donner aux religieux le temps de rien emporter; « la chapelle Saint-Jean-Baptiste fut seule miraculeusement conservée, contre tous les efforts des hérétiques, qui s'efforcèrent en vain de l'embraser. » Ce couvent fut reconstruit en 1600 « par les libéralités des habitants de Vitré, toujours fort affectionnés à cette maison. » La réforme y fut établie en 1618, et un chapitre provincial s'y tint en 1622[4].

Les Augustins de Vitré possédaient en 1790, d'après la *Déclaration* de leur prieur, le P. Veillard, sept closeries : la Mochetière en Argentré, la Furairie en Balazé, le Petit-Pont en Sainte-Croix, le Grand-Breil et le Bas-Chemin en Izé, la Roncinière en Saint-Martin et les Bas-Teilleuls en Pocé; — deux dîmereaux en Erbrée et la Chapelle-Erbrée; — quatre maisons et un jardin en Notre-Dame, et deux maisons et un jardin en Sainte-Croix de Vitré; — enfin, 705 liv. de rentes foncières. Le total de leurs revenus était de 3,322 liv. 16 s.

---

1. *Armorial général ms. de 1698.*
2. *Chronologie des Évêques de Rennes.*
3. *Eglises de Bret.*, 606.
4. *Journal histor. de Vitré*, 46, 60, 71 et 82.

4 d., et 'eurs charges montaient à 1,073 liv. 14 s. 9 d.[1]

Le couvent des Augustins de Vitré se trouvait au pied du château de cette ville, au bord de la rivière; il n'en reste plus rien d'intéressant.

BÉNÉDICTINS

Paramé et Saint-Malo.

« *De sable à un saint Benoît d'or*[2]. »

Après la violente expulsion des Bénédictins d'Angleterre par les protestants, un vieux moine de Westminster forma une nouvelle congrégation qui s'établit en France, attendant l'occasion de rentrer dans l'île. Le Chapitre général de l'Ordre de Saint-Benoît, assemblé au Mont-Cassin en 1608, approuva cette association des Bénédictins anglais, et le pape Paul V la ratifia l'année suivante.

En 1611, la congrégation anglicane envoya à Saint-Malo l'un de ses membres les plus distingués, D. Gabriel de Sainte-Marie[3], en qualité de prieur, avec quelques autres religieux, pour y fonder un monastère. Saint-Malo lui paraissait, à cause de ses fréquentes relations avec l'Angleterre, une ville très-propre pour le recrutement des novices et pour l'envoi des missionnaires. L'évêque, Mgr Le Gouverneur, nomma D. Gabriel théologal de Saint-Malo; en même temps, deux habitants de cette ville, Gilles Toutin et Hamon Bodin, donnèrent aux religieux anglais, à la charge d'œuvres pies, l'un une chapelle dite de Notre-Dame-de-Liesse, l'autre une maison voisine dite

---

1. *Arch. dép. d'Ille-et-Vil.*, 1 V, 28.
2. *Armorial général ms. de* 1698. — Ce monastère n'était ni une abbaye ni un prieuré dépendant d'une abbaye; c'est pourquoi nous l'avons placé ici au rang des simples couvents.
3. Il se nommait Guillaume Gifford et appartenait à une noble famille d'Angleterre; né en 1554, il avait quitté son pays, chassé par la persécution, et avait rempli d'importantes charges ecclésiastiques en Belgique et en Italie; renonçant à tous ses bénéfices, il entra en 1608 au noviciat des Bénédictins anglais. Il devint plus tard supérieur général de la congrégation, évêque *in partibus* d'Archidale, et enfin archevêque de Reims, où il mourut en 1629.

de Clairmont, situées en la paroisse de Paramé; ils s'y établirent aussitôt, à la fin de l'année 1611, et bientôt le nouveau couvent compta dix religieux tant Anglais que Français.

Mais les Bénédictins anglais désiraient se fixer à Saint-Malo même. Grâce à la générosité d'un de leurs bienfaiteurs, Pierre Ribretière, ils achetèrent dans cette ville quelques anciens démembrements du manoir épiscopal, situés sur le placis Saint-Aaron.

En 1619, l'évêque de Saint-Malo leur permit de bâtir en ce lieu une chapelle et un couvent; mais le Chapitre, qui partageait avec le prélat la seigneurie de la ville, ne consentit à cet établissement dans ses murs qu'à la condition expresse que ce ne serait point une abbaye, mais seulement « un hospice ou lieu de refuge. » Les lettres de fondation furent homologuées en ce sens au Parlement de Bretagne le 7 avril 1621, et les religieux construisirent d'abord une chapelle provisoire en bois qu'ils remplacèrent bientôt après, malgré l'opposition du Chapitre, par une belle église terminée en 1637, mais que l'évêque de Saint-Malo refusa de consacrer.

Les Bénédictins anglais eurent encore d'autres difficultés avec ce même prélat, Mgr de Harlay, qui voulut faire la visite de leur monastère, ce à quoi ils s'opposèrent; puis le Chapitre leur défendit d'accepter les fondations que plusieurs riches Malouins voulaient faire dans leur église; enfin, le roi lui-même ne cacha pas son déplaisir de voir ce couvent étranger établi à la porte de son royaume, du côté de l'Angleterre.

Toutes ces raisons dégoûtèrent bien vite les religieux anglais de leur couvent breton. Dès 1638 ils s'agrégèrent à la Congrégation de Saint-Maur; en 1668 ils vendirent à cette même Congrégation leur monastère de Saint-Malo et se retirèrent ensuite dans une maison qu'ils avaient à Paris[1].

Les Bénédictins de la Congrégation de Saint-Maur prirent

---

1. Arch. municip. de Saint-Malo. — Hist. ms. du monastère de Saint-Benoît à Saint-Malo.

possession du monastère de Saint-Malo et de la maison de Clairmont le 1er avril 1669, et ils s'appliquèrent à embellir leur nouveau couvent, dont ils firent « le bijou de leur Congrégation. » On trouve dans le *Monasticon Gallicanum*[1] une vue de cette maison avec son église, son cloître, son jardin, ses réfectoires, dortoirs, hôtellerie et infirmerie, etc.; ce qui reste encore aujourd'hui de l'édifice prouve au reste l'exactitude de ce dessin et la juste renommée qu'avait acquise ce beau monastère.

Les religieux de Saint-Benoît employèrent à ces constructions tous les dons qui leur furent faits et y dépensèrent, dit-on, 200,000 liv.; aussi vécurent-ils assez pauvres jusqu'en 1766. A cette époque, le Chapitre général de la Congrégation leur donna les revenus du prieuré de Léhon, dont la conventualité fut alors supprimée; ces revenus furent changés en 1772 en une rente de 4,000 liv., que dut leur payer l'abbaye de Marmoutiers, dont Léhon dépendait. En 1790, les Bénédictins de Saint-Malo possédaient, outre cette rente et leur monastère, quatre maisons à Saint-Malo et quelques terres en Paramé, Saint-Servan et Pleudihen. Le tout produisait un revenu net de 6,215 liv. 2 s. 3 d.[2]

Vendu nationalement pendant la Révolution, le couvent bénédictin de Saint-Malo a été morcelé, et son église, défigurée, est devenue un entrepôt de tabacs.

CAPUCINS

Cet Ordre doit son existence au frère Mathieu de Baschi, religieux cordelier, qui voulut réformer ses frères et finit, vers 1525, par avoir un grand nombre de disciples auxquels on donna, à cause de la forme de leur capuce, le nom de Capucins. Ils furent approuvés par le pape Clément VII, et

---

1. Bibl. Nat., ms. lat., 11821.
2. Arch. dép. d'Ille-et-Vil. — L'abbé Manet, *Grandes recherches ms.*

s'introduisirent en Bretagne à la fin du xvi° siècle, sous le patronage du duc de Mercœur, gouverneur de cette province. Ils suivaient une règle très-sévère, vivaient d'aumônes, ne possédaient rien en propre et se livraient avec zèle au ministère de la prédication ; aussi étaient-ils très-aimés du peuple, dont ils partageaient la simplicité de vie.

1° Rennes.

En 1604, des lettres patentes d'Henri IV autorisèrent les Capucins à s'établir à Rennes; la Communauté de ville, désirant faire plaisir à ce prince, s'empressa d'acheter dans la rue Réverdiais (*nunc* rue d'Antrain) le terrain nécessaire pour y construire un couvent, et elle nomma un commissaire pour recevoir les libéralités des personnes qui voudraient contribuer à cet établissement. Elle fit ensuite bâtir le monastère et le donna aux religieux « à titre d'aumône et charité, » et sans charge d'aucunes prières ou fondations.

Le dimanche 22 août 1604, la chapelle du nouveau couvent fut solennellement bénite, en présence de tout le clergé de la ville, de la Cour du Parlement de Bretagne et du Présidial de Rennes [1].

Mais le monastère ne fut construit que l'année suivante, et il semble même que la chapelle bénite en 1604 n'était que provisoire, car en démolissant dernièrement l'église conventuelle des Capucins on a trouvé dans les fondations de cet édifice une plaque de cuivre commémorative de la pose de la première pierre du couvent, avec la date du 31 mai 1605. Cette pierre fut posée ce jour-là par les présidents du Parlement de Bretagne René de Bourgneuf et Christophe Fouquet, et par le sénéchal de Rennes René Le Meneust, et le syndic de la Communauté de ville Jérôme Chauvel [2].

La Communauté de ville ne borna pas ses largesses à la

---

1. *Journal d'un Bourgeois de Rennes.* — *Mélang. hist. de Bret.*, I, 14.
2. *Bull. de la Société archéol. d'Ille-et-Vil.*, XIX, 10.

fondation du monastère des Capucins; en 1612, elle fit bâtir une autre chapelle à côté de celle dite de Notre-Dame, vers le bas de l'église, et « un petit logis de santé » dans le jardin; puis, pour agrandir l'enclos, elle acheta une partie des terrains de la Cochardière et divers pourpris du côté de la rue Haute. Enfin, elle termina complètement la maison conventuelle en 1614, assista en corps à la dédicace de la chapelle faite le 4 juillet de cette année-là, et obtint de Pierre du Lyon, abbé de Saint-Melaine, l'amortissement des terrains de son fief qu'elle avait acquis pour les Capucins [1].

Au mois de décembre 1618 se tint à Rennes le chapitre général des Capucins; en cette circonstance, la Communauté de ville envoya aux bons Pères « une pipe de vin blanc, une barrique d'huile et 300 liv. en argent, pour les traiter en poisson pendant trois jours; et fut de plus arresté que ladite Communauté assisterait en corps, tenant en main un cierge de cire blanche du poids de demi-livre, à leur pardon, en l'église Saint-Pierre [2]. »

En 1629, le P. Jean-Marie Anoto, général des Capucins, trouvant la province de Touraine trop grande, en sépara les couvents de son Ordre en Bretagne et forma la province de Rennes, composée de dix-huit couvents et de deux cent trente-deux religieux, et ayant à sa tête comme provincial le P. Élisée de Vitré [3].

Le couvent de Rennes et ses dépendances furent vendus nationalement en 1792. Plus tard, la Congrégation des Eudistes acheta cette propriété et y fonda un collège ecclésiastique. Depuis quelques années, tous les bâtiments anciens ont disparu pour faire place à de nouvelles constructions.

Nous avons encore vu debout l'ancienne église conven-

---

1. *Arch. municip. de Rennes*, 207. — Marteville, *Hist. de Rennes*.
2. *Recueil hist.*, par Languedoc, ms. de la Bibliothèque de Rennes.
3. *Don très-humble fait à la séraphique province de Bretagne*. Ce curieux manuscrit de 1663 contient la généalogie séraphique des mille premiers Capucins de la province de Bretagne. (*Bibl. de Rennes*, ms., n° 167.)

tuelle : c'était une simple nef, accompagnée sur un côté seulement de trois ou quatre petites chapelles communiquant entre elles; cet édifice était d'ailleurs complètement dépourvu de style, comme toutes les églises des religieux mendiants.

2° *Saint-Servan.*

Les Capucins furent appelés en cette ville par Guillaume Le Gouverneur, évêque de Saint-Malo, et obtinrent, le 11 avril 1611, permission d'y bâtir un couvent. Ce que voyant, Julien Lessieu et Guillemette Heurtault, sieur et dame du Pont, habitants de Saint-Malo, donnèrent le 23 janvier 1612 à ces religieux, pour « asseoir leur maison, » deux pièces de terre dépendant de leur manoir du Pont, situé au-dessus du Petit-Val, en la paroisse de Saint-Servan.

On commença dès le 22 mars 1612 la construction de l'église conventuelle, dédiée à l'Immaculée-Conception de la Sainte Vierge, mais sous l'invocation de saint Louis et de saint François, et, l'année suivante, on bâtit le monastère. Comme le terrain relevait de la seigneurie de Châteauneuf, le seigneur de ce nom se fit reconnaître seigneur fondateur du nouvel établissement.

En 1790, les Capucins de Saint-Servan déclarèrent ne posséder que leur église, leur couvent contenant trente à quarante cellules, et un enclos d'environ quatre journaux, sans aucun revenu [1].

Peu après, les bons Pères furent chassés de leur monastère, converti en 1794 en maison d'arrêt. Plus tard, cet ancien local des Capucins fut cédé par l'État à la ville de Saint-Servan pour y établir son collège, en 1811 [2].

Aujourd'hui, ce collège occupe encore le couvent des Capucins; les cloîtres ont disparu, mais l'ancienne église conventuelle est intacte et régulièrement desservie; elle se compose

---

1. Arch. dép. d'Ille-et-Vil.
2. L'abbé Manet, *Grandes recherches ms.*

d'une assez vaste nef à laquelle sont accolées au Nord quatre chapelles communiquant entre elles par de petites portes. Sous la chaire repose, d'après la tradition, un Capucin mort en odeur de sainteté et nommé frère Jean-l'Évangéliste [1].

CARMES (GRANDS)

L'Ordre mendiant des Carmes tire son nom et son origine du Carmel, montagne de Syrie autrefois habitée par les prophètes Élie et Élisée et par leurs disciples, dont cet Ordre prétend descendre. Au XIIIe siècle, Albert, patriarche de Jérusalem, donna aux solitaires du Carmel une règle qu'approuva le pape Innocent IV. Peu de temps après, Jean de Bretagne, comte de Richemont et fils du duc Jean Ier, revenant de Terre-Sainte, amena en Bretagne quelques Carmes qu'il établit à Ploërmel en 1271. Au XVIe siècle, cet Ordre se divisa en Carmes de l'Ancienne Observance, ou Grands-Carmes, appelés aussi Carmes chaussés ou mitigés, parce que la sévérité de leur règle primitive fut adoucie, — et en Carmes de l'Étroite Observance ou Carmes déchaussés. Parlons d'abord des premiers.

1° Dol.

« *De sable mantelé arrondi d'argent, à trois étoiles, deux en chef et une en pointe, de l'un en l'autre* [2].

Guillaume de Montauban, seigneur dudit lieu et de Landal, fonda le couvent des Carmes de Dol au commencement du XVe siècle. Jean IV, duc de Bretagne, posa la première pierre du monastère le 18 janvier 1401, et Richard de Losmenez, évêque de Dol [3], ainsi que le sire de Combour, voulurent aussi

---

[1]. Le Ms. des Capucins de Bretagne, conservé à la Bibliothèque de Rennes, mentionne deux religieux de ce nom, Jean-l'Évangéliste, d'Auvergne, qui fit profession le 21 mai 1630, et Jean-l'Évangéliste, de Landerneau, qui fit profession le 6 mai 1663.

[2]. Armorial général ms. de 1698.

[3]. D'après une Notice ms. que m'a remise M. Charil des Masures, Richard de Losme-

contribuer à la fondation de ce pieux établissement. C'est ce que nous apprend la chronique rimée que voici :

> L'an mil quatre cent et un an,
> Le jour de la Chaire Saint-Pierre,
> Assit le noble duc Jehan
> De céans la première pierre.
> Richard, évesque de ce lieu,
> Les sires Montauban et Combour,
> En la revérence de Dieu,
> Le fondèrent en grand labour.
> Pour eux et tous autres fondeurs
> En ce moustier généralement
> Et pour tous autres bienfaicteurs
> Soit prié Dieu devotement [1].

Cette fondation ne se fit pas toutefois sans de grandes difficultés : le Chapitre de Dol et les deux recteurs de Notre-Dame de Dol n'ayant point été consultés par l'évêque sur l'opportunité de l'établissement des Carmes, s'y opposèrent, plaidèrent à Rome et obtinrent une sentence condamnant les religieux à démolir leur nouvelle construction faite dans le fief du Chapitre et en la paroisse de Notre-Dame. Richard de Lesmenez mourut sur les entrefaites, et son successeur, Étienne Cœuret, ayant obtenu l'arbitrage de cette affaire, la termina vers 1407 à l'avantage des Carmes, qu'il releva de la censure encourue par eux parce qu'ils avaient refusé de détruire leur monastère à peine sorti de terre [2].

Guillaume de Montauban décéda en 1432 et fut inhumé dans l'église des Carmes, où reçut également la sépulture son fils, Jean de Montauban, amiral de France, seigneur de Montauban et de Landal, mort en 1466. Le testament de ce dernier prouve qu'à cette époque le couvent de Notre-Dame des

nez donna aux Carmes l'emplacement même de leur couvent, situé au haut de sa ville épiscopale.

1. D. Morice, *Preuves de l'Hist. de Bret.*, III, 842.
2. Albert Le Grand, *Catal. des Évêques de Dol.*

Carmes de Dol n'était pas encore complètement édifié, puisqu'il légua « pour le parachèvement d'icelui le nombre de cent liv. tournois par chacun an après son décès jusques à vingt ans. » La fille unique de ce seigneur, Marie de Montauban, épousa Louis de Rohan, seigneur de Guémené, mais omit d'accomplir les dernières volontés de son père; les Carmes le lui rappelèrent dans une requête où ils demandent les rentes qui leur sont dues, « afin qu'ils puissent parfaire et accomplir leur église, » dont ils reconnaissent que le sire de Rohan-Guémené est fondateur à cause de sa femme [1].

Le monastère des Carmes avait été construit sur un terrain vague appelé l'Aire-Béart, à l'intérieur et à côté des murs de ville et près la porte d'En-Haut; mais l'église conventuelle fut bâtie sur un terrain voisin relevant de Briand de Lanvallay, seigneur de Vaudoré; aussi le fils de ce dernier, Bertrand de Lanvallay, demanda-t-il une indemnité au Chapitre provincial des Carmes tenu au couvent de Dol en 1442. « Il luy fut accordé par les Pères du Chapitre que luy et ses successeurs seigneurs de Vaudoré se feroint enterrer, si bon leur sembloit, en la chapelle de près le revestuaire (ainsi appeloint-ils la sacristie), vers le soleil couchant, qui est de l'autre costé du chœur et en mesme hauteur que la chappelle de Nostre-Dame [2]. »

Au commencement du xviie siècle, le couvent des Carmes de Dol tomba dans le relâchement; mais la réforme de l'Observance de Rennes y fut introduite par les soins de Mgr de Revol, en 1616, et le monastère se releva plus florissant que jamais. Peu de temps après, Hector d'Ouvrier, également évêque de Dol, fit reconstruire « le cloître de Notre-Dame du Carme » vers 1638, et y plaça ses armoiries. « Le couvent de Dol a passé depuis pour être une des maisons les mieux bâties de l'Ordre; on y vit plus de ferveur et de piété qu'en

---

1. D. Morice, *Preuves de l'Hist. de Bret.*, I, 842.
2. *Hist. ms. de la fondation des couvents de Carmes en Bret.* (Arch. dép. d'Ille-et-Vil.)

tout autre couvent, et les études de philosophie et de théologie lui donnèrent un grand éclat[1]. »

Le couvent des Carmes de Dol ne fut jamais riche. En 1790 il possédait en maisons, terres et rentes, un revenu de 2,877 liv., et avait 846 liv. de charges; partant, il ne lui restait que 2,031 liv. de revenu net.

Le tout fut vendu nationalement pour une soixantaine de mille francs; quant au mobilier du couvent, il n'atteignit à la vente que le chiffre de 600 fr., ce qui dénote bien sa pauvreté.

Depuis lors l'église a été démolie, et ce qui reste des bâtiments conventuels est devenu méconnaissable. On aperçoit toutefois encore ces tristes débris à l'entrée de Dol, près du pont construit sur la voie ferrée de Saint-Malo. D'ailleurs, ce n'est qu'en 1863 qu'a été rasée la chapelle Saint-Sébastien, dernière portion restée debout de l'ancienne église conventuelle de N.-D. du Carme [2].

2° Rennes.

« *D'azur à un* Jésus Maria *entrelacés l'un dans l'autre, d'argent, surmonté d'une couronne ducale de même et soutenu d'un écusson de sable mantelé d'argent, accosté de deux palmes d'or et couronné d'une couronne ducale de même* [3]. »

C'est en 1448, par lettres patentes datées du 6 juillet, que François Ier, duc de Bretagne, autorisa l'établissement des Carmes à Rennes[4]. Frère Olivier-Jacques, du couvent de Nantes, fut nommé prieur de la nouvelle maison, et c'est en cette qualité qu'il reçut les dons destinés à en assurer la fondation. L'un des principaux bienfaiteurs fut Jean, sire de Malestroit et de l'Argoët, vicomte de la Bellière et maréchal

---

1. Juhel de la Plesse, *Chronol. ms. des Évêques de Dol.*
2. *Notices ms.* communiquées par MM. Ad. Charil des Masures et Gaultier-Bidan.
3. *Armorial général ms. de 1607.*
4. D. Morice, *Preuves de l'Hist. de Bret.*, II, 1427.

de Bretagne. Il fit don aux religieux Carmes, le 1ᵉʳ décembre 1450, de son propre hôtel situé dans la rue Saint-Denis (*nunc* rue des Dames), au coin de la rue du Griffon, et portant le nom de la Maison-au-Vicomte ; mais il se réserva le droit d'avoir un enfeu devant le grand autel de l'église conventuelle et de placer ses armes en lisière dans le chœur de cette église ; il voulut aussi jouir dans le couvent d' « une salle et logis ô deux lits pour lui et ses successeurs toutes les fois qu'ils viendroient à Rennes. » Enfin, les religieux s'engagèrent à chanter chaque jour, après vêpres, un répons et une oraison sur l'enfeu seigneurial précité, pour le repos des âmes des fondateurs [1].

Les Carmes, toutefois, ne purent songer à bâtir leur couvent dans la rue Saint-Denis, où ils manquaient d'espace ; ils ne s'y logèrent donc qu'en attendant mieux, et bientôt on leur offrit un autre local plus convenablement placé. Marie Madeuc, femme de Jean de Lorgeril, seigneur de Repentigné, leur donna son manoir de la Tourniole, situé près la rue Vasselot. Ce fut là que le frère Olivier-Jacques commença à jeter les fondations du nouveau monastère [2].

Par suite des adjonctions de terrains qui furent successivement faites à ce premier fonds, tant par dons particuliers que par acquisitions des religieux, l'enclos du couvent des Carmes s'étendit le long de la rue Vasselot sur une longueur de 272 pieds, et sa superficie totale atteignit environ 1 hectare 30 ares de terrain. Les religieux devinrent, en outre, propriétaires de plusieurs maisons, rentes et fiefs qui leur furent donnés et amortis par lettres du duc François II en 1475 et 1484, du roi Charles VIII en 1492, et d'Anne de Bretagne en 1498. Aussi les ducs de Bretagne se considéraient-ils, dès le principe, comme fondateurs du couvent des Carmes de Rennes, ainsi que l'attestent les lettres de Pierre II,

---

1. *Arch. dép. d'Ille-et-Vil.*, 20 H, 4.
2. M. Paul de la Bigne Villeneuve, *Mél. hist. de Bret.*, II, 176.

datées de 1450, et celles de François II, de 1466, ordonnant que « les armes ducales seront posées aux portes de l'église des Carmes, » et attestant qu'ils prennent ces religieux sous leur sauvegarde et protection [1].

La Communauté de ville voulut aussi être réputée, au moins en partie, fondatrice et bienfaitrice du couvent des Carmes. Depuis 1452 jusqu'en 1460 et plus tard, les miseurs des dépenses communes reçurent de fréquents mandements d'avoir à payer diverses sommes d'argent octroyées aux Carmes par les bourgeois, « pour avoir part à la fondation dudit couvent [2]. »

Entre autres dons faits par la ville de Rennes au couvent des Carmes, nous remarquons une cloche fondue en 1655, ornée des armes de la ville et portant cette inscription : *Marie de Rennes donnée par MM. les nobles bourgeois et habitans de Rennes aux religieux du couvent de Nostre-Dame des Carmes* [3].

Enfin, le vicomte de Rennes, dans le fief duquel était le monastère des Carmes, prétendait aussi avoir le droit de placer ses armoiries dans la principale vitre de l'église conventuelle ; il voulait, de plus, être reçu processionnellement et complimenté par les religieux, à la porte de leur église, lorsqu'il y venait pour la première fois [4].

Dans une *Notice ms.* sur la fondation des Carmes de Rennes [5], on lit qu'en 1454, le jour de la Saint-Jean-Baptiste, le chapitre provincial de l'Ordre fut tenu au couvent de Rennes et présidé par le P. Jean Sorel, général des Carmes.

Deux bulles du pape Sixte IV, l'une de 1477, l'autre de

---

1. M. Paul de la Bigne Villeneuve, *Mél. hist. de Bret.*, II, 176. — *Arch. dép. d'Ille-et-Vil.*, 20 H, 4.
2. *Ibidem*. — *Arch. municip. de Rennes*, 205.
3. *Arch. municip. de Rennes*, 562. — Précédemment, le duc Pierre II avait déjà donné aux Carmes de Rennes, en 1451, une autre cloche qui était auparavant en la tour Saint-James, près la porte Jacquet.
4. *Déclarat. de la vicomté de Rennes en 1681.*
5. *Arch. dép. d'Ille-et-Vil.*, 1 H, 3.

1482, accordèrent des indulgences en faveur de la construction des bâtiments du couvent de Rennes. La libéralité du peuple et de la noblesse bretonne répondit à cet appel, car dès la première année les aumônes montèrent à près de 10,000 liv. [1]

« Mais, au bout de six ans, les indulgences n'ayant pas été prorogées par le Souverain-Pontife, les religieux durent recourir à d'autres moyens pour solliciter la charité des fidèles. Des frairies furent érigées dans l'église du couvent. La frairie de Notre-Dame-du-Carme, qu'on appelait « la frairie blanche, » attira un grand concours de peuple aux fêtes de l'Assomption et procura aux bons Pères d'assez abondantes aumônes.

« On peut en dire autant de la frairie de Sainte-Barbe, établie d'abord dans une chapelle au haut du cloître, joignant le mur méridional de l'église. Par suite de la contagion qui exerça ses ravages à Rennes en 1543, les religieux changèrent de place l'autel de cette frairie, le placèrent dans l'église du côté de la rue Vasselot, et firent peindre sur les parois de la muraille voisine l'image de Notre-Dame-de-Paradis et la légende de sainte Barbe, de grandeur naturelle. Ce fut un peintre flamand, nommé Le Béchot, qui exécuta ces peintures. Il ne voulut accepter aucun salaire « que ses dépens, » et son travail, commencé en 1544, fut achevé l'année suivante.

« Enfin, la frairie du Scapulaire était aussi établie dans l'église des Carmes et y attirait de nombreux affiliés. « Elle « est en grande devotion par tout l'évêché et quasi par tout « le pays, » dit l'auteur de la *Notice* précitée[2]. »

Le couvent des Carmes de Rennes fut le berceau d'une

---

1. Parmi les bienfaiteurs des Carmes figurent pendant trois siècles tous les nobles de Rennes : les d'Acigné, de Bégasson, de Quélen, de Rosnyvinen, de Botmeur, de Coëtlogon, de la Lande du Lou, Hay de Tizé, de Montauban, d'Andigné, de la Bellinaye, de Taillefer, de Boisbaudry, du Boberil, Le Levier de Kerobiou, Nicol de Kervalo, de Bonabry, de Keraly, du Fail, de Hosmadec, de Bécdelièvre, etc., etc. (Voy. *Arch. dép. d'Ille-et-Vil.*, 20 H, 1.)

2. *Mél. hist. de Bret.*, II, 179.

réforme religieuse, œuvre du P. Philippe Thibaut, dont D. Lobineau a raconté la vie[1]. Cette réforme commença bien, il est vrai, dès 1604 avec le P. Pierre Behourt, prieur du couvent de Rennes[2], mais elle ne fut solidement établie que par le P. Thibaut, nommé prieur en 1608. Sous le gouvernement de ce dernier, on compta jusqu'à cent deux religieux Carmes à Rennes. Mais en 1758 il n'y avait plus dans la maison que quarante-deux religieux, y compris novices et frères, et à l'époque de la Révolution, lorsqu'en 1792 les Pères furent chassés de leur couvent, ils n'étaient qu'au nombre de vingt-huit. A cette dernière époque les Carmes jouissaient d'un revenu de 12,300 liv. et d'une bibliothèque de 10,600 volumes[3].

Le sceau du couvent des Carmes de Rennes, de forme ovale, renfermait *un écusson portant les armoiries décrites plus haut*, accompagné de cette légende : SIGIL. PRIOR. CARM. REDON.[4]

L'église conventuelle des Carmes fut construite de 1460 à 1480 ; elle bordait au Nord les rues Vasselot et Saint-Thomas.

« La nef figurait un rectangle allongé communiquant vers Midi avec le grand cloître ; un collatéral renfermant quatre chapelles régnait le long du côté Nord de la nef, se prolongeant vers l'Est presque jusqu'au chevet. L'extrémité orientale de ce bas-côté, accolée au chœur de l'église, formait une chapelle close dédiée à la Sainte Vierge ; trois fenêtres l'éclairaient ; on y voyait les enfeus des Coëtlogon, des Cornulier et

---

1. *Vie du P. Philippe Thibaut, principal auteur de la réforme des Carmes de l'observance de Rennes.* (*Vies des Saints de Bret.*, 379.)

2. Né à Moulins, au diocèse de Rennes, en 1563, le P. Pierre Behourt prit l'habit religieux chez les Carmes de cette ville en 1582. Successivement prieur des couvents d'Orléans, d'Angers, de Dol et de Saint-Pol-de-Léon, il fut mis en 1604 à la tête de la nouvelle réforme ; malheureusement, très-dur pour lui-même et très-sévère pour les autres, ce religieux fit faire peu de progrès à cette réforme. (*Vie du vénérable Jean de Saint-Samson*, par le P. Sernin-Marie, p. 69.)

3. *Mél. hist. de Bret.*, II, 190. — Parmi les biens des Carmes nous remarquons beaucoup de maisons et jardins à Rennes, la terre de la Bezardais en Guignen, celles de Cœuvre et du Bas-Boussart en Betton, Launay en Châtillon-sur-Seiche, les Hopotières en Acigné, la Verrerie et le Cormier en Rennes, etc. (V. *Arch. dép. d'Ille-et-Vil.*, 20 H, 4.)

4. *Armorial général ms. de* 1697.

des Robien[1]. A la suite de cette chapelle, un portail latéral ouvrait en face de la rue Saint-Germain ; puis, au-dessous, vers le bas du collatéral, s'alignaient trois autres chapelles : celle des Anges-Gardiens, celle de Saint-Samson, sous la tour du clocher, et celle de Notre-Dame-de-Pitié. Quatre arcades reliaient le collatéral à la nef. Il ne reste plus de cette église que le souvenir ; elle a été démolie en 1798. A travers l'emplacement qu'elle occupait on a percé une rue qui porte le nom de rue des Carmes[2]. »

Dans cette église on voyait aussi le tombeau de Robert Cupif, évêque de Dol, décédé en 1659 et inhumé dans la chapelle de Notre-Dame-de-Pitié, à côté du frère Carme Jean de Saint-Samson, mort en odeur de sainteté le 14 décembre 1636, et dont D. Lobineau a écrit la vie[3].

Il reste encore quelques débris du cloître des Carmes, où ces religieux se faisaient ordinairement enterrer : « Plusieurs de ses arcades, dit M. de la Bigne Villeneuve, sont encore debout, encadrant un chantier dans lequel on pénètre par le côté occidental de la rue des Carmes. Ces arcades sont ogivales et ornées de quelques moulures simples qui viennent mourir sur les pieds-droits[4]. » On trouve aussi d'autres restes du couvent des Carmes dans la rue Vasselot, notamment au presbytère de Toussaints, à l'école municipale qui l'avoisine et dans une cour à côté, remarquable par ses escaliers et ses galeries en bois sculptées ; c'était, dit-on, l'entrée principale du monastère.

Les Carmes de Rennes jouissaient aux xve et xvie siècles d'une grande vogue comme prédicateurs ; plusieurs d'entre eux

---

1. Et aussi les enfeux des seigneurs de Montorfil, Denyau de Chanteloup, Huellan du Tiercent, Saliou de Chefdubois, Le Vayer de Clayes, etc.
2. M. Paul de la Bigne Villeneuve, Bull. de l'Assoc. bret., II, 137.
3. Vies des Saints de Bret., 373. — Le tombeau de Jean de Saint-Samson consistait en une dalle de marbre que fit placer Luc Godard, seigneur des Loges et président au Parlement de Bretagne, qui attribuait aux prières de ce saint religieux la guérison d'une grave maladie dont il avait été frappé. Le chef de ce bienheureux est conservé de nos jours dans le nouveau couvent des Carmes de Rennes.
4. Mél. hist. de Bret., II, 178.

ont aussi publié des travaux théologiques d'une certaine valeur.

Terminons en signalant l'abnégation et la charité avec lesquelles les Carmes de Rennes acceptèrent en 1779 l'établissement de l'hôpital militaire dans une partie de leur monastère; ils voulurent bien alors se charger de soigner eux-mêmes les soldats malades. (V. plus loin v° *Hôpitaux.*)

CARMES DÉCHAUSSÉS

Ces religieux, ainsi nommés parce qu'ils vont nu-pieds, sont les Carmes que réforma saint Jean de la Croix, d'après les conseils de sainte Thérèse. Cette réforme, approuvée par saint Pie V, fut confirmée par Grégoire XIII en 1580. Ce sont eux que nous avons vus rentrer à Rennes de nos jours.

Rennes.

En 1632, les Carmes déchaussés demandèrent à la Communauté de ville la permission de s'établir à Rennes; mais aussitôt les autres religieux mendiants de cette ville présentèrent à leur tour une requête, suppliant les bourgeois de s'opposer à cet établissement. La Communauté de ville ayant délibéré à ce sujet, refusa l'autorisation demandée.

Sur les entrefaites, les Carmes repoussés de Rennes reçurent un don considérable de Toussaint de Perrien, seigneur de Bréfiliac, et fondèrent près de Carhaix, en 1644, le couvent de Saint-Sauveur, en la paroisse de Saint-Hernin, en Cornouailles. Un peu plus tard, les mêmes religieux, ayant reçu des héritiers du seigneur de Bréfiliac un capital de 40,000 liv. en échange d'une rente constituée qui leur était léguée, employèrent cette somme à acheter, en 1669, une terre importante nommée Le Grannec. Cette seigneurie du Grannec, consistant en un vieux château, trois métairies, un moulin, une haute justice, etc., s'étendait dans les paroisses de Landelleau, Cléden et Plounevez-du-Faou, en Basse-Bretagne.

Une fois maîtres de cette terre, les Carmes déchaussés se présentèrent de nouveau à Rennes, non plus comme mendiants, mais comme propriétaires. La Communauté de ville les reçut cette fois, à condition qu'ils s'établiraient hors l'enceinte de la ville et qu'ils s'abstiendraient de toute espèce de quêtes. La délibération des bourgeois et leur consentement sont du 11 mars 1690; au mois de septembre suivant, Louis XIV autorisa par lettres patentes l'établissement des Carmes déchaussés à Rennes[1].

Cependant ces bons religieux demeurèrent pauvres, car leur couvent de Basse-Bretagne absorba la plus grande partie des revenus de la seigneurie du Grannec. En 1750, ils firent une *Déclaration* de ce qu'ils possédaient dans l'évêché de Rennes; on y voit qu'ils avaient alors : leur maison dans la ville, les métairies de Launay-du-Han et du Lieu-Soret, en Montreuil-le-Gast, et celle de la Séplais, en Melesse, le tout montant à 1,620 liv. de rente; mais ils évaluaient leurs charges à 1,393 liv. 17 s., et par suite n'avaient de revenu net que 226 liv. 3 s. Aussi se plaignaient-ils de ce que « leur maison conventuelle à Rennes n'est encore qu'une maison séculière, n'ayant pu parvenir jusqu'ici à construire un monastère; cette maison, située en la rue de la Quintaine, paroisse de Saint-Jean, dans le fief de l'abbaye de Saint-Melaine, est construite partie en bois et terrasse et l'autre moitié en pierre; et y joignent une petite église qu'ils ont fait bâtir, une cour au milieu et un moyen jardin derrière. »

La même *Déclaration* ajoute que « la communauté n'a plus que huit religieux, quoiqu'elle en ait eu douze et qu'elle dût en avoir au moins quinze[2]. »

Telle était la situation assez précaire des Carmes déchaus-

---

1. *Arch. municip. de Rennes*, 296. — *Arch. dép. d'Ille-et-Vil.*, I H, 1.
2. *Arch. dép. d'Ille-et-Vil.*, I H, 1.

sés de Rennes peu de temps avant la Révolution, qui les chassa de cette ville. Aujourd'hui, il ne reste rien de leur couvent, dont l'emplacement est occupé par les Pères Missionnaires diocésains, dans la rue de Fougères.

CORDELIERS

Disciples de saint François d'Assise, ces religieux tirent leur nom de la corde dont ils sont ceints; on les appelait aussi Frères-Mineurs ou Franciscains. Cet Ordre fut fondé en 1208 et fut approuvé par le pape Innocent III; les Cordeliers vinrent en Bretagne très-peu de temps après la mort de leur saint fondateur, arrivée en 1226.

1° Rennes.

« *D'argent à un saint François à genoux et contourné, de carnation, vêtu des habits de la couleur de son Ordre et diadèmé d'or, regardant un séraphin en croix de gueules, duquel sortent cinq rayons de même qui vont aboutir aux mains, au côté et aux pieds du saint, le séraphin entouré d'un nuage au naturel, et le saint ayant derrière lui un arbre de sinople, mouvant du flanc dextre*[1]. »

Le P. Toussaint de Saint-... ne dit positivement que le couvent des Cordeliers de Rennes fut fondé au XIIIe siècle. Un incendie qui consuma, dans le XVIe, la sacristie où était le dépôt des archives, anéantit les plus anciens titres; mais on peut encore réunir plusieurs preuves attestant, en effet, l'existence du couvent des Frères-Mineurs à Rennes au milieu du XIIIe siècle[2]. Ainsi, le *Nécrologe* de cette maison nous apprend que Mathieu de Laval fut inhumé dans le chœur de l'église

---

1. *Armorial général ms. de* 1697.
2. V. l'intéressant article de M. de la Bigne Villeneuve sur les Cordeliers de Rennes publié dans le *Journal de Rennes* en 1851.

conventuelle en 1242[1]. Peu de temps après, Mahaut, dame de Pordic, fit un legs de 100 sols, par testament daté de 1247, en faveur des Frères-Mineurs de Rennes. L'on sait aussi que le chapitre provincial de l'Ordre de saint François fut tenu à Rennes en 1252, et que les Cordeliers achetèrent en cette ville, dans le territoire de Toriel (*nunc* enclos de la Visitation), un jardin sous le fief de l'abbaye de Saint-Melaine, en 1269. La *Vie de saint Yves* nous montre encore ce bienheureux suivant à Rennes les leçons d'un docte religieux de saint François, qui y enseignait l'Écriture-Sainte vers 1280. On lit dans Du Paz que Geoffroy Tournemine, seigneur de la Hunaudaye, légua par testament, en 1264, 10 liv. à la fabrique des Frères-Mineurs de Rennes. Enfin, en 1270, il y avait à Rennes un gardien (c'était le nom donné au supérieur d'un couvent de Cordeliers), qui fit avec le cellerier de Saint-Melaine le compte des rachats des vœux pour le voyage de Terre-Sainte, dans le diocèse de Rennes[2]. Il résulte de tous ces faits que l'on peut raisonnablement reporter la fondation du couvent des Cordeliers de Rennes à environ l'an 1230, puisqu'en 1242 on inhumait déjà dans le chanceau de leur église.

« Le local que les Cordeliers occupèrent à leur arrivée à Rennes, et qui leur fut donné par les ducs de Bretagne fondateurs de leur couvent, était un ancien hospice connu sous le nom d'hôpital Saint-Jacques. Il était de tradition dans la maison des Cordeliers de Rennes que les premiers Pères de leur Ordre qui vinrent se fixer dans cette ville desservirent d'abord, comme aumôniers, cet établissement charitable destiné dans l'origine à servir d'asile aux pèlerins qui se rendaient à Saint-Jacques de Compostelle, en Galice ; on sait combien ce lieu célèbre de pèlerinage était fréquenté au moyen-âge. Aussi les religieux avaient-ils conservé pour

---

1. *Martyrologium Franciscanorum Redonensium.* (Bibl. Nat., Baluze XLI, 29.)
2. D. Lobineau, *Preuves de l'Hist. de Bret.*, 448.

patron de leur chapelle saint Jacques-le-Majeur, dont ils célébraient la fête avec solennité [1]. »

Le couvent de Saint-François de Rennes acquit une grande importance; les religieux y instituèrent, en 1474, une confrérie de dévotion à sainte Catherine d'Alexandrie, et le pape Léon X érigea en leur église, en 1517, une autre confrérie en l'honneur de Notre-Dame-des-Douleurs. Mais ce monastère se rendit tristement célèbre au milieu du xvii° siècle, voici à quelle occasion. Les Cordeliers s'étaient divisés en plusieurs branches prenant les noms de Capucins, Récollets, Observantins, etc.; les religieux de Rennes appartenaient à cette dernière catégorie; or, les Récollets dits Clémentins, parce qu'ils suivaient la réforme du pape Clément VIII, obtinrent permission d'occuper le couvent de Rennes. Mgr de la Mothe-Houdancourt, évêque de cette ville, nommé commissaire apostolique en cette affaire, les y introduisit non sans peine en 1643, malgré les protestations des anciens religieux observantins. Ces derniers se retirèrent dans une maison particulière, au faubourg de la rue Hux (*nunc* faubourg de Paris), près la barrière; mais, le 25 janvier 1644, ils rentrèrent par la force dans leur couvent et en chassèrent les Clémentins. Ils y demeurèrent ensuite, malgré l'évêque, plus d'un an. Toutefois, sur la promesse que leur fit le maréchal de la Meilleraye, lieutenant-général en Bretagne, de les soutenir près du roi, ils consentirent, le 23 mars 1645, à se retirer provisoirement à leur maison de la rue Hux. Les Récollets rentrèrent triomphants, mais leur victoire ne fut pas longue; le Pape retira la commission apostolique à Mgr de la Mothe-Houdancourt, qui avait excommunié les Cordeliers rebelles, et confia le soin de l'affaire à Mgr Cupif, évêque de Léon. Celui-ci, par sa sentence du 18 novembre 1647, cassa tout ce qu'on avait fait contre les Cordeliers, les releva de l'excommunication portée contre eux, leva l'interdit jeté sur leur

---

1. M. Paul de la Bigne Villeneuve, *Bull. arch. de l'Assoc. bret.*, II, 114.

couvent et ordonna aux Récollets de quitter Rennes au plus vite. Ainsi se termina cette querelle dont il serait trop long de raconter ici toutes les phases[1].

Les rapports qu'eut le Parlement de Bretagne avec les Cordeliers de Rennes donnèrent beaucoup de considération à leur couvent. Ce Parlement, créé en 1553, tint ses premières séances dans les salles de Saint-François dès l'année suivante, et y demeura jusqu'au 11 janvier 1655, qu'il prit possession du palais bâti à son usage. Cet édifice fut lui-même construit sur le terrain des Cordeliers, dont l'ancien cimetière occupait la place actuelle du Palais. Aussi les membres du Parlement affectionnaient-ils beaucoup le couvent de Saint-François, et ils avaient coutume d'y aller entendre la messe.

Lorsque les États de Bretagne se tenaient à Rennes, c'était aussi dans les salles des Cordeliers qu'ils prenaient ordinairement séance, et ce fut là qu'ils se tinrent pour la dernière fois en 1789.

A cette époque, les Cordeliers de Rennes possédaient 9,589 liv. de rente; leurs biens consistaient en maisons et en métairies, sans aucun fief ni aucune dîme[2]; leurs charges montaient à 2,646 liv., de sorte qu'il leur restait un revenu net de 6,943 liv.[3]

Le sceau des Cordeliers de Rennes portait *un écusson aux armes décrites plus haut*, avec cette légende : SIGILL.PATR. GUARD.CONVENT.MIN.RHED.[4]

Le couvent des Cordeliers occupait le terrain compris entre la rue Saint-François et la rue Louis-Philippe; celle-ci a été tracée sur l'emplacement d'une partie de l'église conventuelle.

Cette église était située au Midi des bâtiments claustraux et avait sa façade occidentale sur le placis Saint-François, qui fait partie maintenant de la place du Palais.

---

1. *Arch. dép. d'Ille-et-Vil.*, 1 H, 10. — *Arch. municip. de Rennes*, 490, 497.
2. Les maisons en ville, très-nombreuses, étaient affermées 8,212 liv.; il y avait, en outre, les métairies de la Trunaye, en Betton, et de la Tremblaye, en Nouvoitou.
3. *Arch. dép. d'Ille-et-Vil.*, 23 H, 37.
4. *Armorial général ms. de 1697.*

« Le plan de l'église des Cordeliers consistait dans une nef se terminant à l'Est par une abside à pans coupés ; le chœur des religieux occupait toute la partie orientale jusque vers le milieu de la nef. Un collatéral unique, suivant la forme traditionnelle observée dans les constructions de l'Ordre de saint François, longeait cette nef et le chœur dans tout le côté méridional, jusqu'à la naissance de l'abside, où il se terminait par un chevet droit. »

C'est dans ce chœur que Bernard de la Roche-Bernard, seigneur de Lohéac, et Hermine de Lohéac, sa mère, élevèrent vers 1280 un beau maître-autel, orné de colonnes, décoré de tentures et pourvu d'un calice, d'un missel et tout ce qui était nécessaire au saint sacrifice de la messe[1].

« Le collatéral communiquait avec la nef et le chœur au moyen de huit arcades, vis-à-vis lesquelles s'ouvraient au Midi plusieurs chapelles d'inégale largeur, éclairées par six fenêtres percées dans le mur Sud ; il n'y avait point de bas-côté vers le Nord ; seulement, au bas de la nef, une porte pratiquée vers l'angle septentrional donnait accès dans une petite chapelle accolée à l'église et fondée par les seigneurs de Laval[2]. »

Cette chapelle, appelée vulgairement chapelle de Dol ou de Saint-Méen, fut bâtie en 1539 par François de Laval, évêque de Dol, qui y fit graver ses armoiries sur la clef de voûte et sur la muraille, tant à l'intérieur qu'à l'extérieur. Le prélat y fit une fondation en 1551 et la laissa après son décès à sa famille. Mais en 1576 Guy, comte de Laval et vicomte de Rennes, afféagea cette chapelle avec tous ses droits de prééminences, d'enfeu et d'armoiries, à Bertrand d'Argentré, sénéchal de Rennes, qui y fut inhumé, et dont les descendants la conservèrent sous la mouvance des vicomtes de Rennes.

---

1. 23ᵉ Xbris. — *Obiit Bernardus de Rochabernardi dominus de Loheac sepultus in choro cum habitu nostro; cum matre sua edificavit altare hujus ecclesiæ, dedit calicem, missale, columnas, cortinas et omnia necessaria ad altare; anno domini 1282.* (Necrol. Francisc. Redon.)

2. Bull. de l'Assoc. bret., II, 115.

Ceux-ci se réservèrent toutefois certains droits dans cette chapelle dont ils se trouvaient fondateurs; aussi les Cordeliers devaient-ils faire pour eux « les prières nominales à la procession de chaque dimanche avant la grand'messe, dans ladite chapelle, où ils doivent s'arrester pendant lesdites prières[1]. »

Plusieurs autres familles illustres avaient droit de sépulture dans l'église des Cordeliers et y avaient fondé des chapelles. Les sires d'Acigné s'y faisaient tous inhumer dans le chapitre et dans la chapelle du Saint-Sépulcre; là reposèrent Alain, ✝ en 1306; Pierre III, ✝ 1347; Jeanne de la Lande, dame d'Acigné, ✝ 1367; Marie de Coëtquen, dame d'Acigné, ✝ 1388; Jean d'Acigné, seigneur de la Lande, ✝ 1403; Jean Ier, ✝ 1421; Catherine de Malestroit, dame d'Acigné, ✝ 1434; Jean IV, ✝ 1462; Jean V, ✝ 1497; Jean VI, ✝ 1525; Jean d'Acigné, vicomte de Loyat, ✝ 1525; Jean VII, ✝ 1539; Jean VIII, ✝ 1573; François d'Acigné, prieur de Combour, ✝ 1509, etc., etc.[2]

Les seigneurs de Fontenay, en Chartres, jouissaient d'un enfeu dans la chapelle Saint-François, où furent inhumés Thomas de Fontenay, ✝ 1302; Olivier de Fontenay, ✝ 1337; Thomas de Fontenay, ✝ 1379; Marie de Fontenay, ✝ 1385, et beaucoup d'autres membres de leur famille.

Pierre de Rohan, seigneur de Pontchâteau, fut enterré en 1518 dans la chapelle de Notre-Dame-des-Douleurs; — Thibault de Guael et Jeanne de Champagné, sa femme, en 1404, dans la chapelle de Saint-Martin; — Yves Bothic, seigneur d'Erquy, en 1551, dans celle du Saint-Nom-de-Jésus[3].

Les seigneurs du Bouëdrier, en Toussaints, possédaient aussi la chapelle de Saint-Fiacre, qui leur était prohibitive; située du côté de l'épître, elle renfermait leur enfeu armorié

---

1. *Déclaration de la vicomté de Rennes en 1681.*
2. D. Morico, *Preuves de l'Hist. de Bret.*, II, 861. — Du Paz, *Hist. général. de Bret.* — *Necrolog. Francisc. Redon.*
3. *Necrolog. Francisc. Redon.*

de leur blason : *d'argent au chevron de sable, accompagné de trois tourteaux de gueules.* Le seigneur de Bréquigny en jouissait en 1679, en qualité de seigneur du Bouëdrier. Elle avait été fondée en 1454 par Jean Bouëdrier [1].

Dans le chœur furent inhumés : en 1242, Mathieu de Laval; — en 1270, Gilbert de Moréac; — en 1284, Marguerite de Moréac; — en 1305, Théophanie de la Motte, dame de Moréac; — en 1282, Bernard de la Roche-Bernard, seigneur de Lohéac; — en 1357, Jeanne de Nozay, dame de Montfort; — en 1374, Jean de Châteaugiron, seigneur de Malestroit; — en 1402, Henri de Dinan, seigneur de la Hunaudaye; — en .... Guy de Laval, maréchal de France.

Beaucoup d'autres grands personnages du moyen-âge reçurent aussi la sépulture dans l'église des Cordeliers; notons parmi eux : Olivier de Machecoul et Eustachie de Vitré, dame de Machecoul; — Isabeau de Machecoul, dame de Châteaubriant, + 1316; — Guillaume de Saint-Gilles, + 1286; — Thomase, dame de Châtillon, + 1302; — le sire de Rougé, + 1347; — Jean d'Espinay, seigneur du Boisduliers, + 1537; — Claude Anger, seigneur de Crapado, + 1593 [2].

Au XVe siècle, Guillaume Hay, Jacques Bourgneuf, Olivier de Beaumont et plusieurs autres citoyens de Rennes déjà distingués, obtinrent aussi leur sépulture aux Cordeliers; à une époque plus rapprochée de nous, on y vit aussi dans le sanctuaire le tombeau des Huchet, seigneurs de la Bédoyère.

Entre le grand autel et celui du Saint-Nom-de-Jésus était l'enfeu des Montaran, possédé en dernier lieu par la famille Le Prestre de Châteaugiron; — devant les autels du Saint-Nom-de-Jésus et de Sainte-Élisabeth se trouvait celui de Nosseigneurs des États de Bretagne; — à côté du Crucifix celui des Duliepvre du Bois de Pacé; — vis-à-vis la chaire celui des Viard dits de Jussé et de Mouillemusse; — la famille de Ros-

---

1. *Arch. Nat.*, P. 1713.
2. *Necrolog. Francisc Redon.*

madec eut le sien dans la chapelle Saint-Charles, — et les Bruslon, seigneurs de la Muce, firent construire une chapelle prohibitive au bas de la nef, du côté de la rue Saint-Georges. — Enfin, les familles Brandin, — Barrin de la Villegeffroy, — de Guéhenneuc, — Fouquet de Chalain élevèrent, ainsi que plusieurs autres, des tombeaux dans l'église dont nous nous occupons.

On voit que dans l'étroite enceinte de ce modeste sanctuaire des Frères-Mineurs de Rennes on pouvait lire sur les dalles usées par les siècles, où tant de générations avaient prié, les noms les plus illustres de notre contrée, tant dans la noblesse que dans la magistrature et la bourgeoisie.

Quand vint la Révolution, les Cordeliers furent naturellement expulsés, et leur couvent fut affecté en partie au service militaire. La vaste salle des États y devint le siège des clubs révolutionnaires. Plus tard, sous l'Empire, le Petit-Séminaire diocésain fut installé dans ce vieux monastère, mais il fut transféré ailleurs sous la Restauration. L'église des Cordeliers fut ensuite rasée pour faire place au percé de la rue Louis-Philippe, qui la coupa dans son axe. Quant aux autres bâtiments conventuels, ils furent en partie détruits, en partie adaptés à de nouvelles constructions. Aujourd'hui il ne reste plus trace du cloître, mais le Musée archéologique possède encore quelques colonnes de granit qui en proviennent ; accolées deux à deux, elles devaient recevoir des arcades ogivales ; leur style se rapporte bien à ce que l'on connaît d'analogue en cloîtres du xiiie siècle, et elles ne peuvent que faire vivement regretter le monument qu'a détruit le vandalisme de 1793.

2° *Landéan.*

Dans la forêt de Fougères et en la paroisse de Landéan se trouvait, avant la Révolution, un couvent de Cordeliers dont la plus grande partie des bâtiments existent encore et servent aujourd'hui de maison d'habitation.

« La fondation de ce couvent, dit M. Maupillé, remontait à l'an 1440. Quelques religieux de l'Ordre de saint François, à la tête desquels était un Frère que les actes contemporains désignent sous le nom de Vauroulon, s'adressèrent à François Ier, fils aîné du duc Jean V, qui avait reçu de son père l'investiture de la terre de Fougères, le suppliant de les autoriser à s'établir dans sa forêt, et de leur abandonner un lieu où ils pussent construire un couvent et y faire leur habitation. Le prince, désirant « faire œuvres méritoires pour le « salut de son âme et être participant aux bonnes prières, « messes et oraisons des religieux, » s'empressa d'accueillir leur demande; et, par lettres patentes du 24 janvier 1440, il leur céda un lieu que l'on nommait alors le Pas-au-Meunier, avec 3 journaux de terre, et la permission d'y construire une chapelle ainsi que les bâtiments qu'ils jugeraient convenables pour leur habitation. Il leur accorda, en outre, le droit de prendre dans la forêt tout le bois qui leur serait nécessaire, tant pour leurs constructions que pour leur chauffage, dans tous les temps à venir. Ces dispositions du prince furent confirmées cinq jours après, le 29 janvier, par le duc Jean V, son père, et approuvées le 8 février suivant par Guillaume Brillet, évêque de Rennes. Les religieux purent dès lors jeter les fondements de leur couvent et commencer leur installation [1]. »

Les rois de France qui, après les princes de Bretagne, possédèrent la baronnie de Fougères, ne furent pas moins favorables aux Cordeliers. Charles VIII en 1498, Henri II en 1559, François II en 1560, Henri IV en 1598, Louis XIII en 1612, et enfin Louis XIV en 1643, se firent un devoir de confirmer leurs privilèges. Plusieurs même de ces princes voulurent donner d'autres marques d'intérêt à ces religieux. « C'est ainsi qu'en 1549 Henri II les autorisa à faire achever

---

[1]. *Notices hist. sur les paroisses des cantons de Fougères*, p. 81.

la muraille de clôture qui devait enceindre leur couvent, et leur permit de faire enlever la pierre qu'ils avaient tirée à cet effet dans une carrière voisine; qu'au mois de janvier 1613, Louis XIII leur céda à tout jamais et à perpétuité 7 arpents de marais et de bois et un petit ruisseau nommé la Mare-Noire, pour « faire un vivier et réservoir à poisson, » dans le but de pourvoir à leur nourriture pendant les deux carêmes qu'ils étaient tenus d'observer chaque année; qu'il les autorisa, en outre, à joindre ces terres à leur enclos et à les faire entourer de murs, si bon leur semblait; que quatre ans plus tard, au mois de janvier 1617, le même souverain leur fit la concession de 10 nouveaux arpents de terre et de bois situés entre le Pré-Richard et la Mare-Noire, toujours avec l'autorisation de les faire enclore et planter d'arbres à fruits, et même celle d'y construire un moulin; que Louis XIV, par lettres patentes du 12 novembre 1654, leur donna en toute propriété 10 à 12 journaux de terre, situés au lieu de la Coulée et du Pas-au-Meunier, jusqu'à la Grande-Rivière.

« En retour de toutes ces largesses, les souverains n'exigeaient autre chose que des prières et des services religieux, que les Frères acquittèrent exactement jusqu'au moment de leur expulsion de leur couvent. Ces services consistaient d'abord dans la célébration de trois grand'messes, chaque année : l'une le 14 mai, en mémoire d'Henri IV; l'autre le 25 août, jour de la fête de saint Louis, pour la conservation du roi et la prospérité de la France; la troisième le 8 septembre, pour la conservation de la reine-mère *(première donation de Louis XIII).* Puis dans la célébration, le premier de chaque mois, d'une messe solennelle du Saint-Esprit, précédée d'une procession générale, en chantant l'hymne *Veni Creator*, et suivie d'un salut avec prières pour la conservation des personnes du roi et des deux reines *(seconde donation de Louis XIII).* Enfin, dans la célébration d'une seconde grand'messe, également le 14 mai, jour anniversaire de la mort de

Louis XIII, pour le repos de son âme, et une autre le 26 juillet, jour de la fête de sainte Anne, pour la conservation des jours de la reine *(donation de Louis XIV)*[1]. »

A l'exemple des souverains, de simples particuliers montrèrent un pieux empressement à contribuer par leurs largesses à l'accroissement et à la prospérité du couvent.

« En 1575, Jean Meneust, sieur de la Gasnerais et des Bois-Guyons, leur donna 3 journaux de terres vagues situés dans les environs. Vers la même époque, le seigneur de la Fontaine leur céda sa chapelle de Saint-Gorgon, située à Fougères, à l'entrée de la rue de la Caserne, avec les maisons adjacentes, pour y établir « un hospice où ils pourraient des« cendre lorsque les affaires de leur couvent les appelleraient « à la ville. » Par acte du 15 juillet 1659, Bertrand Du Guesclin, seigneur de la Roberie, et Judith du Châtaignier, son épouse, en fondant un obit dans la chapelle de la Sainte-Vierge de l'église du couvent que les père et mère de ladite dame avaient fait construire et orner de peintures et tableaux, donnèrent aux religieux la prairie de la Serfilière[2]. »

Il y a lieu de croire que les Cordeliers du couvent de Saint-François, dans la forêt de Fougères, ne furent jamais trèsnombreux : en 1683 ils s'y trouvaient au nombre de neuf, et en 1785 ils n'étaient que cinq, sous la conduite d'un gardien. Ils ne furent point non plus jamais riches : en 1676 ils ne jouissaient que de 50 journaux de terre.

En 1790, ils déclarèrent posséder : leur couvent de Saint-François, entouré d'un enclos muré contenant 9 journaux de terre; la grande prairie du couvent; l'étang et le moulin de Saint-François; la métairie du Baillé et la prairie de la Serfilière; le tout fut évalué par la municipalité de Landéan 777 liv. de rente; mais nous croyons qu'il s'agit ici du chiffre de revenu net, car une autre *Déclaration* de la même

---

1. M. Maupillé, *Notices histor.* précitées, p. 83, 84.
2. *Ibidem.*

époque porte à 1,157 liv. le revenu des Cordeliers[1]; en tout cas, c'était peu de chose pour entretenir un monastère.

Quoique devenu une propriété particulière, l'ancien couvent de Saint-François mérite d'être visité au point de vue des souvenirs religieux. Situé sous les derniers ombrages de la belle forêt de Fougères, près de la lisière orientale des bois, le vieux monastère franciscain se présente encore avec avantage : de longues murailles entourent ses jardins, un vaste étang baigne ses terrasses, de hauts portails précèdent ses cours, et tout à l'entour règne la plus admirable solitude. Quant au couvent lui-même, c'est un grand corps-de-logis aspecté à l'Ouest, ayant au Nord une aile en retour et au Midi son église conventuelle. Les portes en accolade de ce bâtiment, les petites fenêtres des cellules et les grandes baies flamboyantes de l'église indiquent que l'édifice tout entier est encore celui-là même construit au xv° siècle par permission des ducs de Bretagne.

L'église est surtout remarquable. Sa nef, assez vaste, est composée de quatre travées et terminée par un chevet droit, dans lequel s'ouvre une jolie fenêtre de style gothique fleuri; la grande porte occidentale, accostée d'élégantes colonnettes, est également ogivale; au-dessus apparaissent trois écussons mutilés dont le principal, posé dans une sorte de niche gothique, devait être celui des ducs bretons; les deux autres sont entourés des colliers de l'Ordre de Saint-Michel. Malheureusement, l'intérieur de cette église est complètement dévasté; les derniers propriétaires y ont seulement fait construire, dans la partie du chevet et à la hauteur du premier étage du logis, une petite chapelle particulière, abandonnée elle-même aujourd'hui. C'est toutefois dans ce modeste sanctuaire qu'ont été placées les dernières stalles des Cordeliers; ces stalles, quoique d'un style très-simple, ne manquent pas

---

1. *Arch. dép. d'Ille-et-Vil.*, t V, 27.

d'intérêt à cause des figurines qui les décorent; on y voit de charmants petits saints et de bons religieux récitant leur chapelet ou faisant leur lecture. Ce travail en bois sculpté doit remonter aux origines du monastère ou tout au moins au xvi° siècle.

3° Césambre.

L'île de Césambre, près Saint-Malo, fut habitée jusqu'au commencement du xv° siècle par des ermites, au nombre desquels la tradition place saint Marcouf, saint Brandan et saint Malo lui-même. En 1420, l'ermite Raoul Boisserel y construisit l'oratoire de Saint-Brandan, que l'on y voit encore; il fut remplacé dans l'île par un autre anachorète connu sous le nom de Pierre-le-Solitaire. Ce dernier vivait pauvrement à Césambre lorsqu'une colonie de Cordeliers de l'Observance, sortie de l'Ile-Verte, proche Bréhat, obtint en 1468 de Jean l'Espervier, évêque de Saint-Malo, la permission d'y venir fonder un couvent, dont on ne voit plus aujourd'hui que quelques débris insignifiants.

« La vie austère et réformée que menaient ces bons Pères ne tarda pas à leur attirer de grandes aumônes de la part du cardinal Guillaume Briçonnet, évêque de Saint-Malo, des Malouins et d'autres habitants du diocèse. Ce qui les mit en état de se bâtir en fort peu de temps une maison si considérable qu'ils purent y tenir le chapitre général de leur province le 12 avril 1497 et le 8 août 1583 [1]. Le monastère de Césambre, situé vers le bas de l'île, entre deux montagnes, était distribué ainsi qu'il suit : l'église, de vingt toises de long, faisait face à la ville de Saint-Malo; les jardins étaient à l'Est de ce temple, et les bâtiments claustraux étaient derrière l'église et les jardins; le cloître avait environ seize toises en tout sens, les autres logements à proportion. Il ne reste plus aujourd'hui de tout cela que quelques pans du mur de clôture. Il y avait,

---

1. A cette dernière date ils se trouvèrent une centaine de religieux réunis à Césambre.

en outre, aux quatre coins de l'île, quatre petites chapelles : celle de Saint-Sauveur, dans la partie Est; celle de Saint-Michel, au Nord; celle de Saint-Joseph, sur le haut de la partie Ouest, où était aussi le moulin des moines; et, enfin, celle de Notre-Dame-de-l'Ile, au Sud, sur ce rocher au milieu de la grève qu'on voit de Saint-Malo [1]. »

Le 4 octobre 1518, le roi de France François Ier, se trouvant à Saint-Malo, voulut visiter ce monastère et se recommander aux prières des religieux disciples de son saint patron. Une vieille chronique rimée du couvent de Césambre rend compte comme il suit de cette royale visite :

> Le post [2] de foy et religion,
> Très chrestien le roi Franczoys
> Vint céans par devocion,
> Associé de gens de poys :
> Sage Trémoille, tu y estoys,
> Montafilant et Montegent [3]
> Autres quels dire ne scauroys [4].

Plus tard, le 25 mai 1570, le roi Charles IX se rendit à son tour au couvent de Césambre; il était accompagné de la reine Catherine de Médicis, sa mère, du duc d'Anjou, son frère, de Marguerite de Valois, sa sœur, et d'une foule d'autres grands personnages. De retour à Saint-Malo, le lendemain, il fit aux Cordeliers une pension de 50 liv. en souvenir de leur bon accueil.

Ce don fut bien reçu, car entre les deux visites de nos rois les moines de Césambre avaient eu beaucoup à souffrir. Le 2 mai 1544, des pirates anglais descendirent dans l'île à huit heures du soir, dépouillèrent les religieux, en maltrai-

---

1. L'abbé Manet, *État ancien de la baie du Mont Saint-Michel*, p. 84.
2. C'est-à-dire le pilier, le soutien.
3. C'est-à-dire les sires de la Trémoille, de Montafilan et de Montejean, qui accompagnaient le roi.
4. *Chronique du couvent de Cezambre*, communiquée par M. Paul de la Bigne Villeneuve.

tèrent deux à coups de soufflets, rompirent le tabernacle, jetèrent à terre les saintes hosties et emportèrent les vases sacrés et les ornements d'église. Heureusement qu'une troupe de jeunes gens malouins, conduits par leur gouverneur, M. de Bouillé, averti à temps de cette invasion, accoururent au monastère et tombèrent sur les pillards, dont une partie fut tuée avant d'avoir pu se rembarquer [1].

Au commencement du xvii° siècle, un changement s'opéra à Césambre; les Cordeliers ne s'y trouvaient plus qu'en petit nombre, et l'autorité religieuse résolut de les remplacer par des Récollets en 1612. Toutefois, les anciens religieux ne cédèrent que difficilement leur monastère, et en 1617 Jacques Le Gadellan, provincial, et Nicolas Couella, gardien des Cordeliers, firent une dernière tentative pour rentrer à Césambre. Mais ce fut en vain, la ville de Saint-Malo prit parti pour les Récollets et leur fit avoir gain de cause; les Cordeliers durent renoncer définitivement à leur couvent insulaire et ils abandonnèrent par suite complètement Césambre.

DOMINICAINS

L'Ordre des Frères-Prêcheurs fut fondé par saint Dominique, qui en obtint la confirmation du pape Honorius III en 1216. Ayant fondé un couvent important à Paris dans la rue Saint-Jacques, ces religieux reçurent le nom populaire de Jacobins, mais on les appelle plus généralement Dominicains, du nom de leur saint fondateur.

1° Rennes.

« *De gueules, à un lion, la queue fourchue, d'argent; écartelé d'hermines* [2]. »

---

1. Bibl. Nat., Blancs-Manteaux, n° 22322, p. 543.
2. Armorial général ms. de 1697.

D'après la tradition des Dominicains, leur couvent de Rennes fut fondé par Jean IV, duc de Bretagne, à la suite d'un vœu fait par ce prince pendant la bataille d'Auray, en 1364 ; c'eût été en témoignage de sa reconnaissance envers la Sainte Vierge que Jean IV, demeuré vainqueur, eût élevé dans la capitale de son duché un sanctuaire de Notre-Dame appelé Bonne-Nouvelle, en mémoire de son succès.

Mais D. Plaine, dans son *Histoire du culte de la Sainte Vierge dans la ville de Rennes*, a fait remarquer que dans les riches archives du couvent des Frères-Prêcheurs de Rennes, rien ne confirme cette tradition ; tout, au contraire, prouve que Jean IV ne fit d'abord qu'approuver une fondation faite par quelques-uns de ses sujets. C'est en 1466 seulement, un siècle par suite après cette fondation, qu'apparait la première mention du nom de Bonne-Nouvelle, donné non point à l'église conventuelle, mais à un tableau de la Sainte Vierge placé dans le cloître du monastère et objet d'une grande vénération.

Le 29 mars 1367, Pierre Rouxel, dit Bellehère, et Jeanne Rebillart, sa femme, bourgeois de Rennes, donnèrent aux Frères-Prêcheurs du couvent de Dinan « deux herbrégements, des terres, courtils et maisons, le tout situé en la paroisse Saint-Aubin, non loin du cimetière de Sainte-Anne et du grand chemin rennais par où l'on va à Saint-Étienne ; afin qu'en ce lieu soient fondés une église et couvent dudit Ordre des Frères-Prescheurs, à la charge auxdits religieux de célébrer à l'intention des donateurs une messe en une semaine aux jours de dimanche, lundi, mardi, mercredi, et en la suivante aux jours de jeudi, vendredi et samedi, et ainsi de suite alternativement à perpétuité[1]. »

Tel est le titre primordial de la fondation du couvent des Dominicains ; le duc Jean IV connaissait, il est vrai, les desseins de Pierre Rouxel, car dès le 10 février précédent il avait ordonné une enquête au sujet des terres que ce pieux

---

1. *Arch. dép. d'Ille-et-Vil.*, 22 H, 1.

bourgeois de Rennes voulait offrir aux Frères-Prêcheurs de Dinan « pour bastir une église et un couvent; » mais le prince n'avait encore rien donné lui-même pour le nouveau monastère projeté.

Tous ceux qui avaient quelques droits, féodaux ou autres, sur les terres concédées aux Dominicains, Jean Le Bart, abbé de Saint-Melaine, Honorée Raguenel, dame du Bordage, Jean du Rocher et Jeanne de Champagné, sa femme, s'empressèrent d'y renoncer en faveur des religieux. Ceux-ci firent aussi un accord avec le recteur de Saint-Aubin, dans la paroisse duquel ils allaient s'établir; l'évêque et le Chapitre de Rennes se joignirent à eux pour solliciter et obtenir du pape Urbain V une permission de construire le nouveau couvent; enfin, le duc Jean IV accorda des lettres d'amortissement pour toutes les terres données par Pierre Rouxel et sa femme [1].

Ces lettres ducales sont du 5 juin 1368. Le 30 novembre suivant, Jean IV en écrivit de nouvelles pour exhorter ses sujets à contribuer par leurs aumônes à l'édification du monastère dominicain; il y ajoutait que lui et la duchesse sa femme entendaient bien être considérés comme les principaux fondateurs de l'œuvre [2]. Son appel fut entendu, et les travaux se poursuivirent avec tant d'activité que deux mois plus tard on fut en mesure de procéder en grande pompe à la pose de la première pierre de l'église.

Le 2 février 1369, fête de la Purification de Notre-Dame, le duc Jean IV présida lui-même la cérémonie et posa de ses mains la première pierre de l'édifice; il avait à ses côtés l'évêque de Rennes, l'abbé de Saint-Melaine, les sires de

---

1. *Arch. dép. d'Ille-et-Vil.*, 22 H, 1.
2. Cette clause et les travaux que nous allons voir Jean IV entreprendre semblent donner raison à la tradition qui fait de ce prince le fondateur du couvent des Dominicains; remarquons cependant qu'autrefois il n'était pas nécessaire, pour qu'un seigneur méritât ce titre de fondateur, qu'il dotât ou construisît un établissement, il suffisait qu'il l'approuvât, s'il relevait féodalement de lui; or, c'est le cas présent : le duc se dit fondateur parce qu'il encourage par ses largesses la fondation faite par Pierre Rouxel dans sa ville de Rennes.

Clisson, de Beaumanoir et de Matignon, et plusieurs autres personnages de distinction [1].

Le devis des travaux donnant idée du plan de cette église fut dressé par ordre du duc de Bretagne et existe encore. On y apprend qu'en 1371 l'église du « moustier » était déjà bâtie et « fondementée » depuis le chevet jusqu'au bas de la nef, et qu'elle affectait la forme d'une demi-croix ; que les chapelles projetées alors devaient commencer à partir de la croix, c'est-à-dire des bras du transept, et se poursuivre « jusques au pignon de embas. » Vingt fenêtres devaient éclairer la nef, divisées chacune par deux meneaux ; deux autres grandes baies, subdivisées par cinq meneaux, devaient orner les transepts. Il devait y avoir cinq autels : le maître-autel, derrière lequel s'en trouvait un autre placé dans une chapelle absidale [2], et trois autres autels placés vers le bas de la nef. Trois portails étaient projetés, « un pour l'entrée du cloître, les deux autres ès deux pignons de l'église ; » le portail occidental devait être muni d'un porche et enrichi d'élégants accessoires, voussures, pinacles, niches et dais, avec les statues de la Sainte Vierge, du duc et de la duchesse de Bretagne, et les écussons de Bretagne et de Montfort [3].

Pour exécuter ce plan, Jean IV ordonna qu'on prélevât 4,000 liv. en quatre annuités sur ses recettes de l'évêché de Rennes. Malheureusement, les tristes démêlés de ce prince avec le roi de France et sa fuite en Angleterre arrêtèrent vraisemblablement l'élan donné à la construction de l'église des Frères-Prêcheurs, et en 1420, longtemps après la mort du duc, cette église « attendait encore son achèvement. » Ce fut alors que le pape Martin V accorda de grandes indulgences

---

[1]. *Arch. dép. d'Ille-et-Vil.*, 22 H, 1.

[2]. C'est dans le vitrail de cet oratoire que Jean IV s'était fait représenter en casaque hermine et la couronne en tête, à genoux devant une image de Notre-Dame, à qui le présentait son bienheureux patron saint Jean-Baptiste. (*Vies des Saints de Bret.*, par Albert Le Grand.)

[3]. *Arch. dép. d'Ille-et-Vil.*, 22 H, 1.

à ceux qui viendraient en aide aux religieux dominicains de Rennes.

A côté de cette grande église conventuelle s'éleva quelque temps après le célèbre sanctuaire de Notre-Dame de Bonne-Nouvelle. C'était « une petite chapelle dédiée spécialement à la Sainte Vierge et établie dès le principe dans le côté méridional du cloître, communiquant avec l'église par des voûtes ouvrant sur le chœur. » Là se trouvait le tableau miraculeux dont nous avons déjà signalé l'existence; ce tableau, conservé maintenant dans l'église paroissiale de Saint-Aubin, représente la Sainte Vierge tenant son divin fils entre ses bras; dès 1466 il était l'objet d'une grande vénération, ce qui détruit encore la tradition attribuant à la duchesse Anne le don de cette pieuse image.

Il nous est impossible de raconter ici l'intéressante histoire du culte de Notre-Dame de Bonne-Nouvelle, nous renvoyons pour cela nos lecteurs à l'excellent petit volume de D. Plaine sur le culte de la Sainte Vierge à Rennes. Qu'il nous suffise de dire que cette ville eut toujours la plus grande affection pour le sanctuaire de Bonne-Nouvelle et, par suite, pour le couvent des Dominicains; les ex-voto offerts par la population reconnaissante, à la suite de la peste de 1632 et de l'incendie de 1720, sont encore là pour prouver la protection maternelle de la Sainte Vierge et la confiance filiale des habitants de Rennes.

Au commencement du xviie siècle, le monastère des Frères-Prêcheurs de Rennes devint le berceau d'une importante réforme religieuse : le P. Jouaud y fonda l'Étroite-Observance de saint Dominique, connue sous le nom de Congrégation de Bretagne [1].

Le sceau du prieur du couvent de Bonne-Nouvelle en 1654 est de forme ovale et représente *la Sainte Vierge assise dans un fauteuil, tenant l'Enfant-Jésus entre ses bras, et couronnée*

---

1. D. Plaine, *Hist. du culte de la Sainte Vierge à Rennes*, p. 141.

de onze étoiles; la légende porte : † Sig.pr.con.Redon.Ord. Fr.Prædicat.[1]

Lorsque vint la Révolution, il y avait dix-sept religieux dans le couvent des Dominicains de Rennes; ils jouissaient de quelques rentes constituées, d'un certain nombre de maisons à Rennes et de plusieurs métairies à la campagne[2]; le tout rapportait 11,773 liv. de rente, mais les charges étant de 3,264 liv., il ne restait aux religieux pour vivre que 8,509 liv.[3]

Après l'expulsion des Frères-Prêcheurs de Rennes, leur couvent fut converti en magasin à fourrages; un incendie y éclata en 1821 et ne laissa de l'église que les murs debout.

Ce sont ces ruines qu'il est intéressant de revoir aujourd'hui. On y retrouve encore à peu près complète la disposition primitive du plan de l'édifice : l'église forme un rectangle, mais une nef collatérale y est jointe dans la moitié environ de la longueur totale. « Ces deux nefs sont séparées l'une de l'autre par une série d'arcades en ogives presque obtuses. Ces arcades, à double archivolte épannelée, appuient leurs retombées sur de grosses colonnes ou piliers monocylindriques à bases hexagonales qui méritent d'être étudiés en détail; il y a cinq travées dans la longueur de la double nef, ce qui nécessite quatre supports isolés et deux demi-piliers engagés. Les chapiteaux en sont tous courts, ramassés, et, comme les bases, de forme hexagone.

« Dans le mur oriental de la petite nef est un gracieux portail. L'ogive un peu évasée de son archivolte supérieure se profile en saillie par deux tores de grosseur inégale séparés par une canelure profonde; elle va s'appuyer à droite et

---

1. *Arch. dép. d'Ille-et-Vil.*, 1 H, 5.
2. Ces métairies étaient : la Motte-au-Duc, en Saint-Hélier; — la Motte-Beaucé, en Vezin; — Launay-Thébert, en Pacé; — la Pironais, en Saint-Gilles; — la Mulonnais, les Huberdières et Bœuffre, en Le Rheu; — la Brétesche, en Saint-Grégoire; — les Forgets, en Guignen; — la Haie-Fossant, le Chêne-Manier, Treffleuc et les Janneaux, en Bréal-près-Montfort.
3. *Arch. dép. d'Ille-et-Vil.*, 1 V, 26.

à gauche sur deux culs-de-lampe formés l'un de feuilles de vigne entremêlées de grappes de raisin, l'autre de feuillage de lierre. Trois colonnettes cylindriques à bases polygonales et munies de chapiteaux que recouvrent des feuilles de chêne avec leurs glands et d'autres décorations végétales délicatement sculptées, reçoivent de chaque côté les moulures toriques qui dessinent les arcs redoublés d'une voussure peu profonde inscrite sous l'archivolte principale. Les deux colonnettes qui encadrent immédiatement la porte inclinent la moulure de leur arc en anse de panier, de façon à laisser entre le tore inférieur et celui qui délimite l'ogive enveloppante un tympan triangulaire où un élégant cul-de-lampe en feuillage découpé marque la place d'une statuette qui devait autrefois surmonter ce piédestal; sans doute c'était celle de Notre-Dame.

« Vers le haut de l'église, près du chevet, dont le mur oriental a été reconstruit à une époque moderne, du côté de l'épître, on remarque une suite d'arcatures simulées, refouillées dans l'épaisseur de la muraille. Chacune des ogives est subtrilobée et dessinée par plusieurs moulures concaves; chaque retombée de cette arcature est supportée par une console historiée figurant un ange aux ailes éployées soutenant entre ses mains un écusson. Serait-ce l'emplacement des crédences du maître-autel?

« Presqu'en face, une mince et svelte colonnette s'applique à un angle faiblement indiqué dans la maçonnerie : ce doit être un débris de l'ornementation de l'ancien chœur. Le mur qui sépare l'église du cloître était percé jadis, dans la partie Nord-Est, de trois baies en arcades; elles donnaient communication avec l'intérieur du cloître et la chapelle de Notre-Dame, qui en occupait l'extrémité orientale. Les anciennes fenêtres, dont on reconnaît encore l'emplacement, sont toutes bouchées, ainsi que le portail occidental[1]. »

Au Nord de cette église conventuelle se trouvait le cloître

---

1. M. Paul de la Bigne Villeneuve, *Bull. arch. de l'Assoc. bret.*, II, 116.

des Dominicains; le côté de ce cloître touchant l'église était d'une largeur double de celle des trois autres côtés du carré; cela provenait de ce que cette partie du cloître servait d'avenue à la chapelle miraculeuse bâtie à l'angle Sud-Est; de plus, cette portion du cloître était fermée du côté du préau par un mur plein, ouvert de cinq fenêtres à meneaux; c'était donc comme un second collatéral de la nef de l'église conventuelle, et le mur qui l'en séparait était rempli d'enfeux en forme de tombes-arcades.

Ce fut surtout à partir du xvi° siècle que les concessions de tombeaux dans la nef et dans le cloître attenant devinrent un objet d'ambition pour les familles pieuses et une source abondante de fondations pour les religieux. Parmi les possesseurs de tombeaux avec statues, de chapelles avec enfeu ou de simples dalles funéraires, on remarque les noms suivants : d'Artois, de la Bourdonnaye, de Bréhant, de Beaumanoir, de la Ville-Geffroy, de Cacé, du Quengo, de la Dobiais, de Monterfil, d'Acigné, de la Lande, Martin de la Vairie, Huart, de Tixue, Le Bel, de Becdelièvre, de Mauny, Godart, de Sévigné, de la Porte, d'Erbrée, de Tournemine, de Rieux, de Kersauson, de Coniac, Grignart de Champsavoy, Le Levier de Kerohiou, Ferret, de la Busnelaye, de Molac, de Carman, Gougeon, de la Renaudaye, de la Marzelière, de Cucé, etc.[1]

Cette partie du cloître longeant le mur septentrional de l'église fut reconstruite en 1602 par le prieur Jean Julien; quant à la chapelle de Bonne-Nouvelle, elle fut elle-même entièrement rebâtie en 1623. De l'angle oriental du cloître qu'elle occupait, elle fut reportée un peu plus au Nord et décorée magnifiquement par les soins du prieur Hyacinthe Charpentier, secondé par Mgr Cornulier, évêque de Rennes, et par la duchesse de Vendôme, fille du duc de Mercœur.

« On voit encore les murs de cette nouvelle chapelle, qui ouvre sur le cloître attenant par une vaste baie assez semblable

---

1. *Arch. dép. d'Ille-et-Vil.*, 22 H, 1.

à une arche de pont ; elle est carrée et éclairée par trois fenêtres en plein cintre, subdivisées par trois meneaux pareillement cintrés à leurs sommets, supportant au milieu une figure annulaire accostée de deux appendices allongés en forme de larmes. »

C'est dans cette chapelle qu'était déposé, avant 1789, le magnifique vœu offert par les habitants de Rennes en 1634, représentant cette ville avec son enceinte murale et ses monuments, le tout en argent massif[1].

« Quant aux trois autres côtés du cloître entourant le préau, ils sont encore plus modernes : c'est une suite d'arcades cintrées, avec archivoltes décorées de moulures et chargées, sur leurs pieds-droits extérieurs, de pilastres dans le style grec du XVIIe siècle tout au plus. Ainsi, tout ce qui reste de la chapelle et des cloîtres est postérieur au XVIe siècle, cela ne fait pas l'ombre d'un doute[2]. »

Quelques parties seulement de l'église conventuelle peuvent, comme nous l'avons vu, remonter à l'origine du monastère.

Voilà tout ce qui demeure de ce couvent des Frères-Prêcheurs, devenu si célèbre dans les derniers siècles sous le nom de Bonne-Nouvelle ; la dévotion du peuple envers l'image miraculeuse de Notre-Dame a seule survécu à la ruine du cloître et des religieux.

2° Vitré.

« *D'argent, mantelé, arrondi de sable; le champ, chargé d'un chien aussi de sable, tenant en sa gueule un flambeau de même allumé de gueules*[3]. »

En 1620, François Guesdon, sieur du Martinet, marchand de Vitré, appela en cette ville les Dominicains de la réforme de Rennes ; il donna à Hyacinthe Charpentier, prieur de

---

1. Cet éclatant témoignage de la piété des Rennais envers Notre-Dame de Bonne-Nouvelle fut détruit pendant la Révolution ; mais il a été renouvelé en 1861 et déposé devant le tableau miraculeux dans l'église de Saint-Aubin.
2. M. Paul de la Bigne Villeneuve, *Bull. arch. de l'Assoc. bret.*, II, 120.
3. *Armorial général ms. de* 1698.

Bonne-Nouvelle, « le lieu, terre et appartenances de la Grange, situé près le forbourg Saint-Martin dudit Vitré, » à la charge pour ces religieux d'y bâtir un couvent « pour y pouvoir habiter quatre religieux prestres et deux frères laiz » tirés du monastère de Rennes. François Guesdon s'obligea, en outre, à verser aux Frères-Prêcheurs une somme de 3,500 liv., pour aider à la construction de leur nouveau monastère. L'acte définitif de donation fut signé le 19 mai 1621, et dix jours après la Communauté de ville de Vitré approuva cet établissement, parce que les religieux s'obligèrent à ne point faire de quêtes à Vitré, sauf les deux quêtes annuelles qu'ils avaient coutume de faire dans tout le diocèse de Rennes[1].

Pour acquitter sa promesse de 3,500 liv., François Guesdon avait cédé une partie de sa terre de la Bédoyère, paroisse de la Croixille; mais par acte du 21 juin 1632, il fit abandon de ses droits de fondateur à Renée Lambaré, veuve de Michel Le Bigot, et reprit la Bédoyère. Renée Lambaré fit de généreux dons au couvent des Dominicains; son mari y avait déjà fondé la chapelle du Rosaire, où il fut inhumé le 11 mai 1632. Mais les religieux n'oublièrent pas pour cela leur premier fondateur, et ils donnèrent à François Guesdon un enfeu et un banc dans « une voûte au côté droit de la nef, entre les balustres du chanceau et la chaire de pierre engravée en la costière, » avec permission d'y placer une plaque commémorative de sa fondation.

Les seigneurs des Nétumières donnèrent beaucoup aussi aux Frères-Prêcheurs de Vitré et méritèrent d'être appelés à leur tour fondateurs de leur monastère. Françoise de Champagné, dame des Nétumières, fut inhumée en leur église le 10 mars 1631, et Paul Hay, baron des Nétumières, son mari, y fut enterré le 9 mai 1634. Vingt ans plus tard, les religieux

---

1. *Arch. dép. d'Ille-et-Vil.*, 26 H, 2, 3. — Les lettres patentes du baron de Vitré permettant l'établissement des Dominicains étaient du 14 octobre 1620; l'approbation de l'évêque de Rennes du 14 janvier 1621, et les lettres royales du mois de février suivant, enregistrées au Parlement le 28 mars 1621. (*Journal histor. de Vitré*, 585.)

achevèrent de construire leur couvent, et, de leur consentement, Paul Hay, seigneur des Nétumières, posa le 27 juin 1654 « la première pierre aux fondements des cloistres et bastiments de cette maison [1]. »

C'est au monastère de Vitré que mourut en odeur de sainteté, le 21 juin 1629, le P. Pierre Quintin, dont dom Lobineau a fait l'histoire [2]. En 1672, il y avait vingt religieux au couvent des Dominicains de Vitré.

Leur sceau, de forme ovale, représente *saint Dominique agenouillé aux pieds de la Sainte Vierge, qui lui apparaît et lui remet le rosaire.* La légende porte : Sig. PP. C. S. Dom. de. Ros. Vitr. [3]

D'après la *Déclaration* faite en 1790 par le prieur Pierre Morel, les Dominicains de Vitré possédaient en rentes constituées, maisons et terres [4], 2,504 liv. de rente, dont il fallait retirer 774 liv. pour acquitter les charges ; il ne restait donc de revenu net que 1,730 liv. [5]

La Révolution détruisit de fond en comble le monastère dominicain de Vitré, et nous croyons qu'il ne reste plus de traces de son église, située dans le faubourg Saint-Martin.

EUDISTES

En 1601 naquit à Ri, près d'Argentan, au diocèse de Séez, Jean Eudes, fils d'Isaac Eudes et de Marthe Corbin. Entré à l'Oratoire de Paris, il s'appliqua beaucoup aux missions et y réussit fort bien. Mais il crut devoir quitter cette congrégation et se consacrer tout entier à former une nouvelle société religieuse s'occupant surtout de la direction des séminaires

---

1. *Journal hist. de Vitré*, 74, 101, 585.
2. *Vies des Saints de Bret.*, 372.
3. *Bulletin de la Société archéol. d'Ille-et-Vil.* en 1877.
4. Ces terres étaient le pourpris du couvent, la métairie de Sainte-Anne, en Izé, et la terre du Boisgros.
5. *Arch. dép. d'Ille-et-Vil.*, 1 V, 28.

diocésains, afin de renouveler ainsi l'esprit du clergé français. Avec l'aide du cardinal de Richelieu et de Mgr d'Angennes, évêque de Bayeux, il réussit dans son projet. Le roi accorda des lettres patentes, datées de décembre 1642, et approuvant l'établissement d'une société de prêtres « vivant ensemble en communauté sous le nom et titre de Prestres du Séminaire de Jésus et Marie. » Le 25 mars 1643, le P. Eudes et cinq autres prêtres se consacrèrent de nouveau au service de Dieu dans la chapelle de Notre-Dame de la Délivrande, près de Caen, puis vinrent s'établir dans cette dernière ville, où fut fondée définitivement la Société de Jésus et Marie, qu'approuva l'évêque de Bayeux par lettres épiscopales du 14 janvier 1644.

Les membres de la nouvelle société reçurent du public le nom d'Eudistes, à cause de leur fondateur. Ils se proposèrent un triple but : parvenir à la perfection et à la sainteté conformes à l'état ecclésiastique ; — travailler au salut des âmes par les missions et les autres fonctions du sacerdoce, — et enfin procurer la sanctification des ecclésiastiques, en tenant des séminaires où ils pussent se former à leur saint ministère.

Après avoir fondé plusieurs maisons et avoir prêché avec succès dans une grande partie de la France, le P. Eudes mourut en odeur de sainteté, à Caen, le 19 août 1680 ; il fut inhumé dans la chapelle du Séminaire de cette ville [1].

Les Prêtres de Jésus et Marie se répandirent de bonne heure en Bretagne. Nous avons retrouvé à Rennes, sur un acte de 1762, le sceau de leur société ; il est ovale et présente *un cœur chargé des chefs de Jésus et Marie, nimbés et affrontés, surmonté d'une croix et soutenu de deux branches de lys et de roses,* avec cette légende : Vive Jésus et Marie. [2]

Voici quels étaient les établissements tenus par les Eudistes chez nous avant la Révolution :

---

1. *Vie du R. P. Jean Eudes,* par le P. Martine.
2. *Arch. dép. d'Ille-et-Vil.*

1° et 2° Rennes.

Grand-Séminaire, fondé en 1670 par Mgr de la Vieuville.
Petit-Séminaire, fondé en 1708 par Mgr de Beaumanoir.

3° Dol.

Grand-Séminaire, fondé en 1702 par Mgr de Chamillard.
(V. pour tous ces établissements plus loin, v° *Écoles*.)

4° Romagné.

Maison de retraite, fondée en 1690 à Sainte-Anne-de-la-Bosserie.
(V. plus loin, v° *Maisons de Retraite*.)

FRÈRES DES ÉCOLES CHRÉTIENNES

Dans la seconde moitié du xvii° siècle, Jean-Baptiste de la Salle, chanoine de Reims et en possession d'un important patrimoine, renonça à tout pour se dévouer à l'éducation des enfants du peuple. « L'enseignement qu'il fonda, composé de grammaire française, d'arithmétique, de géométrie, de dessin, sans compter la lecture et l'écriture, fut pour chaque enfant du peuple comme un instrument pour gagner sa vie.

« Dès ses premiers pas, l'abbé de la Salle rencontra de jalouses résistances; mais elles ne parvinrent pas à décourager son zèle et ne l'empêchèrent pas fort heureusement de multiplier ses utiles asiles, d'établir des noviciats, des écoles de maîtres, qui furent les premières écoles normales; des écoles dominicales, qui s'ouvrirent les dimanches et les jours de fêtes pour les jeunes apprentis de différents métiers; des pensionnats bientôt florissants. L'une de ses premières fondations, devenue bientôt son chef-lieu d'Ordre, fut la maison de Saint-Yon, à Rouen, qui valut à ses humbles collaborateurs le nom de *Frères Yontains*, d'où l'on a tiré le nom d'*Ignorantins*, que les bons Frères ont mérité pour avoir détruit l'ignorance, comme Scipion avait mérité celui d'Africain pour avoir détruit Carthage. C'est à Saint-Yon que le vénérable de la Salle mourut, le 7 avril 1719, à l'âge de soixante-huit ans. Son institut comptait 27 maisons, 274 Frères et 9,885 élèves [1]. »

Louis XV, en 1729, approuva l'institut par des lettres patentes, lui donnant une plénitude d'autorisation qui lui ouvrit l'avenir. La même année, le pape Benoît XIII donnait l'institution canonique à la congrégation des Frères et élevait ceux-ci au rang de religieux réguliers.

1° Rennes.

Les Frères furent appelés à Rennes dès 1683, mais ils ne purent s'y fixer d'une manière stable qu'en 1736. (V. plus loin, v° *Écoles.*)

2° Saint-Malo.

Les Frères s'établirent à Saint-Malo en 1746. (V. plus loin, v° *Écoles.*)

JÉSUITES

Les Jésuites ont été fondés à Paris par saint Ignace de Loyola et quelques jeunes gens appartenant comme lui à l'Université de Paris, parmi lesquels il faut nommer saint François-Xavier. Cette congrégation fut approuvée par le pape Paul III en 1540, et le roi de France donna en sa faveur des lettres patentes en 1560. Les Jésuites se vouent tout particulièrement aux missions et à l'enseignement de la jeunesse, et leur général habite leur maison-mère, à Rome.

---

1. M. Keller, *Les Congrégations religieuses en France*, 357, 359.

Rennes.

« *D'azur à un nom de Jésus d'or entouré d'un cercle en ovale rayonnant de même*¹. »

Les Jésuites ont tenu le collège de Rennes depuis 1606 jusqu'en 1762. (V. plus loin, v° *Écoles*.)

LAZARISTES

Saint Vincent-de-Paul fonda au XVIIe siècle la société des Prêtres de la Mission, plus connus sous le nom de Lazaristes, à cause de leur maison de Saint-Lazare, à Paris. Cette congrégation fut approuvée par lettres patentes de mai 1627, du 15 février 1630 et du 1er avril 1733; elle se proposa principalement pour but le soulagement des misères spirituelles et corporelles des pauvres et l'éducation des clercs; aussi s'est-elle toujours distinguée dans les missions et dans la tenue des séminaires.

Autorisés de nouveau par décret du 7 prairial an XII et ordonnance du 2 février 1816, les Lazaristes ont leur maison-mère à Paris[2].

Le sceau du supérieur général de la congrégation en 1712 était ovale et représentait *le Sauveur du monde debout et étendant les bras pour bénir tous les hommes*, avec cette légende : SUPERIOR . GENERALIS . CONGREG . MISSIONIS[3].

1° *Saint-Méen.*

Mgr de Harlay, évêque de Saint-Malo, appela les Lazaristes à Saint-Méen en 1645, pour y tenir son Grand-Séminaire. (V. plus loin, v° *Écoles*.)

---

1. *Armorial général ms.* de 1697.
2. M. Keller, *Les Congrégations religieuses en France*, 343.
3. *Arch. dép. d'Ille-et-Vil.*

2° *Saint-Servan.*

Mgr des Maretz, évêque de Saint-Malo, chargea en 1712 les Lazaristes de tenir le Petit-Séminaire qu'il fondait à Saint-Servan. (V. plus loin, v° *Écoles.*)

MINIMES

La congrégation des Minimes fut fondée en 1436 par saint François de Paule, qui leur donna ce nom par humilité. Ce saint ayant été appelé en France par le roi Louis XI, y fonda plusieurs couvents de son Ordre à la fin du xv° siècle.

Rennes.

« *D'azur au mot* CHARITAS *d'or, les trois syllabes posées l'une sur l'autre, le tout entouré d'un ovale rayonnant aussi d'or*[1]. »

Le 22 mars 1619, la Communauté de ville de Rennes délibéra au sujet d'une requête présentée par frère Gilles Camart, religieux minime, demandant permission de fonder un couvent de son Ordre dans un faubourg de Rennes ; la Communauté consentit à cet établissement, et Gilles Camart acheta aussitôt de Jean Le Gal, sieur de Blosne, un terrain « joignant le chemin qui conduit du carrefour Jouaust au couvent de Bonne-Nouvelle. » C'est aujourd'hui la rue Saint-Louis.

Le 31 mai 1620, l'évêque Pierre Cornulier, assisté des députés de la Communauté de ville, donna aux Minimes l'alignement pour bâtir leur église et leur couvent[2]. Ce prélat voulut même être le fondateur de ce nouveau monastère, et il passa un acte en conséquence le 9 juillet 1624, se réservant dans l'église projetée un enfeu pour lui et les siens.

Mais dès le mois de juin 1622 on avait commencé les fon-

---

1. *Armorial général ms. de* 1698.
2. *Arch. municip. de Rennes*, 208.

dations du monastère, et le 8 juillet de la même année Mgr Cornulier avait posé lui-même la première pierre de la chapelle, qui fut dédiée à saint Louis. Voici l'inscription qu'on y grava :

L. P. S. Anno Nativitatis Dominicæ MDCXXII, Gregorio XV Pont. Max. Ludovico XIII regnante et rebelles sui imperii hæreticos bellante, Petrus Cornullier, Rhedon. Episcopus, in suæ devotionis perpetuum monumentum, hunc primarium lapidem ac ipsius ædis sacræ fundamentalem, fundator posuit, octavo idus Julii[1].

Mgr Cornulier fit donc beaucoup de bien aux Minimes, et il eut soin d'y faire construire dans le chœur le tombeau auquel il avait droit en sa qualité de fondateur du couvent. Aussi le *Journal d'un Bourgeois de Rennes* nous dit-il, à la date de 1625 : « Le tombeau de Mr de Rennes fut fait au milieu de la chapelle des Minimes[2]. » Cependant, le bon évêque ne s'y fit pas enterrer; mais plusieurs de ses parents vinrent y reposer après leur mort, notamment Françoise Deniau, marquise de Cornulier, ✝ 1682; — Jean-Baptiste de Cornulier, seigneur de Pesle, président de la Chambre des Comptes, ✝ 1708; — Toussaint de Cornulier, marquis de Châteaufromont, président au Parlement de Bretagne, ✝ 1727, — et Charles-René de Cornulier, également marquis de Châteaufromont et président au Parlement de Bretagne, ✝ 1738[3].

Le roi Louis XIII confirma aux Minimes de Rennes, en 1623, tous les privilèges de leur Ordre relativement aux droits de péage, passage, subsides et impôts. La Communauté de ville de Rennes voulut aussi prendre part à la fondation de leur couvent, et elle leur donna en 1624 3,000 liv. pour les aider à construire leur maison. Plus tard, elle céda encore aux religieux une quantité de terrain « pour rendre toutes les murailles du couvent en droite ligne sur le pavé de la rue

---

1. *Suppl. à la Généalogie de la maison de Cornulier,* p. 118.
2. *Mél. hist. de Bret.,* I, 49.
3. *Deuxième Supplément à la Généalogie de la maison de Cornulier,* 16.

Saint-Louis. » Par reconnaissance, les Minimes s'engagèrent à célébrer à perpétuité, le premier jour de l'an, une messe solennelle précédée du *Veni Creator*, à laquelle ils promirent d'inviter la Communauté de ville à assister ; de plus, ils s'obligèrent à placer dans leur église une table de marbre rappelant les bienfaits de la municipalité de Rennes, et à poser les armoiries de cette ville aux extrémités de leur clôture[1].

De même que l'église des Cordeliers était en quelque sorte l'église officielle des membres du Parlement, de même celle des Minimes devint l'église de Messieurs de la Communauté de ville. Ainsi, en 1659, une délibération porte que les membres de la Communauté de ville de Rennes seront inhumés aux frais de la ville dans l'église des Minimes ; en 1681, une autre délibération arrête qu'à l'avenir les services pour Messieurs de la Communauté se feront dans l'église des Minimes ; enfin, en 1716, la Communauté décrète qu'il sera construit au plus tôt dans cette même église une chapelle avec un enfeu qui seront prohibitifs et à l'usage de ses membres seulement[2].

Quelques seigneurs furent aussi les bienfaiteurs des religieux minimes. En 1629, Gilles Huchet, seigneur de la Bédoyère, fit construire à ses frais la chapelle Saint-François, qui était la première du côté de l'épître ; il y fit placer ses armoiries et creuser son enfeu. En 1632, Jean de Francheville, seigneur dudit lieu, fonda de son côté la chapelle Sainte-Anne. Enfin, Charles Champion, baron de Cicé, les familles de la Vieuville, de Kermassonet, de Lesmeleuc, etc., voulurent aussi contribuer à l'œuvre des religieux de saint François de Paule[3].

Le supérieur du couvent des Minimes prenait le nom de correcteur. Ces religieux possédaient plusieurs maisons dans la rue Saint-Louis, quelques constituts, les métairies de la

1. *Arch. dép. d'Ille-et-Vil.*, H, 4.
2. *Arch. municip. de Rennes*, 504, 513, 525.
3. *Arch. dép. d'Ille-et-Vil.*, H, 4.

Chesnaye-ès-Barrières et de la Lande, en Saint-Grégoire; de la Basse-Plesse et de la Maison-Neuve, en Betton, etc.[1]

A l'époque de la Révolution, le monastère des Minimes fut vendu nationalement et démoli, ainsi que l'église conventuelle. Depuis, l'ancien jardin de ce couvent a été acheté par les Dames de Saint-Thomas de Villeneuve, qui y ont fondé une maison religieuse.

RÉCOLLETS

Ces religieux sont sortis d'une réforme de l'Ordre de saint François d'Assise; ils furent formés en Espagne, vers l'an 1490, par le frère Jean de la Puebla et furent approuvés par le pape Innocent VIII; ils s'introduisirent en France au XVIᵉ siècle. Leur règle est très-sévère; ils marchent vêtus d'un pauvre habit, les reins ceints d'une corde et la tête rasée; ils ne vivent que d'aumônes et vont eux-mêmes quêter leur subsistance.

Le sceau du provincial des Récollets de Bretagne en 1790 représentait *la Sainte Vierge placée sous un dais et au-dessous un écusson de Bretagne;* la légende portait : SIG. MINIST. PROV. FRAT. MINOR. RECOLL. PROV. BRITANNIÆ.[2]

1° Fougères.

Les Récollets furent établis à Fougères en 1607 par Henri de Volvire, baron de Ruffec et seigneur de Saint-Brice-en-Coglais, qui leur concéda le terrain nécessaire pour construire un couvent. En reconnaissance, ces religieux accordèrent en 1645 au baron de Ruffec le droit d'élever dans leur église conventuelle un tombeau pour lui et sa famille[3].

« Les habitants de Fougères, dit M. Maupillé, virent cet

---

[1]. Arch. dép. d'Ille-et-Vil., II, 4.
[2]. Catal. du Musée de la Société polymathique du Morbihan.
[3]. Arch. dép. d'Ille-et-Vilaine.

établissement avec assez d'indifférence, et par conséquent ne mirent aucun empressement à seconder les religieux. Il en résulta que, leurs ressources étant fort restreintes, il ne put se former que lentement. Les bâtiments, commencés en 1607, furent interrompus à différentes reprises et ne furent achevés qu'en 1622[1]. »

En 1627, le roi Louis XIII, qui possédait la baronnie de Fougères, accorda aux Récollets de cette ville le droit de prendre chaque année quinze charretées de bois dans sa forêt de Fougères[2].

La principale occupation de ces religieux était de prêcher les stations du Carême et de l'Avent à Fougères et dans les paroisses voisines. Ils étaient au nombre de sept au moment de la Révolution. A cette époque, leur gardien, Léonard Menay, déclara ne posséder que l'enclos conventuel, contenant 3 journaux 50 cordes de terre, un grand jardin et une maison affermée 72 liv.; tout leur bien fut estimé 472 liv. de revenu, et ils n'avaient que 1,628 volumes dans leur bibliothèque[3].

Après leur expulsion, la maison des Récollets fut vendue nationalement et en partie détruite par les acquéreurs. Ce qui en restait ainsi que le terrain en dépendant furent achetés en 1825 pour y établir une maison de retraite, ce qui fait que la chapelle des Pères existe encore; on y conserve même la pierre tombale de Jean Liays, sieur de Launay, sénéchal de Fougères et bienfaiteur des Récollets, décédé le 9 juillet 1628.

2° Vitré.

Les Récollets furent appelés à Vitré en 1610; le Parlement de Bretagne enregistra le 13 avril 1611 le consentement des habitants de cette ville à leur établissement parmi eux, et les

---

1. *Hist. de Fougères*, p. 177.
2. *Arch. dép. de la Loire-Infér.*, B, 1468.
3. *Arch. dép. d'Ille-et-Vil.*, 1 V, 27.

Pères y commencèrent leurs exercices religieux le dimanche 7 octobre 1612.

Lorsque l'église de ce couvent eut été construite, Pierre Duverger et Isabeau Lecocq, sieur et dame de la Morandière, obtinrent des religieux, par acte du 5 février 1633, un droit de banc et d'enfeu dans la chapelle Saint-Joseph de cette église, à la condition de construire à côté une autre chapelle [1].

Ce couvent était très-pauvre quand vint la Révolution ; le gardien Zacharie Nicolle déclara en effet en 1790 qu'il ne possédait que la maison conventuelle avec son enclos, contenant environ 4 journaux de terre ; dans le mobilier, peu important, nous notons seulement la bibliothèque, composée de 3,000 volumes. Quant aux revenus, loin d'en avoir, le gardien déclara que son couvent était grevé de 500 liv. de dettes [2].

Le couvent des Récollets de Vitré se trouvait dans la rue de la Mériais. Vendu nationalement, c'est aujourd'hui une propriété privée sise entre la Maison de Retraite et le collège actuel.

3° Césambre.

Nous avons dit précédemment (p. 145) qu'en 1612 des Récollets furent envoyés dans l'île de Césambre pour y occuper le monastère fondé par les Cordeliers, mais devenu presque désert ; nous avons ajouté que ces Récollets ne s'y établirent pas sans difficulté.

Toutefois, grâce à la protection de l'évêque et des habitants de Saint-Malo, les nouveaux religieux ne tardèrent pas à faire refleurir le couvent de Césambre ; la dévotion s'établit même parmi les Malouins de se faire enterrer dans cette solitude au milieu des flots, et la pieuse coutume s'introduisit que chaque

---

[1]. *Journ. hist. de Vitré*, 69, 384.
[2]. *Arch. dép. d'Ille-et-Vil.*, 1 V, 28.

navire revenant du long-cours donnât aux moines de Césambre ce qui lui restait de vivres.

Jouissant ainsi de l'estime de leurs concitoyens, les Récollets tinrent à Césambre leur chapitre provincial en 1668. Ils appartenaient alors, dit M. l'abbé Manet, à la province de Bretagne; mais leurs confrères de la province d'Anjou parvinrent à se faire admettre à Césambre, et le 29 avril 1688 ce couvent fut pourvu d'un gardien angevin, dit Récollet de Sainte-Magdeleine.

Sous ce nouveau nom, les Récollets de Césambre continuèrent de résider paisiblement sur leur rocher jusqu'au 27 novembre 1693, que les Anglais, venus la veille pour bombarder Saint-Malo, incendièrent leur couvent tout entier. Un jeune Père irlandais et deux simples Frères s'y trouvaient seuls alors; ils étaient restés pour garder le local, tandis que le reste de la communauté effrayée gagnait le continent. Les ennemis entrèrent donc sans éprouver de résistance et se livrèrent à toutes sortes d'excès, renversant les croix et les statues des saints, brisant les meubles et pillant à leur aise; après avoir ainsi tout dévasté, ils mirent le feu aux bâtiments et emmenèrent avec eux les pauvres religieux, demi-morts de terreur, qu'ils renvoyèrent toutefois sains et saufs.

A la suite de ce désastre, les Récollets n'osèrent plus reconstruire leur couvent de Césambre; ils abandonnèrent cette terre désolée et se retirèrent sur le continent, à la Roulais, en Saint-Servan, où nous les retrouverons. Quant à Césambre, cette île, longtemps sanctifiée par tant de pieux solitaires, fut réunie au domaine royal, et quoique en 1696 Vauban y ait fait quelques fortifications dont il reste peu de traces aujourd'hui, elle est redevenue complètement sauvage [1].

---

1. V. sur Césambre l'article que nous avons publié dans la *Semaine Religieuse de Rennes*, 1876, p. 604.

4° Saint-Malo.

Les Récollets du couvent de Césambre venant quelquefois faire du ministère à Saint-Malo, désiraient y avoir une maison. En 1618, un pieux habitant de cette ville leur donna un logis connu encore sous le nom de Vieux-Couvent; ils y construisirent une petite chapelle avec la permission de l'évêque Guillaume Le Gouverneur.

Mais les religieux se trouvaient trop à l'étroit dans cette maison; ils demandèrent donc la chapelle de Saint-Thomas avec ses dépendances, ce qui leur fut refusé. Alors Charlotte Le Fer, dame de la Tournerie, leur vint en aide. Le 12 août 1636, elle leur donna un emplacement voisin de leur couvent, où ils construisirent une chapelle plus décente et un logement plus convenable. Achille de Harlay, évêque de Saint-Malo, posa la première pierre de cette église en 1642; il vint l'année suivante la bénir et y dire la messe, et il la dédia à Notre-Dame de Bon-Secours [1].

Comme nous venons de le dire, la division se mit parmi les Récollets en 1688; les Récollets d'Anjou, dits de Sainte-Magdeleine, occupèrent le couvent de Saint-Malo, comme celui de Césambre, à la place des Récollets bretons. Pendant tout le siècle suivant les religieux de Saint-Malo travaillèrent à agrandir leur monastère, gagnant çà et là du terrain autour; ils parvinrent ainsi à avoir une fort belle maison conventuelle, située rue Saint-François [2].

En 1790, il n'y avait cependant que onze Récollets au couvent de Saint-Malo, savoir : six prêtres, trois frères lais et deux frères tertiaires; le P. Toussaint Duval en était le gardien. Ce dernier déclara à cette époque que sa maison n'avait aucun revenu, mais 80 liv. de charges [3].

---

1. Abbé Manet, *Grandes recherches ms.* (Arch. municip. de Saint-Malo.)
2. *Ibidem.*
3. Arch. dép. d'Ille-et-Vil.

Les Récollets, priés d'abord par la municipalité de rester à Saint-Malo le 5 janvier 1791, furent définitivement expulsés de cette ville le 22 mars de l'année suivante; leur couvent fut converti en caserne et leur église en magasin à fourrages.

La caserne Saint-François se compose encore aujourd'hui du monastère des Récollets; l'ancien couvent lui-même a sa principale entrée dans la rue de Toulouse, l'église est dans la rue Saint-François, et entre cette église et ce couvent se trouve la rue des Vieux-Remparts, au-dessous de laquelle s'ouvre un chemin souterrain faisant communiquer entre elles les deux parties de l'établissement. Mais toutes ces constructions du XVII° siècle n'offrent aucun intérêt archéologique.

5° Saint-Servan.

Nous venons de voir que les Récollets, établis à Césambre en 1612, furent obligés d'abandonner cette île, ruinée par les Anglais en 1693. Ils cherchèrent alors à se fixer à Saint-Servan, et éprouvèrent d'abord quelques difficultés. Mais ils obtinrent du roi des lettres patentes les autorisant à transférer dans un faubourg de Saint-Malo leur couvent de Césambre incendié par l'ennemi, et le Parlement de Bretagne enregistra ces lettres le 9 mars 1694 [1]. L'année suivante, ils achetèrent en conséquence un terrain au village de la Roulais, tout près de Saint-Servan; ils s'y fixèrent, et le 29 janvier 1697 M. Éon de la Mettrie, chanoine et père spirituel des Récollets de Saint-Malo, vint bénir une chapelle provisoire qu'ils venaient d'édifier.

Trois ans plus tard, les Récollets de Saint-Servan commencèrent la construction d'un vrai monastère, dont la première pierre fut posée le 12 mars 1700, et qu'ils purent habiter en 1702. Enfin, la bénédiction de leur église conventuelle fut faite par M. Magon le 3 août 1707 [2].

---

1. *Arch. du Parlement de Bretagne.*
2. L'abbé Manet, *Grandes recherches ms.*

Comme ces religieux s'étaient établis dans le fief du seigneur de Châteauneuf, celui-ci prit le titre de seigneur fondateur du couvent, et les Récollets s'obligèrent à dire chaque année une messe à son intention le jour Saint-Jacques, et à lui offrir deux cierges de cire blanche [1].

Quand vint la Révolution, il y avait au couvent de Saint-Servan douze religieux : sept prêtres et cinq frères; ils furent chassés et leur maison fut nationalement vendue. Elle est actuellement occupée par les religieuses de l'Adoration.

L'ancien monastère existe encore, mais on en a refait le cloître, et tout le carré central a été exhaussé. L'un des côtés de ce carré est formé par l'église, sur les murailles de laquelle on lit : *1704;* les trois autres côtés portent également les dates de leurs constructions successives : *1700, 1709* et *1764.* L'église se compose d'une vaste nef à laquelle sont accolées vers le Nord quatre chapelles communiquant entre elles par de petites portes et s'ouvrant sur la nef par de grandes arcades. C'est le plan uniforme au xvii° siècle de toutes les églises d'Ordres mendiants.

TRINITAIRES

L'Ordre des Trinitaires fut fondé en 1198 par saint Jean de Matha, pour racheter les chrétiens qui se trouvaient captifs chez les infidèles; ils s'établirent en Bretagne au milieu du xiii° siècle, à la suite des Croisades.

Dinart.

« *De sinople, à une croix d'hermines* [2]. »

Dinart est un très-ancien village de la paroisse de Saint-Énogat, mentionné dans une charte de 1180, et devenu de

---

1. *Terrier ms. de Châteauneuf.*
2. *Armorial général ms. de 1698.*

nos jours une petite ville admirablement posée au bord de la mer, à l'embouchure de la Rance. Le passage de cette rivière à Dinart donna de bonne heure une certaine importance au village; au XIII° siècle on y voyait un hospice, sorte d'hôtellerie religieuse, comme on en rencontre encore sur les hauteurs des Alpes; il s'appelait l'hôpital Béchet, et les voyageurs pauvres y trouvaient gratuitement un repas, un coucher et, au besoin même, l'hospitalité pendant quelques jours.

Vers la même époque vivaient deux seigneurs issus d'une branche cadette des sires de Montfort-la-Cane, Olivier et Geffroy de Montfort, descendants de Juhel de Montfort et de Marguerite de Plancoët. Dans leur jeunesse ils prirent part aux dernières Croisades, furent faits prisonniers chez les infidèles, et ne recouvrèrent leur liberté que par l'entremise des religieux trinitaires établis pour la rédemption des captifs. Pour témoigner leur reconnaissance à ces derniers, ils fondèrent à leur retour en Bretagne, au bord de la baie sablonneuse et fertile de Dinart, un nouveau prieuré pour remplacer l'hôpital Béchet, tombant vraisemblablement en ruines, et ils chargèrent ceux dont ils avaient éprouvé la vive charité de desservir eux-mêmes cet établissement.

En 1324, Alain Gonthier, évêque de Saint-Malo, vint consacrer solennellement la nouvelle église des Trinitaires de Dinart, qu'il dédia aux apôtres saint Jacques et saint Philippe[1]. Vers le même temps fut construit le logis conventuel, dont quelques parties ogivales existent encore; enfin le sanctuaire ne tarda pas à recevoir la dépouille mortelle des deux nobles fondateurs, qui voulurent reposer de chaque côté du maître-autel élevé par leur piété.

En 1527, frère Jehan de Laure rendit aveu au roi pour son prieuré de Dinart; le 11 mai 1653 frère Claude Virot, et le 16 juin 1674 frère Chrisostôme Lambot, firent la même chose. Nous voyons qu'à cette dernière époque le prieuré de

---

1. Albert Le Grand, *Catal. des Évêques de Saint-Malo*.

Dinart se composait de ce qui suit : l'église et la maison priorales avec leurs jardin et verger, le tout du pourpris, contenant 7 journaux ; — la métairie de la Mettrie ; — le trait de dîme de la Gauveraye, en Pleurtuit, et un autre trait de dîme en Saint-Énogat ; — le bailliage de la Gauveraye, en Pleurtuit ; — la chapelle de la Motte-aux-Montfortins, également en Pleurtuit, avec un dimereau se levant sur la terre du même nom, et 6 liv. de rente dues par les seigneurs du lieu ; — une rente de 15 mines d'orge et d'une mine de froment due sur la dîme de Léhen, en Ploubalay ; — enfin quelques autres petites rentes tant en blé qu'en argent. En revanche, le prieur de Dinart avait diverses charges, entre autres l'entretien des deux chapelles de Dinart et de la Motte, et l'obligation de faire au moins tous les trois ans le voyage assez long de Dinart à la maison-mère de son Ordre, l'abbaye de Cerfroid, au diocèse de Meaux [1].

Au siècle dernier, le prieuré de Dinart existait encore. En présentation du Père général de l'Ordre de la Rédemption des captifs, il était possédé par frère Antoine Vaillant, qui, par sa *Déclaration* du 4 septembre 1728, fit monter le total de ses revenus à la somme de 948 liv. ; les charges, modifiées par le bureau diocésain, s'élevaient à 261 liv. 18 s. ; partant, restait net pour la subsistance du prieur 686 liv. 2 s.[2]

D'après les intéressantes *Grandes recherches* de l'abbé Manet, les revenus du prieuré de Dinart avaient augmenté de valeur quand vint la Révolution. L'état de ses biens fourni en 1790 porte, dit cet auteur, un revenu net de 1,211 liv. 3 s. 1 d., tant en rentes sur les aides et gabelles qu'en produits fonciers dans les paroisses de Saint-Énogat, Ploubalay et Pleurtuit[3].

---

1. *Arch. dép. de la Loire-Infér.*
2. *État des bénéfices de l'évêché de Saint-Malo.*
3. L'abbé Manet semble toutefois avoir exagéré un peu le revenu de Dinart, car

Antoine Vaillant eut successivement pour successeurs, frère Guillaume Jehannot en 1746, et frère Antoine Guillomet en 1752; puis vint le frère Claude Horiot, qui fut le dernier prieur de Dinart. Ce bon Trinitaire vivait seul dans son charmant ermitage, desservant toujours l'antique chapelle priorale, priant Dieu pour les sires de Montfort bienfaiteurs de son Ordre, et consacrant ses revenus en aumônes pour le rachat des captifs [1].

Après l'expulsion du frère Horiot, le prieuré de Dinart fut vendu nationalement le 31 mars 1791; c'est maintenant une propriété particulière, qui conserve de beaux vestiges de son ancienne destination.

L'église, composée d'une seule nef ogivale, est encore debout, mais sa voûte et sa couverture sont tombées; des crédences attestent qu'il s'y trouvait jadis trois autels. Le bas de l'édifice, communiquant directement avec l'ancien logis prioral, a été remanié en 1747 et renfermait une tribune; au-dessus de ce gable occidental s'élevait un campanile; un chevet droit, élégamment ajouré de hautes fenêtres en ogives, termine l'édifice à l'Orient. Dans cette partie de l'église, c'est-à-dire dans le sanctuaire même, de chaque côté du maître-autel aujourd'hui ruiné, se trouvent les intéressants tombeaux des deux frères fondateurs du prieuré, Olivier et Geffroy de Montfort.

Ce sont deux tombeaux-arcades pratiqués dans les murailles du sanctuaire et se faisant face l'un à l'autre; ils ont été construits sur le même plan et vraisemblablement par le même architecte; leurs deux arcatures sont ogivales et trilobées de la façon la plus gracieuse; sur les sarcophages malheureusement mutilés reposent les statues des deux chevaliers.

Du côté de l'évangile, l'un d'eux est représenté la tête ornée

nous avons une *Déclaration* faite par frère Horiot, en 1790, qui n'avoue que 983 liv. (V. *Arch. dép. d'Ille-et-Vil.*, 1 V, 20.)

1. *Reg. des insin. ecclés. de l'évêché de Saint-Malo.* — *Grandes recherches* ms.

d'un tortil de baron, les cheveux roulés, reposant sur un coussin; il est revêtu d'un surcot, porte l'épée au côté et a près de lui ses gantelets; malheureusement ses pieds sont brisés et leur support a disparu. Il porte au bras gauche un bouclier sur lequel on distingue encore fort bien une croix gringolée, constituant les armoiries des sires de Montfort, qui portaient : *d'argent, à la croix gringolée d'or.* Aux angles de la pierre tombale sont agenouillés quatre petits anges semblant veiller sur le défunt et prier Dieu pour lui. Ce tombeau est probablement celui de l'ainé des deux frères, Olivier de Montfort.

Vis-à-vis, sous la seconde arcade, gît l'autre chevalier; son costume est, à peu de chose près, le même que celui de son frère, mais la statue, mieux conservée, laisse voir les pieds reposant sur un lévrier, emblème de la fidélité. Quatre anges prient également aux côtés de Geffroy de Montfort, dont l'écusson un peu différent de celui d'Olivier, — probablement parce qu'étant cadet il avait dû briser les armes paternelles, — porte la *croix gringolée* des Montfort *brochant sur un lion.* Aucune inscription n'accompagne ces deux belles statues.

Au-dessus de ces tombeaux et s'enroulant dans les détails de leur architecture s'élèvent de grands jasmins blancs qui tapissent la muraille en ruine; leurs longues branches fleuries retombent sur les rudes figures de ces guerriers du moyen-âge, se mêlent aux petits anges si pieux et si gracieux et couronnent bien ces sépultures antiques. Entre les deux tombes, au bord d'un parterre de fleurs qui remplit toute la nef, sur un bloc de pierre, dernier débris de l'autel principal, se dresse une vieille madone de granit contemporaine des religieux trinitaires : c'est la Vierge Marie assise sur son trône de reine et tenant entre ses bras maternels son adorable petit Jésus. Elle est là, souriant, semble-t-il, aux anges qui lui recommandent les âmes des sires de Montfort, et bénissant encore une fois ces vaillants soldats croisés, aux bras de fer mais au cœur charitable et à l'âme vraiment chrétienne; elle est là, sanctifiant toujours les ruines de la maison qu'habitèrent ses enfants, les religieux de la Sainte-Trinité, et rappelant à la génération présente le dévouement des généreux chrétiens du moyen-âge.

CHAPITRE II

COUVENTS DE FEMMES

Bénédictines : Saint-Malo, Redon, Vitré, Dol. — Bon-Pasteur (Filles du) : Saint-Servan, Rennes. — Calvairiennes : Saint-Cyr à Rennes, Saint-Servan, Redon, Calvaire de Cucé, à Rennes. — Carmélites : Rennes. — Charité (Filles de la) : Saint-Méen, Rennes, Saint-Malo, Saint-Servan, Vitré, Balazé, Bruz, Piré. — Cœur immaculé de Marie (Filles du) : Rennes. — Croix (Filles de la) : Saint-Servan. — Dominicaines : Rennes. — Hospitalières de Saint-Augustin : Rennes, Vitré, Fougères. — Hospitalières de Saint-Thomas : Saint-Malo, Rennes, Vitré, Dol, Bécherel, Guignen, Marcillé-Robert. — Passion (Filles de la) : Saint-Malo. — Providence (Filles de la) : Coulon. — Notre-Dame-de-Charité (Filles de) : Rennes. — Sagesse (Filles de la) : la Guerche, Rennes, Louvigné-de-Bais, Miniac-Morvan, Dol, Montfort, Fougères, les Iffs. — Ursulines : Fougères, Rennes, Saint-Malo, Montfort, Redon, Saint-Servan, Hédé, Vitré. — Union Chrétienne (Filles de l') : Fougères, Louvigné-du-Désert. — Urbanistes : Fougères. — Sainte Vierge (Filles de la) : Rennes. — Visitandines : Dol, Rennes.

BÉNÉDICTINES

Les diverses congrégations de Bénédictines qui florissaient aux derniers siècles suivaient toutes la règle de saint Benoît, mais elles avaient adopté des réformes qui variaient suivant chaque société. Aussi différaient-elles complètement des Bénédictines des grandes abbayes du moyen-âge, dont nous avons parlé dans le tome II de cet ouvrage.

1° Saint-Malo.

« *De sinople à un saint Benoît d'or*[1]. »

En octobre 1615, Servanne Le Gobien, dame du Ponthay,

---

1. *Armorial général ms. de 1698.*

Françoise Porée, Jeanne Gaultier et Perrine Grout, toutes issues des meilleures familles de Saint-Malo, demandèrent à leur évêque, Guillaume Le Gouverneur, la permission de suivre la règle de saint Benoît et de bâtir en sa ville épiscopale un couvent, de leurs propres deniers. Le prélat accorda cette autorisation d'autant plus facilement qu'il avait alors près de lui le P. Gabriel de Sainte-Marie, prieur des Bénédictins anglais récemment établis près de Saint-Malo, qui plaida la cause de ces dames.

Dès l'année suivante, le 5 octobre 1616, on posa la première pierre du couvent des Bénédictines, construit sur l'emplacement de l'ancienne citadelle de Saint-Malo, au Nord de cette ville, près des murs[1].

Pour former et diriger la communauté naissante, l'évêque s'adressa aux religieuses bénédictines de l'abbaye de Montmartre, à Paris, qui envoyèrent à Saint-Malo deux religieuses professes, Mmes Renée de Vansay et Catherine Mesmin; elles arrivèrent en 1621, et Mme de Vansay fut nommée prieure du nouveau couvent.

Le 27 février 1622, l'église des Bénédictines fut consacrée, le cloître fut bénit, et le monastère prit le nom de Notre-Dame-de-la-Victoire. Mais les religieuses ne reçurent qu'en 1684 les lettres patentes du roi approuvant leur fondation[2].

En 1730, les Bénédictines de Saint-Malo, au nombre de trente-et-une religieuses de chœur et trois sœurs converses, déclarèrent avoir un revenu net de 2,934 liv. 13 s.[3]

Quand vint la Révolution, elles n'étaient plus que vingt-quatre sœurs, dont seize religieuses de chœur, ayant à leur tête comme prieure sœur Saint-Xavier, dans le monde Marie Fournier; elles déclarèrent en 1790 avoir en terres, maisons et constituts, 4,020 liv. de rente; leurs charges montaient à

---

1. Abbé Manet, *Grandes recherches ms.*
2. *Ibidem.*
3. *État du diocèse de Saint-Malo.*

845 liv., de sorte qu'il leur restait 3,175 liv. de revenu net[1].

Les Bénédictines furent chassées de Saint-Malo le 4 octobre 1792 et leur monastère devint une caserne, qui existe encore, conservant toujours le nom de la Victoire; l'ancienne chapelle conventuelle reste debout, quoique sécularisée, mais elle n'offre rien d'intéressant.

2° Redon.

Lorsque la société réformée des Bénédictins eut été introduite dans l'abbaye de Redon, le dernier prieur perpétuel de ce monastère, D. Noël de la Reigneraye, songea à fonder à Redon une maison de Bénédictines; c'était un saint religieux, qu'on appelait ordinairement M. de Pléchâtel, parce qu'il possédait le prieuré de ce nom, membre de l'abbaye.

En 1629, D. Noël de la Reigneraye communiqua le dessein qu'il avait de bâtir à ses frais un couvent de religieuses et en demanda l'autorisation au cardinal de Richelieu, alors abbé commendataire de Redon et seigneur de cette ville, et à l'évêque de Vannes. Ayant reçu les permissions sollicitées, M. de Pléchâtel s'adressa à l'abbesse des Bénédictines de la Trinité de Poitiers et lui demanda quelques-unes de ses religieuses. Cette dame accepta volontiers et fit aussitôt dresser l'acte de fondation du couvent de Redon, en date du 11 juillet 1629, « sous la condition de 3,000 liv., pour lesquelles M. de Pléchâtel serait tenu pour principal fondateur et participerait à toutes les messes, prières et bonnes œuvres que feraient les religieuses. » D. Noël de la Reigneraye fit aussi associer le président de Marbœuf à cette fondation, afin d'assister et de maintenir les religieuses après sa mort[2].

L'abbesse de Poitiers envoya huit religieuses, ayant pour prieure la mère Georges Farcy, dite de Sainte-Cécile; elles arrivèrent à Redon le 21 septembre 1629 et achetèrent une

---

1. Arch. dép. d'Ille-et-Vil., 1 V, 29.
2. Hist. de Redon, 168.

maison où elles demeurèrent jusqu'en 1637. Le roi leur accorda des lettres patentes en 1633, mais qui ne furent enregistrées qu'en 1635. On commença le 2 janvier de l'année suivante la construction du nouveau monastère, situé dans une pièce de terre que M. de Pléchâtel acheta au faubourg Saint-Michel, et sur la pierre fondamentale de la chapelle, qu'on voulait consacrer à la Sainte Trinité, on grava cette inscription : *Sancta Trinitas unus Deus* [1]. Le 29 septembre 1637, en la fête de saint Michel, les Bénédictines furent solennellement conduites dans leur couvent, dont la clôture fut aussitôt prononcée. On n'évalua pas à moins de 40,000 liv. ce que donna D. Noël de la Reigneraye pour l'établissement de cette maison [2].

Les Bénédictines ne demeurèrent pas telles longtemps à Redon; dès l'année 1641 elles s'agrégèrent à la congrégation du Calvaire et se firent toutes religieuses calvairiennes; nous en parlerons plus loin.

3° Vitré.

« *D'azur, au nom de Jésus d'or* [3]. »

Ce fut encore l'abbesse de la Trinité de Poitiers, Mme Jeanne Guischar de Bourbon, dite de Saint-Benoît, qui fonda le couvent des Bénédictines de Vitré, où elle envoya des religieuses de sa maison de Laval. D'après les lettres de consentement données par la Communauté de ville de Vitré le 16 février 1624, les religieuses offrirent elles-mêmes de construire à leurs frais le monastère de Vitré, sans rien demander soit pour les bâtiments, soit pour leur propre entretien [4].

Ces Bénédictines s'installèrent au bas de la rue de la Mériais, et le 3 août 1625 M. Le Lourco, vicaire général de

---

1. Abbé Luco, *Les paroisses de l'ancien évêché de Vannes.*
2. *Hist. de Redon*, p. 170.
3. *Armorial général ms. de 1697.*
4. *Journal hist. de Vitré*, 90.

l'évêque de Rennes, vint bénir leur église et prononça la clôture du nouveau monastère.

En 1646, les Bénédictines achetèrent une terre à la Mériais relevant du prieur de Sainte-Croix, et elles s'obligèrent « à envoyer tous les ans, le jour de l'Invention de la Sainte-Croix, un bouquet de fleurs pour orner la croix dudit prieur de Sainte-Croix [1]. »

La dernière prieure de ce couvent, sœur Olive du Feu, déclara le 1er mars 1790 posséder en terres et pensions 4,428 liv. de rente, dont il fallait déduire 3,366 liv. pour l'acquittement des charges, ce qui réduisait le revenu net à 1,062 liv.[2]

Le sceau des Bénédictines de Vitré portait leurs *armoiries précitées*, avec cette légende : TRINITÉ DE VITRÉ — BÉNÉDICTINES.

La Révolution chassa de Vitré les Bénédictines, dont le couvent devint une gendarmerie en 1796. De nos jours, les Ursulines occupent ce local.

4° Dol.

« *D'azur à un saint Benoît d'or*[3]. »

D'après M. l'abbé Tresvaux, Edmond de Revol, chantre de Dol, neveu d'Antoine de Revol, évêque de cette ville, mit dès 1634 les religieuses bénédictines de la Trinité à la place des Visitandines, qui avaient quitté Dol; et en cela il ne fit qu'accomplir les dernières volontés de son oncle, décédé en 1629[4].

Mais dans sa *Chronologie ms. des Évêques de Dol*, M. Juhel de la Plesse dit que la première pierre de l'église et du monastère des Bénédictines de Dol ne fut posée que le 27 mai

---

1. *Journal hist. de Vitré*, 93, 133.
2. *Arch. dép. d'Ille-et-Vil.*, 1 V, 28. — Parmi les terres figurent les métairies de Maubert, en Marpiré, et de la Gilotière, en Balazé, et les closeries du Plessix, en Étrelles, des Courtils et de la Fleuriais, en Balazé.
3. *Armorial général ms. de 1698*.
4. *Église de Bret.*, 293.

1666, par l'évêque Mathieu Thoreau. Les deux récits peuvent, au reste, s'accorder, parce que les religieuses n'eurent peut-être d'abord qu'une chapelle provisoire.

Ce couvent se trouvait en face de celui des Carmes, dans la rue de l'Aire-Béart ou des Carmes; son enclos, bordé par cette rue et par la place du Champ-à-l'Avoir, rejoignait le presbytère de Notre-Dame.

Le 23 février 1790, les Bénédictines de Dol déclarèrent posséder, outre leur monastère et quelques pièces de terre en Dol, les métairies du Font-Limier, également en Dol; du Grard et du Petit-Ergay, en Baguer-Pican et Carfantain; de la Billiais, en Cherrueix, et de la Ginclais, en Saint-Broladre. Le total de leurs rentes était de 4,016 liv.; leurs charges montaient à 1,063 liv., de sorte qu'il leur restait un revenu net de 2,953 liv.

Tous les biens des Bénédictines furent vendus nationalement 65,975 liv. après l'expulsion de ces religieuses, qui eut lieu le 28 septembre 1792. Leur maison fut alors convertie en prison politique; mais plus tard un décret impérial de mars 1809 concéda la vieille chapelle en ruines et le couvent des Bénédictines à la ville de Dol pour y établir une maison d'éducation pour les jeunes filles. En 1823, les Dames de Saint-Thomas de Villeneuve y installèrent un pensionnat, mais ces religieuses quittèrent Dol en 1830, et leur maison devint une institution primaire laïque. C'est encore l'état actuel de cet établissement d'instruction pour les filles. Quant à l'église conventuelle d'autrefois, elle a disparu, et ce qui reste du monastère des Bénédictines n'offre plus rien d'intéressant [1].

BON-PASTEUR (FILLES DU)

Les pieuses dames portant ce nom n'étaient pas, à l'origine du moins, des religieuses proprement dites; elles se propo-

---

1. *Notes* communiquées par MM. Ad. Charil des Masures et Gaultier-Bidan.

saient pour but d'offrir un lieu de retraite aux femmes repenties et aux filles en danger de se perdre qui voulaient d'elles-mêmes se convertir ou se préserver.

1° Saint-Servan.

Marie Loret, femme de François Gaultier, sieur de la Palissade, demeurant à Saint-Malo, résolut en 1706 de fonder une maison de refuge pour les pauvres pécheresses et de préservation pour les filles abandonnées. Avec l'agrément de l'évêque de Saint-Malo, elle jeta les fondements d'une communauté du Bon-Pasteur dans une maison particulière située au Val, en Saint-Servan, qu'elle afferma à cet effet. En 1708, elle obtint de la communauté du Bon-Pasteur de Paris, fondée au faubourg Saint-Germain de cette ville, deux sœurs officières, sœur Marie-Jeanne Gloria, supérieure, et sœur Le Fort, assistante, qui arrivèrent à Saint-Servan au mois de novembre. Elles apportèrent avec elles les règles et constitutions de Mme de Combé, approuvées par le cardinal de Noailles, archevêque de Paris, et confirmées par lettres patentes du roi datées de 1698.

D'après ces règles, la communauté du Bon-Pasteur, « toute régulière qu'elle fût en elle-même, ne fut point une maison religieuse, » mais seulement une maison destinée à recevoir des filles qui, restant laïques, étaient divisées en sœurs officières et filles pénitentes. Les premières devaient toujours être irréprochables, étant destinées au gouvernement de la maison et à l'instruction des filles qui s'y retiraient. Elles se consacraient gratuitement à la conversion et à l'instruction et sanctification des filles pénitentes. Elles devaient être douze dans chaque maison, sans compter la supérieure, élue par elles à la pluralité des voix, avec l'agrément de l'évêque diocésain, mais ne conservant son poste que pendant trois ans[1].

---

1. *Arch. dép. d'Ille-et-Vil.*, 2 H, 3.

L'évêque de Saint-Malo approuva lui-même ces constitutions à la grande satisfaction des sœurs officières et des pénitentes, qui étaient déjà en grand nombre. Mme de la Palissade, voyant donc ses vœux s'accomplir et désirant affermir et rendre durable son établissement, fit présenter un placet au roi pour obtenir des lettres patentes de Sa Majesté ; Louis XIV fit écrire simplement en marge par son chancelier « que l'on eût à continuer l'ouvrage. » Sur cette parole royale Mme de la Palissade, aidée des aumônes de quelques autres personnes pieuses qui désiraient partager avec elle le mérite de la bonne œuvre, acheta en 1713 un terrain propre à y construire les édifices et l'église nécessaires à la communauté. Ce fut une pièce de terre nommée la Roche-Bizc, située en la paroisse de Saint-Servan, proche le couvent des Capucins, et que lui vendit Jean Nicolas, sieur de la Cour, et Josseline Le Feuvre, sa femme.

Le couvent du Bon-Pasteur fut construit en cet endroit. Mgr des Maretz posa lui-même en 1715 la première pierre de l'église, qui fut bénite l'année suivante. Mais cet édifice, dédié à Jésus Bon-Pasteur, sous l'invocation de saint Malo, fut embelli plus tard et reçut une nouvelle bénédiction, le 11 avril 1746, de Julien Le Page, chapelain de la maison. Vers la même époque on reconstruisit aussi une grande partie des bâtiments du couvent, qui étaient devenus insuffisants.

Quant aux lettres patentes royales sollicitées dès 1712, le roi ne les accorda qu'au mois de juillet 1773 ; il y fut mentionné qu'à la prière de l'évêque de Saint-Malo, Sa Majesté permettait de recevoir au Bon-Pasteur de Saint-Servan quarante pénitentes, et autorisait les sœurs à posséder jusqu'à concurrence de 2,000 liv. de rente [1].

Longtemps avant cette époque, après la mort de la fondatrice du Bon-Pasteur, les enfants de Mme de la Palissade avaient approuvé la bonne œuvre de leur mère. Ils étaient au

---

1. Arch. du Parlement de Bret.

nombre de cinq et se nommaient : Joseph Gaultier, sieur de la Palissade, mari de Barbe Prigent; François, sieur de Gouillon; Marie, femme d'Alain Le Breton, sieur de la Plussinais; Anne, femme d'Olivier de France, comte de Landal, et Françoise, femme de Jean Grout, seigneur de Belesme. Mme de la Plussinais surtout continua les généreuses traditions de sa mère, et son nom figure parmi ceux des bienfaitrices du Bon-Pasteur.

Cet établissement charitable avait, en 1790, 2,751 liv. de rentes, avec 786 liv. de charges, et, par suite, un revenu net de 1,965 liv.

Le 11 mars 1794, les sœurs furent arrêtées ou chassées, et leur couvent fut vendu nationalement.

Aujourd'hui cette maison, sise dans la rue Villepépin, est une propriété particulière, mais l'église est devenue un temple protestant. Celle-ci se trouvait un peu isolée, au bout d'une avenue. Rien de curieux, au reste, dans cet ancien monastère, sauf la vaste étendue de l'enclos, les débris d'un cloître et une grande fontaine dite du Bon-Pasteur, qui alimente tout le quartier.

2° Rennes.

Le couvent du Bon-Pasteur de Rennes fut fondé par une pieuse dame de cette ville, Jeanne du Temple, veuve de François Pugin. Pour accomplir les dernières volontés de son mari, elle acheta la maison et le jardin de Belair, situés dans la rue Hux (nunc rue de Paris), près la Motte-à-Madame, en 1718; puis elle demanda à la Communauté de ville la permission d'y fonder un établissement convenable pour l'œuvre du Bon-Pasteur. Le 3 octobre 1733, la Communauté de ville accorda l'autorisation nécessaire, à la condition toutefois qu'on n'y retiendrait point malgré elles les filles pénitentes et qu'on ne ferait point de quêtes dans la ville. Au mois de novembre de la même année, le roi donna des lettres patentes pour cette fondation, et elles furent enregistrées au Parlement le 8 janvier 1734[1].

Mᵐᵉ Pugin fut la première supérieure de cette maison, et Perrine Odye fut la deuxième. Celle-ci rendit aveu pour son couvent et pour sa chapelle à l'abbesse de Saint-Georges, dans le fief de laquelle se trouvait le Bon-Pasteur. Elle fit aussi dresser les règlements et statuts de sa communauté, qu'approuva le 20 février 1740 Mgr de Vauréal, évêque de Rennes.

Mᵐᵉ Pugin n'avait construit en 1721 qu'une chapelle provisoire avec une maison de demeure, et un atelier pour les femmes pénitentes ; Mᵐᵉ Odye résolut de bâtir une maison plus considérable. Elle fit élever celle qui existe encore, consistant en deux corps de bâtiments se joignant à angle droit, avec une chapelle construite dans cet angle. Cette nouvelle chapelle fut solennellement bénite le 17 juillet 1749, et Mᵐᵉ Odye y fut inhumée le 30 octobre 1758[2].

Le couvent du Bon-Pasteur fut saisi à l'époque de la Révolution et l'on en fit une prison ; depuis il est devenu et demeure encore une caserne conservant le nom de Bon-Pasteur.

CALVAIRIENNES

La congrégation du Calvaire est une réforme de l'Ordre des Bénédictines ; elle fut instituée par le P. Joseph du Tremblay, dans le diocèse de Poitiers, au commencement du xviie siècle ; elle suivait une règle d'une très-grande austérité.

1° Saint-Cyr, à Rennes.

« *D'or à une croix du Calvaire de gueules*[3]. »

En 1630, le roi Louis XIII adressa aux maire et échevins

---

1. *Arch. dép. d'Ille-et-Vil.*, 29 H, 4.
2. *Ibidem.*
3. *Armorial général ms. de 1698.*

de Rennes une lettre dans laquelle il leur recommandait l'établissement que projetaient en cette ville les religieuses du Mont-Calvaire. Le 12 juillet de cette année-là, la Communauté de ville, ayant égard aux désirs du roi, autorisa la fondation du couvent des Calvairiennes, pourvu qu'il fût en dehors des murs de la ville[1].

Sur les entrefaites, Clément Aumaistre, prieur commendataire du prieuré de Saint-Cyr, membre de l'abbaye de Saint-Julien de Tours, offrit aux Calvairiennes une partie des logements de son prieuré inoccupés depuis que les moines avaient laissé tomber ce bénéfice en commende. Les religieuses acceptèrent avec d'autant plus d'empressement que la position de Saint-Cyr est une des plus belles de Rennes, et Clément Aumaistre leur céda la chapelle du prieuré, un vieux logis y joignant, la cour s'étendant devant, trois jardins et une portion de verger, le tout contenant 3 journaux de terre; la seule condition imposée aux Calvairiennes fut de reconstruire en ce lieu un nouveau monastère et d'y habiter. Cette donation, faite en 1633, fut approuvée par les religieux de l'abbaye de Saint-Julien de Tours le 6 novembre 1638. (V. tome II, p. 584, 589.)

Les religieuses du Mont-Calvaire se mirent aussitôt à l'œuvre et bâtirent un monastère; elles essayèrent d'abord de restaurer la vieille chapelle priorale du xi⁰ siècle, que le peuple avait en grande vénération; mais plus tard il fallut la reconstruire complètement, et la première pierre du nouvel édifice fut placée par l'évêque de Rennes au mois de mars 1670[2].

Cette communauté des Calvairiennes de Saint-Cyr adopta malheureusement une partie des erreurs jansénistes, et le roi fut obligé de transférer un certain nombre d'entre elles en d'autres monastères[3].

Le *Registre* des vêtures et prises d'habit des religieuses du

1. *Arch. municip. de Rennes*, 310.
2. *Mél. hist. de Bret.*, I, 163.
3. *Arch. dép. d'Ille-et-Vil.*, C, 1217.

Calvaire, de 1716 à 1774, existe encore au dépôt des Archives départementales.

Il reste de l'ancien monastère de Saint-Cyr — occupé présentement par les Filles de Notre-Dame-de-Charité — un vieux bâtiment avec cloître et l'église conventuelle. Celle-ci se composait à l'origine d'une simple nef accostée au Nord de trois ou quatre chapelles et terminée par le chœur des religieuses ; sur la porte principale, à l'Ouest, on lit encore :

HIC EST DOMUS DEI, DOMUS ORATIONIS ET PORTA CŒLI
1670.

2º Saint-Servan.

« *De gueules à une croix du Calvaire d'argent, la couronne d'épines et les clous d'or*[1]. »

Au mois de décembre 1638, les Calvairiennes de Nantes songèrent à venir s'établir à Saint-Servan ; elles occupèrent d'abord une maison au village de la Roulais, auprès de la chapelle Saint-Fiacre, dont elles usèrent provisoirement. Elles vinrent au nombre de sept, Mme de Messignac, dite Claude-de-Jésus, prieure, et six religieuses originaires de Saint-Malo et professes du Calvaire de Nantes, nommées Mmes Le Large, Le Gaigneux, Guillaudeu, Trublet, Gravé et Éon. Le 9 juillet 1639, M. Du Ruau, vicaire général de l'évêque de Saint-Malo, bénit leur maison et y établit la clôture[2].

Se trouvant trop à l'étroit à la Roulais, les Calvairiennes achetèrent, près du couvent des Capucins, une partie du terrain nommé la Roche-Bize et plus tard le Blanc-Moustier. Après mille difficultés, elles y bâtirent un fort beau monastère, dont l'église fut solennellement bénite en 1665 par M. Symon, vicaire général de Saint-Malo, et consacrée peu de temps après, sous l'invocation de saint Joseph et saint Joa-

---

1. *Armorial général ms.* de 1699.
2. Abbé Manet, *Grandes recherches ms.*

chim, par Mgr André Lynch, évêque de Kilfenor, en Irlande[1].

Cette communauté prospéra promptement et comptait en 1730 quarante-trois religieuses et trois novices; elle n'avait cependant alors que 877 liv. de revenu net. Quand vint la Révolution, elles déclarèrent avoir 5,007 liv. de rentes, avec 3,293 liv. de charges, et par suite un revenu net de 1,714 liv.[2]

Le 2 octobre 1792, les Calvairiennes furent chassées de leur monastère, qui fut vendu à la municipalité de Saint-Servan; on en fit des halles et on y établit les poids publics.

Quoiqu'ainsi métamorphosé, le couvent du Calvaire existe encore sur la place de l'Hôtel-de-Ville à Saint-Servan; il forme un vaste carré avec cloître intérieur, au-dessus duquel s'ouvrent les petites fenêtres des anciennes cellules. L'église forme l'un des côtés de ce carré; elle se compose d'une seule nef, accostée jadis au Nord de quatre chapelles qui ont disparu. Au-dessus de la porte principale sont la date 1665 et une niche renfermant une croix, avec cette inscription : Jésus nostre amour est crucifié en Calvaire. Plus haut sont gravées les armoiries du Chapitre de Saint-Malo : *d'azur, à un navire d'or aux voiles éployées de même.*

3° Redon.

« *D'azur, à une croix du Calvaire contre laquelle est adossée la Sainte Vierge, debout, les mains jointes, le tout d'or, sur une terrasse de même*[3]. »

Nous avons dit précédemment que les Bénédictines établies à Redon désirèrent s'unir aux Calvairiennes et entrer dans la congrégation de ces dernières. L'évêque de Vannes, Sébastien de Rosmadec, s'y opposa d'abord; il finit par y consentir, à la condition que sa nièce, Mme de Plœuc, en religion Agnès de Sainte-Croix, serait prieure de la maison. Elle y fut donc

---

1. Abbé Manet, *Grandes recherches ms.*
2. Arch. dép. d'Ille-et-Vil.
3. *Armorial général ms. de 1698.*

reçue le 9 octobre 1641, assistée de cinq autres sœurs calvairiennes.

Les Bénédictines, ayant à leur tête Mme Farcy, leur prieure, renoncèrent aussitôt à toutes leurs obédiences et prirent le voile de novices du Calvaire le 8 décembre 1641 ; toutes renouvelèrent alors leurs vœux selon la forme des Calvairiennes.

Ainsi s'implanta à Redon la congrégation du Mont-Calvaire, qui y prospéra jusqu'au moment de la Révolution. Le 5 octobre 1792, les religieuses calvairiennes furent expulsées de leur monastère, qui fut vendu nationalement ; quelques-unes d'entre elles purent toutefois demeurer à Redon et rentrer même dans une partie de leur ancien couvent ; mais il leur fut impossible d'y rétablir leur congrégation, et en 1820 des religieuses de la Retraite vinrent y fonder une nouvelle communauté qui existe encore[1].

L'église conserve toujours la forme de tous les sanctuaires des Calvairiennes : c'est une simple nef, accostée au Nord de quatre chapelles. L'ancien monastère, avec son cloître, est également debout, mais les sœurs de la Retraite viennent de construire à côté un beau corps-de-logis pour leur pensionnat, et tout à l'entour se développe un superbe parc qui descend le coteau jusqu'aux bords de la Vilaine.

4° *Le Calvaire de Cucé, à Rennes.*

Les Calvairiennes de Saint-Cyr obtinrent du roi, vers 1657, la permission de fonder une maison dans l'intérieur même de la ville de Rennes, pour y soigner leurs malades. Elles s'établirent alors dans l'hôtel d'Espinay, appartenant à Mme d'Assérac, et situé dans la rue des Dames, près la place de la Monnaie. La Communauté de ville, qui avait mis pour condition à la réception des Calvairiennes de Saint-Cyr qu'elles ne

---

[1]. *Hist. de Redon*, 322-323.

s'établiraient point dans l'enceinte de Rennes, vit de mauvais œil leur installation à l'hôtel d'Espinay et résolut, par délibération du 8 septembre 1659, d'y mettre opposition; de là un procès entre la ville et les religieuses [1].

Sur les entrefaites, Henry de Bourgneuf, marquis de Cucé et baron d'Orgères, premier président au Parlement de Bretagne, vint à mourir à Paris, le 24 octobre 1660; son corps fut apporté à Rennes et inhumé dans l'église conventuelle des Capucins. Mais sa veuve, Calliope d'Argentré, petite-fille du grand historien Bertrand d'Argentré, résolut d'élever un monument à sa mémoire en fondant un couvent dont les religieuses prieraient chaque jour pour lui, après que son corps eût été transféré en leur église.

Le 25 novembre 1671, la marquise de Cucé donna donc aux Calvairiennes résidant à l'hôtel d'Espinay son propre hôtel de Cucé, situé sur la place de la Grande-Pompe, « avec ses logis, chapelle, bâtiments, cour, puits, etc., » à la condition que les religieuses s'obligeraient « à bâtir en ce lieu et à leurs frais une église au nom du Sang précieux de Notre-Seigneur, » dans laquelle il y aurait « quatre chapelles, la première dédiée à la Sainte Trinité, la deuxième à la Sainte Vierge et à la Sainte Famille, la troisième aux Saints Anges, et la quatrième à tous les Saints. » Mme de Cucé ajouta qu'elle ferait porter dans cette église le corps de son mari et le déposerait dans un tombeau construit à ses frais, et que le jour même de cette translation elle entrerait en ce nouveau couvent « en qualité de sœur converse ou de bas-chœur. » Elle régla aussi que le sanctuaire de cette église lui serait prohibitif à elle et à son mari, parce qu'elle voulait après sa mort reposer dans le tombeau du marquis de Cucé; que les armoiries de la maison de Cucé seraient gravées autour de l'église et au-dessus de la porte principale; que le sceau du monastère qu'elle fondait porterait les armes de Cucé et d'Argentré;

---

[1]. Arch. municip. de Rennes, 501.

enfin, que ce couvent prendrait le nom de Calvaire de Cucé[1].

La Communauté de ville, apprenant cette fondation de Mme de Cucé, renouvela son opposition envers les Calvairiennes et leur défendit de demeurer à l'hôtel de Cucé, qui était aussi bien que l'hôtel d'Espinay à l'intérieur de Rennes. Mais cette fois les religieuses eurent la victoire : Louis XIV ordonna en effet, par lettres patentes datées du 9 décembre 1671, aux bourgeois de Rennes, de recevoir les Calvairiennes dans leurs murs, et le Parlement de Bretagne enregistra ces lettres royales et rendit un arrêt enjoignant à la Communauté d'obéir aux volontés du roi[2].

Les religieuses du Mont-Calvaire s'installèrent donc paisiblement enfin dans l'hôtel de Cucé. En 1678, Calliope d'Argentré posa la première pierre de l'église conventuelle, qu'elle ne devait pas voir terminer, car elle mourut le 17 juillet 1680, avant l'achèvement de l'édifice.

L'année suivante, Mgr de Beaumanoir, évêque de Rennes, vint bénir l'église du Calvaire de Cucé; le monument funéraire ainsi que le corps du président de Cucé furent apportés le même jour du couvent des Capucins à celui des Calvairiennes[3].

Cette église conventuelle des Calvairiennes diffère du type ordinairement adopté par ces religieuses; la raison en est qu'elle fut construite d'après les plans de Mme de Cucé. C'est une rotonde couronnée par un dôme et ornée intérieurement d'une galerie circulaire qui repose sur d'énormes cariatides en bois sculpté. Le tombeau élevé au marquis de Cucé par sa veuve était un beau sarcophage, surmonté de la statue en bronze du défunt; la Révolution l'a détruit, ainsi que le couvent dont elle chassa les religieuses, mais on retrouve une vue de ce mausolée dans le grand ouvrage manuscrit du président de Robien sur la Bretagne, déposé à la Bibliothèque

---

1. *Arch. dép. d'Ille-et-Vil.*, H.
2. *Arch. municip. de Rennes*, 311.
3. *Journal ms. de Lorel*, 203.

publique de Rennes : on y voit le marquis de Cucé revêtu de son manteau de premier président, agenouillé et priant sur une table que supportent des pieds d'animaux; à la base on lit ces mots : IN TE OMNES SUA FUNERA DOLENT; au-dessus est un écusson renfermant les armes de Bourgneuf : *d'argent au sautoir de sable, au franc quartier de gueules chargé de deux poissons rangés en fasce d'argent*, et celles des familles alliées au marquis de Cucé, entre autres celles d'Argentré : *d'argent à la croix pattée d'azur.*

Vendu nationalement en 1792, le monastère du Calvaire de Cucé, situé sur la place actuelle du Calvaire, est devenu de nos jours une maison de commerce, et son église a été convertie en magasin.

CARMÉLITES

Ces religieuses appartenaient à l'ancienne Observance du Carmel et étaient sous la juridiction des grands Carmes. Ce fut la bienheureuse duchesse Françoise d'Amboise qui les fit venir en Bretagne au XVe siècle.

Rennes.

« *D'argent à une Vierge de carnation, vêtue de gueules et d'azur, ayant les mains croisées sur la poitrine et pleurant derrière un tombeau de sable, sur lequel est couché le corps mort du Christ au naturel*[1]. »

En 1618, les grands Carmes de Rennes présentèrent une requête à Messieurs de la Communauté de ville pour obtenir permission d'y fonder un couvent de Carmélites; le 21 décembre, l'assemblée des bourgeois donna son consentement à cette fondation. Les Carmes s'adressèrent ensuite au nouvel évêque, Pierre Cornulier, qui venait d'arriver à Rennes, et ce prélat autorisa le même établissement le 20 décembre 1618.

1. *Armorial général ms. de 1698.*

Enfin, au mois d'avril de l'année suivante, l'évêque et les bourgeois de Rennes choisirent pour établir le futur monastère le lieu de Toriel ou Touriel, situé entre les fossés de la ville et la rue Saint-Melaine; comme c'était un terrain dépendant du fief de Saint-Melaine, on demanda le consentement de Pierre du Lyon, abbé de ce monastère, qui le donna volontiers [1].

Mais bientôt après l'on remarqua que Touriel se trouvait trop près de la contre-escarpe de Saint-François, et la Communauté de ville défendit d'y construire le monastère. On jeta alors les yeux sur le côté opposé de la rue Saint-Melaine, et avec la permission de l'abbé Pierre du Lyon on résolut de bâtir entre cette rue et la rue Réverdiais, dans le champ de foire dépendant de l'abbaye de Saint-Melaine. La Communauté de ville accepta cette translation, et, pour montrer sa bonne volonté, elle promit 6,000 liv. aux religieuses pour payer le terrain qui leur était nécessaire; elle mit seulement pour conditions à sa générosité qu'elle serait considérée comme fondatrice du monastère, qu'elle y aurait en conséquence ses armoiries en tous les endroits honorifiques, que les religieuses ne mendieraient point en ville, et qu'elles ne vendraient point Touriel à d'autres congrégations monastiques [2].

Vers le même temps, le roi Louis XIII autorisa par lettres patentes cet établissement des Carmélites dans un faubourg de Rennes, et leur fit don des droits d'amortissement [3].

D'après le *Journal d'un Bourgeois de Rennes*, on commença dès 1620 les fondations de la chapelle conventuelle du Saint-Sépulcre des Carmélites, et le 16 avril 1622 ces religieuses furent mises en possession de leur nouveau monastère [4]. Mais il paraît qu'il s'agissait ici de la chapelle construite à Touriel

---

1. *Arch. dép. d'Ille-et-Vil.*, II, 17.
2. *Arch. municip. de Rennes*, 313.
3. *Ibidem.*
4. *Mél. hist. de Bret.*, I, 30, 32.

et cédée en 1630 aux Visitandines; car le *Journal de Loret* dit que le 15 novembre 1682 l'évêque de Rennes bénit l'église des Carmélites, au faubourg Réverdiais, et y dit la première messe [1].

Une fois établies à Rennes, les Carmélites reçurent bientôt beaucoup de la part des habitants de cette ville. Parmi les fondations faites à leur monastère, nous remarquons celles des familles de Botherel, de Bourgneuf, de Vaurozé, de Kermasson, de Montholon, de Vaunoise, de la Bouëxière, de la Piguelaye, etc. [2]

La maison des Carmélites fut vendue nationalement à l'époque de la Révolution. En 1849, les Dames de l'Adoration perpétuelle vinrent en occuper une partie, mais elles n'y restèrent pas, et le monastère du Carmel devint le Grand-Séminaire diocésain. Les vieux bâtiments claustraux ont été depuis peu rasés, et il ne reste qu'une petite chapelle remontant à l'époque des religieuses.

CHARITÉ (FILLES DE LA)

Cette congrégation fut fondée en 1633 par saint Vincent-de-Paul et Mme Le Gras, née Louise de Marillac, qui en fut la première supérieure. On appelle vulgairement ces religieuses Sœurs Grises, à cause de leur costume, ou Sœurs de Saint-Vincent-de-Paul. Leur congrégation fut approuvée par lettres patentes du roi en 1646 et 1657. Le Pape accorda lui-même l'approbation et la confirmation aux Filles de la Charité le 8 juin 1668, et de nos jours elles ont été autorisées de nouveau en 1809. Elles sont aujourd'hui plus de neuf mille religieuses répandues dans l'univers entier.

---

1. *Journal ms. de Loret*, 267. (*Bibl. de Rennes.*)
2. *Arch. dép. d'Ille-et-Vil.*, H, 47.

1° Saint-Méen.

La plus ancienne maison des Filles de la Charité fondée en Bretagne serait, si l'on adopte les traditions locales, celle de Saint-Méen. Mgr de Harlay, évêque de Saint-Malo, en érigeant dans l'abbaye de Saint-Méen son séminaire diocésain en 1645, y appela pour le diriger les prêtres de la Mission, fondés par saint Vincent-de-Paul; son successeur, Mgr de Neufville, y fit venir en 1649, du vivant même de leur saint fondateur, les Filles de la Charité pour tenir l'hôpital de Saint-Méen et faire l'école aux petites filles. Ces religieuses, dont il est fait mention dans les *Pouillés de Saint-Malo* du xviiie siècle, sont encore à l'hospice de Saint-Méen; elles y conservent précieusement dans leur chapelle un confessionnal dans lequel on croit que saint Vincent-de-Paul exerça le saint ministère [1].

2° Rennes.

En 1673, les Filles de la Charité furent appelées à Rennes, et voici à quelle occasion :

Plusieurs personnes pieuses de cette ville avaient fondé en 1643 une Marmite pour le soulagement des pauvres honteux, malades, de Rennes et de ses faubourgs. Voulant s'assurer la coopération des Filles de Saint-Vincent-de-Paul, elles les appelèrent près d'elles, et par acte du 9 septembre 1673 elles donnèrent une rente de 450 liv. à leur congrégation pour l'entretien de trois sœurs chargées d'administrer l'œuvre de la Marmite des pauvres. L'année suivante, deux nouvelles sœurs furent adjointes aux premières et l'établissement fut approuvé par l'autorité diocésaine. Mgr de la Vieuville, évêque de Rennes, loua et ratifia les statuts qui lui furent présentés

---

[1]. Ce confessionnal est un fauteuil à baldaquin, renfermé aujourd'hui dans un confessionnal moderne.

par les fondateurs; son ordonnance porte la date du 4 avril 1674[1].

Bientôt après on s'occupa de donner un siège fixe à l'établissement. Par contrat du 11 août 1683, Pierre Loret, prêtre, Jean Le Marchant, sieur de la Rebourcière, et René Charmoy, sieur de la Mettrie, administrateurs de la Marmite des pauvres[2], se portèrent acquéreurs d'avec François Ravenel, sieur du Plessix, et sa mère, Perrine Penhoët, pour une maison avec cour et jardin située rue du Griffon. C'est là que fut assigné pour la première fois le logement des Sœurs de la Charité. On ne tarda pas à y ajouter la maison voisine bordant la rue des Loriers. Bientôt après les administrateurs de la Marmite demandèrent à la Communauté de ville et obtinrent d'elle un alignement pour reconstruire la maison des Sœurs, à l'encoignure des rues du Griffon et des Loriers. C'est encore là qu'habitent les Filles de la Charité[3].

Ce fut aussi là le siège du Bureau de charité annexé à la maison des Sœurs; il s'obligea à une rente de 60 liv. pour obtenir du Chapitre de Rennes l'amortissement des maisons acquises, lesquelles dépendaient du fief du Chapitre.

Le 8 août 1694, deux nouvelles Sœurs de Saint-Vincent furent appelées à Rennes pour prendre soin des prisonniers pauvres et de la chapelle des prisons. Vers le même temps, la Communauté de ville alloua une pension annuelle de 50 liv. aux Filles de la Charité.

Par testament du 7 mars 1717, le président au Parlement Charles Le Meneust de Bréquigny légua 200 liv. de rente à la Marmite des pauvres, dont l'administration était confiée aux Sœurs.

1. M. Paul de la Bigne Villeneuve, *Journal de Rennes*, 23 janvier 1877.
2. Les statuts de la *Marmite* portaient que la Compagnie serait composée de deux supérieurs spirituels, de quatre administrateurs dits « Pères des pauvres, » d'une supérieure, d'une assistante et d'une secrétaire. On y admettait, sur l'avis du conseil de l'œuvre, tel nombre de dames et demoiselles vertueuses dont les supérieurs jugeaient utile l'annexion.
3. *Arch. dép. d'Ille-et-Vil.*, 4 E, 10. — *Arch. municip. de Rennes*, 310.

En 1763, Jean de Guersans, archidiacre de Rennes, fit fondation d'une nouvelle Fille de la Charité [1].

Au mois de février 1762, le roi donna des lettres patentes enregistrées au Parlement le 5 mai suivant; elles confirmaient l'établissement de la Marmite des pauvres, « tenue par les Filles de la Charité, et distribuant des secours aux pauvres honteux, prisonniers et autres, au nombre de plus de quatre cents par jour [2]. »

Enfin, en 1785, l'abbé Carron fonda un ouvroir à la Piletière pour donner du travail aux pauvres, y annexa quelques années après un petit hôpital, et confia ce dernier établissement aux Sœurs de la Charité.

Ainsi, pour résumer, les Filles de la Charité s'occupaient à Rennes de trois œuvres distinctes : 1° la Marmite des pauvres; 2° les prisons; 3° l'hôpital de la Piletière.

Ces religieuses ne trouvèrent pas grâce devant les fureurs destructives du parti révolutionnaire de 1793. Elles furent en butte aux persécutions et à la proscription qui atteignaient tous les Ordres religieux. Leur maison de Rennes, à la fin de 1790, comptait quatorze religieuses, et la supérieure en était sœur Élisabeth Rigault, qui mourut le 1er novembre 1791. Elle fut remplacée dans sa charge, périlleuse alors, par sœur Jeanne-Marie Montaguier, Lyonnaise, résidant à Rennes depuis 1750. Cette sainte et courageuse Fille de Saint-Vincent-de-Paul resta à son poste à travers tout l'orage révolutionnaire, échappant aux poursuites et à la persécution sans quitter Rennes, où elle mourut en 1806 [3]. Ses dignes filles continuent de nos jours à Rennes, et dans la même maison, les œuvres de charité qui la sanctifièrent.

1. M. de la Bigne Villeneuve, *loco citato*.
2. *Arch. du Parlem. de Bret.*
3. M. de la Bigne Villeneuve, *loco citato*.

3° Saint-Malo.

La congrégation des Dames de la Charité fut établie à Saint-Malo en 1634, et leurs statuts furent approuvés par Mgr de Neufville, évêque de cette ville, le 8 mai 1652.

Ce fut en 1681 que l'une de ces pieuses femmes, Françoise de la Marzelière, veuve de Malo, marquis de Coëtquen, et elle-même marquise douairière de la Marzelière, fit venir à Saint-Malo deux Filles de la Charité. Ces sœurs se joignirent aux dames congréganistes pour administrer la Marmite des pauvres de Saint-Malo [1].

Plus tard, en 1719, Mme de la Marzelière donna aux Sœurs Grises une maison située près de l'Hôtel-Dieu, dans la rue Maupertuis actuelle. Cette maison existe toujours et renferme encore le Bureau de charité de Saint-Malo ; sur la façade sont gravées plusieurs sentences pieuses et charitables ; au-dessus de la porte est une statue de Notre-Dame accompagnée de cette devise : *Pour le travail des pauvres*.

Par décret du 21 mai 1785, l'évêque de Saint-Malo prononça la désunion des confréries du Saint-Sacrement et de saint Jean-Baptiste, desservies en sa cathédrale, et affecta les revenus de cette dernière confrérie à l'œuvre de la Marmite des pauvres, tenue par les Sœurs de la Charité, ce qu'approuva le roi par lettres patentes de novembre 1786 [2].

Ainsi fut fondée la maison de charité de cette ville, qui avait en 1790 M. Nouail de la Ville-Gille pour administrateur et 5,537 liv. de revenu net. Les Sœurs de Saint-Vincent dirigent encore cet établissement, instruisant les petites filles pauvres et secourant les indigents malades à domicile ; mais elles n'habitent pas la maison de la rue Maupertuis.

---

1. *Semaine Religieuse de Rennes*, IX, p. 214.
2. *Arch. du Parlem. de Bret.*

4° *Saint-Servan.*

A. — Saineville.

En 1697, Hélène Le Breton, veuve de Thomas Greffin, sieur de la Trébairais, appela à Saint-Servan deux Filles de la Charité et leur donna un terrain au village de la Trébairais, où elles établirent de petites écoles; cette fondation est du 11 octobre 1697 [1].

Les Sœurs de Saint-Vincent trouvèrent à la Trébairais une vieille chapelle dédiée à saint Jacques, fondée de messes, dont on leur permit de se servir pour leurs exercices de piété, sans leur en donner toutefois la propriété.

Vers le même temps, en 1700, trois prêtres de la congrégation de la Mission, les PP. Le Bourcier, du Manoir et Élyas, constituèrent en société les dames pieuses de Saint-Servan, sous le nom de Dames de la Charité, pour secourir les pauvres à domicile. Ces dames s'adjoignirent alors les Sœurs de Saint-Vincent et leur confièrent le soin de la Marmite des pauvres de Saint-Servan [2].

L'établissement des Sœurs de la Charité ayant ainsi pris de l'accroissement, elles furent obligées d'acheter le 10 mai 1735 une autre maison avec jardin à la Trébairais.

Mais le 3 janvier 1781 Mlle Julienne Wite de Boisglé donna à ces bonnes religieuses sa propre maison de Saineville, située en Saint-Servan, au village de la Roulais; les Filles de la Charité vendirent alors leur maison de la Trébairais et vinrent s'établir à Saineville. Vers la même époque le roi Louis XVI, par lettres patentes d'août 1780, autorisa leur nouvel établissement et approuva la vente qu'elles avaient faite de la Trébairais.

Quand vint la Révolution, les Sœurs de la Charité décla-

---

1. *Arch. dép. d'Ille-et-Vil.*, 4 H, 19.
2. Abbé Manet, *Grandes recherches ms.*

rèrent que leur communauté de Saineville n'avait que 650 liv. 14 s. de revenu net. Une partie d'entre elles fut emprisonnée en 1793, les autres furent chassées le 5 février 1794[1]. Leur maison de Saineville est maintenant occupée par les Sœurs de la Providence de Rillé, qui y tiennent le Bureau de charité.

B. — Le Rosais.

En 1709, Jean Le Provost, sieur de la Roche, et Julienne Danycan, sa femme, ayant fait bâtir une chapelle au Rosais, demandèrent l'autorisation d'établir un hôpital en ce lieu, ce qui leur fut accordé par lettres patentes du roi en date d'août 1711.

Les fondateurs appelèrent dès l'origine au Rosais les Filles de la Charité pour desservir cet hôpital; elles y étaient au nombre de quatre sous l'épiscopat de Mgr de la Bastie (1739-1767). La Révolution les en chassa au mois de février 1794; elles y rentrèrent en 1796, mais ne reprirent leur costume religieux que le 25 mars 1801. Ces religieuses ont été obligées en 1813 d'abandonner définitivement le Rosais.

5° Balazé.

Par testament du 9 avril 1726, Joseph Coccault, seigneur de Chérigny, acquéreur de la terre du Chastelet, en Balazé, laissa 400 liv. de rente « pour l'établissement de deux Sœurs Grises à Balazé, chargées du soulagement des pauvres et de la tenue des petites écoles. » En 1790, il y avait à Balazé trois religieuses, jouissant, en outre de leur maison, de 950 liv. de rente, tant pour leur école que pour leurs charités[2].

6° Bruz.

Le 18 décembre 1682, Gilles de Gain, seigneur de Carcé,

---

1. Abbé Manet, *Grandes recherches ms.* — *Arch. dép. d'Ille-et-Vil.*, 4 H, 19.
2. *Arch. dép. d'Ille-et-Vil.*, B, 520; 9 G, 40.

grand-chantre et chanoine de Rennes, légua par testament
« un capital de 500 liv. pour former une rente distribuée à
l'avenir, chaque année, aux pauvres de Bruz par les Sœurs
de la Charité établies en cette paroisse par Mgr l'évêque de
Rennes[1]. » Il n'est point dit quel fut le prélat auteur de
cette pieuse fondation, mais ce dut être soit Mgr de la Vieuville, décédé en 1676, soit son successeur, Mgr de Beaumanoir.

7° *Piré.*

Quatre Sœurs de la Charité furent établies à Piré pour faire
l'école aux filles et soigner les pauvres de la paroisse. Les
deux premières de ces religieuses furent appelées par M. Le
Camus, prieur de la Franceule, qui leur promit le 20 novembre 1683 150 liv. à chacune d'elles. Les deux autres
furent fondées le 5 juin 1707 par Judith Picquet, douairière
de Piré, qui leur offrit également une rente de 300 liv.

Malgré ces promesses, les Sœurs de la Charité n'eurent en
réalité qu'une métairie affermée 122 liv. et une rente constituée de 150 liv., c'est-à-dire 272 liv. au lieu des 600 liv.
Elles firent néanmoins beaucoup de bien à Piré jusqu'à ce
que la Révolution les en chassât.

8° *Vitré.*

La congrégation des Dames de la Charité fut établie à Vitré
en 1655 et approuvée aussitôt par Mgr de la Mothe-Houdancourt, évêque de Rennes; mais ces dames, en fondant en
même temps l'œuvre de la Marmite des pauvres, s'en réservèrent seules tout le soin. Ce ne fut que longtemps après, en
1786, que Mlle du Velaër songea à appeler à Vitré les Filles
de la Charité. La société des Dames approuva volontiers cette
fondation des Sœurs de Saint-Vincent, « à condition néanmoins que la compagnie desdites Dames de la Charité ne soit

---

1. *Arch. dép. d'Ille-et-Vil.*, 9 G, 41.

point détruite et puisse coopérer aux œuvres de charité avec les Sœurs Grises. »

Le 2 août 1788, des lettres patentes du roi approuvèrent l'établissement de quatre Filles de la Charité à Vitré. La Marmite avait alors 2,000 liv. de rente, et Mlle du Velaër proposait d'entretenir les quatre sœurs à ses frais, de leur donner 20,000 liv. pour acheter une maison et un jardin et de constituer 60,000 liv. pour soulager les pauvres. L'évêque de Rennes avait approuvé ce projet dès le 22 avril 1787, et le 5 juillet suivant on avait traité avec les supérieurs de Saint-Lazare. Mlle du Velaër assura aussitôt aux sœurs une rente de 1,400 liv. pour leur entretien et versa à la Communauté de ville 60,000 liv. pour les pauvres; elle monta en même temps la pharmacie du nouvel établissement [1].

Le 15 octobre 1793 la société des Dames de la Charité fut dissoute et la Marmite des pauvres fut exclusivement confiée aux Filles de Saint-Vincent-de-Paul.

Le 15 juin 1791, Mlle du Velaër avait acheté de Pierre Hardy, son parent, pour 20,000 liv., un bel hôtel de la renaissance dont elle fit cadeau aux Filles de la Charité; la Révolution ne put réussir à en chasser ces bonnes religieuses, qu'habitent encore maintenant [2].

CŒUR IMMACULÉ DE MARIE (FILLES DU)

La pieuse congrégation des Filles du Cœur immaculé de Marie, plus connue sous le nom d'Hospitalières des Incurables, naquit à Rennes au XVIIe siècle. Elle eut pour fondatrice Mlle Olive Morel du Verger, qui se consacra tout entière au soin des pauvres malades incurables de l'Hôpital-Général, et qui eut d'abord pour compagnes Mlles de la Teurtrais-Bordelon, Cotel et du Breil.

---

1. *Arch. du Parlement de Bret.*
2. *Journal hist. de Vitré*, 148. — *Semaine Religieuse de Rennes*, XIII, 722 et 738.

Ce ne fut pendant longtemps qu'une simple association qui n'était point liée par des vœux ; la plus ancienne des Hospitalières était supérieure de droit et n'avait sur les autres que l'autorité de l'âge ; mais de nos jours la société des Demoiselles des Incurables a été érigée en congrégation sous le nom d'Institut des Filles du Cœur immaculé de Marie[1].

Rennes.

D'après les traditions conservées parmi les religieuses du Cœur immaculé de Marie, ce fut en 1660 que Mlle Olive Morel du Verger commença à recueillir dans sa propre maison quelques pauvres malades ; elle en eut d'abord huit ; mais voyant bien d'autres malheureux autour d'elle, cette pieuse fille se mit à quêter dans la ville, portant au cou un sac de toile pour recueillir les aumônes, sac que l'on conserve encore comme une relique dans le monastère. Le produit de ces quêtes permit de recevoir un plus grand nombre d'infirmes. Vers le même temps, la Communauté de ville acheta, en 1677, la maison de la Gauretais, voisine de celle qu'habitait Mlle du Verger ; elle y transféra les incurables de l'Hôpital-Général, et voyant dans cette charitable demoiselle la plus zélée directrice d'hôpital, elle la pria de vouloir bien soigner ces malheureux. Ce fut ainsi que Mlle du Verger et ses compagnes se trouvèrent chargées de la tenue d'un véritable hospice, qui prit le nom de Maison de la Santé ou des Incurables.

Ces religieuses sont demeurées pendant la Révolution dans cet hôpital, soignant leurs malades ; leur aumônier, M. de la Bigne, y continua lui-même ses fonctions, et elles y sont encore.

---

1. *Notice ms. sur l'Hospice des Incurables.*

CROIX (FILLES DE LA)

Cette congrégation se forma en Picardie, principalement pour l'instruction des jeunes filles; elles s'établirent ensuite à Paris et fondèrent, en 1667, une maison à Tréguier; elles s'occupèrent beaucoup alors de l'œuvre des retraites.

Saint-Servan.

Une Maison de Retraite ayant été fondée à Saint-Servan en 1701, par l'évêque de Saint-Malo et Noël Danycan, sieur de l'Épine, pieux bourgeois malouin, ce dernier voulut y placer des religieuses. Il appela par suite à Saint-Servan les Filles de la Croix du couvent de Tréguier, qui vinrent aussitôt et bâtirent en 1738 leur église conventuelle. (V. plus loin, v° *Maisons de Retraite.*)

Ces religieuses tenaient non-seulement l'œuvre des retraites à Saint-Servan, mais faisaient encore l'école aux jeunes filles. (V. plus loin, v° *Écoles.*) Quand vint la Révolution, elles étaient au nombre de vingt sœurs de chœur et onze converses; elles déclarèrent alors n'avoir qu'un revenu net de 599 liv., ayant bien 2,884 liv. de rentes, mais 2,285 liv. de charges[1]. Elles furent chassées de leur couvent en décembre 1792.

DOMINICAINES

Fondées en Languedoc par saint Dominique, ces religieuses ne s'établirent à Paris qu'au commencement du XVII° siècle. C'est de cette ville qu'elles envoyèrent quelques sœurs fonder, en 1625, le monastère de Dinan.

---

1. *Arch. dép. d'Ille-et-Vil.*, 1 V, 29.

Rennes.

Le 4 juillet 1636, la Communauté de ville consentit à l'établissement d'un couvent de Dominicaines de la réforme de sainte Catherine, appelées pour cela Catherinettes, à l'entrée du faubourg de la rue Hux [1].

Ces religieuses venaient du monastère de Dinan. Mais elles éprouvèrent à Rennes une vive opposition de la part de l'abbesse de Saint-Georges ; toutefois elles purent vaincre cet obstacle, et la prieure de Dinan s'engagea à payer une pension de 100 liv. à chacune des dix religieuses qu'elle envoyait à Rennes. Par contre, elle demanda au maire de Rennes l'attestation que sa communauté n'était pas à charge au public [2].

Le 16 avril 1642, Mgr de la Mothe-Houdancourt, évêque de Rennes, approuva l'établissement des Dominicaines dans sa ville épiscopale, et au mois de mai suivant le roi Louis XIII donna les lettres patentes nécessaires à cette fondation.

Les Catherinettes s'établirent donc dans le faubourg de la rue Hux, au logis des Champs-Baud, que leur vendit 9,346 livres le sieur de la Carpraie-Phelippot ; comme cette maison était dans le fief de Saint-Melaine et en la paroisse Saint-Jean, les religieuses demandèrent l'autorisation à l'abbé de Saint-Melaine, qui la leur accorda le 9 décembre 1645 [3].

Les Dominicaines commencèrent aussitôt leur chapelle, qu'elles dédièrent à Notre-Dame-de-Grâce ; et en 1646 elles se rendirent processionnellement dans leur nouvelle clôture. Quelques années plus tard, se trouvant à l'étroit dans le vieux logis des Champs-Baud, elles construisirent tout un monastère au même lieu et en posèrent la première pierre le samedi 21 mai 1661 [4].

A cette époque, la prieure de Rennes était la mère Margue-

---
1. *Nunc* faubourg de Paris.
2. *Arch. municip. de Rennes*, 312, 492.
3. *Arch. dép. d'Ille-et-Vil.*, 30 H, 1.
4. *Mélang. hist. de Bret.*, I, 92. — *Journal ms. de Lorel*, 207.

rite de Bresmes, dite de la Vierge, « d'une des premières familles du royaume, douée des plus belles perfections et du plus bel esprit du siècle; car elle savait le grec, le latin, l'italien, et a composé quantité de beaux livres qui ont esté approuvés des docteurs, et savait aussi la philosophie et la poésie[1]. » Elle mourut à Rennes le 16 janvier 1663, et fut inhumée le 18 dans le chœur de son église conventuelle.

Malheureusement le jansénisme entra chez les Dominicaines de Rennes et on leur interdit de recevoir des novices. Le 27 février 1768, un arrêt du Conseil d'État enjoignit à l'évêque de Rennes de procéder immédiatement à la suppression et extinction du couvent des Dominicaines de sa ville épiscopale. Le même arrêt donnait tous les biens, revenus et droits de ce monastère aux religieuses ursulines de Hédé. L'évêque, alors Mgr Des Nos, nomma son official, M. de Beauvais, pour exécuter cet arrêt, et il rendit lui-même, le 21 juin 1769, un décret supprimant le couvent de Sainte-Catherine de Rennes et unissant ses biens à celui des Ursulines de Hédé. Les lettres patentes de Louis XV, approuvant le décret précédent, donnèrent toutefois pour seule raison de la suppression de ce monastère l'insuffisance des revenus des religieuses pour pouvoir se soutenir à Rennes[2].

Il paraît qu'il n'y avait plus alors au monastère de Rennes que quatre Dominicaines, dont une entra à Saint-Georges et les trois autres se firent Carmélites. En 1772, les Ursulines de Hédé vendirent ce couvent à l'évêque de Rennes, qui en fit son Petit-Séminaire. Quand vint la Révolution, le gouvernement s'empara de cette maison et la céda à la municipalité en échange de son Hôpital-Général; la ville transféra alors ses malades aux Catherinettes, qui sont encore affectées aujourd'hui au logement des femmes de l'Hôpital-Général.

1. *Journal d'un Bourgeois de Rennes.* (*Mélang. hist. de Bret.*, I, 140.)
2. *Arch. dép. d'Ille-et-Vil.*, 30 H, 1. — *Arch. du Parlement de Bret.*

HOSPITALIÈRES DE LA MISÉRICORDE

Les Hospitalières cloîtrées, dites de la Miséricorde de Jésus ou de Saint-Augustin, furent d'abord établies à Dieppe ; de là elles se répandirent en Bretagne au commencement du xviie siècle. Elles s'occupent principalement des hôpitaux et tiennent aussi parfois des internats pour l'éducation des jeunes filles. Leurs maisons dans le diocèse de Rennes ont été autorisées le 15 novembre 1810.

1° Rennes.

« *D'argent à un saint Augustin de carnation, vêtu de sable, sur une terrasse de sinople, crossé et mitré d'or, tenant en sa main dextre un cœur enflammé de gueules, percé en barre d'une flèche de même*[1]. »

Vers 1635, les Hospitalières de Dieppe demandèrent à la Communauté de ville l'autorisation de venir s'établir à Rennes ; vers le même temps, René Le Corvaisier, conseiller au Parlement de Bretagne, donna 300 liv. de rente à ces religieuses, qui obtinrent des bourgeois de Rennes la permission qu'elles sollicitaient.

Quatre religieuses reçurent en conséquence leur obédience pour se rendre à Rennes, y fonder un couvent et se mettre au service des pauvres de l'Hôtel-Dieu de cette ville ; elles se nommaient : Catherine Le Clerc, dite de la Croix, supérieure ; Geneviève Duval de Beuzerelle, dite de l'Ascension, assistante ; Catherine Moisan, dite de Saint-Charles, maîtresse des novices, et Élisabeth Le Provost de Grandchamp, dite de Saint-François d'Assise. Elles arrivèrent à Rennes en mars 1644 et furent d'abord recueillies par le président du Pont des Loges ; mais elles ne tardèrent pas à acheter l'hôtel de la

---

1. *Armorial général ms. de* 1697.

Costardaye, que leur vendit 34,000 liv. Jean Glé, seigneur de la Costardaye; c'était l'ancien hôtel de la Garde-Robe des ducs de Bretagne, et comme il avoisinait l'Hôtel-Dieu, il plaisait particulièrement aux religieuses.

Ce fut le 27 juin 1644 que la Communauté de ville confia l'hôpital Saint-Yves ou Hôtel-Dieu aux Hospitalières. « Quand on voit à quelles conditions ces saintes filles obtinrent cet asile, on est tristement étonné. Ainsi, elles ne pouvaient prétendre à aucune part dans les fondations et legs; elles reconnaissaient la suprême autorité des ecclésiastiques de la maison et s'engageaient à ne rien tenter pour avoir part à l'administration. Il leur était interdit de pouvoir recevoir ou expulser aucun pauvre, et elles reconnaissaient que toutes leurs fonctions étaient de « soulager, servir et soigner les malades en qualité d'humbles servantes des membres de Notre-Seigneur. » Enfin elles devaient prendre, de préférence à toutes autres et à des conditions raisonnables, les filles de la ville. En retour de cette abnégation complète d'elles-mêmes, la Communauté de Rennes déclarait ne vouloir contribuer en rien aux bâtiments dont elles auraient besoin ou à leur ameublement, et, pour comble d'injustice, elles pouvaient, faute de se conformer aux conditions, être expulsées de l'hôpital, sans aucunes récompenses, aucuns dommages ou intérêts[1]. »

Il est vrai de dire cependant que la Communauté de ville, si terrible dans ses contrats, s'adoucit devant la résignation des bonnes religieuses et leur donna 9,000 liv. pour les aider à payer l'hôtel de la Costardaye. Les sœurs trouvèrent dans cet hôtel une ancienne chapelle renfermant une statue de la Sainte Vierge réputée miraculeuse; elles ont toujours conservé avec soin cette madone, qu'elles possèdent encore dans le nouvel Hôtel-Dieu.

En 1676, les Hospitalières obtinrent de la ville la permission de relier leur couvent avec la chapelle de l'hôpital, dé-

---

[1]. Marteville, *Hist. de Rennes.* — *Arch. des Hospices.*

diée à saint Yves. La ville leur vendit à cet effet une maison qui les séparait de cette chapelle et leur concéda de pénétrer par là dans le chœur. Toutefois, il leur fut interdit de faire aucune quête; de plus, elles s'engagèrent, pour le cas où la chapelle tomberait, à la reconstruire, et contractèrent envers l'hospice, pour l'achat de la maison contiguë, une rente foncière de 250 liv.[1]

Les Hospitalières reconstruisirent leur monastère en 1711. Quand vint la Révolution, elles se trouvaient au nombre de trente, et elles déclarèrent en 1790 avoir 8,610 liv. de rente, avec 2,183 liv. de charges, et par suite un revenu net de 6,427 liv.[2]

Les révolutionnaires chassèrent les Hospitalières de l'Hôtel-Dieu, incarcérèrent la supérieure et plusieurs d'entre elles, et mirent des femmes séculières à leur place près des malades. En 1804, six Hospitalières purent toutefois rentrer dans leur couvent et reprendre leurs charitables exercices. Lorsque l'Hôtel-Dieu fut plus tard transféré et construit sur les terrains de la Cochardière, ces religieuses abandonnèrent Saint-Yves et suivirent leurs malades dans la nouvelle construction. Elles furent solennellement conduites par Mgr Saint-Marc dans le monastère qu'on leur avait bâti auprès de l'Hôtel-Dieu, le 21 novembre 1858. La chapelle, commune aux religieuses et aux malades, a été comme l'ancienne dédiée à saint Yves.

2° *Vitré*.

Dès l'an 1654 quelques habitants de Vitré, voyant le triste état où se trouvait l'hôpital Saint-Nicolas de cette ville, résolurent d'y établir des religieuses hospitalières et en demandèrent au monastère de Rennes. Mgr de la Mothe-Houdancourt, évêque de Rennes, s'empressa de consentir à ce nouvel établissement, et le duc de la Trémoille, baron de Vitré, ap-

---

1. Marteville, *Hist. de Rennes*.
2. *Arch. dép. d'Ille-et-Vil.*, 1 V, 20.

prouva également ce dessein [1]. Alors MM. de la Maisonneuve-Le Moyne et de la Morandière-Duverger s'occupèrent du monastère projeté et achetèrent des maisons situées près l'église de l'hôpital, qu'ils cédèrent ensuite aux religieuses. Toutefois, quelques obstacles firent traîner en longueur la réception de ces dernières. Ce que voyant, les Hospitalières de Rennes profitèrent de la tenue des États de Bretagne à Vitré pour venir en cette ville, espérant y trouver des protecteurs en cette circonstance.

Elles arrivèrent cinq à Vitré le 3 août 1655, savoir : les mères Nicolle Le Roux, dite de la Nativité, élue supérieure; Anne Le Nue, dite de Sainte-Claire, assistante, toutes deux professes de Dieppe; Marie de Saint-Joseph et Marie Dorson, dite des Anges, professes de Rennes, et la sœur converse Marguerite du Moussel. Elles furent reçues avec joie par Guillemette Duverger, veuve de Jean Le Clavier, sieur du Rocher, qui les logea chez elle et les y garda pendant six semaines. Malgré certaines difficultés, les Hospitalières réussirent dans leur entreprise et passèrent un contrat le 10 août 1655 avec les bourgeois de Vitré, qui les admirent dans leur hôpital. Mais il fallut aux religieuses subir les mêmes conditions à Vitré qu'à Rennes. Le 10 septembre suivant, elles furent conduites à Saint-Nicolas par le clergé et les magistrats de Vitré et mises en possession de leurs droits. Elles avaient obtenu de la Communauté de ville la permission d'ouvrir à leurs frais des ouvertures dans la chapelle Saint-Nicolas, dépendant de l'hospice, de sorte qu'elles purent user de cette église et se contentèrent d'élever à côté un monastère, dont la construction fut commencée en 1657 [2].

En 1790, les Hospitalières de Vitré déclarèrent avoir 7,422 liv. de rentes et 4,591 liv. de charges. Elles possédaient alors les terres de la Billonnière en Étrelles, de la

---

[1]. *Journal histor. de Vitré*, 146.
[2]. *Ibidem*, 147.

Sellerie et de la Guitonais en Pocé, de la Galliénais en Notre-Dame de Vitré, quelques jardins et maisons dans la rue du Rachapt et quelques rentes constituées [1].

La Révolution n'osa pas chasser les Hospitalières de Vitré; elles demeurèrent près de leurs malades dans les plus mauvais jours de la Terreur, et elles desservent encore maintenant l'hospice Saint-Nicolas et l'hospice Saint-Yves, son annexe.

3° Fougères.

En 1672, la Communauté de ville de Fougères appela les Hospitalières de Rennes pour desservir son Hôtel-Dieu ou hôpital Saint-Nicolas. Mgr de la Vieuville, évêque de Rennes, lui envoya quatre religieuses, sous la direction de la mère Julienne Du Guesclin, dite de Saint-Placide. Ces Hospitalières arrivèrent à Fougères en 1674 et s'établirent à l'hôtel du Chastellier, situé près la chapelle Saint-Nicolas. Plus tard, elles construisirent à leurs frais un monastère contigu à l'hôpital, mais ce couvent ne fut achevé que vers 1740 [2].

En 1790, les Hospitalières de Fougères déclarèrent avoir 4,236 liv. de rentes, avec 2,016 liv. de charges; il ne leur restait donc pour vivre que 2,220 liv. de revenu net [3].

Chassées par la Révolution, les Hospitalières furent réintégrées à Saint-Nicolas de Fougères en 1810 par décret impérial. Depuis lors, l'Hôtel-Dieu de Fougères a été transféré et reconstruit entièrement; les religieuses ont été conduites le 29 novembre 1853 par M. Hay de Bonteville, curé de Saint-Léonard, dans le nouveau monastère qu'on leur a bâti à côté du nouvel hôpital; la chapelle commune à ce double établissement est dédiée aux Sacrés-Cœurs.

---

1. Journal hist. de Vitré, 423.
2. Notes ms. communiquées par M. Maupillé.
3. Arch. dép. d'Ille-et-Vil., 1 V, 27.

HOSPITALIÈRES DE SAINT-THOMAS

Cette congrégation fut fondée en 1661, à Lamballe, par le P. Ange Proust, prieur des Augustins de cette ville, et par quelques dames congréganistes de la Charité, Mmes Gillette de la Pommeraye, Laurence Dubreuil et Anne de Canton. Les nouvelles religieuses adoptèrent la règle du Tiers-Ordre de saint Augustin, mais elles se placèrent sous le patronage de saint Thomas de Villeneuve.

Le premier but qu'elles se proposèrent fut de relever les petits hôpitaux des campagnes, alors bien abandonnés, et c'est pour cela qu'on leur donna le nom d'Hospitalières. Plus connues aujourd'hui sous la simple dénomination de Dames de Saint-Thomas de Villeneuve, ces religieuses n'en continuent pas moins de desservir beaucoup d'hôpitaux; de plus, elles dirigent des orphelinats, des crèches, des pensionnats et des écoles libres et gratuites. Dans les établissements publics hospitaliers, elles ne reçoivent pas de traitement, mais simplement le vêtement et la nourriture.

Cette congrégation a été autorisée le 16 juillet 1810; elle a sa maison-mère à Paris et se compose d'environ huit cents religieuses [1].

1° Saint-Malo.

Les Hospitalières de Saint-Thomas commencèrent à desservir l'Hôtel-Dieu de Saint-Malo vers 1687. Elles furent en même temps chargées aussi du service de l'Hôpital-Général de cette ville, situé en Saint-Servan, mais dépendant au temporel comme au spirituel de Saint-Malo; car, « par délibération des bureaux des hospices, en date de 1693, elles furent établies ou maintenues, à l'exclusion de tout autre Ordre, pour remplir cette mission de dévouement chrétien dans les

---

[1]. M. Keller, *Les Congrégations religieuses en France*, 393.

hôpitaux de la ville de Saint-Malo, et elles s'en sont toujours acquittées avec le plus parfait désintéressement [1]. »

La Révolution chassa cependant de Saint-Malo les Hospitalières, qui furent emprisonnées en 1794; mais elles y rentrèrent dès l'année suivante, lorsque revint un peu de paix, et elles continuent d'y soigner les malades de l'Hôtel-Dieu et de l'Hôpital-Général.

2° Rennes.

Nous ignorons quand les Hospitalières de Saint-Thomas furent appelées à Rennes; mais comme leur première maison en cette ville fut établie du vivant du P. Ange Proust, leur fondateur, il faut nécessairement la remettre au-delà de 1697, puisque ce saint religieux mourut cette année-là, le 16 octobre. Leur couvent, à Rennes, se trouvait vis-à-vis du Colombier; mais elles n'avaient point eu de lettres patentes. Elles prenaient soin des malades de l'Hôpital-Général, qui s'élevait alors où est maintenant l'Arsenal. Aujourd'hui encore elles continuent de les soigner dans les bâtiments actuels du même établissement.

De plus, en 1735, les mêmes religieuses se chargèrent du soin des malades de l'hospice Saint-Méen, et elles sont même demeurées en cette maison jusqu'en 1847 [2].

Enfin, lorsqu'en 1780 fut fondé l'hôtel des Demoiselles, c'est-à-dire la maison de l'Enfant-Jésus, ce fut encore les Hospitalières de Saint-Thomas qu'on mit à la tête de cette noble et pieuse maison.

3° Vitré.

L'Hôpital-Général de Vitré fut fondé en 1678. Quatre ans après, les administrateurs de cet hospice demandèrent à l'é-

---

1. M. Michel, *Monographie de l'Hôtel-Dieu de Saint-Malo*, p. 105. — *Notes ms.* de l'abbé Manet.
2. M. de Léon, *Rapport hist. sur les hospices de Rennes.*

vêque des Hospitalières de Saint-Thomas de Villeneuve; celui-ci y consentit volontiers, et le P. Ange Proust donna aussi son assentiment.

Le 9 juin 1682, deux religieuses, Mmes Marie Mainée, de Paris, et Laurence Jamot, de Saint-Malo, entrèrent à l'Hôpital-Général de Vitré et en commencèrent le service. Mais l'année suivante, au mois de mars, elles s'en retournèrent à Rennes et furent remplacées par trois demoiselles de Vitré; la cause de leur départ fut probablement le peu de ressources qu'on leur offrait.

En 1729, les Hospitalières de Saint-Thomas revinrent à Vitré sur une nouvelle demande des administrateurs de l'Hôpital-Général; elles arrivèrent au nombre de trois et ne quittèrent plus ensuite cet hospice jusqu'au moment de la Révolution.

Chassées en septembre 1793, les Dames de Saint-Thomas rentrèrent à l'Hôpital-Général de Vitré en novembre 1795. Elles ont quitté définitivement cette maison en 1857.

4° Dol.

Le 24 juillet 1673, Mgr Mathieu Thoreau, évêque de Dol, d'accord avec les échevins de cette ville, passa un traité avec les Hospitalières de Saint-Thomas et leur confia le soin des malades de l'Hôtel-Dieu de Dol, situé alors rue du Moulin; les religieuses en prirent aussitôt possession.

Plus tard, en 1701, son successeur, Mgr Jean de Chamillart, donna aux mêmes Hospitalières la direction d'une Maison de Retraite dont on lui devait l'établissement à Dol; il leur confia aussi la tenue de l'Hôpital-Général de Dol, annexé à l'Hôtel-Dieu.[1]

Ces religieuses, rentrées après la Révolution dans le nouvel hôpital de Dol, ont continué de desservir cet établissement jusqu'en 1875.

---

1. M. Gaultier-Bidan, *Notes ms.*

5° Bécherel.

Les dames directrices de la Maison de Retraite établie à Bécherel en 1705 par Marguerite Le Cointerault cédèrent cet établissement le 31 janvier 1727 aux Hospitalières de Saint-Thomas, à la condition que leur congrégation entretiendrait au moins trois religieuses à Bécherel pour y tenir l'école charitable, et un plus grand nombre, s'il était besoin, pour y maintenir l'œuvre des retraites, dirigées par des prêtres nommés par l'évêque de Saint-Malo[1].

La déclaration faite le 28 février 1790 par Angélique Bigot, supérieure de la communauté de Bécherel, nous apprend qu'à cette époque elles s'y trouvaient douze religieuses, parce que cette maison avait alors un triple but : tenir l'école charitable, faire des retraites spirituelles, et recevoir les religieuses infirmes de la congrégation. Les revenus étaient d'environ 700 liv., somme dépassée par celle des charges, estimées 780 liv.[2]

Les Hospitalières furent chassées par la Révolution et ne rentrèrent qu'en 1807 à Bécherel, où elles continuent leurs bonnes œuvres.

6° Guignen.

Les directrices de la Maison de Retraite fondée à Guignen en 1714 cédèrent leur établissement le 2 octobre 1731 aux Hospitalières de Saint-Thomas, à la condition que ces religieuses tiendraient l'école charitable et prendraient soin des retraites spirituelles prêchées par les prêtres désignés par l'évêque de Saint-Malo[3].

Les Hospitalières demeurèrent à Guignen jusqu'à l'époque de la Révolution, qui les en chassa.

---

1. *Arch. dép. d'Ille-et-Vil.*
2. *Ibidem*, 1 V, 20.
3. *Arch. dép. d'Ille-et-Vil.*

7° *Marcillé-Robert.*

Le 11 décembre 1737, Mlle Emmanuelle Mancel de la Corbinaye, directrice de l'école charitable de Marcillé-Robert, traita avec Mme Marie-Joseph Bougeans, supérieure de l'Hôpital-Général de Rennes, de la congrégation de Saint-Thomas de Villeneuve, pour avoir à Marcillé des Hospitalières[1].

Les religieuses qui vinrent à Marcillé, non-seulement continuèrent l'école charitable et l'hôpital fondés précédemment, mais encore y établirent l'œuvre des retraites spirituelles, que prêchèrent les Eudistes envoyés par l'évêque de Rennes[2].

Ces religieuses furent chassées en 1791 de Marcillé-Robert et elles n'y sont rentrées qu'en 1857.

PASSION (FILLES DE LA)

Saint-Malo.

La maison de la Passion fut fondée en 1623 à Saint-Malo par Jean Salmon, sieur des Chesnayes, et sa femme. Les sœurs avaient pour but de faire l'école aux petites filles de Saint-Malo, et nous en reparlerons à l'article des *Écoles*.

PROVIDENCE (FILLES DE LA)

La société des Sœurs de la Providence fut fondée à Saumur en 1704 par la vénérable Jeanne de la Noue[3]. Ces religieuses n'avaient à notre connaissance qu'un établissement dans notre contrée, c'était le petit hôpital de Saint-Lazare de Montfort, en la paroisse de Coulon, où elles vinrent s'établir vers 1757. (V. plus loin, v° *Hôpitaux*.)

---

1. *Reg. des insin. ecclés. de l'évêché de Rennes.*
2. *Reg. paroissial de Marcillé-Robert.*
3. *Église de Bret.*, 632.

NOTRE-DAME-DE-CHARITÉ (FILLES DE)

Cette congrégation fut fondée par le P. Eudes à Caen, sous le nom de Notre-Dame-du-Refuge; le roi donna en sa faveur des lettres patentes, datées de novembre 1642. Le but de la société fut d'offrir un asile « aux femmes ou filles qui, après avoir mené une vie scandaleuse, s'y retireroient volontairement et pour quelque temps, afin de changer leur mauvaise conduite, avec liberté d'en sortir comme d'y entrer. » Les commencements de cette œuvre furent pénibles, et la congrégation ne prit vraiment d'extension que lorsque le P. Eudes eut obtenu trois religieuses de la Visitation de Caen pour former sa nouvelle maison. L'une de ces religieuses était la vénérable mère Françoise Patin, fondatrice de la Visitation de Dol. Malgré sa répugnance à prendre la direction d'un nouvel institut, elle obéit à ses supérieures et à son évêque et entra, le 16 août 1644, dans la petite communauté du Refuge. Deux ans plus tard, la congrégation nouvelle prit le nom de Notre-Dame-de-Charité, qu'elle a toujours conservé depuis. Le Père Eudes lui donna des règlements presque semblables à ceux de la Visitation et établit que ses religieuses suivraient la règle de saint Augustin, et « seroient vestues d'une robe, ceinture, scapulaire et manteau d'étoffe blanche, et au dedans de la robe, à l'endroit qui est vis-à-vis le cœur, une petite croix bleue; et enfin qu'elles porteroient à leur col un cœur d'argent sur lequel seroit en relief l'image de la Sainte Vierge tenant entre ses bras le saint Enfant-Jésus avec deux branches de chaque costé, une de lys et l'autre de roses. »

Mgr Molé, évêque de Bayeux, d'abord fort prévenu contre le P. Eudes et ses œuvres religieuses, finit cependant par approuver la congrégation de Notre-Dame-de-Charité le 8 février 1651. Un peu plus tard, le Souverain-Pontife Alexandre VII confirma lui-même l'érection de cet institut par une bulle en date du 2 janvier 1666. Deux ans après, la mère Patin mourut en odeur de sainteté le 31 octobre 1668, à la maison de Notre-Dame-de-Charité de Caen [1].

Les Filles de Notre-Dame-de-Charité n'ont jamais eu dans le territoire de l'archidiocèse de Rennes qu'une maison, située à Rennes.

Rennes.

« *D'argent, à un cœur de gueules chargé d'une Vierge tenant le petit Jésus sur son bras senestre d'argent, couronnée d'or, le cœur entouré d'une rose à dextre et d'un lys à senestre, de gueules, tigés et feuillés de sinople, passés en sautoir* [2]. »

Dès l'an 1655, les États de Bretagne, dans leur séance du 13 juillet, ayant appris que quelques pieuses dames de Rennes [3] se proposaient de fonder en cette ville une « maison de Filles de Sainte-Magdeleine, » c'est-à-dire une maison de refuge pour les pauvres filles repenties, et d'y bâtir une église en l'honneur de saint Joseph, déclarèrent « louer et approuver » le zèle desdites dames, et non-seulement « consentir à l'établissement projeté, mais aussi se mettre sous la protection et sauvegarde de saint Joseph. » Ils nommèrent ensuite, le même jour, trois députés pour assister en leur nom à la pose de la première pierre de la future église de Saint-Joseph.

Deux ans plus tard, les mêmes États accordèrent une somme de 1,000 liv. aux directrices de la maison des filles repenties, pour encourager leur établissement [4].

Cette maison fut établie dans un logis nouvellement bâti sur les murs de ville, non loin de la tour Saint-Moran. De pieuses demoiselles s'y réunirent pour s'occuper des pauvres pénitentes et des femmes condamnées à la réclusion à cause de leur mauvaise conduite. Elles se mirent sous la direction,

---

1. *Vie du R. P. Jean Eudes*, par le P. Martine.
2. *Armorial général* ms. de 1697.
3. Yvonne Le Métayer, veuve de Siméon Brandin, seigneur de Belair, offrait alors 30,000 liv. pour cette bonne œuvre; plus tard, Mme la présidente d'Argouges donna 16,000 liv. et Mme de Brie 1,500.
4. *Arch. dép. d'Ille-et-Vil.*, C, 2635, 2636.

en 1659, de Mlle du Plessix-Rouleau, qui gouverna l'établissement « avec beaucoup de sagesse et de charité. » Après la mort de cette dernière, Mlle Ménard lui succéda ; mais on ne voit point que le projet de construire une église en l'honneur de saint Joseph ait été exécuté.

Sur les entrefaites, Mgr de la Vieuville, évêque de Rennes, demanda à la mère Patin des religieuses de Notre-Dame-de-Charité pour la maison des filles repenties fondée dans sa ville épiscopale ; cette maison n'était pas seulement gouvernée, en effet, par les pieuses dames que nous venons de nommer, elle l'était surtout par des administrateurs très-durs pour les pénitentes et que le prélat eût voulu voir remplacés par une communauté religieuse. Mais la société naissante de Notre-Dame-de-Charité, n'ayant encore que sa maison de Caen, se crut trop faible pour accepter cette proposition ; toutefois la mère Patin proposa d'envoyer à Rennes Mlle Heurtaut, ancienne religieuse de son monastère, qui avait dû quitter la congrégation à cause des extases extraordinaires auxquelles elle était sujette.

Cette dernière fut reçue à Rennes « comme un ange du ciel par Mlle Ménard, » qui lui remit aussitôt tout le soin de la maison. Mlle Heurtaut « commença dès lors à garder la clôture, prit un habit noir, une guimpe et une coeffe de taffetas étendue comme un voile. Elle s'appliqua d'abord à rendre la condition des pénitentes, qu'on y traitait avec beaucoup de dureté, plus douce qu'elle n'avait été sous les administrateurs de la maison, qui, ordonnant de tout, les faisaient emprisonner, jeter dans les cachots et mettre dans les fers. Ayant obtenu qu'on les lui remît entre les mains, elle gagna bientôt leur confiance et leurs cœurs et les mit en état de profiter de ses instructions. Mlle Ménard travailla ainsi, de concert avec elle, jusqu'en 1670, à former cette maison selon les règlements qu'elles avaient trouvés ou que l'expérience les obligeait d'y ajouter. Mais alors, ayant appris que les constitutions de l'Ordre étaient dressées, elle les fit venir aussitôt et les fit garder, autant qu'il se pouvait, dans ce gouvernement. Elle crut devoir changer la couleur de ses habits et en prit de blancs, elle et ses compagnes, ce que les supérieurs ne trouvèrent point mauvais. Cependant les grâces surnaturelles continuèrent à Rennes à son égard comme elles avaient fait à Caen[1]. »

Mlle Heurtaut reprit à Rennes le nom de sœur Marie de la Trinité qu'on lui avait donné jadis à sa première prise d'habit à Caen, et sous lequel elle est demeurée célèbre dans sa congrégation. A sa demande, l'évêque de Rennes insista de nouveau, en 1673, pour obtenir des religieuses du monastère de Caen ; on lui envoya la mère Marie de Saint-Julien Le Blond et la sœur Angélique de Balde de Bellecourt, qui arrivèrent à Rennes le 20 mai 1673 ; le lendemain, la mère Saint-Julien fut confirmée par l'évêque en qualité de supérieure, et la sœur Marie de la Trinité fut admise à faire ses vœux solennels.

Après quelques hésitations, Mmes d'Argouges et de Brie, qui avaient conservé certain droit de propriété dans la maison des filles repenties, les abandonnèrent aux Filles de Notre-Dame-de-Charité, et celles-ci y fondèrent définitivement leur monastère le 11 novembre 1673.

Dix ans auparavant, les directrices de la maison des filles

---

1. *Annales ms. de la Congrégation de Jésus et Marie*, 464. — Ces *Annales* renferment une foule de détails curieux sur cette sainte religieuse : « Une fois que la maison n'avait que trente sols d'argent, un pauvre s'étant présenté à la porte, elle lui fit donner dix sols, après quoi il en vint un second qui en reçut autant, et enfin un troisième qui emporta le reste du bien de la maison, ce qui ayant affligé l'économe, qui ne savait où prendre le souper de la communauté, la supérieure, qui était accoutumée à recourir avec confiance à la providence du Père céleste, lui demanda le pain quotidien pour sa famille, et un moment après un homme inconnu apporta cent écus, disant qu'on ne s'informât point d'où cela venait, mais qu'on continuât à se confier en Dieu. Le vin pour le Saint-Sacrifice ayant manqué et la sacristine l'en ayant avertie aussitôt, elle lui dit : Allez, ma sœur, prenez de l'eau bénite et en jetez sur la barrique avec le signe de la croix ; mais la sœur l'ayant suppliée de le faire en personne, elle s'y transporta, et l'ayant exécuté avec une grande foi, la barrique fournit du vin pour toute l'année. » La même chose arriva au sujet de la farine qui manquait dans la boulangerie : pendant que la sœur Heurtaut priait, la farine tombait par flocons comme de la neige dans les vases de la sœur boulangère.

repenties avaient songé à acheter les bâtiments du prieuré de Saint-Moran, mais ce projet de 1663 n'avait pas eu de suites. Les religieuses de Notre-Dame-de-Charité le reprirent et l'exécutèrent. Julien des Noës, chanoine régulier et prieur de Saint-Moran, leur vendit en effet, par acte du 8 février 1691, « la maison de son prieuré, joignant le couvent desdites religieuses, et consistant en une vieille chapelle et un petit logis, le tout en ruines, pour une rente de 250 liv. » Cette acquisition, faite par les Sœurs de Notre-Dame-de-Charité, assistées d'Urbain Bouessay, vicaire général du diocèse, et de M. Le Marchand, sieur de la Rebourcière, leur directeur au temporel, fut approuvée le 18 mai 1691 par l'abbaye de Montfort, de laquelle dépendait le prieuré de Saint-Moran[1].

Sur cet emplacement les religieuses construisirent un monastère plus vaste que la maison qu'elles occupaient primitivement ; elles y joignirent une église dédiée à la Sainte Trinité et ouvrant sur la rue de la Cordonnerie, aujourd'hui rue de la Monnaie.

Ayant ainsi agrandi leur établissement, les Filles de Notre-Dame-de-Charité ouvrirent une poterne dans la muraille de ville et obtinrent du roi l'afféagement d'une partie des fossés, alors abandonnés, pour en faire un jardin.

La Révolution chassa de Rennes ces bonnes religieuses et fit une prison de leur monastère. Devenue plus tard le Séminaire diocésain, cette maison a fini par être complètement démolie pour permettre la création d'une place qui conserve seule le nom de la Trinité.

Quant aux Filles de Notre-Dame-de-Charité, nous les verrons plus loin rentrer à Rennes et s'y établir dans l'ancien couvent des Calvairiennes de Saint-Cyr.

1. *Arch. du Parlement de Bret.*

SAGESSE (FILLES DE LA)

La société hospitalière des Filles de la Sagesse fut fondée à Poitiers, en 1703, par le vénérable P. Grignon de Montfort, de concert avec Mlle Louise Trichet. En 1720, elle s'établit à Saint-Laurent-sur-Sèvre, évêché de La Rochelle (*nunc* évêché de Luçon), où se trouve encore sa maison-mère.

Cet institut embrasse aujourd'hui toutes les œuvres d'enseignement et de charité; il a été autorisé le 27 février 1811 et possède en France deux cent soixante-et-onze maisons et à l'étranger un grand nombre d'établissements; il se compose de près de quatre mille religieuses [1].

1° *Rennes.*

En 1724, Élisabeth Davaise, directrice de l'école charitable fondée récemment à Rennes par Henri Raccapé, marquis de Magnane, céda cet établissement à Louise Trichet, Marie Garnier et Magdeleine Renou, Filles de la Sagesse établies à Saint-Laurent-sur-Sèvre. Les conditions furent que les religieuses feraient une école de charité aux jeunes filles de Rennes; que cette école porterait le nom de la Sagesse; qu'elles seraient au moins trois religieuses, ou davantage s'il était besoin [2].

Quand arriva la Révolution, il y avait quatre religieuses dans la maison de la Sagesse de Rennes; elles en furent chassées en 1792, mais elles ont repris depuis leurs exercices scolaires à Rennes.

2° *La Guerche.*

Le 7 juillet 1731, Jean Morin, ancien avocat au Parlement de Bretagne, et Jacquemine Graffard, sa femme, sieur et dame

---

1. M. Keller, *Les Congrégations religieuses en France.*
2. *Arch. dép. d'Ille-et-Vil.*, H, 63.

de la Mardière, ayant obtenu la permission de l'évêque de Rennes et du seigneur de la Guerche, fondèrent une école charitable pour les filles de la Guerche tenue par une sœur de la Sagesse du couvent de Saint-Laurent en Poitou ; ils donnèrent à cet effet, entre autres choses, la maison appelée jadis l'auberge de la Tête-Noire, située à la Guerche en la rue d'Anjou, et échue par héritage à ladite dame Morin.

Un an plus tard, par acte du 11 juin 1732, les mêmes fondateurs consentirent à ce que les Sœurs de la Sagesse soignassent les pauvres de la Guerche, à la condition toutefois que cela ne nuirait en rien à leur école charitable. Par suite, deux religieuses vinrent se fixer à la Guerche.

Enfin, en 1783, l'hôpital de la Guerche ayant été uni à l'école charitable, trois Filles de la Sagesse vinrent tenir ce double établissement [1].

3º *Louvigné-de-Bais.*

En 1748, Anne Brochard, veuve de Jean Faucheux, fonda une maison dite de la Providence, pour faire l'école charitable et distribuer des bouillons aux pauvres malades. Vers le même temps elle y appela les Sœurs de la Sagesse, que nous y voyons installées en 1751. Ces religieuses s'y trouvaient au nombre de deux en 1790 : l'une faisait l'école et l'autre voyait les malades. Elles déclarèrent avoir 701 liv. 10 s. de rente, consistant principalement en leur maison et en deux fermes en ville et à la Menelière [2].

Cette fondation a échappé aux révolutionnaires de 93, et les Sœurs de la Sagesse tiennent encore l'école de Louvigné et y joignent le soin d'un petit hôpital.

---

1. *Arch. dép. d'Ille-et-Vil.*, II, 63.
2. *Ibidem*, 9 G, 81 ; 1 V, 28.

4° *Miniac-Morvan.*

Par délibération du 5 juin 1757, le général de la paroisse de Miniac-Morvan céda un terrain situé près l'église et appelé les Vieux-Cimetières ou la Motte, pour l'établissement en ce lieu d'une maison d'école et de charité. Jacques-André Le Clavier et Magdeleine-Thérèse Gravé, sa femme, seigneur et dame de Miniac, construisirent cette maison à leurs frais. Ils obtinrent ensuite du roi des lettres patentes, datées de décembre 1763 et enregistrées le 13 janvier 1764, approuvant l'établissement projeté.

Le 30 mars 1764, la dame de Miniac, autorisée de son mari, fit un traité avec la supérieure des Filles de la Sagesse de Dinan, fondée de procuration du supérieur général de cette congrégation, pour avoir des religieuses dans sa nouvelle maison. Ils convinrent ensemble de ce qui suit :

La congrégation de la Sagesse enverra trois sœurs qui habiteront la maison de Miniac et jouiront des meubles qui s'y trouvent, évalués 800 liv.; — elles enseigneront les prières, le catéchisme, à lire et à écrire aux pauvres jeunes filles de la paroisse de Miniac-Morvan, et, privativement à toutes autres, aux filles des vassaux relevant des fiefs de la seigneurie de Miniac, s'étendant en ladite paroisse, en celle de Plerguer et ailleurs; et pour ce tiendront un registre contenant les noms et les fiefs de leurs enfants; — elles visiteront et soigneront les malades de la paroisse, et de préférence les vassaux de la seigneurie, sans toutefois aller la nuit et sans accoucher les femmes; — elles ne recevront aucune jeune fille sans l'agrément des seigneurs fondateurs; — la dame de Miniac leur assure un capital de 6,800 liv., valant 465 liv. de rente, placé sur le Clergé de France, faisant 150 liv. pour chaque sœur et 15 liv. pour l'entretien de la maison; — enfin elle leur assure, de plus, un autre capital de 1,500 liv., valant 75 liv. de rente, pour l'apothicairerie, parce que lesdites sœurs ne donneront de remèdes qu'aux pauvres.

Les trois premières Filles de la Sagesse envoyées à Miniac furent Françoise Bonnet, dite sœur Prudence, Jeanne Bouciron, dite sœur Françoise, et Françoise Merceron, dite sœur Ursule. Mme de Miniac leur versa immédiatement 465 liv. pour leur pension de première année, et 300 liv. pour établir leur apothicairerie.

Ces pieuses filles prirent ainsi possession de la maison de Miniac, qu'avait précédemment bénite le recteur M. Delorme, le 11 mars 1764; elles commencèrent ensuite leur école et ouvrirent leur bureau de charité[1].

La congrégation de la Sagesse possède encore aujourd'hui cette maison de charité à Miniac-Morvan.

5° Dol.

La maison des Filles de la Sagesse de Dol fut fondée en 1765 par Mgr François Dondel, évêque de cette ville, qui leur donna 450 liv. de rente, à charge de visiter et soigner gratuitement les pauvres malades à domicile et d'instruire les jeunes filles. Cette fondation fut augmentée par Mgr de Hercé.

La Révolution chassa ces religieuses, dont la maison a longtemps servi, de nos jours, de presbytère à Dol[2]. Mais les Filles de la Sagesse sont rentrées dans cette ville en 1875 et elles y ont pris la direction de l'hôpital et d'une salle d'asile.

6° Montfort.

En 1773, M. Dousseau, recteur de Coulon, fit venir trois Filles de la Sagesse pour avoir soin de l'hôpital de Montfort et des retraites qu'il y avait fondées. Ces bonnes religieuses passèrent en conséquence un traité avec l'administration de

---

1. *Reg. des insin. ecclés. de l'évêché de Dol.*
2. Communication de MM. Ad. Charil des Masures et Gaultier-Bidan.

l'hospice le 11 novembre 1773. Elles tiennent encore ces deux œuvres et font, de plus, maintenant l'école aux filles.

7° *Fougères.*

A. — La Providence.

Le 2 mars 1776, Mlle Pauline de la Belinaye, de Vendel, acheta la maison du prieuré de la Trinité de Fougères pour y fonder l'établissement de la Providence. Le 14 avril 1778 elle passa un traité avec les Filles de la Sagesse, qui s'engagèrent à fournir trois sœurs de leur Ordre. La fondatrice leur assura 800 liv. de rente.

Le but de Mlle de la Belinaye était d'avoir une maison d'éducation gratuite pour un certain nombre de filles pauvres et un bureau de secours à domicile pour les malades indigents.

L'établissement de la Providence fut approuvé par lettres patentes du roi en date d'octobre 1782; il existe encore, toujours tenu par des Sœurs de la Sagesse; il renferme des classes, un orphelinat et une salle d'asile [1].

B. — Hôpital-Général.

Les Filles de la Sagesse s'établirent en 1790 à l'hospice Saint-Louis, ou Hôpital-Général, et elles s'y trouvent encore.

8° *Les Iffs.*

En 1787, Joseph de la Motte, comte de Montmuran, et Marie-Anne de Vion, sa femme, fondèrent aux Iffs une maison de charité pour les pauvres et une école charitable pour les filles. Ils traitèrent à ce sujet avec le supérieur général de la congrégation des Filles de la Sagesse, et il fut convenu entre eux ce qui suit, le 15 juin 1787 :

La congrégation fournira trois sœurs pour la maison de

---

1. M. Maupillé, *Hist. de Fougères*, p. 161.

charité établie aux Iffs tant en faveur de ladite paroisse des Iffs que des paroisses de Cardroc, la Chapelle-Chaussée, Tinténiac, la Baussaine, même Trimer et Saint-Domineuc, lesquelles forment la terre et comté de Montmuran. — Lesdites sœurs visiteront et soigneront tous les malades pauvres desdites paroisses à la distance d'une lieue de leur résidence. — Elles donneront gratuitement des médicaments aux malades de plus d'une lieue qui se présenteront chez elles. — Elles ne visiteront point les femmes en couches et ne veilleront point les malades. — Elles feront gratuitement l'école aux jeunes filles demeurant dans les susdites paroisses. — Elles seront meublées par les fondateurs dans les édifices bâtis pour elles dans le bourg des Iffs et jouiront à perpétuité desdites maisons, cour et jardin, sans être assujetties à aucun cens ou droit seigneurial. — Il leur sera délivré par lesdits seigneur et dame fondateurs des contrats sur les États de Bretagne de 870 liv. de rente annuelle pour leur tenir lieu de fondation, savoir : 200 liv. pour pension de chaque sœur et 270 liv. pour bois de chauffage, réparation de la maison et entretien de l'apothicairerie, qui sera montée aux frais des fondateurs. — Les sœurs auront un banc dans la nef de la paroisse des Iffs pour assister à l'office divin, et elles vivront sous la dépendance de leur supérieur général, qui les visitera et les remplacera à son gré.

Le seigneur de Montmuran obtint ensuite du roi des lettres patentes, datées de septembre 1787, approuvant cette fondation. Ces lettres furent enregistrées au Parlement le 23 janvier 1788, et les Filles de la Sagesse purent prendre possession de leur nouvel établissement[1]. Ces sœurs sont encore aux Iffs.

---

1. *Arch. dép. d'Ille-et-Vil.*, C. 4198. — *Arch. du Parlement de Bret.*

UNION vel INSTRUCTION CHRÉTIENNE (FILLES DE L')

On appelait Filles de l'Union ou de l'Instruction Chrétienne, et plus vulgairement Gigonnes, du nom de leur fondatrice, des pieuses femmes associées pour instruire les jeunes filles pauvres, et établies à Fougères par Marie Gigon. Elles vivaient en commun et ne faisaient que des vœux annuels. Nous avons aux Archives départementales d'Ille-et-Vilaine le registre des professions de ces religieuses de 1702 à 1786.

1° Fougères.

Marie Gigon, née dans le Perche de parents pauvres, réunit à Fougères quelques autres pieuses filles en 1697 et ouvrit une école de charité. M. Menard, recteur de Saint-Léonard, en la paroisse duquel elle demeurait, favorisa cette fondation, et le 15 juin 1728 Mgr de Breteuil, évêque de Rennes, approuva l'association qui venait de se former[1]. Marie Gigon mourut à Fougères le 24 juillet 1745, mais sa maison et son école subsistèrent jusqu'à l'époque de la Révolution. Cette maison est occupée maintenant par la gendarmerie[2].

2° Louvigné-du-Désert.

Du vivant de Marie Gigon, l'une de ses compagnes, qui fut, paraît-il, supérieure de la congrégation, Mlle Collibeaux de Limières, vint fonder à Louvigné-du-Désert une maison dépendant de celle de Fougères. Cette école fut établie par les soins de M. Ferron, recteur de Louvigné, qui acheta le 4 septembre 1731 une maison au bourg, moyennant 800 liv. données par des personnes charitables pour « estre employées à

---

[1]. *Arch. dép. d'Ille-et-Vil.*, 9 G, 17.
[2]. Communication de M. Maupillé.

acheter ladite maison pour l'utilité d'une petite escole charitable qui s'y tient actuellement et en faveur des Filles de l'Instruction charitable de la maison de Fougères. » Mlle Collibeaux s'obligea en cette occasion à fournir deux de ses religieuses pour tenir cette école ; on dit qu'elle vint elle-même y mourir en odeur de sainteté dès 1731, mais son école prospéra jusqu'en 1790[1].

A cette dernière époque, les Gigonnes de Louvigné, alors Mlles Cardin et Tréhel, jouissaient d'une maison avec cour et jardin, et d'une petite rente que leur avait léguée une demoiselle Roulaud de la Haye[2].

URBANISTES

La règle des religieuses clarisses ayant été mitigée par le pape Urbain V (1362-1370), celles d'entre elles qui voulurent en profiter prirent le nom d'Urbanistes et se séparèrent des Clarisses, qui conservèrent toute l'austérité de sainte Claire, leur fondatrice.

Fougères.

« *D'argent à une sainte Claire au naturel vêtue de l'habit de son Ordre*[3]. »

En 1633, Jean Le Jeune et Marguerite de Bonnefosse, seigneur et dame de la Tendraye, firent venir du monastère de Sainte-Claire-de-Patience, à Laval, trois religieuses urbanistes, nommées Anne Le Cornu, dite de la Croix ; Élisabeth d'Andigné, dite du Saint-Sacrement, et Claude de Vahaye, dite de la Rédemption, pour former une maison de leur Ordre à Fougères.

Les premières postulantes reçues dans cette maison furent Thomasse Le Jeune, fille des fondateurs, et Renée des Prez,

---

1. *Arch. paroiss. de Louvigné.*
2. *Arch. dép. d'Ille-et-Vil.*, 1 V, 27.
3. *Armorial général ms. de* 1697.

de la maison de Larchapt; elles furent admises en novembre et décembre 1633. Presque toutes les familles nobles du pays, les du Bois-le-Houx, du Hardaz, du Pontavice, du Hallay, de Bélouan, de l'Espronnière, Le Mintier, de Brégel, etc., envoyèrent leurs filles prendre l'habit religieux dans le monastère de Sainte-Claire de Fougères.

Les évêques du Mans et de Rennes approuvèrent cette fondation, et le roi donna des lettres patentes en sa faveur le 20 juin 1636.

Le seigneur et la dame de la Tendraye abandonnèrent aux Urbanistes une terre de 5 journaux, appelée le Champ-aux-belles-Femmes, afin qu'elles pussent y construire leur monastère. Pendant qu'on bâtissait ce dernier, les religieuses furent logées par leurs fondateurs dans leur terre de Bonabry, puis au Clos-Morel, dans le faubourg Roger. Quand le couvent et la chapelle furent achevés, les Urbanistes en prirent possession et s'y renfermèrent en 1689[1].

La supérieure de ce monastère portait le titre d'abbesse. La première fut Anne Le Cornu, dite de la Croix, et la dernière Louise Le Breton, dite de Sainte-Magdeleine.

Jeanne Royer, dite sœur de la Nativité, si connue par ses révélations d'en haut, appartenait au couvent des Urbanistes de Fougères. Née à la Chapelle-Janson en 1731, et fille de René Royer et de Marie Le Sénéchal, elle entra au monastère le 8 juillet 1752, reçut l'habit le 29 juin 1754, fit profession le 30 mai 1755 et mourut à Fougères le 15 août 1798. M. Genet, aumônier des Urbanistes et confesseur de sœur de la Nativité, a publié en quatre volumes les révélations surnaturelles de cette sainte religieuse.

Le 28 février 1790, les Urbanistes de Fougères déclarèrent posséder une dizaine de fermes, quelques constituts et pensions, le tout valant environ 6,021 liv. de rente[2].

---

1. *Notice ms.*, par M. Maupillé.
2. *Arch. dép. d'Ille-et-Vil.*, 2 H, 423; 1 V, 23. — Les propriétés foncières des Urbanistes étaient principalement les métairies de la Groignerie, la Letterie, la Fou-

Le dépôt des Archives départementales d'Ille-et-Vilaine possède les registres de toutes les professions et de tous les décès du monastère des Urbanistes de Fougères; c'est là que nous avons trouvé ce qui précède sur la sœur Jeanne de la Nativité; on remarquera que les dates et le nom même de cette sœur diffèrent de ceux qu'on lui donne ordinairement.

Cette communauté fut supprimée par la Révolution. Le couvent est devenu caserne et prison militaire; l'église, hélas! y sert d'écurie, et les dépendances forment une propriété particulière.

URSULINES

Un grand nombre de congrégations portent le nom d'Ursulines. Quoique leurs constitutions soient différentes sur certains points, toutes ont pour but l'instruction des jeunes filles et toutes reconnaissent sainte Angèle de Mérici pour leur mère.

1° *Fougères.*

« *D'azur à un nom de Jésus d'or* [1]. »

En 1609, la Communauté de ville, sentant le besoin d'avoir une maison d'éducation pour les filles à Fougères, s'adressa aux Ursulines de Paris, qui envoyèrent aussitôt deux religieuses de leur Ordre pour y fonder un établissement.

La Communauté de ville acheta à cet effet les hôtels de Porcon et de la Brétesche, situés rue de l'Aumaillerie, et y installa les nouvelles religieuses.

Vingt ans après il y avait douze Ursulines dans ce monastère; on songea alors à agrandir les bâtiments, et le 16 juillet 1637 la première pierre d'un nouveau couvent fut posée [2].

---

rairie, les Touches, la Fumerais, Lévaré, la Butte-du-Parc, la Guénoisière, la Salle, le Champ-aux-Anglais, etc., situées dans les paroisses de Romagné, Laignelet, Beaucé, Saint-Germain-en-Coglais, et au faubourg Roger, à Fougères.

1. *Armorial général ms. de* 1697.
2. Communication de M. Maupillé.

Quand vint la Révolution, les Ursulines de Fougères déclarèrent, le 6 mars 1790, avoir en métairies, closeries, constituts, etc., 8,578 liv. de rente, avec 2,389 liv. de charges, et par suite un revenu net de 6,189 liv.[1] Peu de temps après elles furent chassées, et leur monastère, saisi par le gouvernement, fut abandonné à la ville. Ces bâtiments, dont une grande partie a été démolie pour l'ouverture de la rue Rallier et l'appropriation à d'autres usages, sont aujourd'hui affectés au collège de Fougères et à la maison d'éducation tenue par les Sœurs d'Évron.

La chapelle des Ursulines, construite en 1609 sous l'invocation de saint Joseph, fut fermée en 1792 et servit de magasin jusqu'en 1817, époque à laquelle elle fut cédée aux Sœurs d'Évron[2].

2° Rennes.

« *D'azur aux noms de* Jésus *et* Marie *d'or, sommés d'une croisette soutenue de trois clous de la Passion appointés et entourés d'un cercle de rayons de même*[3]. »

A. — Grandes Ursulines.

Les premières Ursulines de Rennes vinrent du couvent de Paris, peu de temps après que le pape Paul V eut approuvé leur congrégation en 1612.

C'est, en effet, le 3 février 1614 que Mgr François Larchiver, évêque de Rennes, donna son assentiment à la fondation d'un monastère d'Ursulines en sa ville épiscopale; les lettres patentes du roi confirmant cet établissement, datées d'avril 1615, furent enregistrées au Parlement le 22 mai suivant[4].

Arrivées à Rennes, les Ursulines y achetèrent 16,000 liv. la maison du Chapeau-Rouge, le 10 janvier 1614; elles reçu-

---

1. *Arch. dép. d'Ille-et-Vil.*, 1 V, 27.
2. M. Maupillé, *Hist. de Fougères*, p. 478.
3. *Armorial général* ms. de 1697.
4. *Arch. dép. d'Ille-et-Vil.*, H, 69.

rent ensuite de la Communauté de ville un emplacement sur le Pré-Botté, nommé alors les Ponts-Neufs, pour pouvoir agrandir leur clôture; la ville leur prêta même une cloche et fit dresser procès-verbal du terrain concédé par elle. Ce don des bourgeois est du 10 août 1623. Dès le mois suivant, les religieuses commencèrent la construction de leur monastère et de leur église « sur le Pré-Botté, près la rivière[1]. »

Parmi les bienfaiteurs des Ursulines, il faut distinguer Louise de Maure, femme de Gaspard de Rochechouart, seigneur de Mortemart. Elle commença par fonder le 8 mai 1615 une messe en la chapelle des Ursulines de Rennes, puis en 1617 elle donna à ces religieuses les prieurés de Chantereine et de Landal, et les chapellenies de Sainte-Catherine de Maure, Notre-Dame de Guipry, Sainte-Magdeleine de la Rigaudière, Saint-Blaise de Breslon, Saint-Michel et le Crotel, en Saint-Julien-de-Concelles; mais cette donation n'eut point de suites, à cause des difficultés qu'occasionnait l'annexion de ces nombreux bénéfices. Le 27 juillet 1628, Mme de Mortemart refit donc complètement sa fondation aux Ursulines : elle fonda alors en leur église une messe basse quotidienne et s'engagea à leur payer une rente de 900 liv. assise sur son comté de Maure[2].

On commença à donner l'habit religieux aux premières novices du couvent de Rennes le 20 août 1619; mais les Ursulines prospérèrent si vite, qu'en 1648 elles se trouvèrent au nombre de soixante-huit. Elles avaient alors dans leur pensionnat six classes progressives comme celles d'un collège.

La Révolution chassa les Ursulines de Rennes, et leur couvent devint une caserne de gendarmes; vendu depuis par le département, il a été en partie détruit, en partie approprié à des habitations particulières. On voyait encore naguère dans la rue du Pré-Botté quelques vestiges de son principal portail.

1. *Arch. municip. de Rennes*, 309. — *Journal d'un Bourgeois de Rennes.*
2. *Arch. dép. d'Ille-et-Vil.*, H, 69.

B. — Petites Ursulines.

Ce second établissement d'Ursulines, désigné sous le nom de petites Ursulines pour le distinguer du précédent, était une fondation des Ursulines de Bordeaux. Ces religieuses obtinrent en janvier 1677 des vicaires capitulaires et de Mgr de Beaumanoir, évêque nommé de Rennes, ainsi que de la Communauté de ville, la permission de venir s'établir à Rennes, pour y fonder une maison d'éducation pour les jeunes filles. Des lettres patentes du roi Louis XIV vinrent en avril suivant confirmer ce projet d'établissement.

Dans le même temps, Jeanne du Chasteigner, dame de la Thébaudais, acheta le 4 janvier 1677, de Jean Frémont et Perrine Bardin, sieur et dame du Verger, une maison et jardin situés dans la rue Réverdiais, paroisse Saint-Jean, près du couvent des Capucins; puis, le 8 février suivant, elle donna cette maison aux Ursulines à cause de l'affection qui l'unissait à la prieure du couvent projeté, sœur Sainte-Agnès, dite Brindeau. Toutefois Mlle du Chasteigner se réserva dans le monastère un appartement; voulut qu'on plaçât ses armoiries sur la porte principale du couvent et dans la chapelle; ordonna qu'on l'inhumât après sa mort avec l'habit religieux, et que sa sœur la douairière de Launay-Comatz, et sa nièce la marquise du Brossay, eussent leur entrée libre dans le monastère; enfin, les religieuses devaient recevoir sans dot une autre nièce de la fondatrice, Mlle de Gouyon, et célébrer chaque année un annuel de messes et un service solennel pour Mlle du Chasteigner, après sa mort[1].

Le couvent des petites Ursulines fut construit à l'angle de la rue Réverdiais[2] et de la rue de la Cochardière; le 15 mars 1678, la première pierre en fut posée par M. Huart, trésorier

---

1. *Arch. dép. d'Ille-et-Vil.*, H, 00.
2. *Nunc* rue d'Antrain.

de la cathédrale, et par Mme de Coëtlogon, femme du gouverneur de Rennes [1].

La Révolution chassa les petites Ursulines comme les grandes, et leur couvent, d'abord hôpital militaire sous le nom de la Concorde, est ensuite devenu propriété particulière. Aujourd'hui il ne reste plus de traces ni du monastère, ni de l'église.

3° Saint-Malo.

Vers 1614, trois jeunes filles de Saint-Malo, nommées Françoise Anne, Hélène Le Monbrier et Hélène Gauchet, se réunirent, sous la protection de l'évêque Mgr Guillaume Le Gouverneur, pour instruire les petites filles de sa ville épiscopale. Au bout de peu d'années elles entrèrent dans la congrégation des Ursulines et lui cédèrent le couvent qu'elles avaient bâti, à l'aide d'aumônes, dans la rue Sainte-Anne. Mgr Le Gouverneur vint, le 15 avril 1622, dire la messe en la chapelle de cette maison, et il mit la clôture dans le nouveau monastère, dont la première supérieure fut une demoiselle Marguerite Guitton [2].

Les Ursulines prospérèrent rapidement à Saint-Malo, et obtinrent en 1686 des lettres patentes du roi confirmant l'établissement de leur maison et amortissant leurs biens.

En 1730 elles se trouvaient, en leur monastère dédié à sainte Anne, cinquante religieuses, ayant un revenu net de 3,685 liv. Mais quand vint la Révolution, elles n'y étaient plus que vingt-trois religieuses de chœur, six sœurs converses et une novice. Leur supérieure, Mme Pélagie de la Haye, déclara en 1790 que sa communauté possédait, en y comprenant le Petit-Val, en Saint-Servan, 6,117 liv. de rente, qu'elle avait 1,204 liv. de charges, et que par suite son revenu net était de 4,912 liv. [3]

---

1. *Journal d'un Bourgeois de Rennes.*
2. Abbé Manet, *Grandes recherches ms.*
3. *Arch. dép. d'Ille-et-Vil.*

Les Ursulines furent chassées de Saint-Malo pendant la tourmente révolutionnaire. Vers 1820 elles essayèrent de se reconstituer à Saint-Servan, dans l'ancien couvent des Récollets, auquel elles donnèrent le nom de Sainte-Anne, que le peuple lui conserve, mais elles ne réussirent pas dans ce nouvel établissement, qu'elles cédèrent aux religieuses de l'Adoration perpétuelle.

Quant au vieux monastère des Ursulines à Saint-Malo, on en retrouve les restes dans la rue Sainte-Anne et sur la place Duguay-Trouin; on distingue encore bien le grand portail du couvent, la chapelle et la cour intérieure; ces bâtiments sont actuellement occupés par l'école d'hydrographie, le bureau des inscriptions maritimes et le dépôt des archives de la marine.

4° Montfort.

« *D'azur, à un bourdon d'or et à deux fasces d'argent brochant, chargées chacune de trois macles de gueules*[1]. »

En février 1639, les Bénédictines du couvent de la Victoire, à Saint-Malo, s'y trouvant trop nombreuses, résolurent de fonder un autre monastère à Montfort. Le 6 mars suivant, Henri, duc de la Trémoille et seigneur de Montfort, autorisa cet établissement projeté, à condition que ses armoiries seraient posées en supériorité dans l'église que construiraient les religieuses.

Sept jours après, la Communauté de ville de Montfort consentit à recevoir les Bénédictines, parce qu'elles feraient bâtir leur couvent à leurs frais, hors de l'enceinte de ville, mais au proche, et parce qu'elles auraient un pensionnat de jeunes filles et une école spéciale pour les externes. Le 27 mai, Mgr de Harlay, évêque de Saint-Malo, approuva cette fondation, et enfin le 12 juillet, toujours en 1639, les Bénédictines de Saint-Malo s'engagèrent à envoyer à Montfort sept reli-

---

1. *Armorial général ms. de* 1698.

gieuses auxquelles elles paieraient une pension de 600 liv., à leur fournir pour 4,000 liv. de meubles et 3,000 liv. d'argent pour aider à construire le couvent [1].

Pourquoi les Bénédictines de la Victoire ne vinrent-elles pas à Montfort quand tout fut ainsi convenu? Nous n'en savons rien ; mais il est certain que ces religieuses cédèrent tous leurs droits, à la fin de la même année 1639, aux Ursulines qui vinrent prendre leur place à Montfort [2].

Les Ursulines bâtirent leur couvent sous le nom de la Sainte-Famille de Jésus. En 1707, leur supérieure, Anne Le Clerc, dite de Saint-Augustin, acquit une prairie voisine pour « agrandir et parachever l'enclos de son monastère. » En 1742 elles se trouvaient à Montfort au nombre de dix, savoir huit religieuses de chœur et deux sœurs converses. L'évêque de Saint-Malo visita à cette époque leur chapelle et leur cloître. Elles avaient environ 1,200 liv. de rente, vivant pauvrement dans une maison « très-mal bâtie et très-peu convenable [3]. »

Ces religieuses furent chassées par la Révolution, et leur monastère ainsi que son enclos furent vendus nationalement et achetés par différents particuliers. C'est aujourd'hui la maison d'école des garçons.

5° Redon.

« *D'azur, à un nom de* Jésus Maria *d'or, surmonté d'une croisette et soutenu de trois clous de la Passion appointés, et entouré d'un cercle rayonné, le tout d'or* [4]. »

Dès l'an 1649, les Ursulines de Ploërmel avaient formé le dessein d'envoyer une colonie à Redon, mais elles ne purent l'exécuter qu'en 1674, avec les permissions de M. de Choiseul, abbé de Redon, de l'évêque de Saint-Malo, dont elles

---

1. *Arch. dép. d'Ille-et-Vil.*
2. Abbé Oresve, *Hist. de Montfort*, p. 252.
3. *Pouillé de Mgr de la Bastie.* (*Arch. dép. d'Ille-et-Vil.*)
4. *Armorial général ms. de* 1697.

quittaient le diocèse, et de l'évêque de Vannes, qui prétendait avoir des droits sur Redon.

« Quatre religieuses professes de la maison de Ploërmel, deux novices et une postulante, furent envoyées à Redon, où elles arrivèrent le 25 juillet 1674. Elles se logèrent dans une maison des rues Basses, et se virent bientôt forcées de chercher un autre local plus spacieux : elles louèrent une maison dans le Port. Mais ce nouveau logement devint encore trop étroit pour le nombre des élèves qui leur étaient confiées. Elles furent donc obligées d'acheter un emplacement plus grand où elles pourraient bâtir. Il y avait seize mois qu'elles étaient à Redon lorsqu'elles se fixèrent dans le lieu qu'elles occupent encore aujourd'hui.

« La maison noble de l'Étang était située dans la rue Saint-Pierre et entourée de jardins. Les Ursulines ayant choisi la très-sainte Vierge pour fondatrice, achetèrent cette maison et s'y établirent.

« Une partie de ces bâtiments, qui servent aujourd'hui de parloirs et de classes pour les externes, fut destinée à servir de chapelle, de sacristie et de chœur aux religieuses. Les choses restèrent en cet état jusqu'en 1705. Au mois de mai de cette année, on commença la construction du grand corps-de-logis, qui coûta 37,000 liv. On lit sur la façade du Nord le nom de Bonne de Mazoyer, qui fut la première professe de Redon et qui occupa la charge de supérieure, à diverses reprises, pendant vingt-et-un ans [1]. »

La chapelle ne fut commencée qu'en 1755, faute de ressources suffisantes. On en posa la première pierre le 23 avril de cette année, et elle fut bénite très-solennellement, au mois de septembre 1757, par M. Poulce, alors recteur de Redon. Trois ans plus tard, le roi accorda aux Ursulines des lettres

---

1. *Hist. de Redon*, p. 180.

patentes, datées de janvier 1760, approuvant leur établissement à Redon [1].

Chassées de leur monastère par la Révolution, les Ursulines y rentrèrent en 1810, et elles y continuent leur vie de bonnes œuvres.

6° *Saint-Servan.*

Les Ursulines du couvent de Sainte-Anne, à Saint-Malo, n'ayant pas de classes suffisantes pour contenir toutes les jeunes filles qui y venaient s'instruire, achetèrent en Saint-Servan, le 11 décembre 1666, une maison appelée le Petit-Val, située au bord de la mer.

Ce nouveau monastère eut pour première supérieure la mère Françoise de l'Incarnation. Le 30 mars 1668, Mgr de Villemontée, évêque de Saint-Malo, vint y mettre la clôture, après avoir célébré la première messe dans la nouvelle chapelle conventuelle, dédiée à la Sainte-Trinité [2].

Les classes furent très-suivies au Petit-Val de 1671 à 1720; mais à cette dernière époque la pénurie de leur couvent et l'établissement des Sœurs de la Croix, qui faisaient aussi l'école aux petites filles, obligèrent les Ursulines à rentrer presque toutes à Saint-Malo. Elles ne conservèrent au Petit-Val qu'une maison de santé où leurs malades venaient prendre du repos; on appela alors ce couvent l'hospice des Petites-Nonnes.

Vendue nationalement le 27 avril 1791 et devenue propriété particulière, cette maison n'offre plus d'intérêt aujourd'hui, car sa chapelle a été complètement rasée; à peine distingue-t-on sur le quai une vieille porte d'aspect monastique qui rappelle seule l'ancien couvent.

---

1. *Arch. du Parlement de Bretagne.*
2. L'abbé Manet, *Grandes recherches ms.*

7° *Hédé.*

Vers 1666, les habitants de Hédé sollicitèrent les Ursulines de venir fonder une maison chez eux pour y instruire leurs jeunes filles. Celles-ci acceptèrent la proposition et vinrent s'établir en une maison nommée le Bas-Manoir, non loin du prieuré. Le 5 décembre 1666, elles firent bénir la cloche de leur communauté, qui fut nommée par le sénéchal de Hédé, Julien Louis, sieur du Vivier, et Françoise Le Mintier, veuve de Jean de Rollée, seigneur de Bonespoir; le 8 du même mois, Jean Gauvain, recteur de Bazouges-sous-Hédé, célébra la première messe dans la nouvelle chapelle du couvent. Ces religieuses reçurent de Louis XIV des lettres patentes datées d'août 1671 et enregistrées au Parlement le 13 octobre suivant.

Sept ans plus tard, le couvent était fondé et prospère : il renfermait neuf religieuses et trois novices. Toutefois, comme les Ursulines n'étaient pas riches, le roi ordonna en 1768 que tous les revenus du monastère des Catherinettes ou Dominicaines de Rennes, supprimé à cette époque, fussent donnés au couvent de Hédé. A cette époque, un procès-verbal de ce dernier monastère nous le représente comme bien construit, ayant sa chapelle en forme de croix avec son chœur des religieuses, son cloître, de vastes classes et dortoirs, etc.

En 1790, le couvent de Hédé, avec son enclos, fut estimé valoir 302 liv. de rente; il n'en reste maintenant que des vestiges insignifiants sur la grande place de Hédé.

La Révolution chassa de Hédé les Ursulines, qui sont venues de nos jours se fixer dans l'ancienne abbaye de Saint-Jacques de Montfort.

8° *Vitré.*

« *D'azur, à une sainte Ursule d'or*[1]. »

En 1677, Mme Billon, supérieure des Ursulines de Laval,

---

[1]. *Armorial général ms. de 1698.*

demanda permission à la Communauté de ville de Vitré de venir s'établir en cette ville pour y fonder une maison d'instruction. Les bourgeois donnèrent leur consentement le 6 juillet 1677; Charles de la Trémoille, baron de Vitré, envoya son autorisation le 21 août suivant, et peu de temps après Mgr de Beaumanoir, évêque de Rennes, fit la même chose, aussi bien que l'évêque du Mans. Enfin, les lettres patentes de Louis XIV, datées de septembre 1679, furent enregistrées le 5 octobre 1680.

La communauté des Ursulines de Sainte-Croix de Laval envoya à Vitré quatre religieuses : Marie Billon, nommée supérieure, Hélène de Gennes, Marie Bachelot et Françoise Grignon. Elles arrivèrent le 15 mars 1679 et se logèrent d'abord dans une petite maison de la rue Saint-Louis, où elles demeurèrent quatre mois.

Pendant ce temps, elles firent accommoder une plus grande maison située au faubourg de la Mériais, « où la première messe fut chantée et la clôture commencée à garder le 16e de juillet 1679, fête de Notre-Dame-du-Mont-Carmel [1]. »

Ces quatre premières religieuses ne se trouvant pas en nombre suffisant pour instruire les jeunes filles qui se présentaient, demandèrent à l'évêque du Mans et obtinrent trois nouvelles sœurs, qui arrivèrent à Vitré en novembre 1679. Un peu plus tard, les Ursulines acquirent le lieu du Boisjean et y posèrent en 1697 la première pierre d'un monastère dont l'église fut bénite le 4 novembre 1701 par Charles Billon, trésorier de la collégiale.

En 1790, la sœur J. du Bourg, supérieure des Ursulines de Vitré, déclara que son couvent avait 7,081 liv. de rentes, en métairies, terres, constituts, pensions, etc., et que ses charges montaient à 4,035 liv.; il ne lui restait donc qu'un revenu net de 3,046 liv.[2]

---

1. *Journal hist. de Vitré*, 183, 190 et 234.
2. *Arch. dép. d'Ille-et-Vil.*, 1 V, 28. — Les biens fonds des Ursulines consistaient en

Chassées de Vitré par la Révolution, les Ursulines y sont rentrées de nos jours, mais elles occupent maintenant l'ancien couvent des Bénédictines; dans leur propre monastère est installé le collège communal.

SAINTE VIERGE (FILLES DE LA)

En 1676, Jeanne Brandin [1], veuve de Jean Budes, conseiller au Parlement, accomplissant les dernières volontés de sa fille, Anne-Marie Budes, morte en 1674 à la Visitation du Colombier, forma une pieuse association de filles et de veuves faisant un simple vœu de chasteté et se destinant à l'œuvre des retraites, à l'éducation des petites filles soit de la ville, soit de la campagne, et à l'instruction des protestantes converties [2].

L'autorité ecclésiastique, le duc de Chaulnes, gouverneur de la Bretagne, la Communauté de ville de Rennes accueillirent avec bienveillance les ouvertures de Mme Budes, et le roi Louis XIV approuva sa fondation par lettres patentes du 15 septembre 1678 et du 15 juillet 1681.

La pieuse veuve installa la nouvelle congrégation sur la paroisse de Toussaints, dans une maison située sur le Pré-Botté. Elle ne tarda pas à en soumettre les règles et statuts à l'approbation de l'évêque de Rennes, Mgr de Beaumanoir; celui-ci reconnut l'association sous le titre de Séminaire des Filles de la Sainte Vierge, et par ordonnance du 21 juillet 1678 il en approuva les statuts. Le prélat nomma en même temps Mme Budes supérieure perpétuelle de la nouvelle congrégation et lui permit de bâtir une chapelle; cet édifice fut

---

les métairies de la Bâte, du Bas-Pont-le-Baud, du Boishodais, du Haut et Bas-Montperron, le tout en Étrelles, de quelques champs en Vitré et de l'enclos du monastère, estimé 400 liv. de rente. (*Journal hist. de Vitré*, 420.)

1. Fille de Roch Brandin, seigneur de Belair, et de Léonarde Drouet.
2. En 1734, Mgr de Vauréal, évêque de Rennes, dispensa les Filles de la Sainte Vierge de tenir les petites écoles dans la campagne.

bénit le 8 décembre 1682 par Urbain Bouessay, vicaire général de Rennes. Un an après, M{mc} Budes mourut saintement, le 29 novembre 1683[1].

Les héritiers de cette dame molestèrent longtemps les religieuses qu'elle avait fondées, et celles-ci résolurent, au milieu du XVIIIe siècle, de changer de local. En 1758, elles vendirent leur couvent du Pré-Botté à la Communauté de ville, qui l'acheta 72,000 liv., et construisirent un nouveau monastère dans la paroisse et dans la rue Saint-Hélier. M. Le Moyne de la Borderie, vicaire général de Rennes, vint bénir les bâtiments, achevés le 3 août 1760, et qui existent encore.

M{mc} Rose Le Barbier, supérieure des Filles de la Sainte Vierge, déclara en 1790 que ' u: le revenu de sa maison consistait en un constitut de 60,000 liv., reliquat du prix de vente de l'ancien couvent du Pré-Botté, et dans les produits du jardin, montant de 5 à 600 liv.; mais la congrégation devait 47,560 liv. qu'elle avait empruntées pour construire le nouveau monastère, et elle payait 2,260 liv. de rentes viagères, sans compter ses autres charges, montant à 848 liv.[2] On voit par là que les Filles de la Sainte Vierge étaient loin d'être riches.

Ces bonnes religieuses furent expulsées le 17 novembre 1792 et leur maison devint une filature. Plus tard, quelques-unes d'entre elles purent racheter ce monastère de la rue Saint-Hélier, et elles y reprirent leurs saints exercices vers 1825.

VISITANDINES

Saint François de Sales et sainte Jeanne Frémiot de Chantal fondèrent les religieuses de la Visitation en 1610. Un des principaux buts de cette congrégation est l'éducation des jeunes filles.

---

1. *Semaine Religieuse de Rennes*, XII, 693.
2. *Arch. dép. d'Ille-et-Vil.*, 1 V, 20.

1° Dol.

Les Visitandines doivent leur premier établissement en Bretagne à Mgr Antoine de Revol, évêque de Dol, qui était ami de saint François de Sales. Le prélat breton demanda et obtint, en 1627, des religieuses du premier monastère de Paris, qu'il plaça dans sa ville épiscopale, où il les combla de ses bienfaits. La supérieure de cette nouvelle maison fut la vénérable mère Françoise Patin, encore toute jeune religieuse du premier monastère de la Visitation de Paris ; elle devint plus tard la fondatrice, avec le P. Eudes, de la congrégation des Filles de Notre-Dame-de-Charité.

Malheureusement Mgr de Revol mourut deux ans après la fondation du couvent de Dol, et les religieuses de la Visitation s'y trouvant dénuées de secours et souffrantes de l'air insalubre du pays, l'abandonnèrent dès 1631 et allèrent s'établir à Caen, où elles fondèrent une maison florissante. Elles cédèrent leur couvent de Dol en 1634 aux Bénédictines, qui vinrent l'occuper aussitôt.

2° Rennes.

A. — Première Visitation.

« *D'or, à un cœur de gueules percé de deux flèches d'or empennées d'argent, passées en sautoir au travers du cœur, qui est chargé d'un nom de Jésus d'or, à une croix de sable fichée dans l'oreille du cœur ; le tout entouré d'une couronne d'épines de sinople, les épines ensanglantées de gueules*[1]. »

Vers 1627, Renée du Quengo, veuve d'Olivier du Chastellier, seigneur de la Haultaye et président au Parlement de Bretagne, demanda à Mgr Cornulier, évêque de Rennes, la permission d'appeler en cette ville des religieuses de la Visi-

---

[1] Armorial général ms. de 1697.

tation; elle sollicita en même temps des lettres patentes du roi pour leur établissement.

Le 1ᵉʳ septembre 1628, la Communauté de ville de Rennes, à la prière de la même dame, autorisa la fondation des Visitandines, à la condition qu'elles ne mendieraient point et qu'elles demanderaient à la ville un alignement pour bâtir leur couvent. Dans le même mois, Louis XIII donna les lettres patentes nécessaires, et il les réitéra en mars 1632[1].

Dès 1628, Mᵐᵉ de la Haultaye alla chercher des religieuses au monastère de la Visitation d'Orléans, et elle amena à Rennes la mère Claude-Agnès de la Roche avec quelques sœurs[2]. Sur les entrefaites, les Carmélites, qui avaient commencé à s'établir au lieu de Touriel, entre la rue Saint-Melaine et les fossés de la ville, résolurent de se transporter ailleurs, et elles cédèrent Touriel aux Visitandines en 1630. Le 20 mars 1631, Mᵍʳ Cornulier autorisa ces dernières à s'établir en ce lieu, et Pierre du Lyon, abbé de Saint-Melaine, dans le fief duquel se trouvait Touriel, donna également son consentement le 29 décembre de la même année[3].

Ainsi fut fondé le premier couvent de la Visitation de Sainte-Marie à Rennes, là où il se trouve encore maintenant.

En 1659, les Visitandines commencèrent la construction d'une belle église « à vis du cimetière Sainte-Anne; » cet édifice fut ouvert le 22 mai 1661 et bénit le 19 mars de l'année suivante par Mᵍʳ de la Vieuville, évêque de Rennes, qui le dédia à saint Joseph. Cette cérémonie fut très-solennelle, et l'abbesse de Saint-Georges sortit même de sa clôture pour y venir assister[4].

Chassées de leur monastère par la Révolution, les Visitan-

---

1. *Arch. municip. de Rennes*, 188, 505.
2. La mère Claude-Agnès, fondatrice du premier monastère de la Visitation de Rennes, appartenait à une famille noble de Savoie; elle était fille de M. de la Roche-Dalery et de N... de Locasel; elle mourut à Rennes dans de grands sentiments de piété dès le 30 décembre 1630. (*Arch. dép. d'Ille-et-Vil.*, 2 H, 101.)
3. *Arch. dép. d'Ille-et-Vil.*, II, 110.
4. *Journal ms. de Lorel*, 203, etc.

dines ont pu y rentrer en 1815; mais elles ont perdu leur ancienne chapelle, transformée en magasin, et elles ont dû en bâtir une autre dans leur enclos.

B. — Visitation du Colombier.

Vers 1632, le couvent de la Visitation ne pouvant plus contenir les nombreux sujets qui s'y présentaient, les supérieurs résolurent de fonder un autre monastère à Rennes. Par l'entremise de M. Barrin du Bois-Geffroy, les religieuses achetèrent le lieu noble du Colombier, anciennement appelé Beaumont, et situé dans la paroisse de Toussaints; ce furent Guillaume Subtil et Anne Chapon, sa femme, qui le leur vendirent le 29 octobre 1633.

Apprenant cela, Mgr de Cornulier, évêque de Rennes, qui estimait beaucoup les Visitandines, permit aussitôt à la mère supérieure du premier monastère de Rennes de fonder en ce lieu un nouvel établissement et d'y envoyer des religieuses.

Peu de temps après, Henry, duc de la Trémoille et vicomte de Rennes, dans le fief duquel se trouvait le Colombier, donna son consentement à la nouvelle fondation des Visitandines[1].

La Communauté de ville hésita d'abord, semble-t-il, à autoriser ce second établissement de la Visitation; mais le roi lui fit savoir qu'il désirait le voir réussir, et les bourgeois de Rennes s'empressèrent alors d'acquiescer à la volonté royale.

Les Visitandines s'installèrent au Colombier en 1641; leur première supérieure fut la mère Julienne Gillet, décédée avec grande piété le 1er août 1645[2]. Elles n'eurent d'abord qu'une chapelle provisoire, mais en 1674 elles commencèrent la construction d'une église conventuelle dans la cour de leur monastère[3].

---

1. *Arch. dép. d'Ille-et-Vil.*, H, 108.
2. Cette religieuse appartenait à une famille noble et était nièce de Mme de la Haultaye, la bienfaitrice du premier monastère de la Visitation de Rennes.
3. *Journal ms. de Lorel*, 238.

Les Visitandines ont l'habitude d'écrire des notices biographiques consacrées à celles d'entre elles qui se sont distinguées par d'éminentes vertus; le dépôt des Archives départementales d'Ille-et-Vilaine possède trois gros cahiers manuscrits in-folio de ce genre. Parmi les sœurs des deux monastères de Rennes qui figurent dans ce recueil se trouvent Marie-Henriette de Prunelay, supérieure du premier monastère, + 1639; — Jeanne Le Breton, + 1639; — Marie-Gertrude de Thierry, + 1644; — Françoise Magon, + 1658; — Marie-Gertrude Peschart, + 1662; — Anne-Catherine Le Botteuc, + 1663; — Julienne-Thérèse du Bouëxic, + 1667; — Marie-Magdeleine Godard, + 1667, etc., etc. [1]

La Révolution chassa du Colombier les religieuses de la Visitation; plus tard, ce monastère, vendu nationalement en 1792, fut acquis par l'État, qui le transforma en un quartier d'artillerie. Il n'y reste plus de vestiges de l'ancienne église.

---

1. *Arch. dép. d'Ille-et-Vil.*, 2 H, 104, 105, 106. — L'abbé Tresvaux a également consacré des notices historiques à quelques Visitandines de Rennes : Jeanne Pinczon, dame de Forsanz du Houx, † 1677; — Renée Le Duc du Petit-Bois, † 1681; — Marie-Agnès d'Andigné, † 1682; — Françoise Le Jacobin, † 1685; — Louise de Brezal, † vers 1690. (V. *Vies des Saints de Bret.*, IV, 121; V, 13, 21, 22.)

LIVRE CINQUIÈME

LES HOPITAUX & AUTRES ÉTABLISSEMENTS D'ASSISTANCE PUBLIQUE

CHAPITRE I

Préliminaires : Hôtels-Dieu, maladreries, léproseries, lazarets, sanitats, hospices, hôpitaux généraux et hôpitaux militaires. — Acigné, Antrain, Availles, Bain, Bains, Bazouge-du-Désert (la), Bazouges-la-Pérouse, Bazouges-sous-Hédé, Bédée, Bonnemain, Bréal-sous-Montfort, Bouexière (la), Bourg-des-Comptes, Cancale, Cesson, Chantepie, Chartres, Châteaugiron, Combour (hôpital, maladrerie), Cornus, Cuguen, Dinart, Dol (hôtel-Dieu, hôpital général, léproserie, maladrerie, sanitat), Dourdain, Erbrée, Ferré (le), Fleurigné, Fougeray (hôpital, léproserie), Fougères (hôtel-dieu, hôpital général, maladrerie, lazaret), Gaël, Guerche (la) (hôpital, léproserie), Guignen, Guipry, Hédé (hôpital, léproserie), Lillemer, Lohéac, Longaulnay, Louvigné-du-Désert, Marcillé-Raoul, Marcillé-Robert, Martigné-Ferchand, Maure, Maxent, Mézières, Miniac-Morvan, Montauban, Montfort (hôpital, léproserie), Pipriac, Pleine-Fougères, Pleurtuit (hospice, maladrerie), Poilley, Quédillac, Redon, Renac.

De tout temps la charité chrétienne s'occupa des pauvres malades et construisit pour eux des maisons de secours; le moyen-âge, avec la grande foi qui le caractérise, appela hôtels-Dieu ou maisons-Dieu ces demeures ouvertes aux membres souffrants de l'Église de Jésus-Christ. Les évêques dans leurs cités épiscopales, les barons dans leurs villes, les simples seigneurs dans leurs paroisses semblent avoir été fondateurs d'un grand nombre d'hôpitaux dans notre contrée. Mais ce serait une grave erreur de croire que le peuple lui-même ne prit pas sa part de ces fondations bienfaisantes; les Communautés de ville, en effet, aussi bien que les généraux ou assemblées des paroisses, aussi bien que de simples particuliers, se firent honneur d'élever des hospices pour le soulagement de leurs concitoyens malades.

Les établissements d'assistance publique furent donc très-nombreux chez nous, bien plus nombreux qu'on ne le croit généralement aujourd'hui ; aussi sommes-nous obligé de les diviser en six classes et de dire quelques mots préliminaires sur chacune d'elles.

1° Hôtels-Dieu. — Ces hôpitaux, généralement les plus importants de nos établissements charitables, furent surtout élevés dans les villes et dans les gros bourgs ; tels furent les hôtels-Dieu de Rennes, Saint-Malo, Vitré, Fougères, Redon, Montfort, Dol, etc. ; tels furent aussi les hôpitaux de la Guerche, Châteaugiron, Combour, Fougeray, Lohéac, etc.

Ici se présente tout d'abord une question fort intéressante, mais bien difficile à résoudre : par qui étaient tenus ces hôpitaux avant la création des sœurs hospitalières en fonctions aujourd'hui, qui ne datent que des XVI° et XVII° siècles? On a malheureusement très-peu de documents à ce sujet ; mais il est certain, néanmoins, qu'il existait au moyen-âge, dans notre pays, des congrégations ou confréries de frères et de sœurs spécialement dévoués au soin des malades. C'est ainsi que nous trouvons, notamment au XIII° siècle, l'hôpital Saint-Thomas de Rennes et ceux de Fougères, Vitré et Tinténiac occupés par des frères soignant les pauvres reçus dans ces maisons. Nous avons déjà vu, d'ailleurs, que les Chevaliers de Saint-Lazare et de Saint-Jean de Jérusalem prenaient eux-mêmes le nom d'Hospitaliers parce qu'ils tenaient à l'origine des hôpitaux. Mais ces congrégations de frères et de sœurs, florissantes aux XIII° et XIV° siècles, dégénérèrent ou disparurent dans les siècles suivants ; aussi trouvons-nous au XVII° siècle la plupart de nos hôpitaux entre les mains de gardiens séculiers et constatons-nous par suite à cette époque une grande ruine dans nos établissements charitables et le besoin urgent de voir se former de nouvelles congrégations religieuses pour soigner les malades. Avec les Filles de la Sagesse et les Hospitalières de Saint-Augustin et de Saint-Thomas de Villeneuve nous voyons, au contraire, renaître tout de suite la prospérité de nos hôpitaux, prospérité qui va grandissant sans cesse jusqu'au moment de la Révolution.

2° *Maladreries et Léproseries.* — Nous pouvons dire d'une façon générale et sans crainte de nous tromper, — ayant les preuves à l'appui de notre affirmation, — qu'au moyen-âge toutes les seigneuries un peu importantes possédèrent un hôpital dans l'enceinte de leurs villes. Mais comme à cette époque la lèpre se répandait d'une façon aussi prompte que terrible dans les populations, les seigneurs, ne voulant pas qu'on soignât les lépreux dans ces hôpitaux à cause de la contagion, fondèrent à la campagne des hospices spécialement affectés à les recevoir. Telle fut l'origine des léproseries, appelées aussi maladreries. Rennes, Fougères, Vitré, la Guerche, Combour, Dol, Hédé, Montfort, etc., eurent toutes non-seulement des hôpitaux, mais en même temps des léproseries.

Soignés ainsi dans l'intérieur des terres par un prêtre qui prenait le nom de prieur, administrateur ou aumônier, les lépreux étaient installés presque partout près d'un bois, d'un étang ou d'un cours d'eau; toujours sur le bord d'un grand chemin et très-souvent près d'un pont, à la rencontre de plusieurs routes, sur la limite de deux ou trois paroisses. « Tout en les séparant de la société humaine, on ne voulait pas qu'ils fussent oubliés; il fallait donc les exposer aux regards des passants dans les lieux fréquentés[1]. »

Mais en même temps les mesures prises pour préserver les gens sains de la contagion étaient poussées jusqu'à la dernière rigueur; pour les bien comprendre, il faut se reporter à ces époques désastreuses où les populations, décimées par le terrible fléau, étaient comme affolées de frayeur. Lorsqu'un

---

1. M. Maître, *L'Assistance publique dans la Loire-Inférieure avant 1789*, p. 10.

homme était suspect de la lèpre, dit D. Martène, l'official diocésain le mandait à son tribunal; là, des médecins habiles et assermentés l'examinaient. Si le mal était constaté, l'official prononçait la séparation du malade et faisait publier son jugement au prône de l'église paroissiale. Le dimanche suivant avait lieu la cérémonie solennelle de la séquestration du lépreux.

Un *Manuel à l'usage du diocèse de Rennes*, imprimé au XVI° siècle, nous donne quelques détails intéressants sur la manière dont s'accomplissait cette lugubre cérémonie; en voici le résumé :

Le prêtre (ordinairement le recteur de la paroisse), revêtu du surplis et de l'étole, se rendait processionnellement au logis du lépreux, lui faisait une pieuse exhortation et le ramenait, croix en tête, à l'église paroissiale. Là, le pauvre malade se plaçait à genoux entre deux tréteaux que l'on recouvrait aussitôt d'un drap mortuaire, et il entendait ainsi la messe. Celle-ci terminée, le prêtre s'avançait vers le lépreux, l'aspergeait d'eau bénite et chantait la prière usitée pour les morts : *Libera, me Domine;* puis il le recommandait aux prières et aux charités des fidèles et le conduisait solennellement ensuite à la léproserie [1].

Arrivé en ce lieu, le prêtre récitait les litanies et donnait successivement au malade les objets suivants, après les avoir bénits : une cliquette, sorte de crécelle qu'il devait agiter toutes les fois qu'il sortirait de la maladrerie; des gants, afin qu'il ne pût souiller par son contact les objets à son service, et une pannetière pour recevoir les aumônes. Puis, dit encore D. Martène, le prêtre consolait et exhortait une dernière fois le malheureux en lui disant : Vous ne vous fâcherez pas pour être séquestré des autres, d'autant que vous aurez part à toutes les prières de notre mère la sainte Église, comme si vous étiez personnellement tous les jours assistant au service

---

[1]. *Manuale ad usum Redonensem.* (Biblioth. municipale de Vitré.)

divin avec les autres; et quant à vos nécessités, les gens de bien y pourvoiront et Dieu ne vous délaissera point. Seulement, prenez garde et ayez patience. Dieu demeure avec vous!

Le prêtre faisait ensuite les prohibitions d'usage : il défendait au lépreux d'entrer dans une église, dans un marché, dans un moulin et dans un four banal; de manger avec d'autres que des lépreux; de prendre de l'eau dans les fontaines avec ses mains; de toucher directement à quelqu'un ou à quelque chose sans l'aide d'un bâton ou d'une verge. Enfin, l'officiant jetait trois pelletées de terre prises dans le cimetière sur la nouvelle demeure du malade et il plantait une croix devant l'entrée. Il terminait en faisant l'aumône au malheureux reclus et invitait l'assistance à en faire autant.

A partir de ce jour, le lépreux ne pouvait sortir de sa maladrerie sans un vêtement particulier et sans ses cliquettes, encore lui fallait-il une autorisation du recteur de la paroisse ou de l'aumônier de la léproserie.

Dès qu'il était ainsi séparé de la société des fidèles, le lépreux cessait de relever de la juridiction civile et devenait la chose de l'Église. L'évêque du diocèse était son juge suprême dans toutes ses causes. Lorsqu'il sentait approcher la mort, il recevait les derniers sacrements, mais son corps était inhumé à la léproserie même, et on ne pouvait point le porter à l'église paroissiale, quoiqu'on pût y célébrer une messe de service à l'intention de son âme [1].

Comprenant bien le triste isolement des lépreux, l'Église, tout en les séquestrant pour éviter la communication de leur terrible maladie, s'appliquait non-seulement à les consoler par ses exhortations, mais encore à les soulager par d'abondantes aumônes. C'est ainsi qu'à Rennes on faisait régulièrement dans toutes les paroisses des quêtes pour ces pauvres malades, quêtes dont le produit s'ajoutait aux rentes attachées à la léproserie.

---

1. *Manuale ad usum Redon.*

Nous sommes entré dans tous ces détails sur les léproseries, parce que ce genre d'hôpital était très-commun dans nos contrées[1]. Souvent l'on rencontre, maintenant encore, dans nos campagnes un village, une maison, parfois un simple champ ou un ruisseau, qui portent les noms de Maladrerie, de Ville-aux-Malades, etc. : c'est une preuve à peu près certaine qu'une léproserie a existé jadis en ces lieux ; et quand ces biens appartiennent de longue date aux fabriques paroissiales, il n'y a plus aucun doute possible, car, après la disparition de la lèpre et par suite des léproseries, les biens de ces dernières furent donnés aux hôpitaux et aux fabriques. Quand, également, une chapelle rurale ancienne est accompagnée d'un cimetière, d'un paradis, — comme on disait avec grande foi au moyen-âge, — c'est encore une preuve que c'était une chapelle de lépreux, car la discipline ecclésiastique s'opposait jadis à la création de plusieurs cimetières dans la même paroisse, et avant le xvi⁰ siècle les lépreux seuls étaient inhumés en dehors des églises ou des cimetières paroissiaux. Lorsque cette chapelle était dédiée à sainte Magdeleine ou à saint Lazare, considérés alors comme patrons des lépreux[2], son origine est par là même évidente : c'était le sanctuaire d'une maladrerie ou tout au moins d'un hôpital.

On comprend qu'il nous est impossible de réunir ici toutes les présomptions que font naître les noms de localités en faveur des anciennes maladreries ; mais que nos lecteurs veuillent bien se rappeler les indications sommaires qui précèdent, et ils acquèrreront souvent la preuve de leur exactitude.

3° *Lazarets et Sanitats*. — Vers la fin du xvi⁰ siècle, la

---

1. Dans son intéressant livre sur l'*Assistance publique dans la Loire-Inférieure avant 1789*, M. Maitre ne craint pas de dire que chaque paroisse du comté nantais avait au moyen-âge au moins une, souvent deux et trois maladreries.

2. La tradition voulait que Notre-Seigneur eût guéri saint Lazare de la lèpre, et c'est pour cela qu'on appelait communément *ladres* les malheureux atteints de cette maladie ; on les nommait aussi *mezeaux*, de l'italien *mezzo*, qui signifie pourri, ou du latin *miser*, misérable.

lèpre disparut presque complètement de notre pays; mais le siècle suivant fut affligé de pestes non moins terribles, dévastant non-seulement les grandes villes, mais encore les simples bourgades. Comme on ne pouvait pas soigner les malades atteints de la contagion dans les hôtels-Dieu; comme les léproseries étaient généralement tombées en ruine et n'offraient pas d'ailleurs les commodités nécessaires au soin des pestiférés, on construisait dans les faubourgs de Rennes, Saint-Malo, Fougères, etc., des établissements spéciaux qui prirent le nom de lazarets ou de sanitats, et qui rendirent de grands services aux populations atteintes de maladies pestilentielles.

4° *Hospices.* — Nous donnons ce nom aux petits hôpitaux bâtis dans la campagne, et particulièrement à ceux qui bordaient les anciennes voies de communication, soit les grands chemins, soit les rivières. Ces établissements se composaient en général d'une chapelle, d'une grande salle commune et de quelques chambres pour séparer les sexes, d'un jardin et parfois d'un cimetière. Les mœurs en faisaient autant des hôtelleries gratuites que des infirmeries. Il était d'usage que le passant indigent y séjournât un jour et une nuit quand il était valide, et on lui donnait même souvent au départ une aumône en argent ou en vêtements; mais il n'y avait pas de terme fixé quand un mal quelconque empêchait le pauvre voyageur de continuer sa route, et on l'y soignait alors jusqu'à sa guérison.

Veut-on une preuve de la multiplicité de ces hospices? Elle est facile à donner. Prenons une carte de notre diocèse et suivons les vieilles voies dites gallo-romaines, presque toutes utilisées au moyen-âge. Voici, par exemple, la route de Paris à Brest; nous y relatons les localités suivantes, qui ont toutes conservé quelques souvenirs d'anciens hospices établis jadis sur leur territoire : Erbrée, Vitré, Acigné, Cesson, Saint-Méen de Rennes, Vezin, Montfort, Saint-Onen et Saint-Méen. Traversons notre pays en sens inverse et suivons le grand chemin de Nantes à Saint-Malo; voici les hospices qui s'y trouvaient : Fougeray, Bain, Chartres, Rennes, Vignoc, Hédé, Tinténiac, Saint-Servan et Saint-Malo. Considérons enfin le cours de la Rance sur notre territoire, qu'y voyons-nous ? Les ports d'aumône ou hospices de Dinart, Jouvente et Port-Saint-Jean.

5° *Hôpitaux Généraux.* — Le XVII° siècle vit naître les hôpitaux généraux, ayant pour but principal l'extinction de la mendicité. Louis XIV, par son édit du 14 juin 1662, décréta que chaque ville serait tenue d'ouvrir un hôpital spécial pour venir en aide aux mendiants infirmes et âgés et aux orphelins. « Ordonnons et voulons, disait le roi, qu'en toutes les villes de notre royaume où il n'y a point encore d'hôpital général établi, il soit incessamment procédé à l'établissement d'un hôpital et aux règlements d'icelui pour y loger, enfermer et nourrir les pauvres mendians invalides, natifs des lieux ou qui y auront demeuré pendant un an, comme aussi les enfants orphelins ou nés de parents mendians. Tous lesquels pauvres y seront instruits à la piété et religion chrétienne, et aux métiers dont ils pourront se rendre capables, sans qu'il leur soit permis de vaguer ni, sous quelque prétexte que ce soit, d'aller de ville en ville. » A la suite de ces prescriptions royales naquirent les hôpitaux généraux de Rennes, Saint-Malo, Fougères, Vitré, Dol, etc.

6° *Hôpitaux Militaires.* — La permanence des armées, — inconnue au moyen-âge, — fit au XVIII° siècle fonder des hôpitaux militaires ; nous n'avions dans notre contrée que celui de Rennes.

De tous ces nombreux établissements charitables, créés à l'instigation et par l'entremise de l'Église, nous allons nous occuper successivement en détail. Nous devrons nous borner toutefois à une courte notice sur chacun d'eux, de façon à retracer la physionomie générale de ce magnifique ensemble d'œuvres de charité.

ACIGNÉ

Les sires d'Acigné fondèrent près de leur ville un petit hôpital, à une époque reculée que nous ne pouvons déterminer. Jean Gourdel, « chapelain de l'hospital d'Acigné, » mourut le 14 mai 1655 et fut inhumé dans l'église paroissiale.

Une chapelle dédiée à saint Antoine et à saint Julien, située à côté du pont d'Acigné et menaçant ruine en 1738, rappelait encore alors cette pieuse fondation, mais l'hôpital proprement dit n'existait plus. Dans cette chapelle, un prêtre desservait primitivement « la fondation dite de l'hospital d'Acigné, consistant en trente messes par an. » Ce chapelain, présenté par le seigneur d'Acigné, n'avait pour tout revenu, en 1751, « qu'une maison avec jardin attenant aux ponts d'Acigné, et affermée 30 liv. » Après la mort de M. Hamelin, vers 1738, le chapelain de l'hôpital fut Jean-Marie Boutin, sieur de la Touche, doyen de la collégiale de Saint-Aignan en Berry et chanoine de Dol. Il faisait dire à l'église paroissiale les messes qu'il devait, la chapelle de l'hôpital n'ayant pas été relevée[1].

ANTRAIN

Il serait assez singulier que dans une petite ville comme Antrain, jouissant au moyen-âge d'une certaine importance seigneuriale, il n'y eût pas eu jadis un hospice quelconque. Aussi croyons-nous que la chapelle Saint-Laurent, entourée d'un cimetière et située à environ 500 mètres de la ville, devait être le dernier vestige d'une maladrerie fort antique. Malheureusement il ne reste plus de traces de cette chapelle et nous n'avons pas retrouvé les archives concernant son histoire.

---

1. *Arch. dép. d'Ille-et-Vil.*, 9 G, 67. — *Reg. des insinuat. ecclés. de l'évêché de Rennes.*

AVAILLES

En 1699, Mathurine Geffrard, dame d'Availles et de Moutiers, veuve de Bernard Grout de la Corderie, seigneur de Fourneaux, fonda pour les pauvres malades des paroisses d'Availles et de Moutiers un hôpital établi dans le bourg d'Availles. Ce pieux établissement fut confirmé par des lettres patentes de Louis XIV, datées de janvier 1703 et enregistrées au Parlement de Bretagne par arrêt du 14 octobre suivant. Ces lettres royales nous apprennent que les paroissiens d'Availles et de Moutiers avaient contribué eux-mêmes à l'érection de leur hôpital : ainsi, ils avaient acheté « de leurs charités » l'emplacement de l'hospice dès 1696, et ils avaient même commencé la construction des bâtiments. Mais Mme Grout de la Corderie leur était venue grandement en aide en leur promettant, le 28 septembre 1702, une somme de 2,600 liv., s'ils obtenaient l'autorisation du roi. Elle mérita ainsi d'être appelée la fondatrice du nouvel hôpital, dont elle avait d'ailleurs peut-être eu la première idée [1].

François-Pierre Grout de Moutiers, fils de la fondatrice, et Séraphique Baude, sa femme, augmentèrent les revenus de l'hôpital d'Availles. En 1762, Mgr des Nos, évêque de Rennes, unit à cet établissement une chapellenie dite du Bourg-d'Availles, desservie dans l'église collégiale de la Guerche. Quoique le duc de Villeroy, seigneur de la Guerche et présentateur de cette chapellenie, eût donné son consentement, aussi bien que Jean-Baptiste Chamu, chanoine du Saint-Sépulcre, titulaire du bénéfice, les chanoines de la Guerche protestèrent contre cette annexion; mais ce fut en vain : des lettres patentes de Louis XV confirmèrent « le décret épiscopal d'union de la chapellenie, fondée sur la métairie dite du Bourg-d'A-

---

1. *Arch. du Parlement de Bret.*

vailles, à l'hôpital Saint-Joseph d'Availles, » et ces lettres furent enregistrées le 21 avril 1763.

L'hôpital d'Availles était administré en 1764 par les recteurs d'Availles et de Moutiers ; le seigneur de Fourneaux [1] prenait seulement le titre de seigneur fondateur. La maison était tenue par des demoiselles laïques [2].

Cet établissement, qui fleurit encore, est maintenant entre les mains des Sœurs de la Providence de Ruillé. Il paraît qu'on n'y construisit jamais de chapelle, à cause de la proximité de l'église. Il est néanmoins depuis fort longtemps placé sous le patronage de saint Joseph.

On conserve à l'hôpital d'Availles un tableau très-intéressant : il représente un Christ, et au-dessous du calvaire deux femmes soignant un malade. Au haut de cette scène sont les armoiries suivantes, surmontées d'une couronne de comte : *écartelé : aux 1er et 4e de sable à trois têtes de léopard d'or ; aux 2e et 3e d'argent à trois fusées rangées et accolées de gueules, qui est Grout ; losangé d'argent et de gueules, qui est Geffrard.* — A côté est cette inscription : *Mathurine Geffrard de la Motte, dame de la Corderie, dame des paroisses d'Availles et de Moutiers, fondatrice de l'hôpital d'Availles. 1699.*

BAIN

Le nom de *rue de l'Hôpital*, donné depuis fort longtemps à l'une des rues de Bain, prouve qu'en cette ville existait jadis un hospice ; mais nous n'avons aucun renseignement sur cette maison qui se trouvait au sortir de la ville, sur le bord du grand chemin de Rennes à Nantes.

---

1. Alors Jacques de Rhuis-Ambito, auquel Bernard Grout de Prince venait de vendre Fourneaux.
2. *Arch. dép. d'Ille-et-Vil.*, 1 H, 20.

BAINS

L'antique chapelle de Sainte-Magdeleine, bâtie en la paroisse de Bains (*nunc* sur le territoire de Sainte-Marie), semble bien avoir été fondée par les moines de l'abbaye de Redon pour desservir une léproserie, utile jadis aux vassaux de ce puissant monastère. En 1580, cette chapelle s'élevait au milieu d'un petit cimetière qui existe seul aujourd'hui ; le sanctuaire est, en effet, complètement détruit : un vieil if, une croix et quelques tombes indiquent son emplacement ; mais les habitants viennent toujours prier sur ses ruines, et l'on y lit encore sur la pierre tumulaire d'un dernier chapelain ces simples paroles : *Cy gist le corps de Missire Pierre Dano, prestre de cette paroisse, qui trespassa le 20 mai 1764, âgé de 87 ans. Priez Dieu pour son âme.*

BAZOUGE-DU-DÉSERT (LA)

En 1650, les comptes des trésoriers de la Bazouge-du-Désert prouvent que la fabrique de cette paroisse possédait alors une pièce de terre appelée la Maladrerie.

BAZOUGES-LA-PÉROUSE

Il existe en cette paroisse un village de la Magdeleine assis au bord d'un ruisseau ; on n'y voit plus de traces de la chapelle qui lui a donné son nom et que mentionnait encore le *Pouillé* de Mgr de Crissé au commencement du siècle dernier ; mais il se tient toujours à Bazouges une foire à la fête de sainte Magdeleine.

BAZOUGES-SOUS-HÉDÉ

La position du village de la Magdeleine, situé à mi-voie

entre Hédé et Bazouges, au bord de l'Ille, indique bien que ce lieu fut jadis une léproserie.

Il y avait là, en effet, une chapelle dédiée à sainte Magdeleine et fondée d'une messe tous les vendredis; le chapelain en était présenté par le seigneur de Bazouges : c'était en 1731 Jean Tezé, qui prit possession le 19 août, et en 1790 M. Bazin, recteur de Liffré. Ce dernier fit la *Déclaration* suivante de son bénéfice : « Le prieuré séculier ou chapellenie de la Magdeleine est estimé 60 liv. en rente foncière; il y a en plus un petit pré, valant 6 liv. de rente. La chapelle est en mauvais état; M. de Blossac en est patron comme propriétaire de la terre de Bazouges [1]. » Cette chapelle n'existe plus.

BÉDÉE

Une *Déclaration* du prieuré de Bédée faite en 1679 mentionne en cette paroisse le village de la Maladrerie. L'hospice, dont ce nom rappelle l'existence, était probablement une fondation des moines de Saint-Melaine, qui possédaient l'important prieuré de Bédée.

BONNEMAIN

A une petite distance du bourg de Bonnemain on voyait naguère quelques ruines d'habitation portant le nom de la Maladrerie; il n'en reste plus que l'emplacement aujourd'hui.

BRÉAL-SOUS-MONTFORT

Comme l'on ignore l'origine de la chapelle Sainte-Magdeleine, qui semble être plus ancienne que l'abbaye de Paimpont, dont elle devint un prieuré (V. tome II, p. 712), il est

---

[1]. *Arch. dép. d'Ille-et-Vil.*, 1 V, 25. — *Reg. des insin. eccés. de l'évêché de Rennes.*

possible que ce sanctuaire ait été construit par les premiers seigneurs de Bréal pour le service d'une léproserie. Remarquons, en outre, que dans cette paroisse, au terroir du Chesne-Manier (ferme appartenant au xvii° siècle aux Dominicains de Rennes), se trouvaient les champs de la Maladrye.

BOUEXIÈRE (LA)

La fabrique de la Bouëxière possédait en 1763 un coin de terre situé au bout d'une pièce « nommée la Maladrerie, » joignant le chemin qui conduit du bourg à Chévré. N'était-ce pas un hôpital fondé par les seigneurs de Chévré?

BOURG-DES-COMPTES

Il existe dans cette paroisse quelques traces d'anciennes léproseries : 1° sur le bord du chemin qui mène du bourg au vieux manoir de la Rivière-Chéroil se trouve un champ portant le nom de la Maladrerie; 2° sur la route du bourg au petit port de la Courbe est une maisonnette appelée le Paradis; à côté coule une fontaine, et non loin s'élève une autre maison qui passe pour avoir été la demeure d'un chapelain d'autrefois.

CANCALE

Au xvii° siècle, les Chevaliers de l'Ordre de Saint-Lazare prétendirent avoir fondé la chapelle de Saint-Antoine de la Houlle pour le service d'un petit hôpital qu'ils possédaient, disaient-ils, en ce lieu. Nous avons dit précédemment que leur requête n'aboutit point. (V. p. 106.)

Il est difficile de savoir maintenant s'il y eut vraiment un hôpital à la Houlle; comme la chose était possible, nous devons en croire les Chevaliers de Saint-Lazare; mais il n'en est pas moins vrai que depuis bien des siècles la chapelle

Saint-Antoine n'était plus qu'un simple bénéfice séculier, sans qu'il fût fait mention de l'hospice primitif.

La chapelle Saint-Antoine et Saint-Julien de la Houlle apparaît dès en 1536; nous voyons plus tard en devenir chapelains Gabriel Galliot, remplacé en 1584 par Laurent de Quilly, et Geffroy Gallet, successeur en 1664 de Gilles Bodin. Rebâtie en 1753, cette chapelle fut bénite le 20 septembre de cette année-là par Yves Taupinel, recteur de Paramé, en présence du recteur de Cancale. Mais, cinq ans plus tard, elle fut pillée par les Anglais, qui brisèrent l'autel et firent une écurie de ce petit sanctuaire; elle fut de nouveau restaurée en 1763 et servit au culte jusqu'au moment de la Révolution[1]. Depuis lors elle a été complètement détruite. Elle se trouvait à l'entrée du village de la Houlle, au bord de la mer, là même où s'élève aujourd'hui une croix commémorative bénite en 1846 par Mgr de Lesquen.

CESSON

Les seigneurs de Cucé, en Cesson, fondèrent un petit hôpital au bourg de ce nom, sur le bord du grand chemin, et affectèrent à son entretien une partie des revenus de leur moulin de Cesson. En 1679, Renée de Bourgneuf, dame de Cucé, déclara que « contre le pignon septentrional de son moulin de Cesson est la chapelle de l'hôpital dudit lieu de Cesson[2]. » C'est tout ce que nous avons retrouvé au sujet de ce petit hospice, dont la chapelle a complètement disparu; mais on nous a montré près des anciens ponts de Cesson, vis-à-vis les moulins et au milieu même du bourg, une ancienne et curieuse maison nommée *maison de l'Hôpital;* sa porte ogivale est ornementée de feuillages et d'animaux dans le style fleuri du xv° siècle.

---

1. *Notes ms.* de l'abbé Manet. — *Reg. des insin. ecclés. de l'évêché de Saint-Malo.*
2. *Arch. Nat.*, P. 1707.

CHANTEPIE

En 1698, René Couasnon, recteur de Chantepie, fonda un hôpital dans le bourg de sa paroisse, et en 1700 il demanda au roi l'approbation de ce pieux établissement ; peu de temps après, Louis XIV donna en faveur de l'hôpital de Chantepie des lettres patentes datées du 28 mars 1701 [1].

En 1790, l'hôpital de Chantepie contenait quatre lits, deux pour les hommes et deux pour les femmes ; selon la volonté du fondateur, il était gouverné par deux filles de la campagne « intelligentes et vertueuses, » qui n'étaient liées « que par serment ; » celles-ci faisaient en même temps l'école aux petites filles de la paroisse, faisaient acquitter chaque vendredi une messe pour le fondateur et entretenaient la lampe de l'église paroissiale.

Guillemette Noblet, « première sœur et supérieure de l'hôpital de Chantepie, » mourut en 1727 ; elle avait été nommée (comme le furent ses successeurs) par le général de la paroisse, d'accord avec le recteur. La dernière supérieure fut sœur Marguerite Bot, qui prenait le titre d'Hospitalière en 1790.

Les biens de l'hôpital consistaient à cette époque en une maison avec jardin et terres labourables, dont le revenu était évalué 400 liv., — en un autre jardin affermé 64 liv., — et en une petite rente de 20 liv. payée par MM. du Lou. Pour suppléer à la modicité de ces revenus, le général de la paroisse s'était obligé à faire chaque année une quête approuvée par lettres patentes [2].

L'hôpital de Chantepie portait le nom de Saint-Louis aussi bien que la petite chapelle qui en dépendait. En 1766, pendant qu'on réparait l'église paroissiale, le service divin fut transféré dans cette chapelle, qui n'existe plus aujourd'hui.

1. *Arch. paroiss. de Chantepie.* — *Arch. dép. d'Ille-et-Vil.*, C, 1202.
2. *Arch. dép. d'Ille-et-Vil.*, 1 V, 25

Mais la maison de l'hôpital est encore debout et appartient au Bureau de bienfaisance de Chantepie.

CHARTRES

Sur le bord même de l'ancienne voie romaine de Blain à Rennes se trouve un petit village appelé le Champ-Dolent; ne tirerait-il pas son nom d'un hospice établi jadis en ce lieu? C'est d'autant plus probable que l'importante seigneurie de Fontenay était voisine.

CHATEAUGIRON

A une époque très-reculée, les sires de Châteaugiron construisirent non loin de leur château, au bord de la rivière d'Yaigne et de la route de Rennes, un hôpital ou aumônerie sous le vocable de saint Nicolas. L'administrateur de cette maison prit le nom de prieur et fut toujours présenté par le seigneur de Châteaugiron; son aumônerie fut érigée en bénéfice, et une chapelle, qui existe encore, fut annexée à l'hôpital.

La destination de cette maison changea un peu avec le temps. Au xviie siècle, les prieurs ne s'occupaient guère des malades et jouissaient seuls de tous les revenus. Mais en 1635 les paroissiens de Châteaugiron se plaignirent de cet état de choses à l'évêque de Rennes, alors en tournée pastorale chez eux; le prélat écouta ces plaintes et condamna Robert de Roulefort, alors prieur de Saint-Nicolas, à payer chaque année sur les revenus de son bénéfice, évalués 400 liv., une somme de 100 liv. pour être employée au soulagement des pauvres de Châteaugiron, et une autre somme de 50 liv. destinée à l'entretien de la chapelle et de l'hospice. Robert de Roulefort promit de se conformer à cette décision, qui fut confirmée en 1637 par une sentence de la juridiction de Châteaugiron [1].

En 1666, lorsqu'un nouveau prieur, Jacques Le Peintre de Marigny [2], prit possession de Saint-Nicolas, il trouva « dans la maison des pauvres six couchettes garnies de paillasses, ballières, draps et couvertures. » Mais quand son successeur, Louis-Joseph Le Prestre de Lezonnet, chanoine de Quimper, et plus tard chantre de cette Église, entra pour la première fois à Saint-Nicolas, le 12 juin 1713, il n'y vit « que trois vieux chalits et deux vieux draps de lit. » C'est donc vers cette époque, au commencement du xviiie siècle, que l'on cessa de recevoir des malades à l'hôpital de Châteaugiron. Mais alors la famille Le Prestre habitait son château de Châteaugiron et faisait d'abondantes aumônes dans la paroisse ; aussi les habitants ne se plaignirent-ils pas de l'abandon de Saint-Nicolas. Ils virent successivement jouir de ce prieuré, ou plutôt de cette aumônerie, François Blays, recteur de Saint-Hélier de Rennes, qui succéda en 1724 à Louis Le Prestre de Lezonnet et mourut en 1749 ; — Julien Dauguet, précédemment chanoine de Laon, prieur de Beaumont et chapelain d'Arc en Barrois, qui prit possession le 13 octobre 1749 et qui mourut en 1776 ; — Jean Guihery, installé le 8 janvier 1777 et décédé le 25 août 1781 ; — Pierre Dupoyrier, pourvu le 4 septembre 1781 et décédé le 18 août 1783 ; — René Le Gland, nommé le 20 août 1783, qui se démit du bénéfice en 1787 ; — enfin François Mahé, qui fut pourvu le 2 octobre 1787, et qui conserva Saint-Nicolas jusqu'à l'époque de la Révolution [3].

Ce dernier prieur proposa au général de Châteaugiron de faire régler par l'évêque de Rennes le droit qu'avaient les pauvres de Châteaugiron sur les revenus de Saint-Nicolas, ce

---

1. *Arch. dép. d'Ille-et-Vil.*, 9 G, 11.
2. En 1684 archidiacre et chanoine de la cathédrale de Tours.
3. *Reg. des insin. ecclés. de l'évêché de Rennes.*

qui fut accepté. En conséquence, Mgr de Girac ayant été consulté, décida, après un mûr examen, « qu'il fallait, sur le montant des revenus du prieuré, déduire les charges foncières du bénéfice, telles que les messes, fouages et rentes seigneuriales; prendre ensuite le tiers du restant pour la part des pauvres et le convertir en une rente en grain, ledit prieur demeurant chargé sur les deux autres tiers des réparations, décimes et autres charges. »

On fit alors l'état des biens de Saint-Nicolas, consistant en ce qui suit : la maison et la chapelle de Saint-Nicolas, — trois jardins en dépendant, — le fief de Saint-Nicolas, — les prés de Bagatz, de la Bergeotrie et de la Barre, — la métairie de la Haultière, en Ossé, — le clos de la Rue-au-Provôt, — et un pré en Saint-Aubin-du-Pavail; le tout fut estimé environ 1,216 liv. de revenu[1]. On déduisit de cette somme 135 liv. pour l'acquit de deux messes par semaine, et pour les fouages un boisseau de froment et une paire de gants dus à cause de la Haultière; restait 1,081 liv., dont le tiers, 360 liv., fut affecté aux pauvres de Châteaugiron et converti en une rente de 30 boisseaux de froment et 30 boisseaux de seigle.

Cette convention se fit le 19 juin 1788 et fut approuvée par René Le Prestre, marquis de Châteaugiron, et en cette qualité fondateur de l'hôpital Saint-Nicolas[2].

La chapelle de Saint-Nicolas existe toujours et appartient maintenant, ainsi que le jardin voisin, au Bureau de bienfaisance de Châteaugiron. Elle n'a point de style et présente seulement sur sa façade quatre écussons semblables qui paraissent peu anciens. On y honore non-seulement saint Nicolas, mais encore saint Éloi, et le jour de la fête de ce dernier une grande foire se tient à l'entour du sanctuaire, où l'on évangélise alors les enfants. Cette chapelle est parfois

1. La *Déclaration* de 1790 fut de 1,302 liv. 8 s.
2. *Arch. dép. d'Ille-et-Vilaine.*

desservie et l'on s'y rend processionnellement aux Rogations.

COMBOUR

1° Hôpital de Saint-Sébastien.

Les sires de Combour fondèrent l'hôpital et la chapelle de Saint-Sébastien, dont ils se conservèrent toujours la présentation[1]. Un chapelain administrait dans l'origine ce petit établissement. Guillaume Briand succéda en cette qualité à Emmanuel de Servon, décédé en juin 1686; — puis vinrent René Hodé en 1705, — Jean Ruffin en 1719, — Louis Gicquel en 1723, + 1759, — Gabriel Heurtru en 1760, — Jérôme Croupier de Keraudran en 1784, — et, enfin, Nicolas Berthier en 1788.

L'hôpital de Combour n'était au xviii° siècle « qu'une maison où logeaient les pauvres passants, sans aucun fonds; encore le seigneur de Combour pouvait-il la reprendre. Il y avait à côté une petite chapelle et un logement pour le chapelain. »

Cette chapelle de Saint-Sébastien menaçait ruine dès 1705 et l'évêque de Saint-Malo ordonna sa reconstruction dans sa visite pastorale de 1760; d'après M. l'abbé Manet, elle fut rebâtie quelque temps après et bénite le 10 juin 1780 par M. Sévin, recteur de Combour[2]. Elle était construite au Sud de la ville et au bord de l'étang de Combour; aujourd'hui elle est complètement sécularisée et n'offre plus d'intérêt.

2° Maladrerie de la Magdeleine.

Il y avait aussi à Combour une ancienne maladrerie ou léproserie avec une chapelle dédiée à sainte Magdeleine. Les

---

1. En 1682, le seigneur de Combour déclara « être fondateur de la chapelle de l'hôpital et de celle de la Magdeleine, où sont ses bancs et lizières. » (Arch. Nat.)
2. Pouillé de Saint-Malo de 1739 à 1767. — Reg. des insin. ecclés. de l'évêché de Saint-Malo.

seigneurs de Combour présentaient également le chapelain chargé d'administrer cette maison et de desservir la chapelle. Mais depuis bien des siècles la maladrerie avait disparu et il ne restait que la chapelle, dont le service continua jusqu'à la Révolution, et une habitation appelée encore de nos jours la maison des Mezeaux ou des Lépreux.

En 1562, Gilles de Vaugérault devint chapelain de la Magdeleine sur la résignation de René de Vaugérault et sur la présentation d'Anne de Montejean, dame de Combour; — en 1570, Jean de Vaugérault fut chargé à son tour « de la chapellenie perpétuelle de la Magdeleine et de l'aumosnerie son annexe; » — en 1604, Rolland Lochet fut pourvu « de la chapelle de la Magdeleine, fondée par les seigneurs de Combour. » — En 1630, Henriette d'Orléans, marquise de Coëtquen et dame de Combour, donna au même titulaire, Malo Le Tourneux, les deux chapellenies de la Magdeleine et de Saint-Sébastien de Combour; cette dame avait obtenu de l'évêque l'union en un seul titre des trois chapellenies de l'hôpital, de la Magdeleine et du château de Combour. Aussi à partir du milieu du xviie siècle voyons-nous les mêmes chapelains desservir les deux chapelles de la Magdeleine et de l'hôpital jusqu'à l'époque de la Révolution; nous venons de donner leurs noms en parlant de Saint-Sébastien. Comme celle de l'hôpital, la chapelle de la Magdeleine était « indigente de réparations » dès l'an 1705; elle a été détruite complètement depuis. En 1748, elle avait environ 400 liv. de rente et était chargée de quatre messes par semaine : le chapelain en disait trois à l'hôpital et une seulement à la Magdeleine [1].

CORNUZ

La tradition locale veut que la chapelle des Trois-Maries, située dans le bourg, au bord d'une grande route, ait été dans

[1]. Reg. des insin. ecclés. de l'évêché de Saint-Malo.

l'origine la chapelle d'un hôpital; le jardin qui l'avoisine porte encore, du reste, le nom de jardin de l'Hôpital. Ce sanctuaire était tellement honoré jadis qu'il donna son nom à la paroisse, appelée anciennement Cornuz-les-Trois-Maries, ou simplement les Trois-Maries. L'édifice actuel a dû en remplacer un beaucoup plus ancien et n'a rien de remarquable; le portail occidental est daté de 1786, et une simple nef sans style compose la chapelle. Les anciennes statues des trois Maries, qu'on y voyait autrefois, n'existent plus, mais on y retrouve une pierre tombale du xiii° siècle représentant un prêtre couché sous une arcade trilobée et accompagné de deux petits anges portant des encensoirs; l'inscription et une partie de la pierre sont malheureusement cachées par le marche-pied de l'autel. Cette chapelle continue d'être en vénération et l'on s'y rend en procession à la Fête-Dieu et tous les premiers dimanches du mois.

CUGUEN

Le *Pouillé de la province de Tours*, imprimé en 1648, mentionne dans le diocèse de Dol « la maladrerie de Cuguen, de fondation commune. » C'est tout ce que nous savons de cette maison, abandonnée depuis bien longtemps.

DINART

Au xiii° siècle existait à Dinart, alors simple village de la paroisse de Saint-Énogat, un hospice connu sous le nom d'hôpital Béchet, et destiné à recevoir les voyageurs pauvres qui passaient la Rance en cet endroit. Vers 1324, Olivier et Geffroy de Montfort conférèrent cet établissement à des religieux trinitaires. (V. p. 169.)

DOL

1° Hôtel-Dieu.

L'origine de l'hôpital de Dol n'est pas très-claire, mais elle est antérieure au xiv° siècle. D'après un mandement de Mgr Cupif, c'était une fondation faite par les évêques de Dol ses prédécesseurs, et la *Déclaration* de Mgr d'Espinay, en 1575, mentionne aussi cet Hôtel-Dieu comme relevant de l'évêché. Mais les Chevaliers de Saint-Jean de Jérusalem, qui possédaient à Dol un membre important appelé l'Hôpital de Dol et dépendant de leur commanderie de la Guerche, prétendaient avoir la présentation du prieuré de l'hôpital Saint-Marc de Dol et le droit de patronage et de fondation dans l'église de ce nom. Il est probable que primitivement ces Chevaliers-Hospitaliers construisirent ou desservirent tout au moins, en effet, l'hôpital de Dol; mais ils abandonnèrent la maison et ne conservèrent que des droits seigneuriaux sur le prieur chargé de l'administrer; ce que voyant, les évêques de Dol relevèrent à leurs frais l'Hôtel-Dieu, de sorte qu'il se trouva deux établissements juxtaposés qui, dans l'origine, avaient dû n'en faire qu'un seul : le prieuré ou aumônerie présenté par le commandeur de la Guerche, et l'Hôtel-Dieu administré par les soins de l'évêque de Dol [1].

En 1624 Guillaume Chertier, en 1633 Louis de Callac, en 1640 Augustin Perroguy, et en 1642 Gilles Perroguy, furent successivement pourvus du prieuré de l'hôpital de Dol. Mais lorsque ce dernier prieur mourut en 1657, l'évêque Robert Cupif obtint la suppression du bénéfice du prieuré de l'hôpital et l'union de ses revenus à la mense des pauvres de l'Hô-

---

[1]. En 1303, Philippe, vicomtesse de Dinan, légua quatre mines de froment aux pauvres de la maison-Dieu de Dol, « *pauperibus domus Dei Dolensis.* » (*Anciens Evêchés de Bret.*, V, 231.)

tel-Dieu, ce qui fut confirmé en 1659 par un arrêt du Grand-Conseil.

Déjà en 1615 Mgr de Revol, évêque de Dol, avait uni à son hôpital la frairie de Saint-Nicolas. Cette confrérie, fonctionnant dès le xii° siècle, dépendait primitivement du Chapitre de Dol et s'assemblait à la cathédrale ; elle jouissait de certaines terres et de quelques rentes, et chaque année on faisait des quêtes à son profit ; tous ces fonds formaient comme un Bureau de bienfaisance à l'aide duquel les confrères de Saint-Nicolas soulageaient les pauvres malades. L'union de cette confrérie à l'Hôtel-Dieu fut donc très-avantageuse à ce dernier établissement [1].

Un administrateur et des gardiens laïques tenaient à cette époque l'hôpital de Dol ; mais en 1673 Mgr Thoreau, de concert avec les échevins de Dol, y appela les Hospitalières de Saint-Thomas. Plus tard, en 1733, le roi donna des lettres patentes en faveur de cet Hôtel-Dieu, à la prière de Mgr de Sourches, qui se proposait de le doter. Le successeur de ce dernier évêque, Mgr Dondel, fit reconstruire en 1764 l'Hôtel-Dieu de Dol, tant de ses propres deniers que de l'argent de l'œuvre des retraites, accumulé à cet effet depuis trente ans [2].

Au commencement du xviii° siècle, cet établissement n'avait que 426 liv. de revenu et 1,010 liv. de charges ; la Communauté de ville de Dol lui donnait chaque année 300 liv., et les aumônes des fidèles suppléaient à ce qui manquait pour l'acquit des charges.

L'hôpital Saint-Marc de Dol était situé dans la rue du Moulin, au Midi et près du pont de l'Archevêque, et ne renfermait dans le principe que deux salles et douze lits. Les Hospitalières de Saint-Thomas s'y trouvaient, au siècle dernier, au nombre de quatre religieuses aidées de deux sœurs converses ; elles vivaient des pensions que leur faisaient leurs

---

1. *Notes ms.* de M. Gaultier-Didan.
2. *Arch. dip. d'Ille-et-Vil.*, 1 G, 49 ; 1 G, 121.

parents, car l'administrateur de l'Hôtel-Dieu n'avait pas le moyen de les payer [1].

Depuis la Révolution, l'hôpital de Dol a été transféré dans les bâtiments de l'ancien prieuré ou séminaire de l'Abbaye-sous-Dol. Toutes les maisons du vieil Hôtel-Dieu, avec leurs dépendances, ont été vendues 43,600 fr. par la Commission administrative de l'hospice civil de Dol, en 1840.

Nous n'avons rien à dire de l'ancienne église de l'Hôtel-Dieu de Dol, dédiée à saint Marc ; on y desservait entre autres chapellenies celle du Saint-Esprit, en 1661. Elle se trouvait à la suite du corps principal de logis, le long de la rue du Moulin, et avait été rebâtie en 1766 ; elle est remplacée maintenant par une maison particulière.

2° Hôpital-Général.

Il y avait aussi à Dol un Hôpital-Général créé par ordre de Louis XIV, et desservi, comme l'Hôtel-Dieu, par les Hospitalières de Saint-Thomas. Il renfermait en 1774 vingt-huit infirmes et était établi dans le même local que l'Hôtel-Dieu ; il se composait alors de trois salles : l'une pour les garçons de trois à seize ans, l'autre pour les filles de même âge, et la troisième servant de classe aux deux sexes réunis ; les enfants au-dessous de trois ans étaient mis en nourrice. La chapelle Saint-Marc était commune aux deux hôpitaux, et les Hospitalières n'avaient que trois petites chambres pour se loger.

C'était, comme l'on voit, peu de chose que cet établissement, dont les revenus fixes n'étaient en 1724 que d'un peu plus de 400 liv., tandis que ses charges atteignaient le chiffre de 1,450 liv. ; aussi cette maison ne subsistait-elle que grâce aux abondantes aumônes qu'y versaient les évêques de Dol [2].

---

1. *Arch. dép. d'Ille-et-Vil.*, C, 1290.
2. *Ibidem*, C, 1290, 1292.

3° Léproserie de Saint-Lazare.

Il est fait mention plusieurs fois au xii° siècle, notamment en 1137, de la maison des lépreux de Dol [1]. Cette léproserie était placée sous le patronage de saint Lazare et avait dû être fondée par les évêques de Dol. Le Chapitre de cette ville se rendait jadis processionnellement le jour Saint-Lazare à sa chapelle.

Il est probable que cette maladrerie cessa d'être nécessaire au xiv° siècle, par suite de la disparition de la lèpre à Dol, car en 1310 l'évêque Thibaud de Moréac afféagea la maison de Saint-Lazare, « *domum Sancti Lazari,* » à Pierre d'Acigné, trésorier de Dol. Dans les derniers siècles, il ne restait plus guère que le souvenir de la léproserie de Dol, la chapelle de Saint-Lazare, dont l'évêque présentait le chapelain, et un fief appelé aussi Saint-Lazare et appartenant à la fabrique de la cathédrale. Ce fief s'étendait dans la paroisse de Notre-Dame de Dol, au faubourg de la Chaussée [2], car c'était en ce quartier que se trouvait l'établissement dont nous venons de parler.

La chapelle Saint-Lazare y existe encore, quoiqu'abandonnée; c'est un rectangle reconstruit en partie au xvii° siècle, mais offrant quelques portions plus anciennes, notamment une jolie porte ogivale dont les voussures reposent sur d'élégantes colonnettes. C'est à côté de cette chapelle que se trouvaient, au moyen-âge, les vignes possédées à Dol par l'abbaye de la Vieuville; ce monastère partageait avec la léproserie de Saint-Lazare les terres de la Bigotière [3].

4° Maladrerie de l'Abbaye.

A l'autre extrémité de Dol, sur la route de Dinan et au-delà du faubourg de l'Abbaye-sous-Dol, se trouvent deux

---

[1]. D. Morice, *Preuves de l'Hist. de Bret.*, I, 575, 596 et 773.
[2]. *Arch. dép. d'Ille-et-Vil.*, 4 G, 180.
[3]. *Notes ms.* de M. Gaultier-Bidan.

villages contigus appelés la Grande et la Petite-Maladrerie. M. Gaultier-Bidan ne semble pas croire que c'eût été jamais un hôpital proprement dit; mais ce dut cependant être la demeure de quelques lépreux. Nous en avons la preuve dans une charte du xiiie siècle, qui mentionne une certaine lépreuse nommée Brunette, « *Brunetta leprosa*, » comme habitant alors aux environs de l'abbaye[1]. Il est d'ailleurs très-vraisemblable que le prieur de l'Abbaye-sous-Dol, indépendant du Chapitre de Dol, ait établi pour les hommes de ses fiefs une maladrerie distincte de la léproserie de Saint-Lazare.

5° *Sanitat*.

Au commencement du xviie siècle, la peste désola la ville de Dol. Pour soigner plus commodément les pestiférés et pour mettre les gens bien portants à l'abri de la contagion, on établit un sanitat ou lazaret non loin de l'ancienne léproserie de Saint-Lazare, dans le faubourg de la Chaussée. Le nom du lieu occupé par ce lazaret, appelé au siècle dernier le champ de Saint-James, indique que la chapelle des pestiférés était dédiée à Saint-Jacques; elle fut, en effet, construite sous ce vocable par Mgr de Revol.

Au moment où la peste sévissait le plus cruellement, le bienheureux Jean de Saint-Samson, religieux carme du couvent de Dol, se transporta au sanitat de Dol, en 1606, et y donna des preuves admirables de sa charité : « Il encourageait les malades avec tendresse, les excitait à la confiance par de saints discours; il parlait surtout aux agonisants avec tant de ferveur et de charité, qu'ils rendaient le dernier soupir au sein d'une paix confiante et douce[2]. »

Au reste, les historiens de ce bon religieux assurent que Dieu lui accorda la grâce de guérir les malades atteints de

---

1. D. Morice, *Preuves de l'Hist. de Bret.*, I, 960.
2. *Vie du vénérable frère Jean de Saint-Samson*, par le R. P. Cermin-Marie, p. 10. — V. sur ce saint personnage mort au couvent de Rennes, p. 129.

fièvres paludéennes fréquentes alors à Dol et dans les contrées environnantes Rentré dans son monastère en 1607, après la cessation de la peste, il récitait sur les religieux malades de la fièvre une oraison particulière, et ils étaient aussitôt délivrés de leur mal. Le bruit de ces merveilleuses guérisons s'étant répandu dans la ville, toutes les personnes atteintes de la fièvre désiraient que le bon aveugle (car Jean de Saint-Samson était aveugle) priât sur elles. « Les malades venaient tous les matins à l'église du monastère et s'agenouillaient devant l'autel ; le saint homme passait, conduit par un religieux, récitait sur chacun d'eux l'oraison dont la vertu était si efficace dans sa bouche, et l'on dit que souvent ils s'en retournaient guéris [1]. »

Nous rattachons ce souvenir des vertus du vénérable Jean de Saint-Samson au sanitat de Dol, parce qu'il édifia grandement cet asile des pestiférés et qu'il put y soigner des fiévreux aussi bien que d'autres malades. Quant à ce sanitat lui-même, il n'en reste plus de traces : il se trouvait là où est maintenant l'école tenue par les Frères.

DOURDAIN

Il paraît qu'il y avait jadis une maladrerie ou petit hôpital en Dourdain, car en 1791 on vendit nationalement « le pré de la Maladrie, » faisant partie du pourpris de la cure de Dourdain. Malheureusement nous n'avons pas d'autres renseignements sur cette fondation, évidemment très-ancienne.

ERBRÉE

Dans cette paroisse se trouve un village nommé Malabry ; ce nom est presque toujours l'équivalent de maladrerie. « Le

---

1. *Vie du vénérable frère Jean de Saint-Samson.*

Malabri, dit M. Maître, convient surtout à une hutte mal bâtie ou à une petite maison isolée dans les landes. Quand ce nom est appliqué à une exploitation ou à une habitation ordinaire, entourée de bonnes terres, il y a lieu de croire *a priori* qu'il s'est produit une altération, et les recherches confirment souvent la présomption. Les maladreries étant presque toutes sur des hauteurs exposées à tous les vents, on comprend très-bien que dans la suite des âges, aux époques éloignées du règne de la lèpre, on ait transformé par ignorance l'appellation de *Maladrerie* en celle de *Malabri* [1]. »

FERRÉ (LE)

Le 10 janvier 1679, les trésoriers de la paroisse du Ferré déclarèrent que leur fabrique n'avait d'autre bien qu'une « petite pièce de terre nommée la Maladrie, » contenant 30 cordes, affermée 45 sols, et située dans le fief de la Forest appartenant au marquis de la Chesnelaye [2].

FLEURIGNÉ

Les trésoriers de la paroisse de Fleurigné déclarèrent en 1670 que la fabrique possédait, entre autres domaines, « une pièce de terre appelée la Maladerye de l'Église, » située aux environs du bourg de Fleurigné, dans le fief du Grand-Bail-liage dépendant de la seigneurie de Boisfévrier [3].

FOUGERAY

1° Hôpital Saint-Armel.

L'hôpital de Fougeray (*nunc* le Grand-Fougeray) est men-

---

1. *L'Assistance publique dans la Loire-Inférieure avant 1789*, p. 22.
2. Arch. dép. de la Loire-Infér.
3. Ibidem.

tionné dans le *Pouillé de la province de Tours* imprimé en 1648, comme faisant partie des maladreries du diocèse de Nantes. Les registres paroissiaux de Fougeray témoignent également qu'en 1663 on recevait encore des malades dans cet établissement; mais les registres des délibérations du général prouvent qu'à la même époque la pénurie de l'hôpital de Fougeray était des plus grandes; aussi en 1668 fit-on des quêtes pour l'entretien de cette maison et nomma-t-on de nouveaux administrateurs pour la gérer plus convenablement.

Malgré cela, la décadence de l'hôpital de Fougeray ne faisant qu'augmenter, cette maison fut supprimée en 1696 et ses biens furent unis à ceux de l'hôpital de Paimbœuf[1].

La chapelle de Saint-Armel dépendait de l'hospice de Fougeray; elle se trouvait dans la ville même, non loin de l'église, et fut réparée par les paroissiens en 1695. Il est vraisemblable que l'hôpital l'avoisinait, mais l'un et l'autre ont disparu depuis longtemps. Un incendie détruisit, en effet, les bâtiments de l'hôpital de Fougeray en 1723, et les administrateurs de l'hôpital de Paimbœuf aliénèrent en conséquence ces ruines et les biens en dépendant pour la somme de 300 liv.[2]

2° *Léproserie de la Magdeleine.*

A peu de distance de la ville et du château de Fougeray, mais isolée sur une colline, se trouvait la chapelle de Sainte-Magdeleine. Il est évident que ce fut, à l'origine, une léproserie ou maladrerie construite par les seigneurs de Fougeray. A côté existait dans les derniers siècles la cure de cette paroisse, et les recteurs du lieu avaient coutume de se servir de cette chapelle comme d'un sanctuaire privé, quoiqu'elle appartînt à la fabrique.

1. Dès 1695, Louis XIV avait, en effet, ordonné l'union à ce dernier hôpital des biens des hôpitaux de Montfaucon, Fougeray, Rozet, Piriac et Machecoul; de nouvelles lettres patentes confirmant cette union furent données en novembre 1740. (*Arch. du Parlement de Bret.*)
2. M. Maître, *L'Assistance publique dans la Loire-Inférieure avant 1789*, p. 512.

Nous sommes porté à croire que la cure de Fougeray dont nous parlons était primitivement la léproserie elle-même. Lorsque la lèpre disparut de nos contrées, les seigneurs de Fougeray auraient dans ce cas donné au général de la paroisse les bâtiments et la chapelle destinés aux lépreux, et le général les aurait affectés au logement du recteur. On rencontre ailleurs des preuves de transformation semblables [1].

La chapelle de la Magdeleine, vendue nationalement en 1792 et sécularisée, vient d'être récemment détruite par un incendie.

FOUGÈRES

1° *Hôtel-Dieu.*

Le premier hôpital de Fougères fut fondé au commencement du xii° siècle par le seigneur du lieu, hors de la ville et là où se trouvent encore les villages de l'Aumônerie et de l'Abbayette; ce dernier *(abbatiola)* semble occuper la place du logement des clercs chargés de desservir l'Aumônerie.

Cet établissement paraît avoir été détruit pendant la guerre de 1166, en même temps que le château et la ville de Fougères; lorsque le baron Raoul II les releva, il transféra l'hôpital dans l'enceinte même de sa nouvelle ville, près de l'église Saint-Nicolas, qui fut depuis lors affectée à l'usage des malades [2]. Un mot maintenant sur l'origine de cette église.

L'église Saint-Nicolas en tête du bourg, « *ecclesia Sancti Nicolai in capite burgi,* » signalée dès 1090, fut bâtie par les sires de Fougères dans les cinquante premières années qui suivirent la fondation de cette ville. Elle fut destinée à l'usage des habitants de la partie supérieure de la ville, appelée Bourg-

---

[1]. V. M. Maitre, *L'Assistance publique dans la Loire-Inférieure avant 1789.* — Toutefois, nous ne partageons pas l'opinion de ce savant archiviste lorsqu'il dit que la chapelle Saint-Jean, presque contiguë à l'église de Fougeray, était une aumônerie ou hôpital (*ibid.*, p. 293); rien ne prouve cette assertion.

[2]. M. Maupillé, *Hist. ms. de la paroisse Saint-Léonard de Fougères.*

Neuf, lorsqu'elle eut été enceinte de murs, par opposition au Bourg-Vieil, qui était la ville primitive construite dans le vallon et entourant l'église Saint-Sulpice.

L'église Saint-Nicolas semble avoir été dès son origine annexée par le seigneur de Fougères à la collégiale de Notre-Dame-du-Château, dont elle formait une dépendance et dont elle partagea longtemps la destinée. Ainsi, desservie dans le principe par des chanoines séculiers, donnée ensuite avec la collégiale aux religieux de Saint-Florent de Saumur, qui n'en prirent jamais possession, l'église Saint-Nicolas passa plus tard aux Bénédictins de Marmoutiers, pour revenir en dernier lieu aux chanoines, changeant ainsi quatre ou cinq fois de mains dans l'espace d'un demi-siècle ; réclamée ensuite par les moines de Pontlevoy, qui faisaient valoir les droits que leur donnait sur elle leur titre de possesseurs de la paroisse de Lécousse, sur le territoire de laquelle elle avait été fondée, elle finit par demeurer à ces derniers en vertu d'un accord passé en 1143 entre eux et Henri, seigneur de Fougères. Par cet accord il fut stipulé que, moyennant la cession que feraient les religieux de Pontlevoy aux chanoines du bourg de Rillé pour y établir une abbaye et y fonder une paroisse, ceux-ci renonceraient en leur faveur à toutes prétentions sur les églises de Saint-Nicolas et de Saint-Léonard et leur en laisseraient la libre et paisible jouissance.

M. Maupillé croit que l'église Saint-Nicolas fut détruite en grande partie en 1166, lors du sac de la ville de Fougères par Henri II, roi d'Angleterre. Lorsque la paix fut rendue à la contrée, les barons de Fougères relevèrent cet édifice ou le restaurèrent tout au moins, et, d'accord avec l'abbé de Pontlevoy, en affectèrent l'usage à l'Aumônerie ou hôpital qu'ils venaient de transférer dans l'enceinte de leur ville[1].

Raoul II, seigneur de Fougères, confia l'administration de son nouvel hospice à des religieux, probablement à des Hos-

---

1. *Hist. ms. de la paroisse Saint-Léonard de Fougères.*

pitaliers, et leur donna la dîme de la cohue de Fougères et celle du moulin d'Avillon. Quelques années après, en 1212, Geoffroy, seigneur de Fougères, y ajouta une rente de 10 liv. sur le domaine de sa baronnie, pour la fondation d'une messe hebdomadaire dite à son intention. Enfin, en 1243, Geffroy, abbé de Pontlevoy, abandonna à l'Aumônerie la plus grande partie de ses droits sur l'église et la paroisse de Saint-Léonard, « *ad sustentationem pauperum et clericorum ibi Deo servientium* [1]. »

Mais ce mode d'organisation de l'hôpital de Fougères touchait à sa fin, et seize ans plus tard il n'existait plus : en 1250 l'Aumônerie avait fait place à la Maison-Dieu de Saint-Nicolas, « *Domus Dei Sancti Nicholai,* » et un prêtre séculier remplaçait les religieux dans l'administration de l'hospice.

« Pendant longtemps le choix de cet administrateur fut un sujet de contestation entre les bourgeois et le sénéchal des seigneurs de Fougères, les uns et les autres prétendant avoir exclusivement le droit de le nommer. Il arriva même plus d'une fois que les bourgeois, mécontents du choix fait par le sénéchal, nommèrent soit un aumônier, soit un administrateur, et divisèrent ainsi deux fonctions qui devaient être réunies; d'autres fois le sénéchal s'arrogea le même droit à l'encontre des bourgeois. Enfin, Marie d'Espagne, comtesse d'Alençon, au nom de son fils seigneur de Fougères, encore mineur, prit une décision qui mit fin aux prétentions des uns et des autres.

« Par lettres patentes données à Paris le 31 août 1347, et confirmées par le roi, cette dame réunit à tout jamais l'église Saint-Nicolas à l'Hôtel-Dieu de Fougères, et arrêta que celui qui aurait l'une aurait également l'autre, sans aucune division; de plus, pour prévenir toute discussion dans la nomination de l'administrateur, elle régla que ce droit serait exercé alternativement par le seigneur et par les bourgeois.

[1]. *Cartularium Rillei,* 3.

« Cet administrateur, qui ne pouvait être qu'un habitant originaire de la ville, prêtait serment devant le sénéchal et trois ou quatre bourgeois délégués par la Communauté de ville.

« Ce règlement, dont l'original existe encore dans les archives de l'hospice Saint-Nicolas, confirmé par deux chartes de François Ier, duc de Bretagne, en 1444, et de François Ier, roi de France, en 1532, fut observé jusqu'en 1560 ; cette année-là, François II, par son édit de Fontainebleau, ayant enjoint à tous les juges de son royaume de faire saisir, dans le délai d'un mois, toutes les terres et revenus des hôpitaux situés dans le ressort de leur juridiction, pour être régis par les Communautés des villes ou leurs délégués, celle de Fougères nomma trois de ses membres pour administrer l'hospice Saint-Nicolas.

« Enfin, à l'époque de la Révolution, on institua un bureau de cinq membres qui fut chargé de l'administration de tous les hospices de la ville[1]. »

Les biens de l'Hôtel-Dieu de Fougères, à la fin du XVIIe siècle, consistaient en ce qui suit : les métairies de l'Aumônerie, de l'Abbayette et de la Magdeleine, — le Moulin-aux-Pauvres, — l'Hermitage, — Chénedé, — un assez grand nombre de rentes foncières, — 10 mines de froment et 14 liv. de rente sur le domaine de Fougères, — une mine de froment sur la seigneurie de la Motte de Beaucé, — 7 mines 4 boisseaux de froment et 3 liv. de rente sur le Fief-Ferrant, au Loroux, — le droit de chauffage dans la forêt de Fougères, consistant en 50 charretées de bois chaque année, — le râtelage des prairies du château, — un droit de juridiction avec basse justice. Le tout était estimé, en 1724, valoir 3,025 liv. 9 s. 3 d. de revenu, mais il y avait des charges assez nombreuses, aussi la *Déclaration* de 1790 ne fut-elle que de 2,426 liv.[2]

---

1. M. Maupillé, *Hist. de Fougères*, 158, 159.
2. Arch. dép. d'Ille-et-Vil., C, 1290 ; 1 V, 27.

Après le départ des religieux hospitaliers au xiii° siècle, le service des pauvres à Saint-Nicolas fut longtemps abandonné à des mains mercenaires, sous la surveillance de l'administrateur. Mais, en 1672, la Communauté de ville confia le soin de ses malades aux Hospitalières de Saint-Augustin, qui desservent encore l'Hôtel-Dieu de Fougères.

Cet hôpital ayant été transféré dans une autre partie de la ville en 1853, et les anciens édifices de Saint-Nicolas ayant été rasés pour faire place à une nouvelle rue, il est intéressant de dire ici quelque chose de l'antique Maison-Dieu fondée par les sires de Fougères.

Les bâtiments de l'hôpital Saint-Nicolas appartenaient à des époques bien différentes, depuis le xii° siècle, date de sa fondation, jusqu'au xviii°, que les religieuses bâtirent à leurs frais leur couvent en 1740. Mais ce qu'il nous faut rappeler ici, ce sont les constructions primitives, de style roman, malheureusement détruites aujourd'hui.

Dans une muraille on voyait un fragment de maçonnerie en pierres cubiques, d'appareil réticulé, extrêmement ancien. La pièce la plus remarquable de l'hospice était, sans contredit, la cuisine placée à gauche de la porte d'entrée. Elle était voûtée et les retombées de la voûte reposaient sur quatre piliers monolithes; la voûte présentait à sa partie supérieure une large ouverture surmontée d'un tuyau de cheminée. Cette pièce semble avoir été dans l'origine destinée à servir de chauffoir pour les pauvres et les voyageurs, qui trouvaient place autour de l'étrange foyer dont elle formait l'assiette et dans lequel on entretenait un feu en rapport avec les exigences de la saison. C'était sans doute pour l'entretien de ce feu que les seigneurs de Fougères avaient donné à l'hôpital le droit de prendre dans leur forêt 50 charretées de bois pour le chauffage des pauvres; sans cela cette quantité n'aurait point eu sa raison d'être, vu le petit nombre de pauvres admis à séjourner à l'hospice.

Une autre pièce attirait encore l'attention; c'était la cave dont l'entrée était du côté de la cour : elle était voûtée en berceau et présentait dans sa construction une grande analogie avec les celliers de Landéan ; on remarquait à son extrémité un singulier renfoncement dans la muraille. Il faut aussi mentionner une porte romane qui ouvrait vraisemblablement jadis sur l'intérieur d'un cloître de même style ; elle était située à droite de la chapelle, et son arcade en plein cintre, avec ses chapiteaux ornés de crochets, s'agençait d'une façon fort harmonieuse avec les arcades fermées qui, placées des deux côtés de la porte de l'église, servaient à la décoration de la façade.

Parlons enfin de cette église Saint-Nicolas, dont nous avons retracé l'origine. Extérieurement, la façade de cet édifice était construite jusqu'à la hauteur du sommet de la porte en pierre de granit de moyen appareil ; l'arcade de cette porte était formée par une ogive romane et ornée de trois voussures en retrait, dont l'extérieure reposait sur des chapiteaux à crochets qui lui étaient communs avec les arcatures l'accompagnant des deux côtés ; les deux autres voussures n'étaient que le prolongement des pieds-droits de la porte qui leur servaient de supports. Les arcatures murées dont nous venons de parler étaient en plein cintre et au nombre de deux de chaque côté de la porte ; la plus rapprochée de celle-ci était géminée, servant d'encadrement à deux autres arcatures plus petites dont les arcs reposaient sur les chapiteaux d'une colonne monocylindrique. Ces arcades, ainsi que celles des extrémités, différaient entre elles, tant par leur largeur que par la forme de leur amortissement ; celles de droite étaient plus étroites et formaient l'anse de panier, tandis que celles de gauche présentaient un arc plus évasé.

Au-dessus de cette porte romane s'élevait dans le fronton triangulaire du pignon une fenêtre ogivale datant du xiv° siècle comme toute la partie supérieure de cette façade : cette fenêtre était divisée en trois ogives surmontées de trois roses, dont la plus grande au milieu encadrait un quatre-feuilles [1].

L'intérieur de l'église Saint-Nicolas était moins intéressant ; on y remarquait toutefois, à droite en entrant, une grande arcade ogivale qui avait dû faire communiquer l'édifice avec un cloître ou une chapelle disparus depuis longtemps. Au Nord était une autre chapelle communiquant avec la nef par une belle arcade ogivale du XIVe siècle : on la nommait la chapelle de Notre-Dame du Boisgarnier, parce qu'en 1429 Jean, seigneur du Boisgarnier, y avait fondé une messe tous les vendredis pour ses père et mère, qui avaient reçu la sépulture en ce sanctuaire. Les nervures de la voûte d'arête de cette chapelle reposaient sur les chapiteaux de quatre colonnettes d'angles ; des écussons apparaissaient à la naissance et au sommet de l'arcade, sur les chapiteaux et à la clef de voûte ; enfin, une litre sur laquelle ces armoiries étaient répétées régnait autour de la chapelle : on y distinguait le blason des Le Corvaisier : *d'azur au sautoir d'or, accompagné de quatre étoiles de même*. En 1736, la famille Patard, possédant cette chapelle seigneuriale, la céda aux Hospitalières, qui y établirent leur confrérie du Sacré-Cœur de Jésus [2].

Tels étaient l'hôpital et l'église Saint-Nicolas de Fougères, monuments du XIIe siècle à jamais regrettables, démolis en 1805.

2° Hôpital-Général.

Cet hôpital naquit de l'édit royal de 1662, ordonnant dans toutes les villes l'établissement d'un dépôt de mendicité. Pour y obéir, la Communauté de ville de Fougères acheta plusieurs maisons et jardins dans la rue du Colombier, au faubourg Roger, et y jeta les fondements d'un premier asile. Celui-ci se composa d'abord des bâtiments construits au fond de la cour et de la chapelle qui la partageait en deux préaux, l'un pour les hommes et l'autre pour les femmes. Ces construc-

---

1. M. Maupillé, *Hist. ms. de la paroisse de Saint-Léonard de Fougères.*
2. *Ibidem.*

tions furent achevées en 1680, et des lettres patentes de juillet 1683 approuvèrent cet établissement, dont le roi se déclara le fondateur et le protecteur.

Par ces lettres, le roi défendait la mendicité à Fougères et ordonnait de conduire à l'Hôpital-Général tous les mendiants des trois paroisses de cette ville; il concédait en même temps de grands privilèges à cet hospice, tels que le droit exclusif de vendre de la viande pendant le carême, de prendre chaque année 50 cordes de bois dans la forêt, de confectionner et de vendre tous les cercueils des personnes décédées dans la ville de Fougères, de percevoir la moitié des aumônes fondées par les seigneurs de Fougères dans les églises ou monastères de leur ville, de percevoir la moitié des amendes ordonnées par les juges de la sénéchaussée de Fougères, de fabriquer toutes espèces de marchandises et de les faire vendre au profit des pauvres, etc.[1]

D'après ces mêmes lettres, l'administration de l'Hôpital-Général fut confiée à seize directeurs, dont sept étaient membres-nés, savoir : le sénéchal, le procureur du roi, le procureur-syndic de la Communauté de ville, l'administrateur en charge de l'Hôtel-Dieu et les recteurs des trois paroisses de Fougères; les neuf autres membres étaient à l'élection et devaient être renouvelés par tiers tous les trois ans.

Un peu plus tard, des dames charitables et bienfaisantes de Fougères se dévouèrent au service de l'Hôpital-Général. C'est ce que nous apprend un état de cet hospice dressé en 1724 : « Quatre demoiselles vertueuses, y est-il dit, se sont attachées à cette maison; elles y vivent à leurs frais et font passer au profit des pauvres l'excédant de leur fortune; elles y ont établi une manufacture de toiles qui occupe douze métiers[2]. » M. Maupillé cite au nombre de ces généreuses femmes Mmes de la Martinière et de Bigaglia, et Mlles Frontin des Buffards et

---

1. *Arch. dép. d'Ille-et-Vil.*, 4 H, 20.
2. *Ibidem*, C, 1290.

Le Mercier des Cures, qui firent achever de 1772 à 1777 les constructions de l'hospice Saint-Louis.

Ces travaux étant terminés, les administrateurs de l'Hôpital-Général passèrent un traité avec les Dames de la Charité de Montoire, qui durent fournir quatre sœurs pour le service de l'hospice. Ces religieuses vinrent, en effet, à Fougères, mais deux d'entre elles étant mortes peu après et leur congrégation se trouvant hors d'état de les remplacer, les deux autres sœurs se retirèrent.

Ce fut alors, en 1790, qu'on appela les Sœurs de la Sagesse de Saint-Laurent-sur-Sèvre, qui sont encore aujourd'hui à la tête du service de l'Hôpital-Général.

La chapelle de cet hospice, dédiée à saint Louis, lui a donné son nom; commencée en 1678, elle fut terminée en 1680.

3° *Maladrerie de la Magdeleine.*

La maladrerie de Fougères, destinée à recevoir les malheureux atteints de la lèpre, fut fondée par le baron Raoul II vers la fin du xii° siècle; il l'établit à une petite distance de la ville, sur le chemin d'Igné, au lieu qui porte encore aujourd'hui le nom de la Magdeleine.

La terre de la Magdeleine, sur laquelle est bâtie la chapelle actuelle de ce nom, fut affectée à la dotation et à l'entretien de cet asile, auquel les seigneurs de Fougères donnèrent aussi le devoir de coutume ainsi que le droit de foire au jour de Sainte-Magdeleine, et enfin un droit d'usage dans leur forêt, consistant en 40 charretées de bois de chauffage chaque année.

Cette léproserie fut d'abord desservie, semble-t-il, par les Chevaliers-Hospitaliers de Saint-Lazare, mais ceux-ci l'abandonnèrent de bonne heure. Ils furent remplacés par un prêtre, qui prit le nom de gouverneur et plus tard celui d'administrateur. Ce dernier était depuis le milieu du xiv° siècle nommé alternativement par le seigneur de Fougères et par les bourgeois de cette ville. Le premier de ces administrateurs dont le nom nous est parvenu fut Martin de la Couarde, qui vivait en 1346; le dernier fut Marc Girault, qui construisit la chapelle actuelle de la Magdeleine en 1541.

Voici la *Déclaration* des biens de ce bénéfice que fit au roi, le 14 mai 1540, ce même Marc Girault : « Les lieu et domaines de la Magdeleine, situés ès paroisses de Sainct Léonard de Fougères et de Lescousse, auquel lieu y a chapelle, maeson pour les pouvres lépreux et autres maesons de demeure, » jardins, prés, champs, contenant le tout 43 journaux de terre, sis proche la rivière de Couasnon; — le fief du bourg Saint-Léonard, à Fougères, — le fief de la Pissotière, en Laignelet, — 10 mines de froment dues par le seigneur de Fougères, — « les coutumes sur les bestes et marchandises à la foire qui se tient audit lieu en la feste de saincte Magdeleine, » — 40 charretées de bois dans la forêt de Fougères « pour le chauffage dudit administrateur et pour celuy des pouvres lépreux qui affluent chacun jour à ladicte maladrerie, et aussi pour le métayer demeurant audit lieu de la Magdeleine, » — le râtelage des foins des Prés-au-Duc, appartenant à la seigneurie de Fougères, « lequel foing est pour donner aux chevaux des pouvres mallades et lépreux de ladite maladrerie[1]. »

En conséquence de l'édit royal de 1560, la léproserie de Sainte-Magdeleine fut unie à l'hôpital Saint-Nicolas, mais la chapelle continua d'être desservie par un chapelain particulier; elle était, en effet, fondée de deux messes par semaine l'une le dimanche et l'autre le vendredi.

En 1674, les Chevaliers de l'Ordre de Notre-Dame-du-Mont-Carmel et de Saint-Lazare réclamèrent à l'Hôtel-Dieu de Fougères la terre de la Magdeleine, comme leur appartenant à titre de léproserie. L'affaire fut portée devant la Cour de l'Arsenal, à Paris, et soutenue par les administrateurs de

---

1. *Arch. dép. de la Loire-Inférieure.*

l'hospice. La Cour prononça en faveur des Chevaliers, mais l'administration obtint leur désistement moyennant une rente de 150 liv. qu'elle les autorisa à prendre sur la terre de l'Aumônerie et l'affranchissement qu'elle leur accorda de toutes les fondations qui étaient attachées à la possession de la Magdeleine[1].

La chapelle de la Magdeleine est encore debout, quoiqu'abandonnée; on y remarque une porte en accolade et des fenêtres flamboyantes qui rappellent l'époque de sa reconstruction, c'est-à-dire le XVI° siècle.

4° Lazaret de la Santé.

L'asile que nous désignons sous ce nom ne nous est connu que par la mention qui en est faite dans quelques actes des XVI° et XVII° siècles. Il était situé dans un champ qui porte encore aujourd'hui le nom de champ de la Santé, à environ six cents mètres de la ville, sur la route de Laval. Il servit à recueillir les malheureuses victimes de la peste en 1562 et en 1635, remplaçant ainsi la Magdeleine, dont les bâtiments, sauf la chapelle, étaient probablement en ruines à cette époque.

Ce lazaret dépendait de l'Hôtel-Dieu et nous ignorons l'époque de sa destruction. Quelques ruines, que l'on voyait encore en 1777, ont entièrement disparu, et le sol ne présente plus aucun indice qui puisse servir à faire reconnaître la place qu'il occupait[2].

Dans ce même champ de la Santé se trouvait aussi l'antique chapelle de Saint-Jean d'Igné, ruinée au XVIII° siècle; elle était affectée en 1635 aux exercices religieux du lazaret.

GAEL

L'auteur du *Registre ms. de Concoret* prétend que la cha-

---

1. M. Maupillé, *Hist. ms. de la paroisse de Saint-Léonard de Fougères.*
2. M. Maupillé, *Hist. de Fougères*, p. 107, 181.

pelle Saint-Jacques de Louya eut pour origine un petit hôpital destiné à loger les pèlerins se rendant à Saint-Méen. Julienne Pambouc, veuve de Pierre Davy, fonda en 1694 quelques messes en cette chapelle, considérée alors comme frairienne, et encore maintenant lieu de station pour les processions de la paroisse.

Il existe en outre dans la même paroisse de Gaël, à environ deux cents mètres de ce bourg, une propriété appelée le Paradis, où l'on vient de bâtir une jolie maison de maître. Il est présumable que ce lieu fut jadis la léproserie de la paroisse, fondée vraisemblablement soit par les prieurs de Gaël, soit plutôt par les seigneurs de Gaël, assez puissants au moyen-âge [1].

LA GUERCHE [2]

1° Hôpital Saint-Jean.

On ignore les commencements de l'hôpital Saint-Jean-Baptiste, construit dans un faubourg de cette ville, sur le bord du pavé Saint-Jean; mais ce dernier nom indique tout seul une haute antiquité. Il est vraisemblable que cet établissement fut fondé par les seigneurs de la Guerche alors qu'ils séjournaient en leur baronnie, c'est-à-dire en plein moyen-âge. Au XVIᵉ siècle il fut administré par Richard Macé, qui prenait en 1556 le titre de prieur de Saint-Jean, puis par Guillaume Geslin, qui acquit le 16 décembre 1585, au profit des pauvres malades, une maison et un jardin [3].

Les chanoines de la collégiale de la Guerche devaient une rente à l'hôpital Saint-Jean, et l'administration de cette maison ayant été confiée à de simples laïques au XVIIᵉ siècle, le service de la chapelle Saint-Jean fut confié au diacre d'office

---

1. Communication de M. Cocar, avoué à la Cour d'Appel.
2. Les hôpitaux de la Guerche se trouvaient en la paroisse de Rannée avant la Révolution, la Guerche n'étant point alors paroisse.
3. Guérin, Hist. ms. de la Guerche.

de l'église de Notre-Dame. C'est ainsi que, vers 1690, René Palicot, diacre de la collégiale et chapelain de l'hôpital, déclara jouir d'une maison avec quelques pièces de terre valant environ 20 liv. de rente, à charge « d'acquitter quelques messes par mois dans la chapelle Saint-Jean, d'assister les pauvres de l'hôpital et de leur administrer les sacrements [1]. »

Au milieu de ce XVII° siècle, Louis Ignoult, chanoine de la Guerche, donna 4,000 liv. à l'hôpital Saint-Jean pour reconstruire cette maison, demandant que l'administration en fût confiée à René Ignoult et à René Lecomte. Ce don fut accepté et employé à l'acquisition de la maison et du jardin du Pastis, en 1669 [2].

Au siècle suivant, la Communauté de ville de la Guerche obtint en faveur de son hôpital des lettres patentes royales datées de février 1776. Par ces lettres, le roi unit à l'hôpital de la Guerche le Bureau de charité de cette ville; le premier de ces établissements avait alors 1,200 liv. de rente, et le second seulement 200 liv.[3] Peu après, la Communauté de ville fit réparer tous les bâtiments, en 1784, et y ajouta la chapelle actuelle; en même temps elle traita avec les Filles de la Sagesse, qui tenaient depuis quelques années une école charitable à la Guerche. Par suite de cet accord, l'hôpital Saint-Jean, garni alors de seize lits et ayant environ 1,600 liv. de rente, fut uni à l'école charitable, et trois religieuses de la Sagesse furent chargées de tenir les deux établissements [4].

L'hôpital Saint-Jean existe encore; ses bâtiments n'offrent pas d'intérêt et datent du siècle dernier; il n'y reste rien de la chapelle primitive. La chapelle actuelle est à proprement dire une salle occupant un pavillon à l'extrémité de la maison, décorée dans le style rocaille de 1784, et s'ouvrant sur les salles des malades.

1. *Arch. dép. d'Ille-et-Vil.*, 8 G, 70; 4 H, 20.
2. *Ibidem*, 8 G, 64. — *Hist. ms. de la Guerche.*
3. *Arch. du Parlement de Bret.*
4. *Arch. dép. d'Ille-et-Vil.*, H, 63. — *Hist. ms. de la Guerche.*

Cet établissement, tenu jusqu'à nos jours par de pieuses dames laïques qui remplacèrent les Filles de la Sagesse chassées par la Révolution, vient d'être confié en 1877 aux soins des Filles de la Charité.

2° Léproserie de Saint-Lazare.

La léproserie de Saint-Lazare, située à l'entrée du bourg de Rannée, devait remonter au temps des Croisades, et il est probable qu'elle dut son origine à la piété charitable des barons de la Guerche. Au xv° siècle, ce n'était plus qu'un simple bénéfice possédé par un prêtre séculier. Le 4 mars 1482, le titulaire, Olivier Guichart, rendit aveu au seigneur de la Guerche « pour son prieuré et chapelle Saint-Lazare proche l'église de Rasnée. » On voit dans cet acte que ce bénéfice se composait alors de la chapelle Saint-Lazare, — d'une maison voisine avec son jardin, — d'une pièce de terre appelée la pièce de Devant-la-Chapelle, — d'autres pièces de terre dites de Goupillel, — d'un petit fief nommé Saint-Vincent, etc. Il était dû sur toutes ces terres 14 sols de rente féodale au baron de la Guerche [1].

Les sires de la Guerche, Charles de Cossé en 1621, et François de Cossé en 1635, annexèrent la chapellenie de Saint-Lazare au Chapitre de leur collégiale de la Guerche. Le 15 juin 1638, Pierre Cornulier, évêque de Rennes, approuva et confirma cette annexion. Aussi, en 1771, les chanoines de la Guerche déclarèrent-ils posséder « au lieu de Saint-Lazare, paroisse de Rannée, une maison consistant en salle basse et chambre basse, une petite cour au-devant et jardin devant la cour, une cour au derrière où est un pressoir avec un puits; la pièce de Devant et les pièces de Saint-Lazare, près le village de Goupillel. » On voit que dès cette époque la chapelle

---

1. *Arch. dép. d'Ille-et-Vil.*, 8 G, 64.

Saint-Lazare n'existait plus, étant vraisemblablement tombée de vétusté[1].

Aujourd'hui il ne reste de l'antique léproserie de la Guerche que le nom de Saint-Lazare conservé à la maison dont nous venons de parler, située sur la route de la Guerche à Rannée.

GUIGNEN

Il est plusieurs fois fait mention dans les aveux des évêques de Saint-Malo, notamment en ceux de M^{gra} Bohier en 1556, et du Guémadeuc en 1682, de la maladrerie de Guignen ; c'était à cette époque un village habité par « de povres gens vulgairement appelés cacquins » et regardés comme descendants des lépreux ou comme lépreux eux-mêmes. C'est tout ce que nous savons de cette vieille léproserie.

GUIPRY

Les *Déclarations* des regaires de l'évêché de Saint-Malo mentionnent « la tenue de la Maladrie, en Guipry, » devant à l'évêque « 2 sols monnaie de rente[2]. » L'acquit de cette rente figure sur tous les rôles jusqu'en 1636.

Il existe encore dans la paroisse une « croix de la Maladrerie » et un ruisseau de même nom, qui coule non loin de la chapelle de Chaumeray. Or, cette chapelle semble avoir toujours eu sainte Magdeleine pour patronne ; il se pourrait donc bien que ce fût à l'origine la chapelle de la léproserie de Guipry.

---

1. *Arch. dép. d'Ille-et-Vil.*, 8 G, 64 et 79.
2. *Ibidem*, 4 G, 62.

HÉDÉ

1° Hôpital.

En 1712, deux pieuses femmes de Hédé, nommées Sébastienne Beillet, demoiselle des Rangées, et Nicole James, s'unirent à Hélène Ravenel, veuve de François Sénéchal, sieur de Beaubreil, chirurgien à Bécherel, et à Geneviève Sénéchal, sa fille, pour fonder un hôpital dans la ville de Hédé. Elles formèrent entre elles une petite société, par acte du 17 mai 1713, pour subvenir aux besoins des pauvres reçus dans leur hôpital; elles acquirent un terrain dans un faubourg de Hédé, obtinrent en leur faveur une délibération de la Communauté de cette ville, ainsi que le consentement du recteur de Bazouges et de Hédé, et demandèrent l'approbation épiscopale à Mgr Turpin de Crissé, évêque de Rennes, qui la leur accorda le 15 décembre 1718 [1].

La construction de l'hôpital de Hédé, commencée dès 1712, n'était pas achevée en 1713; à cette dernière époque il ne se composait que d'un corps-de-logis et d'une chapelle non terminée; il n'avait que 50 liv. de rente en terres et ne devait entretenir que trois pauvres de la paroisse. Le président de la Bourdonnaye de Blossac y fonda un quatrième lit pour la paroisse de Saint-Symphorien, moyennant un capital de 1,500 liv.

Mme Sénéchal de Beaubreil dirigeait alors cet établissement. Après sa mort, sa nièce, Mlle Ravenel, la remplaça et obtint une nouvelle approbation, le 28 juin 1720, de l'évêque, Mgr de Breteuil, alors en tournée pastorale à Hédé. Vers ce temps-là on établit des retraites dans la même maison, et ce fut un moyen de faire vivre l'hôpital, dont la pauvreté était très-

---

[1]. Arch. dép. d'Ille-et-Vil., 1 H, 30.

grande. Quand vint la Révolution, Monique Folliot était directrice de ce double établissement [1].

2° *Léproserie.*

Comme tous les seigneurs du moyen-âge, ceux de Hédé construisirent une léproserie près de leur château ; elle était située au bout de la chaussée conduisant à la forteresse de Hédé ; c'est ce que nous apprend une vieille charte de l'an 1085, datée de cet endroit : « *Ad caput calcedie castelli Hatduci, secus Domum leprosorum* [2]. »

LILLEMER

Le *Pouillé de la province de Tours,* imprimé en 1648, dit qu'il existait en la paroisse de Lillemer, au diocèse de Dol, une « maladrerie, de fondation commune. »

LOHÉAC

Il est aisé de comprendre que les sires de Lohéac, qui figuraient parmi les plus grands seigneurs de Haute-Bretagne, durent construire un hôpital près de leur château ; il est également vraisemblable que la disparition de cette noble et puissante famille de Lohéac, éteinte dès le xiii° siècle, causa la ruine de ce pieux établissement. Aussi la seule trace de l'existence d'un hôpital à Lohéac se trouve-t-elle dans les déclarations des regaires de l'évêché de Saint-Malo : on y voit encore mentionnée au xvii° siècle une tenue située « près la chapelle de l'hôpital, à Lohéac [3]. » C'est tout ce que nous savons de cet hospice, détruit depuis plusieurs siècles, et dont la chapelle elle-même a complètement disparu.

---

1. *Arch. dép. d'Ille-et-Vil.*, H, 88.
2. *Biblioth. Nat.*, *Blancs-Manteaux.*
3. *Arch. dép. d'Ille-et-Vil.*, 1 G, 62.

LONGAULNAY

D'après le *Pouillé* de Mgr de la Bastie, la Magdeleine de Longaulnay avait la même origine que la Magdeleine de Tinténiac; dès lors il n'est plus douteux que ce ne fût jadis une léproserie. Situé à mi-voie entre Bécherel et Longaulnay, cet hospice semble avoir été fondé par les seigneurs de Bécherel aux portes de leur château. Cependant, M. de la Bigne Villeneuve dit qu'il fut doté par un seigneur de Lesnen, en Saint-Tual [1].

En 1727 il n'y avait plus au village de la Magdeleine qu'une chapelle dédiée à la sœur de Lazare, mais tombant malheureusement en ruines.

LOUVIGNÉ-DU-DÉSERT

Il existe près du presbytère de Louvigné, et à la sortie de ce bourg, une vieille chapelle dédiée à saint Jean, qui pourrait bien avoir appartenu jadis à des religieux hospitaliers, dont le peuple semble garder un vague souvenir en disant que des Templiers étaient jadis dans la paroisse. A côté de cette chapelle se trouve le champ des Bas-Cimetières, qui devait en dépendre autrefois. Au XVIe siècle le seigneur de Villavran reconstruisit en partie cette chapelle, dont il se disait fondateur, et sur laquelle on voit encore ses armoiries.

A une époque plus rapprochée de nous, un prêtre nommé Jean Riban, vivant en 1749, établit, suivant la tradition locale, un petit hospice dans lequel il soignait lui-même les malades, au village du Plantis, qu'il habitait. A côté de sa maison, qui existe encore, se trouve un petit oratoire dont les murs sont revêtus d'inscriptions assez bizarres. Mais il ne

---

1. *Bretagne contemp.* (Ille-et-Vil.), 63.

semble pas que cet établissement, de peu d'importance, ait subsisté après la mort de ce vénérable ecclésiastique.

MARCILLÉ-RAOUL.

Les barons de Fougères avaient fondé une maladrerie dans leur importante seigneurie de Marcillé-Raoul et aux portes de la forteresse de ce nom. Nous retrouvons une dernière trace de l'existence de cet établissement dans la *Déclaration* que firent en 16.. les trésoriers de Marcillé-Raoul, disant que la fabrique de cette paroisse possédait « le champ de la Maladrerie, » contenant un journal, et situé proche le village de la Maladrerie, sur le bord du chemin conduisant de ce village au château de Marcillé [1].

MARCILLÉ-ROBERT

Vers 1723, Louise Ballays entreprit seule de faire l'école aux enfants pauvres et de soulager les malades de la paroisse. Six ans plus tard elle s'associa Marguerite Mancel, demoiselle de la Rebergerie, et Renée-Emmanuelle Mancel, demoiselle de la Corbinaye, et ces pieuses femmes fondèrent ensemble « une école charitable et une maladrerie pour le soulagement des pauvres malades et infirmes de Marcillé-Robert. »

En 1731, Louise Ballays acheta la maison du Haut-Gast, près des ruines du château de Marcillé, et s'y établit avec ses pauvres; elle céda ensuite la direction de l'établissement à Mlle Chédemont, qui peu d'années après quitta la maison. Mlle de la Corbinaye, devenue alors directrice, traita le 11 décembre 1737 avec Marie-Joseph Bougeans, supérieure de l'Hôpital-Général de Rennes, et reçut d'elle des Hospitalières de

---

[1]. *Arch. dép. de la Loire-Inférieure.*

Saint-Thomas de Villeneuve, qui vinrent tenir l'école charitable et l'hôpital de Marcillé-Robert [1].

Cette maison existe encore. Chassées de Marcillé en 1791, les Hospitalières de Saint-Thomas y sont rentrées en 1857.

MARTIGNÉ-FERCHAUD

Nous ne connaissons l'ancien hospice de cette ville que par une fondation du xvi° siècle. En 1560, Olivier Houdain, sieur des Jaunaux, fonda la chapellenie de la Cailliboterie, « consistant en une messe par semaine en la chapelle de l'hospital de Martigné. » Peut-être cette chapelle était-elle celle de Sainte-Magdeleine, qui se trouvait anciennement à côté de l'église paroissiale de la Grande-Portion, et qui fut réédifiée et incorporée à cette église en 1631 pour devenir le siège de la confrérie du Rosaire [2].

MAURE

En cherchant autour de Maure quelque trace de l'hospice ou léproserie qu'avaient dû fonder les seigneurs du lieu au moyen-âge, nous n'avons rencontré que le nom du village de la Malardaye, synonyme assez commun de Malardrie ou Maladrie, situé aujourd'hui en la paroisse moderne des Brûlais, mais sur les confins de celle de Maure.

MAXENT

La très-ancienne chapelle de Sainte-Magdeleine du Bois-Davy, en Maxent, nous semble bien avoir pour origine une

---

1. *Reg. des insin. ecclés. du diocèse de Rennes.*
2. *Arch. dép. d'Ille-et-Vil.*, 9 G, 82; 1 H, 5.

léproserie fondée par les moines de Redon dans la paroisse de leur important prieuré de Maxent. En 1622, D. Porcher mentionne en cette chapelle « une image de sainte Marie-Magdeleine en pierre de Taillebourg artistement et anciennement taillée. » En 1673 il se tenait autour de cette chapelle une assemblée considérable le jour Sainte-Magdeleine, et en 1678 Bertrand Gouret, prêtre, était chapelain du lieu. Peu de temps après, en 1689, fut fondé l'ermitage du Bois-Davy, dont nous reparlerons; mais ce qui prouve bien en faveur d'une ancienne maladrerie en ce lieu, c'est qu'au siècle dernier une partie des biens du Bois-Davy fut unie à l'Hôtel-Dieu de Rennes.

MÉZIÈRES

En 1790, la fabrique de cette paroisse déclara jouir du « landier de la Maladrerie [1], » ce qui indique l'existence primitive d'un hôpital en ce lieu.

MINIAC-MORVAN

Le *Pouillé de la province de Tours*, imprimé en 1648, mentionne « la maladrerie de Miniac, » au diocèse de Dol; il s'agit par conséquent de Miniac-Morvan.

MONTAUBAN

Les sires de Montauban avaient fondé un hospice à peu de distance de leur ville, sur la route de Quédillac; le village de la Maladrie rappelle encore aujourd'hui par son nom le souvenir de cet antique établissement.

[1]. *Arch. dép. d'Ille-et-Vil.*, 1 V, 20.

MONTFORT

1° *Hôpital.*

D'après la tradition, l'hôpital de Montfort fut fondé par les seigneurs du lieu pour loger et secourir les pauvres malades qui se rendaient en pèlerinage à Saint-Méen. Dans la suite des temps on y ajouta une salle pour recevoir les infirmes indigents de Montfort. Ce qui prouvait l'antiquité de cet établissement était la principale verrière de la chapelle, renfermant les armoiries de la famille de Laval, qui possédait le comté de Montfort aux xv° et xvi° siècles [1].

Une lettre du sénéchal de Montfort, adressée en 1719 à l'intendant de Bretagne, nous apprend que l'hôpital de Montfort était alors régi par un bureau composé des recteurs, prêtres et bourgeois de la ville sous la présidence du sénéchal; la maison était tenue par un gardien qui y soignait les malades, de concert avec sa femme; l'hôpital avait à cette époque 500 liv. de revenu et renfermait douze lits, huit pour les hommes et quatre pour les femmes; le gardien offrait à chaque pèlerin pauvre allant à Saint-Méen un sol, et il le nourrissait et lui donnait au besoin le coucher pendant une nuit; il secourait également les malades indigents des trois paroisses de Montfort [2].

En 1744, le Parlement de Bretagne rendit un arrêt, en date du 1ᵉʳ juillet, attribuant à l'hôpital de Montfort la rente de 30 liv. et de 20 mines de seigle que le prieur de Saint-Nicolas de Montfort devait fournir pour soulager les pauvres de Montfort. Le même arrêt régla aussi ce qui suit : le bureau de l'hôpital sera composé du sénéchal et du procureur fiscal de la seigneurie, d'un des trois recteurs de la ville (chacun

---

1. *Arch. dép. d'Ille-et-Vil.*, C, 1269.
2. *Ibidem*, C, 1289.

d'eux siégeant alternativement pendant un an), du maire et d'un des échevins, et enfin d'un notable de chacune des trois paroisses de Montfort et de celle de Bédée; — outre les pauvres des trois paroisses de Montfort, un pauvre de Bédée aura toujours un lit; — le gardien ou prévôt de l'hôpital ne donnera plus aux pauvres vagabonds; — le bureau se réunira au moins une fois par mois; — un chirurgien sera attaché au service de l'hôpital, etc.[1]

Vers 1760, Mathurin Dousseau, recteur de Coulon, reconstruisit les bâtiments de l'hôpital de Montfort; le 14 mai 1763 il donna 13,000 liv. à cet établissement, puis il fit venir en novembre 1773 trois religieuses de la congrégation de la Sagesse pour soigner les malades et tenir en même temps une maison de retraite. En 1776, il obtint des lettres patentes du roi confirmant sa fondation. A cette époque, l'hôpital de Montfort renfermait dix-sept lits et avait 1,345 liv. de rente, sans comprendre 450 liv. abandonnées aux Sœurs de la Sagesse, et 1,000 liv. produit casuel des retraites affecté aux besoins de l'hospice[2].

On voit par là combien M. Dousseau avait été généreux envers l'hôpital restauré par lui; aussi employa-t-il à cette bonne œuvre presque toute sa fortune personnelle.

L'h...t de Montfort existe encore, et sa chapelle doit être celle q... reconstruisit M. Dousseau. Les Filles de la Sagesse continuent de tenir cet établissement.

2° Léproserie de Saint-Lazare.

Les seigneurs de Montfort fondèrent à quelque distance de leur ville, dans la paroisse de Coulon, la léproserie de Saint-Lazare. D'après un *Mémoire* du xviii° siècle rédigé par les Chevaliers de Saint-Lazare et du Mont-Carmel, cette lépro-

---

1. *Arch. dép. d'Ille-et-Vil.*, C, 1289.
2. *Ibidem*, C, 1209. — *Arch. du Parlement de Bret.*

serie de Montfort fut confiée dans l'origine aux Chevaliers-Hospitaliers de Saint-Lazare; elle dépendit de leur commanderie de Boigny, et les religieux qui la desservirent élurent primitivement eux-mêmes leur prieur. Mais à la mort de l'un d'entre eux, en 1327, le sire de Montfort nomma prieur de Saint-Lazare Pierre de Tournemine, que les religieux refusèrent de reconnaître. De là naquit un procès à la suite duquel le prieuré fut sécularisé et donné en commende[1]. En 1382, Josselin de Rohan, évêque de Saint-Malo, était en même temps « prieur de Saint-Ladre de Montfort, » et il résistait avec tant de fermeté aux prétentions du duc de Bretagne sur la juridiction temporelle de ce prieuré, que le roi de France crut devoir en écrire au Pape[2].

Saint-Lazare passa successivement, aux XVIe et XVIIe siècles, entre les mains des prieurs commendataires Jean de Laval, seigneur de Loué, qui résigna en 1563, — Guillaume Benoist, † 1583, — Jean Le Breton, † 1584, — Jean Régnault, résignant en 1585, — Jean Le Cocq, démissionnaire en 1599, — Guillaume Bossart, qui résigna en 1601, — Jacques Guilloteau, † 1611, — François Chauchart, son successeur, — Blaise Bluteau, qui résigna en 1667, — Louis de la Trémoille, abbé de Charroux et de Talmont, qui rendit aveu au roi le 5 août 1679[3]. Ce dernier prieur eut de la peine à se maintenir. Vers 1672, Louis XIV ayant confirmé la réunion des deux Ordres de Saint-Lazare et du Mont-Carmel, leur donna une nouvelle vigueur; leur grand-maître nomma Philippe Le Bigot de Neubourg prieur de Saint-Lazare de Montfort. Ce dernier attaqua en justice Louis de la Trémoille, qui ne gagna sa cause que moyennant une pension qu'il s'obligea à servir à Philippe Le Bigot en 1674.

Louis de la Trémoille eut pour successeur Gabriel de La

---

1. *Arch. Nat.*, S, 4850.
2. V. D. Morice, *Preuves de l'Hist. de Bret.*, II, 433.
3. *Reg. des insin. ecclés. de l'évêché de Saint-Malo.* — *Arch. Nat.*, S, 4850.

Font, qui fit au roi la déclaration de son prieuré le 16 juillet 1685.

Ce prieur était en même temps trésorier de la collégiale de Notre-Dame de Thouars, et Charles de la Trémoille était à la fois duc de Thouars et comte de Montfort. A la prière de ce grand seigneur et du prieur de Saint-Lazare, Mgr du Guémadeuc, évêque de Saint-Malo, consentit à unir le bénéfice de Saint-Lazare de Montfort à la mense capitulaire de la collégiale du château de Thouars, au diocèse de Poitiers; l'acte d'union fut signé par le prélat le 3 août 1688. Mais cet état de choses ne dura pas longtemps. Les Chevaliers de Saint-Lazare renouvelèrent leurs prétentions, s'opposèrent à cette union et nommèrent prieur de Montfort l'un d'entre eux, Jean du Verdier de Genouillac, qui prit possession de Saint-Lazare en 1696, malgré le seigneur de Montfort. Toutefois, l'Ordre ne put conserver ce prieuré, qui continua de demeurer en commende, en dépit de l'union faite avec la collégiale de Thouars : dès l'an 1699, en effet, Jacques Bertrand, quoiqu'il fût chantre et chanoine de Thouars, se fit pourvoir à Rome du prieuré de Saint-Lazare, et sur le refus d'un *visa* que lui fit l'évêque de Saint-Malo, il s'adressa à l'archevêque de Tours, en obtint le *visa* nécessaire, prit possession de Saint-Lazare et y demeura d'autant plus facilement paisible possesseur que le duc de la Trémoille ne tarda pas à vendre la seigneurie de Montfort.

Jacques Bertrand mourut en 1719, et Charles Huchet, seigneur de la Bédoyère, qui avait acheté la partie du comté de Montfort renfermant Saint-Lazare, présenta ce bénéfice à Hyacinthe de Calloët de Lanidy, qui en fut pourvu le 2 janvier 1720. Ce dernier étant mort dès 1724, fut remplacé par Jean-Ollivier Berthou de Kerversio, vicaire général et official de Quimper[1].

Celui-ci fut bien réellement le dernier prieur de Saint-

---

[1]. *Reg. des insin. ecclés. de l'évêché de Saint-Malo.*

Lazare. Étant devenu abbé commendataire de Pornic, grand-chantre, vicaire général et official de Nantes, et voulant seconder les bonnes intentions du seigneur de la Bédoyère, il renonça à son bénéfice de Saint-Lazare et en abandonna tous les revenus aux pauvres des paroisses de Coulon et de Talensac, ce qu'acceptèrent avec empressement les habitants de ces paroisses en juillet 1756.

En même temps l'on demanda au Parlement de Bretagne un règlement pour la tenue d'un hôpital que l'on se proposait de rétablir à Saint-Lazare; par arrêt du 5 août 1756, le Parlement décida que le bureau d'administration de Saint-Lazare se composerait des recteurs de Talensac et de Coulon, du curé du Verger, trève de Talensac, des sénéchaux de la Bédoyère et de Saint-Lazare, du procureur fiscal de Saint-Lazare et de trois notables nommés par les paroisses de Talensac et de Coulon et par la trève du Verger; — la présidence du bureau devrait appartenir au seigneur de la Bédoyère, et en son absence à l'un des prêtres, alternativement; — le bureau se réunirait tous les mois, et plus souvent si besoin était; — un receveur recueillerait les rentes, etc.

L'année suivante, Mgr de la Bastie, évêque de Saint-Malo, décréta le 30 mars 1757, à la prière de Charles Huchet, seigneur de la Bédoyère, et du prieur Jean-Olivier Berthou de Kerversio, la suppression définitive du bénéfice ou prieuré séculier de Saint-Lazare de Montfort, et il en unit tous les revenus à un établissement de charité pour les pauvres de Coulon, Talensac et Le Verger, aux conditions suivantes : le règlement fait par le Parlement de Bretagne le 5 août 1756 sera exécuté; — les assemblées des neuf membres du bureau auront lieu dans la maison priorale de Saint-Lazare, où seront déposées les archives; — la maison sera tenue par des Sœurs de la Providence, ou autres religieuses, qui ne pourront être admises ou renvoyées sans le consentement de l'évêque; — il sera célébré trois messes par semaine dans la chapelle priorale, pour remplir les intentions des premiers fondateurs; —

les comptes de la maison seront présentés à l'autorité diocésaine à chaque visite pastorale; — la nouvelle administration paiera les décimes et acquittera toutes les charges de l'ancien prieuré.

Peu de temps après, des lettres patentes du roi, datées de mai 1757, confirmèrent la suppression du prieuré de Saint-Lazare et la fondation de l'hôpital du même nom; elles furent homologuées au Parlement de Bretagne le 13 juillet suivant [1].

Le seigneur de la Bédoyère appela trois Sœurs de la Providence de Saumur pour tenir la maison de Saint-Lazare et soigner, principalement à domicile, les pauvres des paroisses de Coulon et de Talensac et de la trève du Verger; chassées en 1790, ces religieuses se réfugièrent pendant quelque temps à la Bouhernière, dans Le Verger, et la Révolution vendit nationalement la maison de Saint-Lazare.

Voyons maintenant quelle était l'importance de l'ancienne léproserie fondée par les seigneurs de Montfort sous le vocable de saint Lazare, et pour cela analysons la *Déclaration* que fit au roi en 1685 le prieur Gabriel de la Font.

C'est d'abord la chapelle et la maison priorale avec ses jardin et pourpris, — la métairie y joignant, — l'étang de Saint-Lazare et son moulin, — une petite chênaie, le tout en Coulon; — la chapelle et la métairie de Saint-Laurent-des-Guérets, en Talensac; — le pressoir banal du même lieu; — — la métairie de Brandelou, en Iffendic; — la chapelle de l'Aubriotière, en Irodouer; — le clos de Fourneaux, en Paimpont; — le droit de tenir une foire le 10 août à Saint-Laurent-des-Guérets et d'y avoir des plaids généraux le lendemain; — quelques dîmes en Coulon, Talensac et Iffendic; — une haute justice dont la juridiction s'étend sur les bailliages appelés : le bailliage des trois paroisses de Montfort, le bailliage d'Iffendic, les bailliages de la Guerche et de la Tibar-

---

1. *Arch. dép. d'Ille-et-Vil.* — *Arch. du Parlement de Bret.*

daye, en Iffendic, le bailliage de l'Aubriotière, en Irodouer, et le bailliage de Talensac[1].

Un autre acte beaucoup plus ancien, l'*Usement de Brécilien en 1467*, nous apprend aussi que le prieur de Saint-Lazare avait de beaux droits d'usage dans les vastes bois formant l'ensemble de la forêt de Brécilien ; ainsi, il avait droit d'usage pour son chauffage et pour le pacage de ses bestiaux, quels qu'ils fussent, dans la forêt de Coulon, à cause de sa maison de Saint-Lazare ; dans la forêt de Trémelin, à cause de sa métairie de Brandelou ; et dans la forêt de Lohéac, à cause de son domaine de Fourneaux.

Les seigneurs de Montfort, qui avaient accordé tous ces privilèges au prieur de Saint-Lazare, chargé dans l'origine d'administrer la léproserie de ce nom, s'étaient naturellement réservé les droits de fondateur et de présentateur du bénéfice ; le prieur de Saint-Lazare devait faire dire à leur intention deux messes chaque jour dans sa chapelle priorale, et une messe tous les dimanches et fêtes en celle de Saint-Laurent ; il devait, en outre, faire l'aumône aux pauvres du pays et payer 4 sols de rente féodale au comté de Montfort[2].

Lorsque le prieuré de Saint-Lazare fut supprimé en 1757, l'enquête faite à cette occasion, par ordre de l'évêque de Saint-Malo, prouva que ce bénéfice n'avait plus qu'un revenu net de 684 liv. Le revenu brut montait bien à 1,140 liv., mais il y avait des charges considérables, telles que la portion congrue du recteur de Coulon et le service des messes.

La maison de Saint-Lazare ainsi que sa chapelle existent encore et sont devenues la propriété des Missionnaires diocésains de Rennes. Le logis prioral fut rebâti en 1622, d'après une inscription ; quant à la chapelle, la tradition veut que le vénérable Père Grignon de Montfort l'ait restaurée en 1706 ; M. l'abbé Oresve dit même que ce saint prêtre y plaça une

1. *Arch. dép. de la Loire-Infér.*
2. Abbé Oresve, *Hist. de Montfort*, p. 264.

image de Notre-Dame-de-la-Sagesse. Mais il est certain que peu de temps après la suppression du prieuré en 1757, les administrateurs de l'hôpital Saint-Lazare demandèrent à l'évêque de Saint-Malo — qui la leur refusa — la réduction du nombre de trois messes dues par eux, motivant leur demande sur les dépenses que leur avaient causées les réparations de la maison, et spécialement la construction de la chapelle, « qui a été rebastie à neuf[1]. » Ils exagéraient sans aucun doute, car cette chapelle priorale de Saint-Lazare conserve encore de précieux débris de son état ancien. Elle est dédiée à Saint-Roch, et jadis il s'y tenait dans le pâtis voisin, le jour Saint-Marc, une foire qui a été transférée à Montfort. On y voyait naguère, « adossé au mur oriental, un autel en granit soutenu par un massif triangulaire, qui pouvait bien remonter au XIIIe siècle; il était surmonté d'une fenêtre ogivale à meneaux, entièrement bouchée aujourd'hui. » Au milieu de cette chapelle apparaît encore une pierre tumulaire également de la fin du XIIIe siècle : « Elle porte, dessinée au simple trait et encadrée dans une ogive trilobée, la figure d'une femme vêtue d'une cotte et d'un manteau, la tête nue et les mains posées à plat sur la poitrine. Autour de la pierre règne l'inscription suivante, en caractères gothiques de la fin du XIIIe siècle ou du commencement du XIVe :

Ci est Estaice la Testue :
En Paradis seit receue
L'arme de lé
E mise ou reigne de clarté.

« Cette dame, dit M. de Courcy, devait appartenir à la famille de dom Guillaume Le Testu, qui plaidait au Parlement

---

[1]. Ces dépenses avaient atteint le chiffre de 2,092 liv. (*Arch. dép. d'Ille-et-Vilaine.*)

général tenu à Vannes en 1451 contre Bertrand Pillet, sieur de la Salle, de la paroisse de Breteil [1]. »

Enfin, ne quittons pas cette intéressante maison de Saint-Lazare sans mentionner l'autel sur lequel le P. Montfort disait la messe, d'après la tradition, et la chambre qu'il occupait dans le prieuré lorsqu'il s'y retira, pendant quelque temps, en 1706.

PIPRIAC

Près du bourg de ce nom se trouve le village de la Maladrerie, dernier vestige d'un hospice fondé vraisemblablement par les seigneurs de la paroisse.

PLEINE-FOUGÈRES

Dans la paroisse de Pleine-Fougères, non loin du vieux château du Plessix-Chesnel et au bord d'un ruisseau, se trouvent une maison et un pont qui portent le nom significatif de la Maladrerie.

PLEURTUIT

1° Hospice de Jouvente.

Le village de Jouvente, situé sur la rive gauche de la Rance, était au xv° siècle un port d'aumône, c'est-à-dire qu'on y passait gratuitement les voyageurs indigents. Il est même vraisemblable qu'on les y logeait pendant quelques jours, comme à Dinart et à Stablon (nunc Port-Saint-Jean). Si la tradition locale prétendant que les Templiers ont habité jadis la paroisse de Pleurtuit est fondée, nous penserions volontiers que leur établissement eût été à Jouvente plutôt

---

[1]. M. Paul de la Bigne Villeneuve, Mélanges hist. de Bret., I, 71. — M. de Courcy, Itinéraire de Rennes à Brest.

qu'au bourg de Pleurtuit ; mais nous ne pouvons rien affirmer à cet égard. Toujours est-il qu'en 1497, Olivier de Saint-Denoual laissa par testament « 5 deniers au port d'aumosne de Jouvente. »

D'après quelques archéologues, la voie romaine de Corseul à Aleth traversait la Rance à Jouvente ; cette voie, devenue un grand chemin au moyen-âge, avait naturellement donné naissance au petit port de Jouvente et à son établissement hospitalier [1].

2° *Maladrerie.*

A un kilomètre environ du bourg de Pleurtuit se trouve la croix des Maladreries, mentionnée dans un aveu de 1682 ; elle rappelle encore maintenant le souvenir d'une ancienne léproserie dont on montrait naguère les derniers vestiges, consistant en substructions antiques. La tradition conserve toujours le souvenir d'un hôpital élevé jadis en ce lieu. On dit aussi que le village de la Ville-ès-Sauvés tire son nom des malades traités autrefois là ; mais nous ne croyons pas devoir attacher grande importance à cette dernière étymologie.

POILLEY

La seigneurie de Poilley avait une certaine étendue au moyen-âge, aussi possédait-elle une léproserie ; à quelque distance du bourg de Poilley existe encore un petit manoir moderne qui a remplacé une plus ancienne maison, mais qui porte comme cette dernière le nom caractéristique de Maladrerie.

QUÉDILLAC

Dans cette paroisse se trouvent deux villages nommés l'un la Maladrie, l'autre l'Hôpital ; évidemment une léproserie a

---

[1]. Bull. de la Société d'Émulation des Côtes-du-Nord, 1867, p. 92.

donné naissance au premier, peut-être des Chevaliers-Hospitaliers possédèrent-ils primitivement le second.

REDON

Les religieux bénédictins de l'abbaye de Saint-Sauveur de Redon fondèrent en cette ville un hôpital dont il est fait mention pour la première fois en 1438. A cette époque l'abbé Guillaume Chevrel autorisa en cette maison l'érection d'une chapelle dédiée à la Sainte Vierge et à saint Julien ; voici comment s'exprime la charte de fondation :

« A la supplication et requeste des bourgeois et habitans de nostre ville et forsbourgs de Redon, disant que en nostre ville a ung hospital et meson Dieu comancés en honneur et révérence de Nostre Seigneur et de la benoiste Vierge Marie et de Monseigneur sainct Julian, pour loger et soubtenir les povres chrétiens, quels y viennent et affluent chacun jour en grande multitude, auquel hospital n'a aucunes rentes ne revenus de quoi soubstenir iceux povres et faire reparations, sinon des aumosnes d'iceux bourgeois et habitans de nostredicte ville et forsbourgs principalement, et autres bienfaicteurs dudict hospital ; et mesmes qu'il avient souventes fois que plusieurs povres malades audict hospital y trépassent misérablement par longues pestilances de maladies et autrement, sans ouir messes ne voir leur Saulveur et le nostre Jhésuscrist, dont est pitié ; Nous qui suimes fondeur, patron et gouverneur général de ladicte meson Dieu, désirans le bien et augmentation dudict hospital et faire accomplir les œuvres de miséricorde, aussi avec l'assentement de nostre segretain (sacristain) de nostredict moustier et du vicaire de l'église parochiale de Nostre-Dame près Redon, aussi de la plus grande et plus saine partie des bourgeois et habitans desdictes ville et forsbourgs, en tant que mestier en est et leur peut appartenir ; Avons octroyé et par les présentes voulons et octroyons que lesdicts bourgeois et habitans de nostredicte ville et forsbourgs puissent faire ériger une chapelle de quatorze pieds de franc et un aultier (autel) seulement dedans ladicte meson Dieu, au nom de Nostre-Dame et de Monseigneur sainct Julian, afin de y faire dire et célébrer messes en faveur d'iceux povres et autres chrestiens qui auront devocion de visiter ledict hospital[1]. »

D'après D. Jausions, l'hôpital de Redon existait déjà depuis longtemps lorsque l'abbé Guillaume Chevrel permit ainsi aux bourgeois d'y construire une chapelle. La cause qui s'était opposée jusqu'alors à l'érection de ce sanctuaire était, dit cet auteur, la difficulté de savoir à qui appartiendraient les oblations qu'on y ferait : reviendraient-elles au vicaire perpétuel de Notre-Dame comme faites dans une chapelle bâtie sur cette paroisse, ou au sacristain de l'abbaye, représentant les religieux, recteurs primitifs du territoire? « Des prétentions s'élevaient des deux côtés. L'abbé Guillaume, comme on le voit par la teneur de l'acte dont nous venons de citer un fragment, tranche la question pendante entre le sacristain et le vicaire. Agissant comme seigneur spirituel et temporel de Redon, il autorise l'érection de la chapelle; et se portant, avec tout le couvent de l'abbaye, comme fondateur de l'hospice, il décide que les oblations faites dans cette chapelle profiteront aux pauvres eux-mêmes, dans une certaine limite, au-delà de laquelle il fait ses réserves, comme tout donateur a le droit de les faire en octroyant un don[2]. » C'est ce que nous apprend la suite de la charte précitée :

« Et, en oultre, pour les charges y appartenantes soustenir, avons ordonné et ordonnons, assemblement et d'assentement, que toutes les oblations par deniers, au cas que ne excederont 10 liv.[3] monnoye par an, avec toutes autres revenues données ou à donner audict hospital, en faveur desdicts povres; et au cas que lesdictes oblations par deniers excéde-

---

1. *Hist. de Redon.*
2. *Ibidem,* p. 94.
3. Ces 10 liv. représentent environ 300 fr., monnaie actuelle. (*Hist. de Redon.*)

ront plus de 10 liv. monnoye par an, Nous en pourons du surplus, nous et nos successeurs, disposer et ordonner ainsi que bon nous semblera. Et icelles oblations par deniers seront mises en troncs, bouestes ou en l'aultier; on aura trois clefs, dont Nous et nosdicts successeurs auront l'une, le garde et gouverneur dudict hospital l'autre, et un des bourgeois de nostre ville la tierce, par nostre ordonnance; lequel gouverneur sera tenu de compter par chacun an de toutes les revenues dudict hospital devant Nous et nos successeurs commis et deputez... »

Outre le bienfait de la fondation première, qui avait consisté sans doute dans la concession des terrains et bâtiments de l'hospice, construit près l'une des portes de l'abbaye, dans la ruelle des Chambots; outre la nouvelle source de revenus qu'ils ouvraient en permettant l'érection d'une chapelle où se feraient des oblations, les religieux de l'abbaye contribuaient directement chaque année à l'approvisionnement de l'hôpital. « On lit dans les *Aveux* rendus par les administrateurs de l'hospice, qui fournissent la déclaration des biens et rentes de cet établissement, que « lesdits religieux doivent, chacun « an, audit hospital, douze tonneaux de bled seigle et un « cochon gras aux termes ordinaires, » c'est-à-dire aux approches du carnaval. L'aumônier de l'abbaye devait aussi « soixante mines de seigle, » par an, à l'hospice, à prendre sur les prieurés de Marsac et de Macérac, et ce « à raison de « la cérémonie du lavement des pieds le Jeudy Saint[1]. »

De plus, les religieux devaient donner tous les jours « les reliefs de leur table et la portion des absents » à la porte du monastère ou bien à l'hôpital. Comme le nombre des moines de Redon fut longtemps très-considérable, ce genre d'aumône fut d'une certaine importance pour l'hospice, en sorte que les

---

[1]. Ce jour-là, en effet, les moines de Redon lavaient les pieds à quarante-trois pauvres dans leur église abbatiale; ils leur donnaient ensuite : aux treize premiers une petite pièce de monnaie et un hareng, et à tous un pain et un plat de bouillie deferes. (*Hist. de Redon.*)

administrateurs exigèrent plusieurs fois la continuation de cette forme de secours.

Pour ce qui regarde l'administration de l'hôpital de Redon, nous trouvons dans l'acte précité « un gouverneur de la maison-Dieu. » On voit donc par là que les moines, bien éloignés de l'esprit de domination qu'on leur imputa souvent, avaient établi dès lors des administrateurs laïques, « sauf à punir les males administrations, si aucunes seront, » ce qui fut toujours le devoir de l'autorité supérieure dont ils étaient investis. On trouve de bonne heure les assemblées du « bureau » de l'hospice, et les membres de ce bureau portaient le beau nom de « pères des pauvres, » qui se trouve fréquemment dans les actes écrits avant 1789 [1].

Jusqu'à l'époque de la Révolution l'hôpital de Redon fut desservi par des personnes séculières, gardes-malades salariées ou occupées par dévouement à cette pénible fonction.

En 1770 l'hôpital de Redon était dans un assez triste état, si l'on s'en rapporte aux notes adressées à son sujet à l'intendant de Bretagne : « Situé dans le milieu de la Grande-Rue de Redon, il consiste en une salle basse où les hommes, garçons, femmes et filles couchent, n'y ayant pas de chambres où les pouvoir séparer ; au bout de cette salle on dit la messe [2]. »

Comme il n'y avait pas moyen d'agrandir cet hospice, on le transféra en 1772 près de l'ancienne chapelle Saint-Pierre. Dès 1688 on avait déjà construit en ce lieu « un corps-de-logis de 100 pieds de long où il n'y avait encore ni portes ni fenêtres. » On voulait y faire un hôpital-général, mais ce projet n'eut pas de suite. La ville utilisa ce bâtiment en y transférant son hôtel-Dieu. On reconstruisit à cette occasion la chapelle Saint-Pierre, pour l'agrandissement de laquelle un saint

---

1. *Hist. de Redon*, p. 97.
2. *Arch. dép. d'Ille-et-Vil.*, C, 1280.

prêtre, M. Dumoustier, donna une partie de son jardin, et cette chapelle fut affectée au service du nouvel hôpital.

Vers cette même époque, c'est-à-dire en 1780, les revenus de l'hôpital de Redon consistaient en 1,500 liv. de rentes en argent et en 12 tonneaux de seigle [1].

L'hôpital de Redon existe encore au même lieu. Après la Révolution, les Sœurs de la Sagesse le desservirent pendant quelques années. En 1811 elles se retirèrent et furent remplacées par les Hospitalières de Saint-Thomas de Villeneuve, qui dirigent aujourd'hui cet établissement.

RENAC

La tradition locale prétend qu'auprès du bourg de Renac, au bord d'un ruisseau nommé encore ruisseau de la Maladrerie, existait jadis un hôpital ou plutôt une léproserie. Nous n'avons pas de documents concernant cet établissement, qui devait être une fondation faite par les seigneurs de Renac, fort bien posés à la cour des ducs de Bretagne.

1. *Arch. dép. d'Ille-et-Vil.*, C, 1269.

CHAPITRE II

Rennes (léproserie, hôpital Saint-Thomas, hôpital Saint-Jacques, hôtel-Dieu, hôpital Sainte-Anne, hôpital Sainte-Marguerite, sanitat, hôpital-général, hospice Saint-Méen, Incurables, hôpital militaire, la Piletière), Rheu (Le), Saint-Aubin-du-Cormier, Saint-Broladre, Saint-Gondran, Saint-Hilaire-des-Landes, Saint-Malo (hôtel-Dieu, hôpital-général, sanitat), Saint-Malon, Saint-Mard-le-Blanc, Saint-Méloir-des-Ondes, Saint-Méen, Saint-Onen, Saint-Ouen-de-la-Houairie, Saint-Servan (hôpital, léproserie), Sainte-Colombe, Tinténiac, Vezin, Vieuvy, Vignoc, Ville-ès-Nonains (la), Vitré (hôtel-Dieu, hôpital Saint-Yves, léproserie, lazaret, hôpital-général). — Marmites des pauvres et bureaux de charité. — Nomenclature des paroisses ayant avant 1790 des secours pour leurs pauvres.

RENNES

1° Léproserie de la Magdeleine.

Les bulles des papes Alexandre III (1164) et Innocent III (1208), données en faveur de l'abbaye de Saint-Georges, mentionnent à Rennes une chapelle dédiée à saint Lazare, située dans la rue de ce nom et dépendant de ce monastère, « ecclesiam Sancti Lazari cum pertinenciis suis[1]. » C'était la chapelle de l'hospice ou maladrerie de Saint-Lazare, destiné à servir de refuge aux lépreux. Selon M. de la Bigne Villeneuve, la léproserie de Rennes devait remonter jusqu'au XI° siècle.

Cet hospice disparut au commencement du XVI° siècle, comme nous le dirons plus loin. Quant à sa chapelle, dédiée dans l'origine à Notre-Dame, Marie-Magdeleine et saint

---

1. *Cartul. Sancti Georgii*, 108, 172. — En 1230, Alain, évêque de Rennes, reconnut que feu Guillaume Mengot avait fondé une messe en la chapelle de Saint-Lazare; il est fait mention dans cet acte de la rue, de la vigne et du pressoir de Saint-Lazare, « vicus Sancti Lazari, — vinea et pressorium Sancti Lazari. » (Arch. de la vicomté de Rennes.)

Lazare (ce que prouve un acte de 1490), ayant été reconstruite et agrandie vers cette époque, elle fut placée plus particulièrement alors sous le vocable de sainte Magdeleine.

C'est par erreur que M. Marteville a attribué au duc de Bretagne Conan III la fondation de la léproserie de Rennes en 1103. A cette époque, en effet, ce prince bâtit bien sur l'une des tours de la ville de Rennes une chapelle dédiée à saint Lazare et à sainte Magdeleine, mais il la donna en 1141 à l'abbaye de la Roë. Or, la chapelle des lépreux de Rennes n'a jamais dépendu du monastère de la Roë. De plus, nos historiens anciens regardent la fondation faite par Conan III comme étant celle du prieuré de Saint-Michel du Vieux-Châtel, desservi à l'origine dans une chapelle construite sur la Tour-du-Comte, puis dans la cathédrale. Enfin, l'on ne peut raisonnablement admettre l'établissement d'une léproserie sur des murs de ville; au moyen-âge, on se gardait bien de soigner les lépreux, si universellement abhorrés, dans l'enceinte même de la cité.

Si l'on s'en rapporte à certaine tradition relatée dans un titre de la vicomté de Rennes, l'origine de la chapelle de Saint-Lazare ou de Sainte-Magdeleine est beaucoup plus ancienne.

L'on sait qu'avant l'an 1008 Riwallon, premier seigneur de Vitré, s'attira l'affection de Geoffroy I*er*, duc de Bretagne, qui lui fit épouser Gwen-Argant, vicomtesse de Rennes. Or, voici la tradition, que confirme en partie Le Baud dans son *Histoire* et le P. Du Paz dans son *Catalogue des Évêques de Rennes;* nous laissons la parole à Gilles du Verger, sieur de Goby, procureur fiscal de la vicomté de Rennes et auteur du *Terrier* de cette seigneurie.

« Dans l'origine, dit-il, l'église de Toussainct de Rennes n'estoit qu'une simple chapelle occupée par des hermites qui avoient pour patron saint Augustin. La paroisse de ce canton n'avoit pour toute église que la chapelle de la Magdeleine, qui est aussi située dans le fief de la vicomté de Rennes.

Grénégande (c'est une altération du nom breton Gwen-Argant), la vicaire ou vicomtesse de Rennes, mariée à Riwallon de Vitré, transféra en l'an 992 lesdits hermites en sa ville de Vitré, qui sont à présent les Augustins, et à ce moment la paroisse qui estoit à la Magdeleine fut establie en l'église de Toussainct, et de la chapelle de la Magdeleine, où estoit ladite paroisse, il en fut par après fait et étably un hôpital pour les ladres [1]. »

Une enquête faite en 1394 prouve que les vicomtes de Rennes étaient considérés, en effet, comme les fondateurs de la léproserie de cette ville; aussi était-ce à eux et à ce titre que les prieurs et les malades de cet établissement rendaient aveu comme à leur seigneur féodal.

Durant le moyen-âge, on conserva même traditionnellement une cérémonie destinée à rappeler le souvenir de l'origine et de la fondation de la léproserie de Rennes : « Lorsqu'il était question de recevoir et installer des ladres dans cette maladrerie, cela se faisait processionnellement, en présence des juges, officiers et vassaux de la vicomté de Rennes, en présence desquels les ladres et mezeaux étaient obligés de dire une chanson avant d'y estre admis. Le dimanche, 14° jour de février 1429, furent par les processions conduits et menés audit lieu de la Magdeleine un nommé Roullequin et l'autre Perrin, ladres; lorsqu'ils furent à l'endroit d'un ruisseau étant assez près du Puits-Mauger, lesdits paroissiens s'y arrêtèrent, et sur une grande pierre étant proche dudit ruisseau, au costé de la maison de Guillaume Loz, se mirent lesdits mezeaux, et là dirent chacun sa chanson en présence des officiers de M. le comte de Laval (alors vicomte de Rennes) et de ses sujets; scavoir ledit Perrin : *Ma chanson est sur la ronche, ma chanson n'est pas plus longue*; et ledit Roullequin : *Je hay ma vie et désire ma mort*; et par M. François du Bois (c'était le seigneur de Coëtbouc, lors possesseur du lieu noble

---

1. Arch. dép. d'Ille-et-Vilaine.

du Puits-Mauger, tenu prochement de la vicomté de Rennes) fut à chacun d'iceux baillé du pain et un verre de vin, et l'on dit qu'il doit à chacun ladre conduit audit lieu de la Magdeleine, audit ruisseau, du pain et un gobelet d'estain plein de vin, et que la quarte ou pinte où est porté le vin pour mettre au gobelet est aux ladres[1]. »

On conserve encore aux Archives municipales de Rennes plusieurs rentiers de 1400 où sont portés les revenus de l'hospice de la Magdeleine; on y voit qu'à cette époque ces rentes s'élevaient à une assez grosse somme.

Vers la fin du xv° siècle, la Communauté de ville reconstruisit une partie de sa léproserie; le 13 janvier 1489 « fut vue la maison et édifice des ladres de la Magdeleine, près cette ville de Rennes, laquelle Michel Mesguer a prins à feur de ladite ville[2], et, vu l'œuvre parfaite, a esté trouvé que la maison cy-dessus est bien et suffisamment faite selon les points et devis du marché fait. » Aussi chargea-t-on les receveurs Jehan Le Breton et Jehan du Mont de payer cet entrepreneur intelligent.

Les travaux de cette nouvelle construction avaient d'ailleurs été dirigés, non sans peine, par Pierre Beedelièvre, procureur des bourgeois de Rennes, qui avait dû soutenir un procès à ce sujet contre Jehanne, veuve de Jehan Binet; c'est ce que nous apprend le mandement fait, le 17 janvier 1489, aux miseurs de Rennes de payer à cette veuve « la somme de 100 sols monnoye pour les peines et mises » que lui a causées le procès soutenu par elle « touchant un édifice qu'a fait faire ledit Beedelièvre au-devant de l'église de la Magdeleine, ès forsbourgs de ceste ville, près une petite ruelle joignant la maison de ladite veuve, quel édifice est pour loger les ladres de ceste ville et neuf paroisses de Rennes[3]. »

---

1. *Arch. dép. d'Ille-et-Vil.*
2. C'est-à-dire : s'est chargé de faire moyennant certain prix.
3. *Arch. municip. de Rennes.*

Cette construction de Pierre Becdelièvre n'était pas, semble-t-il, suffisante, puisque l'année suivante 1490, le 14 mai, on fit un devis d'une nouvelle maison de la maladrerie de la Magdeleine : « Ladite maison devant être à deux estres, chacun de 24 pieds de long et de laize de 16 pieds. »

Nous remarquons dans ce devis qu'on projetait de faire un édifice assez élégant, probablement dans le style ogival fleuri de cette époque, à laquelle appartenait aussi la chapelle de Sainte-Magdeleine. Ainsi, il est fait mention des sablières et des pignons, si communs en ce temps-là, « puis sera fait sur le devant desdits deux estres de maison, devers le pavé, une galerie sortante de 6 pieds de large, en la longueur de ladite maison, qui sera portée sur cinq pots, quels pots seront portés sur muraille; oultre seront faites marches pour entrer en ladite galerie, qui seront de pierre d'Orgères[1]. »

Toutefois, ce beau projet ne fut pas vraisemblablement exécuté. Cependant, les lépreux se trouvaient à cette époque dans une situation très-précaire, car le 12 février 1490 « les povres malades qui sont à l'ostel-Dieu, près la chapelle de la Magdeleine, ès forsbourgs de ceste ville de Rennes, » supplièrent très-humblement Messieurs du Conseil et le procureur des bourgeois de Rennes de pourvoir à leur subsistance. Dans cette requête, les lépreux déclarent « qu'ils ont grant nécessité de vivres et autres choses, qu'ils n'osent nullement aller se pourvoir en ceste ville, » où il leur a été défendu de paraître; que « leurs rentes sont bien réduites, » et que les quêtes faites pour eux par les paroissiens ne rapportent presque plus rien; enfin, ils se disent très-malheureux et bien abandonnés, « mesme y a une femme parmi eux, laquelle a eu un enfant qu'elle prie et requiert qu'il soit baillé à nourrir, car elle ne peut le nourrir. » Ils terminent leur lettre de doléance en priant Dieu qu'il donne aux bourgeois de Rennes, en ré-

---

1. Arch. municip. de Rennes.

compense de leurs charités, « santé et joie et paradis à la fin. Amen[1]. »

La Communauté de ville ne repoussa pas cette supplique des pauvres lépreux, car le 22 février 1491, et plus tard, en 1493, elle donna ordre de payer « le nourrissage d'une fille de Jehan Baincel et de Jehanne sa femme, laquelle femme est en la maladrerie de cette ville; » il est dit également que « ce nourrissage » coûta 25 liv. par an en 1491, et que la mère de cette enfant était encore à la Magdeleine en 1493.

Nous arrivons maintenant à notre dernière charte, concernant la léproserie de Rennes.

Le 1er février 1536, la Communauté de ville délibéra sur la construction d'une maison à la Magdeleine. Dans cette réunion on constata d'abord l'existence « d'un povre ladre de la paroisse de Toussaints, nommé en surnom Fournier, qui n'a habitation ny demeure, et qui, ces jours passés, a esté audit lieu de la Magdeleine conduit et mené. » Puis l'on rappela que « avant ceste heure avoit été dressé un devis de la maison qui reste à faire pour les ladres de la ville et des neuf paroisses de Rennes, au devant de la chapelle de la Magdeleine[2], » mais que cet édifice, ayant été mis en adjudication, les entrepreneurs en avaient demandé « trop grant et excessif prix. » Par suite de cette difficulté, et aussi probablement parce que la lèpre était devenue heureusement plus rare à Rennes, « fut délibéré et ordonné estre fait une petite maison pour recueillir ledit povre ladre, sans avoir égard au devis[3]. »

Ce Fournier fut, pensons-nous, le dernier lépreux de Rennes logé à la Magdeleine; les archives municipales ne

---

1. *Arch. municip. de Rennes.*
2. Cet acte de 1530, ainsi que le précédent de 1489, nous montrent la léproserie de la Magdeleine construite *devant* la chapelle de ce nom et non pas derrière cet édifice, comme l'a dit par erreur M. Marteville (*Dict. de Bret.*, II, 580).
3. *Arch. municip. de Rennes.*

renferment plus rien concernant cette léproserie après cette date de 1536.

Un mot maintenant de la chapelle de Sainte-Magdeleine, qui survécut à la maladrerie. Cet édifice, formant un simple rectangle, avait été construit ou restauré à trois époques différentes : la moitié de la nef, vers le bas, appartenait au xv° siècle, le chevet et le haut de la nef étaient des premières années du xvi°, et enfin la façade occidentale avait été relevée aux siècles derniers.

En 1490, Maurice du Grohant était chapelain de ce sanctuaire ; à sa prière, l'official de Rennes lui permit de percevoir à son profit les oblations et offrandes faites en sa chapelle « vulgairement appelée la Magdeleine, » oblations parfois considérables, surtout à la fête de sainte Magdeleine, « parce que de nombreuses indulgences étaient accordées à ceux qui visitaient la chapelle ce jour-là. » L'official concéda à Maurice du Grohant la faveur qu'il sollicitait, nonobstant les prétentions d'un certain Jehan Cordelier, qui cherchait chicane au chapelain, mais il obligea ce dernier à pourvoir aux réparations de l'édifice et à entretenir le sanctuaire de livres liturgiques, de vases et d'ornements sacrés [1].

Peut-être est-ce à ce Maurice du Grohant que nous devons la belle fenêtre flamboyante, la jolie charpente sculptée et les peintures murales aux fleurs de lys d'or sur champ blanc, dont on retrouvait naguère les intéressants vestiges dans la chapelle de la Magdeleine avant sa restauration moderne.

L'affluence des pèlerins à la fête patronale de cette chapelle fut vraisemblablement l'origine de la grande foire de la Magdeleine qui se tenait jadis aux environs de ce sanctuaire le 22 juillet, et à laquelle devaient comparaître « à cheval, armés et équipés, » les vassaux du vicomte de Rennes tenus au devoir de « la chevauchée. »

Une preuve encore de la dévotion qu'inspirait autrefois la

---

1. *Arch. municip. de Rennes*, 330.

chapelle de Sainte-Magdeleine, c'est que chaque année, le vendredi lendemain de l'Ascension, le Chapitre de la cathédrale s'y rendait processionnellement avec les religieux de Saint-Melaine, les religieuses de Saint-Georges et le clergé des neuf paroisses de Rennes [1].

Les vicomtes de Rennes étaient regardés, avons-nous dit, comme les fondateurs de la Magdeleine, et c'est à eux que rendirent aveu les chapelains Gaultier Guiton en 1383, et Bertrand Morice en 1682; la chapelle se trouvait, en effet, dans le *fief* de la vicomté. Mais le chapelain, nommé par l'abbesse de Saint-Georges, ne devait qu'obéissance féodale au vicomte et dépendait par ailleurs de l'abbesse.

Les derniers chapelains de la Magdeleine furent Julien Josse, ✝ 1780, et Gilbert Gontier, secrétaire de l'évêque, puis recteur d'Erbrée; celui-ci déclara en 1790 que les revenus de la chapellenie de la Magdeleine consistaient en une dîme et une ferme rapportant ensemble 545 liv., mais qu'il y avait en messes et portion congrue due aux prêtres de Toussaints 376 liv. 3 s. 2 d. de charges, ce qui réduisait son bénéfice à un revenu net de 168 liv. 16 s. 10 d. [2]

Vers 1686, on voyait dans la vitre du maître-autel de la Magdeleine les armoiries de Guillaume Malescot, sieur des Hayes, qui disputait au duc de la Trémoille, vicomte de Rennes, les prééminences de cette chapelle, à cause de son manoir voisin de Villeneuve. Mais à la même époque l'abbesse de Saint-Georges, Mme de La Fayette, fit placer un nouvel autel dans le sanctuaire et mit ses armoiries dans la vitre et au-dessus de la grande porte. Le duc de la Trémoille lui intenta à ce sujet un procès dont nous ignorons le dénouement.

Aujourd'hui la chapelle de la Magdeleine n'est plus reconnaissable. Restaurée avec beaucoup de goût par M. le curé de Toussaints, elle est desservie tous les dimanches par un

---

1. *Livre des Usages de l'Église de Rennes*, ms. de 1415.
2. *Arch. dép. d'Ille-et-Vil.*, 1 V, 28.

vicaire de cette paroisse. Depuis la Révolution, en effet, elle était abandonnée et sécularisée, et sa restauration était vivement désirée par la population du faubourg de la Magdeleine, appelé maintenant faubourg de Nantes. C'est le 18 juillet 1877 que le cardinal Saint-Marc, archevêque de Rennes, bénit lui-même cette chapelle nouvellement réparée; le dimanche suivant, 22 juillet, fête de sainte Magdeleine, on y célébra de nouveau la messe.

2° *Hôpital Saint-Thomas.*

Saint-Thomas était un établissement religieux appelé indifféremment *hôpital* ou *prieuré*, parce que l'administration en était confiée à un prieur.

Il est fait mention pour la première fois de cette maison au commencement du xiii° siècle, sous l'épiscopat de Pierre, évêque de Rennes, et du temps du trésorier Guillaume de Pincé. A cette époque figurent dans une charte les frères aumôniers de Saint-Thomas de Rennes, « *fratres eleemosinarii Sancti Thome Redonens*[1]. » Le prieuré devait être alors tout récemment fondé, puisqu'il était dédié à saint Thomas Becket, archevêque de Cantorbéry, canonisé en 1173.

Un peu plus tard, Alain, évêque de Rennes, reconnut, en 1236, que feu Guillaume Mengot avait fondé une chapellenie dans la maison de Saint-Thomas, « *in domo Sancti Thome*[2]. » Ainsi, dès le commencement du xiii° siècle, existait à Rennes un hôpital de Saint-Thomas desservi par des religieux dont il est difficile de préciser l'Ordre, mais que gouvernait un prieur nommé Godoc, en 1281[3].

Cet hôpital se trouvait près de la porte Blanche, dans le fief de la vicomté de Rennes et dans la paroisse de Toussaints; aussi, en 1388, Jehan Collas, « prestre administrateur

---

1. *Cartul. Sancti Melanii*, 104 v°.
2. *Arch. de la vicomté de Rennes.*
3. *Cartul. Sancti Georgii*, 216.

de la méson-Dieu de Saint-Thomas près Rennes, » rendit-il aveu au sire de Vitré, vicomte de Rennes, pour cette maison et pour ses dépendances, situées dans les paroisses de Toussaints, Saint-Germain et Saint-Hélier. Il déclara devoir à ce seigneur 14 sols 12 d. de rente féodale [1].

Le Chapitre de Rennes avait jadis coutume de se rendre processionnellement, le jour Saint-Marc, à la chapelle de Saint-Thomas; il y disait la messe et y faisait une prédication. Il y retournait le vendredi avant la Pentecôte, en compagnie des religieux de Saint-Melaine et du clergé des neuf paroisses de Rennes, et y chantait encore la grand'messe. C'est ce que nous apprend le *Livre des Usages de l'Église de Rennes* rédigé en 1415.

En 1408 et en 1470, Nicolas de Hormit et Pierre Régnier, successivement prieurs de Saint-Thomas, rendirent aveu pour ce bénéfice au duc de Bretagne [2].

C'est probablement à cette même époque du xve siècle qu'appartient un sceau du prieuré de Saint-Thomas dont voici la description : *ogival et présentant dans une niche surmontée d'un dais à pinacles saint Thomas de Cantorbéry revêtu des ornements épiscopaux, la mitre en tête, une croix dans la main gauche et bénissant de la main droite; un glaive traversant la tête du saint indique le genre de martyre qu'il eut à souffrir;* la légende porte : S. DE LA COURT DU PRIOUR DE S. THOMAS. [3]

En 1455, l'hôpital Saint-Thomas bordait une rue qui portait son nom et sur laquelle ouvrait une voûte avec portail pour donner accès dans l'enclos. Plusieurs maisons de cette rue et des rues voisines relevaient féodalement de la juridiction du prieur et lui devaient des rentes.

Vers 1536, Pierre Le Faye, « prieur et administrateur du

---

1. *Arch. dép. d'Ille-et-Vil.*
2. *Arch. dép. de la Loire-Infér.*
3. La matrice de ce sceau fait partie de la collection de M. Lecoq-Kerneven, qui l'a recueillie à Rennes et a bien voulu nous la communiquer.

prieuré et hôpital de Saint-Thomas, » céda son bénéfice à la Communauté des bourgeois de Rennes, avec l'assentiment de l'abbesse de Saint-Georges dont il dépendait alors féodalement, moyennant une pension annuelle de 50 liv. Il n'agit ainsi que pour faciliter l'établissement d'un collège dont la ville de Rennes sentait alors le besoin. L'extinction du titre de ce bénéfice fut obtenue en cour de Rome, et le consentement du roi François Ier mit le dernier sceau aux formalités nécessaires pour permettre à la Communauté de ville d'y installer ses écoles publiques [1].

Ainsi disparut l'hôpital Saint-Thomas, dont les revenus aussi bien que les bâtiments furent unis au collège de même nom dont nous parlerons plus loin.

Voici, d'après une déclaration de 1790, quels étaient ces revenus du prieuré de Saint-Thomas : rentes féodales, 6 liv. 17 s.; — rentes foncières, 88 liv.; — juridiction et greffe, 20 liv.; — dîmes en Chantepie, 366 liv.; — dîmes en Nouvoitou, 430 liv.; total : 910 liv. 17 s. Mais de cette somme il fallait déduire les charges, montant à 321 liv. 8 s., de sorte que le revenu net n'était que de 589 liv. 9 s. [2]

3° *Hôpital Saint-Jacques.*

En 1213, le Chapitre de Rennes fonda une « maison-Dieu » et donna certaines vignes pour l'établissement de cet hôpital. M. de la Bigne Villeneuve croit qu'il s'agissait là de l'hospice Saint-Jacques, et voici les preuves qu'il en offre :

« Le registre de la Réformation du Domaine en 1646 et années suivantes, document authentique et précieux sous plus d'un rapport, dit en termes formels que le couvent de Saint-François, autrement des Cordeliers, était autrefois, et avant la venue à Rennes de ces religieux, nommé hôpital Saint-Jacques.

---

1. *Arch. municip. de Rennes*, 281.
2. *Arch. dép. d'Ille-et-Vil.*, 1 V, 26.

« En outre, il était de tradition constante, dans l'ancienne maison des Cordeliers de Rennes, que lors de l'établissement de leur Ordre à Rennes, au XIII° siècle (vers 1230), on leur donna à desservir, à titre de chapelains et aumôniers, l'église de l'hôpital Saint-Jacques, ainsi appelé parce qu'on y recevait les pèlerins qui se rendaient à Saint-Jacques de Compostelle, en Galice, ou qui en revenaient. La place située vis-à-vis l'entrée du monastère des Cordeliers (aujourd'hui partie de la place du Palais) s'appelait encore avant la Révolution le cimetière Saint-Jacques, et jusqu'à l'incendie de 1720 il y existait une croix fort ancienne, disent les documents qui en font mention.

« Une notice manuscrite sur le couvent des Cordeliers ajoute que lorsqu'on baissa le terrain de la place du Palais, et lorsqu'après l'incendie les religieux firent bâtir leur grande maison formant l'encoignure de ladite place et de la rue Saint-Georges, on trouva beaucoup d'ossements humains. Enfin, lors de l'érection de la statue équestre de Louis XIV, en 1730, sur la même place du Palais, M. de Brou, intendant de Bretagne, ordonna la suppression de la croix du cimetière Saint-Jacques, à la sollicitation de M. Rallier, maire de Rennes.

« Il semble que la position du couvent des Cordeliers de saint François et la nature des terres de leur enclos, où, d'après les réformations de 1455 et de 1646, on voit encore figurer des vignes, ne laissent pas de doute que ce monastère, qui avait été au XIII° siècle l'hôpital Saint-Jacques, ne fût identique à l'ancien hôpital mentionné dans l'acte de 1213, où il est aussi question de vignes données par le Chapitre pour la construction d'une Maison-Dieu[1]. »

---

1. *Mél. hist. et archéol. de Bret.*, I, 65 et 66.

4° Hôtel-Dieu.

En 1358, un prêtre du diocèse de Tréguier, nommé Eudon Le Bouteiller, consacra son manoir avec toutes ses dépendances, situés dans la cité de Rennes, près de la porte Esvière, à la fondation d'un hôpital [1]. Par l'acte de donation, le fondateur de la nouvelle Maison-Dieu la dédia à Dieu et à la Sainte Vierge; mais cet hôpital ne tarda guère à être placé sous la protection de saint Yves, dont le culte était alors en grande faveur. Le recteur de Saint-Étienne, dans la paroisse duquel fut fondé cet établissement, renonça, pour lui et ses successeurs, au droit d'y exercer ses fonctions curiales, ce qui fut confirmé beaucoup plus tard par arrêt du Parlement, le 26 août 1658.

Voici le résumé des statuts établis par Eudon Le Bouteiller pour diriger et gouverner la maison qu'il fondait :

« Deux chapelains y étaient préposés et chargés d'y célébrer l'office divin et d'assister les malades. La nomination de ces chapelains était dévolue au prieur claustral et à l'aumônier de l'abbaye de Saint-Melaine, assistés de deux bourgeois des plus notables de Rennes, « *duobus de supereminencioribus burgensibus villæ Redonensis, probis viris et justis.* » Après l'élection faite, les deux bourgeois présentaient les nouveaux élus aux vénérables chanoines du Chapitre de Rennes, qui donnaient l'institution en leur conférant les pouvoirs d'exercer leur charge. L'un des deux chapelains recevait, en vertu du choix des électeurs sus-indiqués, le titre de principal gouverneur et administrateur de l'hôpital; c'était lui qui ordonnait, lui qui disposait des revenus de la maison, qui faisait les baux des biens et touchait les recettes. Il devait tenir, mois par mois, registre des oblations et des autres émoluments que percevait

---

[1]. « *Herbergamentum, cum pertinenciis ipsius universis, quod situm est in civitate Redonensi, prope portam Aquariam, quod ibidi pro quodam hospitali seu domo Dei fundanda acquisivi et ædificari feci.* » (Arch. municip. de Rennes.)

l'hôpital, afin d'en rendre compte à l'aumônier de Saint-Melaine et aux deux notables conjointement. Cette reddition de compte avait lieu une fois l'an, dans la semaine qui suivait la Toussaint. Ce régime dura jusqu'à la fin du XV° siècle. La réunion des deux hôpitaux de Saint-Yves et de Sainte-Anne, en 1557, consacra les changements introduits peu à peu par la Communauté, qui avait déjà accaparé l'élection des deux chapelains. A partir de cette époque, il n'y eut plus qu'un seul prêtre-gardien, révocable à volonté [1], et trois prévôts administrateurs de l'Hôtel-Dieu [2], tous nommés par la Communauté de ville et le Chapitre réunis [3]. »

A la mort des chapelains, tout leur mobilier, et même les immeubles qu'ils avaient acquis depuis leur nomination, devaient retourner à l'hospice. De plus, l'Hôtel-Dieu héritait du mobilier de toutes les personnes qui décédaient dans ses lits; aussi vit-on dans la suite bon nombre de gens aisés aller, tant par piété que par humilité, mourir à l'hôpital Saint-Yves pour le faire profiter de cette clause.

En 1522, Guillaume de Languedoc, administrateur, augmenta sensiblement les revenus de la maison par l'érection d'une confrérie de Saint-Yves et de Saint-Bertrand. Les indulgences accordées aux confrères par le Pape procurèrent des aumônes considérables à l'hôpital.

En 1583, la Maison-Dieu renfermait quatre-vingt-deux lits, savoir : trente-quatre dans la vieille salle, quarante dans la nouvelle, trois dans la chambre des femmes sur la cuisine et cinq dispersés dans les pièces voisines [4].

---

1. Le gardien de Saint-Yves était toutefois assisté dans les siècles derniers de quatre prêtres « pour administrer les sacrements aux malades et acquitter les fondations et services. » (*Recueil hist. ms.*, par Languedoc.)

2. Ces trois économes ou prévôts furent d'abord « un procureur au Parlement, un procureur au Présidial et un marchand, lesquels étaient tenus de prêter serment en la chapelle de l'hôpital, devant le magistrat dudit Présidial, la veille du jour Saint-Yves. » Plus tard, en 1717, ces trois prévôts furent choisis dans les trois corps du Chapitre, du Présidial et de la Communauté de ville. (*Recueil hist. ms.*, p. Languedoc.)

3. M. Paul de la Bigne Villeneuve, *Bull. de l'Assoc. bret.*, II, 132.

4. *Arch. municip. de Rennes.*

« Pierre Alleaume, chanoine de Rennes, nommé gardien de Saint-Yves en 1591 par la Communauté de ville, exerça cet office avec un zèle et une charité admirables pendant vingt-neuf ans consécutifs. Il est justement honoré comme le restaurateur et le principal bienfaiteur de cette maison. Tous ses biens furent consacrés à maintenir, réparer et agrandir les logements destinés aux pauvres et aux malades. C'est sous son administration que furent fondés, en 1617, les deux grands bâtiments bornant la cour à l'Est et au Sud, au prix de 50,000 liv. (200,000 fr. environ de notre monnaie)[1]. »

Ces constructions n'étant pas encore suffisantes, la ville éleva en 1628 les salles à l'Ouest de la cour. Un procès-verbal de 1630 constate qu'à cette époque il y avait à Saint-Yves deux cent vingt pauvres, tant hommes que femmes et enfants[2].

Cette nouvelle extension donnée à l'établissement hospitalier fit sentir la nécessité d'augmenter le personnel du service. Durant trois siècles, les gardiens et administrateurs n'avaient employé sous leurs ordres que des domestiques à gages. En 1644, les religieuses hospitalières de la Miséricorde de Dieppe furent admises à venir à Saint-Yves « soigner les malades en qualité d'humbles servantes des membres de Notre-Seigneur. » Elles y demeurèrent jusqu'à la Révolution, furent chassées en 1792 et rentrèrent en 1804. (V. p. 206 et suiv.)

Les édifices de l'Hôtel-Dieu furent complétés en 1728 par la construction du bâtiment destiné à servir de grenier pour les blés et de caves pour les cidres des hôpitaux de Rennes.

Lorsque l'on construisit de nos jours les quais de la Vilaine, les salles des malades de Saint-Yves furent condamnées par les alignements; les autres édifices étaient en mauvais état, l'espace manquait pour bâtir, et l'administration résolut de

---

1. M. de Léon, Rapport hist. sur les Hospices de Rennes, 4.
2. Arch. municip. de Rennes.

transporter cet établissement dans le quartier de la rue Haute, sur les terrains de la Cochardière. Le nouvel Hôtel-Dieu élevé en cet endroit a été inauguré en 1858.

Depuis cette époque, les anciens bâtiments de l'hôpital Saint-Yves ont été vendus à des particuliers; la chapelle reste encore debout, convertie en magasin; comme c'est un édifice fort intéressant, nous en donnons ici la description, regrettant vivement qu'elle ait perdu sa pieuse destination.

Cette chapelle n'est pas le sanctuaire primitif de l'hôpital; dès le xiv° siècle il y avait une chapelle à Saint-Yves, mais il ne reste rien de cette antique construction mentionnée dans l'acte de 1358. La chapelle qui existe encore borde la rue Saint-Yves sur une longueur d'environ 35 mètres; sa forme est un long rectangle. Le mur septentrional est appuyé par six contreforts à retraites décorées de niches s'amortissant en accolades, brodées en panneaux et chargées d'écussons sur leurs socles et à leurs sommets. Les cinq intervalles ménagés entre les éperons sont occupés par quatre fenêtres et deux portes latérales.

« La première fenêtre à l'Est présente dans les moulures prismatiques de ses meneaux, dans leurs arcs trilobés, dans les broderies en cœurs de son réseau, tous les caractères du style flamboyant[1].

« Entre le second et le troisième contrefort il n'y a pas de fenêtre, mais seulement un portail dont l'archivolte, décrivant un arc tudor, a sa gorge ornée d'une guirlande de feuilles de vigne avec des grappes de raisin. L'extrados est garni de feuilles frisées en crochets; un écusson, sommé de la couronne ducale, est plaqué sur l'amortissement de l'accolade, dont la pointe se relève en pédicule et vient supporter un piédestal veuf de sa statue. Il y en avait trois sans doute dans les trois niches accolées qui surmontent ce portail; leur cou-

---

[1]. Toute cette description de la chapelle Saint-Yves est l'œuvre de M. Paul de la Digne Villeneuve. (*Bull. de l'Assoc. Bret.*, II, 133.)

ronnement se compose de dais élégamment ouvragés, à moulures pannelées, à frontons fleuronnés et festonnés. Sous la corniche qui sert de base à leur ensemble court un cordon de feuilles entablées d'une exécution délicate; ce sont des feuillages d'aulne, de mauve, de figuier, etc.

« Les deux contreforts qui viennent ensuite encadrent un pignon aigu dont la saillie, à peine sensible sur le corps de l'édifice, marque le transept. Outre sa grande fenêtre il a aussi une petite porte latérale, bouchée comme la précédente, et qui étale une ornementation semblable, mais moins riche. Ces deux portes sont accompagnées de bénitiers extérieurs, sculptés dans le granit et engagés dans le flanc des contreforts voisins. Le mieux conservé est celui de la seconde porte : une croix composée de feuillages en panache s'épanouit au-dessus de l'ouverture arquée du bénitier, entre deux pinacles munis de crochets, le tout en application; la vasque est supportée par deux dragons entrelacés qui se tordent sous la partie inférieure. La fenêtre occupant le haut du gable a perdu les compartiments ondulés de son tympan.

« Restent les deux dernières ouvertures percées entre les trois contreforts les plus rapprochés du bas de l'église. La disposition de leurs meneaux, d'une grande simplicité, est curieuse en ce qu'elle signale la transition de l'ogive au plein cintre, accusant ainsi une époque plus moderne que la fin du XVe siècle. L'une de ces fenêtres a trois divisions verticales dont les arcs arrondis soutiennent une figure annulaire au centre, accostée et surmontée de trois segments de cercle tranchés par l'intrados de l'ogive; l'autre fenêtre, sans aucune broderie au sommet, rappelle le style perpendiculaire, sauf que trois arcs cintrés coupent à des hauteurs inégales les lignes verticales de ses meneaux.

« Le sixième contrefort du mur septentrional, qui appuie en même temps l'angle Nord-Ouest de la façade occidentale, s'y applique non pas parallèlement au mur, mais faisant face à l'angle; il est plus décoré que les autres, à cause de sa double destination; des niches du même style que celles des autres contreforts occupent ses trois faces; un pinacle en application, dont les rampants sont chargés de crochets, couronne l'ensemble.

« Le grand portail occidental, flanqué à droite et à gauche de niches avec dais brodés et culs-de-lampe à écussons, offrait, avant les mutilations dont il a été victime, une riche ornementation du style ogival tertiaire. C'est toujours l'arc surbaissé, dont l'archivolte se décore d'une guirlande de feuilles laciniées; seulement ici, à l'extrados de l'arc, l'accolade se relève trois fois pour former un triple pédicule sous trois écussons qui avaient jadis chacun leurs supports variés, anges, lions et griffons ailés : au centre figurait l'écusson de Bretagne aux *hermines pleines*. Une rangée de niches semblables à celles du portail latéral décrit plus haut remplit de ses panneaux à arcatures le trumeau qui la sépare d'une grande fenêtre ogivale aux trois quarts bouchée par une ignoble maçonnerie, mais dont le réseau a conservé ses ramifications flamboyantes.

« L'ensemble de ces deux baies se trouve encadré d'une ogive enveloppante, délimitée par plusieurs moulures prismatiques en retraite les unes sur les autres, qui partant du seuil s'élancent jusqu'à la pointe légèrement contre-courbée de son archivolte, dont l'extrados est garni de crosses végétales et d'un bouquet terminal de feuilles frisées. De chaque côté de la grande ogive, un pilastre en application et subdivisé en plusieurs panneaux dresse son aiguille hérissée de crochets.

« Le mur méridional de la chapelle Saint-Yves forme un des côtés de la cour intérieure de l'Hôtel-Dieu; il est percé de trois fenêtres : l'une, au bas de l'église, a le même agencement de meneaux que la quatrième du côté du Nord; les deux autres, divisées en quatre panneaux par des meneaux trilobés et lancéolés à leur sommet, déploient dans les broderies de leur tympan les courbes allongées et capricieuses du style ogival fleuri. »

A l'intérieur de la chapelle « il y a seulement à noter les filières en corniches saillantes, dans lesquelles sont engagées à leurs extrémités les poutres transversales qui soutiennent le comble; elles sont historiées de têtes humaines grotesques, d'animaux bizarres, de feuillages sculptés en relief. Les deux bouts des poutres figurent des gueules de dragon d'où sort le fût. Tous ces détails sont dans le goût et le style du xvi° siècle.

« Quelques débris de vitraux échappés à la destruction ne sont pas indignes d'être remarqués. Dans la fenêtre méridionale du chœur, au milieu du compartiment cordiforme qui remplit la pointe de l'ogive, on distingue encore très-bien un écu aux *armes pleines de Bretagne*. » Dans d'autres verrières, parmi quelques restes de scènes religieuses, on remarquait les écussons des familles Le Duc, du Rouvre et du Liepvre.

Enfin, plusieurs tombeaux apparaissaient dans la chapelle Saint-Yves; c'étaient ceux de : Jean de Kergu, recteur de Brie, ✝ vers 1489; — Renée Botherel, dame du Tiercent, qui fit une fondation à l'Hôtel-Dieu en 1595; — Jeanne Pinczon, dame de la Meslée, ✝ 1599; — Arot. gardien de l'hôpital, ✝ 1742, — et Joseph Boursoul, également gardien, décédé en odeur de sainteté en 1774. On découvrit aussi le cœur de Charles d'Ailly, duc de Chaulnes et gouverneur de Bretagne, ✝ 1698[1].

Nous nous sommes arrêté longuement à décrire la chapelle Saint-Yves, parce que toute défigurée et abandonnée qu'elle soit, elle n'en est pas moins le spécimen le plus complet de l'art ogival à la fin du xv° siècle que possède la ville de Rennes.

5° *Hôpital Sainte-Anne.*

En 1340, plusieurs confréries de métiers fondèrent un hôpital à Rennes; ce furent « les frères et sœurs, les prévotz et

---

[1]. La description de ces divers monuments funéraires et de leurs épitaphes nous entraînerait trop loin; on la trouvera dans le *Bull. de la Société archéol. d'Ille-et-Vil.*, I, 23, 27, 28.

esleus des frairies de Nostre-Dame Meaoust (de la mi-août), qui est tenue des boulangers, de Sainte-Anne, qui est tenue des texiers, de Saint-Berthélemy, qui est tenue des baudriers, de Nostre-Dame de Septembre, qui est tenue des drapiers, de Saint-Martin, qui est tenue des boursiers, de Saint-Philippe et de Saint-James, qui est tenue des merciers, de Saint-Éloi, qui est tenue des selliers et des mintiers, de Saint-Michel, qui est tenue des parcheminiers, de Nostre-Dame des Avents, qui est tenue des cordouanniers, et du Sacrement, laquelle est tenue des bouchers. »

Ces dix confréries ouvrières se portèrent comme « fondours de la méson-Dieu fondée de nouvel à Rennes près l'église de Saint-Aulbin, en l'honneur de Dieu, de la glorieuse benoiste vierge Marie sa mère, et de Madame Sainte-Anne, mère de la mère de Jésus-Christ, pour recepvoir les pouvres personnes malades et les pèlerins passans, et pour faire et exercer les œuvres de charité et de miséricorde. »

De concert avec Nicolas, abbé de Saint-Melaine, dans le fief duquel se trouvait le nouvel hôpital, et avec Guillaume de la Motte, archidiacre de Rennes, les fondateurs nommèrent les premiers administrateurs, « procurours, recevours, gardes et dispositours de ladite méson-Dieu; » ils s'appelaient « Messire Jehan Radiguer, dom Jehan Louet, Perrot Chouan, Olivier Rualen, Colin D..., Perrot Lebas, Perrot Lehouern et Raoul Bousan [1]. »

Deux siècles plus tard, en 1557, l'hôpital Sainte-Anne fut uni à l'Hôtel-Dieu et placé sous la direction des prévôts de Saint-Yves; les malades furent conduits à l'Hôtel-Dieu, et l'on utilisa leur salle en en faisant une chapelle contiguë à celle de Sainte-Anne. C'est dans cette nouvelle chapelle que la confrérie de Saint-Roch et Saint-Eutrope plaça son autel. Il y eut dès lors deux chapellenies organisées à Sainte-Anne : le gardien ou prieur de Sainte-Anne y disait deux messes par

---

[1]. *Arch. municip. de Rennes*, 327.

semaine à l'autel Sainte-Anne, et le chapelain de la confrérie de Saint-Roch desservait l'autel de la chapelle voisine. Mais il y eut souvent contestation entre la Communauté de ville et la confrérie de Saint-Roch : la Communauté prétendait que le gardien de Sainte-Anne était chapelain-né de Saint-Roch et Saint-Eutrope ; mais les confrères voulaient avoir un chapelain ne dépendant que d'eux ; la Communauté se disait aussi propriétaire des deux chapelles, tandis que la confrérie réclamait la propriété de l'une d'elles. Comme cette confrérie de Saint-Roch et Saint-Eutrope, dont les statuts datent de 1548, était fort importante, ces difficultés se renouvelèrent souvent.

En 1780, le gardien de Sainte-Anne, Nicolas du Liepvre, recteur de Gévezé, rendant aveu à l'abbaye de Saint-Melaine pour la chapelle Sainte-Anne, décrit assez bien les deux chapelles juxtaposées dont nous venons de parler : « Scavoir est la chapelle Sainte-Anne située en la paroisse de Saint-Germain [1], et jointe à cette chapelle une autre nommée Sainte-Marguerite ; auxquelles il y a quatre grandes croisées, dont trois à la chapelle Sainte-Anne, desquelles deux au Nord et une au chevet à l'Est, et une seulement en la chapelle Sainte-Marguerite, au chevet oriental [2]. »

Cette chapelle Sainte-Anne était très-honorée à Rennes à cause des nombreuses confréries qui s'y réunissaient ; le pape Innocent XII (1691-1700) accorda des indulgences à tous ceux qui viendraient y prier ; le Chapitre de Rennes y faisait parfois des processions solennelles, notamment en 1547, et jusqu'au siècle dernier les confrères y vinrent toujours en grand nombre. En 1596, le chanoine et scholastique François Chaussière avait même fondé en cette chapelle une messe solennelle et une distribution de pain bénit le jour de la fête patronale, 26 juillet.

---

1. La rue Haute dépendait alors de la paroisse Saint-Germain, et la chapelle Sainte-Anne servait de chapelle vicariale pour ce quartier.
2. *Arch. dép. d'Ille-et-Vil.*, 9 G, 60. — *Arch. municip. de Rennes*, 329.

Lorsqu'arriva la Révolution, le dernier gardien de Sainte-Anne, M. Collet, déclara en 1790 que les revenus de son bénéfice consistaient en loyers de divers appartements, montant au total de 336 liv.; sur cette somme il devait acquitter 54 liv. de charges et faire l'office divin dans la chapelle tous les dimanches et fêtes[1].

La chapelle Sainte-Anne, devenue propriété particulière depuis 1792 et démolie récemment, offrait tous les caractères d'un monument de la fin du xv° siècle. Il suffisait pour s'en convaincre de jeter les yeux sur les deux gables ou pignons aigus d'inégale hauteur qui formaient la façade occidentale de l'édifice. Le principal, celui qui était le plus en vue, était percé d'une grande fenêtre à meneaux prismatiques et à réseau flamboyant. Le contrefort venant s'appliquer obliquement à l'angle Nord-Ouest de la chapelle était orné d'une fort jolie niche avec pinacles simulés, dais brodés avec élégance et cul-de-lampe historié d'animaux rampants supportant un écusson.

Au-dessous de la fenêtre ci-dessus décrite un portail offrait un arc surbaissé qu'enveloppait une gracieuse archivolte à contre-courbure dont l'amortissement formait pédicule et servait de support à une console destinée à recevoir une statuette.

L'ornementation des deux fenêtres et de la porte latérale pratiquées dans le mur Nord bordant la petite rue Sainte-Anne rentrait dans le même style. L'une de ces fenêtres conservait encore, entre les compartiments ondulés de ses meneaux, quelques fragments d'un ancien vitrail du xvi° siècle; on y remarquait un ange d'un bon style tenant un écusson aux armes des Bourgneuf, Champcigné et Bouëdrier[2]. Enfin, on voyait à l'intérieur de la chapelle Sainte-Anne un système de corniches sculptées et historiées analogues à celles de la

---

1. *Arch. dép. d'Ille-et-Vil.*, 1 V, 20.
2. *Bull. de l'Assoc. bret.*, II, 129.

chapelle Saint-Yves; ces deux édifices se ressemblaient beaucoup, au reste, et avaient dû être construits vers la même époque, à la fin du XVe siècle.

6° *Hôpital Sainte-Marguerite.*

En 1412, Guillaume de la Motte, sieur de Pocé et du Maffay, fonda la chapellenie de Sainte-Marguerite et la dota de 30 liv. de rente en fiefs nobles, « ès paroisses de Saint-Médard, Saint-Germain-sur-Ille et de Melesse. » Le chapelain, présenté par les seigneurs du Maffay, était tenu d'abord à « l'assistance perpétuelle et personnelle » à toutes les heures canoniales, diurnes et nocturnes, et même aux petites heures de la Sainte Vierge dites par le Chapitre dans la cathédrale de Rennes; il devait, de plus, dire ou faire dire trois messes par semaine « en la chapelle du Pont-Saint-Martin, » dédiée à sainte Marguerite. Le père du fondateur ayant ensuite augmenté la fondation de son fils, ce chapelain devait en outre dire deux autres messes chaque mois. Il jouissait d'une maison située près l'hôtel de la Trésorerie et d'une « belle juridiction seigneuriale » dans les paroisses précitées [1]. »

La Réformation du domaine ducal en 1455 mentionne cet établissement sous le nom d' « hospital Sainte-Marguerite, » mais il ne paraît pas qu'il ait jamais eu beaucoup d'importance ni qu'il ait eu une bien longue durée. Construit à la porte de la ville, sur le bord du chemin de Saint-Malo, ce devait être un hospice créé pour recueillir les pauvres voyageurs.

En 1682, la chapelle Sainte-Marguerite, bâtie à l'extrémité Nord-Est de la rue Haute, à l'angle formé par la rencontre de cette rue avec le bout de la rue Basse, et voisine par suite du pont Saint-Martin [2], relevait féodalement du vicomte de

---

1. *Livre des Usages de l'Église de Rennes.*
2. Cette chapelle occupait vraisemblablement la place d'une auberge qui porte aujourd'hui le nom d'*Image Sainte-Marguerite.*

Rennes, qui s'y attribuait les droits de « seigneur patron, fondateur et supérieur. » Elle avait alors le plan d'une demi-croix et contenait « de laize d'Orient à Occident 19 pieds et demi, et vers Midy la demye-croix et ailes d'icelle contient 37 pieds, et sur le pavé de la rue Haute, vers Orient, 36 pieds; sur la rue Basse, la nef et ailes d'icelle chapelle contient de Septentrion à venir à Midy 36 pieds [1]. »

Le jour de la fête patronale de sainte Marguerite, 20 juillet, le Chapitre avait coutume de se rendre processionnellement en ce sanctuaire et d'y chanter la grand'messe. C'était également les chanoines de Rennes qui instituaient, sur la présentation du seigneur du Maffay, les chapelains de Sainte-Marguerite. Voici les noms de quelques-uns d'entre eux : Payen de Champagné, + 1476, — Jehan Frain, — Jehan Breillet (1498), — Michel de Pocé (1531), — Jean Le Bigot (1550), — Guillaume Mancel (1636), — Gilles Hay des Onglées (1640), — Claude Denyau, doyen d'Angers (1680), — Claude du Bois de Carcé (1690), — Hervé Esnouf (1705), — Georges Coubrée (1721), — Sébastien du Chastellier (1749). Ce dernier chapelain déclara en 1790 que sa chapellenie de Sainte-Marguerite consistait alors en ce qui suit : Une chapelle « en indigence de réparation, parce qu'on en a décidé la démolition pour l'embellissement de la ville; » — une maison en Saint-Étienne, affermée 224 liv.; — un fief en Melesse, dit fief de Sainte-Marguerite, valant 16 liv 11 s. 11 d. 3 mailles, 65 boisseaux d'avoine, 3 poules, etc. [2]

Le baron du Tiercent, Gilles Ruellan, seigneur du Rocher-Portal, semble avoir eu l'idée de relever l'hôpital de Sainte-Marguerite en laissant par testament, en 1629, une rente de 10,000 liv. pour la fondation d'un hôpital près le pont Saint-Martin; mais ce legs important fut fort diminué à la suite d'un procès qui surgit entre le Bureau des pauvres et les

---

1. *Bull. de l'Assoc. bret.*, II, 147.
2. *Arch. dép. d'Ille-et-Vil.*, 1 V, 26.

héritiers de M. du Rocher-Portal, et on l'affecta au service de l'Hôpital-Général [1].

7° *Sanitat.*

Durant le xvi° siècle, la peste sévit à Rennes avec une vigueur effrayante. L'hôpital Saint-Yves ne pouvait contenir les enfants, les vieillards, les malades ordinaires et les pestiférés, qui répandaient la contagion et la mort autour d'eux. On sentait le besoin de les isoler. On en déposa le plus qu'on put dans quelques maisons de mince valeur que l'Hôtel-Dieu acheta en 1563 à la Croix-Rocheran, près la route de Nantes, paroisse de Saint-Germain. Mais ce local était insuffisant, et en 1607, sous la salutaire influence de leur évêque, Mgr Guillaume Larchiver, et du sieur Louvel, syndic de la Communauté, les habitants de la ville, sans argent préparé, se confiant à leur propre charité, résolurent d'établir à la Croix-Rocheran, sur le terrain appartenant à Saint-Yves, un hospice pour les maladies contagieuses, qu'ils appelèrent le *Sanitat*. On réalisa ce projet avec une ardeur sans pareille; chacun mettait la main à l'œuvre ou versait de larges offrandes.

« Le clergé des paroisses et du Chapitre, les autorités, les nobles, bourgeois et citoyens assistèrent à la bénédiction du champ sur lequel devait s'élever l'édifice.

« Le 22 juin 1607, Mgr Larchiver, le seigneur de Bréquigny, président au Parlement, le sieur de Lombard, lieutenant de M. de Béthune, capitaine-gouverneur de la ville, et le sieur Louvel, procureur-syndic, posèrent la première pierre de la chapelle, et l'on y dit la première messe dès le 20 janvier 1609 [2]. »

Peu après, Mgr Larchiver abandonna le 26 février 1610, pour l'entretien de cette nouvelle chapelle et de son chapelain, les rentes que lui devaient un certain nombre de rec-

---

1. Arch. municip. de Rennes, 489.
2. M. de Léon, Rapport hist. sur les Hospices de Rennes, 0.

teurs et prieurs de son diocèse pour droit de visite et de procuration ; ces rentes montaient au total de 1,203 liv., et le prélat ne demanda en échange qu'une simple messe basse dite à son intention chaque dimanche dans la chapelle du Sanitat [1].

Dès le 19 décembre 1608, la Communauté de ville, réunie au palais épiscopal, avait adopté le règlement suivant pour le nouvel hospice :

Le Sanitat n'étant que le développement de l'Hôtel-Dieu, « son administration était aux mains des prévôts de Saint-Yves, qui recevaient les libéralités qui lui étaient faites spécialement, disposaient des salles et jardins quand il n'y avait point de contagion et y envoyaient les convalescents respirer l'air de la campagne.

« Comme à Saint-Yves, l'aumônier faisait les fonctions de gardien et était nommé par les prévôts. Il fallait un dévouement peu commun pour accepter cette honorable et périlleuse mission. Quand une nomination devait avoir lieu, les recteurs des paroisses devaient prévenir tous les ecclésiastiques; le candidat se présentait devant la Communauté de ville et prêtait serment de ne quitter l'hospice sous quelque raison que ce fût et quelque violente que fût l'épidémie. Il devait soigner et administrer les pestiférés, dire le mercredi et le vendredi de chaque semaine la messe sous l'invocation de saint Guillaume et de saint Sébastien pour tous les habitants de la ville et les fondateurs; il desservait en outre sans honoraires les fondations et réglait tout à l'intérieur. Bon nombre de malades apportaient leurs lits, qui restaient la propriété de l'hospice; le gardien devait les enlever des salles, les serrer avec soin et rendre un compte fidèle de sa gestion ; il recevait aussi les testaments des malades. Pour prix de tant de soins et de dangers, ses honoraires étaient de 200 liv. dans

---

1. *Arch. dép. d'Ille-et-Vil.*, 1 H, 10. — Dans l'origine, on appela cet hospice la Santé, plus tard le Sanitat ; nous nous servons seulement du dernier nom, celui de la Santé étant demeuré à l'hospice des Incurables.

les temps ordinaires et 400 liv. dans les temps d'affliction; il était, en outre, logé, nourri et soigné s'il était malade, ainsi que la personne qui devait le seconder dans ses travaux.

« Une clause du règlement défendait positivement d'enterrer dans la chapelle, afin que l'air y fût pur et que de justes appréhensions n'en éloignassent pas les fidèles.

« Le retour du fléau prouva bientôt combien on avait eu raison d'élever ce nouvel hôpital. En 1622, pour prévenir toute communication avec les contagieux, on fit clore sévèrement les murailles, portes et cours du Sanitat; en 1632, on creusa le canal qui va à la rivière, pour assainir ces prairies marécageuses. En 1634, le vœu de la ville à la Vierge de Bonne-Nouvelle suspendit la contagion; elle reparut en 1641, et ce ne fut qu'en 1643 que la peste disparut enfin pour ne plus revenir[1]. »

Pour la première fois alors depuis sa fondation, l'hôpital du Sanitat fut fermé, jusqu'en 1650. Mais cette maison ne tarda pas à s'ouvrir de nouveau pour une autre destination.

8° Hôpital-Général.

Dès 1608, la peste ayant cessé pendant quelque temps, la Communauté de ville avait résolu d'enfermer dans la maison du Sanitat les mendiants qui encombraient les rues de Rennes; elle nomma même en 1615 diverses personnes en chaque rue de cette ville pour y quêter les aumônes nécessaires à la subsistance de ces pauvres gens. Mais la peste ayant recommencé ses ravages, le Sanitat se trouva de nouveau occupé par les pestiférés et on ne put continuer d'y envoyer les mendiants.

C'est ce qui fit songer à fonder ailleurs un asile pour ces derniers. On résolut donc de faire un nouvel établissement

---

1. M. de Léon, Rapport hist. sur les Hospices de Rennes.

charitable dans une grande pièce de terre joignant l'église et le cimetière de la paroisse Saint-Martin (*nunc* rue Saint-Martin); le clergé alla même processionnellement bénir ce terrain et y planta une croix [1].

La Communauté de ville changea toutefois bientôt de dessein : effrayée vraisemblablement des dépenses qu'allait occasionner la construction de ce nouvel hôpital, et voyant d'ailleurs que depuis le vœu fait par les bourgeois à Notre-Dame de Bonne-Nouvelle la peste abandonnait Rennes, elle consentit une seconde fois à l'établissement de l'asile des mendiants dans la maison du Sanitat, « à la condition que les pauvres en sortiraient en cas de peste, » comme cela avait déjà eu lieu précédemment.

Sur les entrefaites, le Parlement de Bretagne, sachant que les mendiants continuaient d'infester Rennes, rendit un arrêt par lequel il interdit la mendicité dans cette ville et ordonna aux indigents étrangers de déguerpir, et aux invalides domiciliés, femmes et enfants abandonnés, de transporter « leurs meubles ou ustensiles » dans les maisons du Sanitat, pour y vivre à l'aide du droit d'octroi concédé à la ville en 1597.

A la suite de cette décision, la Communauté de ville résolut, en 1657, d'accroître les logements du Sanitat pour y recueillir tous les mendiants, vieillards et infirmes atteints par l'arrêt du Parlement. Les enfants y furent particulièrement traités avec une bienveillance paternelle et y apprirent des métiers pour gagner plus tard leur vie. Pour entretenir cette maison, des commissaires de quartiers continuèrent d'aller chez chaque bourgeois provoquer des souscriptions.

Cependant comme le produit de ces quêtes n'assurait point le service ni les fonds nécessaires pour les constructions, la Communauté de ville demanda au roi de lui accorder les moyens de soutenir et de développer cette œuvre. Louis XIV écouta favorablement cette prière et transforma le Sanitat en

---

1. *Recueil hist. ms.*, par Languedoc.

Hôpital-Général. « Par lettres patentes du mois d'avril 1679, il réunit tous les hôpitaux de la ville en un seul faisceau, nomma une administration unique de seize membres, qui partageaient entre eux la surveillance spéciale de chaque maison. Ils étaient investis de pleine juridiction sur les pauvres; sous leurs ordres, des chasse-gueux, armés de hallebardes, assis aux portes de la ville, en éloignaient les mendiants, qui, en pénétrant dans l'enceinte des murs, s'exposaient aux peines du fouet, du carcan ou de la prison. Les donations qui n'avaient pas une destination spéciale étaient affectées à l'Hôpital-Général, ainsi que de nombreux et fructueux privilèges, tels que le tiers des anciennes fondations des églises, abbayes, prieurés et monastères; certains droits payables par les fonctionnaires à leur entrée en charge, le droit exclusif de vendre de la viande en carême, et autres avantages [1]. »

Tout notaire, en faisant un testament, devait demander au testateur si son intention n'était pas de faire un don à cet hospice; et les ecclésiastiques par leurs conseils devaient favoriser ces pieuses libéralités.

Enfin, une somme de 12,000 liv. de rente annuelle fut perçue sur les bourgeois par ordre du roi pour la nourriture des pauvres de l'Hôpital-Général. Mais cet impôt personnel était trop contraire aux usages de la Bretagne et trop inégalement réparti pour réussir; il fut transformé, en 1702, en une taxe sur l'octroi [2].

Comme les prêtres n'avaient pas alors de retraite et manquaient souvent d'asile à l'heure de la vieillesse et des infirmités, le comte de la Bourdonnaye de Montluc et sa sœur la comtesse Le Maistre de la Garlaye, en 1767, élevèrent à leurs frais le pavillon Nord-Est de l'Hôpital-Général, et y assurèrent le traitement de six vieux prêtres. Sur la façade de cet édifice resté debout on lit encore maintenant une in-

---

1. M. de Léon, *Rapport hist. sur les Hospices de Rennes.*
2. Arch. municip. d'Ille-et-Vil., 320.

scription rappelant cette fondation et les noms des bienfaiteurs.

Enrichi par des largesses privées et par une bonne administration, l'Hôpital-Général s'accrut rapidement et augmenta ses bâtiments, qui forment aujourd'hui le quartier de l'Arsenal. Au centre d'un vaste quadrilatère formé par la muraille bordant la rue et par trois grands corps-de-logis s'élevait la chapelle [1].

En 1793, la main spoliatrice de la Convention s'étendit sur cet asile des pauvres et le transforma en arsenal et en caserne. En échange de ces constructions récentes et en parfait état, on donna aux hospices le couvent de l'ancienne abbaye de Saint-Melaine et le Petit-Séminaire, jadis propriété des Catherinettes, dont il conservait le nom. C'est dans ces deux maisons que se trouve maintenant encore installé l'Hôpital-Général de Rennes.

Dès la fin du xviie siècle, les dames hospitalières de Saint-Thomas de Villeneuve vinrent prendre soin de l'Hôpital-Général; elles continuent de servir les pauvres vieillards et les jeunes orphelins que renferme ce vaste établissement là où il a été transféré.

9° Hospice Saint-Méen.

Au xviie siècle, de nombreux pèlerins atteints d'une affection particulière nommée le mal Saint-Méen traversaient la ville de Rennes pour aller chercher guérison à la fontaine miraculeuse de l'abbaye de Saint-Méen. D'après la tradition, ce pèlerinage devait être fait à pied et en demandant l'aumône, quelque riche que l'on fût.

Un pieux bourgeois de Rennes résolut d'offrir un asile à ces pauvres malades voyageurs; il se nommait Guillaume Régnier et était fils d'un conseiller au Parlement de Bretagne.

---

1. Cette chapelle fut démolie vers 1839. (Marteville, *Hist. de Rennes*.)

En 1627, il acheta d'avec Guy de Lopriac une maison et quelques pièces de terre en dépendant, le tout situé au Tertre de Joué, à peu de distance de la ville, et en affecta l'usage au service des pèlerins.

Peu après, en 1652, Guillaume Régnier bâtit une chapelle et la fonda, obligeant le chapelain « de recevoir les pauvres passants attaqués du mal Saint-Méen pendant une nuit seulement, et de leur distribuer à chacun pour deux liards de pain et une chopine de cidre, ou la valeur d'un sol, à la volonté des malades. » Le nombre de ceux-ci pouvait être alors de douze cents par an; le chapelain était obligé d'en tenir registre; il devait, en outre, enseigner le catéchisme aux pauvres enfants voisins du Tertre de Joué. Le 1er janvier 1654, l'évêque de Rennes approuva cette fondation [1].

Guillaume Régnier avait un fils nommé Gilles qui se fit prêtre et fut le premier aumônier de l'hôpital Saint-Méen. A leur mort ils furent l'un et l'autre inhumés dans un même tombeau placé dans la chapelle qu'ils avaient fondée, avec cette épitaphe : *Cy gissent les corps de Mre Guill^e Régnier fondateur de cette chapelle et hôpital St Méen en son lieu du Tertre, l'an 1652, décédé le 10 janvier 1664, et de Mre Gilles Régnier, p^{re}, son fils, 1er directeur d'iceluy, décédé le 17 may 1707. Un pater et ave.*

Les pèlerins ne devaient coucher qu'une nuit ou deux à l'hospice du petit Saint-Méen ; mais comme beaucoup ne pouvaient en sortir et y mouraient, on s'accoutuma à en conserver quelques-uns pendant un certain temps, puis on y admit des aliénés vers 1725 ; enfin, dix ans plus tard, les religieuses hospitalières de Saint-Thomas de Villeneuve s'y établirent, le 19 décembre 1735, pour prendre soin des malades.

Dans la seconde moitié du siècle dernier, le petit Saint-Méen devint aussi une sorte de prison politique : on y renfer-

---

1. M. Le Menant des Chesnais, *Notice hist. sur le petit Saint-Méen.*

mait beaucoup de personnes appartenant à toutes les classes de la société.

De nos jours, cet établissement a pris une très-grande importance; il appartient au département, qui en a fait exclusivement un asile d'aliénés. La chapelle est toujours celle qu'éleva le fondateur en 1652; convenable, elle n'offre rien d'intéressant au point de vue de l'art. En 1847, les Hospitalières de Saint-Thomas y ont été remplacées par les Filles de la Charité.

10° Les Incurables, vel la Santé.

Pour dégager l'Hôpital-Général trop encombré par les malades, l'administration acheta de Henri Barrin, par contrat du 8 novembre 1677, la maison de la Gauretais et deux prés, pour y transporter ses incurables [1]; on nomma alors cette maison la Santé. Une pieuse demoiselle, nommée Olive Morel du Verger, prit soin de ces malheureux et créa la congrégation des Hospitalières des Incurables ou Filles du Cœur immaculé de Marie, qui continue de desservir cet hôpital. (V. précédemment, p. 201.)

En 1700, on fit une fondation de messes tous les dimanches dans la chapelle des Incurables, et en 1717 on y plaça une statue de la Sainte Vierge qui passe pour être miraculeuse.

Mlle du Verger avait d'abord fait construire elle-même une maison pour le service des pauvres; en 1745, l'administration des hospices compléta cette maison en y ajoutant le pavillon occidental : c'est le grand corps-de-logis qui existe encore aujourd'hui.

Parmi les principaux bienfaiteurs des Incurables au siècle dernier, on signale les familles de Marbœuf, Masson, de la Bourdonnaye, Tuffin de la Rouairie, Champion de Cicé, de Langle, etc.[2]

---

1. *Arch. Nation.*, P. 1706.
2. *Notice ms. sur les Incurables.*

La Révolution n'osa pas chasser de leur hôpital les religieuses des Incurables, qui y font encore le bien.

Saint Marcoulf est le patron de l'hospice. La chapelle, bâtie vers 1660 sous le patronage de saint Joseph, était intérieure; devenue insuffisante, elle a été remplacée vers 1850 par celle que l'on voit à l'Est de l'hospice. Placé sous le même vocable de saint Joseph, ce nouveau sanctuaire est dû aux charités privées et au zèle de l'aumônier d'alors, M. Delacroix. Outre l'ancienne Vierge du siècle dernier, très-vénérée dans le chœur, on y voit aussi une statue de Notre-Dame-des-Anges entourée de très-nombreux ex-voto. De plus, on admire à la sacristie de superbes ornements sacerdotaux du xvii° siècle.

11° *Hôpital-Militaire.*

C'est en 1779 seulement qu'eut lieu le premier établissement d'un hôpital militaire à Rennes. Il fut installé dans une partie du couvent des grands Carmes par l'intervention et les soins de M. Caze de la Bove, intendant de Bretagne, et de M. Tuffin du Breil, commissaire des guerres. Les Carmes furent chargés de le desservir, et leur prieur, le P. Éloy Piel de la Bellangerie, en fut le premier aumônier[1]. (V. précédemment, p. 129.)

Lorsque la Révolution eut chassé de Rennes les P. Carmes, l'Hôpital-Militaire fut transféré en septembre 1793 dans les bâtiments du Grand-Séminaire, où il se trouve encore.

12° *Hôpital de la Piletière.*

En 1789, M. Carron, vicaire à Saint-Germain de Rennes, acheta la propriété de la Piletière, située en la paroisse Saint-Pierre en Saint-Georges, sur le bord de la route de Paris; c'était une fabrique importante de toiles, possédant quatre-vingts métiers. M. Carron, dans le but de fournir du travail

---

[1]. *Bull. de la Société archéol. d'Ille-et-Vil.*, 1856.

aux indigents, continua d'y faire travailler et n'employa pas moins de deux mille personnes dans cette manufacture. Cette multitude lui inspira la charitable idée de fonder à la Piletière un petit hospice pour ses ouvriers malades, vieux ou infirmes ; il le composa de trois salles contenant chacune six lits : les deux premières pour les malades, la troisième pour les vieillards. C'est aux Filles de la Charité que M. Carron voulut confier la tenue de cet hospice ; il passa donc un traité avec la supérieure de ces bonnes religieuses pour avoir trois d'entre elles, et il leur versa même immédiatement 800 fr. pour leur vestiaire et leurs frais de voyage. Mais on était alors en 1792, en pleine Révolution ; plusieurs Sœurs de la Charité avaient été expulsées de leurs établissements et demeuraient sans ressources. Le charitable abbé Carron résolut donc, tout en maintenant son œuvre, d'offrir un asile à ces pauvres religieuses persécutées : au lieu de trois, il en demanda douze provisoirement à la Piletière, voulant ainsi les recueillir dans son hospice jusqu'à ce que les temps fussent devenus meilleurs. La mère Deleau, supérieure générale des Filles de la Charité, remercia M. Carron avec effusion et lui envoya les sœurs qu'on avait si injustement chassées d'Hennebont et de Piré. Toutefois, hélas ! l'œuvre du saint prêtre n'eut qu'une lueur d'existence : les Filles de la Charité furent envoyées à la Piletière au mois d'avril 1792, et le 18 août de la même année M. Carron fut arrêté. Un mois après il était déporté en Angleterre, et en 1794 la Piletière était confisquée par la nation [1].

RHEU (LE)

L'hôpital du Rheu ne nous est connu que par la chapellenie qui porte son nom et qu'au xviii° siècle présentait le seigneur de la Freslonnière. En 1738, Jean-Marie Boutin de la

---

1. *Vie de M. l'abbé Carron*, par un Bénédictin, I, 214, 264 ; II, 280.

Touche, chanoine, scholastique et vicaire général de Dol, en fut pourvu; en 1751 il rendit aveu pour ce bénéfice, l'obligeant « à trois messes par semaine dans l'église du Rheu et à 16 sols de rente au bailliage de la Motte-au-Vicomte. » Il jouissait alors d'une maison dite de l'*Hôpital*, située près le bourg du Rheu, ayant une cour, un jardin et cinq pièces de terre, — et, en outre, d'un petit trait de dîme.

En 1790, M. Ravenel du Bois-Tilleul, chanoine de Rennes, était titulaire de l'hôpital du Rheu et l'affermait 170 liv.; de plus, il abandonnait le dîmereau au recteur du Rheu pour l'acquit des messes de fondation [1].

Quoiqu'à cette époque l'hôpital du Rheu ne fût plus qu'une chapellenie desservie en l'église du Rheu, il est vraisemblable qu'elle dut avoir pour origine l'établissement de quelque petit hospice fondé par les seigneurs de la Freslonnière pour le soulagement des pauvres malades. Il en est fait mention dès le xv° siècle sous le nom « d'hospital dou Rou. »

SAINT-AUBIN-DU-CORMIER

En 1466 Jean Cochet, chanoine de Cornouailles et l'un des trois recteurs de Saint-Aubin-du-Cormier, reconstruisit la chapelle de l'hôpital en la ville de Saint-Aubin et la dédia à saint Antoine; il y fonda en même temps une chapellenie de plusieurs messes. Le même recteur fit aussi bâtir une maison voisine de cette chapelle, et son logis prit le nom de maison de l'Hôpital; puis ayant fondé trois autres chapellenies dans la chapelle même du château, il voulut que les quatre chapelains demeurassent ensemble dans la maison de l'Hôpital et prissent soin des malades [2].

L'hôpital de Saint-Aubin-du-Cormier recevait encore des pauvres à la fin du xvii° siècle, car une *Déclaration* de 1681

---

1. *Arch. dép. d'Ille-et-Vil.*, 9 G, 67; 1 V, 26.
2. *Ibidem*, 9 G, 10.

s'exprime en ces termes : « Les maisons et terres de l'hôpital fondé par Jean Cochet consistent en : la chapelle, dédiée à saint Antoine et saint Eutrope, size en la ville de Saint-Aubin proche la porte Carrel ; — la maison servant de logement aux pauvres passants ; — le pré et le jardin de l'Hôpital [1]. »

En 1790, le recteur de Saint-Aubin-du-Cormier jouissait de la chapellenie de l'Hôpital, consistant alors en : la maison de l'Hôpital et son jardin, affermés 150 liv. ; — le pré de l'Hôpital, affermé 100 liv., — et la métairie de la Bécaudière, affermée 550 liv. [2]

SAINT-BROLADRE

La tradition locale prétend qu'il y avait un hôpital dans le bourg de Saint-Broladre, mais nous avouons qu'aucun document historique ne semble confirmer cette tradition, que nous mentionnons sous toute réserve.

SAINT-GONDRAN

D'après une tradition mentionnée dans un *factum* du XVIIe siècle, Saint-Gondran eût été dans l'origine la simple chapelle d'un hôpital situé dans la paroisse de Tinténiac ; on devait recevoir, disait-on, dans cet hospice les pauvres de Tinténiac et de ses trèves, et on l'avait doté en conséquence de dîmes levées dans le territoire de cette paroisse. L'une de ces dîmes se levait à la Chapelle-Chaussée, dépendant originairement de Tinténiac. Vers 1650, l'abbesse de Saint-Georges s'opposa à ce que le recteur de Saint-Gondran enlevât cette dîme, parce que, disait-elle, il n'y avait plus « d'hôpital à Saint-Gondran [3]. »

---

[1]. *Arch. Nat.*, P. 1728.
[2]. *Arch. dép. d'Ille-et-Vil.*, 1 V, 27.
[3]. *Ibidem* (fonds de Saint-Malo).

SAINT-HILAIRE-DES-LANDES

En 1790, la fabrique de Saint-Hilaire déclara jouir de 48 liv. de rente, en y comprenant celle « des deux maladreries [1]. »

SAINT-MALO

1° Hôtel-Dieu.

En 1252, Geoffroy, évêque de Saint-Malo, et le Chapitre de cette ville fondèrent un hôpital près de la chapelle Saint-Thomas, qui fut affectée au service spirituel des malades [2]. Ils construisirent cette « Maison-Dieu » en faveur des malades pauvres, des infirmes, des étrangers et des femmes en couches, et l'évêque donna pour subvenir aux besoins de l'hospice certaines dîmes en la paroisse de Broons et une rente annuelle de 10 mines de froment.

L'année suivante, il fut convenu que l'évêque et le Chapitre placeraient un chanoine à Saint-Thomas pour y célébrer la messe et administrer la maison. Ce chanoine, appelé prieur de Saint-Thomas, dut rendre ses comptes tous les trois mois en présence de l'évêque, du doyen du Chapitre et de deux bourgeois choisis à cet effet [3].

« L'Hôtel-Dieu demeura à Saint-Thomas pendant quatre cent cinquante-quatre ans. A la fin du xvi° siècle, on le trouva insuffisant, malgré de nombreux accroissements apportés en

---

1. *Arch. dép. d'Ille-et-Vil.*, 1 V, 27.
2. Cette chapelle, dédiée à saint Thomas de Cantorbéry, ne devait pas être bien ancienne à cette époque, puisque son saint patron ne fut canonisé qu'en 1173.
3. Plus tard, en 1563, les habitants voulurent gouverner eux-mêmes leur Hôtel-Dieu et obtinrent un arrêt du Parlement confiant l'administration temporelle à deux bourgeois nommés par la Communauté de ville, et laissant l'administration spirituelle seulement au chanoine prieur.

1576 et les années suivantes [1]; » aussi en 1579 songea-t-on à sa translation. On commença à cet égard des études qui n'aboutirent qu'en 1607.

On choisit pour l'Hôtel-Dieu projeté l'emplacement qu'il occupe aujourd'hui. A cette époque il était pris en partie par l'ancienne Maison de ville de Saint-Malo, qui fut donnée par Messieurs de la Communauté, par une maison de Santé qui fut transportée au Talard, et par un logis qui devint celui des Filles de la Passion.

Ce fut en ce lieu qu'on construisit de nouveaux bâtiments, dont l'inauguration eut lieu en 1607. La chapelle en fut dédiée à Saint-Sauveur, et sa fête patronale fut fixée à la Transfiguration de Notre-Seigneur.

Quant au vieux sanctuaire de Saint-Thomas, il subsista jusqu'en 1789, entretenu par l'Hôtel-Dieu; il fut même remis presqu'à neuf en 1652 et 1676. Très-fréquenté par les marins, il était rempli d'ex-voto, et en 1755 on y érigea une congrégation d'hommes. Nous avons vu précédemment que le Chapitre s'y rendait processionnellement dans les circonstances solennelles. Cette chapelle perdit sa destination religieuse à l'époque de la Révolution et elle vient d'être rasée.

Dès 1734, la chapelle Saint-Sauveur menaça ruine et fut mise en interdit; on s'occupa alors d'en construire une nouvelle sur le même emplacement, et la première pierre en fut posée solennellement le 1er septembre 1738. Cinq ans plus tard, M. Nouail, vicaire général, fit la bénédiction de l'édifice le 19 octobre 1743. Cette église, qui existe encore, « a son portail sur la rue Saint-Sauveur et une autre porte sur la cour de l'hôpital. Elle a 101 pieds de long sur 34 de large. Sa voûte est à une hauteur de 50 pieds au-dessus du sol. Elle est éclairée à vingt-deux vitraux. Les chapelles sont au nombre de six. Le chœur est pavé de marbre et contient

---

[1]. M. Michel, *Monographie de l'Hôtel-Dieu de Saint-Malo*, 28.

trente-deux stalles. Il existe une tribune au-dessus du portail et deux tribunes dans les tours. Un caveau a été creusé sous le chœur et sous une partie de la nef[1]. »

Vers 1687, la Communauté de ville appela les Hospitalières de Saint-Thomas de Villeneuve pour soigner les malades de l'Hôtel-Dieu; ces religieuses y sont demeurées depuis, sauf lorsque la Révolution les en chassa en 1794; mais elles reprirent leur service dès 1795.

Nous ne pouvons raconter ici l'histoire de l'Hôtel-Dieu de Saint-Malo, qui nous entraînerait trop loin, mais nous renvoyons volontiers nos lecteurs à l'intéressante *Monographie* que lui a consacrée M. le président Michel. Disons seulement en terminant que le prieur de Saint-Thomas avait sous sa dépendance un ou plusieurs chapelains pour le service spirituel de l'Hôtel-Dieu. Les familles distinguées de Saint-Malo, telles que les Le Fer, Le Gouverneur, Magon, Mellet, de la Fresnaye, de l'Isle, Jazier de la Garde, Nouail, etc., se firent honneur de compter parmi leurs membres des prieurs de Saint-Thomas; le dernier d'entre eux fut l'archidiacre Jacques Meslé de Grandclos.

Enfin, à l'approche de la Révolution, les administrateurs de l'Hôtel-Dieu de Saint-Malo déclarèrent en 1790 que les rentes de cette maison étaient de 12,118 liv. 4 s. 7 d., avec 6,112 liv. 7 s. 5 d. de charges, ce qui donnait un revenu net de 6,005 liv. 17 s. 2 d.[2]

2° *Hôpital-Général.*

En septembre 1680, Louis XIV donna des lettres patentes pour l'établissement d'un Hôpital-Général à Saint-Malo. Comme il n'y avait pas de local disponible dans l'enceinte des murs, la Communauté de ville acheta en Saint-Servan la propriété du Grand-Val et y fit construire un hospice en 1685;

---

1. *Monographie de l'Hôtel-Dieu*, 120.
2. *Arch. dép. d'Ille-et-Vil.*

mais l'église, dédiée à saint Yves et commencée en 1713, ne fut terminée qu'en 1724 [1].

Dès l'origine de l'Hôpital-Général les Hospitalières de Saint-Thomas de Villeneuve furent appelées pour soigner les pauvres qu'on y recueillit et elles le font encore.

La direction de cette nouvelle maison fut confiée à un bureau composé de l'évêque, d'un député du Chapitre, du sénéchal et du connétable de Saint-Malo, du recteur de cette ville et de douze bourgeois élus par la Communauté. Défense expresse fut faite de mendier désormais en Saint-Malo, Saint-Servan et Paramé. Par ses lettres patentes, le roi accorda à l'Hôpital-Général le droit exclusif de débiter de la viande pendant le carême; il lui donna, de plus, la jouissance de toutes les aumônes auxquelles étaient tenus le Chapitre et les abbayes ou prieurés du lieu, ainsi que la moitié des amendes de police et plusieurs autres avantages [2].

En 1790, l'Hôpital-Général déclara posséder 14,123 liv. 13 s. 9 d. net de toutes charges. Le revenu brut était de 15,779 liv. 17 s. 5 d., mais les charges montaient à 1,656 liv. 3 s. 8 d. [3]

L'Hôpital-Général de Saint-Malo n'offre rien de bien intéressant; l'église, fort grande, est un édifice régulier, mais du style froid et effacé du xviii° siècle.

3° Sanitat du Talard.

Nous venons de voir qu'une maison de santé ou sanitat existait jadis à Saint-Malo, là même où se trouve aujourd'hui l'Hôtel-Dieu. Ce sanitat, encombré par les pestiférés en 1583, fut transporté hors des murs, dans les solitudes de la grève

---

1. Le Grand-Val se trouvant en la seigneurie de Châteauneuf, le marquis de ce nom prétendait en 1760 avoir les droits de seigneur fondateur à l'Hôpital-Général. Le curé de Saint-Malo se réserva aussi et se réserve encore aujourd'hui la juridiction spirituelle sur cet établissement, quoiqu'il soit situé sur le territoire de Saint-Servan.
2. Abbé Manet, *Grandes recherches ms.* — *Arch. dép. d'Ille-et-Vil.*, C, 1269.
3. *Arch. dép. d'Ille-et-Vil.*

du Talard. On construisit en ce lieu un hospice « consistant en une grande cour avec fontaine et lavoir et plusieurs corps de logix construits autour de cette cour, et à l'Orient une petite chapelle dédiée à saint Roch. » Le Chapitre donna le terrain nécessaire, c'est-à-dire un journal en 1583 et un second journal en 1585, n'exigeant qu'une rente de 5 sols « en signe de sujétion. » Les bâtiments furent élevés par la Communauté de ville et au moyen de quêtes. Mais en 1707 l'Hôpital-Général consentit à se charger des malades soignés au Talard moyennant une indemnité de 2,000 liv. La chapelle Saint-Roch avait été cependant restaurée en 1697 et bénite de nouveau le 15 avril de cette année-là par messire François Loquet, en présence d'un grand nombre de personnes, parmi lesquelles se trouvait M. Aumaistre, maire de Saint-Malo [1].

De même que le Sanitat, la chapelle Saint-Roch n'existe plus depuis longtemps.

SAINT-MALON

Saint Maëlmon, évêque d'Aleth vers l'an 650, avait fondé le monastère de Lan-Maëlmon, qui semble avoir donné naissance à la paroisse de Saint-Malon. Il avait aussi construit un hospice dans un lieu nommé Talredau, « *qui in Talredau apud xenodochium Maelmonis*, etc.[2] » où saint Judicaël aimait à aller trouver le saint prélat. Il semble bien que ce petit hôpital était voisin du monastère de Lan-Maëlmon, et peut-être même en faisait-il partie; c'est pourquoi nous le mentionnons ici. Les anciennes possessions des Chevaliers-Hospitaliers de Saint-Jean de Jérusalem en Saint-Malon ont pu avoir pour origine ce premier établissement charitable.

1. L'abbé Manet, *Grandes recherches* ms.
2. *Vita ms. S. Judicaelis.* (*Blancs-Manteaux*, XXXVIII.)

SAINT-MARD-LE-BLANC

Dans la propriété de l'Hermitaye, située en cette paroisse, est un bois nommé bois de la Maladrie, à l'entrée duquel est une très-vieille croix, sur le bord du chemin de Saint-Mard à Baillé. Cette maladrerie devait être une fondation faite anciennement soit par les religieuses de Saint-Georges, propriétaires du fief de l'Hermitaye, soit plutôt par les seigneurs du Tiercent, dont la seigneurie assez importante s'étendait dans la paroisse de Saint-Mard-le-Blanc.

SAINT-MÉLOIR-DES-ONDES

La chapelle de la Magdeleine, située en Saint-Méloir, dans les terres et à côté d'un ruisseau, était vraisemblablement une léproserie au moyen-âge. Elle devint par la suite des temps un simple bénéfice que possédaient au XVIe siècle Olivier du Pré, remplacé en 1557 par Jean Régnaud, et en 1560 par autre Olivier du Pré.

Le dernier chapelain, Joseph Radon, déclara en 1790 que son bénéfice de la Magdeleine consistait en la chapelle de ce nom, fondée d'une messe chaque samedi, — en 12 journaux de terre, estimés 300 liv. de revenu, — et en la moitié des oblations, qui n'atteignait que 3 liv.[1]

La chapelle de Sainte-Magdeleine n'existe plus, mais elle a laissé son nom au village au milieu duquel elle se trouvait; on voit encore la fontaine qui avoisinait le petit sanctuaire, et jadis se tenait à côté, à la fête de la Magdeleine, une foire qui rappelait l'antique dévotion des habitants pour ce lieu; cette foire a été transférée de nos jours au bourg de Saint-Méloir.

1. *Reg. des insin. ecclés. de l'évêché de Saint-Malo.* — Arch. dép. d'Ille-et-Vil., 9 G, 20.

SAINT-MÉEN

Nous avons déjà parlé plusieurs fois des malades qui venaient chercher leur guérison à Saint-Méen. Ils étaient si nombreux, qu'on faisait au XVIe siècle des quêtes dans presque toute la France pour subvenir à leurs besoins, « parce qu'il vient à Saint-Méen des malades de tout le royaume [1]. » En 1740, environ deux cents étrangers accouraient encore chaque année à Saint-Méen, et beaucoup y séjournaient plusieurs semaines.

Cette affluence de pauvres et d'infirmes nécessita de bonne heure l'établissement d'un hôpital à côté de l'abbaye. Il est impossible de fixer la date de son origine, cet hospice « estant de temps immémorial affecté à loger les pèlerins venus à la fontaine de Saint-Méen. » Mais il est certain que le religieux chargé de l'office de l'aumônerie à l'abbaye s'occupait de cet hôpital : « L'aumosnier, dit l'*Aveu de 1685*, doit veiller à ce que le temporel de l'hospital établi dans la ville de Saint-Méen soit conservé, bien et duement administré, et à ce qu'il soit donné aux pauvres, en temps et lieu, par ceux à qui il appartient. » On trouve mention faite des aumôniers doms Raoul Yvon en 1565, — François Boschier en 1576, — Louis Cojallu en 1577, — Mathurin Le Marquis — et Philippe Riou en 1584.

Les Bénédictins de Saint-Méen restaurèrent leur hôpital en 1576, comme le prouve un arrêt du Parlement « enjoignant aux adjudicataires des réparations de l'hospice de Saint-Méen d'achever leurs travaux et d'en rapporter le renable. » A la même époque, et évidemment pour contribuer à cette bonne œuvre, l'aumônier, dom Louis Cojallu, fit en 1577 son testament en faveur de cet hôpital, et l'année suivante Jeanne

---

[1]. *Arch. de l'hôpital de Saint-Méen.*

Josses, dame du Plessix-Mauron, donna à ce même établissement sa métairie de la Fondriaye, en Boisgervilly[1].

Plus tard, l'abbé de Saint-Méen, Pierre Cornulier (1602-1639), releva si complètement son hôpital qu'il fut regardé par ses contemporains comme en étant le fondateur. Son successeur, Achille de Harlay, favorisa aussi cette maison et lui donna, vers 1643, les biens de la chapellenie de Sainte-Croix. L'abbé Ferdinand de Neufville marcha sur leurs traces, et c'est à lui qu'on doit l'établissement des Sœurs de la Charité en cet hôpital.

La tradition dit, en effet, que saint Vincent-de-Paul amena lui-même ses religieuses à Saint-Méen, lorsqu'il y vint en 1640 ; or, l'année précédente, Renée Germié, dame de la Grange, « gardienne de la Maison-Dieu de Saint-Méen, » avait légué par testament 50 liv. de rente à cet hôpital et fondé une messe en sa chapelle. Il est vraisemblable que cette dame fut la dernière gardienne laïque de Saint-Méen.

Les religieuses de Saint-Vincent-de-Paul s'établirent au nombre de quatre à Saint-Méen : trois furent chargées de l'hôpital, et la quatrième fit l'école aux petites filles pauvres ; il y avait, en outre, un prévôt chargé d'administrer les biens dépendant de l'hospice.

Voici en quoi consistaient les revenus de cet hôpital en 1740 : « 416 boisseaux de seigle et 35 boisseaux d'avoine, dus chaque année par l'abbé de Saint-Méen ; — une rente de 93 liv. due par le même abbé, « pour fournir du pain blanc aux malades ; » — constituts et propriétés foncières rapportant 400 liv. de rente ; — pourpris de l'Hôpital, valant 50 liv. de rente.

Les charges étaient : « recevoir les malades étrangers qui viennent se faire guérir du mal Saint-Méen ; » — distribuer des aumônes chaque jour aux pauvres des quatre paroisses dépendant de l'abbaye[2] ; — acquitter les fondations de messes,

---

1. *Arch. de l'hôpital de Saint-Méen.*
2. Saint-Méen, Saint-Onen, Trémorel et Le Locouët.

dont les honoraires montaient à 100 liv.; — entretenir les bâtiments, payer les fouages, etc.[1]

Le prévôt et les sœurs rendaient compte de leur administration à l'abbé de Saint-Méen et au supérieur du Séminaire, qui jouissait de l'aumônerie depuis la sécularisation de l'abbaye.

D'après la *Déclaration* du 7 mai 1790, l'hôpital de Saint-Méen jouissait alors d'un revenu brut de 3,373 liv.; il avait 2,194 liv. 6 d. de charges, et par suite un revenu net de 1,178 liv. 19 s. 6 d.[2]

Cet hospice existe toujours, et les Filles de la Charité continuent d'y soigner les malades.

SAINT-ONEN

En cette paroisse, non loin de l'ancien château de Coatridouc, se trouve le village de Malabry, dans une position très-convenable pour une ancienne maladrerie.

SAINT-OUEN-DE-LA-ROUAIRIE

A l'extrémité de la paroisse de Saint-Ouen, et tout près du château de la Rouairie, se trouve sur un ruisseau un pont qui porte le nom de Pont-à-la-Malade; les terres qui l'avoisinent s'appellent les Maladreries. Nul doute, par suite, qu'il n'ait existé jadis un petit hôpital en ce lieu. De plus, la tradition dit qu'une chapelle dédiée à sainte Magdeleine s'élevait autrefois près de là. Il est certain qu'au XVII° siècle la chapelle Sainte-Magdeleine se trouvait dans le cimetière de Saint-Ouen, tout près de l'église paroissiale; mais peut-être, ayant été détruite au XV° siècle, avait-elle été transférée du Pont-

---

1. *Arch. de l'hôpital de Saint-Méen.*
2. *Ibidem.* — *Arch. dép. d'Ille-et-Vil.*, § V, 29.

à-la-Malade au bourg. Nous voyons, en effet, le duc de Bretagne Pierre II établir au bourg de Saint-Ouen-de-la-Rouairie, à la requête du prieur de Combour, la foire de la Magdeleine, « ledit lieu ayant été détruit et désolé par les guerres [1]. »

SAINT-SERVAN

1° *Hôpital du Rosais.*

Au commencement du XVIII° siècle, Jean Le Provost, sieur de la Roche, et Julienne Danycan, sa femme, habitants de Saint-Malo, résolurent de fonder un hospice au Rosais, en Saint-Servan. Ils bâtirent d'abord une chapelle dont Mgr des Maretz fit lui-même la bénédiction le 11 août 1709, et dont M. Macé fut le premier chapelain; puis ils sollicitèrent et obtinrent de Louis XIV des lettres patentes qui, datées d'août 1711, les autorisèrent à fonder un hôpital de vingt-quatre lits.

Les constructions de l'hospice furent aussitôt commencées et l'œuvre prospéra jusqu'au 7 avril 1767, époque en laquelle un incendie détruisit tout l'établissement. Sur les entrefaites, les fondateurs étaient morts [2]; mais la Communauté de ville de Saint-Malo donna 2,000 liv. et l'on fit des quêtes dans tout le diocèse pour relever la maison du Rosais. Toutefois, la chapelle, dédiée à la Sainte-Trinité, ne fut rebâtie qu'en 1770.

Peu de temps avant l'incendie, le *Pouillé de Saint-Malo* déclarait que « l'hôpital du Rosais, assez bien bâti et en bon état, avait 3,000 liv. de rente, sans comprendre les charités, mais devait 1,000 liv. de pensions viagères; qu'il avait environ trente lits et quatre Sœurs Grises pour les malades. »

---

1. *Biblioth. Nat.*, ms. lat.
2. Ils furent inhumés au bas de la chapelle, sous une tombe commune qu'on y voit encore, portant cette inscription : *Cy gist le corps de Jean Le Provost sieur de la Roche, fondateur de cet hôpital, décédé le 9 avril 1717. Priez Dieu pour lui et pour Julienne Danycan son épouse, décédée le 16 mai 1728 dont le corps gist ici. Requiescant in pace.*

Dès l'origine de la maison, les Filles de la Charité furent appelées au Rosais par les fondateurs; elles y demeurèrent jusqu'à l'époque de la Révolution, qui les en chassa en 1794. Rentrées deux ans plus tard au Rosais, ces pieuses filles abandonnèrent définitivement cet hospice en 1813 (V. p. 199); elles y furent remplacées l'année suivante par les Filles de la Sagesse, qui le desservent encore.

Le Rosais n'a de remarquable que sa charmante situation au bord de la Rance; la chapelle est une simple nef avec voûte en cintre surbaissé et lambris peints à la façon du siècle dernier. Accolé à la muraille méridionale se trouve un petit monument de marbre blanc portant un écusson et cette inscription : *Priez Dieu pour Jan Prouvost* (sic) *et Julienne Danycan, son épouse, fondateurs, et pour tous les bienfaiteurs de cet hostel-Dieu de Saint-Servan, au Rosais, 1712.* A côté, une autre grande plaque de marbre présente ces mots : *Date de la fondation de l'hôpital du Rosais, 1709; — fondateurs, Jan Prouvost* (sic)*, sieur de la Roche, mort en 1717, et Julienne Danycan, son épouse, morte en 1728.* Suit une longue liste des bienfaiteurs de l'hospice, parmi lesquels figurent les États de Bretagne.

2° *Léproserie de la Magdeleine.*

Il est d'autant plus probable que la chapelle Sainte-Magdeleine, en la paroisse de Saint-Servan, eut une léproserie pour origine, que nous ne connaissons point d'autre trace aux environs de Saint-Malo d'établissement ancien de ce genre. Toutefois, nous ignorons l'histoire de cette maladrerie; dès 1563, ce n'était plus qu'une chapelle dotée de 72 liv., à charge de deux messes par semaine, que résigna Guillaume du Rochier en faveur de Guillaume Frête.

Du temps du chapelain Guy Patin, la Magdeleine, tombant de vétusté, fut reconstruite et bénite solennellement, le

14 juillet 1746, par Nicolas du Fresne-Marion, chanoine de Saint-Malo [1].

Très-fréquentée durant le moyen-âge, située au bord du grand chemin de Saint-Jouan, et dédiée à sainte Magdeleine et à saint Laurent, la chapelle dont nous parlons voyait souvent jadis se réunir dans son enceinte le clergé de Saint-Servan, qui y venait en station; de nombreuses assemblées s'y tenaient aussi aux dimanches les plus proches des deux fêtes patronales. Ses derniers chapelains furent Georges Gréc (1774) et François Morin (1781).

Vendue nationalement en 1795, la Magdeleine est aujourd'hui livrée aux usages profanes.

SAINTE-COLOMBE

La chapelle de la Magdeleine, située au village de ce nom, au bord d'un ruisseau, semble bien avoir eu une léproserie pour origine. Elle est mentionnée dès l'an 1502; il en est aussi question dans un aveu de 1677, et vers 1723 dans le *Pouillé* de Mgr de Crissé. En 1790, le pré de la Magdeleine faisait partie du pourpris de la cure de Sainte-Colombe [2], ce qui est encore une preuve en faveur de l'existence d'une ancienne léproserie en ce lieu.

TINTÉNIAC

En l'an 1206, Rouaud, prieur, et les frères de la maison des lépreux de Tinténiac, « *Rouaudus prior et fratres domus leprosorum de Tinteniac,* » s'engagèrent envers l'abbesse de Saint-Georges, qui possédait féodalement les paroisses de Tin-

---

1. L'abbé Manet, *Grandes recherches ms.*
2. Arch. dép. d'Ille-et-Vil., 1 V, 29. — Arch. dép. de la Loire-Inférieure.

téniac et de Saint-Domineuc, à lui payer sans discussion la dîme, s'ils venaient à cultiver quelques terres en Saint-Domineuc. Ils exceptèrent toutefois les dîmes des terres contenues entre le chemin qui mène de la maladrerie vers Castelet-Busson et le torrent appelé *Guentus*, terres leur appartenant par la donation que leur en avait faite l'évêque de Saint-Malo, du consentement des religieuses de Saint-Georges et du prieur de Saint-Domineuc.

L'année suivante, le même prieur Rouaud s'engagea à rendre également à l'abbesse de Saint-Georges la dîme de toutes les terres qu'il cultiverait dans l'étendue du territoire relevant de l'abbaye en Tinténiac; il en excepta encore la dîme d'un journal de terre situé près la maladrerie, qu'il tenait de la libéralité des religieuses de Saint-Georges, lequel journal était tenu auparavant par les Hospitaliers qui demeuraient autrefois dans le lieu où se trouvait la maison des lépreux [1].

Ainsi, au commencement du XIIIe siècle, il existait en Tinténiac un hôpital de lépreux ayant une dotation de terres assez considérable pour pouvoir stipuler, par rapport à ses droits et à ses obligations, avec la puissante abbaye de Saint-Georges.

Cette maladrerie, dit avec raison M. de la Bigne Villeneuve, est évidemment devenue le village actuel de la Magdeleine, situé sur la lisière des paroisses de Tinténiac et de Saint-Domineuc.

Lorsque la lèpre disparut de notre pays, la maladrerie perdit ainsi sa raison d'être; la chapelle seule fut conservée avec une partie de sa dotation. Voici les noms de quelques chapelains dans les derniers siècles; ils étaient tous nommés par le seigneur de Tinténiac, ce qui semble prouver que la maladrerie avait été fondée par les seigneurs de ce nom : Simon Le Roy succéda en 1574 à Philippe Martin; — Jean du Bouexic, cha-

---

1. *Cartul. Sancti Georgii*, 206, 207.

noine de Rennes (1662); — François de Saint-Meleuc fut pourvu en 1775 et remplacé par Gabriel de la Motteronge en 1782.

Celui-ci fut le dernier chapelain de la Magdeleine. Il déclara en 1790 que ce bénéfice rapportait à son titulaire 1,010 liv. de rente, mais qu'ayant 309 liv. de charges, il ne lui restait net qu'un revenu de 701 liv.[1]

VEZIN

L'hôpital Saint-Méen de Vezin fut fondé pour secourir les pauvres pèlerins se rendant à l'abbaye de Saint-Méen.

On ignore l'époque à laquelle remontait ce petit hospice, mais il était fort ancien, puisqu'en 1580 Jean de Marbré, seigneur du Bas-Vezin, plaidant pour conserver ses prééminences en l'église de Vezin, montra « dans le bourg de Vezin un hospital fondé par les prédécesseurs de sa maison. » Plus tard nous voyons, en 1679, Michelle de Marbré mentionner dans la *Déclaration* de sa seigneurie du Bas-Vezin « la maison et hospital de Mr Saint Méen au bourg de Vezin avec le jardin y joignant. » Enfin, le *Pouillé de Rennes* sous l'épiscopat de Mgr de Crissé (1713-1723) parle de « la chapelle de Saint-Méen en Vezin, » et Mgr de Girac, un de ses successeurs, ordonna en 1774 qu'on lui présentât « le titre de fondation de l'hôpital de Vezin. »

En 1749, le subdélégué de Montfort écrivit à l'intendant de Bretagne « qu'il y a un hôpital au bourg de Vezin, lequel a été fondé, doté et bâti par Mlle de Jussé depuis quinze à seize ans, pour les pauvres de Saint-Méen. » Comme nous venons de voir cet hospice existant bien avant l'an 1704, on peut seulement conclure de cette note que Mlle de Jussé, proprié-

---

1. *Reg. des insin. ecclés. de l'évêché de Saint-Malo.* — *Arch. dép. d'Ille-et-Vil.*, 1 V, 20.

taire alors du Bas-Vezin, releva le pieux établissement tombé en ruines [1].

Aujourd'hui on montre encore au bourg de Vezin la maison de l'Hôpital et celle du Poncel, qui en dépendait ; le Bureau de bienfaisance les a vendues naguère et se fait maintenant environ 600 fr. de rente de l'ancien fonds de l'hospice.

Non loin de l'hôpital et au milieu même d'un très-vieux chemin abandonné depuis longtemps est la fontaine de Saint-Méen, murée et très-fréquentée jadis par les pèlerins. Mais on ne voit point à côté de trace de chapelle et la tradition n'en garde pas souvenir. Peut-être le *Pouillé* de Mgr de Crissé veut-il seulement parler d'un oratoire construit dans l'hôpital même, ou plutôt d'une chapellenie desservie dans l'église paroissiale et annexée à l'hôpital Saint-Méen de Vezin.

VIEUXVY

Il existe en Vieuxvy un village de la Magdeleine où se trouvait jadis une chapelle ruinée dès 1713 [2]. C'est le dernier vestige d'une maladrerie fondée peut-être par les prieurs de Gahard au moyen-âge.

VIGNOC

En 1271, Geffroy de Montbourcher, chevalier, et Guillaume, son fils aîné, reconnurent que leurs ancêtres avaient donné aux moines de l'abbaye de Saint-Melaine la chapelle de Montbourcher appelée l'Hôtellerie, « *capellam de Montebochier que Hospitalaria vulgariter nuncupatur,* » située en la paroisse de Vignoc. Au don de cette chapelle avait été joint celui des dîmes de blé, la mouture d'un moulin, certaines terres ara-

---

1. Arch. dép. d'Ille-et-Vil., 1 G, 3 ; P. 1718, C. 1280. — *Titres de la Vicomté de Rennes.*
2. *Pouillé ms. de l'évêché de Rennes.*

bles et prairies, un hébergement, et en un mot toutes les dépendances de l'Hôtellerie.

Geffroy et Guillaume de Montbourcher avouèrent, pleins de repentir, qu'ils s'étaient saisis injustement de tous ces biens et qu'ils les avaient retenus quelque temps malgré le droit des moines; en les restituant à l'abbaye de Saint-Melaine, ils s'obligèrent à ne pas demander qu'un religieux ou même un prêtre séculier vînt faire le service divin dans cette chapelle; ils promirent de se contenter désormais des messes dites pour leurs ancêtres et pour eux-mêmes dans l'église abbatiale de Saint-Melaine.

L'année suivante, les religieux de Saint-Melaine afféagèrent à Regnaud de la Haye et à Laurent de la Haye, son frère, la terre de l'Hôtellerie, s'étendant en Vignoc et en La Mézière, moyennant 30 sols de rente payables par moitié à Pâques et à la Saint-Melaine [1].

Le village de l'Hôtellerie existe encore; son nom et sa position au bord du vieux chemin de Rennes à Saint-Malo semble aussi bien que sa chapelle indiquer qu'à l'origine cette maison fut un hospice pour les pauvres voyageurs; hospice fondé vraisemblablement par les seigneurs de Montbourcher, mais abandonné, aussi bien que sa chapelle, lorsque les moines de Saint-Melaine eurent été exemptés de faire résidence en ce lieu.

VILLE-ÈS-NONAINS (LA)

Au bord de la Rance, dans l'ancienne paroisse de Saint-Suliac, et actuellement en celle de la Ville-ès-Nonains, se trouve le petit port appelé jadis Port-Stablon, et aujourd'hui Port-Saint-Jean.

Les Chevaliers-Hospitaliers de Saint-Jean de Jérusalem avaient bâti, vers la fin du XIe siècle, en ce lieu un petit hos-

---

1. *Cartul. Sancti Melanii*, 83, 134.

pice ou « port d'aumône, » pour secourir les pèlerins pauvres et malades qui désiraient traverser la Rance.

Il est fait mention en 1160 et 1244 de cet hôpital, « *hospitale de Portu de Establehon.* »

En 1497, Olivier de Saint-Denoual laissa par testament 5 deniers à chacun des quatre ports d'aumône nommés Jouvente, Le Guildo, Mordreuc et Stablon [1].

Les Chevaliers de Jérusalem ayant réuni plus tard le Port-Saint-Jean à leurs commanderies de Quessoy et de Carentoir, nous ne dirons rien de plus de cet hôpital et de sa chapelle, en ayant suffisamment parlé précédemment. (Voy. p. 101 et suiv.)

VITRÉ

1° *Hôtel-Dieu.*

L'hôpital de Saint-Nicolas ou l'Hôtel-Dieu de Vitré fut fondé par André II, baron de Vitré, entre 1173 et 1192, aux environs de l'ancienne porte de ville nommée porte d'Embas, dans la paroisse de Notre-Dame, primitivement appelée Saint-Pierre.

D. Morice nous a conservé un curieux concordat passé, vers cette époque, entre les religieux de l'abbaye de Saint-Melaine, qui tenaient cette paroisse de Saint-Pierre, et les frères de l'hôpital de Vitré, « *fratres domus eleemosynariæ de Vitreio.* » Quels étaient ces frères hospitaliers? Nous ne le savons pas au juste; peut-être étaient-ce les Chevaliers de Saint-Jean de Jérusalem, qui possédaient encore au XVII° siècle le membre de Vitré dépendant de leur commanderie de la Guerche. Toujours est-il que l'évêque de Rennes fit promettre à ces religieux, au XII° siècle, d'observer ce qui suit :

Le chapelain desservant l'hôpital de Vitré sera élu par l'abbé de Saint-Melaine, le seigneur de Vitré et deux des

---

[1]. *Anciens Évêchés de Bret.*, III, 103 et 186.

frères hospitaliers ; il sera ensuite présenté à l'évêque par l'abbé et le baron. Ce chapelain prêtera serment de fidélité aux moines de Saint-Melaine, jurant de respecter tous les droits de l'église paroissiale. Il ne pourra célébrer la messe en sa chapelle, le dimanche, que portes closes et après la messe de paroisse. Aux fêtes de Noël, Pâques, la Toussaint et l'Assomption, il se rendra même à l'église Saint-Pierre pour y célébrer. Il ne recevra aucun paroissien et aucun étranger, ni vivants ni morts, sans la permission du recteur, et si l'un des paroissiens ou étrangers choisit sa sépulture dans la chapelle de l'hospice, le recteur de Saint-Pierre dira lui-même la messe d'enterrement, à l'option des parents du défunt, soit à l'église paroissiale, soit à la chapelle de l'hôpital, et dans tous les cas il aura pour lui toutes les oblations. Il n'y aura point de cloche à l'hôpital ; toutefois le chapelain y pourra distribuer du pain bénit aux infirmes demeurant ou passant, et à ceux qui servent les pauvres [1].

L'hôpital ne resta pas longtemps en cet endroit. Dès 1222, le baron de Vitré ayant fortifié sa ville et construit la porte d'Embas, fit raser l'hospice pour creuser les douves et élever les murs de défense ; le pieux établissement fut alors transféré là où il est encore de nos jours. Cette translation fut la cause déterminante d'un nouveau faubourg, celui du Rachat, qui prit bientôt une grande extension. André II avait accordé, en effet, divers privilèges aux hommes qui viendraient habiter la terre de Saint-Nicolas ; or, en 1222, André III, fils du fondateur de l'hôpital, alors seigneur de Vitré, ne se borna point à la concession du lieu où devaient s'élever les nouveaux bâtiments de l'hospice ; il y ajouta d'assez vastes terrains qui touchaient à ce lieu et auxquels s'en joignirent encore d'autres, de proche en proche, acquis par Saint-Nicolas ; en raison des privilèges accordés, ces terrains se garnirent bientôt de maisons et d'habitants. André III donna aussi

---

[1]. D. Morice, *Preuves de l'Hist. de Bret.*, I, 701, 702.

à l'hôpital ses propres fours seigneuriaux, de sorte que jusqu'en 1789 cette maison eut la jouissance des deux fours banaux de Vitré, dont les revenus étaient importants [1].

Après le départ des Hospitaliers, Saint-Nicolas fut administré par un prieur. Nous trouvons au xiv° siècle en possession de cette charge Jean de Livré (1322), — Pierre de Laval (1348) — et Jean de la Courbe (1386); et au siècle suivant, Robert de Grasmesnil, chanoine de Vitré, qui fit reconstruire la chapelle de l'Hôtel-Dieu et y fut inhumé en 1500.

Son tombeau, placé dans la nef, au Nord, est sous une arcade en cintre surbaissé et garnie d'une ornementation dans le style de l'époque et exécutée avec soin. « La statue, couchée sur le sarcophage, représente un prêtre revêtu de ses habits de chœur, anciennement peints et dorés; la tête est surmontée d'un dais ciselé délicatement; les mains sont jointes sur la poitrine et les pieds s'appuient sur un agneau. » Le devant du sarcophage est orné d'arcatures et de colonnettes, et sur le bord de la corniche on lit cette inscription en caractères gothiques : *Cy gist mestre Robert de Grasmesnil, en son vivant aumonnier de céans et chanoyne de la Magdelaine, lequel a fait rediffier ceste église, et décéda le XXI° jour de juillet l'an mil V°. Priez Dieu pour luy.* [2]

Les habitants de Vitré réclamèrent l'administration de leur Hôtel-Dieu et obtinrent en 1558 un arrêt du Parlement portant que « tout le revenu de l'ausmonnerie de Saint-Nicolas de Vitré sera baillé et delessé aux habitans de Vitré pour iceluy entièrement employer à la nourriture et entretenement des pauvres de ladicte ausmonnerie et hospital, à la charge d'en rendre bon et loial compte. » Mais la cour ordonna en même temps aux bourgeois de Vitré de « payer au chapelain dudit Saint-Nicolas la somme de 200 liv. à quatre termes de l'an; lequel sera tenu fere le divin service ainsy

---

1. Chartes d'André II en 1205 et d'André III en 1222. (*Arch. de Saint-Nicolas.*) — M. de la Borderie, *Les Rues de Vitré.*
2. M. l'abbé Bruno, *Archéologie relig.* — *Bretagne contemp.*

qu'il est contenu ès lettres de fondation, et aussi administrer aux malades dudit hospital les sacrements d'Église; et outre, sera ledit chapelain pourvu de maison et habitation commode audit lieu de Saint-Nicolas[1]. »

A partir de cette époque, l'Hôtel-Dieu de Vitré fut administré par une Commission nommée par la Communauté de ville, et l'aumônier ne prit plus que le titre de chapelain. Nous allons voir bientôt que les deux hôpitaux de Saint-Yves et de Saint-Étienne furent réunis à celui de Saint-Nicolas, dont l'importance grandit ainsi de plus en plus. Au milieu du XVII° siècle, les bourgeois de Vitré appelèrent parmi eux les Hospitalières de la Miséricorde, qui s'installèrent en 1655 à Saint-Nicolas, où elles n'ont pas cessé depuis ce temps de soigner les malades. (V. p. 208.)

Terminons par un mot sur la chapelle Saint-Nicolas, monument très-élégant du XV° siècle et d'un style bien complet.

La manière dont est placé cet édifice doit être remarquée. Pour conserver l'orientation traditionnelle, on n'a pas craint d'adosser à la rue le chevet de l'église et de placer l'entrée dans le côté, au fond d'un passage assez resserré. Le portail, surmonté d'une jolie fenêtre ogivale, est en granit délicieusement fouillé. A l'intérieur, on a par malheur bouché la belle et grande fenêtre du chevet, mais on se propose de la rouvrir. Dans le chœur, du côté de l'épitre, une assez belle verrière de la fin du XVI° siècle représente l'arbre de Jessé. L'autel se fait remarquer par un grand retable doré d'une élégante composition et dans lequel s'encadre heureusement le tabernacle; c'est un travail de 1710. Le lambris de la nef a conservé quelques traces des peintures qui le décoraient il y a deux cents ans[2].

---

[1]. Journal hist. de Vitré, 16.
[2]. M. l'abbé Paris-Jallobert, Bull. de l'Assoc. bret., IX, 270.

2° *Hôpital Saint-Yves.*

Pendant que l'hôpital Saint-Nicolas florissait en la paroisse Notre-Dame, un autre hospice s'élevait à Vitré dans la paroisse Sainte-Croix. « La fondation dudit Saint-Yves fut faite pour servir d'hospital, maison-Dieu et ausmonerie, et pour en iceluy retirer les pauvres passans malades travaillés du mal qu'on appelle le mal Saint-Méen, et y estre traités et pansés les malades dudit mal qui, pour leur faiblesse et infirmité, sont contraints séjourner et arrester audict lieu [1]. »

Cet hospice fut donc construit « sur le grand chemin par lequel tous les malades du pays de France passent pour faire leur voyage audit Saint-Méen, » c'est-à-dire sur le bord de la route de Rennes, vis-à-vis l'emplacement actuel de la gare du chemin de fer de Fougères.

L'hôpital Saint-Yves fut fondé au commencement du xive siècle par les membres de la confrérie de Saint-Yves; il est fait mention de cet établissement en 1352, et l'on voit qu'il était administré par Thomas de Bolande en 1361 et par Jean Labbé en 1393.

Les confrères de Saint-Yves nommèrent d'abord eux seuls le prieur ou administrateur de leur hospice, mais dès 1369 le prieur de Sainte-Croix se joignit à eux pour cette élection, parce que la maison se trouvait dans le fief du prieuré de Sainte-Croix, membre de Marmoutiers. Plus tard, douze notables furent admis à nommer le prieur; enfin, en 1459, il n'y avait pas moins de quatre-vingt-dix électeurs, savoir : dix-neuf gentilshommes, cinquante-deux bourgeois et dix-neuf prêtres. Mais en 1571 le prieuré de Saint-Yves fut supprimé et la Communauté de ville confia aux administrateurs de l'Hôtel-Dieu le soin de l'hôpital dont nous nous occupons.

---

1. *Journal hist. de Vitré*, 33.

Saint-Yves continua toutefois d'exister longtemps encore. Les huguenots brûlèrent bien son église le 30 mai 1592, mais elle fut relevée et les malades continuèrent d'être soignés en cet hospice jusque vers la fin du xvii° siècle. A cette époque, les bâtiments de Saint-Yves furent démolis et les malades transférés dans une partie de l'Hôtel-Dieu qui porte encore le nom de Saint-Yves [1].

3° *Léproserie de Saint-Étienne et Saint-Lazare.*

Il est fait mention de la léproserie de Vitré au xv° siècle. En 1497, François Geslin était prieur ou administrateur de cette maison; le 26 août de cette année-là, ordre fut donné de renfermer les lépreux des paroisses de Notre-Dame et Saint-Martin de Vitré en la salle de la grande maison qui leur était destinée au village de Saint-Étienne, en Saint-Martin; là « ils auront pour subsistance toutes les lies de vin que les habitants de Vitré dépenseront et un pain d'un denier, chaque semaine, chez chaque boulanger de pain de froment, lesquels pain et vin lesdits malades iront quérir à la maison dudit prieur; de plus, ils jouiront du jardin de la grant maison et auront du bois de chauffage abattu audit lieu de Saint-Étienne; plus, auront un pot de vin et une fouace de chacun desdits paroissiens qui épouseront en ceste ville et forsbourgs [2]. »

Le prieur Jean d'Argentré rendit au baron de Vitré, en 1580, un aveu très-curieux de la léproserie de Saint-Étienne; ce que nous allons en extraire nous fera voir en quoi consistait cet hospice.

Le prieur commence par déclarer la métairie de Saint-Étienne et la léproserie, consistant en maisons, cours et jardins, « ensemble la chapelle Saint-Lazare estant entre les deux

---

1. *Journal hist. de Vitré*, 33, 36, 40.
2. Communication de M. l'abbé Paris-Jallobert.

jardins, » le tout situé sur le bord du grand chemin de Vitré à Argentré.

Outre cette chapelle Saint-Lazare, privative aux lépreux, et qui a disparu au siècle dernier, il y avait une autre chapelle, dédiée à saint Étienne, à l'usage de cette partie rurale de la paroisse Saint-Martin, et subsistant encore aujourd'hui.

Le prieur confesse ensuite « qu'à cause de sadite chapellenie, le dernier marié en l'an en ladite paroisse dudit Saint-Martin de Vitré doit une soulle, laquelle il doit rendre au jour et feste de Monsieur saint Étienne férière de Noël, en oblacion, et icelle présenter en ladite chapelle et à la grant messe, entre les deux élévations, sous peine de 60 sols d'amende. »

De plus, « tous et chacuns les mariés en ladite paroisse de Saint-Martin doivent une fouace d'un douzain et un pot de vin, après iceux mariés avoir pris et mangé chacun son morceau de ladite fouace et bu sa soif dudit vin pour souper des nocés. »

Au château de Vitré, le prieur de Saint-Étienne jouissait de certains droits qui lui permettaient d'entretenir son hôpital : « A lui appartient tous les bouts de torches, chandelles de suif et chandelles de cire allumées et demeurantes de reste par chacun soir dans la maison du seigneur de Vitré; ensemble lui appartient recueillir dans ladite maison dudit seigneur, par aumosne de ses prédécesseurs, tout le demeurant du pain, soit entier ou par chanteaux, qui est levé dessus sa table par chacune heure de repas. »

Non-seulement les lépreux avaient droit à ces reliefs du château, mais encore dans toute la ville de Vitré leur « estaient dues les lies de vins vendus et distribués tant en ladite ville dudit Vitré qu'aux forsbourgs d'icelle. » En revanche, le prieur de Saint-Étienne devait entretenir « les taverniers de Vitré de brandon ou bouchon pour tenir leurs tavernes. »

Enfin, il était dû au prieur une rente de 15 boisseaux de seigle et 2 s. 6 d. tournois par le recteur d'Argentré, et il avait droit de « tenir en la halle et cohue de Vitré un estal à vendre chair dépendant de sadite chapellenie. »

Présenté à l'évêque par la Communauté de ville, le prieur de Saint-Étienne disait la messe le dimanche et le mardi pour le baron de Vitré, auquel il devait, en outre, « une rente de 14 sols, 4 havées d'avoine, foy, obéissance et hommage[1]. »

Après la mort de Jean d'Argentré, décédé en 1583, la cour de Vitré voulut réunir les biens de la léproserie à l'hôpital de Saint-Nicolas, mais la Communauté de ville présenta un nouveau chapelain, Georges Loritte. Cependant, par acte de transaction du 5 novembre 1583, la métairie de Saint-Étienne fut annexée à l'Hôtel-Dieu. Il fut convenu que les administrateurs de cette dernière maison donneraient au chapelain de Saint-Étienne « la somme de 20 écus, la jouissance des offrandes et une portion de maison avec jardin situés audit lieu. » Malgré cet accord, les administrateurs constatèrent en 1626 que l'hôpital de Saint-Nicolas ne touchait rien, et ils affirmaient en 1672 que les derniers chapelains de Saint-Étienne jouissaient de tous les revenus de la léproserie, abandonnée par les lépreux depuis longtemps.

Cet état de choses décida la Communauté de ville à réunir complètement les biens de la ladrerie de Vitré à l'Hôtel-Dieu. Mgr de la Vieuville, évêque de Rennes, approuva lui-même cette union, et le 13 janvier 1674 il unit « les chapelles de Saint-Estienne et Saint-Lazare aux hospitaux de Saint-Yves et Saint-Nicolas dudit Vitré, pour en estre à l'advenir le revenu régi et administré par les administrateurs desdits hospitaux, à la condition qu'ils en feront faire le service à la manière accoustumée[2]. »

Cette union fut consentie par le dernier chapelain de Saint-Étienne, Olivier Lemanceau, sieur de la Perdrillère, et elle fut homologuée au Parlement de Bretagne le 23 février 1674.

1. *Journal hist. de Vitré*, 37.
2. *Ibidem*, 179.

4° *Lazaret.*

Le 23 septembre 1582, la Communauté de ville de Vitré, considérant « l'urgente nécessité de bastir un logix pour y recueillir, loger, traiter, panser et nourrir les pauvres et aultres habitants desdits ville et forsbourgs qui se trouveront frappés et malades de la peste, » se transporta aux environs de Vitré pour chercher un endroit propice. Croyant l'avoir trouvé « au lieu de Clérice, dépendant de l'hôpital Saint-Yves, lieu assez propre et commode, voisin de la rivière, loin de ceste ville et des grands chemins publics, » elle fut d'avis de construire en cet endroit, à un tiers de lieue de Vitré, mais en la paroisse de Pocé, une maison de santé pour les pestiférés.

Ce projet se réalisa et le lazaret de Vitré fut, selon M. l'abbé Pâris-Jallobert, d'une grande utilité aux habitants de cette ville pendant tout le XVII° siècle[1].

5° *Hôpital-Général.*

La Communauté de ville de Vitré, voulant obéir à l'édit royal de 1662, acheta la propriété de la Gautrais, dans le faubourg Saint-Martin, au Nord de la rue et par suite en la paroisse de Notre-Dame; elle en fit un hôpital-général où furent conduits dès 1678 tous les pauvres mendiants des trois paroisses de la ville. Louis XIV donna en faveur de cet établissement des lettres patentes datées de juin 1681; il s'y déclara le fondateur et le protecteur de l'hôpital, dont il confia l'administration à quatorze directeurs, savoir : le sénéchal, le procureur fiscal, le syndic en charge, le trésorier de la Magdeleine, celui des recteurs alternatifs de semaine à Notre-Dame, l'administrateur de l'Hôtel-Dieu et huit bourgeois de Vitré choisis par la Communauté. Par les mêmes lettres, le

---

[1]. *Journal hist. de Vitré*, 39, 48.

roi défendit expressément la mendicité dans les trois paroisses de Vitré et accorda au nouvel hospice tous les legs pieux faits d'une manière générale aux pauvres, — tous les revenus affectés dans l'origine aux pauvres mais abandonnés ou usurpés depuis, — toutes les aumônes dues aux pauvres par les abbayes, prieurés ou monastères de Vitré d'ancienne fondation, — le droit exclusif de vendre de la viande en carême, — la moitié des amendes et aumônes de police, — le droit de fabriquer toutes sortes de manufactures et de les vendre au profit des pauvres, etc.

Quelques années plus tard, l'Hôpital-Général reçut une maison située au faubourg de la Mériais, dont nous devons dire un mot, parce qu'elle rappelle une tentative d'établissement religieux qui, n'ayant pas abouti, n'a pas été signalé par nous précédemment.

En 1665, les États de Bretagne et le maréchal de la Meilleraye donnèrent une somme de 4,000 liv. pour subvenir aux besoins spirituels des protestants de Vitré nouvellement convertis; on employa cette somme à acheter une maison au faubourg de la Mériais, et Mgr de la Vieuville, évêque de Rennes, passa un contrat en 1672 avec René Lévesque, supérieur de la communauté des prêtres de Saint-Clément de Nantes; par cet acte, la maison achetée fut destinée à l'établissement d'une communauté de prêtres semblable à celle de Nantes, et à l'instruction des nouveaux convertis, qui y seraient reçus conformément aux intentions des États.

Mais les prêtres de Saint-Clément ne firent que passer à Vitré; leur établissement dura à peine quelques années, et après leur départ l'évêque de Rennes disposa de la maison d'abord en faveur des Filles de la Providence, qui ne se fixèrent point non plus définitivement à Vitré, puis en faveur des Ursulines. Ce fut alors qu'en 1695 les administrateurs de l'Hôpital-Général demandèrent cette maison comme étant un bien des pauvres abandonné ou détourné de sa destination première. René Lévesque donna son consentement à cette transmission et Louis XIV acquiesça à la demande des directeurs de l'hôpital; en même temps, le roi les maintint dans la propriété et possession de la maison du ministre de la religion prétendue réformée et de l'emplacement du cimetière protestant, qui avaient été concédés précédemment à l'Hôpital-Général.

Nous recommandons à nos lecteurs l'intéressant règlement de l'Hôpital-Général de Vitré, dressé en 1711; il est malheureusement beaucoup trop long pour que nous puissions même l'analyser[1]. A cette époque, l'hôpital était tenu par de pieuses demoiselles laïques; mais en 1729 les administrateurs rappelèrent à Vitré les religieuses hospitalières de Saint-Thomas de Villeneuve, qui avaient déjà séjourné quelque temps en la maison en 1682; cette fois elles ne quittèrent plus l'Hôpital-Général jusqu'à la Révolution (V. p. 212); mais rentrées dès 1795, elles ont été remplacées en 1857 par les Filles du Cœur immaculé de Marie.

En 1678, on avait fait d'une salle de l'hôpital une chapelle provisoire dédiée à saint Joseph et bénite le 4 octobre de cette année-là; en 1713, les directeurs achetèrent une maison voisine de l'hospice et construisirent sur son emplacement une chapelle plus convenable qui existe encore aujourd'hui; elle est également dédiée à saint Joseph et renferme six tableaux et deux statues qui proviennent de l'ancienne église des Récollets[2].

Malgré la longueur de ce chapitre, nous ne pouvons le terminer cependant sans dire un mot des Bureaux de charité établis aux XVIIe et XVIIIe siècles et de l'assistance publique dans les campagnes.

La société française d'avant 1789, dit avec raison M. Maître, « n'a pas laissé une seule infortune dans le dénuement; elle

---

1. V. *Journal hist. de Vitré*, 272, 278.
2. *Ibidem*, 840, 842.

a pratiqué la bienfaisance la plus large et trouvé un soulagement à toutes les misères. Elle a été si ingénieuse dans la recherche des meilleurs moyens d'assistance qu'elle ne nous a rien laissé à inventer, pas même les fourneaux économiques [1]. »

A Rennes, à Saint-Malo, à Fougères, à Saint-Servan et à Vitré fut, en effet, fondée de bonne heure l'œuvre des Marmites des pauvres, qui faisait des plus nobles dames de ces villes d'humbles servantes des indigents; ces Marmites des pauvres donnèrent naissance aux premiers Bureaux de charité régulièrement organisés. De grands secours furent donnés alors par la charité publique aux pauvres honteux : associations des dames de charité visitant les malades à domicile, rentes d'argent et de grains constituées en faveur des paroisses pauvres, distributions régulières de vêtements établies dans plusieurs localités, rien ne fut épargné pour venir en aide à ceux qui avaient réellement besoin.

Nos lecteurs comprendront qu'il nous est absolument impossible d'entrer dans le détail de toutes ces fondations charitables; nous nous bornerons donc à terminer cette étude des institutions d'assistance chrétienne par le tableau général mais raccourci des œuvres de charité établies dans nos paroisses avant la Révolution.

PAROISSES AYANT AVANT 1790 DES SECOURS POUR LEURS PAUVRES [2]

Antrain. — Une rente de 15 liv. en 1770.

Amanlis. — Une rente de 30 liv., plus une autre petite rente due par le chapelain de la Thionais (1770).

---

1. *L'Assistance publique avant 1789.*
2. En 1770 et 1774 l'intendant de Bretagne fit faire une enquête à ce sujet; nous nous sommes servi naturellement de ce document. (*Arch. dép. d'Ille-et-Vil.*, C, 1292.) Malheureusement, cette enquête est incomplète, un bon nombre des personnes consultées n'ayant pas répondu aux lettres de l'intendant et de ses subdélégués.

Availles. — Six lits d'hommes et six lits de femmes à l'hôpital d'Availles en 1770.

Baguer-Morvan. — Rente de 275 liv. léguée par testament du 14 juin 1678 par Bertrand Bouttier, seigneur du Boishamon.

Bain. — Bureau de charité établi en 1786 au moyen de subventions offertes par des particuliers et de quêtes faites dans la paroisse. Le marquis de Montluc, seigneur de Bain, donna 150 liv.; M. Poisson, doyen, 48 liv.; les vicaires 24 liv.; on y ajouta 200 liv. léguées par M. Taillandier, prêtre de la paroisse.

Balazé. — Bureau de charité fondé en 1726 par Joseph Coccault, seigneur de Chérigny, et tenu par les Sœurs de la Charité. En 1770, ces religieuses avaient 100 liv. à distribuer chaque année en bouillon, pain et viande.

Baulon. — Rente de 10 liv. en 1770.

Baussaine (La). — Droit au Bureau de charité des Iffs.

Bazouge-du-Désert (La). — Une rente de 22 liv. léguée par M. du Bouëxic, ancien recteur de la Bazouge, + 1749, et une autre rente de 4 sommes de grain fondée par la famille Le Beschu.

Bédée. — 96 boisseaux de seigle dus chaque année par le prieur de Bédée.

Bourgbarré. — Rente de 75 liv. fondée par le seigneur de Mesneuf (1774).

Boussac (La). — Deux fondations : l'une de 60 liv. de rente faite en 1614 par Louise de Maure, dame de Landal, pour distribuer en vêtements chaque année; l'autre faite en 1727 par Jean Ruault, recteur de La Boussac, pour distribution de toile faite la veille de Noël à douze pauvres honteux : ces deux fondations estimées 79 liv. 5 s. en 1770.

Bréal-sous-Montfort. — 100 à 140 liv. de rente. On croit que dans l'origine cette rente fut fondée par les prieurs ou par les fondateurs de la Magdeleine (1770).

Breteil. — Rente de 10 liv. fondée par Barbe Chouan et de 15 liv. fondée par la dame N... Tournemine (1770).

Brie. — Par son testament de 1670, François Loaisel, seigneur de Brie, légua 100 liv. de rente aux pauvres de cette paroisse; précédemment, en 1639, sa mère, Catherine de Faucon, dame de Brie, avait également fait une rente pour le même objet; enfin, les recteurs de Brie augmentèrent encore les précédentes fondations, qui atteignaient en 1770 300 liv. de revenu, employées en aumônes de grain et de toile.

Bruc. — Rente de 150 liv. distribuée par les religieux de Paimpont, possesseurs du prieuré de Bruc.

Bruz. — Rente léguée par testament de Mgr de Marillac, évêque de Rennes, † 1573. — Bureau de charité tenu par les Filles de la Charité, fondé par un autre évêque de Rennes, seigneur de Bruz, et par Gilles de Gain, chantre et chanoine de Rennes, seigneur de Carcé, en 1680. Ces rentes montaient à 200 liv. en 1770.

Cancale. — Bureau de charité fonctionnant en 1746, et dont le *Pouillé* de Mgr de la Bastie fait le tableau suivant : « Ce Bureau se compose du recteur, du procureur fiscal, d'un prêtre procureur du Bureau, de huit dames, dont une est supérieure, une trésorière et une garde-meubles. Il y a 300 liv. de revenu, sans y comprendre 29 boisseaux de blé-noir que fournissent les religieux du Mont Saint-Michel en place d'une rente de 50 liv. qu'ils payaient jadis. Il y a, en outre, des quêtes et des charités. La distribution des aumônes se fait en pain, viande et argent, toutes les semaines, aux malades et pauvres inscrits sur les registres du Bureau. L'assemblée ordinaire se tient toutes les semaines, composée du recteur, du prêtre procureur et des trois dames en charge; les assemblées extraordinaires, où sont les autres dames, se tiennent suivant les circonstances; les comptes se rendent dans une assemblée ordinaire où les nouvelles supérieure et trésorière se trouvent avec les anciennes. » — Une rente de 96 liv., qui semble en 1770 distincte de celles qui précèdent.

Cardroc. — 20 liv. de rente assises sur un fonds de terre et distribuées à l'issue d'une messe. — Droit au Bureau de charité des Iffs.

Chantepie. — Hôpital pour les pauvres de la paroisse, ayant en 1774 de 300 à 400 liv. de rente. (V. p. 262.)

Chapelle-Chaussée (La). — Une fondation assez considérable se distribuant, au siècle dernier, « en blé vers Noël. » — Droit au Bureau de charité des Iffs.

Chapelle-des-Fougeretz (La). — Bureau de charité constitué en 1684 et composé de directeurs d'office tels que le curé, le sénéchal et les trésoriers en charge, et de directeurs élus, savoir : un distributeur de pain, un directeur de la passade, un garde-meubles et un receveur des quêtes.

Chapelle-Janson (La). — 240 liv. de rente fondées pour charités (1790).

Châtellier (Le). — Jean Langlois, sieur de la Ramée, mort en 1670, fit des rentes aux pauvres du Châtellier. — En 1771, l'évêque de Rennes approuva des contrats de 9,500 liv., produisant environ 400 liv. de rente, passés par le recteur au profit des pauvres de la paroisse; de ces rentes, 350 liv. devaient être employées en distributions de grain et de toile, et 50 liv. en aliments et médicaments, ces distributions faites par le recteur sous la surveillance des procureurs fiscaux. — En 1790, les pauvres jouissaient du tiers de la métairie de la Ramée, dont le reste appartenait aux Ursulines de Fougères; cette métairie était alors affermée 200 liv.

Châtillon-en-Vendelais. — Bureau de charité fondé vers 1750 par M. Danjou de la Noë, recteur de cette paroisse.

Chavagne. — 63 liv. de rente en 1770 et 1774.

Cintré. — Une petite rente de 12 liv. en 1770 et 1774.

Combourtillé. — 40 liv. de rente en 1790.

Cornillé. — Le reliquat des rentes de la fondation des

écoles tournait, en 1790, au profit des pauvres en distributions de pain (environ 40 livres).

Cuguen. — Rentes dues par l'abbé du Tronchet.

Dingé. — Fondation de 43 liv., augmentée de 10 liv. en 1715, augmentée encore plus tard de 60 liv. Le général nommait un économe pour recevoir ces rentes, et le recteur les distribuait en grain et en toile en présence de cet économe et des trésoriers en charge.

Dol. — Hôtel-Dieu, Hôpital-Général, etc. Bureau de charité fondé en 1765 par Mgr Dondel, évêque de cette ville, augmenté par Mgr de Hercé et tenu par les Filles de la Sagesse.

Domalain. — 64 boisseaux de blé dus par le recteur et estimés en 1790 350 liv.; 32 boisseaux de blé dus également par le prieur de la Celle-Guerchoise, décimateur avec le recteur.

Dompierre-du-Chemin. — 120 liv. de rente en 1790.

Drouges. — 20 liv. de rente en 1770.

Éancé. — 57 liv. de rente en 1770.

Épiniac. — 420 liv. données chaque année par l'abbaye de la Vieuville, savoir : 320 liv. en pain et 100 liv. en argent (1770). — En outre, une petite rente particulière de 38 liv. 17 s. 6 d.

Erbrée. — Rente de 100 liv. en 1770.

Essé. — 39 liv. de rente en 1770.

Fougères. — Hôtel-Dieu, Hôpital-Général, etc. Bureau de charité établi vers la fin du xviie siècle; maison de la Providence fondée par Mlle de la Belinaye en 1776, et confiée aux Filles de la Sagesse. (V. p. 225.)

Gennes. — Rente de 168 liv. en 1770.

Gévezé. — 84 liv. de rente en 1770.

Gosné. — En 1652 on distribuait chaque année trois mille petits pains blancs de 6 deniers chacun aux pauvres de la paroisse, le jour de l'Ascension et le lendemain; les trésoriers touchaient alors une rente de 75 liv. pour subvenir à cette distribution. Mais en 1747 « le dimereau des pauvres » rapportait 150 liv., et il y avait en plus pour les indigents un capital de 800 liv. formé par les dons du duc de Coigny, seigneur de la paroisse, de Jean Coullon, sieur de Vaurion, et de Georges de la Lande, curé de Gosné.

Gouesnière (La). — 3 boisseaux de blé dus chaque année par le chapelain de Saint-Michel; cette rente était estimée 27 liv. en 1770.

Guerche (La). — Hôpital, Bureau de charité établi en 1682 par le P. Chauveau, Jésuite, et ayant, en 1776, 200 liv. de rente.

Guipel. — 16 boisseaux et demi de seigle dus par le recteur (xvii° siècle).

Guipry. — En 1709, le général de cette paroisse fit faire des quêtes pour assurer le sort de ses pauvres; on n'y comptait pas moins alors de deux cents mendiants et de trois cents ménages indigents; un Bureau de charité fut alors constitué.

Hédé. — Bureau de charité établi vers 1680.

Iffendic. — En 1770, rente de 4 mines de grain, estimées 60 liv., due par le prieur du lieu; plus 12 mines de grain chaque année, léguées en mourant par M. d'Andigné, seigneur de la Châsse.

Iffs (Les). — Bureau de charité fondé en 1787 par le seigneur et la dame de Montmuran et tenu par les Filles de la Sagesse. (V. p. 225.)

Irodouer. — Rente de 23 liv. au siècle dernier.

Janzé. — En la paroisse Saint-Martin, en 1770, rente de 50 liv., dont 20 liv. léguées par M. Loaisel, seigneur de Brie et de Janzé; — en la paroisse Saint-Pierre, 40 liv. de rente, dont 20 liv. léguées par le seigneur de Brie et 20 liv. par le comte de Donges, l'un et l'autre seigneurs de Janzé.

Laillé. — 33 liv. de rente en 1770.

Le Loroux. — 51 liv. de rente en 1790.

Louvigné-de-Bais. — Bureau de charité fondé en 1748 par Mme Faucheux et confié aux Filles de la Sagesse. (V. p. 222.)

Marcillé-Robert. — Hôpital; 60 liv. de rente en 1770.

Marpiré. — Une petite rente de 12 liv. en 1770.

Martigné-Ferchaud. — Bureau de charité ayant 300 liv. de rente en 1770.

Melesse. — 20 liv. de rente en 1774.

Messac. — Par testament du 10 mars 1739, Denis Denis, sieur des Noës, natif de Messac, mais habitant l'île de Saint-Domingue, légua 10,000 liv. aux pauvres de sa paroisse natale, ordonnant que chaque année les marguilliers de Messac en distribueraient la rente aux cinquante pauvres les plus nécessiteux, après avoir pris l'avis du recteur.

Mézière (La). — Une portion de dîme à prendre sur les traits de Saint-Martin et de Trébestière, rapportant, année commune, 7 à 8 mines de blé, moitié seigle moitié froment, mesure de Rennes. Ce grain, estimé 240 liv. en 1780, était distribué par le recteur le mardi d'avant la Pentecôte. Un *factum* de 1776 attribue cette aumône à des legs des anciens seigneurs de la Théhaudaye et de la Châteigneraye.

Miniac-Morvan. — Bureau de charité fondé en 1764 par le seigneur et la dame de Miniac et tenu par les Filles de la Sagesse. (V. p. 223.) — Aumônes dues par l'abbé du Tronchet.

Montauban. — En 1770, 75 liv. de rente devant être distribuées par les trésoriers sur l'avis du recteur, d'après une fondation d'un ancien recteur, protonotaire apostolique, dont on ignore le nom.

Montauti. — 50 liv. de rente fondée en 1742 par Jacques-Guy Poulain et Léonore Cochard, sa femme, propriétaires de la Chalopais.

Montfort. — Rente de 20 mines de seigle fondée par les prieurs de Saint-Nicolas; on prenait d'abord sur ce blé ce qu'il fallait pour nourrir les malades de l'hôpital, puis on distribuait le reste aux pauvres.

Moulins. — Une petite rente de 8 liv. en 1770.

Moussé. — 18 liv. de rente en 1770.

Moutiers. — Quelques lits à l'hôpital d'Availles.

Nouvoitou. — Rente de 65 liv., léguée par acte testamentaire en 1525. — Legs de 600 liv., fait vers 1780 par Mme de Sarsfield, belle-sœur du vicomte de Chambière, pour être employé en distribution de pain à la Chandeleur.

Noyal-sur-Seiche. — 50 liv. de rente payées en 1774 par le marquis de Morant, seigneur de la paroisse.

Orgères. — 36 liv. de rente en 1770.

Ossé. — 373 liv. 10 s. 8 d. de rente, en 1774, dont 312 liv. 9 s. 3 d. en constituts et 61 liv. 1 s. 5 d. en fonds de terre.

Paimpont. — Aumônes régulièrement distribuées par les religieux de l'abbaye.

Paramé. — A la demande du recteur, M. Picot de Closrivière, le roi accorda des lettres patentes en date de juillet 1785 approuvant le projet des demoiselles Perrine-Laurence et Jeanne-Céleste Fréboul, sœurs, de donner une maison, un jardin et quelques livres de rente à trois Filles de la Sagesse pour y tenir un Bureau de charité et une école de filles, et pour visiter les malades tant de Paramé que de Saint-Ydeuc. Louis XVI autorisa cet établissement à recevoir jusqu'à concurrence de 1,800 liv. de rente. Toutefois les Sœurs de la Sagesse ne sont venues tenir cette maison qu'en 1804.

Parigné. — 30 liv. de rente en 1770.

Pertre (Le). — 130 liv. de rente en 1770.

Pipriac. — Rente dont on ignore le chiffre (1770).

Piré. — Bureau de charité ayant 272 liv. de rente et tenu par les Filles de la Charité; fondé par un prieur de la Franceule et la marquise de Piré. (V. p. 200.)

Pléchâtel. — 24 liv. de rente en 1770.

Plerguer. — 220 liv. de rente payées par l'abbaye du Tronchet, en 1770; les moines distribuaient entre autres choses, le Jeudi-Saint, à treize pauvres, après la cérémonie du *Lavabo*, 13 pains, 13 harengs et 1 liv. 16 s. — Droit pour les vassaux de la seigneurie de Miniac-Morvan au Bureau de charité de cette dernière paroisse.

Pleurtuit. — Legs en 1612 par Jean du Breil, seigneur de Pontbriant, d'une mine de paumelle (8 boisseaux) devant être distribuée après la messe le jour Saint-Jean-Baptiste. — En 1770 il y avait une rente de 30 boisseaux de blé-noir, estimée 80 liv.

Pocé. — 80 liv. de rente en 1770.

Poilley. — 36 liv. de rente en 1770.

Poligné. — Rente de 100 liv. fondée par les Drouet, seigneurs du Boisglaume (xviii° siècle).

Rannée. — Rente léguée par Mgr de Marillac, évêque de Rennes, † 1573.

Redon. — Hôpital, Bureau de charité ayant en 1770 une rente de 500 liv. payée par l'aumônier de l'abbaye.

Rennes. — Hôtel-Dieu, Hôpital-Général, etc. — Distribution annuelle de pain faite par le Chapitre. (V. tome Ier, p. 299.) — Bureau de charité ou Marmite des pauvres fondé en 1643 et confié en 1673 aux soins des Filles de la Charité. (V. p. 194). — Rentes diverses dans les paroisses : en Saint-Étienne 162 liv., en Saint-Aubin 310 liv., en Saint-Martin 30 liv., en Saint-Hélier 9 liv., en Saint-Jean 5 liv. (1770). — Ouvroir pour les pauvres fondé en 1789 par l'abbé Carron à la Piletière, et occupant plus de deux mille personnes en 1792.

Rhetiers. — 144 liv. de rente en 1770.

Rheu (Le). — En 1790, 180 liv. de rente, dont 100 liv. placées sur les États de Bretagne et 80 liv. sur le Clergé de France.

Romagné. — La terre de la Chantelleraye, léguée en 1664 par le recteur, M. Bannier.

Saint-Armel. — Acceptation en 1781 par le général de la paroisse d'un legs de 600 liv. fait par Marie de Lévis, femme de Jacques de Sarsfield et belle-sœur du vicomte de Chambière, pour être employées en distribution de pain aux pauvres le jour de la Chandeleur. — Il est, en outre, fait mention dès 1770 d'une autre rente de 180 liv.

Saint-Aubin-du-Cormier. — Bureau de charité établi à la fin du xvii° siècle.

Saint-Aubin-des-Landes. — Rente de 50 liv. en 1770.

Saint-Benoît-des-Ondes. — 200 liv. de rente provenant d'un legs fait par le président de Brie, seigneur de la paroisse au xvii° siècle. Le général nomme un prévôt qui distribue ces rentes en argent et en blé deux ou trois fois par an, en présence du recteur et des trésoriers.

Saint-Briac. — Legs fait le 8 décembre 1670 par Pierre Miniac, sieur de la Moinerie, d'une rente de 24 boisseaux de mouture, mesure de Châteauneuf, à prendre sur le moulin du Tertre, dépendant du Bois-Thoumelin, pour être distribués le jour Saint-Michel.

Saint-Brieuc-des-Iffs. — En 1742, M. de la Bénelaye, propriétaire de la Talmouchère, reconnaît que le dimereau de la Talmouchère, valant 40 boisseaux de seigle, doit être distribué aux pauvres.

Saint-Domineuc. — Droit au Bureau de charité des Iffs.

Saint-Georges-de-Reintembault. — Rente léguée par Mgr de Marillac, évêque de Rennes, † 1573.

Saint-Germain-du-Pinel. — Fondation, le 19 avril 1773, d'une distribution en carême de 56 boisseaux de seigle.

Saint-Germain-sur-Ille. — Legs testamentaire, en 1682, fait par Guillaume de Marbœuf, seigneur de la paroisse, de 2 mines de froment et seigle à prendre sur la métairie de la Houssaye, en Chevaigné, pour être distribuées chaque année.

Saint-Gilles. — Legs testamentaire fait le 25 juin 1698 par Robert Le Clerc, sieur de Grébusson, avocat au Parlement, d'une rente de 101 liv. distribuées aux pauvres honteux par le recteur du lieu. — Autre fondation pour le pain des pauvres, consistant en 1790 en maison, cour, jardin et terre labourable, sis au terroir des Champs-du-Feu, et affermés par le général de la paroisse 120 liv.

Saint-Gondran. — Sur le dimereau de Racinay on levait en 1604 jusqu'à 24 boisseaux de seigle pour faire des tourteaux qu'on distribuait aux pauvres le jour de l'Ascension. Vers 1675 on cessa de faire ces pains et on distribua le grain en nature, ce qui se faisait encore en 1711.

Saint-Grégoire. — Terres au village de l'Épinay, affermées en 1648 60 liv. de rente. — Fondation faite par Raoul du Boishamon, sieur du Chesnay, de 8 boisseaux de grain pour être convertis en pain et distribués le jour des Innocents aux pauvres honteux; procès-verbal dressé en 1663 contre François du Boishamon, fils du donateur, qui n'a offert que 60 tourteaux, ne représentant pas les 8 boisseaux de grain légués. — En 1770, total de 200 liv. de rente.

Saint-Guinou. — 120 liv. de rente en 1770.

Saint-Hilaire-des-Landes. — 81 liv. de rente en 1790.

Saint-Jacques-de-la-Lande. — Rente léguée par Mgr de Marillac, évêque de Rennes, + 1573.

Saint-Jean-sur-Vilaine. — Une petite rente de 4 liv. en 1770.

Saint-Jouan-des-Guérets. — 14 liv. de rente en 1770.

Saint-Malo. — Hôtel-Dieu, Hôpital-Général. Bureau de charité fondé en 1681 et tenu par les Filles de la Charité. (V. p. 107.) — Maison de la Providence, fondée en 1692 par Mlle Gardin des Prés, dame de charité, pour procurer du travail aux pauvres, etc. (V. *Semaine Religieuse de Rennes*, IX, 247.)

Saint-Mard-le-Blanc. — 64 liv. 9 s. 3 d. de rente en 1770.

Saint-Méen. — Aumônerie établie à l'abbaye pour donner des secours aux pauvres; hôpital.

Saint-Méloir-des-Ondes. — 96 liv. de rente en 1770.

Saint-Onen. — Distribution d'aumônes faite quotidiennement par l'aumônier de l'abbaye de Saint-Méen.

Saint-Ouen-de-la-Rouairie. — 75 liv. de rente en 1770.

Saint-Pierre-de-Plesguen. — Rente due par l'abbaye du Tronchet.

Saint-Senoux. — Rente de 22 liv. distribuées par le recteur. — Autre rente de 120 liv. léguée par M. de Lescouët, seigneur de la Flolaye, et distribuée en deux fois chaque année (xviii° siècle).

Saint-Servan. — Hôpital, Bureau de charité fondé vers 1700 et confié aux Filles de la Charité. (V. p. 198.)

Saint-Suliac. — Bureau de charité, auquel Pierre Miniac, sieur de la Moinerie, légua 100 liv. en 1670. — Vers 1750, ce Bureau possédait une rente de 31 boisseaux de froment et paumelle, plusieurs constituts, formant un capital de 1,200 liv., et, enfin, le produit de quêtes faites tous les dimanches.

Saint-Sulpice-des-Bois. — Distribution régulière d'aumônes par les religieuses de l'abbaye.

Servon. — En 1774, le recteur déclara qu'il n'y avait qu'une rente de 10 liv., à laquelle on ajoutait ce qu'il fallait pour pouvoir distribuer une somme de grain.

Theil (Le). — Fondation en 1683, par le seigneur du Roisrouvrai, d'une distribution de 10 boisseaux de grain le jour Saint-Maimbœuf, fête patronale de la paroisse. — Rente, en 1770, de 6 liv. 13 s. 4 d.

Thourie. — 84 liv. de rente en 1790.

Tinténiac. — Vers 1750, dimereau valant de 30 à 40 boisseaux de blé, distribués en nature. — Droit au Bureau de charité des Iffs.

Torcé. — 220 liv. de rente en 1790.

Tremblay. — 100 liv. de rente en 1770.

Tresbœuf. — En 1741, René Patier, recteur de Tresbœuf, et en 1743 demoiselle Yvonne Lunel, firent des donations pour établir un Bureau de charité et deux ou trois pieuses filles pour visiter les pauvres malades. En 1774, ce Bureau jouissait de 100 liv. de rente; on se proposait alors d'y faire venir deux ou trois Filles de la Charité, auxquelles on comptait donner 150 liv. pour vivre.

Tressé. — Rente due par l'abbaye du Tronchet.

Trimer. — Droit au Bureau de charité des Iffs.

Vergeal. — Une petite rente de 10 liv. en 1770.

Vezin. — Hôpital reconstitué au siècle dernier.

Villamée. — 13 liv. de rente en 1790.

Visseiche. — En 1770, une rente dont le chiffre est maintenant inconnu.

Vitré. — Hôtel-Dieu, Hôpital-Général. Marmite des pauvres fondée en 1655 par les dames de la charité, et que furent appelées à tenir les Filles de la Charité en 1786. (V. p. 200.)

LIVRE SIXIÈME

LES ÉCOLES

CHAPITRE UNIQUE

SÉMINAIRES, COLLÈGES, ÉCOLES, ETC.

Préliminaires. — Acigné, Antrain, Availles, Bain, Bains, Balazé, Baulon, Baussaine (la), Bazouge-du-Désert (la), Bazouges-la-Pérouse, Bazouges-sous-Hédé, Bécherel, Bédée, Bouëxière (la), Brain, Bréal-sous-Montfort, Breteil, Brie, Bruz, Cancale, Cardroc, Cesson, Champeaux, Chantepie, Chapelle-Chaussée (la), Chapelle-des-Fougeretz (la), Chapelle-Janson (la), Chartres, Châteaubourg, Châteaugiron, Châteauneuf, Châtellier (le), Châtillon-en-Vendelais, Clayes, Cogles, Cornillé, Dol, Domagné, Ercé-près-Gabard, Étrelles, Fougeray, Fougères, Gennes, Gévezé, Gouesnière (la), Guerche (la), Guichen, Guignen, Hédé, Iffendic, Iffs (les), Izé, Laillé, Landavran, Landujan, Langon, Longaulnay, Louvigné-de-Bais, Louvigné-du-Désert, Marcillé-Robert, Marpiré, Martigné-Ferchaud, Maure, Maxent, Messac, Médréac, Mézière (la), Mézières, Miniac, Miniac-Morvan, Montault, Montfort, Montreuil-sous-Pérouse, Nouvoitou, Noyal-sur-Seiche, Ossé, Paramé, Parigné, Pertre (le), Piré, Pléchâtel, Pleine-Fougères, Plélan, Plerguer, Pleumeleuc, Poilley, Prince, Québriac, Redon, Rennes, Rhetiers, Rheu (le), Romagné, Romillé, Saint-Armel, Saint-Aubin-d'Aubigné, Saint-Aubin-du-Cormier, Saint-Aubin-des-Landes, Saint-Briac, Saint-Brieuc-des-Iffs, Saint-Coulomb, Saint-Domineuc, Saint-Georges-de-Reintembault, Saint-Germain-en-Coglais, Saint-Germain-sur-Ille, Saint-Gilles, Saint-Hilaire-des-Landes, Saint-Jean-sur-Couasnon, Saint-Jouan-des-Guérets, Saint-Malo, Saint-Mard-sur-Couasnon, Saint-Médard, Saint-Méen, Saint-Méloir, Saint-M'hervé, Saint-Onen, Saint-Pern, Saint-Servan, Saint-Thurial, Saint-Tual, Sel (le), Sens, Talensac, Tinténiac, Tremblay, Trévérien, Trimer, Vergeal, Vern, Visseiche, Vitré.

Il y aurait un beau travail à faire sur l'instruction publique avant 1790; nous regrettons vivement de ne pouvoir l'entreprendre, et nous devons nous borner à jeter un rapide coup-d'œil sur cette intéressante question.

Dès le viii° siècle nous voyons Charlemagne ordonner aux

prêtres de son vaste empire, en 789, de tenir école dans leurs paroisses. En 797, nous avons le célèbre capitulaire de Théodulfe, évêque d'Orléans, si souvent cité : « Que les prêtres établissent des écoles dans les villages et dans les bourgs, et si quelqu'un de leurs paroissiens veut leur confier ses enfants pour leur apprendre les lettres, qu'ils ne les refusent pas, mais qu'ils accomplissent cette tâche avec une grande charité[1]. »

Le Concile de Latran tenu en 1178 porta le décret suivant : « Afin de pourvoir à l'instruction des pauvres, il y aura dans chaque église cathédrale un maître à qui on assignera un bénéfice compétent pour ses besoins, et dont l'école sera ouverte gratuitement à ceux qui voudront s'instruire. On fera de même dans les autres églises et dans les monastères *où il y a eu autrefois des fonds* destinés à cet effet. On n'exigera rien pour la permission d'enseigner, même sous prétexte de quelque coutume, et on ne la refusera pas à celui qui en sera capable : ce serait empêcher l'utilité de l'Église... Ceux qui sont instruits et peuvent tenir les écoles doivent apprendre à leurs élèves non-seulement ce qui concerne la grammaire et la logique, mais encore et surtout les bonnes mœurs. » Remarquons ces paroles : *où il y a eu autrefois des fonds* destinés aux écoles gratuites; elles prouvent que le Concile de 1178 n'innovait rien et soutenait, au contraire, un état de choses déjà ancien.

Pour obéir à ces prescriptions, nous avons vu précédemment nos évêques fonder à Rennes et à Dol les charges de scholastiques, et à Saint-Malo celle de précepteur. (V. tome I*er*, p. 179, 500 et 642.)

Plus tard, en 1583, le Concile de Tours ordonna aux évêques de la province de s'occuper sérieusement de la formation et de l'entretien des écoles rurales : « Ils devront, dit-il, pourvoir ces écoles de maîtres et maîtresses instruits,

---

1. L'abbé Allain, *L'Instruction primaire en France avant la Révolution*, 23.

capables et bons catholiques ; les recteurs des paroisses, bien avertis, feront leur possible pour procurer les ressources nécessaires à l'entretien des instituteurs de la jeunesse, et tous sont priés de participer à cette bonne œuvre suivant leurs facultés ; enfin, nul ne pourra tenir une école, quelles que soient sa condition et ses connaissances, sans l'approbation de l'évêque diocésain [1]. »

Après ces généralités, approfondissons les sentiments particuliers de nos évêques sur la question qui nous occupe.

L'évêque de Rennes, dans ses statuts synodaux, ordonne ce qui suit : « *Dans toutes les paroisses*, les recteurs feront établir de petites écoles pour les garçons et pour les filles : l'école des garçons sera faite par un prêtre ou par un laïque de probité et capacité reconnues ; celle des filles par une veuve ou par une fille âgée, de vertu certaine. » Mais le prélat défend les écoles mixtes sous peine d'excommunication [2].

L'évêque de Saint-Malo n'est pas moins explicite : « Afin que les enfants et jeunes gens de notre diocèse se mettent à étudier et apprendre les bonnes lettres et la piété, l'obéissance envers Dieu et leurs parents, pour donner en leur temps des fruits dignes de leur bonne éducation et ne pas croupir en ignorance, Nous ordonnons qu'il y aura *une école dans chaque paroisse*. » Puis, après avoir aussi menacé d'excommunication ceux qui voudraient tenir une école mixte, le prélat ajoute : « Attendu néanmoins que l'usage particulier de la ville de Saint-Malo est que les maîtresses d'école vont prendre les petits garçons, dès l'âge de quatre ou cinq ans, chez leurs parents, pour les conduire chez elles, ce à quoi les maîtres d'école ne peuvent s'assujettir, Nous n'entendons pas comprendre sous les mêmes menaces les maîtresses qui n'admettent à leurs écoles que des enfants de ce bas âge [3]. » Re-

---

1. L'abbé Piederrière, *Les Écoles de Bretagne*. (Revue de Bret., XLII, p. 132.)
2. *Statuts du diocèse de Rennes* édictés en 1726, p. 20, 60, 61.
3. *Statuts du diocèse de Saint-Malo* en 1612 et 1722.

marquons en passant cet usage de recueillir les tout petits enfants : c'était la salle d'asile d'aujourd'hui.

Enfin, l'évêque de Dol n'avait pas une conduite différente; il ordonnait au scholastique de sa cathédrale « d'instituer maistres et régents tant en ladite ville de Dol que *dans toutes les paroisses* dudit évesché pour instruire les enfants. » Puis, après quelques avis sur la tenue des écoles et sur l'approbation dont ont besoin les maîtres et les maîtresses, le prélat ajoutait : « Nous exhortons au surplus les curés (vicaires) et autres ecclésiastiques de notre diocèse à faire les petites écoles dans les paroisses où la nécessité du ministère ne les occupera pas entièrement, et aussi à apprendre le latin aux enfants qui leur paraîtront y avoir de la disposition [1]. »

Ainsi, dans nos trois diocèses, l'instruction était vivement recommandée par les évêques, et pour obéir à leurs prescriptions chaque paroisse devait avoir son école. Malheureusement, aujourd'hui, il est très-difficile de retrouver des documents écrits concernant les écoles des campagnes; nous avons toutefois réuni ici les preuves de l'existence d'un très-grand nombre d'établissements scolaires, et nous avons la certitude morale que les recteurs d'autrefois, obéissant à leurs évêques, soutenaient des écoles dans presque toutes nos paroisses.

ACIGNÉ.

En 1748, une personne charitable, dont le nom est resté inconnu, remit à M. Perrin, vicaire général de Rennes, la somme de 1,500 liv., pour en employer la rente à entretenir une école de filles. M. Perrin confia cette œuvre aux Filles de la Sainte Vierge de Rennes, qui promirent de tenir ou de faire tenir une école à Acigné; mais, nous ne savons pour quelles raisons, ce projet ne se réalisa pas [2].

---

1. *Statuts synodaux de l'évêché de Dol* en 1771.
2. *Arch. dép. d'Ille-et-Vil.*, 9 G, 30.

En 1729, Jean-François de Coniac, seigneur de Toulmen, et Pélage de Coniac, son frère, prieur de Gahard, se trouvant à leur manoir des Onglées, en Acigné, fondèrent définitivement l'école de cette paroisse; ils donnèrent à cet effet les closeries du Chesne-Day et des Assicots, et réservèrent au seigneur des Onglées, concurremment avec le recteur d'Acigné, le droit de choisir la maîtresse d'école. Celle-ci devait « apprendre à lire et à écrire à toutes les filles de la paroisse d'Acigné qui se présenteraient à l'école, sans cependant être obligée de leur fournir livres, encre et papier, mais aussi sans qu'elle pût exiger d'elles aucune rétribution, sinon de celles dont les parents seraient dans l'aisance, lesquelles lui payeraient la rétribution ordinaire, qui est de 5 sols par mois pour celles qui apprennent à lire et à écrire. » Cette maîtresse d'école devait avoir aussi grand soin d'enseigner aux enfants le catéchisme diocésain et les prières ordinaires; elle était, de plus, tenue d'ensevelir les morts de la paroisse [1].

ANTRAIN

Il y avait une école de garçons en cette paroisse, dont l'instituteur était nommé par l'abbé de Rillé [2].

AVAILLES

1° *École de garçons.* — En 1685, Jean-Baptiste Bisneraye était maître d'école à Availles. En 1790, cette école jouissait de 170 liv. de rente; mais comme l'instituteur devait dire ou faire dire trois messes par semaine en l'église paroissiale, outre certaines prières fondées dans l'octave du Sacre; comme il devait entretenir la maison d'école située dans le bourg, il

---

1. *Arch. dép. d'Ille-et-Vil.* — *Semaine Religieuse de Rennes*, XI, 458.
2. *Déclaration de l'abbaye de Rillé* en 1678.

ne lui restait que peu de chose ; aussi trouvait-on difficilement à cette époque un prêtre titulaire. Mais le vicaire d'Availles y suppléait en faisant lui-même l'école gratuitement aux enfants pauvres, et moyennant une légère rétribution aux autres plus fortunés [1].

2° *École de filles.* — Cette école était annexée à l'hôpital d'Availles et avait été fondée avec cet établissement par Mme Grout de la Corderie vers 1699.

BAIN

1° *École de garçons.* — Au milieu du xvi° siècle, Arthur du Hardaz, protonotaire apostolique, archidiacre d'outre-Loire, chanoine d'Angers et de la Sainte-Chapelle de Paris, aumônier du duc de Bretagne et issu des seigneurs du Hardaz, en Messac, fonda une école à Bain et une messe par semaine en l'église de cette paroisse. En 1544, ce prélat se trouvait au manoir du Coudray, résidence de Rolland du Hardaz, son frère. En 1563, il présenta au Chapitre de Rennes, qui l'accepta le 14 janvier, « maistre André Gaudin, de la paroisse de Bain, pour estre maistre d'eschole de ladite paroisse, aux gages, profits, émoluments et honneurs accoustumez. » Ce traitement du maître d'école de Bain était payé par le Chapitre de Rennes, auquel le fondateur avait laissé un capital dont la rente devait être employée à entretenir l'école de Bain, ce qui donnait aux chanoines un certain droit sur cet établissement ; aussi les voyons-nous en 1610 faire une enquête « pour scavoir qui a causé les ruines des maisons de ladite eschole. »

En 1613, l'école de Bain était assez considérable pour porter le nom de collège, et son directeur, René Pelletier, signait « *moderator collegii Bainensis.* » La maison du collège de Bain se trouvait dans la rue qui porte encore le nom de rue

---

[1]. *Arch. dép. d'Ille-et-Vil.*

du Collège, et en 1655 il est fait mention du jardin de cet établissement. Enfin, nous savons qu'en 1699 Pierre Bouix, prêtre, y faisait l'école du latin, et que René Merhan, également prêtre, dirigeait alors l'école primaire.

2º *École de filles.* — Il y avait aussi à Bain une école de filles tenue par des Sœurs du Tiers-Ordre. En 1733 mourut en effet, le 18 avril, à Bain, Marie de la Haye, Sœur du Tiers-Ordre de Saint-Dominique, native de Plouasne, âgée de soixante-douze ans, et « tenant les petites escholes en ceste ville de Bain [1]. »

BAINS

C'était à l'abbé de Redon qu'appartenait le droit de nommer le maître d'école chargé « d'instruire et apprendre les enfants de la paroisse de Bains [2]. »

BALAZÉ

1º *École de garçons.* — Elle était tenue en 1694 par Jean Douard.

2º *École de filles.* — En 1723, Maxime Floccard, recteur de Balazé, et Marie Le Gouverneur, « supérieure des Filles de l'Instruction des écoles de Balazé, » achetèrent une maison au bas de ce bourg pour y établir une école. Peu après, par testament en date du 9 avril 1726, Joseph-Jean Coccault, seigneur de Chérigny, en Anjou, et du Chastelet, en Balazé, fonda cette école et un Bureau de charité tenus par deux Sœurs de la Charité; il légua à ces pieuses Filles de Saint-Vincent-de-Paul 400 liv. de rente à prendre sur sa terre du Chastelet, « pour le soulagement des pauvres de Balazé et pour tenir les petites écoles de cette paroisse. »

En 1790, la municipalité de Balazé déclara que « la mai-

---

1. *Reg. capitul. de Rennes.* — *Reg. de l'état civil de Bain.*
2. *Déclaration de l'abbaye de Redon de 1680.*

son de charité où logent trois sœurs audit bourg de Balazé est estimée valoir avec son jardin 80 liv. de revenu; » elle ajouta que ces religieuses jouissaient, en outre, d'une rente de 600 liv. sur les Aides et Gabelles, et d'une autre rente de 350 liv. qu'on leur donnait pour les pauvres [1].

BAULON

Vers 1580, un prêtre, dom Pierre Le Roy, faisait l'école au village du Couldray, en Baulon; plus tard, un autre prêtre, Noël Georges, l'y remplaça vers 1600 [2].

BAUSSAINE (LA)

Le *Pouillé de Saint-Malo* fait du temps de M#r# de la Bastie (1739-1767) nous apprend qu'à cette époque il n'y avait pas d'école fondée à La Baussaine; mais il ajoute que les prêtres de la paroisse y suppléaient en instruisant eux-mêmes les jeunes garçons.

Quant aux petites filles de La Baussaine, elles étaient reçues gratuitement à l'école des Iffs.

BAZOUGE-DU-DÉSERT (LA)

En 1650 vivait Julien Chaussière, sieur de la Besnardais, « prestre et maistre d'eschole; » il mourut à la Besnardais le 11 mars 1672. Un de ses successeurs, M. Jérôme, « prêtre écolâtre de la Bazouge, » habitait en 1784 une maison du bourg que l'on désigne encore comme ayant été l'ancienne maison d'école [3].

---

1. Arch. dép. d'Ille-et-Vil., 9 G, 40; 1 V, 28.
2. Ropartz, *Études sur quelques ouvrages rares*, 59, 76.
3. *Reg. paroissial de La Bazouge.*

BAZOUGES-LA-PÉROUSE

L'abbé de Rillé nommait le maître d'école de Bazouges-la-Pérouse. Au commencement du xviie siècle, les petites écoles de cette paroisse étaient tenues par Pierre Hirbert, prêtre d'Avranches [1].

BAZOUGES-SOUS-HÉDÉ

Le prieur de Hédé était chargé de la direction de l'école de Bazouges-sous-Hédé, dont il nommait le titulaire [2].

BÉCHEREL

1° *École de garçons.* — Le prieur de Bécherel présentait le maître d'école chargé d'instruire les garçons de cette paroisse [3].

2° *École de filles.* — En 1705, Geneviève Ginguené du Boisjean, Hélène des Cognets, Marguerite Le Cointerault et Françoise Duchemin des Vergers, s'unirent entre elles pour fonder une maison de retraite à Bécherel et pour faire l'école aux filles de cette paroisse [4]. Elles enseignaient gratuitement les pauvres et ne demandaient aux enfants riches que 4 sols par mois pour la lecture, et 6 sols pour l'écriture. Lorsque ces dames confièrent en 1727 cet établissement aux Hospitalières de Saint-Thomas de Villeneuve, elles stipulèrent que ces dernières entretiendraient à Bécherel « au moins trois religieuses pour tenir les écoles charitables de cette paroisse. » En 1790, les Dames de Saint-Thomas recevaient des petites pensionnaires qui payaient 40 sols par mois [5].

1. *Livre des Paroisses.* (Arch. de l'archevêché de Rennes.)
2. *État du prieuré de Hédé au XVIIe siècle.*
3. *Arch. Nat.*, P. 1720.
4. D'après la tradition, ces pieuses dames commencèrent même leur école charitable dès 1691.
5. *Arch. dép. d'Ille-et-Vil.*, 1 V, 20.

BÉDÉE

Nous ignorons s'il y avait à Bédée même une école, mais nous savons qu'en 1682 le maître d'école de Montfort devait recevoir et instruire gratuitement les enfants de la paroisse de Bédée [1].

BOUËXIÈRE (LA)

Par testament du 21 août 1592, François Le Souldoyer, sieur du Carrefour, fonda 30 liv. de rente pour « un prestre qui tiendra l'escole au bourg de la Bouëxière, choisi par le recteur et les prestres de la paroisse avec l'advis des trésoriers et marguilliers. » Cette rente, hypothéquée sur la maison du Carrefour, était franchissable pour 200 écus; elle fut franchie le 18 août 1793 par M. Paillevé de la Guérinais, propriétaire du Carrefour, entre les mains de la municipalité de la Bouëxière.

Voulant augmenter cette fondation, Marguerite Le Métayer, dame de la Bouëxière, le Bertry et le Carrefour, paya le 25 juillet 1690, aux trésoriers de la Bouëxière, une somme de 480 liv., produisant 26 liv. 13 s. 4 d. de rente, « pour le prestre tenant l'escole de ladite paroisse, » à la condition que ce maître d'école serait tenu de faire dire chaque jour à l'église la prière aux enfants.

Gilles Le Petit, prêtre de Coutances et chapelain de Chevré, tenait cette école en 1712; il mourut âgé de soixante-et-onze ans, le 26 janvier 1730, à la maison de la fondation des Loges. Le dernier titulaire, M. Mesnager, déclara en 1790 qu'il avait 56 liv. de rente et qu'il devait faire l'école gratuitement à tous les enfants pauvres de la paroisse [2].

---

1. *Déclaration de la baronnie de Montfort.*
2. *Reg. paroissial et Reg. de l'état civil de la Bouëxière.* — *Arch. dép. d'Ille-et-Vil.,* 1 V, 28.

BRAIN

L'abbé de Redon devait choisir le maître d'école chargé d'instruire les enfants de cette paroisse [1].

BRÉAL-SOUS-MONTFORT

Vers 1580 il existait une école à Bréal, tenue par un prêtre, « dom Jean Ruauld, renommé en ce temps-là. » Plus tard, vers 1598, dom Noël Georges tint cette même école; mais en 1601 ce dernier prêtre quitta Bréal pour laisser la place à « vénérable et discret prestre Messire Jan Thezé, natif de Bréal, revenu des Espagnes où il avoit demeuré six ans [2]. »

BRETEIL

Les garçons de Breteil pouvaient fréquenter l'école de Montfort, et l'instituteur de cette maison était tenu de les y instruire gratuitement [3].

BRIE

Isaac Loaisel, seigneur de Brie, Chambières, etc., décédé en 1634, légua par testament une rente de 475 liv. « pour la nourriture, entretien et instruction de six enfants des paroisses de Brie, Saint-Armel et Nouvoitou, choisis parmi les plus pauvres le Vendredi-Saint, par trois prêtres nommés par le seigneur de Brie; lesquels prêtres seront obligés de nourrir, coucher, entretenir d'habits et instruire lesdits enfants. » On devait prendre des enfants de huit à neuf ans et les gar-

---

1. *Déclaration de l'abbaye de Redon en 1580.*
2. Ropartz, *Études sur quelques ouvrages rares*, 59, 75, 76.
3. *Déclaration de la baronnie de Montfort en 1682.*

der pendant quatre ans consécutifs. M. Potier, prêtre, fut nommé par les héritiers du fondateur, en 1635, pour élever les enfants de Brie. Mais, plus tard, les seigneurs de Chambières affectèrent d'une façon générale au soulagement des pauvres de Brie la rente consacrée à l'éducation des enfants de cette paroisse [1].

BRUZ

Dans la seconde moitié du XVII° siècle, l'évêque de Rennes établit des Sœurs de la Charité à Bruz, où il avait sa maison de campagne. Non-seulement ces religieuses distribuaient des secours aux pauvres, mais elles tenaient encore une école charitable pour les petites filles de la paroisse [2].

CANCALE

Il y avait au commencement du siècle dernier une fondation de 30 liv. de rente pour le maître d'école de Cancale; comme cette somme était insuffisante, une personne charitable fit en 1760 une nouvelle fondation de 308 liv. dans le même but.

En 1764 se voyaient des *écoles de garçons et de filles* à Cancale, car l'évêque de Saint-Malo y étant venu faire sa visite pastorale le 30 juillet, ordonna que « désormais les maîtres et maîtresses d'école prendront une permission par écrit du sieur recteur, qu'ils la feront renouveler tous les ans et qu'ils se conformeront exactement aux clauses et conditions de ladite permission [3]. »

1. *Arch. dép. d'Ille-et-Vil.*, 9 G, 39.
2. *Ibidem*, 9 G, 44.
3. *Arch. dép. d'Ille-et-Vil.* (Fonds de Saint-Malo.)

CARDROC

Les petites filles de cette paroisse avaient droit d'aller à l'école des Iffs et d'y être reçues gratuitement.

CESSON

L'école de Cesson était fondée et son titulaire jouissait d'une maison sise dans le bourg et d'une prairie appelées maintenant encore la maison et le pré de l'École.

CHAMPEAUX

Il y avait un maître de psallette à la collégiale de Champeaux, et par suite les enfants y recevaient l'instruction que donnaient toujours les maîtres de ce genre, comme nous l'avons vu ailleurs. (V. tome I, p. 252, 524 et 699).

CHANTEPIE

1° *École de garçons.* — C'était le chapelain du manoir des Loges, assez richement doté par les seigneurs du lieu, qui devait faire l'école aux garçons de la paroisse de Chantepie.

2° *École de filles.* — Les sœurs chargées de tenir l'hôpital de Chantepie, fondé en 1700, devaient aussi faire les petites écoles aux filles de ladite paroisse [1].

CHAPELLE-CHAUSSÉE (LA)

Les petites filles de cette paroisse avaient droit d'aller gratuitement à l'école des Iffs.

---

1. *Arch. dép. d'Ille-et-Vil.*, 1 V, 23.

CHAPELLE-DES-FOUGERETZ (LA)

1° École de filles. — En 1684, Jean Plassoux, sieur de la Haute-Noë, ancien curé de la Chapelle-des-Fougeretz, fonda au lieu nommé les Ormeaux « une école tenue par une bonne fille examinée et reçue par l'évêque. » Il affecta à cette fondation la maison des Ormeaux et la pièce de terre du Champ-Briant. Cette école fut confiée aux Sœurs du Tiers-Ordre de Saint-François, qui la tinrent depuis 1686 jusqu'à la Révolution. A cette dernière époque, la *Déclaration* de 1790 nous apprend que la fondation de l'école des filles se composait de deux maisons, l'une servant de demeure à la sœur et l'autre d'école, — d'un jardin — et de trois petites pièces de terre ; le tout, contenant environ 3 journaux et demi de terre, ne fut évalué valoir que 60 liv. de rente [1].

2° École de garçons. — Il paraît que ce M. Plassoux tenait lui-même une école de garçons au village de la Hubaudière, qu'il habitait. Nous ne savons si après sa mort, arrivée le 6 juin 1684, cette école fut régulièrement continuée.

CHAPELLE-JANSON (LA)

Par acte du 30 septembre 1788, Renée Bertereau fonda une rente de 80 liv. « pour le salaire d'une maîtresse d'école au village de la Templerie, en la paroisse de la Chapelle-Janson ; » elle se réserva le soin de faire elle-même l'école durant sa vie, et elle remplissait ces modestes fonctions quand arriva la Révolution [2].

---

1. Notes de M. l'abbé Jamault. — *Arch. dép. d'Ille-et-Vil.*, 1 V, 25. — V. dans la *Semaine Religieuse de Rennes*, X, 586, de très-intéressants détails sur cette école et sur les Sœurs du Tiers-Ordre qui la tenaient au XVIII° siècle.
2. *Arch. dép. d'Ille-et-Vil.*, 1 V, 27.

CHARTRES

C'était au seigneur de Fontenay, en Chartres, qu'appartenait en 1682 « le droit de mettre et instituer un maistre d'eschole en ladite paroisse de Chartres [1]. »

CHATEAUBOURG

En 1678, le seigneur de Châteaubourg revendiquait le droit de nommer le maître d'école de cette paroisse [2].

CHATEAUGIRON

En 1594, Duval, « maistre d'école des jeunes Chasteaugirontins de ce temps, » écrivit « en grand'haste » un mémoire historique intitulé : « Mémoire de ce qui s'est fait en la pauvre ville de Chasteaugiron dès le commencement de cette guerre civile, qui commença l'an 1589; des garnisons qui y ont esté; des armées, rencontres, allarmes qui y ont esté dempuis ledit temps et des compagnies qui y ont résidé; des bruslements, ruines des maisons, dépopulation d'arbres et autres mille misères. » Malheureusement, ce journal manuscrit, qui n'a que quatorze pages (conservé à la Bibliothèque de Rennes), ne donne que peu de détails sur les habitants de Châteaugiron.

Vers 1716, François Marchand, maître d'école de Châteaugiron, approuvé par l'évêque, était « capable non-seulement d'élever les enfants dans la piété, leur enseignant à lire, écrire, l'arithmétique, mais encore le latin, et de les mettre en état d'entrer en philosophie. » Cependant, un nommé

---

[1]. *Arch. Nat.*, P. 1748.
[2]. *Ibidem*, P. 1709.

Sébastien Vassal s'ingéra de lui faire concurrence et de tenir école à Châteaugiron, malgré l'opposition du recteur de cette paroisse, ce qui lui attira une défense d'enseigner de la part du Parlement [1].

CHATEAUNEUF

En 1741, un nommé Pierre-Marie faisait l'*école des garçons* de Châteauneuf; il paraît que cette école était fondée, car on observe à la même époque que la maîtresse d'*école des filles* « n'est point fondée [2]. »

CHATELLIER (LE)

En 1771, l'évêque de Rennes approuva la fondation d'une école faite au nom de Pierre Fournier, recteur du Châtellier, moyennant un capital de 1,000 liv.; la rente de cette somme fut affectée à l'entretien « d'une maîtresse d'école pour les filles et même pour les garçons jusqu'à leur première communion [3]. » C'est la première école mixte de notre diocèse que nous rencontrons dans le passé; mais c'était, comme l'on voit, à une époque bien rapprochée de nous.

CHATILLON-EN-VENDELAIS

Vers 1750, Jean-François Danjou de la Noë, recteur de Châtillon-en-Vendelais, et Augustin Granger, recteur de Montreuil-des-Landes, fondèrent une école charitable à Châtillon et un Bureau de charité pour les pauvres malades de cette paroisse. Le 23 décembre 1751, le premier de ces recteurs nomma « les trois demoiselles Jourdan, sœurs de Rennes, pour desservir cette fondation. »

---

1. *Arrêts du Parlement de Bret. concernant les paroisses*, I, 203.
2. *Arch. dép. d'Ille-et-Vil.*
3. *Ibidem*, 9 G, 14.

Il est évident qu'il s'agissait ici d'une *école de filles*; cependant, en 1790, M. Cochet, vicaire à Châtillon, était titulaire de la fondation des petites écoles, ce qui indique qu'il faisait lui-même *l'école aux garçons*. Il y avait donc vraisemblablement deux écoles dans la paroisse.

A cette époque de 1790, la fondation des petites écoles de Châtillon consistait en une maison avec jardin et deux pièces de terre affermés 63 liv. 10 s., — une autre maison avec jardin au bourg, — 30 journaux de mauvaise lande estimés 96 liv. de rente. Les charges étaient d'entretenir les maisons, — de donner l'instruction gratuite à tous les enfants pauvres de la paroisse, — de faire chanter chaque année deux messes solennelles à l'intention des fondateurs, — de présenter chaque lundi de la Pentecôte, au seigneur des Rouxières et de Blairon, « un chapeau de fleurs, deux pots de vin blanc d'Anjou et une livre de pain blanc, » et de payer « deux joueurs de violon qui doivent jouer à la prestation dudit devoir seigneurial, qui se fait à l'issue de la grand'messe [1]. »

CLAYES

Sous l'épiscopat de Mgr de la Bastie (1739-1767) il n'y avait pas d'école fondée à Clayes, mais les prêtres de la paroisse y suppléaient en donnant eux-mêmes l'instruction aux garçons [2]. On montre encore dans le bourg une maison qui porte le nom de maison d'école et où l'on instruisait les enfants avant 1789.

COGLES

Le 25 juin 1720 fut inhumé à Cogles Jean Boisart, prêtre et maître d'école de cette paroisse; plus de trente prêtres, la

---

1. *Reg. des insin. ecclés. de l'évêché de Rennes.* — *Arch. dép. d'Ille-et-Vil.*, 1 V, 28.
2. *Arch. dép. d'Ille-et-Vil.*

plupart ses anciens élèves, assistèrent à sa sépulture. Julien Gautier, également maître d'école à Cogles, mourut le 23 janvier 1755, « recommandable par son zèle et sa piété [1]. »

CORNILLÉ

En 1747, Eustache Soulastre, recteur de Cornillé, constata que son prédécesseur, Michel Gendron, avait tout préparé pour établir dans la paroisse un troisième prêtre chargé de tenir les petites écoles. Il est vraisemblable que ces écoles furent fondées peu de temps après. En effet, en 1772 mourut P. Huet, chapelain de la Bichetière, natif de Cornillé, âgé de soixante-douze ans et maître d'école en cette paroisse.

En 1790, la fondation des petites écoles de Cornillé possédait des maisons et 200 liv. de rente; de cette somme, 100 liv. étaient données au prêtre chargé de faire l'*école aux garçons*, et 60 liv. à une maîtresse faisant l'*école aux filles*; le reste de la rente était employé à faire célébrer deux services par an pour les fondateurs et à distribuer du pain aux indigents de la paroisse [2].

DOL

1° Grand-Séminaire [3]. — Dès 1585, Charles d'Espinay,

---

1. Notes de M. l'abbé Paris-Jallobert.
2. Arch. dép. d'Ille-et-Vil., 0 G, 80; 1 V, 28.
3. Il est peut-être utile de faire remarquer ici, à propos du premier Grand-Séminaire dont nous ayons à parler, que ces établissements d'avant la Révolution différaient beaucoup de ceux de nos jours. A cette époque, les Grands-Séminaires étaient habituellement, selon l'esprit primitif de leur institution, non pas des centres d'étude, mais des maisons de pieuse retraite, où les jeunes clercs et les nouveaux prêtres passaient quelques mois dans la paix et les exercices spirituels, les uns pour se préparer à la réception des saints Ordres, les autres pour s'initier à la science de la direction des âmes et du gouvernement des paroisses. On n'y donnait donc pour l'ordinaire aucun autre enseignement que celui qui a pour but de former les ecclésiastiques au chant, aux cérémonies, à l'administration des sacrements et aux diverses fonctions curiales. Quant aux cours de théologie, ils se faisaient le plus souvent dans les universités ou les collèges, parfois aussi chez certains recteurs qui instruisaient eux-mêmes dans leurs presbytères les jeunes clercs de leurs paroisses.

évêque de Dol, entretint son Chapitre du dessein qu'il formait d'établir un Séminaire dans sa ville épiscopale ; il choisit même le chantre Thomas Faverel, l'archidiacre Guillaume Le Corvaisier et le chanoine Raoul Guillier, docteur en théologie, pour s'occuper avec lui de cette importante affaire.

Des obstacles sérieux s'opposèrent, paraît-il, à la réalisation de ce projet, qui ne fut repris qu'en 1697 par Mgr de Chamillart. Ce prélat obtint cette année-là même des lettres patentes du roi autorisant l'établissement à Dol d'un Séminaire ; il pria les Jésuites d'en prendre la direction, mais ceux-ci refusèrent. L'évêque s'adressa alors à des prêtres de Paris, obtint en 1698 d'autres lettres royales unissant le prieuré et la cure de l'Abbaye-sous-Dol au nouveau Séminaire, et fit reconnaître pour supérieur de ce Séminaire et recteur de l'Abbaye un prêtre parisien, M. Adrien de Saint-Aubin. Mais ce dernier ne tarda pas à quitter Dol, ce qui détermina Mgr de Chamillart à traiter avec les Eudistes ; il le fit le 20 octobre 1701 et obtint du roi, l'année suivante, de nouvelles lettres patentes autorisant les Eudistes à tenir son établissement.

L'évêque de Dol établit tout naturellement son Séminaire dans les bâtiments du prieuré de l'Abbaye-sous-Dol, dont les revenus venaient de lui être cédés par M. de Fourcy, dernier prieur commendataire[1]. Mais ces bâtiments étaient très-anciens et fort insuffisants ; aussi fallut-il songer à rebâtir la maison, ce qu'on commença à faire dès 1739. Ce ne fut toutefois qu'en 1771 qu'eut lieu la construction du principal corps-de-logis, qui existe encore, mais qui n'a jamais été complètement fini. En 1777, on commença à rebâtir l'église telle qu'elle est aujourd'hui. L'évêque de Dol, en chargeant les Eudistes de son Séminaire, leur avait en même temps confié l'administration de la paroisse de l'Abbaye-sous-Dol, de sorte que le supérieur du Séminaire était aussi, comme

---

1. Le revenu brut du prieuré de l'Abbaye-sous-Dol était en 1724 de 5,265 liv. (*Arch. dép. d'Ille-et-Vil.*, C. 1200.)

nous venons de le dire, recteur de cette paroisse. M⁹ʳ de Hercé consacra le 4 mai 1781 la nouvelle église, servant à la fois aux séminaristes et aux paroissiens. Vers cette époque, il y avait neuf prêtres eudistes et quatre frères au Grand-Séminaire de Dol.

La Révolution chassa les Eudistes et vendit, le 17 juin 1791, les biens du Séminaire de Dol 76,350 fr.; ils consistaient surtout dans le domaine de l'enclos, formé de prairies et de 14 journaux de terres labourables, — la métairie de Maboué en Dol — les Fougeroux et les Houssais en Montdol, — et la terre des Hiébles [1].

Les bâtiments du Séminaire de Dol sont maintenant occupés par l'hôpital de cette ville.

2° *Collège*. — Le scholastique de Dol, chargé de diriger les écoles du diocèse, ne donnant plus lui-même au xvi° siècle l'instruction aux enfants de la ville épiscopale, le Chapitre fut prié de nommer un précepteur pour enseigner la jeunesse de Dol. En 1592, les bourgeois de cette ville adressèrent même une sommation à ce Chapitre afin d'obtenir de lui l'union à une préceptorerie de la prébende vacante alors par suite du décès du chanoine Guillaume Le Corvaisier. Mais cette façon d'agir un peu brutale déplut au Chapitre, qui refusa l'annexion sollicitée, et les bourgeois renoncèrent alors, faute de dotation, à l'établissement de la préceptorerie projetée.

C'est à M⁹ʳ Jean-Louis de Bouschet de Sourches que l'on doit l'établissement du collège de Dol. En mars 1727 cet évêque obtint du roi des lettres patentes, enregistrées l'année suivante au Parlement et l'autorisant à fonder un collège dans sa ville épiscopale. Comme cet établissement devait tenir lieu de Petit-Séminaire, M⁹ʳ de Sourches en proposa la direction aux Pères Eudistes, qui avaient déjà celle du Grand-Séminaire. Mais ces religieux ne crurent pas pouvoir accepter

---

1. *Reg. capitul. de Dol.* — *Arch. dép. d'Ille-et-Vil.*, C. 1200. — Communication de M. A. Charil des Masures.

cette nouvelle charge, et l'évêque de Dol résolut alors de confier sa nouvelle maison aux prêtres de son diocèse. Le prélat acheta donc au lieu appelé la Croix-Péguille, dans le faubourg de la Chaussée, l'emplacement de l'ancien sanitat Saint-James, que la fabrique de Notre-Dame lui vendit 500 liv. seulement; l'architecte Delatour fit le plan des bâtiments, dont la première pierre fut solennellement posée le 19 juin 1728 par le grand-chantre, M. Le Loup de la Biliais, en présence du Chapitre, du clergé de Notre-Dame et des bourgeois de Dol; cette pierre formait un des angles de la chapelle. Quand l'édifice fut terminé, l'évêque de Dol vint lui-même le bénir en 1737; il y eut à cette occasion de grandes fêtes à Dol; on y joua une pastorale en musique composée par le chanoine N. de Saint-Martin, et Monseigneur fut complimenté par le syndic, en présence de la milice bourgeoise sous les armes.

Un an plus tard, Mgr de Bouschet dota généreusement le nouveau collège. Par acte du 24 avril 1738, il donna à cet établissement la maison qu'il avait fait bâtir et ses dépendances situées en la paroisse de Notre-Dame, — les métairies de la Petite-Grandville, la Grétardière, le Tertre, Vienne, la Ville-ès-Chiens en Montdol, — Launay-Bourdais en Carfantain, — les maisons de la Buterie et de la Brèche-Artur, ainsi qu'une autre maison sur les douves en Dol, — le clos du Robinet en Dol, — douze pièces de terre, une grange et un verger en Montdol, — le pré noble des Verdières en Hirel, — diverses rentes montant à 156 liv. 13 s. d'argent, 58 boisseaux de froment et 3 chapons, le tout évalué à 2,000 liv. de revenu annuel.

L'ouverture des classes du collège de Dol se fit en 1737, et le premier principal fut le chanoine Gilles Théault, tenu de dire sept messes par semaine à l'intention du prélat fondateur. On enseigna dans ce collège toutes les classes jusqu'à la philosophie inclusivement. Parmi les principaux de Dol, notons le savant chanoine Gilles Déric, un autre chanoine,

Joseph Portier, et Julien de la Croix, dernier titulaire, déporté pendant la Terreur et mort à Cayenne.

La *Déclaration* faite le 24 février 1790 prouve que le collège de Dol n'avait alors que 5,292 liv. de rente, et que ses charges (traitement de cinq professeurs et dépenses diverses [1]) montaient à 6,076 liv. Le prix de la pension des élèves n'était que de 27 liv. par mois pour nourriture, chauffage, éclairage et blanchissage. En 1764, ces élèves étaient au nombre de quatre-vingt-quatre.

Le collège de Dol, avec ses jardin et verger, fut vendu nationalement le 24 septembre 1795 pour la somme de 30,400 fr. Il est actuellement occupé par l'école des Frères de l'Instruction chrétienne [2].

3° *École de filles.* — En 1765, Mgr Dondel, évêque de Dol, appela en cette ville les Filles de la Sagesse, leur bâtit une maison dans un faubourg et leur assura 450 liv. de rente, à la charge de visiter les malades et d'instruire gratuitement les jeunes filles pauvres. Cette fondation fut augmentée par Mgr de Hercé, qui comprenait bien l'importance d'une telle école dans sa ville épiscopale.

DOMAGNÉ

En 1790, la municipalité de Domagné reçut la déclaration

---

[1]. L'évêque de Dol conférait souvent des bénéfices aux professeurs du collège, ce qui constituait une partie de leur traitement; ainsi le principal Gilles Théault fut chapelain de Sainte-Anne-de-la-Grève et de Saint-Denis-de-la-Rue; Louis Rogier, professeur de rhétorique en 1744, chapelain de Vaudemaire et de Beauregard; Charles Labonde, professeur de philosophie en 1746, chapelain de la Mettrie; Jean Le Rouge, régent de troisième en 1747, chapelain de Tardifume et des Jonchées, etc. (*Reg. des insin. ecclés. de l'évêché de Dol.*)

[2]. *Reg. capitul. de Dol.* — Communications de MM. Chavil des Mazures et Gaultier-Bidan. — *Arch. dép. d'Ille-et-Vil.*, 4 G, 169. — Rétabli après la Révolution dans l'ancien palais des évêques de Dol, ce collège a été pendant quelque temps, notamment durant la Restauration, tenu par des prêtres. En 1827, MM. les abbés Busult et Depincé en étaient principal et sous-directeur; mais la ville de Dol a depuis lors confié cet établissement à des laïques.

de la fondation des petites écoles de cette paroisse; elle consistait en deux maisons avec jardins et en 175 liv. de rente. Sur cette somme on allouait 80 liv. au maître d'*école des garçons* et 48 liv. à la maîtresse de *l'école des filles*; le surplus du revenu était employé à l'entretien des maisons [1].

ERCÉ-PRÈS-GAHARD

A cause de son grand fief d'Ercé, le seigneur du Bordage devait « mettre et installer en icelle paroisse d'Ercé un maistre d'escole pour l'enseignement de la jeunesse [2]. »

ÉTRELLES

Julien Brochard, subcuré d'Étrelles, légua, par testament du 24 mai 1644, sa maison et son jardin sis au village du Champblanc, avec un capital de 120 liv., pour l'entretien d'un maître d'école, autant que possible prêtre ou tout au moins clerc tonsuré. En 1705, M. Orhant, prêtre, tenait cette école du Champblanc.

En 1790, la fabrique d'Étrelles déclara n'avoir pour l'école de la paroisse que la somme fort insuffisante de 30 liv. de rente [3].

FOUGERAY

1° *Collège*. — En 1554, Maurice Boutin, chanoine et scholastique de Nantes, recteur de Fougeray, fonda un petit collège dans cette paroisse. A cet effet, il légua « à l'église et aux paroissiens de Foulgeré une maison avec cour et jardin, meublée de meubles, située proche la ville et chasteau de

---

1. *Arch. dép. d'Ille-et-Vil.*, 1 V, 28.
2. *Arch. Nat.*, P. 17..
3. *Arch. dép. d'Ille-et-Vil.*, O O, 80; 1 V, 28.

Foulgeré, sur et joignant le chemin qui conduit de ladite ville au bourg de Derval, pour servir de collège et maison à instruire la jeunesse, et de demeure au régent pour le temps seulement qu'il instruira ladite jeunesse. »

Au don de cette maison se joignait celui des grandes prées de la Fossardaye, de la maison de la Fouqueterie, près la ville de Fougeray, de quelques autres pièces de terre et d'une rente annuelle de 7 liv. 10 s. Cette dotation du collège fut encore augmentée en 1615 par Guillaume Gaultier, recteur de Fougeray.

Un régent ordinairement prêtre tenait ce collège. Le premier fut Maurice Boutin, parent du fondateur. Le général de la paroisse présentait toujours le sujet qu'il croyait digne de remplir ces fonctions, mais son choix avait besoin de l'approbation du recteur de Fougeray et même, vers les derniers temps, du consentement de l'évêque de Nantes, dans le diocèse duquel Fougeray se trouvait alors.

Les charges du régent consistaient à « faire l'escole deux fois par chacun jour, à entretenir le chant dans l'église paroissiale » et à instruire les enfants « tant en la langue latine et française qu'à lire et à escrire. » Il devait apprendre gratuitement aux enfants pauvres leurs prières et leur catéchisme; il ne pouvait exiger des autres enfants plus de 6 sols par mois pour apprendre à lire, 10 sols pour apprendre à écrire et 15 sols pour le latin.

Mais là ne se bornaient pas les obligations du régent : d'après l'acte de fondation il devait « dire avec chant, par chacun jour d'escole, au soir et à l'église, une antiphone (antienne) de *Beata Maria, secundum cursum temporis*, avecque une collecte *de Beata* et une autre collecte pour les défunts fondateurs et bienfaiteurs dudit collège. » C'était avant le salut du Saint-Sacrement, qui se célébrait alors quotidiennement à Fougeray, que les écoliers, conduits par le régent, chantaient cette antienne à l'église vers cinq heures en été et trois heures en hiver.

Enfin, tous les samedis avait lieu une autre cérémonie réglée par le fondateur et consistant en ceci : Maurice Boutin avait ordonné « estre chantée et célébrée par chacun samedy de l'année, en l'église paroichiale dudit Foulgeré, par le régent et les escoliers du collège, une messe à notes, de Nostre-Dame, à l'autel de N.-D. de Bonne-Encontre en la Chapelle-Neuve. Et iceux régent et escoliers doivent aller, environ l'heure d'onze heures du matin, processionnellement, chantant depuis ledit collège jusqu'à ladite église de Foulgeré *Ave maris stella*, et environ la feste de Pasques *Regina cœli lætare* ou *Victimæ*; et à la fin de ladite messe doivent dire sur la tombe du père dudit fondateur le psaulme *De profundis* et la collecte *Fidelium* à haulte et intelligible voix en chantant. » Une rente de 20 liv. était destinée à l'entretien de cette fondation de messe [1].

Le collège de Fougeray subsista jusqu'aux approches de la Révolution; il fut détruit à cette époque, et sa maison est devenue depuis le presbytère actuel de Fougeray.

2° *École de filles.* — En 1709, Marie du Paz, femme de Claude Dollier, seigneur du Port-de-Roche, fonda une école de filles pour laquelle elle donna deux maisons situées rue Saint-Roch, à Fougeray, et une métairie au village de la Goucnsais. Cette école était tenue par des Sœurs du Tiers-Ordre, et l'une d'elles, Louise Cocaud, « maîtresse des petites écoles, » mourut en 1775.

FOUGÈRES

1° *École publique au XI° siècle.* — D'après un document publié par D. Martène, il existait une école publique à Fougères dès le XI° siècle. Cette école, qui semble avoir eu pendant quelque temps une grande importance, était dirigée par

---

[1]. Arch. paroiss. de Fougeray.

un savant docteur nommé Hardouin de Chartres, qualification qui donne à penser que c'était, comme tant d'autres illustres maîtres de ce temps, un disciple du fameux Fulbert, évêque de Chartres [1].

2° *Collège de Rillé.* — Une charte du duc François II, de 1473, reconnut à l'abbé de Rillé le droit de nommer tous les maîtres d'école de la baronnie de Fougères; aussi cet abbé prit-il le titre de « maistre universel de tout le territoire de Fougères, Bazouges et Antrain. » En même temps un collège, dans lequel il y avait une quarantaine de jeunes gens appartenant aux meilleures familles de Bretagne, fut annexé à l'abbaye de Rillé. En 1640, pour procurer aux élèves un lieu de récréation convenable, le roi autorisa les religieux à enclore le champ des Archers, qui dépendait de son parc [2].

3° *Collège Saint-Yves.* — Pendant que florissait ce collège de Rillé, un autre établissement de même genre était fondé, vers 1580, par les bourgeois de Fougères dans l'enceinte même de leur ville. Ce fut dans la rue de la Pinterie, près de la chapelle Saint-Yves, que la Communauté de ville forma ce second collège qui fit peu à peu disparaître le premier.

Vers 1595, Vincent de Brégel, sieur de la Gardaye, légua 100 liv. de rente à la nouvelle maison, à la charge de faire célébrer deux anniversaires pour ses deux femmes défuntes, N... Guy du Coudray et Marguerite Lamoureux de la Gaubretière; il fit, de plus, rebâtir la chapelle Saint-Yves.

La Communauté de ville ayant afféagé cette chapelle et ses dépendances, y installa, en effet, son collège et se réserva la nomination du principal, qui fut Eusèbe Fourmont en 1622; puis elle fit en sorte que l'abbé de Rillé fût débouté de ses prétentions à la direction de l'enseignement à Fougères. Mais les bourgeois ne donnèrent d'abord que 186 liv. de traitement au principal de leur collège, ce qui était insuffisant; aussi

---

1. M. Maupillé, *Hist. de Fougères.*
2. *Ibidem.*

cette maison ne vécut-elle longtemps que grâce à la confrérie de Sainte-Anne et Saint-Roch, qui lui assura 300 liv. de subvention annuelle. Ce que voyant, la Communauté de ville promit à son tour de payer à cet établissement scolaire une semblable rente de 300 liv.

Le collège de Fougères était, en 1769, tenu par quatre ecclésiastiques, tous nommés par la Communauté de ville, et dont le plus ancien prenait le titre de principal. Ce dernier avait voix délibérative à l'Hôtel-de-Ville et au Bureau des pauvres, et droit d'assistance aux enterrements et services célébrés à Saint-Léonard et à Saint-Sulpice comme les prêtres de ces paroisses. On faisait en ce collège toutes les classes jusqu'à la rhétorique inclusivement.

L'entrée du collège était gratuite pour les enfants pauvres; les autres élèves payaient 20 sols par mois.

Cet établissement tomba en 1774, et la Révolution survint avant que la Communauté de ville eût pu le relever [1].

4° *Écoles de filles.* — A. Dans les *Comptes* des trésoriers de Saint-S... en 1475, il est fait mention de « la maistresse de l'escole de Foulgères » qui « abillait » les chasubles de cette église.

B. — École tenue par les Ursulines et fondée en 1609. (V. p. 230.)

C. — École tenue par les Filles de l'Union chrétienne et fondée en 1697. (V. p. 227.)

D. — École charitable de la Providence fondée en 1778 et tenue par les Filles de la Sagesse. (V. p. 225.)

GENNES

Il y avait en cette paroisse de petites écoles tenues par les chapelains de Saint-Laurent-de-Goulias. L'un d'eux, Pierre

---

[1]. *Bull. de la Société archéol. d'Ille-et-Vil.*, 1852. — M. Maupillé, *Hist. de Fougères et Notes ms.* — Rétabli de nos jours, le petit collège de Fougères était sous la Restauration dirigé par des prêtres, MM. les abbés Dubreil.

Le Breton, fils de Pierre et de Renée Hardy, mourut maître d'école, âgé de soixante-quinze ans, le 18 mars 1774, « après avoir édifié pendant toute sa vie, par sa conduite la plus exemplaire, tous ceux qui eurent l'avantage de le connoistre. » Le dernier titulaire de cette école fut M. Gaudin, qui fut expulsé et vit fermer la chapelle de Saint-Laurent le 13 juin 1791 [1].

GÉVEZÉ

Le 21 juin 1741, Anne-Marie Barbeguyère, demeurant au bourg de Gévezé, donna une maison un jardin et quelques rentes pour fonder une école charitable pour les petites filles de la paroisse. Cette demoiselle fit elle-même cette école gratuitement, et nomma en 1759, pour la remplacer après sa mort, Marie-Rose Alix de la Roussière, fille de Julien Alix, sieur de la Roussière, qui accepta cette charge [2].

GOUESNIÈRE (LA)

En 1672 il fut fait une fondation pour un maître d'école chargé d'instruire les enfants de cette paroisse; quoiqu'elle ne fût que de 16 liv. de rente, elle figure dans le *Pouillé ms. de Saint-Malo* (1739-1767) et dans le procès-verbal des visites épiscopales de ce temps, et prouve que l'école était entretenue.

GUERCHE (LA)

1° Collège. — Le collège de la Guerche, situé dans la rue de la Chartre, était tenu par un ecclésiastique à la nomination du Chapitre de la collégiale de cette ville. En 1674, les chanoines, ne trouvant pas de prêtre pour gouverner cet éta-

---

1. Communication de M. l'abbé Paris-Jallobert.
2. *Reg. des insin. ecclés. de l'évêché de Rennes.*

blissement, reçurent le 12 janvier un laïque nommé Louis Coulibœuf en qualité de régent, à la charge d'enseigner aux enfants le latin, l'écriture, etc., et à la condition expresse de se retirer s'il se présentait quelque prêtre pour tenir l'école.

A cette époque, le régent du collège de la Guerche ne jouissait que de peu de chose en dehors de sa maison et de son jardin ; c'est pourquoi Louis Hamelin, chanoine de la Guerche, résolut d'augmenter sa dotation. A cet effet, par acte du 1er avril 1689, il fonda en l'église collégiale de la Guerche une messe matinale quotidienne, célébrée à cinq heures en été et six heures en hiver, par un prêtre maître d'école. Pourvu par le chefcier et un chanoine député du Chapitre, conjointement avec les bourgeois de la Guerche, ce maître d'école devait « instruire les enfants non-seulement en la foi catholique, apostolique et romaine, mais encore les rendre capables de composer et d'expliquer le latin ; » il devait, en outre, « instruire gratuitement les quatre enfants de chœur de la collégiale et six pauvres enfants de la ville choisis par lesdits chefcier, chanoine et bourgeois, pour être par lui instruits jusqu'à savoir lire le catéchisme, puis six subséquents de la même manière présentés à son école pour être ainsi enseignés consécutivement les uns après les autres ; » enfin, il était tenu de faire après sa messe des prières nominales pour le seigneur de la Guerche et pour le fondateur. » Quant à la dotation, Louis Hamelin donna à la Communauté de ville un capital de 4,000 liv., et à la fabrique de la collégiale un autre capital de 400 liv., chargeant cette dernière de fournir le luminaire, les ornements, le pain et le vin nécessaires à la célébration de la messe fondée.

Le même jour 1er avril 1689, le Chapitre et la Communauté de ville de la Guerche acceptèrent cette fondation, que ratifia, le 12 mai suivant, le duc de Villéroy, seigneur de la Guerche.

Dans le siècle suivant, les bâtiments du collège furent restaurés par la Communauté de ville, qui dépensa aussi 36 liv. 8 s. à faire réparer « les croix d'argent servant de récompenses aux écoliers. » Jusqu'au moment de la Révolution cet établissement subsista, toujours gouverné par un prêtre[1].

2° École de filles. — L'école des filles de la Guerche fut fondée en 1731 et confiée aux Sœurs de la Sagesse. (V. p. 221.)

GUICHEN

Le *Pouillé ms. de Saint-Malo* (1739-1767) mentionne à Guichen « une maîtresse d'école nouvellement fondée par M. de Guichen, » seigneur de la paroisse.

GUIGNEN

1° École de garçons. — Par testament du 28 juin 1693, Jean Pavoisne, docteur en droit de la Faculté de Paris, légua un capital de 2,000 liv., produisant une rente de 100 liv., dont la moitié dut être « employée à faire dire cent messes par an dans la chapelle du Vaurouault, en Guichen, sa paroisse natale, » et l'autre moitié à entretenir une école « pour enseigner à lire et à écrire à la pauvre jeunesse du village des Freux et des environs. »

Jean Pavoisne mourut le 30 mars 1696, et son exécuteur testamentaire, le chanoine Oresve, obtint le 28 octobre 1700 de Mgr du Guémadeuc, évêque de Saint-Malo, la nomination de François Le Moyne, prêtre du diocèse, à la double charge de chapelain et de maître d'école au Vaurouault et aux Freux. Un des successeurs de ce dernier fut Joseph Le Vieil, « sous-diacre, âgé de trente ans, tenant en 1717 l'école au Vaurouault[2]. » Cette école est encore mentionnée dans le *Pouillé ms. de Saint-Malo* (1739-1767), qui dit que l'instituteur avait alors 50 liv. de rente.

---

1. *Arch. dép. d'Ille-et-Vil.*, 8 G, 03. — Guérin, *Hist. ms. de la Guerche.* — Sous la Restauration, ce petit collège se reconstitua sous la direction des vicaires de la Guerche, mais il s'éteignit définitivement vers 1830.
2. *Arch. dép. d'Ille-et-Vil.*

2° *École de filles*, fondée par Julienne Le Vieil vers 1714 et confiée en 1731 aux Hospitalières de Saint-Thomas de Villeneuve. (V. p. 214, et plus loin v° *Maisons de Retraite*.)

HÉDÉ

1° *École de garçons.* — La direction supérieure de l'école de Hédé appartenait au prieur du lieu. En 1678, Jean Olivier, recteur de Bazouges et de Hédé, attesta qu'il y avait en la ville de Hédé « un maître d'escole pour les garçons, de bonnes vie et mœurs. »

2° *École de filles.* — Les Ursulines furent appelées à Hédé vers 1666 pour y instruire la jeunesse; en 1790, la municipalité de cette ville déclara qu'elle considérait leur maison « comme maison d'instruction. » (V. p. 239.)

IFFENDIC

Voici ce que dit de l'école de cette paroisse le *Pouillé ms. de Saint-Malo* (1739-1767) : « A Iffendic il y a une maîtresse d'école dont on dit beaucoup de bien; Mme de la Châsse lui donne 100 liv. par an. »

IFFS (LES)

1° *École de garçons.* — Sous l'épiscopat de Mgr de la Bastie (1739-1767), les prêtres des Iffs et de Saint-Brieuc-des-Iffs faisaient l'école aux garçons « chacun en son canton. »

2° *École de filles.* — École tenue par les Sœurs de la Sagesse et fondée en 1787 par Joseph de la Motte, seigneur de Montmuran. (V. p. 225.)

IZÉ

Adrien, « homme de bonnes vie et capacité, fort assidu aux offices, » était maître d'école à Izé en 1678 [1].

LAILLÉ

Le 30 juin 1747, Jacquette Poinctel, veuve de Julien de la Croix, demeurant à Rennes, mais sortie d'une famille de Laillé et fille de Pierre Poinctel, procureur au Parlement, fonda « une école charitable pour les filles de la paroisse; » elle donna à cet effet une maison et un jardin situés au bourg de Laillé, affermés 28 liv., — des pièces de terre et une masure au Haut-Gourdel, affermés 33 liv., — et une coupe de bois valant 14 liv.; elle régla aussi que la maîtresse d'école serait choisie par le recteur de Laillé conjointement avec le seigneur de cette paroisse. L'évêque de Rennes approuva immédiatement cette fondation [2].

LANDAVRAN

En 1678, le recteur d'Izé déclara que dans sa trève de Landavran le chapelain tenait « les petites écoles [3]. »

LANDUJAN

C'est au prieur de Bécherel qu'appartenait en 1680 le droit de nommer le maître d'école de Landujan [4].

---

1. Arch. dép. d'Ille-et-Vil., 9 G, 81.
2. Reg. des insin. ecclés. de l'évêché de Rennes.
3. Arch. dép. d'Ille-et-Vil., 9 G, 81.
4. Arch. Nat., P. 1700.

LANGON

L'abbé de Redon devait nommer le maître d'école de Langon, qui jouissait d'une fondation appelée la chapellenie de la Grammaire[1]. Cette école était tenue en 1719 par un diacre âgé de trente-neuf ans, nommé François Maignan, qui se préparait alors à recevoir le sacerdoce.

LONGAULNAY

En 1680, le prieur de Bécherel présentait le maître d'école de Longaulnay, mais cette école n'était pas fondée. C'est pourquoi, par testament du 15 décembre 1715, Pierre Le Franc, recteur de Longaulnay, fonda en cette paroisse une école charitable et une messe par semaine. Le prêtre pourvu de cette fondation devait « faire l'école *gratis* aux pauvres, sans préjudice de se faire payer de ceux qui en ont le moyen, — assister et aider aux offices divins de la paroisse les dimanches et fêtes, — travailler aux retraites de Bécherel autant que possible, — payer 50 liv. aux recteur et prêtres de Longaulnay pour une messe chantée du Saint-Sacrement tous les jeudis en l'église de Longaulnay. » Le fondateur laissa en conséquence plusieurs maisons et terres au titulaire de cette prestimonie.

Vers le même temps M. Hervé, recteur de Longaulnay, forma un véritable Séminaire dans son presbytère; en 1720, il présenta à son évêque, pour recevoir les Ordres sacrés, quatre laïques, onze acolytes, onze sous-diacres et deux diacres, qui tous avaient fait chez lui leurs études ecclésiastiques. Cet établissement existait encore en 1734, car il est

---

1. *Bull. de la Société polym. du Morbihan*, 1877, p. 147.

fait mention plusieurs fois à cette époque des « élèves en philosophie de Longaulnay[1]. »

LOUVIGNÉ-DE-BAIS

1° Écoles de garçons. — Il existait une école pour les garçons en cette paroisse dès le XVIe siècle, car elle était tenue en 1561 par « Jehan Godelou, prestre mestre d'escole. »

Plus tard, par acte du 18 février 1741, Gilles Viel, sieur de la Houdinais, et Gillette Bucher, sa femme, fondèrent une rente de 50 liv. « au profit des petites écoles de garçons, » plus une rente de 7 liv. 10 s. pour « douze messes basses que devra dire ou faire dire pour les fondateurs le maître d'école. »

En 1757, l'instituteur de Louvigné jouissait d'une maison avec son jardin, retirait de la fondation et de la fabrique 220 liv., et recevait, de plus, 200 liv. de ses élèves payants. Il est vrai qu'il était tenu de faire l'école gratuitement aux pauvres. En 1790, la *Déclaration* faite à la municipalité prouve que le général de la paroisse nommait le maître d'école, qui était alors M. Hubert des Longrais, et que celui-ci jouissait « des maisons d'école et d'un revenu de 200 liv., à la charge de faire dire douze messes et d'enseigner les garçons suivant le règlement prescrit par le général[2]. »

2° École de filles. — Par acte du 2 décembre 1748, Anne Brochard, veuve de Jean Faucheux, fonda une école charitable pour les filles de Louvigné-de-Bais et un Bureau de charité pour fournir du bouillon aux pauvres malades, et affecta à cet effet le tiers de tous ses biens, notamment sa maison paternelle au bourg de Louvigné. « Si le revenu de cet établissement atteint, par suite de donations subséquentes,

---

1. *Arch. dép. d'Ille-et-Vil.*
2. *Ibidem*, 9 G, 81 ; 1 V, 28.

le chiffre de 180 liv., la fondatrice veut qu'il soit entretenu, nourri et habillé douze petites filles, une par chaque augmentation de 15 liv. de rente, depuis l'âge de sept ans jusqu'à celui de quatorze ans, choisies par les recteurs de Louvigné, Bais, Vergeal, Moulins, Chancé, Domagné et Cornillé dans leurs paroisses [1]. »

L'évêque de Rennes approuva cette fondation le 1er janvier 1749; la maison prit le nom de la Providence, et les Filles de la Sagesse ne tardèrent pas à venir y tenir l'école et le Bureau de charité. (V. p. 222.)

LOUVIGNÉ-DU-DÉSERT

École charitable pour les filles fondée vers 1731 par les Filles de l'Union chrétienne. (V. p. 227.)

MARCILLÉ-ROBERT

École charitable pour les filles fondée par Louise Ballays vers 1723 et confiée en 1737 aux Hospitalières de Saint-Thomas de Villeneuve. (V. p. 215.)

MARPIRÉ

Il y avait anciennement en Marpiré une école fondée; il paraît que le recteur de la paroisse la faisait dans le siècle dernier, car en 1790 il déclara jouir d'un champ appelé le Jardin-de-l'École [2].

MARTIGNÉ-FERCHAUD

Le 17 juillet 1721, Msr de Crissé, évêque de Rennes, sup-

---

1. *Arch. dép. d'Ille-et-Vil.*, 0 G, 81; 1 V, 28.
2. *Ibidem*, 1 V, 29.

prima l'une des paroisses de Martigné, nommée la Petite-Portion, et décida que « l'usage des maison, jardin, pré et autres pièces de terre attachés à la cure supprimée serait délaissé à un maistre d'école nommé par le recteur et par les paroissiens. »

En vertu de ce décret épiscopal, M. Mellet de la Tremblaye, recteur de Martigné, conjointement avec le général de la paroisse, nomma en 1724 Pierre Petit, prêtre de Bayeux, pour être « régent, précepteur et maistre d'école de Martigné. » M. Maussion, également prêtre, dirigeait cette école en 1763. Le 22 août 1786 mourut François Gardais, chapelain de la Roullière et « maître des petites écoles, » âgé de vingt-neuf ans. Enfin, en 1790, Pierre Thébault, « régent des petites écoles, » décéda au petit presbytère de Martigné, devenu, comme nous venons de le dire, la maison d'école de cette paroisse [1].

MAURE

Sous l'épiscopat de Mgr de la Bastie (1739-1767), il existait à Maure une école de garçons fondée moyennant un capital de 1,800 liv., dont le maître d'école touchait la rente. — Il est aussi fait mention dans les *Déclarations* de la seigneurie de Maure du droit qu'avait le seigneur du lieu de nommer « le maistre d'escole de ladite paroisse. »

MAXENT

Vers 1588, Pierre Porcher, qui devint ensuite prieur et recteur de Maxent, tint l'école des enfants de cette paroisse, comme il le raconte lui-même dans son *Advertissement aux paroissiens de Maxent.* « Il ouvrit cette école dans son village natal de Besnard ; il y eut comme pensionnaires les enfants

---

1. *Reg. des insin. ecclés. de l'évêché de Rennes.* — *Reg. de l'état civil de Martigné.*

de quelques gentilshommes des environs : le fils unique de la Mulotière, le fils aîné du Plessix-Hudelor, le fils du Couëdic-Percherel et le fils de la Motte de Saint-Thurial, avec un grand nombre de petits paysans comme externes, entre autres Noël Georges, son biographe[1]. »

En 1680, Jean Davy, sieur de Servigné, fonda l'ermitage et l'école du Bois-Davy, en Maxent, et en 1742 le général de la paroisse augmenta considérablement cette fondation. Joseph Bouëtard, prêtre, pourvu à cette époque du bénéfice du Bois-Davy, s'obligea à en remplir les obligations, notamment à donner l'instruction gratuite aux enfants de Maxent, en leur faisant le catéchisme et en tenant une petite école. A la mort de ce prêtre, arrivée en 1747, son successeur, Julien Doublet, diacre, promit également de faire gratuitement l'école aux enfants de la paroisse[2].

MESSAC

Sur les landes du Châtellier, en Messac, se trouve un ermitage ruiné dont nous parlerons ailleurs; d'après la tradition locale, l'ermite qui l'habitait faisait, comme celui du Bois-Davy, l'école aux enfants de la paroisse. Nous ne savons si cette école était fondée.

MÉDRÉAC

En 1680, le prieur de Bécherel déclarait avoir le droit de nommer le maître d'école de Médréac[3].

MÉZIÈRE (LA)

En 1693, Julien Hiard, recteur de la Mézière, acheta une

---

1. S. Ropartz, *Études sur quelques ouvrages rares*, 60.
2. *Reg. des insin. ecclés. de l'évêché de Saint-Malo.*
3. *Arch. Nation.*, P. 1720.

maison avec cour et verger pour y établir de petites écoles ; après sa mort, ses héritiers, voulant se conformer à ses dernières volontés, fondèrent d'une manière stable cette école en 1738 et donnèrent au recteur de la paroisse le droit de présenter l'instituteur, ce qui prouve qu'il s'agissait d'une école de garçons [1].

MÉZIÈRES

Lorsque Mgr de Girac visita la paroisse de Mézières en 1781, Charles Gondard, chirurgien, était maître d'*école des garçons* de cette paroisse et Anne Ruffault faisait l'*école aux filles* [2].

MINIAC

En 1680, le prieur de Bécherel nommait le *maître d'école* de cette paroisse [3], et sous l'épiscopat de Mgr de la Bastie (1739-1767) le seigneur de Miniac donnait 8 liv. de rente à la *maîtresse d'école*.

MINIAC-MORVAN

En 1764, le seigneur et la dame de Miniac fondèrent une école charitable pour les filles de cette paroisse et la confièrent aux Sœurs de la Sagesse. (V. p. 223.)

MONTAULT

L'ermite qui habitait près de la chapelle de Notre-Dame-du-Rocher faisait l'école aux enfants de la paroisse dans les derniers siècles [4].

---

1. *Reg. des insin. ecclés. de l'évêché de Rennes.*
2. *Arch. dép. d'Ille-et-Vil.*, 1 G, 9.
3. *Arch. Nation.*, P. 1720.
4. Communication de M. l'abbé Paris-Jallobert.

MONTFORT

1° École de garçons. — En 1682, le prieur de Saint-Nicolas devait entretenir une école pour les garçons des trois paroisses de Montfort et des paroisses de Bédée et de Breteil.

En 1708, cette école était mal tenue, et Mgr des Maretz défendit au maître d'école, nommé Gandon, de faire la classe dans le même appartement et aux mêmes heures que sa mère, qui la faisait elle-même aux petites filles.

En 1769, l'école des garçons de Montfort n'ayant que 40 liv. de rente, se trouvait sans titulaire; ce que voyant, la Communauté de ville accorda 120 liv. de traitement à M. Loqué, prêtre de Montfort; l'évêque de Saint-Malo approuva cette nomination et promit aux bourgeois de Montfort de conférer désormais cette charge au prêtre qu'ils lui présenteraient. Cette école, établie dans la paroisse de Saint-Jean, devait être pour les enfants des trois paroisses de Montfort et devait durer cinq heures chaque jour, depuis le 18 octobre jusqu'au 18 septembre [1].

2° École de filles. — Cette école était dirigée par les Ursulines établies à Montfort en 1639. (V. p. 235.)

MONTREUIL-SUR-PÉROUSE

En 1681, René Le Moyne, sieur de la Taschelais, exécutant le testament de son frère Pierre Le Moyne, sieur de la Stardière, décédé en Espagne, fonda deux messes par semaine dans la chapelle du manoir de Pérouse, et stipula que le chapelain chargé de dire ces messes ferait l'école aux enfants de la paroisse [2].

---

1. *Arch. dép. d'Ille-et-Vil.*, 9 G, 33.
2. *Ibidem*, 9 G, 62.

NOUVOITOU.

Nous avons vu précédemment, à propos de Brie, qu'en 1634 Isaac Loaisel, seigneur de Brie et de Chambières, avait fait une fondation en faveur des enfants de Brie, Saint-Armel et Nouvoitou; c'est probablement elle qu'on appelait, en 1790, à Nouvoitou, la chapellenie de Chambières ou des Choristes. Elle était alors présentée par le seigneur de Brie, M. de Sarsfield, avait pour titulaire M. Tizon du Beauchêne, devait une messe tous les dimanches et jouissait d'un revenu de 124 liv. 5 s. 9 d.[1]

NOYAL-SUR-SEICHE

Les maîtres d'école de cette paroisse figurent souvent comme parrains dans les actes du xvie siècle. Ainsi nous apparaissent : en 1517, *Paganus Couerres rector scole de Noyalo;* — en 1524, *Michael Balue rector scole;* — en 1526, *Petrus Doaye scole rector;* — en 1535, *Bonabius Galleren rector scole;* — enfin en 1538, *Petrus Douaye rector scole*. Ce dernier était laïque et marié, car il eut une fille en 1527, mais Bonabes Galleren était prêtre[2].

OSSÉ

Quoique nous ne connaissions pas d'école véritablement fondée à Ossé, nous y voyons cependant un ancien établissement qui pouvait bien en tenir lieu. En 1619, le recteur Jean Salmon fonda une confrérie de la Doctrine chrétienne, érigée en son église paroissiale sous l'invocation de Dieu et de la Vierge Marie; or, les membres de cette confrérie s'enga-

1. *Arch. dép. d'Ille-et-Vil.*, 1 V, 23.
2. M. de la Borderie, *Biblioth. de l'École des Chartes*, 1878, p. 263.

geaient, entre autres choses, à faire apprendre le catéchisme à tous les enfants de la paroisse[1].

PARAMÉ

1° École de garçons. — En 1742 il y avait à Paramé plusieurs écoles de garçons; l'une était faite par un prêtre nommé Pierre Le Blanc, et l'autre par Jean-Baptiste Blondel, également prêtre et chapelain de Clermont.

2° École de filles. — Sous l'épiscopat de Mgr de la Bastie (1739-1767) il y avait une fondation de 50 liv. de rente pour une maîtresse d'école à Paramé; cette dernière se nommait Julienne Bolo en 1742.

En 1786, Mlles Fréboul donnèrent une maison dans le bourg de Paramé pour y établir deux religieuses qui devaient soigner les malades et faire l'école aux filles de la paroisse. La Révolution empêcha ce projet de se réaliser immédiatement, et les Filles de la Sagesse ne sont venues occuper cette maison d'école et de charité qu'en 1804; elles continuent d'y faire le bien.

PARIGNÉ

Les revenus de l'école charitable des garçons de cette paroisse furent notablement accrus en 1784 par le don de 2,400 liv., produit d'aumônes faites par des personnes pieuses. A cette occasion, le général de la paroisse s'assembla et arrêta ce qui suit : « L'école de Parigné sera tenue par MM. les curés et, à leur défaut, par des prêtres originaires ou habitués de la paroisse; — tous les garçons pauvres jugés tels par le recteur seront instruits gratuitement même dans la langue latine, lorsque ledit recteur le jugera à propos, et jusqu'à la troisième exclusivement; — les curés ne pourront

---

1. M. l'abbé Paris-Jallobert a retrouvé les statuts de cette intéressante association.

exiger des garçons aisés que 10 sols par mois de ceux qui apprennent à lire et à écrire, et 20 sols de ceux qui apprennent le latin ; — les curés feront le catéchisme deux fois par semaine tant aux pauvres qu'aux riches, une heure au moins chaque fois ; — enfin les curés se partageront les écoliers comme ils se partageront les revenus, et le recteur pourra charger l'un d'eux des enfants au latin et l'autre des garçons moins avancés. »

La fondation des écoles de Parigné fut encore augmentée, paraît-il, car en 1790 M. Courtillet, curé de cette paroisse, déclara jouir d'une rente de 135 liv., due par les sieur et dame de la Bouteillère Le Bouc, « pour l'enseignement des petites écoles aux pauvres de la paroisse, suivant un acte de fondation du 3 juin 1787. »

Ce M. Courtillet avait été nommé maître d'école par le général de la paroisse en 1787, en place de Julien Passillé, devenu à cette époque recteur de Saint-Médard.

Il y avait une fondation de messes attachée à cette école, et c'est ce qu'on nommait en 1790 « la prestimonie de l'École [1]. »

PERTRE (LE)

Il y avait une école au village de la Méniste ; elle était tenue en 1609 par Jacques Droit ; — en 1612 par Macé Roche, qui mourut en 1636 ; — en 1645 par Jean Guesdon, — et vers 1657 par René Préheu [2].

PIPRIAC

Il est question en 1749 de l'école des garçons de cette paroisse et de François Maignan, diacre du lieu, qui se préparait à la tenir [3].

---

1. *Arch. dép. d'Ille-et-Vil.*, 9 G, 19 ; 1 V, 27.
2. *Notes ms.* de M. l'abbé Paris-Jallobert.
3. *Arch. dép. d'Ille-et-Vil.*

PIRÉ

1° École de garçons. — En 1583, les *Comptes* des trésoriers de Piré mentionnent la rétribution due par eux au maître d'école de cette paroisse.

2° École de filles. — En 1683, M. Le Camus, prieur de la Franceule, fonda une école charitable pour les filles de Piré et confia cet établissement aux Filles de la Charité. (Voy. p. 200.)

PLÉCHATEL

En 1715, Guillaume Orain, prêtre, demeurant au village de Saint-Saturnin, en Pléchâtel, ayant relevé à ses frais la chapelle de ce village, y fit une fondation de messes tous les dimanches et fêtes. Parmi les obligations que le fondateur imposa au chapelain de Saint-Saturnin figure celle « de tenir l'école aux enfants du canton et à ceux des vassaux de la baronnie de Bain, pour leur apprendre leurs prières, lire et écrire seulement [1]. »

PLEINE-FOUGÈRES

Par acte du 20 juin 1722, le seigneur du Plessix-Chesnel fonda une école charitable en la paroisse de Pleine-Fougères; cette école était tenue par le chapelain du Plessis-Chesnel. En 1748, Julien Briand, prêtre, chargé de cet emploi en place de Louis Cuguen, démissionnaire, prit possession « des héritages affectés auxdites écoles, et consistant en six pièces de terre. » Nicolas Martel, prêtre d'Avranches, lui succéda en 1777 [2]. On voit encore auprès du vieux manoir du Plessix-

---

1. *Arch. dép. d'Ille-et-Vil.,* 9 G, 38.
2. *Reg. des insin. ecclés. de l'évêché de Dol.*

Chesnel une maison qui porte toujours le nom de ferme de l'École.

PLÉLAN

En 1588, Jean Briec, recteur de Plélan, et les principaux de cette paroisse, prièrent dom Pierre Porcher, alors maître d'école à Maxent, de venir à Plélan faire la classe dans la maison de la chapellenie de Béniguet, dont il desservait les messes. Pierre Porcher accepta et vint à Plélan, où il fut plus tard remplacé en qualité de maître d'école par son ancien élève, dom Noël Georges [1].

Le *Pouillé ms. de Saint-Malo* (1739-1767) nous dit, de son côté, que le recteur de Plélan devait payer 30 liv. de rente au maître d'école de sa paroisse.

PLERGUER

En 1745, Julienne Tardivet, Renée Lecorvaisier et Jeanne Ginguené fondèrent une école de filles à Plerguer, et en 1747 elles se firent respectivement entre elles donation de tous leurs biens meubles. Ces bonnes filles tenaient elles-mêmes leur école et lui assurèrent des rentes après leur mort, voulant que l'autorité ecclésiastique mit après elles d'autres maîtresses d'école à Plerguer [2].

Les vassaux de la seigneurie de Miniac avaient aussi droit d'envoyer leurs filles à l'école gratuite de Miniac-Morvan.

PLEUMELEUC

A la fin du xvii° siècle, la direction de l'école de Pleumeleuc appartenait au prieur de Hédé [3].

---

1. Roparts, *Études sur quelques ouvrages rares*, 60, 75.
2. *Notes ms.* de M. l'abbé Paris-Jallobert.
3. *Arch. dép. d'Ille-et-Vil.*, 1 H, 30.

POILLEY

En 1504, l'abbé de Rillé nomma un maître d'école de Poilley en sa qualité de maître universel de tout le territoire de Fougères, Bazouges et Antrain. Par acte du 12 avril 1765, Julien Tumoine et Anne Hutru, sa femme, fondèrent une école charitable pour les garçons de cette paroisse; ils donnèrent à cet effet deux constituts produisant 166 liv. de rente, et voulurent que le titulaire fît célébrer cinq messes basses, cinq saluts et un service anniversaire pour les fondateurs.

En 1766, Jean Le Verrier, curé de Poilley, était en même temps maître d'école de cette paroisse; étant devenu recteur de Tremblay, il fut remplacé comme instituteur par Pierre Thébault, diacre de Poilley [1].

PRINCÉ

Il y avait à Princé une fondation d'école consistant en « une maison avec jardin au haut de ce bourg, et 36 liv. de rente. » Le maître d'école, qui était en 1790 M. de Launay, devait une messe par semaine [2].

QUÉBRIAC

En 1781, M. de Talhouët de Bonamour, seigneur de Québriac, et M. de Launay, prieur-recteur de cette paroisse, fondèrent une école charitable pour les garçons de Québriac; un capital de 2,400 liv. fut placé à Paris pour entretenir cette fondation. L'évêque de Rennes s'empressa de l'approuver, mais l'intendant de Bretagne, tout en l'autorisant, ne fut pas

---

1. Arch. dép. d'Ille-et-Vil.
2. Ibidem, 4 V, 28.

d'avis qu'on demandât au roi des lettres patentes confirmatives[1].

REDON

1° Collège. — M. Buisson, dans son *Dictionnaire de Pédagogie* (p. 279), signale l'école de Redon comme existant dès l'an 1096.

Nous voyons ailleurs qu'en 1580 l'abbé de Redon nommait un maître d'école « pour instruire et apprendre les enfants dudit lieu. » Mais, plus tard, la Communauté de ville voulut nommer elle-même son maître d'école, auquel elle donna d'abord 100 liv. de rente, puis 300 liv., et les religieux renoncèrent à leur droit de choisir l'instituteur de Redon. La Communauté de ville forma alors un petit collège où l'on enseignait le latin et que tenait un ecclésiastique régent; toutefois cet établissement n'eut que peu d'importance[2].

2° École de filles. — Les Ursulines établies à Redon en 1674 faisaient l'école aux petites filles. (V. p. 236.)

RENNES

1° Anciennes écoles. — Dès l'an 1035, Guérin, évêque de Rennes, établit un maître d'école dans sa ville épiscopale; il s'appelait Incomaris et prenait le titre de maître de grammaire, « *grammaticus.* » Pour assurer à ce personnage une complète indépendance, l'évêque en fit un dignitaire de son église cathédrale, lui donna un hôtel à l'entrée de la rue des Dames et lui assura une pension sur les revenus de la paroisse de Trans. Les successeurs d'Incomaris prirent d'abord le nom de maître des écoles, « *archischolarius, magister scholarum,* » puis simplement celui de scholastique, qu'ils conservèrent jusqu'à l'époque de la Révolution.

1. *Arch. dép. d'Ille-et-Vil.*, C, 1200, 1310.
2. *Déclaration de l'abbaye de Redon.* — *Arch. dép. d'Ille-et-Vil.*, C, 1310.

Nous avons précédemment parlé de ces dignitaires de l'Église de Rennes[1]. Chargés d'examiner et d'approuver les maîtres d'école de tout le diocèse, instruisant eux-mêmes dans l'origine, puis présidant seulement à l'instruction, mais nommant toujours « les maîtres de grammaire, » comme on disait alors, ils jouissaient d'une considération bien méritée.

A côté du manoir habité par le scholastique se trouvait la maison d'école, située dans la rue de la Cordonnerie (*nunc* rue de la Monnaie). En 1492 on appelait cette maison la Vieille-École, et l'on y fit quelques restaurations ; mais comme elle n'était plus suffisante, à cause du nombre croissant des élèves, la Communauté de ville fit construire, deux ans plus tard, un nouvel édifice « sis sur le placis de la Vieille-Monnaie (*nunc* placis Saint-Pierre), à huit pieds de la chapelle Saint-Martin[2]. »

A cette époque, l'école de Rennes comprenait deux catégories : les grandes et les petites écoles. Dans les premières on enseignait la philosophie, la rhétorique et les humanités : c'était un vrai collège ; dans les secondes on apprenait à lire, à écrire et les principes de la grammaire. A chacune étaient préposés deux prêtres dits « recteurs, » qui gouvernaient ces écoles sous l'inspection et sous la dépendance du scholastique.

La ville passa donc, vers 1495, un contrat avec ces recteurs, par suite de la construction qu'elle venait de faire à ses frais de la nouvelle maison d'école ; les recteurs acceptèrent un règlement et reconnurent le droit de patronage et de fondation du corps municipal. A partir de cette époque ils furent rétribués par la ville, qui les considéra comme ses agents et ses protégés[3].

2º *Collège Saint-Thomas.* — Mais l'insuffisance d'une pareille combinaison ne tarda pas à se faire sentir. Les bour-

---

1. V. tome Ier, 179 et suiv.
2. Là où se trouve aujourd'hui l'École d'Artillerie.
3. M. Paul de la Bigne Villeneuve, *Journal de Rennes*, 20 octobre 1876.

geois de Rennes sollicitèrent et obtinrent du roi François Ier, en 1536, l'érection en collège de l'ancien hôpital Saint-Thomas. (V. précédemment p. 321.) Le nouveau collège fut aménagé, augmenté, doté et reconstruit aux frais de la Communauté de ville, qui en nomma le principal et les professeurs et reçut leurs serments. Il y a de bien curieux renseignements sur le régime du collège Saint-Thomas dans les différents traités passés entre le Conseil des bourgeois et les principaux nommés par la ville. En 1593, le collège comprenait cinq classes, dont les régents n'étaient admis qu'après examen devant le scholastique de Rennes, qui gardait la haute censure du personnel enseignant[1].

Dès 1586 les bourgeois de Rennes songèrent à confier leur collège aux Jésuites et entrèrent en pourparlers avec un de leurs provinciaux. L'année suivante, les États de Bretagne approuvèrent, le 1er octobre 1587, l'établissement de ces religieux dans le collège de Rennes. Les bourgeois sollicitèrent alors l'union à ce collège de la cure de Feins et du doyenné d'Aubigné, son annexe, dont les revenus eussent favorisé l'établissement des Jésuites; mais sur les entrefaites la Compagnie de Jésus fut chassée du royaume en 1594.

Lorsque les Jésuites rentrèrent en France, la Communauté de ville reprit ses négociations avec les bons Pères dès 1603. Elle reçut alors des lettres patentes d'Henri IV pour l'établissement à Rennes d'un collège de Jésuites, sollicita et obtint du Souverain-Pontife l'union à ce collège du prieuré du Brégain, en La Boussac, obtint aussi des États de Bretagne une somme de 12,000 liv., et du roi une rente de 2,000 liv. sur les fonds du papegault, et vit enfin tout le clergé diocésain s'imposer lui-même un double décime pour subvenir aux frais de la nouvelle fondation. Dans le même temps, Yves du Vineau, archidiacre de Dol, céda au collège de Rennes les

---

1. M. Paul de la Bigne Villeneuve, *Journal de Rennes*, 26 octobre 1870. — *Arch. municip. de Rennes*, 282, 289, 290, 471, 472, etc.

deux prieurés de Livré et de Noyal-sur-Vilaine, qu'il possédait en commende, et obtint du Pape et des abbés de Saint-Florent et de Saint-Melaine l'annexion définitive de ces bénéfices au collège susdit[1].

Le 30 août 1604, les Jésuites prirent possession du collège Saint-Thomas, et l'acte de fondation fut passé entre eux et la Communauté de ville le 18 octobre 1606. Par cet acte, les Jésuites s'engagèrent à entretenir deux cours de philosophie, un cours de cas de conscience et six cours de rhétorique, humanités et grammaire; ils s'obligèrent, en plus, « à rendre aux nobles bourgeois de Rennes tous les devoirs, prières, messes et oraisons dus aux seigneurs fondateurs, et nommément à fournir chaque année un cierge présenté par le Père régent du collège auxdits bourgeois assistant à la messe dite pour eux le 18 octobre, fête de saint Luc et anniversaire de ladite fondation, le Père régent leur faisant au préalable une brève harangue en action de grâce de leur charité et libéralité[2]. »

L'ancien collège Saint-Thomas et la vieille chapelle de ce nom avaient naturellement fait place aux nouvelles constructions du collège de Rennes; aussi fallut-il songer à bâtir une nouvelle église en rapport avec l'importance de l'établissement. La Communauté de ville s'en occupa et accorda en 1623 70,000 liv. pour l'édification de cet édifice; il fut convenu avec les Jésuites que cette église serait dédiée « en l'honneur de Dieu, de saint Ignace de Loyola et de saint François-Xavier, » et qu'en mémoire de l'ancienne chapelle Saint-Thomas, où le Chapitre venait processionnellement de

---

1. *Arch. municip. de Rennes*, 283.
2. *Arch. municip. de Rennes*, 290, 483. — Ce cierge, « armorié d'un côté du nom de Jésus, et de l'autre des armes de la ville, » était porté par la Communauté de ville, le 8 septembre, à l'autel de Notre-Dame-de-Bonne-Nouvelle; c'est ce que réglèrent en 1633 les bourgeois de Rennes. Ceux-ci avaient aussi décidé dès 1620 qu'à la suite de la messe « chantée en musique avec régalle et viole » par les Jésuites le 18 octobre, ils se transporteraient « au-dedans du collège » et y feraient eux-mêmes « l'ouverture des classes pour le lendemain en recommencer l'exercice. » (*Recueil hist. ms.*, par Languedoc.)

toute antiquité célébrer la fête Saint-Marc, les deux principales chapelles de la nouvelle église seraient dédiées à saint Thomas et à saint Marc; enfin, les bourgeois stipulèrent que les armoiries de la ville seraient placées au-dessus de la principale porte. Le 30 juillet 1624, la première pierre de l'édifice fut posée très-solennellement par la Communauté de ville et bénite par l'évêque Pierre Cornulier; achevée en 1651, cette église fut consacrée le 3 septembre par Mgr de la Mothe-Houdancourt, en présence des nobles bourgeois. Ceux-ci avaient consenti deux ans auparavant à ce que le duc de Rohan édifiât le maître-autel, qui fut consacré en même temps que l'église[1].

Ain.. ... fondé le collège de Rennes, le plus grand et le plus beau des établissements tenus par les Jésuites; les écoliers y affluèrent en si grand nombre que dans les classes dont il se composait, théologie, philosophie, physique et humanités, on en comptait vers 1654 deux mille huit cents. Aussi les Pères s'étaient-ils obligés envers la Communauté de ville à dire chaque jour trois messes, afin que les écoliers qui devaient y assister ne fussent pas en trop grand nombre à chacune d'elles[2].

Cette affluence des jeunes gens au collège de Rennes, prouvée par le témoignage des contemporains, est encore confirmée par un ouvrage imprimé en 1643, où on lit que cet établissement comptait ordinairement 2,500 et quelquefois plus de 3,000 élèves[3].

En 1679, la mère d'un Jésuite, Nicolle de la Monneraye, veuve d'Étienne du Loudel, donna aux Jésuites de Rennes sa propriété du Tertre-de-Joué, « composée d'une maison d'habitation avec jardins, terrasses, promenades, bois futaie, plus

---

1. *Arch. municip. de Rennes*, 483, 486, 499. — *Journal de Pichart*, 199.
2 *Arch. municip. de Rennes*, 290.
3. « *Collegium Rhedonense conditum anno gratiæ 1604 numerat plerumque bis millia et quingentos, et aliquando ultra tres millia discipulos in varias classes distributos.* » (*Bibliotheca script. Soc. Jes.*, n° 14753 de la Bibliothèque de Rennes.)

les métairies de Bellevue, du Clos-Pilet et de la Touche. » Les Pères en prirent possession et en firent la maison de campagne de leur collège [1].

La nouvelle expulsion des Jésuites de France en 1762 porta au collège de Rennes, si florissant alors, un coup dont il ne se releva point. La direction de cet établissement fut reprise par la Communauté de ville, qui y appela des prêtres séculiers et nomma d'une voix unanime principal un chanoine de Saint-Malo, M. Thé du Chastelier. A celui-ci succédèrent deux vicaires généraux de Rennes, MM. de Fayolle et de Bléry.

Ce dernier déclara en 1790 que les revenus du fonds primitif du collège de Rennes, c'est-à-dire des prieurés unis de Saint-Thomas, Livré, le Brégain et Noyal, étaient nets de 12,649 liv. 1 s. 1 d.; mais il fallait y ajouter quelques autres rentes, telles que les droits sur le papegault de Rennes, les pensions faites par la Communauté de ville, etc. Le total du revenu montait, par suite, à environ 17,500 liv., indépendamment des rétributions que payaient les élèves.

Aujourd'hui, le lycée de Rennes occupe les bâtiments du collège des Jésuites, et la chapelle de cette maison est devenue l'église paroissiale de Toussaints.

3° *Hôtel des Gentilshommes.* — L'abbé de Kergus fonda à Rennes en 1746, avec le concours de M. de la Rive, une maison d'éducation pour les enfants des gentilshommes pauvres de Bretagne. Cet établissement fut approuvé par lettres patentes du roi en 1748; il fut d'abord créé pour trente jeunes gens, mais plus tard les États de Bretagne y fondèrent dix-huit autres bourses, et quelques généreux particuliers augmentèrent encore cette charitable fondation.

En autorisant l'établissement, Louis XIV approuva un legs fait en sa faveur par M. de Kermoisan et lui permit de rece-

---

[1]. *Arch. municip.*, 290. — Bellevue, vendue en 1769 au profit du collège, appartient aujourd'hui aux Pères Missionnaires du diocèse.

voir des dons et legs jusqu'à concurrence d'un revenu de 22,000 liv.; le roi voulut aussi que la maison ne portât d'autre nom que celui d'Hôtel des Gentilshommes. Enfin, à la prière des États de Bretagne, Sa Majesté permit de prendre dans sa forêt de Rennes tout le bois nécessaire à la construction de cet hôtel [1].

L'objet de cette maison étant l'éducation de la seule noblesse pauvre, la loi fondamentale fut qu'on ne devait y recevoir aucun enfant qui ne fût noble et pauvre. La pauvreté se prouvait par l'attestation de l'évêque diocésain et de deux gentilshommes désignés dans chaque évêché pour s'occuper de cette œuvre; quant à la noblesse, il fallait qu'elle fût prouvée par les anciennes réformations, ou tout au moins par celle de 1668. L'âge de réception fut depuis sept jusqu'à douze ans. Les récipiendaires devaient être présentés par une personne établie à Rennes et connue, pour qu'on y eût recours au besoin. On travaillait principalement à les former à la religion et à la piété, et à leur inspirer des sentiments d'honnête homme. Dès qu'ils étaient capables de sixième, ils allaient étudier au collège de la ville. Aux études ordinaires on joignait ce qui pouvait concourir à leur donner une éducation digne de leur naissance, comme l'histoire, le blason, le dessin, la géographie, les fortifications et la navigation. On leur procurait à tous des maîtres de danse, et à ceux qui se destinaient au monde des maîtres d'armes. Ils étaient tous également vêtus et nourris, les laïques ayant un habit blanc complet avec des boutons de cuivre doré, et les ecclésiastiques étant habillés de noir. Quand ils avaient fini leurs exercices et leurs classes, on faisait son possible pour rendre le bienfait complet en leur donnant la somme dont ils avaient besoin pour embrasser l'état choisi par eux.

L'établissement était gouverné par un conseil d'administration composé de l'évêque de Rennes et d'un autre membre du

---

[1]. *Arch. dép. d'Ille-et-Vil.*, C, 2683, 2686.

clergé, de deux membres de la noblesse, de deux membres du tiers-état et des supérieurs de l'hôtel. Il y avait en la maison même trois supérieurs : le principal, le proviseur et le directeur; ce dernier était spécialement chargé de l'instruction religieuse; le principal devait être prêtre et le directeur et le proviseur au moins dans les Ordres sacrés. Il y avait, en outre, trois maîtres qui devaient avoir l'intention d'entrer dans les Ordres s'ils n'y étaient pas déjà, savoir : le sous-principal, le sous-directeur et le sous-proviseur. Les élèves ne pouvaient jamais sortir de la maison sans être accompagnés d'un maître ou suivis d'un domestique. S'ils n'étaient pas capables de suivre les cours du collège, leurs maîtres devaient les mettre au courant et leur faire faire toutes les classes jusqu'à la philosophie inclusivement.

Nous extrayons tous les détails qui précèdent des *Statuts* de l'Hôtel des Gentilshommes, approuvés par lettres patentes du roi du 30 juillet 1749 et enregistrées au Parlement le 13 février 1750[1].

La Révolution détruisit naturellement cette institution charitable, et depuis lors l'Hôtel des Gentilshommes est devenu une caserne qui porte encore le nom du bon abbé de Kergus.

4° *Hôtel des Demoiselles* ou *l'Enfant-Jésus*. — Les États de Bretagne fondèrent encore à Rennes, en 1778, une maison analogue à la précédente et destinée aux jeunes filles nobles sans fortune. L'abbé de Kergus en fut nommé le directeur et il commença par y rassembler seulement neuf demoiselles, une de chaque évêché de Bretagne; il les entretint d'abord en partie avec les charités de quelques pieuses âmes. Mais le roi Louis XVI s'intéressant à cette maison, y fonda bientôt deux bourses, et la reine Marie-Antoinette, ainsi que Madame, le comte d'Artois, la comtesse d'Artois, Madame Élisabeth, Madame Adélaïde, Madame Victoire, Madame Sophie, sœurs du roi, l'évêque de Rennes, l'archevêque d'Aix,

---

1. *Arch. du Parlement de Bret.*

le duc de Penthièvre, les duchesses d'Elbœuf et de Liancourt, la comtesse de Pons, le prince de Soubise, le prince de Rohan, le duc de Chabot, le duc de Charost, le comte de Boisgeslin, le marquis de la Châsse d'Andigné fondèrent successivement vingt-trois autres bourses. De leur côté, les États de Bretagne assurèrent au nouvel établissement 2,000 liv. de rente; puis l'archevêque de Paris lui fit don de 12,000 liv. Enfin, l'évêque de Rennes, Mgr de Girac, non content d'avoir fondé une bourse en cette maison, acheta pour elle les hôtels des Croix et de Quérynant, situés dans le faubourg de la rue Réverdiais (*nunc* faubourg d'Antrain), et accompagnés de 5 journaux de terre. Le bon prélat offrit ces hôtels pour servir de logements, et le bureau les accepta avec reconnaissance le 5 octobre 1780. Les États de Bretagne tinrent à remercier publiquement Mgr de Girac de sa générosité dans leur séance du 2 novembre suivant.

Ce premier bureau de l'Hôtel des Demoiselles se composait alors de l'évêque de Rennes, l'abbé de Kergus, six dames de charité, Mmes du Bouays, de Montluc et de Guéhenneuc, et Mlles Ferré, de Bruc et du Tiercent, et, enfin, la supérieure des Hospitalières de Saint-Thomas de Villeneuve, aux soins desquelles fut confiée la maison [1].

Cet établissement fut approuvé, dans les conditions qui précèdent, par lettres patentes du roi datées d'octobre 1780. L'Hôtel des Demoiselles fut dédié à l'Enfant Jésus; il se composait de plusieurs maisons, dans la principale desquelles se trouvait la chapelle. La *Déclaration* qu'en fit en 1790 la supérieure, sœur de la Noue, nous apprend qu'à cette époque « chaque bourse était à l'Enfant-Jésus, comme à Kergus, de 300 liv.; qu'il n'y avait alors que vingt-six bourses fondées, mais quarante jeunes filles admises; et, qu'enfin, neuf dames ou sœurs les y instruisaient [2]. »

---

1. *Arch. du Parlement de Bret.*
2. *Arch. dép. d'Ille-et-Vil.*, 1 V, 26.

Situé dans la paroisse Saint-Martin, l'établissement de l'Hôtel des Demoiselles fut ruiné par les révolutionnaires; mais la maison même a conservé dans le public le nom de l'Enfant-Jésus et a eu le bonheur de retomber en de religieuses mains : c'est actuellement le couvent des Dames de l'Adoration.

5° *Grand-Séminaire.* — Le Concile de Trente ordonna dans chaque évêché la création d'un Grand-Séminaire, mais ses décrets sous ce rapport ne furent exécutés dans notre diocèse qu'au xvii° siècle. C'est Mgr de la Mothe-Houdancourt, évêque de Rennes, qui songea le premier sérieusement à créer un établissement de ce genre. Il projetait de l'établir à Billé, près Fougères, lorsqu'il fut en 1661 transféré du siège de Rennes sur celui d'Auch, ce qui l'empêcha d'exécuter son dessein.

Son successeur à Rennes, Mgr de la Vieuville, résolut d'exécuter en partie ce projet, mais voulut avoir son Séminaire dans sa ville épiscopale. Tout d'abord il demanda au roi et obtint de lui des lettres patentes approuvant la fondation d'un Grand-Séminaire à Rennes; ces lettres furent datées du mois de mai 1662.

Mgr de la Vieuville fit en conséquence, en 1665, l'acquisition de deux maisons avec jardins, situées entre la rue Basse et la rue d'Échange, appartenant à Jean Aulnette, sieur de la Grennelais, et à Gillette Monneraye, sa femme; — puis d'une autre maison également avec jardin, sise rue d'Échange, et propriété de Jacques Frangeul, sieur de la Brosse, et de Jeanne de la Touche, sa femme. L'évêque de Rennes paya tous ces immeubles 22,300 liv.[1]

Sur les entrefaites, le R. P. Eudes étant venu en 1669 prêcher avec un grand succès à Rennes une mission qui ne finit qu'en 1670, Mgr de la Vieuville résolut de confier la direction de son futur Séminaire à la Congrégation des prêtres de Jésus

---

[1] Arch. dép. d'Ille-et-Vil., 6 G, 1.

et Marie fondée par ce saint missionnaire. Par acte du 8 mars 1670, l'évêque fit donation au P. Eudes des biens indiqués ci-dessus, ainsi que des meubles nécessaires à l'établissement du Séminaire; il lui alloua, en outre, une somme de 2,000 liv. pendant six années consécutives. Mais il stipula en même temps que la Congrégation de Jésus et Marie aurait toujours à Rennes au moins cinq prêtres et quatre frères pour tenir le Grand-Séminaire, former les clercs et donner des missions dans le diocèse. Il autorisa toutefois le supérieur général de la Congrégation à nommer le supérieur du Grand-Séminaire de Rennes, et permit dans cet établissement la célébration solennelle avec octaves des fêtes des Sacrés Cœurs de Jésus et de Marie [1].

C'est ainsi que la fête du divin Cœur de Jésus a pu être célébrée à Rennes avec solennité dès 1670, c'est-à-dire plusieurs années avant que la bienheureuse Marguerite-Marie eût sa première révélation à ce sujet.

Les bâtiments acquis pour le Grand-Séminaire n'étant pas en bon état, les Eudistes obtinrent des États de Bretagne, dès 1671, une somme de 4,000 liv. qu'ils employèrent à reconstruire l'une de ces maisons; c'est celle qui existe encore le long du côté oriental de la rue Basse; ses petites ouvertures grillées rappellent sa destination religieuse.

En 1674, diverses transactions et échanges se firent entre l'évêque de Rennes, d'une part, et le Chapitre et quelques seigneurs de l'autre; de ces derniers relevaient féodalement, en effet, les biens acquis par Mgr de la Vieuville, et la mouvance de ces biens fut transférée directement à l'évêque.

Depuis cette époque jusqu'en 1686, le Grand-Séminaire s'arrondit, agrandissant peu à peu ses dépendances; il acquit successivement diverses petites maisons situées le long de la rue d'Échange, et quelques autres vers la rue Saint-Louis; la majeure partie de ces immeubles lui fut vendue par Julien

---

1. *Arch. dép. d'Ille-et-Vil.*, 6 G, 1.

Chévrier, sieur du Verger, pour la somme de 5,500 liv. Il acheta aussi, par acte du 12 octobre 1687, pour 9,000 liv., de Charles Ferret, conseiller au Parlement, une maison nommée le Pélican, accompagnée d'un jardin et sise rue Saint-Louis [1].

Dans cette maison du Pélican se trouvait un vaste jeu de paume; les Eudistes approprièrent cette salle pour en faire une chapelle plus grande que celle qui leur avait servi jusqu'alors; cette dernière continua toutefois d'être employée pour les exercices privés de la communauté; mais les offices publics se firent désormais dans la nouvelle chapelle [2]. Nous ignorons malheureusement sous quels vocables étaient ces deux sanctuaires. Le plus récent et le plus vaste existe encore, quoique sécularisé; sa façade, tournée vers la rue Saint-Louis, conserve encastrée dans la maçonnerie une tablette de marbre noir sur laquelle on lit l'inscription suivante, qui fait connaître la date de la bénédiction de l'église : NON EST HIC ALIUD NISI DOMUS DEI ET PORTA COELI (Gen., 28) — 1690.

Un aveu du 20 août 1694, rendu par le Grand-Séminaire au seigneur de Montbarot, de qui relevait la maison du Pélican, nous fait voir qu'à cette date « l'église du Séminaire, cy-devant jeu de paume, » était achevée, qu'elle avait des deux côtés des chapelles plus basses que la nef, et que sa longueur était de 92 pieds sur 31 de largeur. Suivant ce même acte, on venait de bâtir au Nord de l'église une sacristie dont la couverture affectait la forme d'un dôme.

C'est un peu plus tard que fut construit le vaste hôtel servant aujourd'hui d'hôpital militaire. La première pierre de cet édifice fut posée le 16 septembre 1724 par Pierre Perrin, vicaire général de Mgr Le Tonnelier de Breteuil. Mais les travaux durèrent longtemps et paraissent avoir continué jusque sous l'épiscopat de Mgr Bareau de Girac; car, si l'on en croit

---

1. *Arch. dép. d'Ille-et-Vil.*, 6 G, 1.
2. Communication du R. P. Haudebourg, eudiste.

la tradition, ce fut seulement du temps de cet évêque et par ses soins que furent terminées les ailes de ce beau corps-de-logis [1].

Désirant avoir une maison dans la campagne environnant Rennes, les prêtres du Grand-Séminaire achetèrent vers 1684, de René de Kerret, seigneur de Quillien, le manoir seigneurial de Champagné et ses dépendances, le tout situé dans la paroisse de Pacé. Outre cette terre, ils possédaient aussi en 1776, dans cette même paroisse, la métairie de l'Étang.

Pour payer ces acquisitions, plusieurs personnes charitables durent mettre leur bourse à la disposition du Grand-Séminaire. Nous voyons, en effet, bien des donations faites en sa faveur : Gilles de Gain, chanoine et grand-chantre de Rennes, lui donna en 1680 sa métairie de Vermiscelle, en Nouvoitou ; le chanoine Claude Ferret lui légua sa bibliothèque en 1727 ; Mgr de Beaumanoir, Mme du Boisfévrier et bien d'autres lui témoignèrent leur intérêt en faisant en sa faveur de pieuses et libérales fondations [2].

Mais parmi les plus généreux bienfaiteurs du Grand-Séminaire il faut compter les deux derniers prieurs de Saint-Sauveur-des-Landes, Jérôme de Bragelonne et Jean Gravois ; ces deux prieurs commendataires résignèrent, l'un après l'autre, leur bénéfice fort important en faveur du Séminaire. L'abbé de Marmoutiers, de qui dépendait Saint-Sauveur, refusa d'approuver la résignation de Jérôme de Bragelonne, mais il fut forcé de donner son consentement à celle de Jean Gravois. Les Bénédictins de Marmoutiers, suivant l'exemple de leur abbé, approuvèrent eux-mêmes, le 7 juillet 1700, l'union définitive du prieuré de Saint-Sauveur-des-Landes au Grand-Séminaire de Rennes, que vinrent confirmer en 1701 une ordonnance épiscopale de Mgr de Beaumanoir et des lettres patentes de Louis XIV [3].

1. M. Quesnet, *Mélanges hist. et archéol. de Bret.*, II, 82.
2. *Arch. dép. d'Ille-et-Vil.*, 6 G, 1, 3, 6.
3. Les Eudistes affermaient en 1788 leur prieuré de Saint-Sauveur 4,200 liv.

L'on est peut-être surpris de voir qu'en fondant son Grand-Séminaire l'évêque de Rennes ne réclama de la Congrégation de Jésus et Marie que cinq prêtres pour tenir cette maison ; encore les chargea-t-il de faire des missions dans son diocèse. C'est qu'avant la Révolution les Séminaires différaient beaucoup de ceux de nos jours, comme nous l'avons dit plus haut. (V. p. 406.)

Cinq prêtres pouvaient donc, en 1670, suffire à la direction du Grand-Séminaire de Rennes. A leur tête furent souvent des hommes éminents, tels que le P. Blouet de Camilly, le saint ami du P. Eudes, qui inaugura l'établissement, — les Pères Jacques du Douit et Vincent Beurier, dont la vie si édifiante a été écrite par l'abbé Tresvaux[1], — et enfin le P. Guillaume Morin, qui, chassé du Grand-Séminaire le 16 juin 1791, revint à Rennes dès qu'un peu de calme le permit, pour y reprendre avec le vénéré P. Blanchard la direction des jeunes clercs du diocèse.

La Révolution s'empara du Grand-Séminaire et en fit un hôpital militaire, qui s'y trouve encore maintenant établi.

6° *Petit-Séminaire.* — En 1684, MM. Ferret, chanoines de Rennes, demandèrent à M. Chanciergue, de Paris, un prêtre formé par lui pour établir à Rennes un Petit-Séminaire, afin d'y élever les pauvres clercs et les pauvres écoliers se destinant à l'état ecclésiastique. Il leur envoya M. Adrien de Saint-Aubin, né à Compiègne, qui s'établit dans la rue de la Parcheminerie, puis dans celle d'Orléans, sur la paroisse de Saint-Aubin, et se retira à Paris dès 1697.

En 1698, Mgr de Beaumanoir appela les Eudistes pour tenir ce Petit-Séminaire, dont la direction fut donnée au P. de Mauny. Sous le successeur de ce dernier, entre 1701 et 1706, l'établissement fut transféré rue d'Échange, dans le presbytère de Saint-Étienne, attenant à l'église de ce nom. Mais comme cette maison était trop éloignée du collège des Jésuites, dont

---

1. *Vies des Saints de Bret.*, V, 1, 453.

les théologiens et les humanistes suivaient les cours, l'évêque de Rennes décida sa translation à l'entrée de la rue Saint-Hélier[1].

En conséquence, Mgr de Beaumanoir demanda et obtint, au mois de mai 1708, des lettres patentes du roi approuvant la fondation qu'il avait faite dans sa ville épiscopale d'un Petit-Séminaire, dit « Séminaire des pauvres écoliers, » pour l'éducation des jeunes gens dépourvus de fortune qui se destinaient à l'état ecclésiastique, et autorisant sa translation[2].

La même année, l'évêque de Rennes acheta des enfants de Claude Cassart « la maison appelée Bouzillé, où pendait autrefois l'image de saint Michel, avec toutes ses dépendances, » pour la somme de 7,900 liv. L'année suivante, le prélat fit l'acquisition d'une maison contiguë à la précédente, « appelée autrefois Groix et à présent la Flèche, » avec le jardin en dépendant. Enfin, en 1712, comme ces deux maisons joignaient les fortifications de Porte-Blanche, l'évêque acheta encore « un logis avec jardin derrière et droit à la rivière de Vilaine, le tout situé près du second pont de Porte-Blanche et anciennement nommé le Corps-de-Garde. » Cette dernière acquisition fut faite d'avec Louis Picard, sieur d'Argenteul, moyennant 800 liv., « à la charge expresse de porter à la Maison de ville, tous les premiers jours de l'an, les clefs de ladite maison, et de laisser en temps de guerre l'embas dudit corps-de-garde aux soldats envoyés par M. le gouverneur de Rennes[3]. »

Sur tout cet emplacement, sis à l'entrée de la rue Saint-Hélier, fut fondé le Petit-Séminaire, en faveur duquel Mgr de

---

1. *Notice ms.* par le R. P. Haudebourg, eudiste.
2. On ne donne plus aujourd'hui le nom de Petit-Séminaire qu'aux établissements où l'on fait les études classiques; mais autrefois on entendait par là une maison où l'on réunissait pendant toute l'année les étudiants pauvres, tant pour y faire leur cours de latin que pour étudier la théologie. Les Grands-Séminaires n'étaient alors composés que de théologiens en état de payer leur pension, et surtout de clercs et prêtres n'y résidant que pendant un temps plus ou moins long fixé par l'évêque, pour se préparer aux ordinations et au saint ministère.
3. *Arch. dép. d'Ille-et-Vil.*, 7 G, 1 ; H, 88.

Beaumanoir donna des lettres d'institution le 7 février 1709. Son successeur, Mgr de Breteuil, publia ensuite une ordonnance en 1726, pour le recommander aux charités de ses diocésains.

On construisit en ce lieu une chapelle et un corps-de-logis dont la façade était sur le jardin. En 1711, il s'y trouvait déjà cinquante élèves, théologiens et latinistes, résidant toute l'année scolaire.

Le P. Beurier fut supérieur de ce Petit-Séminaire avant d'être supérieur du Grand. Du temps qu'il s'y trouvait (1746-1753), le Petit-Séminaire était si pauvre « que les écoliers n'y mangeaient que du pain à souper. Le bon Père trouva moyen de leur donner le soir une portion de viande les jours de dimanche et de fête, et sollicita longtemps pour leur obtenir le même secours tous les soirs [1]. »

Un peu plus tard, en 1769, la communauté des Dominicaines de Rennes ayant été supprimée et leur monastère ayant été donné aux Ursulines de Hédé (V. p. 205), l'évêque de Rennes demanda au roi l'autorisation d'acheter ce couvent pour en faire son Petit-Séminaire. Il obtint des lettres patentes royales, datées de mai 1771, approuvant ce projet, fit en 1772 l'acquisition de cette maison située dans la rue Hux (*nunc* rue de Paris), et y transféra ses élèves [2].

Peu de temps après, Mgr de Girac obtint, grâce au bon vouloir du prieur d'Izé, Nicolas Leker, la suppression de ce prieuré et l'union de ses revenus au Petit-Séminaire de Rennes; l'abbaye de Saint-Florent, dont dépendait Izé, consentit à cette annexion, que confirmèrent des lettres patentes du roi datées de 1778 [3].

Enfin, en 1786, François Pillerault, prieur d'Allion, con-

---

1. Abbé Carron, *Modèles du Clergé*.
2. A la suite de cette translation, l'évêque vendit les anciens bâtiments du Petit-Séminaire, qui devint un dépôt de mendicité en 1772. C'était naguère la prison centrale des femmes; c'est actuellement un conseil de guerre.
3. *Arch. dép. d'Ille-et-Vil.*, 7 G, 6.

sentit de son côté à céder ce bénéfice au Petit-Séminaire de Rennes. Nous avons vu précédemment que les religieux de l'abbaye de Gastines, dont dépendait ce prieuré, donnèrent leur acquiescement à cette pieuse donation.

Jeanne Brandin, veuve de Jean Budes, fit aussi beaucoup de bien au Petit-Séminaire de Rennes : c'est en grande partie à cette noble dame que cet établissement dut les métairies de la Haye de Pan, de la Rivière-Bizaye, de Lorguenais et de Belair, situées en Bruz, ainsi que les fiefs de Tellé et la Rivière-Bizaye, s'étendant en Bruz, Laillé, Orgères et Saint-Erblon, qu'il possédait en 1775. A cette dernière époque, le Petit-Séminaire déclara jouir d'un revenu de 4,608 liv. 7 s. 7 d. Mais en 1790 le prieuré d'Izé, estimé 3,965 liv. de rente, et celui d'Allion 1,452 liv., lui étant unis, il résultait qu'au moment de sa destruction par les révolutionnaires le Petit-Séminaire devait avoir environ 10,000 liv. de rente [1].

Le gouvernement s'empara, le 15 juin 1791, du Petit-Séminaire, et en chassa le P. Pierre Blanchard, alors supérieur, ainsi que les autres Eudistes ; puis il céda les bâtiments à la ville de Rennes pour qu'elle en fît son Hôpital-Général. Depuis lors, cette maison (que le peuple continue d'appeler la maison des Catherinettes, en souvenir des Dominicaines de Sainte-Catherine) est affectée au logement des femmes de l'Hôpital-Général.

7° *Écoles tenues par les Frères.* — Dès 1683, au commencement même de l'œuvre du vénérable abbé de la Salle, on appela à Rennes les Frères qu'il venait de fonder. Nous lisons, en effet, dans les *Mémoires d'un Bourgeois de Rennes* la note suivante : « Le 2 septembre 1683, les Frères de la Charité, dits Frères Ignorantins, furent admis à Rennes pour instruire la pauvre jeunesse masculine gratuitement [2]. »

On ne sait rien de ce qui suivit immédiatement cette ten-

---

1. *Arch. dép. d'Ille-et-Vil.*, 7 G, 1. — V. tome II, p. 478 et 732.
2. *Mél. hist. et archéol. de Bret.*, I, 259.

tative d'introduction des Frères, combattue sans doute par les maîtres des petites écoles[1]. Ce qui est certain, c'est que le 26 mars 1694 Raoul Bonnier, recteur de Saint-Aubin de Rennes, acheta pour le prix de 1,400 liv. une maison et un jardin dans la rue Haute, appartenant à Robert Loaisel, sieur de la Grabatière. Il destinait ce local à servir de premier établissement à une nouvelle école charitable pour les garçons, dont il voulait confier la direction aux Frères des Écoles chrétiennes.

Des difficultés et des embarras furent de nouveau suscités, car l'entreprise resta ajournée; elle ne fut reprise avec efficacité qu'en 1736. Cette année-là, un autre recteur de Saint-Aubin, Jacques Jamouays de la Musse, reprit le projet avorté de son prédécesseur. Grâce à son initiative et à ses persistantes instances, deux Frères des Écoles chrétiennes furent appelés à Rennes et placés à la tête d'une école charitable, c'est-à-dire gratuite.

« Ils furent logés dans une maison de la rue Haute affermée en leur nom; pour leur subsistance et leur loyer, M. Jamouays de la Musse fournissait annuellement une somme de 400 liv. Ce fut dans le principe leur unique ressource[2]. »

La corporation des maîtres d'école s'alarma de cette fondation; elle recommença à lui susciter toutes sortes d'entraves et gagna l'appui de quelques magistrats jansénistes. La Communauté de ville, influencée par les partisans de cette corporation, obtint en 1738 un arrêt de la cour défavorable aux Frères. « Par cet arrêt, le Parlement de Bretagne servait les passions de ceux qui voulaient se débarrasser des nouveaux instituteurs : il ordonnait aux Frères de « déguerpir. » C'est le terme juridique employé. La Communauté, cédant

---

[1]. Ces petites écoles laïques étaient nombreuses à Rennes aux siècles derniers; on en trouve une preuve entre plusieurs autres dans l'historiette de deux filous, René Amice et Mathurin Le Breton, maîtres d'école rue Saint-Thomas et rue de Beaumont, qui extorquèrent en 1775 diverses sommes d'argent aux petites maîtresses d'école laïques de leur temps. (V. *Arch. dép.*, C, 4316.)

[2]. M. Paul de la Bigne Villeneuve, *Journal de Rennes*, décembre 1876.

aux obsessions de certains personnages, décida en 1741 que ledit arrêt serait signifié aux Frères et qu'on en presserait l'exécution. Heureusement, pour le bien des écoles populaires, ces manœuvres furent annulées par l'intervention des protecteurs de l'Institut, et notamment de l'évêque de Rennes, Mgr de Vauréal[1]. »

Le ministre d'État, comte de Saint-Florentin, prit par suite en main la cause des Frères et écrivit au nom du roi à l'intendant de Bretagne « que l'intention de Sa Majesté est de conserver les Frères des Écoles chrétiennes à Rennes, et qu'Elle le charge de faire entendre à MM. de la Communauté de ville que cet établissement étant bon et utile, ils aient à ne point les inquiéter[2]. » En conséquence, des lettres patentes du roi furent expédiées en 1742, autorisant les écoles des Frères à Rennes.

« Dès lors s'aplanirent les difficultés. Le 4 mars 1747, M. de Guersans, vicaire général, de concert avec M. Jamouays de la Musse et le frère Blaise, directeur, achetèrent une maison située au côté oriental de la rue Haute. Le contrat fut passé « au nom du clergé du diocèse, pour l'établissement des écoles charitables des garçons tenues par les Frères des Écoles chrétiennes de Saint-Yon, de l'Institut de M. de la Salle. » Les vendeurs étaient Pierre Boudoux, sieur des Orières, et Aline Hurel, sa femme. Cette maison, avec ses dépendances, coûta 10,000 liv., prêtées au frère Blaise.

Cette somme fut ensuite remboursée grâce à de bienveillants protecteurs, et en 1759 le Bureau du clergé de Rennes déclara par acte authentique qu'il n'entendait élever aucune prétention à la propriété de la maison des Frères, auxquels étaient maintenus tous leurs droits dans l'acquêt fait pour leur établissement.

Leur position fut donc désormais assurée. Un arrêt du

---

1. M. de la Digne Villeneuve, loco citato.
2. Arch. municip., 301.

Conseil avait statué que la Communauté de ville contribuerait à l'entretien des Frères par un subside annuel de 200 liv. Leur établissement put s'accroître et entretenir trois frères; le nombre en fut bientôt porté à cinq, puis à huit [1].

Ils se distribuaient la besogne et tenaient trois écoles, divisées chacune en deux classes. En 1770, la première, établie dans leur maison de la rue Haute, paroisse Saint-Germain, contenait deux cent trente enfants; — la deuxième, dans la paroisse de Toussaints, sur les murs de ville, entre l'ancienne porte de Toussaints et le Champ-Dolent, avait deux cent vingt enfants; — enfin, la troisième, située dans la rue et dans la paroisse Saint-Hélier, comptait deux cents enfants. Ces six cent cinquante enfants inscrits dans les rôles de l'école assistaient chaque jour à la messe, avaient trois heures de classe le matin et trois heures et demie le soir; l'enseignement était gratuit, grâce en particulier à la générosité de l'évêque de Rennes [2].

Quand vint la Révolution, la maison des Écoles chrétiennes de Rennes se soutenait avec un revenu d'environ 2,000 liv., dont faisaient partie deux rentes constituées, l'une de 120 liv. sur l'Hôtel des Gentilshommes et l'autre de 500 liv. sur le Clergé de France; le reste provenait d'aumônes. Au reste, à cette époque, les Frères n'étaient plus à Rennes qu'au nombre de cinq, et ils avaient dû abandonner leur école de Toussaints faute de moyens pour entretenir la maison où elle se trouvait.

8° *Écoles tenues par des religieuses.* — Ces écoles charitables, accompagnées souvent de pensionnats de jeunes filles, étaient assez nombreuses :

A. — École tenue par les grandes Ursulines, établies sur le Pré-Botté en 1615. (V. p. 231.)

B. — École tenue par les petites Ursulines, établies en 1677 rue Réverdiais (*nunc* rue d'Antrain). (V. p. 233.)

---

1. M. de la Bigne Villeneuve, *loco citato*.
2. *Arch. dép. d'Ille-et-Vil.*, C, 1310.

C. — École tenue par les Filles de la Vierge, établies en 1678 rue du Pré-Botté, puis en 1760 rue Saint-Hélier. (V. p. 241.)

D. — École des Filles de la Sagesse. — Vers 1720, Henri Raccapé, marquis de Magnane, résolut de fonder à Rennes une école charitable pour les jeunes filles. Dans ce dessein il acheta d'André Geslin la maison du Verger et ses dépendances, sise au haut du Bourg-l'Évêque, près la barrière du faubourg de la Perrière. En même temps, il pria Élisabeth Davaise, supérieure de la maison de la Providence de Nantes, de se charger de cette école, d'apprendre aux jeunes filles à lire, écrire et travailler, et de les élever dans la piété. Les Dames de la Providence acceptèrent et prirent en 1720 possession de la maison du Verger. Mais quatre ans plus tard Élisabeth Davaise céda l'école charitable de Rennes aux Filles de la Sagesse. (V. p. 221.)

En 1790 il y avait dans cette maison quatre religieuses et trente-trois jeunes filles nourries, habillées et instruites gratuitement; les sœurs instruisaient, en outre, gratuitement aussi, les petites filles du dehors. Elles n'avaient cependant pour tout bien à cette époque que leur couvent avec sa chapelle, située au rez-de-chaussée du bâtiment principal, un jardin et 736 liv. 15 s. de rentes constituées; encore payaient-elles plusieurs rentes féodales, telles que 30 liv. au prieur de Saint-Cyr, 30 liv. à la fabrique de Saint-Étienne et 5 liv. aux Augustins[1]. Les Filles de la Sagesse furent chassées par la Révolution et leur maison fut vendue nationalement; lorsqu'elles purent reprendre leurs écoles à Rennes, elles s'établirent plus près de la ville. Leur ancienne demeure est aujourd'hui occupée par une cirerie, à l'entrée du faubourg de Brest, dans une petite ruelle qu'on appelle encore ruelle de la Sagesse.

9° *École charitable de la rue Haute.* — En 1714, MM. Per-

---

[1]. *Arch. dép. d'Ille-et-Vil.*, II, 03.

rin et Énouf, vicaires généraux de Rennes, fondèrent une « école charitable pour les filles » dans la rue Saint-Dominique (*nunc* rue Haute), sur le fief de l'abbaye de Saint-Melaine.

Nous n'avons pu retrouver quelles étaient les directrices de ce pieux établissement, qui était placé en 1739 sous la haute protection du vicaire général M. de Guersans; en effet, ce dernier avoua à cette époque être sujet de l'abbé de Saint-Melaine « à cause de l'école charitable de la rue Haute. »

RHETIERS

Aux xvie et xviie siècles existait à Rhetiers une école de garçons; elle était tenue en 1587 par Pierre Planchais et en 1601 par Jean Lefranc, l'un et l'autre « prestres, curés et maistres d'eschole. » Paul Grimault la dirigeait en 1611[1].

RHEU (LE)

Au milieu du xve siècle, il y avait plusieurs écoles en cette paroisse; elles étaient fréquentées non-seulement par les fils des gentilshommes et par les petits paysans du Rheu, mais encore par ceux des paroisses voisines. Olivier du Boberil racontait en 1474 comment il passait jadis son temps à l'école du Rheu. Vers 1460 ces écoles étaient au nombre de quatre : l'une se tenait au presbytère et était dirigée par maître Jehan Rabotin; — dom Guillaume Guiole faisait la deuxième au village du Chardonnay; — la troisième, tenue à la Hubertière, avait pour régent maître Thébault; — quant à la quatrième, on ignore le nom de celui qui la dirigeait.

Antoine-Jean-Baptiste de Gennes, recteur du Rheu (1748-1781), fonda une école gratuite en cette paroisse et lui assura une rente annuelle de 200 liv. sur le Clergé de France[2].

---

1. Communication de M. l'abbé Paris-Jallobert.
2. *Notice ms. sur le Rheu*, par Mr Poirier. — Arch. dép. d'Ille-et-Vil., 1 V, 20.

ROMAGNÉ

En 1781, il y avait en cette paroisse deux maîtres d'école qui se nommaient François Gasnier et François Lécotai.

ROMILLÉ

Le *Pouillé ms. de Saint-Malo* (1739-1767) mentionne à Romillé une fondation d'école pour laquelle une maîtresse recevait « d'abord 45 liv., plus 25 liv. ajoutées depuis. »

Vers 1745, cette école était faite au village du Bignon par « honorable fille Gillette Roullé, maîtresse d'escole au Bignon et supérieure des Filles du Tiers-Ordre de Saint-François [1]. »

SAINT-ARMEL

Isaac Loaisel, seigneur de Brie et de Chambières, décédé en 1634, fit avant de mourir une fondation en faveur de deux enfants pauvres de Saint-Armel, comme nous l'avons rapporté à l'article BRIE. Mais il paraît qu'il fonda, en outre, une école charitable à Saint-Armel, parce qu'il habitait souvent son château de Chambières, situé en cette paroisse [2].

SAINT-AUBIN-D'AUBIGNÉ

En 1720, Magdeleine Le Bel, veuve de Claude Denyau, seigneur du Teilleul, ayant fait reconstruire la chapelle de son manoir de la Gavouyère, en Saint-Aubin, et en ayant doté le chapelain, régla qu'à l'avenir ce dernier serait tenu de faire gratuitement l'école aux garçons pauvres de la paroisse [3].

---

1. *Reg. de l'état civil de Romillé.*
2. *Arch. dép. d'Ille-et-Vil.*, 0 G, 39.
3. *Ibidem.*

SAINT-AUBIN-DES-LANDES

Aux siècles derniers, il y avait une école de garçons fondée à Saint-Aubin; elle était tenue par les prêtres de la paroisse, qui jouissaient, entre autres choses, d'un pré qui porte encore le nom de « pré de l'École. » En 1681 mourut Georges Savinel, « maistre d'escole de Sainct-Aulbin. »

SAINT-AUBIN-DU-CORMIER

Dans une enquête du xiv° siècle, on trouve un témoin nommé Robin du Fou, qui raconte que vers 1351, allant en classe, il fréquentait « l'escolle de la ville de Sainct-Aulbin-du-Cormier, etc. »

Lorsque Mgr de la Vieuville fit sa visite épiscopale, en 1665, à Saint-Aubin-du-Cormier, il enjoignit au sieur Le Dru, prêtre et chapelain de cette église, « de tenir escole aux enfants de cette dite paroisse, par offre que les paroissiens font de le salarier de 5 sols par mois par chacun enfant à l'advenir. » En même temps, l'évêque décida que cette école se ferait dans l'ancienne chapelle de l'hôpital [1].

SAINT-BRIAC

En 1768, une personne charitable, voulant rester inconnue, remit un capital de 4,800 liv. à M. Nouail, vicaire général de Saint-Malo, pour qu'il fondât deux écoles charitables au bourg de Saint-Briac, l'une pour les garçons et l'autre pour les filles. M. Nouail fit cette fondation le 5 juillet 1768 et stipula que l'école des garçons serait tenue par un ecclésiastique ayant 128 liv. d'appointements, et « enseignant gratui-

---

1. Arch. paroiss. de Saint-Aubin-du-Cormier.

tement dans les principes de la religion, la lecture, l'écriture, le chiffre et même les premiers principes de latin. » Quant à l'*école des filles*, elle serait faite par une femme ou fille capable et de vertu éprouvée, recevant 64 liv. de traitement, et choisie, aussi bien que l'instituteur, par le recteur de la paroisse.

Cette double fondation fut approuvée le 12 août 1768 par Mgr des Laurents, évêque de Saint-Malo, et le 19 du même mois par un arrêt du Parlement de Bretagne[1].

SAINT-BRIEUC-DES-IFFS

1° *École de garçons.* — Le *Pouillé ms. de Saint-Malo* (1739-1767) dit que les prêtres de Saint-Brieuc-des-Iffs faisaient l'école aux garçons de cette localité. (V. p. 419, v° *Les Iffs*.)

2° *École de filles.* — Le 16 août 1718, Marguerite, Julienne et Anne Amisse, ayant reçu un capital de 500 liv. pour fonder une école de filles à Saint-Brieuc-des-Iffs, constituèrent cette somme et assurèrent ainsi une rente de 25 liv. à la maîtresse d'école de cette paroisse. Quelque temps après, le 23 novembre de la même année, ces trois sœurs donnèrent à l'école qu'elles fondaient une maison au village de la Tieuvrais, avec un jardin et quelques pièces de terre. Elles firent elles-mêmes l'école pendant leur vie et chargèrent le recteur de Saint-Brieuc de nommer après leur mort une maîtresse d'école qui visiterait les malades et instruirait les petites filles[2].

SAINT-COULOMB[3]

Une école de garçons fut fondée dans la paroisse de Saint-Coulomb au commencement du xviii° siècle par « demoiselle

---

1. *Arch. dép. d'Ille-et-Vil.* (fonds de Saint-Malo).
2. *Ibidem.*
3. Nous devons les documents qui nous ont servi à composer cette notice à l'obligeance de M. l'abbé Chiloup, vicaire à Saint-Coulomb, et du frère Edmond, instituteur de cette paroisse.

Perrine Potel, veuve de Jean Deru des Craniers, demeurant en la ville de Saint-Malo » et propriétaire en Saint-Coulomb. Cette pieuse dame consacra à sa fondation « trois quantités de terre, une maison et un jardin, situés au village du Bas-Mouillé, et 20 sous de retour de lot à elle dus par Jacquemine Deriaux, le tout valant 42 liv. de rente. »

A ce premier et principal fonds elle ajouta « la somme de 200 liv. une fois payée, qu'elle veut que ses héritiers payent incontinent après sa mort, pour être mise à constitut au denier vingt et produire 10 liv. de rente; laquelle rente fera suite aux 42 liv. cy-devant pour augmenter ladite fondation, qui sera ainsi, après la mort de ladite demoiselle Potel, de 52 liv. »

La fondatrice régla ensuite que l'école de Saint-Coulomb serait tenue, autant que possible, par un prêtre de cette paroisse, approuvé par l'évêque diocésain. A défaut d'un prêtre disponible, le recteur de Saint-Coulomb devrait nommer un instituteur convenable, en prenant toutefois l'avis des trésoriers en charge de la fabrique.

Il fut aussi convenu que l'instituteur de Saint-Coulomb ferait l'école gratuitement à tous les enfants pauvres de la paroisse, et qu'il tiendrait sa classe au moins trois jours par semaine.

Le premier maître d'école établi dans ces conditions fut Étienne Geoffroy, « prestre demeurant en la paroisse de Saint-Coulomb. » Il prit possession, le 1er octobre 1713, des biens constituant la fondation de Mme Deru. Après sa mort, arrivée vers 1728, il fut remplacé par Jean-Baptiste Meslé, également prêtre, qui, nommé le 4 mars 1728, prit possession des fonds de l'école le 9 du même mois.

Du temps de cet instituteur, la fabrique de Saint-Coulomb céda, avec le consentement du recteur, une pièce de terre nommée le Verger de la Ville-Croix, à Jeanne Leroux, veuve de François Le Bonhomme, moyennant une somme de 210 liv., « pour en faire la rente au titulaire de l'école au denier vingt, avec faculté d'amortir ladite rente en versant cette somme aux mains des trésoriers de la fabrique en charge. » Cette cession fut faite le 17 janvier 1739 et confirmée le 14 janvier 1769.

Les fabriciens de Saint-Coulomb ne se bornèrent pas à cet acte de générosité : dès le 7 avril 1741 ils achetèrent, moyennant une somme de 135 liv., une petite rente de 6 liv. 15 s. « pour estre payée à chaque jour de Saint-Michel, à compter de 1742, aux mains du titulaire de l'école des pauvres de la paroisse. »

Ce fut encore un prêtre, Denis Déric, qui fut nommé après M. Meslé, le 16 octobre 1756, « pour instruire et enseigner *gratis* les pauvres mineurs de la paroisse de Saint-Coulomb et jouir de tous les biens de la fondation de l'école. » Mais ce dernier instituteur ne conserva sa place qu'un an ; il donna sa démission le 1er octobre 1757 et fut remplacé, à défaut de prêtre, par un clerc ou un laïque (nous ne savons trop lequel) nommé Jean Duchesne.

Pendant que ce dernier enseignait les enfants, la fabrique de Saint-Coulomb augmenta encore les revenus de son école paroissiale. Le 8 mars 1771 elle acheta, moyennant une somme de 236 liv., une rente de 12 liv. 16 s., payable au titulaire de cette école. La même année, les héritiers de Mme Deru confirmèrent, le 30 octobre, la fondation primitive de l'école faite par cette charitable femme.

Quand vint la Révolution française, l'école des garçons de Saint-Coulomb était tenue, au presbytère même, par un M. Dufour, vraisemblablement prêtre, qui dut céder devant la persécution en 1790.

SAINT-DOMINEUC

Sous l'épiscopat de Mgr de la Bastie (1739-1767) il n'y avait pas de maître d'école fondé, mais les prêtres y suppléaient en enseignant eux-mêmes les jeunes *garçons*. Quant aux *filles*, elles avaient droit d'aller gratuitement à l'école des Iffs.

SAINT-GEORGES-DE-REINTEMBAULT

En 1588, l'abbé de Rillé nomma un maître d'école à Saint-Georges, en sa qualité de maître universel de tout le territoire de Fougères, Bazouges et Antrain [1].

SAINT-GERMAIN-EN-COGLAIS

Par acte du 19 janvier 1699, Jean Barbier, sieur de la Hérangère, fonda une école charitable pour les enfants pauvres de Saint-Germain, et donna au maître d'école la prestimonie du Haut-Val. En 1777, Jean Courtoux, prêtre, jouissait de ce bénéfice et faisait, en conséquence, l'école aux enfants [2].

SAINT-GERMAIN-SUR-ILLE

Une lettre datée de 1722 prouve qu'à cette époque M. de la Garaye-Blaison remit une somme de 300 liv. à M. Béard, recteur de Saint-Germain, pour commencer la fondation d'une école de filles. On s'occupait alors de chercher une maison pour loger la maîtresse de cette école.

SAINT-GILLES

Julien Delys, prêtre de Saint-Gilles, légua par testament, le 23 octobre 1736, au général de cette paroisse la métairie des Champs-du-Feu, valant 90 liv. de rente, aux conditions suivantes : 50 liv. seront données chaque année à une maîtresse d'école charitable qui instruira les petites filles de Saint-Gilles, — 10 liv. seront distribuées aux pauvres de la pa-

---

1. M. Maupillé, *Notice hist. sur le canton de Louvigné.*
2. *Reg. des insin. ecclés. du diocèse de Rennes.*

roisse, — et le reste de la rente sera employé en messes, services et prières à l'intention du fondateur. Les héritiers de M. Delys acceptèrent ce testament en 1740, et le Bureau de bienfaisance de Saint-Gilles jouit encore présentement de la métairie des Champs-du-Feu.

Vers 1742, il est aussi fait mention d'une autre fondation de 15 liv. faite également en faveur des écoles de Saint-Gilles [1].

SAINT-HILAIRE-DES-LANDES

En 1790, les petites écoles pour les filles de Saint-Hilaire jouissaient d'une rente de 49 liv. 19 s. 6 d., et Louise Neuville était maîtresse d'école en cette paroisse [2].

SAINT-JEAN-SUR-COUASNON

Jean Corbin, recteur de Saint-Jean, fonda une école charitable dans sa paroisse par acte testamentaire du 20 juin 1743. Il légua à cet effet une grande maison et des terres au maître d'école, qui dut être un prêtre, autant que possible originaire de la paroisse, mais non pas curé ; celui-ci devait instruire gratuitement les enfants pauvres et montrer aussi *gratis* le latin à deux garçons de la paroisse, de manière à les rendre capables d'entrer en quatrième au collège de Rennes. Le recteur et le général de Saint-Jean étaient chargés de surveiller cette école et d'en nommer le maître. En 1786, Joseph Le Page, prêtre, fut pourvu de cette charge [3].

SAINT-JOUAN-DES-GUÉRETS

Pour accomplir les dernières volontés d'Yves Émeric du

---

1. *Arch. paroiss. de Saint-Gilles.*
2. *Arch. dép. d'Ille-et-Vil.*, 1 V, 27.
3. *Ibidem*, 9 G, 9.

Val, prêtre, ses héritiers firent une fondation par acte du 23 juin 1761; ils donnèrent 200 liv. de rente, dont 150 liv. destinées aux honoraires d'une messe dite tous les dimanches et fêtes dans la chapelle du Val-ès-Boully, et 50 liv. payées à un ecclésiastique pour tenir dans le bourg même de Saint-Jouan une école charitable et gratuite [1].

SAINT-MALO

1° La préceptorerie et le collège. — D'après l'abbé Manet, la première école de Saint-Malo fut l'œuvre de saint Jean-de-la-Grille en 1162. Ce grand évêque ayant appelé des chanoines réguliers pour desservir sa nouvelle cathédrale, leur confia le soin, dans leur cloître même, d'une école publique ou « pédagogie, » comme on disait alors. Nous savons peu de chose de cet établissement scolaire, qui est signalé comme existant encore en 1350 par M. Buisson dans son *Dictionnaire de Pédagogie* (p. 279).

Plus tard, en 1561, Charles IX régla, par ordonnance royale, qu'à l'avenir le revenu d'une prébende de la cathédrale de Saint-Malo serait affecté au traitement du précepteur chargé d'instruire gratuitement les enfants de cette ville. En conséquence, le canonicat de Laurent du Bouays étant venu à vaquer en 1565 par la mort du titulaire, les revenus en furent consacrés à perpétuité à l'entretien de la préceptorerie de la ville. Cette nouvelle école dut avoir trois classes : l'une pour l'étude de la langue latine, l'autre pour l'écriture et les mathématiques, et la troisième pour apprendre à lire aux petits enfants. Le précepteur fut soumis à l'élection de l'évêque, du Chapitre et de la Communauté de ville réunis en la salle capitulaire; il fut tenu d'avoir à ses frais deux sous-maîtres.

Le 4 novembre 1566, l'évêque François Bohier étant absent,

---

1. *Arch. dép. d'Ille-et-Vil.* (fonds de Saint-Malo).

ses vicaires généraux, le Chapitre et les principaux bourgeois de Saint-Malo se réunirent et élurent précepteur Jean de Léon, prêtre, « pour instruire gratuitement et sans salaire les jeunes enfants de Saint-Malo, aux profits et émoluments des fruits d'une prébende en l'église dudit Saint-Malo, vacante par le décès de Laurent du Bouays, et destinable audit de Léon [1]. »

Ce premier précepteur fut remplacé le 3 octobre 1578 par Jean Couvert, élu « pour instruire gratuitement et sans faillance les jeunes enfants de cette ville de Saint-Malo, de l'enclos d'icelle et non d'ailleurs [2]. » Comme à cette époque le protestantisme essayait de s'implanter en Bretagne, les Malouins firent prêter serment au nouveau précepteur « de bien, duement, soigneusement et diligemment instruire et enseigner les jeunes enfants de ceste ville ès bonnes lettres, mœurs, vertus et religion catholique, apostolique et romaine, et de ne lire ni souffrir estre lus en son escole doctrine ny livres qui sont censurés [3]. »

En 1611 arrivèrent à Saint-Malo des Bénédictins anglais conduits par un homme supérieur, Guillaume de Gifford, qui ne tarda pas à gagner toute la confiance de l'évêque, Mgr Le Gouverneur. L'établissement de ces religieux dans l'enceinte même de la ville et la juste renommée de savoir et de piété qui les accompagnait engagèrent les Malouins à leur confier l'école qu'ils possédaient. Le Bénédictin D. Jean Barmez fut donc élu précepteur; il fut plus tard remplacé par les Pères D. Boniface de Monsavat, D. Romain Grossier (1629) et D. Bède Forster (1655).

Malheureusement pour l'école de Saint-Malo, les Bénédictins anglais s'agrégèrent dès 1638 à la congrégation française des Bénédictins de Saint-Maur; puis ils cédèrent peu à peu

---

1. *Reg. des insin. ecclés. du diocèse de Saint-Malo.*
2. Nous verrons plus tard les enfants de Saint-Servan admis cependant à cette école de Saint-Malo.
3. *Reg. des insin. ecclés. du diocèse de Saint-Malo.*

la place à ces derniers, qui finirent par occuper seuls le nouveau monastère malouin, dont ils prirent possession en 1669. D. Forster retourna en Angleterre, et les Bénédictins de Saint-Maur refusèrent formellement de se charger de la préceptorerie; de sorte qu'il fallut songer à relever l'enseignement interrompu à Saint-Malo par ce changement.

A cet effet, Mgr de Villemontée, le Chapitre et la Communauté de ville se réunirent et résolurent de nommer un précepteur séculier jouissant des revenus d'une prébende. Ils divisèrent à cette occasion ces revenus en trois portions : « La première et plus considérable pour le principal précepteur, lequel recevrait le total de ladite prébende et serait tenu d'en payer deux portions (chacune de 120 liv. par an) à ses deux assistants, nommés comme lui par les co-seigneurs (c'est-à-dire l'évêque et le Chapitre) et gens de Saint-Malo, l'un pour apprendre à lire à la jeunesse, l'autre à écrire, lire l'écriture de main et les mathématiques [1]. »

Il fut aussi convenu que le précepteur enseignerait lui-même la langue latine et ferait tous les samedis, après midi, un catéchisme auquel devraient assister tous les écoliers des trois classes. L'ancien règlement fut, au reste, conservé : les classes durent se faire tous les jours, excepté les dimanches, jours de fêtes chômées et jeudis, de huit à dix heures et demie du matin et de deux à quatre heures et demie du soir; « pendant lesquels exercices les trois précepteurs ne peuvent être divertis de leurs fonctions par aucun sujet, pas même sous prétexte d'assister aux enterrements. » Comme la préceptorerie de Saint-Malo était essentiellement religieuse, il fut encore réglé que « lesdits exercices commenceraient par l'invocation du Saint-Esprit, et que les escoliers seraient tenus assister à la messe avant l'ouverture des classes [2]. »

L'école rétablie de cette façon, Jacob Lagoux, prêtre et

---

1. *Arch. dép. d'Ille-et-Vil.* (fonds de Saint-Malo).
2. *Ibidem.*

promoteur de l'officialité diocésaine, fut nommé précepteur le 16 septembre 1669 ; il eut pour sous-maîtres deux autres prêtres, Guillaume Mesnage et Jacques Dudouet. Après la mort de M. Lagoux, + 1698, vinrent les précepteurs François Chanteau, Jean Chardevel (1707) et Jean Cottard (1714), tous prêtres.

Sur les entrefaites, un arrêt du Conseil d'État, en date du 4 octobre 1727, décida que « le précepteur de Saint-Malo jouirait de tous les fruits de son bénéfice, comme les chanoines de la cathédrale, sans être tenu à l'assistance du chœur ; que, s'il était dans les Ordres sacrés, il porterait à l'église le costume des chanoines, tout en marchant après eux ; qu'enfin, il serait destituable pour atteinte aux mœurs ou négligence grave. »

François Guichard, prêtre, élu précepteur le 11 avril 1738, fut remplacé en 1763 par Pierre Rousselin du Rocher, qui résigna en 1769 et eut pour successeur Pierre Engerand, dernier précepteur de Saint-Malo.

Dès 1590, la ville de Saint-Malo avait donné à son précepteur une maison d'assez pauvre apparence, semble-t-il, qu'elle releva en 1620. Cette habitation renfermait, entre autres appartements, trois salles : une à l'étage supérieur pour l'enseignement du latin, et deux au rez-de-chaussée pour les classes inférieures ; l'agrandissement de l'enceinte de Saint-Malo, en 1737, fit disparaître cette première maison préceptorale.

Des difficultés surgirent à cette occasion et obligèrent le précepteur de Saint-Malo à louer des appartements pour y faire ses classes. Mais en 1784 la générosité du Chapitre permit la construction d'une nouvelle maison d'école. Le chanoine Antoine de Monnoye étant venu à mourir, sa maison prébendale fut donnée à M. de Carheil de Launay, aussi chanoine. Cette maison était située « rue du Gras-Mollet, au joignant de la rue Saint-Aaron ; » elle plut au précepteur d'alors, Pierre Engerand, qui la demanda à M. de Carheil ; celui-ci l'accorda d'autant plus facilement qu'un autre chanoine de

Saint-Malo, Nicolas du Resnel de Bolconte, habitant ordinairement Rouen, lui offrit sa propre maison prébendale de Saint-Malo s'il cédait la sienne au précepteur[1].

L'évêque, Mgr des Laurents, approuva de grand cœur ces arrangements le 9 juin 1784. Selon l'abbé Manet, qui vivait à cette époque, la maison prébendale affectée à la tenue de l'école de Saint-Malo fut alors reconstruite dans la rue Saint-Aaron, et sur sa porte furent placés les trois écussons de l'évêque, du Chapitre et de la ville. La préceptorerie devint en même temps un vrai collège, comprenant toutes les classes jusqu'à la rhétorique inclusivement. La Révolution détruisit cette institution, mais le vénérable M. Engerand survécut à la tempête, et c'est à lui qu'est due en partie la fondation du collège actuel de Saint-Malo.

2° *École tenue par les Frères.* — En 1744, Jean-Baptiste Goret de la Tandourie et Mlle Le Goff projetèrent d'installer à Saint-Malo une école charitable tenue par les Frères de Saint-Yon, et firent une fondation de 300 liv. de rente en leur faveur. Sur la requête que lui présenta à ce sujet Servan Thumbrel, grand-curé de Saint-Malo, l'évêque, Mgr de la Bastie, s'empressa d'approuver cette fondation le 24 juin 1745.

Dès la fin de cette année-là arrivèrent à Saint-Malo deux Frères, qui commencèrent leurs classes le 2 janvier 1746. Ils s'établirent dans une maison située proche le Grand-Placitre.

Ils étaient au nombre de trois en 1790, et ils déclarèrent à cette époque avoir 916 liv. de rente et 138 liv. de charges, ce qui ne leur donnait que 778 liv. pour tenir leur école et vivre, car ils faisaient gratuitement toutes leurs classes. La Révolution ferma cet établissement scolaire le 5 janvier 1793 et chassa de Saint-Malo, le 19 du même mois, ces Frères, vrais amis du peuple, « à cause de leur conduite incivique[2]. »

---

1. *Reg. des insin. ecclés. du diocèse de Saint-Malo.*
2. L'abbé Manet, *Grandes recherches ms. sur Saint-Malo.*

3° *École tenue par les religieuses.* — A. Maison des Ursulines. — Les Ursulines s'établirent à Saint-Malo en 1622 et y fondèrent un pensionnat et une école pour les jeunes filles de cette ville. (V. p. 234.)

B. Maison de la Passion. — Cet établissement, tenu par des sœurs dont nous n'avons dit qu'un mot précédemment (p. 215), offre un intérêt tout particulier comme école de pauvres, aussi entrerons-nous dans quelques détails à son sujet.

Ce fut en 1623 qu'un charitable et pieux bourgeois malouin, Jean Salmon, sieur des Chesnayes, fonda, de concert avec sa femme, une école charitable pour les petites indigentes de Saint-Malo. Quelques membres d'autres familles de cette ville, les Magon, les Goret et les des Bas-Sablons voulurent aussi participer à cette bonne œuvre et méritèrent d'être placés au nombre des principaux bienfaiteurs de l'école[1].

Le Bureau de l'Hôtel-Dieu de Saint-Malo se chargeant de l'administration des biens du nouvel établissement, la maison d'école fut construite dans l'enceinte même de l'hôpital Saint-Sauveur. Du reste, cette fondation n'eut jamais de grosses rentes; elle avait de quoi subvenir aux besoins de l'école et des institutrices, mais c'était tout. En 1790, la déclaration de ses revenus nets fut de 3,491 liv. 19 s. 4 d.[2]

Pour instruire les pauvres petites admises à cette école, on choisit de bonnes filles dévotes et d'âge mûr qui se mirent tout particulièrement sous la protection de Notre-Seigneur souffrant pour les hommes; aussi les appela-t-on Filles de la Passion.

Nous avons retrouvé un exemplaire manuscrit et original des règles de ces pieuses maîtresses des pauvres[3]; à l'aide de cet intéressant document nous allons voir ce qu'étaient

1. M. Michel, *Monographie de l'Hôtel-Dieu de Saint-Malo*, p. 29.
2. Arch. dép. d'Ille-et-Vil.
3. Ce manuscrit, approuvé et signé *propria manu* par M⁰ des Maretz, évêque de

ces institutrices vraiment chrétiennes et comment elles tenaient les classes qui leur étaient confiées.

Remarquons tout d'abord que les Filles de la Passion n'étaient pas des religieuses proprement dites : « Elles ne font aucun vœu et ne s'engagent dans aucune confrérie, tiers-ordre ou autre pratique de dévotion dont elles ne pourraient s'acquitter à cause des continuelles occupations de leur état[1]. »

Toutefois, il fallait bien une règle à ces bonnes filles ; voici donc quelques détails sur leur costume, les qualités qu'on réclamait d'elles et leur manière de vivre :

« Leurs coiffures et leurs habits doivent être uniformes, simples, modestes, convenables à leur état de servantes des pauvres : elles n'useront ni de soie, ni de dentelles, ni de toile, ni d'étoffes fines et peintes.

« Lorsqu'il vaquera quelque place dans la maison, soit par mort ou autrement, la sœur en chef sera la première à se donner tous les soins pour trouver une fille capable de remplir cette place : une fille qui ait de la piété et de la douceur, de la force et de la santé, un âge mûr, l'esprit solide, qui soit sociable et docile, qui sache bien lire, et qui soit dans la résolution de renoncer pour toujours au monde et au mariage. Ensuite elle la présentera aux supérieurs pour être admise dans la maison ; et après un certain temps d'épreuve de sa vocation, dont les sœurs rendront témoignage, le Bureau la recevra et inscrira son nom sur le registre des délibérations[2]. »

Les Sœurs de la Passion se levaient chaque jour à cinq heures, faisaient leur prière en commun avec une demi-heure d'oraison mentale, entendaient ensuite la sainte messe et commençaient leurs classes à huit heures ; elles dînaient à onze heures, après avoir fait un examen particulier, recommen-

---

Saint-Malo (1702-1739), nous a été obligeamment communiqué par M. l'abbé Zinguerle, aumônier de l'Hôtel-Dieu de Saint-Malo.

1. Règlement ms. précité.
2. Ibidem.

çaient leurs classes à une heure après midi, se réunissaient ensuite pour une lecture spirituelle et soupaient à six heures; pendant les repas, l'une d'elles lisait toujours quelques livres de piété. Elles n'avaient qu'un quart-d'heure de récréation après dîner et une demi-heure après souper, et devaient employer à travailler pour les pauvres tout le temps libre entre les classes et les exercices de piété. A huit heures et demie elles récitaient leur chapelet et leur prière en commun, et préparaient par une sainte lecture leur méditation du lendemain; enfin, elles se couchaient à neuf heures et demie et observaient un grand silence jusqu'après la prière du matin [1].

Voilà quelle était la règle de vie observée par les Filles de la Passion; voyons maintenant comment elles tenaient leur école.

Elles devaient « s'occuper uniquement de l'instruction des enfants pendant cinq heures par jour, savoir depuis huit heures du matin jusqu'à dix heures et demie, et depuis une heure après midi jusqu'à trois heures et demie. »

Elles réunissaient toutefois les enfants dès sept heures du matin, afin de pouvoir les conduire à la messe en l'église de Saint-Sauveur et leur donner à déjeuner avant la classe.

En effet, non-seulement l'école des filles pauvres de Saint-Malo était gratuite : « les sœurs n'exigeront et ne recevront rien des enfants ni de leurs parents sous quelque prétexte que ce soit, » mais on nourrissait encore en partie les écolières; la messe dite et les enfants rentrées à la maison, une sœur faisait dire la prière du matin par deux petites filles et donnait ensuite « à déjeuner à tous les enfants. » L'après-midi, avant de renvoyer les mêmes écolières, une sœur donnait un morceau de pain à chacune d'elles pour son goûter [2].

Mais comment était faite la classe? C'est maintenant ce que

---

1. *Règlement ms.* précité.
2. « Après la classe du soir on fera dire aux enfants en commun la prière du soir, on leur donnera du pain et on les renverra chez leurs parents. » (*Règlement ms.* précité.)

nous allons voir : « A huit heures, les sœurs commenceront à dire aux enfants leurs leçons ; à neuf heures on fera lecture de dix ou douze versets du Nouveau-Testament, et les enfants en diront leurs remarques. » Tous les mercredis et vendredis « une sœur fera le catéchisme à tous les enfants depuis dix heures jusqu'à onze, et au jeudi toutes les sœurs feront dire la prière à chacune de leurs écolières pendant toute la matinée. » Enfin, « tous les jours, à la fin des classes, on dira des prières particulières pour les fondateurs et bienfaiteurs de la maison[1]. »

Mais ce n'était pas assez d'instruire et de nourrir ces petites indigentes, il fallait encore leur apprendre à travailler pour qu'elles pussent gagner leur vie. Aussi fut-il réglé que « la sœur en chef fera travailler les enfants aux chaussettes, leur donnera les aiguilles et le fil, après l'avoir pesé, ramassera l'ouvrage, en paiera la façon, vendra les chaussettes et en tiendra un fidèle compte au Bureau[2]. »

Les enfants pauvres de Saint-Malo étaient élevées, comme l'on voit, par les Filles de la Passion dans l'amour de Dieu et du prochain et dans la pratique du travail intellectuel et manuel. Chaque petite fille était reçue pendant trois ans à cette école[3] ; au bout de ce temps elle était habillée des pieds à la tête par la maison, et, suffisamment instruite, elle pouvait dès lors gagner honorablement sa vie.

Pendant près de deux siècles les bonnes Sœurs de la Passion instruisirent ainsi les indigentes malouines, ce qui ne préserva pas ces saintes filles d'être jetées en prison en 1793 ; emportées par la tourmente révolutionnaire, elles disparurent complètement alors. Leur local, annexé à l'Hôtel-Dieu de Saint-Malo, en dépend encore aujourd'hui ; il sert de de-

---

1. Règlement ms. précité.
2. Ibidem.
3. L'école n'avait chaque année que quinze jours de vacance : « Les sœurs auront quinze jours de vacance par an dans le mois de septembre, pendant lesquels elles ne tiendront point l'école ; mais elles n'y seront point exemptes de leurs autres devoirs. » (Règlement ms. précité.)

meure aux Dames Hospitalières de Saint-Thomas de Ville-neuve qui desservent cet établissement [1].

SAINT-MARD-SUR-COUASNON

Le 9 octobre 1724, René-Sébastien du Feu, seigneur de Saint-Mard, fonda de petites écoles en cette paroisse, tenues par un prêtre de Saint-Mard, qui devait, en outre, dire une messe chaque jeudi pour le fondateur. Celui-ci donna 100 liv. de rente pour l'entretien de cet établissement.

En 1744, la sœur de ce seigneur, Julie-Judith du Feu, dame du Pontdauphin, céda à François Carcain, prêtre de la paroisse, sa maison du Croisé, située au bourg de Saint-Mard, à la condition que cet ecclésiastique abandonnerait la salle de cette maison pour servir de classe au maître d'école fondé par le seigneur de Saint-Mard [2].

SAINT-MÉDARD-SUR-ILLE

En 1741, Marie Fouquet, demoiselle du Boismary, demeurant au château du Bois-Geffroy, en Saint-Médard, fonda une école charitable pour les pauvres petites filles de cette paroisse, et plaça cet établissement sous la protection du recteur de Saint-Médard et du seigneur du Bois-Geffroy [3].

SAINT-MÉEN

1° *Grand-Séminaire.* — Nous avons vu précédemment que Mgr de Harlay, évêque de Saint-Malo et abbé de Saint-Méen, avait remplacé les Bénédictins de ce monastère par des prêtres

---

1. M. Michel, *Monographie de l'Hôtel-Dieu de Saint-Malo*, p. 29.
2. *Arch. dép. d'Ille-et-Vil.*, 9 G, 18.
3. *Ibidem*, 9 G, 44.

de la Mission, qui ne s'y établirent pas sans peine. (V. t. II, p. 126.)

Dès le 20 octobre 1643, ce prélat avait obtenu du roi l'autorisation d'établir un Séminaire à Saint-Méen; il traita directement avec saint Vincent-de-Paul, fondateur de la Congrégation de la Mission, le 15 juillet 1645. Il fut convenu entre eux que la Congrégation aurait des prêtres à Saint-Méen non-seulement pour tenir le Séminaire, mais encore pour prêcher des missions dans le diocèse de Saint-Malo, et qu'elle recevrait et instruirait gratuitement au Séminaire vingt jeunes clercs pendant deux ou trois ans chacun; de son côté, l'évêque s'engagea à laisser à la Congrégation l'usage des bâtiments claustraux de Saint-Méen, les revenus de la mense conventuelle et ceux des quatre offices du cloître. Des lettres patentes du roi confirmèrent en 1646 cette extinction de l'abbaye et cet établissement du Séminaire de Saint-Méen, et une bulle d'Alexandre VII vint en 1658 heureusement légitimer la sécularisation du vieux couvent bénédictin converti en Séminaire diocésain [1].

Mais en 1686 Edme Jolly, supérieur du Séminaire, se plaignit à Mgr du Guémadeuc de la modicité des revenus de cette maison, ne montant alors qu'à environ 4,900 liv. de rente, et des charges trop lourdes acceptées par saint Vincent en 1645. L'évêque de Saint-Malo, écoutant favorablement ces plaintes, n'obligea plus les Lazaristes qu'à recevoir cinq clercs gratuitement et cinq autres clercs payant demi-pension; il fut aussi convenu que la Congrégation enverrait dix prêtres à Saint-Méen, six employés au Séminaire et quatre faisant les missions, ayant avec eux six frères servants.

Un peu plus tard, en 1702, le même prélat unit à son Séminaire la cure de Saint-Jean de Saint-Méen, et depuis lors le supérieur du Séminaire fut en même temps recteur de la paroisse.

---

1. *Arch. dép. d'Ille-et-Vil.* (fonds de Saint-Malo).

Malgré ces avantages, le Séminaire de Saint-Méen ne semble pas avoir jamais été très-florissant ; voici le tableau qu'en fait le rédacteur du *Pouillé ms. de Saint-Malo* en 1739-1767 : « Le Séminaire est au lieu et place des anciens religieux (de Saint-Méen) ; il jouit d'environ 5,000 liv. de rente, y compris les bénéfices claustraux et les acquisitions [1] ; sur quoi il doit y avoir un certain nombre de places gratuites qui était fixe, mais les pertes qu'on a faites l'ont diminué, et il n'y a plus de nombre fixe. Il est composé de six prêtres de la Mission, y compris le recteur et le curé de la paroisse. Ils sont obligés par l'acte de réunion d'être un plus grand nombre et de faire des missions, mais les choses ont bien changé depuis. Il y a quatre ou cinq frères ; le supérieur est en même temps recteur. »

Le 14 mars 1790, les prêtres de la Mission déclarèrent que le revenu brut du Séminaire de Saint-Méen était alors de 9,692 liv. 6 s. 6 d., que les charges montaient à 4,095 liv. 9 s. 2 d., et que par suite le revenu net n'était que de 5,596 liv. 10 s. 4 d. [2]

Aujourd'hui, l'ancien Grand-Séminaire de Saint-Malo est devenu le Petit-Séminaire de Rennes.

2° *École de garçons.* — Il y avait à Saint-Méen un maître d'école auquel Mgr des Maretz affecta le 13 février 1722 une petite fondation de 9 liv. de rente. Un peu plus tard, Nicolas Boué, prêtre de la Mission, légua le 12 novembre 1736 au Séminaire sa métairie du Plessix, au village du Fros, en Saint-Méen, à la condition que le supérieur de cet établissement paierait chaque année une rente de 40 liv. au maître d'école de la paroisse [3].

3° *École de filles.* — En 1709, Vincent de la Haye, chanoine

---

[1]. En 1730, les Lazaristes déclarèrent n'avoir que 4,753 liv. de rente avec 1,665 liv. de charges, ce qui ne leur laissait que 3,088 liv. pour tenir le Séminaire. (*Arch. dép. d'Ille-et-Vil.*, 4 G, 55.)

[2]. *Arch. dép. d'Ille-et-Vil.*, 1 V, 29.

[3]. *Ibidem* (fonds de Saint-Malo).

de Saint-Malo, fonda à Saint-Méen une école charitable de filles et chargea de la tenir les Filles de la Charité, établies déjà en cette paroisse; il leur laissa à cet effet 150 liv. de rente[1].

SAINT-MÉLOIR-DES-ONDES

Il n'y avait pas d'écoles fondées en cette paroisse, mais le *Pouillé ms. de Saint-Malo* (1739-1767) nous dit qu'à cette époque les prêtres et quelques femmes pieuses y suppléaient en instruisant les uns les *garçons*, les autres les *filles*.

En 1790, M. Radou, prêtre, pourvu du bénéfice de la Magdeleine, estimé plus de 300 liv. de rente, déclara ne payer qu'une minime subvention « à raison de l'école gratuite » qu'il faisait dans la paroisse[2].

SAINT-M'HERVÉ

L'école des garçons de cette paroisse était tenue en 1739 par Michel Bousnet.

SAINT-ONEN

Il y avait jadis un maître d'école fondé à Saint-Onen, mais le *Pouillé ms. de Saint-Malo* nous dit que cette fondation était « mal entendue et abandonnée » au siècle dernier.

SAINT-PERN

En 1680, le prieur de Bécherel prétendait avoir le droit de nommer le *maître d'école* de Saint-Pern.

Les seigneurs de Saint-Pern avaient aussi fondé une maîtresse d'école à laquelle ils payaient une rente de 30 liv.[3]

1. *Reg. paroiss. de Saint-Méen.*
2. *Arch. dép. d'Ille-et-Vil.*, 9 G, 20.
3. *Arch. Nat.*, P. 1720.

SAINT-SERVAN

1° Petit-Séminaire. — Au mois de septembre 1707, des lettres patentes du roi approuvèrent « le projet de Mgr des Maretz, évêque de Saint-Malo, de fonder une maison en la paroisse de Saint-Servan sous le titre de Séminaire des pauvres clercs, dans laquelle seront reçus les pauvres clercs de son diocèse qui n'ont pas le moyen d'aller faire leurs études dans les collèges, à l'effet d'y être aidés s'ils ont un peu de bien, et d'être pourvus en tous leurs besoins s'ils n'en ont point, jusqu'à ce qu'ils soient employés au service de l'Église. » Le Parlement de Bretagne enregistra ces lettres royales le 4 juillet 1708.

Deux ans plus tard, Mgr des Maretz acheta des administrateurs de l'Hôtel-Dieu de Saint-Malo la métairie de la Fosse, en Saint-Servan, pour y construire son Séminaire (23 avril 1710).

Enfin, le 12 mars 1712 le même prélat confia son nouvel établissement aux prêtres de la Congrégation de la Mission aux conditions suivantes : la Congrégation enverra à Saint-Servan trois prêtres, dont l'un sera directeur du Séminaire et les deux autres travailleront avec lui « à instruire sur la piété et enseigner les humanités et la philosophie, le chant et les cérémonies de l'Église, et à faire pratiquer aux jeunes clercs tous les exercices que l'évêque prescrira ; la Congrégation entretiendra aussi deux frères pour le service de la maison ; elle ne pourra recevoir gratuitement aucun élève sans l'assentiment de l'évêque. » — De son côté, Mgr des Maretz s'engagea à payer une rente de 2,000 liv. aux supérieur et directeurs du Séminaire, et à solder les pensions de tous les clercs qu'il ferait recevoir gratuitement. Le supérieur général de la Congrégation des Missions donna son consentement à cet accord le 16 avril 1712, et Charles Dadouville, supérieur du Séminaire de Saint-Méen, prit possession, au nom de la

Congrégation, du Séminaire de Saint-Servan le 11 mai suivant[1].

D'après la tradition, ce fut avec des fonds offerts à Mgr des Maretz par des Malouins, navigateurs dans les mers du Sud, que ce prélat construisit les batiments de son Petit-Séminaire. La chapelle en fut commencée en 1715, comme l'indique cette date apparaissant encore sur la porte principale, mais elle ne fut bénite que le 21 septembre 1719 par Charles Dadouville, qui quitta Saint-Méen pour devenir supérieur de Saint-Servan; il la dédia à la Sainte Trinité et à saint Vincent-de-Paul.

En 1758, Mgr de la Bastie, évêque de Saint-Malo, prétendit avoir gravement à se plaindre de l'insubordination des Lazaristes, qui refusaient de lui rendre des comptes et de recevoir les clercs qu'il leur envoyait. Ce prélat révoqua, en conséquence, l'acte du 12 mars 1712 et envoya aux prêtres de la Mission une sommation de quitter immédiatement le Petit-Séminaire (25 novembre 1758). Mais on parvint à calmer le bon évêque, et les Lazaristes restèrent à Saint-Servan jusqu'au moment de la Révolution[2].

En 1775, M. Gandon était supérieur de cet établissement, où « l'on enseignait gratuitement la philosophie et où se donnaient des retraites pour les ecclésiastiques et pour les laïques. »

Les prêtres de la Mission furent chassés de Saint-Servan en 1792, peu de temps après l'émigration de l'évêque, Mgr de Pressigny, qui était venu passer sa dernière nuit dans sa maison de campagne, située près du Séminaire. On vendit nationalement le mobilier de cet établissement charitable, et l'on fit des batiments d'abord un hôpital, puis une caserne qui existe encore, portant le nom de caserne de la Concorde.

---

1. Arch. dép. d'Ille-et-Vil. (fonds de Saint-Malo).
2. Ibidem.

Il est intéressant de visiter l'ancien Séminaire de Saint-Servan. Au-dessus du portail d'entrée on lit encore cette inscription : *Seminarium Sancti Vincentii congregationis Missionis*. La chapelle formait le rez-de-chaussée du corps principal de logis. L'enclos, descendant jusqu'au bord de la mer, est magnifique avec ses grands arbres séculaires. Tout à côté s'élève l'ancien palais épiscopal, ayant sa cour particulière, ses remises et autres dépendances. Il est lui-même, comme le Séminaire, affecté au service militaire.

2° *Écoles de garçons*. — Aux siècles derniers, les garçons de Saint-Servan avaient le droit de fréquenter l'école de la préceptorerie de Saint-Malo; non-seulement ils y étaient admis gratuitement, mais on réduisit encore pour eux le droit de batelage, ou prix de traversée en bateau, à un liard par passage.

Il y avait, en outre, plusieurs maîtres d'école à Saint-Servan même; ils reçurent tous ordre, en 1742, de paraître devant M. Goret de Villepepin, alors vicaire général de Saint-Malo.

3° *Écoles de filles*. — A. École fondée au Petit-Val en 1666 et tenue par les Ursulines. (V. p. 238.)

B. — École tenue par les Filles de la Charité, fondée en 1697 à la Tréharais, puis transférée en 1781 à Saineville. (V. p. 198.)

C. — École tenue par les Filles de la Croix (V. p. 203) et fondée en 1726 par M⁰ʳ des Maretz, évêque de Saint-Malo. Elle ne reçut des lettres patentes confirmatives qu'au mois de janvier 1754. Mais dès 1735 Marie-Hélène de Lesquen, demoiselle de l'Argentaye, fille de Louis-Jean de Lesquen, seigneur de l'Argentaye, et de Josseline Trublet, demeurant à Saint-Servan, donna aux Filles de la Croix, pour tenir ces petites écoles, la dîme de la Ville-Bily, en Pluduno, affermée 110 liv., et la terre noble de la Ville-Julienne, en Rozlandrieuc, affermée 275 liv. Mlle de Lesquen se fit religieuse et devint, vers 1755, supérieure du couvent de la Croix à Saint-Servan[1].

SAINT-THURIAL

Vers 1580, maître Julien Poulain tenait une école à la Basse-Forêt, en Saint-Thurial; c'est là que dom Pierre Porcher et ses compagnons « coururent ensemble fort heureusement les carrières des estudes de la grammaire et aultres humanités[2]. »

SAINT-TUAL

En 1680, le droit de nommer le maître d'école de Saint-Tual appartenait au prieur de Bécherel[3].

SEL (LE)

En 1699, Jean Beauchesne, prêtre, tenait les petites écoles du Sel; il mourut le 20 septembre 1720.

SENS

La paroisse de Sens était autrefois gouvernée par un prieur-recteur dépendant de l'abbaye de Rillé; il se nommait, au commencement du XVIIe siècle, Raoul Fouscher, « prestre licencié en droit. »

Comme il n'y avait pas, semble-t-il, d'école dotée à Sens à cette époque, Raoul Fouscher résolut d'en fonder une. Mû « par le bon zèle et l'affection qu'il avait tant au salut, profit et utilité qu'à l'instruction et éducation des enfants de sadite paroisse de Sens, » il donna donc, le 23 décembre 1607, à la

---

1. *Arch. dép. d'Ille-et-Vil.*, 2 H, 60.
2. Ropartz, *Études sur quelques ouvrages rares*, 59.
3. *Arch. Nat.*, P. 1720.

fabrique de Sens une maison située au village de Sautloger. Cette maison, couverte de tuiles, avait une chambre haute, était précédée d'une cour et accompagnée de deux jardins et de deux pièces de terre; le tout relevait de la seigneurie de Sens.

Le prieur-recteur, en faisant cette donation à la fabrique, stipula que les trésoriers seraient tenus d'affermer la maison et les terres susdites au dernier enchérisseur, et de rendre compte aux paroissiens de l'emploi des revenus, que le donateur voulait être employés comme il suit :

1° Payer au seigneur de Sens une rente féodale de 20 deniers qui lui étaient dus sur cette maison; 2° fournir, à chaque fête de la Purification et du Sacre, un cierge audit seigneur de Sens et un autre cierge à sa noble dame; 3° faire dire une messe tous les vendredis dans l'église paroissiale de Sens, en l'honneur des cinq plaies du Sauveur, à l'intention du donateur, messe suivie d'un *Libera* chanté sur son tombeau, lequel tombeau devait être prohibitif à lui et à ses successeurs les prieurs-recteurs de Sens, et placé à côté du bénitier proche l'autel Saint-Sébastien; 4° payer 18 liv. au prêtre chargé de célébrer la susdite messe hebdomadaire; 5° distribuer chaque année, le jour du Vendredi-Saint, 13 sols à treize pauvres de la paroisse; 6° enfin, employer le reste de la fondation à solder « un précepteur et maistre d'escole qui enseignera les commandements de Dieu, le catéchisme et autres choses propres à parvenir à la vie éternelle aux enfants habitants de ladite paroisse de Sens[1]. »

La seigneurie de Sens était alors entre les mains d'Anne de Daillon, veuve de Philippe de Volvire, baron de Saint-Brice et de Sens. Du Paz a fait l'éloge de cette pieuse dame, qui survécut « trente-trois ans à son mari en l'estat de chaste viduité, vivant simplement, et employant le temps en prières et exercice des bonnes et saintes œuvres[2]. »

---

[1]. *Arch. dép. d'Ille-et-Vil.* (fonds de Saint-Brice).
[2]. *Hist. généal. des principales maisons de Bret.*, 504.

Aussi donna-t-elle volontiers son consentement, le 31 décembre 1607, à la fondation projetée par le recteur de Sens, fondation qu'accepta aussitôt le général de la paroisse par acte du 13 janvier 1608 [1].

Mais, une fois ces honoraires de messes payés et les rentes féodales acquittées, il ne restait qu'environ 15 liv. à la fabrique de Sens pour rétribuer son maître d'école. Raoul Fouscher comprit bien l'insuffisance de ce traitement; aussi, dès le 3 février 1613, augmenta-t-il sa fondation.

Ce jour-là, le recteur de Sens donna, en effet, à la fabrique deux pièces de terre nommées, l'une le Pré-Besnard, d'une contenance de 2 journaux 10 cordes, l'autre le Clos de la Saline, contenant seulement 60 cordes. Le tout valait 20 liv. de rente qui, ajoutées aux 74 liv. que rapportaient alors les héritages précédemment donnés, faisaient un revenu total de 94 liv. Avec cette somme, assez considérable pour l'époque, les trésoriers devaient non-seulement entretenir l'école, mais encore acquitter toutes les charges stipulées en 1607. Jacques de Volvire, baron de Sens et de Saint-Brice, approuva cette nouvelle donation, qu'acceptèrent avec reconnaissance les paroissiens de Sens [2].

TALENSAC

Vers 1602, dom Noël Georges, prêtre, fut appelé par le recteur et les notables de Talensac pour venir tenir leur école; il se rendit à leur prière et passa un an dans cette paroisse [3].

TINTÉNIAC

Dans tous les aveux rendus aux XVIe et XVIIe siècles, en 1557, 1560, 1575, 1608, 1623, 1646, etc., figure au nombre

---

1. *Arch. dép. d'Ille-et-Vil.* (fonds de Saint-Brice).
2. *Ibidem.*
3. S. Ropartz, *Études sur quelques ouvrages rares*, 70.

des attributions de la prieure de Tinténiac celle de « faire examiner et instituer un maistre d'escole pour tenir l'escole de la ville de Tinténiac pour l'instruction des enfans et jeunes gens de ceste paroisse [1]. »

Outre cette *école des garçons*, il y en avait une autre pour *les filles* signalée à la même époque.

TREMBLAY

En 1698, Julien Tinténial, prêtre, tenait les petites écoles et instruisait les enfants de Tremblay [2].

TRÉVÉRIEN

Le prieur de Bécherel avait le droit, en 1680, de nommer le maître d'école de Trévérien [3].

TRIMER

Les petites filles de cette paroisse avaient, au siècle dernier, le droit de fréquenter gratuitement l'école des Iffs.

VERGEAL

M. l'abbé Pâris-Jallobert a retrouvé un certain nombre de fondations faites en faveur de l'école de Vergeal, qu'il a bien voulu nous communiquer.

Par contrat du 22 juillet 1622, fondation de 18 liv. 15 s. de rente payable au jour de l'Angevine « au maistre d'escole, pour l'obliger à enseigner et instruire les enfants pauvres de ladite paroisse de Vergeal. » — « Davantage autre fondation

---

1. *Arch. dép. d'Ille-et-Vil.*, 20 H, 809, etc.
2. *Livre des Paroisses du diocèse de Rennes.*
3. *Arch. Nat.*, P. 1720.

à la susdite escolle de 20 liv. de rente par contrat du 24 avril 1663, laquelle rente est payable au premier jour de mai audit maistre d'escolle, pour l'obliger à faire le catéchisme tous les dimanches depuis Pasques jusques à la Toussaint. »

Enfin, une troisième fondation, faite par contrat du 5 mai 1669, consistait en 10 liv. de rente payables au même maître d'école le 5 mai de chaque année, « pour estre distribuées par luy aux pauvres, afin d'obliger lesdits pauvres à assister au catéchisme. »

Malgré ces différentes donations, le maître d'école de Vergeal, qui était en 1640 un prêtre nommé Jacques de la Vigne, n'avait point de maison lui appartenant. Pour remédier à cela, on acheta, par contrat du 24 juin 1681, la maison qui lui servait d'école « avec le petit jardin d'entre les rues » qui l'accompagnait, et on lui fit cadeau du tout.

VERN

Le satirique conseiller au *Parlement de Bretagne* N. du Fail a consacré quelques lignes dans les *Contes d'Eutrapel* à un maître d'école de Vern au XVIe siècle. Il se nommait Caillard et était, paraît-il, un esprit fort exercé : « Ce docte sophiste Caillard, » qui dirigeait « les escholes de Vern, eust bien prouvé, — dit du Fail, — à fine force d'arguer, que vous eussiez disné, encore que vous n'eussiez rien mangé que vostre mors de bride, comme les mules de Paris. »

VISSEICHE

En 1784, le seigneur de la Montagne, en Visseiche, avait le droit de nommer en cette paroisse un maître d'école, que le chefcier de la collégiale de la Guerche devait interroger pour s'assurer de sa capacité[1].

1. *Arch. dép. d'Ille-et-Vil.*

VITRÉ

1° Collège. — Il y avait au xvi° siècle deux collèges à Vitré : un collège protestant fondé en 1569 qui ne nous regarde point, et un collège catholique dont il est difficile de fixer les commencements. Le registre de la confrérie des marchands nous fait connaître les noms des « maîtres d'escolle » ou « recteurs des escolles de Vitré » depuis le commencement du xvi° siècle. Ces écoles, dirigées d'abord par des laïques, furent confiées à des ecclésiastiques vers 1540. Le collège se trouvait, au moins depuis le commencement du xvii° siècle, sur la place du Marchix; il était tenu par un principal assisté de deux autres régents; tous étaient prêtres et devaient subir un examen devant le trésorier de la collégiale de Vitré avant d'enseigner. Voici quel était en 1686 le règlement imposé par la Communauté de ville au régent :

« Il obligera ses escoliers d'assister tous les matins, à sept heures et demie, en l'églize Nostre-Dam pour y entendre la messe en sa présence avant que d'entrer en classe. — Commencera son escolle à huit heures du matin pour continuer jusqu'à dix heures et demie, et ouvrira ladite escolle l'après-midy à une heure pour continuer jusques à trois. — Sera tenu d'enseigner tous les jours ouvrables, à l'exception du jeudy... — Sera obligé de faire le catéchisme tous les samedis et mesme la veille des festes principales de l'année. — Instruira les escoliers au latin et au grec, autant qu'il pourra, avec douceur et humanité. — Ne pourra exiger ny recevoir aucun sallaire pour enseigner que celuy qui luy sera payé par la Communauté. — Aura 50 escus de gages par an, payables à la fin de chaque demi-année par M. le syndic de ladite Communauté. — Jouira du logement occupé par le cy-devant régent, à la charge de l'entretenir et rendre en bonne réparation. — Sera payé à l'église, aux services et enterrements comme officier, absent comme présent, pendant les heures qu'il sera en classe. — Se soumettra à l'examen de M. le trésorier de la Magdeleine pour estre admis au cas qu'il soit jugé capable, lequel examen se fera en présence des députés de la Communauté. — Et en cas de contravention aux articles cy-dessus, sera destituable, et la Communauté demeure fondée à en nommer un autre en son lieu et place[1]. »

Le second maître d'école était tenu en 1707 « d'instruire les enfants à la croyance de l'Église catholique et de leur apprendre le catéchisme et à prier Dieu; après leur montrera à lire et à écrire jusques à ce qu'il les juge capables d'apprendre la langue latine, dont il sera aussi obligé de leur donner les principes. » Étant aussi payé par la Communauté de ville, ce régent ne pouvait pas plus que le premier « exiger ny recevoir aucun argent des escolliers ny de leurs parents, en considération de l'instruction qu'il leur donnait[2]. »

En 1744, on faisait six classes au collège de Vitré, comme suit : le troisième régent tenait la septième et la sixième, le deuxième régent la cinquième et la quatrième, et le principal la troisième et la seconde. Le principal jouissait de la chapellenie du Petit-Méo, de la maison du collège, de ses assistances doubles à l'église, absent comme présent, et de 12 liv. par an de chacun de ses écoliers, payables 20 sols par mois, même en temps de vacance. Les deuxième et troisième régents partageaient entre eux les 50 écus que la Communauté payait précédemment au principal; partageaient également les mois des écoliers sur le pied de 12 liv. par an pour chaque écolier, et percevaient à l'église les honoraires doubles pour assistance, absents comme présents[3].

En 1790, le principal du collège de Vitré jouissait de trois fondations attachées à sa place : le Petit-Méo, valant 700 liv.; le Bourg-Joli, 140 liv., et le Petit-Bouffort, 120 liv.; mais sur cette somme de 960 liv. il devait, entre autres choses, dire

---

1. *Journal hist. de Vitré*, 239.
2. *Ibidem*, p. 263.
3. *Ibidem*, 338, 339.

ou faire dire sept messes par semaine ; aussi ses charges montaient-elles à 463 liv.[1]

Le collège de Vitré cessa de subsister en 1791, lorsque les prêtres furent obligés de s'éloigner, et les bâtiments furent vendus par la ville, à qui ils appartenaient.

2° *École de filles.* — Les Ursulines, établies à Vitré en 1677, faisaient l'école aux petites filles de cette ville. (V. p. 239.)

---

1. *Arch. dép. d'Ille-et-Vil.*, 1 V, 28.

LIVRE SEPTIÈME

AUTRES ÉTABLISSEMENTS RELIGIEUX

CHAPITRE UNIQUE

ANCIENS MONASTÈRES, MINIHYS, ERMITAGES, MAISONS DE RETRAITE

Anciens monastères : Aleth, Ballon, Barenton, Betton, Blanc-Essay, Carfantain, Celle-en-Coglais (la), Celle-en-Luitré (la), Chavagne, Dol, Gahard, Gavrain, Ile-Saint-Samson, Lan-Maëlmon, Menden, Moigné, Montreuil-le-Gast, Montreuil-des-Landes, Montreuil-sur-Ille, Moutiers, Plaz, Portal (le), Raux, Redon, Saint-Armel, Saint-Briac, Saint-Cyr de Rennes, Saint-Domin, Saint-Just, Saint-Lunaire, Saint-Malo, Saint-Marcan, Saint-Maur, Saint-Moach, Saint-Pierre-du-Marché, Saint-Pierre-de-Plesguen, Saint-Suliac, Taurac. — Minihys : Bains, Breteil, Minihic-sur-Rance (le), Quédillac, Romillé, Rothéneuf, Saint-Malo. — Ermitages : Acigné, Baulon, Bazouge-du-Désert (la), Bazouges-la-Pérouse, Bouëxière (la), Brie, Bruc, Cancale, Dingé, Gosné, Goven, Hermitage (l'), Landéan, Liffré, Louvigné-du-Désert, Maxent, Messac, Montault, Montdol, Paimpont, Saint-Coulomb, Saint-Didier, Saint-Germain-en-Coglais, Saint-Jouan-des-Guérets, Saint-Malo, Saint-Mard-le-Blanc, Talensac. — Maisons de retraite : Bécherel, Dol, Fougères, Guignen, Hédé, Marcillé-Robert, Montfort, Pleine-Fougères, Rennes, Romagné, Saint-Servan, Vitré.

I. — ANCIENS MONASTÈRES

Sous ce titre, nous nous proposons de signaler ici deux sortes d'établissements religieux dont nous n'avons point encore trouvé l'occasion de parler : les antiques communautés dont l'histoire se perd littéralement dans la nuit des temps, telles que celles, par exemple, que fondèrent aux ve et vi^e siècles les saints peuplant alors nos solitudes bretonnes,

— et les monastères moins anciens, mais aussi peu connus, dont nous n'avons pu, faute de documents, rattacher l'existence aux grandes maisons religieuses précédemment étudiées, tel que le prieuré de Saint-Domin, membre d'une abbaye dont on ignore le nom.

ALETH. — Vers l'an 600, saint Malo, fondateur de l'évêché d'Aleth, se rendit à Luxeuil pour y étudier sous la direction de saint Colomban la règle monastique suivie par les religieux irlandais. « De retour dans sa ville d'Aleth, tout imbu de ces merveilleux enseignements et de ces exemples sublimes, Malo fonda à son tour auprès de son église épiscopale un grand monastère, où soixante-dix moines sous sa conduite observaient religieusement, dans toute leur rigueur, les prescriptions d'une règle monastique qui ne pouvait être que celle de saint Colomban [1]. » Nous ignorons combien de temps le monastère d'Aleth survécut à son saint fondateur, mais il est probable que ses religieux devinrent les premiers chanoines d'Aleth quand les évêques de cette ville établirent un Chapitre dans leur cathédrale.

BALLON. — Bains possédait au IXe siècle un monastère appelé l'abbaye de Ballon. Il est vraisemblable qu'il se trouvait sur le bord d'une voie romaine, dans les landes nommées encore maintenant landes de la Bataille, parce que Nominoë y vainquit Charles-le-Chauve dans un grand combat qui assura l'indépendance de la Bretagne, et qui porte dans l'histoire le nom de bataille de Ballon. Ce monastère avait été fondé, d'après Déric, par saint Maëlmon, évêque d'Aleth, avant 638; il était habité vers 849 par deux prêtres, Corweten et Catwolon, qui prétendirent alors avoir, au détriment des moines de Redon, un certain droit sur les navires et les marchands passant à Balrit, sur la rivière d'Oult; mais les anciens des paroisses voisines, réunis à ceux de Bains, donnèrent tort aux

---

1. M. de la Borderie, *Revue de Bret.*, IX, 74. — *Vita S. Maclovii, apud Mabillon.*

religieux de Ballon et maintinrent ceux de Redon dans la possession de ce droit féodal[1].

L'abbaye de Redon, en devenant toute puissante à Bains, absorba le petit monastère de Ballon. Faut-il voir un dernier vestige de celui-ci dans la « maison de Bréhon, » avoisinant en 1580 le village « appelé la Bataille, auquel il y a une grande longueur de maisons à trois étages?[2] » Nous ne voudrions pas l'affirmer, car il n'est plus fait mention du couvent de Ballon après le IXe siècle.

BARENTON. — D'après une tradition locale, Guillaume, seigneur de Montfort, aurait vers l'an 1145 obtenu de saint Jean-de-la-Grille, évêque d'Aleth, la translation d'un petit couvent de religieux de la paroisse de Concoret en celle de Paimpont; ce seigneur établit les moines dans un vieux château qu'il possédait près de la merveilleuse fontaine de Barenton, dont le perron magique a excité la verve poétique de tant de trouvères au moyen-âge. Les religieux furent très-mécontents de cette translation, et leur supérieur, nommé Éon de l'Étoile, en fut tellement affecté, qu'il tomba dans un complet dérangement d'esprit; il se mit à prophétiser et à débiter mille extravagances, se disant fils de Dieu et juge des vivants et des morts, par une grossière allusion de son nom d'Éon avec ces mots du rituel : *Per eum qui venturus est judicare vivos et mortuos.* L'évêque d'Aleth se vit obligé de supprimer la communauté de Barenton, qui soutenait son prieur dans ses folies. Éon, pris et conduit au Concile de Reims, fut enfermé dans un monastère pour le reste de ses jours (1148).

Après l'expulsion des religieux de Barenton, leur maison fut démolie et les matériaux furent employés, prétend-on, à bâtir à quelque distance de là le village de Folle-Pensée, dont le nom semble rappeler les égarements d'Éon de l'Étoile.

Mais la chapelle construite à Barenton resta debout, car

---

1. *Cartul. Redon.*, 80.
2. *Déclar. de l'abbaye de Redon.*

Chrestien de Troyes, mort en 1191, et auteur du roman d'*Yvain et la dame de Brécilien*, en parle en ces termes :

> A la fontaine trouveras
> Un perron tel comme tu verras,
> Et d'autre part une chapelle
> Petite, mais elle est moult belle.

Le clergé de Concoret avait coutume de se rendre processionnellement à cette chapelle dans les temps de sécheresse pour demander de la pluie[1] ; lorsque ce petit temple tomba de vétusté, on éleva sur ses ruines une simple croix, et les processions continuèrent de s'y rendre jusqu'à l'époque de la Révolution[2].

BETTON. — La dénomination de cette paroisse dès 1152, « *ecclesia de monasterio Bettonis*, » semble indiquer qu'un ancien monastère existait en ce lieu avant que les religieux de l'abbaye de Saint-Melaine y eussent fondé un prieuré. Le nom même de Betton paraît plutôt celui d'un homme que celui d'une localité et pourrait bien avoir appartenu au fondateur de ce monastère, inconnu maintenant.

BLANC-ESSAY. — Dans la paroisse de Saint-Méloir-des-Ondes existait au XII° siècle un petit couvent qui devait dépendre de l'abbaye du Mont Saint-Michel : c'était le monastère de Saint-Benoît de Blanc-Essay, « *monasterium S. Benedicti de Albo Esseuvo*. » Vers 1150-1160, la piété d'Adam d'Hereford et de Damette Goyon, sa femme, amena la transformation de cette église conventuelle en paroisse. Nous raconterons plus en détail ce fait historique en parlant de la nouvelle paroisse créée en cette occasion, c'est-à-dire de Saint-Benoît-des-Ondes. Quant au monastère de Blanc-Essay, il disparut

---

1. D'après les croyances du moyen-âge, il suffisait de mouiller le perron de Barenton avec l'eau de la fontaine pour faire immédiatement éclater l'orage et tomber la pluie à torrents. — La fontaine de Barenton est sur les limites de Concoret et de Paimpont, mais la chapelle se trouvait dans cette dernière paroisse.
2. *Registre ms. de Concoret.* — *Revue de Bret.*, 1869, I, 93.

vraisemblablement à la suite de cette érection, et il n'en resterait plus même de souvenir si un pont, sous lequel passe le Bié-Jean avant de se jeter dans la mer, ne portait encore le nom de pont de Blanc-Essay.

CARFANTAIN. — La tradition prétend qu'il y eut à Carfantain un monastère fondé par saint Samson et gouverné ensuite par saint Magloire; l'on montre encore près du bourg une très-ancienne fontaine murée qui porte le nom de Saint-Samson, et l'on dit que le monastère se trouvait à côté. Il est difficile d'avoir quelque chose de précis au sujet de ce couvent. D. Lobineau semble ne point admettre son existence et dit que saint Magloire fut simplement abbé du monastère de Dol dans la ville même de ce nom; mais un ancien *Propre de Dol* justifie la tradition en parlant du monastère de Carfantain et de sa fontaine : « *Cœnobium Kerfeunti tunc Dolense suburbium, ob fontium scaturiginem ita nuncupatum*[1]. »

CELLE-EN-COGLAIS (LA). — La paroisse de ce nom doit évidemment son origine à un petit monastère, « *cella*, » dont l'histoire nous demeure inconnue. Toutefois, il y a lieu de croire que c'était originairement un prieuré de l'abbaye de Saint-Florent de Saumur, car cette abbaye avait encore de beaux droits en la Celle aux siècles derniers, et nous voyons même en quelques actes ce bénéfice paroissial appelé le *prieuré-cure* de la Celle-en-Coglais.

CELLE-EN-LUITRÉ (LA). — Là encore le nom indique un ancien monastère, mais rien ne nous renseigne sur ce qu'il pouvait être.

CHAVAGNE. — Dans la première moitié du XIe siècle, une noble dame nommée Rofanteline essaya de réunir « à quelque distance de Rennes, sur le territoire de Chavagne, une congrégation de femmes pour y vivre dans les exercices de la vie cénobitique. » Mais ayant appris la fondation de l'abbaye de Saint-Georges à Rennes par la princesse Adèle de Bretagne,

---

[1]. M. de Kerdanet, *Annotations aux Vies des Saints de Bret.*, par Albert Le Grand.

elle vint en 1032 prier cette abbesse de vouloir bien l'accueillir dans son nouveau monastère et d'admettre comme ses filles les neuf religieuses qu'elle lui amenait. Ainsi prit fin le couvent de Chavagne, après quelques années d'existence[1].

Dol. — Quand saint Samson débarqua en Bretagne, vers 548, « il bâtit un monastère, dit D. Lobineau, au lieu même où est à présent la ville épiscopale de Dol. » Ce monastère, que sanctifia la présence de saint Samson, saint Magloire et saint Thuriau, successivement abbés de Dol avant de devenir évêques de cette ville, donna naissance au Chapitre de Dol lorsque les prélats dolois jugèrent à propos de s'entourer de chanoines. La preuve en est que le Chapitre de Dol possédait encore en 1294 le fonds ou emplacement de la cathédrale, qui avait été dans l'origine l'église abbatiale fondée par saint Samson.

Gahard. — Nous avons donné précédemment la preuve de l'existence d'un très-antique monastère à Gahard, détruit par les Normands au IXe ou Xe siècle. Nous ignorons quelle règle suivaient les moines de ce couvent, relevé, comme nous l'avons vu, au commencement du XIe siècle. (V. t. II, 397.)

Gavrain. — Dans la paroisse de Renac se trouve une chapelle dédiée à la Sainte Vierge et bâtie près du village de Gavrain. Les briques gallo-romaines abondent en cet endroit, et l'on y montre l'emplacement d'un ancien monastère; mais on ignore quels religieux l'habitaient. Un petit missel franciscain du XVIe siècle, trouvé de nos jours dans la chapelle, a fait supposer que ces moines appartenaient à l'Ordre de saint François, mais ce n'est pas une preuve suffisante.

Ile-Saint-Samson (L'). — Il existe dans la paroisse de Pleine-Fougères un village appelé l'Ile-Saint-Samson, qui a été jadis le chef-lieu d'une ancienne paroisse portant son nom; nous en reparlerons plus tard. Signalons seulement

---

[1] 1. Cartul. Sancti Georgii, Prolégomènes, 29.

aujourd'hui la tradition locale, qui assure que saint Samson lui-même a résidé dans cette solitude, et remarquons qu'un savant archéologue, M. Ramé, n'est point éloigné de partager cette opinion. Il se peut fort bien, dit-il, que le saint évêque de Dol ait construit en ce lieu un monastère placé à la tête d'une paroisse, et la très-curieuse cuve baptismale qu'on y remarque encore peut bien remonter à cette époque reculée et être contemporaine du vénéré prélat dont le nom reste attaché au village [1].

Lan-Maëlmon. — Saint Maëlmon, évêque d'Aleth au VII° siècle, fonda un monastère appelé de son nom, Lan-Maëlmon, et où fut élevé saint Judoc. On croit que ce couvent a donné naissance à l'église paroissiale de Saint-Malon. A côté devait se trouver l'hospice de Talrédau, également construit par saint Maëlmon.

Menden. — Les abbés Déric et Manet disent que saint Scubillion fonda un petit monastère appelé Menden, « à mille six cents toises au Nord-Nord-Est de l'île d'Aaron; » ils ajoutent qu'il faut distinguer cette maison de celle de Maudan, à une lieue de Chausey, où résidait ordinairement saint Scubillion [2]. Quelques-uns pensent que ce monastère, voisin de Saint-Malo, occupait une partie de la pointe de la Varde, aujourd'hui en Rothéneuf, là où l'on a récemment découvert des vestiges d'antiques substructions, près du village du Miniby.

Moigné. — Il existe une vague tradition du séjour des moines de Saint-Melaine en cette paroisse. Nous reparlerons ailleurs (à l'article des *Paroisses*) du prieuré qu'on prétend qu'ils y avaient fondé, car cette question ne nous paraît point encore suffisamment éclaircie.

Montreuil-le-Gast. — Le nom de cette paroisse, *monasteriolum*, et son surnom *le Gast* ou *le Gasté*, indiquent évidemment un petit monastère ruiné depuis longtemps. Comme

---

1. V. *Mél. d'Hist. et d'Archéol. bret.*, II, 51.
2. *Hist. ecclés. de Bret.* — *De l'état ancien de la baie du Mont Saint-Michel*, 60.

l'église de Montreuil appartenait au xii° siècle à l'abbaye de Saint-Melaine, qui en nomma le recteur pendant tout le moyen-âge, il y a lieu de croire que le monastère de Montreuil fut à l'origine une dépendance de Saint-Melaine.

Montreuil-des-Landes. — Rien ne nous éclaire sur ce qu'était jadis ce petit monastère, appelé « *monasteriolum de Landis.* »

Montreuil-sur-Ille. — Le prieuré d'Aubigné, membre de Saint-Melaine, ayant des droits assez étendus en la paroisse de Montreuil-sur-Ille, nous pouvons supposer que le monastère qui lui donna son nom, « *monasteriolum super Insulam,* » était jadis une dépendance de cette abbaye.

Moutiers. — La paroisse de ce nom est appelée « *ecclesia de monasteriis* » dès l'an 1120, époque vers laquelle Gautier des Pallières en fit don à l'abbaye de Marmoutiers. C'est donc antérieurement à cette donation, déjà bien ancienne, qu'il faut reporter l'existence des monastères aujourd'hui inconnus qui ont donné leur nom à la paroisse.

Plaz. — Il est certain que la paroisse de Brain portait au v° et au ix° siècle le nom de Plaz ou Place. L'Ancienne vie de saint Melaine dit qu'il y fut élevé, qu'il bâtit un oratoire sur son domaine paternel, au bord de la Vilaine, et qu'il y construisit ensuite un monastère : « *Veniens Melanius de monasterio suo quod propriis manibus fabricaverat in fundo qui vocatur Placio, in honorem Dei, cum paucis monachis.* » L'église en fut même assez considérable pour que l'auteur de la Vie du saint l'appelât une basilique, disant que saint Mars trouva saint Melaine « *in Placio in sua basilica orantem.* » Enfin, le saint évêque de Rennes mourut dans ce monastère de Plaz le 6 novembre, environ l'an 530 : « *Migravit ad Christum in loco qui vocatur Placio, ubi ipse, sicut jam diximus, propriis manibus ecclesiam construxerat et monachos ad servitium Dei faciendum congregaverat* [1]. »

1. *Apud Bollandum, Acta Sanctorum,* I, 6 januarii.

Que devint ce monastère fondé par saint Melaine? Il disparut de bonne heure, car à l'arrivée des moines de Redon à Plaz, en 836, il n'est fait aucune mention de ce couvent dans les nombreuses chartes de leur *Cartulaire*, qui nomment si souvent « *condita plebs Placitum super flumen Visnonie,* » ou « *plebicula que vocatur Plaz.* » Mais l'une des frairies de la paroisse de Brain a conservé le nom de Plaz ou Placet, et on retrouve la même dénomination donnée à une partie du village de la Blandinaye, limitrophe de cette frairie. Devant ces maisons de Placet est un grand domaine baigné par la Vilaine, où l'on retrouve beaucoup de briques gallo-romaines et où l'on désigne encore l'emplacement du monastère de Plaz. De ce lieu part un sentier, appelé *chemin de Saint-Melaine,* et se dirigeant, par Saint-Just, vers la paroisse de Comblessac, que le roi Eusèbe donna au saint évêque de Rennes. Enfin, une légende populaire explique à sa façon l'absence de tout genêt du territoire de Brain, alors que cet arbrisseau se trouve dans les paroisses voisines. Saint Melaine étant enfant, dit-elle, gardait ses troupeaux dans les marais de Plaz; il y creusa même la douve du Cerné, pour mieux les protéger; toutefois, s'étant absenté et étant allé étudier à Rennes à l'école de saint Amand, il fut, à son retour, fustigé d'une poignée de genêts par sa mère; il ne se plaignit point, mais Dieu maudit les genêts de Brain, et l'on n'en voit plus de traces maintenant.

Il ne paraît pas que les moines de Saint-Melaine aient longtemps conservé Plaz après la mort de leur saint fondateur, car en 836 saint Convoyon obtint de l'empereur Louis-le-Débonnaire la paroisse de ce nom, qui dépendit toujours de Redon dans la suite.

PORTAL (LE). — La tradition veut qu'il y ait eu un monastère en la paroisse de Sixt, près du manoir de Trégaray, au lieu nommé le Portal. On dit même que les religieux qui l'habitaient confectionnaient des étoffes de laine appelées serges par les gens du pays. Ce qui est certain, c'est qu'on trouve mentionnée au xvii° siècle la chapellenie du Portal, et qu'en 1677 mourut Guillaume Chesnays, « prestre chapelain de la communauté du Portal. » Il ne reste plus rien de ce couvent, qui n'eut jamais d'importance.

Raux. — Au commencement du vii° siècle, saint Malo construisit le monastère de Raux, « *S. Machutus ædificans monasterium construxit quod vocatur Raux.* » On croit que cet établissement se fit à Roz-sur-Couasnon ou peut-être à Rozlandrieuc. Toujours est-il que le méchant prince Hailoch ruina complètement ce monastère et en renversa l'église de fond en comble. Dieu punit le tyran en le frappant de cécité, et il ne recouvra la vue que par l'effet des prières de saint Malo[1].

Redon. — Au xii° siècle, la bienheureuse Ermengarde, duchesse de Bretagne, « devenue veuve, se retira à Redon, dit Albert Le Grand, et y ayant reçu l'habit de l'Ordre de Citeaux de la propre main de saint Bernard, acheta une grande et spacieuse maison près le monastère de Saint-Sauveur, où, ayant amassé quelques filles pieuses, elle passa le reste de ses jours au service de Dieu. » Elle mourut saintement à Redon en 1147, et il est probable que son petit monastère ne lui survécut guère; mais sa maison pouvait bien être celle qu'on appelait en 1580 le *logis de la Béguine.*

Saint-Armel. — Lorsqu'au vi° siècle saint Armel quitta la cour de Childebert pour rentrer en Bretagne, ce roi « lui fit présent, à son départ, d'une assez grande étendue de terre inculte et déserte au pays de Rennes, sur la rivière de Seiche, dans un lieu qu'on appelait alors Bochod et qu'on nomme aujourd'hui Saint-Armel-des-Boschaux. Armel y bâtit un monastère qui a été cause que ce lieu a porté longtemps le nom de Moustier[2]. » On conserve encore en l'église de Saint-Armel le tombeau du pieux abbé qui lui donna son nom, mais depuis bien des siècles il n'y a plus de traces de son monastère.

---

1. D. Morice, *Preuves de l'Hist. de Bret.*, I, 132.
2. D. Lobineau, *Vies des Saints de Bret.*, 80.

Cependant on appelle encore le *Prieuré* une maison du xvi° siècle qui se trouve dans le bourg, mais nous n'avons rien retrouvé dans l'histoire concernant un établissement prioral proprement dit en ce lieu ; peut-être cette maison désigne-t-elle simplement l'emplacement de l'antique monastère de saint Armel.

Saint-Briac. — Il est de tradition dans cette paroisse qu'au vi° siècle saint Briac et saint Tugdual vinrent évangéliser le pays et séjournèrent quelque temps dans un petit monastère construit par eux là où se trouve présentement le village de la Chapelle. Le sanctuaire qui donna son nom à ce village n'existe plus depuis longtemps, mais on a découvert sur son emplacement des tombeaux et des ossements. Il existe, du reste, encore tout à côté une croix très-vénérée et appelée croix de Saint-Pabu. Or, tous les Bretons savent que Pabu est le surnom donné communément à saint Tugdual.

Saint-Cyr de Rennes. — Nous avons précédemment signalé l'antique monastère de Saint-Cyr situé aux portes de Rennes et détruit au x° siècle, que remplaça au siècle suivant le prieuré du même nom. (V. t. II, 584.)

Saint-Domin. — A côté de l'église et du presbytère de Paramé se trouvait jadis une chapelle dédiée à saint Domin et dont un *État de la paroisse*, en 1742, parle en ces termes : « Le prieuré de Saint-Domin, sis d'un bout dans le cimetière et de l'autre dans le jardin du presbytère, auquel la cure de Paramé fut réunie en l'an 1313 par bulle de Raoul, évêque de Saint-Malo, à condition qu'elle en relèverait dans le temporel. » — Malheureusement nous n'avons pu découvrir de quelle abbaye était membre ce prieuré de Saint-Domin ; mais nous voyons dans les derniers siècles tous les recteurs de Paramé en prendre possession après avoir été installés dans leur église paroissiale.

On célébrait encore des mariages dans la chapelle Saint-Domin en 1669 et 1694, mais en 1745 cette chapelle, « située au coin du cimetière à l'Est, du costé du chemin, » était

« entièrement descouverte et ruinée. » Quant au logis prioral, il se trouvait « hors d'estat d'estre habité » et son jardin était « très-négligé. »

La cure de Paramé et le prieuré de Saint-Domin réunis valaient, en 1790, 499 liv. de rente [1].

Saint-Just. — La tradition a conservé souvenir d'un ancien monastère au vieux bourg de Saint-Just, près des moulins du Canut. Ces moulins furent donnés à l'abbaye de Redon en 1101 par Normant Le Bâtard, et il est vraisemblable que le couvent de Saint-Just fut un prieuré membre de cette puissante abbaye. Saint-Just était alors dans la paroisse de Sixt, et l'on vénérait dans cette contrée le chef et d'autres reliques insignes du saint martyr Just, regardé par quelques-uns comme évêque de Rennes. Mais plus tard les moines de Redon réunirent leur paroisse d'Allérac au prieuré de Saint-Just, et ce petit monastère disparut, après avoir toutefois donné son propre nom à la paroisse qu'on lui annexait.

Saint-Lunaire. — Tout porte à croire que saint Lunaire, évêque breton régionnaire au VIe siècle, fonda un monastère dans le bourg actuel qui porte son nom et près de l'église où l'on vénère encore son tombeau. On voit, en effet, par la Vie de ce saint qu'il habitait la Domnonée et le bord de la mer, et D. Lobineau croit que le territoire de Saint-Lunaire lui fut donné par le roi Jona. Il semble même que le couvent de saint Lunaire lui survécut pendant quelques siècles, car on voyait encore au XVIIe siècle, dans le bourg de Saint-Lunaire et devant son église, une maison nommée le Cloître, rappelant l'ancien monastère fondé par le bienheureux [2].

1. *Arch. dép. d'Ille-et-Vil.* (fonds de Saint-Malo).
2. La paroisse de saint Lunaire s'appelait jadis Pontual, et ce dut être par suite de la réunion de l'église conventuelle de Saint-Lunaire à la cure de Pontual que celle-ci prit le nom de saint évêque. Une tradition que nous croyons peu ancienne mentionne aussi l'abbaye de Pontual; mais Pontual était un château et non point un monastère, au moins dans le moyen-âge. Ceux qui croient à l'existence d'un antique monastère de même nom en attribuent la fondation à saint Tugdual (vel saint Tual), dont le nom serait resté à l'établissement, et ils expliquent par cette fondation monastique la formation de la paroisse primitive de Pontual.

Saint-Malo. — Vers l'an 575, saint Aaron, retiré avec un grand nombre de moines dans une île voisine d'Aleth, reçut dans son monastère saint Malo, débarquant en Armorique. Ce dernier saint demeura quelques années dans cette pieuse solitude, puis entreprit l'évangélisation d'Aleth, dont il fut le premier évêque. Mais il n'abandonna point pour cela l'île qui l'avait accueilli, et après la mort de saint Aaron il gouverna lui-même le monastère qui s'y trouvait. Connu longtemps sous le nom de rocher d'Aaron, cette île prit ensuite la dénomination d'île de Saint-Malo, qu'elle a toujours conservée depuis. Les évêques d'Aleth, fidèles à la tradition de leur prédécesseur, continuèrent d'en gouverner le monastère et séjournèrent parfois à Saint-Malo de préférence à Aleth. Mais vers 1108 l'évêque Judicaël donna l'église et le couvent de Saint-Malo-de-l'Île à l'abbaye de Marmoutiers. Nous avons raconté précédemment quelle peine eut saint Jean-de-la-Grille à rentrer en possession de cette île, qu'il regardait avec raison comme faisant partie du domaine épiscopal d'Aleth et comme injustement aliénée. Ce prélat parvint enfin à rentrer en possession du vieux monastère et de l'église de Saint-Malo, dont il fit la demeure de son Chapitre, le siège de son évêché et la cathédrale de son diocèse (1152).

Saint-Marcan. — En 1237, Jean Cortepie donna à l'abbaye du Mont Saint-Michel un étang et l'emplacement d'un moulin qu'il possédait en Saint-Marcan, « *in valle subtus monasterium Sancti Marchanni.* » Y avait-il là un véritable monastère ou s'agissait-il seulement de l'église paroissiale de Saint-Marcan? Nous n'osons nous prononcer, mais, en tous cas, il n'est pas resté trace d'un monastère en ce lieu.

Saint-Maur. — Nous sommes porté à croire que l'ancien manoir de Saint-Maur, situé en Mernel, mais à la porte de Maure, a une origine monastique. En 843, en effet, Anawareth, seigneur d'Anast, embrassa la vie religieuse au monastère de Saint-Maur-sur-Loire, et donna à cette abbaye toute sa terre d'Anast avec son église et six chapelles qui en dépendaient [1]; or, il est certain que la paroisse d'Anast est devenue la paroisse moderne de Maure, et nous pensons que les Bénédictins de Saint-Maur-sur-Loire vinrent s'établir chez nous pour gouverner le vaste territoire qu'on leur confiait et construisirent le prieuré de Saint-Maur. Mais depuis bien des siècles il n'est plus fait mention de ces religieux dans notre pays, ce qui n'est pas étonnant, car l'abbaye de Saint-Maur-sur-Loire eut tant à souffrir des invasions normandes qu'elle ne se releva jamais complètement de ses ruines et perdit toutes ses possessions en Bretagne.

Saint-Moach. — Au viie siècle existait à sept lieues de Dol un monastère dédié à saint Moach ou Maïol; un méchant seigneur nommé Rivallon le réduisit en cendres; mais saint Thuriau, évêque de Dol, de qui dépendait ce couvent, le contraignit à faire pénitence et à relever ce qu'il avait détruit. On ne sait pas au juste où se trouvait Saint-Moach, mais on suppose qu'il était au bord de la mer, entre la côte actuelle et les îles Chausey, dans les terrains engloutis par l'Océan au moyen-âge.

Saint-Pierre-de-Plesguen. — Auprès de Pont-Ricoul se trouve le bois de l'Abbaye, où la tradition prétend qu'existait jadis un monastère. La légende raconte que cette maison était habitée par de méchants moines qui attirèrent sur eux la colère céleste; aussi la foudre tomba-t-elle sur leur monastère et le détruisit-elle de fond en comble. On ajoute que c'étaient des Templiers, ce qui ne nous paraît guère probable. Ne seraient-ce pas plutôt quelques moines du Tronchet, dont l'abbaye reçut en 1241 d'Olivier, seigneur de Coëtquen, les dîmes de la paroisse de Saint-Pierre-de-Plesguen?

Saint-Pierre-du-Marché. — Il y avait au xie siècle, dans la partie orientale des faubourgs de Rennes, « *in suburbio*, » en face de la porte principale de la cité, « *ante portam civitatis magnam*, » ouvrant sur le « forsbourg de la Baudrairie, »

---

[1]. *Cartul. Sancti Mauri.*

et dité aux xiv° et xv° siècles « porte Baudraero, » — il y avait un ancien moustier, une église dédiée à saint Pierre. On l'appelait Saint-Pierre-du-Marché, « *ecclesia* » ou « *monasterium Sancti Petri de Foro*, » parce qu'elle était située sur la grande place où se tenait le marché forain des bourgeois, à ciel ouvert [1]. On ne sait rien de plus sur cet antique monastère, mais l'église en fut donnée en 1032 à l'abbaye de Saint-Georges, et les religieuses de ce couvent la remplacèrent plus tard par l'église paroissiale de Saint-Pierre en Saint-Georges, qui ne fut autre chose qu'une portion de leur église abbatiale.

Saint-Suliac. — C'est au vi° siècle que saint Suliac passa de Grande-Bretagne en Armorique et vint se fixer à l'embouchure de la Rance, où se trouve maintenant le bourg qui porte son nom. Il y fonda un monastère, où il eut une quinzaine de moines sous sa direction, et il y mourut le 8 novembre, mais on ne sait pas en quelle année. On montre encore l'emplacement de son tombeau au bas de l'église paroissiale de Saint-Suliac; on ignore toutefois si son monastère subsista longtemps après lui [2].

Taurac. — On sait peu de chose du monastère de Taurac, que l'on croit avoir été construit au bord de la mer, entre les îles Chausey et Cancale; mais au vi° siècle ce monastère était habité par de fervents disciples de saint Samson. D. Lobineau nous dit que saint Similien était alors abbé de Taurac et que saint Ethbin et saint Guignolé le jeune étaient religieux dans la même maison. Il ajoute que ce monastère n'était pas fort éloigné de Dol et qu'il fut ruiné par les Francs lorsque ces derniers envahirent la Bretagne, vers l'an 560 [3]. Mais nous

---

1. M. de la Bigne Villeneuve, *Cartul. Sancti Georgii*, Prolégomènes, 30.
2. D. Lobineau, *Vies des Saints de Bret.*, 444. — Quelques-uns pensent que le monastère de saint Suliac se trouvait sur le mont Garrot; mais la présence de son tombeau dans l'église paroissiale est une preuve certaine de l'existence de son couvent dans le bourg même. Les constructions monastiques du mont Garrot devaient appartenir au prieuré de Saint-Suliac, membre de Saint-Florent, et complètement distinct de l'antique monastère du vi° siècle. (V. tome II, 503.)
3. D. Lobineau, *Vies des Saints de Bret.*, 109, 128, 129.

devons avouer que de savants historiens modernes contestent l'exactitude de D. Lobineau au sujet de Taurac, et prétendent que ce couvent se trouvait dans le pays de Vannes, aux environs de Carnac [1].

II. — MINIHYS

Non-seulement en Bretagne les cathédrales et les églises paroissiales jouissaient des privilèges du droit d'asile, — comme nous l'avons vu en parlant de Saint-Pierre de Rennes, et comme nous en trouverons de nouvelles preuves en traitant des paroisses, — mais on trouvait, en outre, dans le fond des campagnes des lieux d'asile moins importants dont l'utilité s'était souvent fait sentir aux époques troublées du moyen-âge. On nommait ces asiles des minihys, du breton *menec'h ty*, maison des moines, parce que là avaient vécu quelque pieux solitaire ou quelques moines ignorés. « Le souvenir de leurs miracles et de leurs bonnes œuvres avait attaché dans la pensée des populations, au théâtre de leur pieuse vie, à l'ermitage où ils avaient fait pénitence, une idée de respect inviolable. Le minihy du saint patron d'une contrée devint ainsi le plus souvent un lieu de refuge, de franchise, un asile pour l'innocence et le repentir, un abri contre la persécution ou la violence [2]. »

Très-communs et très-importants dans la Basse-Bretagne, les minihys étaient plus rares dans notre pays; cependant nous y trouvons des traces de l'existence de plusieurs lieux d'asile de ce genre et nous avons cru devoir les signaler ici.

Nous avons précédemment raconté, — à propos du fameux droit d'asile de Saint-Malo, — l'abolition des minihys par les ducs de Bretagne et par les Papes durant le XVe siècle. (Voy. tome I, p. 673.)

---

1. *Revue de Bret.*, 1861, II, 66.
2. M. P. de la Bigne Villeneuve, *Bulletin de la Société archéol. d'Ille-et-Vil.*, I, 178.

Bains. — Vers l'an 834 Arthwin, noble et ancien de Bains, acheta d'avec une femme nommée Cléroc la moitié du minihy de Wokamoë, en cette paroisse, « *dimidium menehi Wokamoe situm in pago Venedie in condita plebe Bain.* » Il s'engagea à lui payer 42 sols 8 d. et à offrir à Saint-Sauveur de Redon, la veille de Noël, un cierge de 3 deniers chaque année. Plus tard, le même Arthwin acquit l'autre moitié du minihy de Wokamoë et offrit la terre entière de ce nom aux moines de Redon, vers 845[1]. Nous avons cherché en vain dans Bains l'emplacement de ce minihy; mais il existe, presque vis-à-vis l'antique monastère de Busal, dans les marais où coule l'Oult, dont les eaux ont bien pu changer de direction depuis le IX° siècle, un village qui porte encore le nom de Ménéhy. Quoiqu'il soit présentement en Saint-Vincent, dans le diocèse de Vannes, il rappelle seul maintenant, croyons-nous, le lieu d'asile dont nous venons de parler.

Breteil. — Il existe en cette paroisse un village nommé le Ménéhil; c'était au XVII° siècle un petit manoir où mourut, en 1622, François Thomas, seigneur de Vaunoise.

Minihic-sur-Rance (Le). — La nouvelle paroisse de ce nom, distraite de celle de Pleurtuit, a eu pour origine un ancien village appelé le Minihy, et posé sur les coteaux au pied desquels coule la Rance.

Quédillac. — En 1024, les princes bretons Alain et Eudon et la duchesse Havoise, leur mère, donnèrent à l'abbaye de Saint-Méen tout le minihy de Quédillac, « *totum minihi de Kidillac.* » En 1683, l'Ouvrier de ce monastère jouissait encore de la dîme du Minihil en Quédillac, sur laquelle il devait 48 boisseaux de seigle au recteur de la paroisse. Enfin, de nos jours encore existe en Quédillac le village du Ménéhil[2].

Romillé. — Non loin du bourg de Romillé et à côté du village du Temple est un autre village appelé le Ménéhil;

---

1. *Cartul. Redon.*, 140, 141, 160.
2. D. Morice, *Preuves de l'Histoire de Bret.*, I, 339. — *Déclaration de l'abbaye de Saint-Méen.*

peut-être donna-t-il naissance au temple de Romillé, membre de l'ancienne commanderie de la Guerche.

Rothéneuf. — Dans la paroisse moderne de Rothéneuf, mais jadis en celle de Paramé, se trouve près du cap de la Varde un village nommé le Minihy. On y a découvert d'antiques substructions il y a une dizaine d'années ; on y distinguait de petits appartements ressemblant assez à des cellules, pavés en grès et renfermant de vieilles poteries. Quelques archéologues croient que c'était l'ancien monastère de Menden (V. précédemment, p. 493), et que le nom de Minihy rappelait en ce lieu le séjour béni de quelque saint breton.

Saint-Malo. — Le minihy de Saint-Malo était de beaucoup le plus important de tous les lieux d'asile de Haute-Bretagne, mais nous en avons suffisamment entretenu nos lecteurs. (V. t. I, p. 673.)

III. — ERMITAGES

Les ermites étaient plus communs jadis dans notre pays que nous ne le supposons maintenant. Outre les solitudes qu'habitèrent à l'origine la plupart des fondateurs de nos anciens monastères, il y avait d'autres lieux de retraite choisis, principalement au fond des bois, par de pieux personnages qui voulaient s'y livrer en paix aux austérités de la pénitence. Dans les derniers siècles, un certain nombre de ces ermites appartenaient à divers tiers-ordres ; quelques-uns d'entre eux entretenaient un oratoire champêtre ou faisaient l'école aux petits garçons de la contrée.

Acigné. — Au XII° siècle vivait dans la forêt de Rennes un pieux ermite nommé Haton du Faou, « *Haton de Fago heremetice vivens.* » Il habita successivement la solitude du Faou ou du Feu et celle de Louvigné. Nous avons déjà parlé de lui à propos des prieurés de ces noms. (V. t. II, p. 282 et 780.)

Baulon. — La tradition dit qu'il y avait en cette paroisse, « au village de Lardillouze, une maison habitée par des ermites; ils étaient deux au siècle dernier et leur demeure se nommait l'Hermitage[1]. »

Bazouge-du-Désert (La). — Au XI° siècle, de nombreux ermites peuplaient les forêts des environs de Fougères; Vital de Mortain, Robert d'Arbrissel, Raoul de la Fustaye, Bernard de Tyron, Pierre de l'Étoile et Guillaume Firmat sanctifiaient alors ces vastes solitudes[2]. La chapelle de Saint-Clair-de-l'Hermitage, située en La Bazouge, près du Pont-dom-Guérin et au bord de l'ancienne forêt de Glaine, rappelle encore en ce lieu le souvenir des pieux solitaires d'autrefois. On dit même que saint Guillaume Firmat s'y retira le premier.

Au XVII° siècle, c'était une chapellenie desservie par Jean Chanteau, † 1639; — Léonard Denoual, † 1676, — et Jean Chaussière, † 1690. Tous ces prêtres habitaient cette solitude, et l'un de leurs successeurs, Jean Mesnil, pourvu en place de Michel Mesnil, décédé, prit possession en 1726 de la chapelle, de la maison et du jardin qui en dépendaient.

En 1754, Adolphe de Romilley, marquis de la Chesnelaye, présenta pour desservir ce bénéfice, en place de Joseph Mesnil, décédé, François Jamond, prêtre d'Avranches, qui en fut pourvu le 1er octobre. Ce dernier étant mort en 1774, ce fut Pierre Alba, seigneur de Mausson, qui présenta pour le remplacer Michel Hersant, prêtre de Landivy, pourvu le 18 mai 1775.

La *Déclaration* de 1790 nous apprend que « la chapelle Saint-Clair-de-l'Hermitage, fondée par les seigneurs de Mausson, » avait pour dotation une maison et un jardin estimés 40 liv. de rente, plus 6 liv. d'oblations, 6 poulets et 4 boisseaux de froment[3].

Cette chapelle existe encore et porte la date de sa recon-

---

1. *Reg. paroiss. de Baulon.*
2. « Erant autem in confinio Cenomaniæ Britanniæque regionis vastæ solitudines, quæ tunc temporis quasi altera Ægyptus ferebant multitudine eremitarum per diversas cellulas habitantium. (Vita B. Bernardi de Tironio, XI, 31.)
3. *Reg. des insin. ecclés. de l'évêché de Rennes.* — Arch. dép. d'Ille-et-Vil., 1 V, 27.

struction, en 1636. On y vénère non-seulement saint Clair, mais surtout saint Abraham, dont la statue est en grand honneur. L'on y dit la messe le lundi des Rogations et aux fêtes de saint Clair et de saint Gilles, mais elle est surtout fréquentée par les pèlerins le Vendredi-Saint.

BAZOUGES-LA-PÉROUSE. — D'après une tradition recueillie en 1692, les ducs de Bretagne fondèrent dans leur forêt de Villecartier[1] la chapelle Saint-Nicolas-de-l'Hermitage, afin d'y avoir la messe lorsqu'ils venaient y chasser. Après la réunion de la Bretagne à la France, nos rois conservèrent le droit de présenter à l'évêque le chapelain de Villecartier, mais ils laissèrent tomber en ruines le vieux sanctuaire, comme le prouve la *Déclaration* suivante de François Gaultier, « prestre, conseiller et aumosnier du roi, chapelain de Saint-Nicolas dans la forest de Villecartier, paroisse de Bazouges. » Voici comment il s'exprimait le 12 août 1692 :

« Ladite chapelle de l'Hermitage, sous le vocable de saint Nicolas, consiste en masières détruites et entièrement découvertes où il paraît qu'il y avait une chapelle à deux autels ; à costé estaient un logement, — un petit estang aussy ruisné, — une avenue qui conduit dans la forest, plantée de châteigners, — et au derrière deux jardins contenant demy arpent et loués 7 liv. par an. »

Le chapelain de l'ermitage Saint-Nicolas jouissait en outre, au moins dans l'origine, « d'une rente de 30 liv. due par Sa Majesté sur l'état des domaines ; — d'une autre rente de 30 liv. qui se payait autrefois dans la ville de Pontorson, sans qu'on en connaisse le débiteur ; — et enfin d'un droit de chauffage, usage et pacage dans la forest de Villecartier[2]. »

La chapelle de l'Hermitage était encore debout en 1698, car cette année-là la paroisse de Bazouges s'y rendit en procession. Il est probable qu'elle s'élevait sur la lisière de la forêt,

---

1. Cette forêt, mentionnée en 1109 « *foresta de Villecaterii*, » est comprise tout entière dans les limites de la paroisse de Bazouges.
2. *Arch. dép. de la Loire-Infér.*

dans un frais vallon où l'on voit encore une antique statue de bois, qu'on dit être celle de saint Mathurin, posée dans une niche en pierre et accompagnée d'une fontaine.

Bouexière (La). — *1° Beauchesne.* — En 1146, Conan III, duc de Bretagne, d'après le conseil d'Ermengarde, sa mère, et à la prière d'Haimon de Tremblay, donna à Eudon, fils de ce seigneur et moine de Saint-Florent, un coin de sa forêt de Rennes appelé Beauchesne et situé sur les bords de la Veuvre, entre Allion et la chapelle du Feu, « *locum qui vocatur Pulchra Quercus, inter Alionem scilicet et capellam de Fago, super Voovram.* » Il paraît qu'Eudon se proposait de se retirer dans cette solitude, car le duc lui permit d'y construire une habitation, d'user du bois mort ou sec nécessaire, et de faire, s'il le désirait, un étang et un moulin sur la Veuvre[1]. Cette donation fut faite à Saint-Sulpice-des-Bois par le prince, entouré de sa mère et de ses barons, et accompagné d'un ermite nommé Raoul, qui était probablement Raoul de la Fustaye[2].

On ne dit pas en quelle paroisse se trouvait ce Beauchesne, parce que vraisemblablement la forêt de Rennes n'était point encore partagée entre les paroisses voisines; mais il paraît bien par la topographie que ce devait être sur le territoire actuel de la Bouëxière. Cet ermitage ne semble pas d'ailleurs avoir eu longue durée, car il n'en est pas question ensuite, et l'on ne connaît même plus dans le pays de localité portant le nom de Beauchesne.

2° Sévailles. — N'était-ce point encore un ermitage cette chapelle de Sévailles, « *capella Saivaliœ,* » mentionnée au XII° siècle, et située dans la forêt de même nom? Nous le croyons d'autant plus facilement qu'Alain, évêque de Rennes de 1141 à 1156, fit don de cette chapelle à l'abbaye de Savigné, qui avait déjà reçu d'autres fondations de ce genre dans

---

1. « *Ad ibi manendum et ad habitationem faciendam... de silva vicina viridi et sicca quantum ei necesse erit capiat; in Voovra quoque si voluerit molendinum et stagnum faciat.* »

2. D. Morice, *Preuves de l'Hist. de Bret.*, I, 597. — *Blancs-Manteaux*, XLV, 400.

les forêts voisines, mais qui ne semble pas toutefois avoir construit de prieuré à Sévailles[1].

3° Saint-Pair ou *Saint-Père-des-Bois*. — Cette chapelle, située d'une façon pittoresque au milieu même de la forêt de Chévré, au pied du monticule occupé par le village de la Butte-au-Sanglier, non loin de l'étang de Forges, est un but de fréquents pèlerinages faits surtout pour obtenir un temps favorable aux biens de la terre. Aussi de nombreux sentiers sont-ils pratiqués tout à l'entour, au plus épais du bois. D'après la tradition locale, Saint-Pair doit sa fondation au fils d'un seigneur de Vitré qui se mit sous la direction des moines d'Allion, prieuré tout voisin, et se retira dans cette forêt pour y mener la vie érémitique. Dans la chapelle paraît la statue d'un religieux qu'on prétend être la sienne. On ne sait pas autre chose de cette chapelle, des biens de laquelle, en 1790, le général de la Bouëxière se disait économe. Ces biens consistaient seulement alors en un journal de terre estimé 12 liv. de rente[2].

Brie. — Au xvii° siècle, un ermite de noble origine édifia la paroisse de Brie. Robert de Garmeaux, — c'était son nom, — appartenait à la famille des seigneurs de Garmeaux, en Janzé, alliée aux sires de Brie par le mariage de Barnabé de Garmeaux avec Jeanne Loaisel de Brie. Était-ce pour réparer le mal causé à Brie par ses cousins, seigneurs de cette paroisse et hérétiques des plus ardents, que Robert de Garmeaux embrassa une vie des plus austères? Il est permis de le supposer; toujours est-il que ce saint prêtre se retira dans la solitude la plus complète, vivant à Brie comme un anachorète des premiers siècles chrétiens.

La tradition locale a conservé le souvenir de cet ermite : elle montre l'endroit où s'élevait la hutte de terre qu'il avait construite pour lui servir de demeure; elle désigne la vieille

---

1. M. Hauréau, *Gallia christ.*, XIV, 790.
2. *Arch. dép. d'Ille-et-Vil.*, 1 V, 23.

chapelle du manoir voisin de la Pommeraye comme étant le sanctuaire où il avait coutume de célébrer la messe; elle parle encore, après plus de deux siècles écoulés, des charités que faisait ce vénérable prêtre, charités qu'égalaient seulement les durs exercices de sa pénitence. Les anciens de Brie racontent même que, pour mieux satisfaire à ces deux devoirs de charité et de mortification, messire Robert de Garmeaux coupait chaque jour deux cents javelles de bruyère sur les landes voisines pour augmenter son petit budget d'aumônes. Ce pieux anachorète, dont la figure un peu mystérieuse n'est point dépourvue de charmes, mourut le 13 janvier 1625; on l'inhuma dans l'église de Brie, et son acte de décès ne lui donne d'autre titre que celui de « prestre-ermite. »

Bauc. — Sur les landes de cette paroisse apparaît une demi-enceinte formée par un talus angulaire à double fossé. Ce talus passe pour être l'œuvre d'un pieux solitaire qu'on nomme saint Aaron, retiré jadis dans cette contrée. La légende dit qu'il le construisit pour garantir le troupeau qui lui était confié. Il semble que ce bon ermite fut différent du solitaire du même nom qui accueillit saint Malo dans son île.

Cancale. — En face de cette petite ville, et près du fort des Rimains, se trouve au milieu de la mer, dans l'île appelée le Rocher de Cancale, une cavité assez profonde nommée la grotte de l'Ermite; malheureusement on ignore le nom du solitaire qui l'habita jadis, d'après la tradition.

Dinge. — En 1141, Jean de Dol, seigneur de Combour, et Noga, sa mère, donnèrent à l'abbaye de la Vieuville l'Hermitage de leur bois de Bourgouët « *Heremitagium nemoris nostri de Borgoth.* » Les religieux de la Vieuville construisirent en ce lieu une sorte de petit manoir qu'ils aliénèrent avant 1692. (V. tome II, 770.)

Gosné. — C'était encore dans la forêt de Sévailles, mais à l'extrémité Nord, du côté de Gosné, que demeurait jadis un ermite dont la tradition a gardé longtemps le souvenir. En 1680 on montrait toujours, près du manoir de l'Aubouclère,

« le champ de l'Hermite, » dépendant jadis de son humble demeure [1].

Goven. — Cette paroisse renferme la chapelle Notre-Dame-de-l'Hermitage, ancienne et très-vénérée ; elle tire son nom de l'habitation aujourd'hui ruinée d'un ermite que quelques-uns ont cru, sans preuves positives, avoir été saint Thurial. Du temps de Mgr de la Bastie (1739-1767), la chapelle de l'Hermitage était considérée comme étant une chapelle frairienne de Goven ; mais vers la même époque les recteurs de Saint-Thurial prétendaient qu'elle était annexée à leur cure, et Georges Bertin en prit possession le 21 avril 1723. Toutefois, il paraît bien que c'était malgré le recteur de Goven, car ce recteur de Saint-Thurial dut se contenter pour sa prise de possession « de faire le tour extérieur de l'édifice, en ayant trouvé les portes fermées. » Les autres recteurs de Saint-Thurial prirent également tous possession de « la chapelle Nostre-Dame-de-l'Hermitage, » successivement en 1734, 1744, 1761 et 1773 ; et lorsque le dernier avant la Révolution, Joachim Théaud, fit sa *Déclaration* en 1790, il dit qu'il jouissait de « quelques petites dîmes en Goven et en la Chapelle-Bouëxic, dépendant de la chapelle de l'Hermitage. » Cette chapelle était alors fondée de plusieurs messes que disait le recteur de Saint-Thurial.

Aujourd'hui, la chapelle de l'Hermitage est dédiée à sainte Anne et à la Sainte Vierge ; elle dépend de Goven et est un but fréquent de pèlerinage.

Hermitage (L'). — Jadis, les bois de Saint-Gilles, du Margat et de Méjusseaume se tenaient et ne formaient qu'une vaste forêt rejoignant celle qui entourait Rennes au Midi. D'après la tradition, un pieux solitaire se retira dans le fond de ces bois ; on montre encore l'emplacement de sa cellule et sa fontaine près du bourg de l'Hermitage, qui a gardé le nom de cette humble demeure.

---

1. *Arch. Nat.*, P. 1732.

LANDÉAN : *Chesnedé et l'Hermitage*. — Autrefois était dans la forêt de Fougères une très-ancienne chapelle connue sous le nom de l'Hermitage, bâtie là où se trouve aujourd'hui le village qui porte le même nom. Dans les dernières années du xi° siècle, de nombreux solitaires s'étaient retirés dans cette forêt, comme nous l'avons déjà dit. Ils s'y étaient fixés dans un lieu que le biographe de saint Bernard de Tyron désigne sous le nom de *Quercus docta*, et qui semble être, d'après la tradition, le village actuel de Chesnedé, ou Chiennedé. Lorsque le baron de Fougères fonda l'abbaye de Savigné, une partie de ces ermites se retirèrent dans ce nouveau monastère, situé dans la forêt de Savigné; mais quelques autres préférèrent rester en la forêt de Fougères et allèrent alors, dit-on, habiter sur la lisière du bois l'ermitage dont nous nous occupons.

Quoi qu'il en soit de son origine, on ne saurait révoquer en doute la haute antiquité de la chapelle de l'Hermitage : au moyen-âge, elle constituait un petit bénéfice qui était à la présentation des seigneurs de Fougères. L'un d'eux, René de Montejean, présenta le 7 septembre 1531 Jehan Champion pour le desservir à la place de Pierre Frest, décédé. Quelques années plus tard, la chapelle de l'Hermitage fut confiée aux soins des Cordeliers de Saint-François, qui dirent alors les messes de fondation. Nous avons encore la quittance du P. Pierre Ferry, s'intitulant en 1683 « chapelain de l'Hermitage de Fougères, » et ayant reçu du domaine royal la rente due par la baronnie de Fougères à cette chapellenie. Quant aux fermes de l'Hermitage et de Chesnedé, enclavées l'une et l'autre dans la forêt, les ducs de Bretagne les donnèrent au xv° siècle à l'Hôtel-Dieu de Fougères pour l'entretien et la nourriture des pauvres; elles n'en ont été aliénées que vers 1850, et elles n'offrent maintenant nulle trace de leur pieuse origine [1].

LIFFRÉ. — Il y avait dans la forêt de Rennes deux vieilles

---

1. M. Maupillé, *Notices hist. sur les paroisses des cantons de Fougères.*

chapelles qui semblent avoir été fondées par les ducs de Bretagne avant la division de cette forêt entre les paroisses voisines, c'est-à-dire à une époque très-reculée. Ces deux chapelles, dédiées à saint Pierre et à saint Denis, quoique situées l'une et l'autre en Liffré, étaient cependant entre les mains du recteur de Saint-Aubin-du-Cormier, et c'est ce qui prouve notre assertion. Les ducs de Bretagne avaient en effet fondé, d'après la tradition, ces chapelles pour avoir la messe quand ils chassaient en leur forêt, et ils en avaient confié le service à des prêtres menant dans le fond des bois la vie érémitique ; comme originairement les forêts n'étaient d'aucune paroisse, ces chapelles ne relevaient d'aucune église ; lorsque les ermites devinrent rares dans la forêt, les ducs confièrent naturellement le service de leurs chapelles au recteur de Saint-Aubin-du-Cormier, établi par eux et en quelque sorte leur chapelain-né, et lorsque le territoire où se trouvaient ces chapelles fut annexé à la paroisse de Liffré, le recteur de Saint-Aubin-du-Cormier n'en conserva pas moins ses droits sur les petits sanctuaires fondés par nos princes.

Après ces préliminaires, disons quelques mots de chacune de ces chapelles ducales :

1° *Saint-Pierre-de-l'Hermitage.* — Cette chapelle, aujourd'hui sécularisée, se trouve dans la portion de la forêt de Rennes appelée forêt de Saint-Pierre ou forêt de Sévailles. En 1157, l'abbé de Saint-Melaine donna au prieur de Notre-Dame de Vitré ce qu'il possédait « in *Buxeria* et in *cœnobio Sancti Petri de Fraxineto*[1]. » Il est à croire qu'il s'agissait de l'ermitage de Saint-Pierre, peu éloigné de la Bouëxière et tout voisin de certains domaines appelés encore aujourd'hui les Fresnayes. Une preuve de cette identité de lieux, c'est qu'au xviie siècle les moines de Notre-Dame de Vitré et le recteur de Saint-Aubin-du-Cormier se partageaient la dîme du trait du domaine des Haute et Basse-Sévailles. Mais remarquons

---

1. D. Morice, *Preuves de l'Hist. de Bret.*, I, 630.

bien que l'abbé de Saint-Melaine ne donna pas l'Hermitage lui-même, « cœnobium Sancti Petri, » qui pouvait dépendre déjà du duc de Bretagne, mais ce dont il jouissait en ce lieu, « in cœnobio, » c'est-à-dire une portion de dîme; au reste, il importe seulement ici de constater l'existence de la chapelle Saint-Pierre dès cette époque reculée.

Outre sa dîme du trait de Sévailles, en la Bouëxière, le recteur de Saint-Aubin-du-Cormier possédait une autre dîme en Gosné, appelée le trait du Dezerseul, dépendant aussi de la chapelle Saint-Pierre; en retour, il devait dire ou faire dire une messe le dimanche, tous les quinze jours, en cette chapelle, et s'y rendre processionnellement avec tout son clergé le 29 juin, pour y célébrer la grand'messe et la fête patronale[1].

2° *Saint-Denis-de-la-Forêt.* — On sait peu de chose touchant cette chapelle, confiée dans les siècles derniers aux s   du recteur de Saint-Aubin-du-Cormier. Vers 1752 elle   ait en ruines, et l'on voulut obliger le recteur de Liffré à la faire réparer, ce qu'il refusa naturellement, puisqu'elle ne relevait pas de lui. Il se tenait jadis à côté une assemblée très-fréquentée qui se réunit actuellement au rond-point de Mi-Forêt le jour Saint-Denis.

Non loin des ruines de cette chapelle se trouvent la croix et la fontaine de Saint-Roul, rappelant encore le souvenir de Raoul de la Fustaye, qui était ermite en ce lieu en 1146, « *Radulphus heremita*[2]. » Il est fort possible que la chapelle de Saint-Denis ait été construite pour son usage par le duc Conan III, qui semblait l'affectionner beaucoup. Quoi qu'il en soit, la fontaine Saint-Roul est toujours vénérée; on s'y rendait jadis en procession pour avoir de la pluie, et maintenant encore il s'y fait de pieuses neuvaines.

LOUVIGNÉ-DU-DÉSERT. — On montre en cette paroisse un

---

1. *Déclaration de 1680.* — *Reg. paroiss. de Saint-Aubin-du-Cormier.*
2. D. Morice, *Preuves de l'Hist. de Bret.*, I, 597.

ermitage qu'habitait, dit-on, à la fin du xi° siècle, saint Guillaume Firmat; on y voit une grotte taillée dans le roc qui passe pour être l'œuvre de ce vénérable personnage.

MAXENT. — Il y avait en cette paroisse une ancienne chapelle nommée Sainte-Magdeleine du Bois-Davy, dont nous avons déjà parlé. (V. p. 296.)

Au commencement du xvii° siècle, le recteur Pierre Porcher confia cette chapelle à son ancien élève Noël Georges, qui en desservit les messes; de plus, le même recteur lui afféagea tout un quartier de landes voisines que dom Georges appela *Attendant-Mieux*, et dans lequel il se construisit une maisonnette couverte de genêts. Quelques années plus tard, Noël Georges ayant quitté cette solitude, la chaumière du Bois-Davy fut cédée à un gentilhomme, Antoine de Cacheleu, dit dans le monde sieur de Thoras, qui y établit un ermitage où il se retira et donna asile à deux ou trois autres ermites qui se servirent comme Noël Georges de la chapelle de Sainte-Magdeleine[1].

En 1689, Jean Davy, sieur de Servigné, y fit une fondation de messes et y resta lui-même pour mener la vie érémitique. Le dernier ermite, appelé simplement frère Joseph, décéda en 1735. L'ermitage demeura alors abandonné, et la chapelle n'était plus desservie lorsqu'en 1742 le général de la paroisse de Maxent afféagea 30 journaux de terre pour fonder une messe en cette chapelle tous les dimanches et fêtes. En 1745, Joseph Bouëtard, prêtre, fut pourvu de ce bénéfice et prit possession de la maison, des jardins, prairies, clos de la Chapelle, etc., en Maxent, et de la prairie du Gué-de-Baud, près Rennes, « le tout dépendant de l'ermitage du Bois-Davy. » Les successeurs de ce chapelain furent Julien Doublet, diacre, pourvu en 1747; — Joachim Bébin, assassiné, ainsi que sa servante, en 1782, par une bande de malfaiteurs; — François Hirel, nommé en 1782, dernier titu-

---

1. Ropartz, *Études sur quelques ouvrages rares*, etc.

laire, qui déclara jouir en 1790 d'une maison, de deux jardins et de quatre pièces de terre au Bois-Davy (ancien fonds de l'ermitage [1]), et de 30 journaux de terre, dont 9 en labour, ainsi que d'un petit pré; il devait dire la messe tous les dimanches et fêtes pour la commodité des paroissiens, tous les jeudis et aux fêtes de la mi-août et du 8 septembre [2].

MESSAC. — Sur une lande aride s'avançant en promontoire assez élevé au-dessus du cours de la Vilaine, non loin du manoir de Bœuvres et des anciens retranchements militaires du Châtellier, apparaissent des cellules en ruines. La légende raconte qu'au siècle dernier, pendant que le seigneur de Bœuvres menait grande vie en son manoir, apparut un jour sur cette lande un pauvre moine étranger; il s'y creusa une grotte dans le roc même, au-dessus d'une source limpide, et se livra avec ferveur aux saints exercices de la vie érémitique. Cependant le seigneur de Bœuvres entendit parler de ce solitaire; il fit trêve à ses amusements et s'achemina vers l'ermitage. A la vue du religieux agenouillé dans son creux de rocher, le noble seigneur sentit son cœur ému; il salua l'ermite, se recommanda à ses prières, et malgré les refus du saint homme il résolut de lui construire une cellule en ce lieu même. Mais quand cette construction fut achevée l'ermite disparut, et nul ne le revit plus sur la lande déserte; il vint, en effet, mourir au port de Messac, comme le prouve l'extrait suivant des *Registres* de sépulture de cette paroisse : « Frère Jacques-Noël Félin, frère du Tiers-Ordre de Saint-François, solitaire de l'Hermitage de Bœuvres, est décédé au port de Messac le 18 juillet 1759, et a été inhumé le 19 dudit mois, âgé de cinquante-cinq ans. »

La cellule de l'ermitage demeurant ainsi vide, le seigneur de Bœuvres donna ce logement solitaire au chapelain de son

---

1. La prairie du Gué-de-Baud avait été cédée à l'Hôtel-Dieu de Rennes.
2. Reg. des insin. ecclés. de l'évêché de Saint-Malo. — Arch. dép. d'Ille-et-Vil., 1 V, 29.

manoir. Julien Gachel, « chapelain de Bœuvres, » mourut, en effet, à l'Hermitage le 28 novembre 1765, et l'un de ses successeurs, René Savary, y habitait également vers 1780, faisant avec son frère l'école aux petits enfants. Maintenant encore l'on distingue parmi les ruines de l'Hermitage la grotte souterraine du frère Félin, un petit oratoire, une sorte d'allée couverte ou de cloître, quelques cellules bien modestes et un jardin muré où s'élève un vieil arbre, seul gardien vivant de ce lieu abandonné des hommes[1].

Montault. — Après la réédification et la dotation de la chapelle du rocher de Montault en 1698, un ermite vint s'établir à côté de ce sanctuaire; il y recevait les oblations faites à Notre-Dame, répondait les messes qu'on venait célébrer en la chapelle et instruisait les petits garçons de la paroisse[2]. En 1784, le procureur général de la Chalotais défendit à « l'ermite de Montault » de faire des quêtes dans les paroisses voisines.

Montdol. — Dès le vi[e] siècle nous voyons saint Magloire renoncer à l'épiscopat et se retirer dans la solitude du Montdol. Mais à une époque plus rapprochée de nous le saint évêque de Dol eut des imitateurs. En 1624, en effet, le 9 avril, fut « ensépulturé en l'église de Montdol frère Pierre Feutrel, natif de Monstreuil, province de Picardie, habitué par la permission de Mgr Antoine de Revol, évêque et comte de Dol, sur le tertre de cette paroisse de Montdol, pour finir ses jours, faisant profession d'hermite en l'observance du Tiers-Ordre de Saint-François. » Un peu plus tard, le 8 mars 1640, « frère Alain de la Haye, de la paroisse de Meillac, depuis plusieurs années résidant sur le tertre de Montdol sous l'habit et profession d'hermite, fut inhumé dans la nef de l'église dudit Montdol[3]. » On voit par là que ces ermites demeuraient

---

1. V. la légende plus détaillée de l'ermite de Messac dans la *Semaine Religieuse de Rennes*, IV, 706.
2. Communication de M. l'abbé Paris-Jallobert.
3. *Reg. de l'état civil de Montdol.*

sur la montagne même, probablement à côté de l'église priorale de Montdol.

Paimpont. — Il est évident que la grande forêt de Paimpont, jadis nommée Brocéliande ou Brécilien, dut renfermer beaucoup d'ermites au moyen-âge; on peut même croire que ce furent des ermitages qui donnèrent naissance aux monastères de Paimpont, Thélouët, Saint-Barthélemy, Saint-Péran, etc., dont nous avons eu occasion de parler, et qui se trouvaient tous au milieu des bois. Mais l'on ne connaît plus maintenant d'endroits appelés l'Hermitage dans la contrée. Cependant, au xii° siècle, les ermites étaient nombreux à Brécilien, puisque la *Chronique bretonne* signale en 1145 les incendies que l'hérétique Éon de l'Étoile allumait dans une foule de retraites érémitiques dispersées sous les ombrages de Brécilien, « *cremantur multæ heremitarum mansiones in Brecelier*[1]. »

Saint-Coulomb. — Non loin de la mer se trouve en cette paroisse un village appelé l'Hermitage; or, à quelque distance se dresse sur la grève une vieille croix de granit appelée croix de Saint-Coulomb. D'après la tradition locale, le bienheureux patron de cette paroisse débarqua en ce lieu même, et peut-être l'Hermitage rappelle-t-il le premier séjour qu'il y fit.

Saint-Didier. — On conserve dans cette paroisse le souvenir de saint Golven, évêque de Léon, qui s'y retira dans la solitude et y mourut ermite vers l'an 600; « car, dit d'Argentré, quelques années devant sa mort, saint Golven se retira en solitude au bourg de Saint-Didier, où ayant choisi un lieu propre et commode à la contemplation, nommé la Motte-Mérioul, il s'y bastit un petit oratoire et y finit sa vie en austère pénitence. » Maintenant encore un bois voisin de l'ancien manoir de la Motte-Mérioul porte le nom de bois de Saint-Golven; l'on y montre même des douves peu profondes formant une enceinte appelée jardin de Saint-Golven; une

1. D. Morice, *Preuves de l'Hist. de Bret.*, I, 6.

vieille croix s'y élevait jadis, et elle vient d'être remplacée par une autre croix de granit. Enfin, sur la lisière du bois, dans le champ des Brousses, sont un vieux puits et une ruine informe couverte de ronces qu'on nomme le puits et le four de Saint-Golven. La chaumière qu'habitait le pieux ermite devait, d'après cela, se trouver à côté de ces ruines, mais l'on n'en montre plus l'emplacement. Il n'est pas non plus souvenance qu'une chapelle ait été construite en ces lieux; chaque année, toutefois, la paroisse de Saint-Didier se réunit au pied de la croix dont nous venons de parler et célèbre solennellement, le 6 juillet, la fête du bon saint Golven, qui sanctifia ces bois.

Saint-Germain-en-Coglais. — Dans les bois du manoir de Saint-Germain on voit une fontaine et une tombe dites de l'Ermite. Si l'on en croit les habitants, c'est là que vécut et que fut inhumé un prêtre ermite mort en odeur de sainteté après une vie passée dans la solitude et dans la mortification.

Saint-Jouan-des-Guérets. — Dans cette paroisse se trouve, au milieu de la Rance, une île appelée l'île Notre-Dame ou l'île au Moine; là sont les derniers vestiges d'une chapelle et de quelques cellules. Nous croyons qu'il faut distinguer en ce lieu deux anciens établissements : une chapellenie de Notre-Dame et un ermitage; nous parlerons de la chapellenie plus tard, présentement disons seulement quelques mots de l'ermitage.

Le premier religieux habitué en cette île dont nous connaissons le nom est frère Pierre Baudet, de l'Ordre de Saint-Antoine, paraissant en 1698. Quelques années plus tard il avait un compagnon, nommé frère Joseph Le Blanc, et Mgr des Maretz, évêque de Saint-Malo, les autorisa tous deux en 1703 à continuer à vivre en l'île Notre-Dame, « comme leurs prédécesseurs, » sous le gouvernement de l'évêque diocésain. Ces deux ermites, dit l'abbé Manet, reconstruisirent la chapelle et un petit couvent composé de quatre cellules qui ont subsisté jusqu'à la Révolution; mais ils ne furent autorisés à faire cette construction qu'à la condition expresse qu'ils ne préjudicieraient en rien aux droits de Charles Morin, alors titulaire de la chapellenie de Notre-Dame, qui s'obligea de son côté à ne point nuire aux ermites. Aussi lorsqu'en cette même année 1703, et plus tard en 1709, les chapelains Charles Morin et Mathurin Leray, son successeur, prirent possession de la chapellenie, les ermites s'opposèrent-ils à ce qu'ils entrassent dans « leur maison et ermitage, qui ne font point partie de ladite chapellenie. » Si donc ces ermites reconstruisirent la chapelle, ce ne fut pas comme chapelains, mais probablement parce qu'ils en avaient besoin pour l'office divin, et qu'ils obtinrent la permission de faire la restauration de l'édifice sans en être pour cela propriétaires.

Frère Pierre Baudet étant mort vers 1724, son confrère Joseph Le Blanc se retira chez les Récollets de Saint-Servan, de sorte que l'ermitage de l'île Notre-Dame demeura vide. Apprenant cela, les Carmes du Guildo demandèrent à l'évêque de Saint-Malo la permission de s'établir dans cette solitude, ce que leur accorda Mgr des Maretz, à la condition qu'ils obtinssent l'autorisation des seigneurs du lieu et du roi. Mais le seigneur de Châteauneuf et son afféagiste, M. de la Garaye, s'opposèrent entièrement à l'installation des Pères Carmes, qui renoncèrent à leur projet.

Toutefois la vie érémitique fut reprise dans l'île Notre-Dame par Claude Legentilhomme, originaire de Saint-Malo, qui obtint le 4 mai 1772, de Mgr des Laurents, l'autorisation « d'aller vivre solitairement en cette île, où il n'y avait pas d'autre ermite pour lors. » Il y fut bientôt rejoint cependant par frère Antoine Audouard, qui assista, en qualité d'ermite, à la prise de possession de la chapellenie de Notre-Dame le 6 décembre de la même année.

« A l'époque de la Révolution, dit l'abbé Manet, l'ermitage de l'île Notre-Dame était habité par deux pénitents vivant d'aumônes, vêtus d'une casaque grise ceinte d'une corde. Ils avaient pour aller à terre une petite nacelle amarrée à leur rocher; dans les temps de brume, ils avaient coutume de sonner leur cloche pour avertir les bateliers de l'écueil, et ceux-ci, tant par pitié que par reconnaissance, en passant devant la chapelle, entonnaient un cantique à la Sainte Vierge [1]. »

Les gabariers de la Rance jetaient aussi parfois des fagots de bois aux ermites qui, dans les jours de tempête, faisaient des feux dans l'île pour guider les marins. Le dernier de ces bons religieux, frère Antoine Audouard, vivait encore, retiré à Saint-Servan, en 1816.

SAINT-MALO. — *1° Césambre.* — Nous ne reparlerons point ici de saint Aaron, qui mena le premier la vie solitaire sur le rocher portant aujourd'hui le nom de Saint-Malo, mais nous devons entretenir nos lecteurs de l'île de Césambre, qui se dresse si pittoresquement au milieu des flots, en face de la cité malouine.

Le P. Le Large pense que ce fut à Césambre, et non pas à Jersey, que vécut quelque temps saint Marcoulf, le contemporain et l'ami du martyr saint Hélier [2]. Les anciens légendaires disent aussi que saint Brandan, le maître de notre apôtre saint Malo, se retira également à Césambre pour y trouver le recueillement, et une vieille chronique rimée ajoute qu'il y construisit une chapelle dès les premiers temps de l'évangélisation du pays :

> Bientôt après que la vraie foy
> De Jésus par la chrestienté
> Fut preschée, entends et croy
> Que ce saint lieu fut fréquenté :
> Saint Brando y avoit volonté
> Et s'y retiroit solitaire,
> Et de son temps y fut planté
> Un bien dévot oratoire [3].

---

1. *Grandes recherches ms.* — Reg. des insin. ecclés. de l'évêché de Saint-Malo.
2. *Hist. ms. de l'Église de Saint-Malo* (Biblioth. de Sainte-Geneviève, à Paris).
3. *Chronique de Césambre.* — « Quelques-uns ont même écrit, dit l'abbé Manot, que saint Malo lui-même mit d'abord pied à terre à Césambre et qu'il y profita quel-

Si l'on en croit la même chronique, les barbares du IXe siècle, qu'elle appelle les Sarrasins et que nous nommons les Normands, massacrèrent à Césambre un grand nombre de chrétiens qui s'y étaient réfugiés après la ruine d'Aleth, la grande ville voisine ; le naïf chroniqueur va même jusqu'à émettre le désir qu'on s'informe des tourments subis par ces pauvres victimes, à ses yeux véritables martyrs, et qu'on célèbre la mémoire de leur mort glorieuse :

> Il me semble que seroit utile
> Que solemnité on en fist,
> Si on savoit le temps préfix
> Quand tant de saints personnages
> Si cruellement furent défists :
> L'on en feroit office, images.

En 1108, l'évêque de Saint-Malo Benoît accorda à quelques ermites la permission de s'établir à Césambre, mais l'histoire ne nous apprend pas autre chose sur la vie de ces pieux anachorètes.

Le 22 mai 1420, un prêtre de Saint-Malo, nommé Raoul Boisserel, obtint de l'évêque Robert de la Motte et du Chapitre de Saint-Malo l'autorisation d'y mener à son tour la vie érémitique. Le prélat et les chanoines étaient à cette époque seigneurs de Césambre, où ils avaient établi des garennes et « refuges à conils, » dont les lapins se sont perpétués jusqu'à nos jours.

Il n'y avait plus aucune habitation à Césambre lorsque l'on permit à Raoul Boisserel d'y construire « une chapelle avec une maisonnette attenante pour s'y loger et y servir Dieu dans la paix de son âme ; » d'employer pendant cinq ans les oblations que feraient les fidèles à la construction de ces deux édifices, sauf néanmoins les droits de l'église cathédrale de Saint-Malo sur ces offrandes ; et, en attendant leur achève-

que temps des exemples d'un vertueux prêtre nommé *Festivus*, par qui il fut bien accueilli. »

ment, de dire la messe basse « sur un autel portatif, décemment orné de rideaux et autres voiles, en tout autre lieu bienséant de l'île, » à la condition qu'il ne marierait point, qu'il ne relèverait point les femmes, etc.[1]

La cellule de Raoul Boisserel n'existe plus, ajoute l'abbé Manet, mais l'on voit encore l'oratoire qu'il avait dédié à Dieu sous l'invocation de saint Brandan : « Ce n'est à proprement parler qu'une grotte irrégulière et fort petite, située vers le Nord de l'île; deux rochers qui se rapprochent vers le dessus en ont fait à l'extérieur presque tous les frais, mais son intérieur est crépi à chaux et à sable. »

A ce dévot personnage succéda un autre ermite connu seulement sous le nom de Pierre le Solitaire; il vivait pauvrement à Césambre lorsque les Cordeliers obtinrent la permission de fonder en cette île le monastère dont nous avons précédemment parlé. (V. p. 143.)

2° *Le Grand-Bé.* — La chapelle de Notre-Dame-du-Laurier (dite depuis de Saint-Ouen, et par corruption de Sainte-Ouine) fut bâtie vers 1360, dit l'abbé Manet, à l'extrémité septentrionale du Grand-Bé, en faveur de quelques ermites retirés dans la solitude de cette île. Le Chapitre de Saint-Malo se rendait en procession à cette chapelle au xv° siècle, et l'évêque Guillaume de Montfort s'y trouvait notamment en 1424. Cet ermitage ayant disparu et la chapelle étant tombée en ruines, la procession fut supprimée. Toutefois le peuple malouin continua d'aller chaque année, le dimanche de la Passion, *faire la Sainte-Ouine*, c'est-à-dire tenir assemblée dans l'île. Cette réunion populaire a encore lieu maintenant, mais elle se tient plutôt sur les quais de Saint-Malo qu'au Grand-Bé.

Saint-Mard-le-Blanc. — Adélaïde de Vitré, abbesse de Saint-Georges de 1169 à 1181, loua ou afféagea à Guillaume de la Gravelle, chevalier, la terre de l'Hermitaye, en Saint-Mard, terre qu'Hamon Fichepel avait donnée à son abbaye :

---

1. L'abbé Manet, *Grandes recherches ms. sur Saint-Malo.*

« *Tradidi Guillelmo de Gravella militi terram de Hermitaie que est sita in parochia Sancti Medardi quam Hamo Fichepel contulerat nostre abbatie.* »

Quelques années plus tard, vers l'an 1200, un certain clerc nommé Guillaume de la Gravelle, probablement fils du chevalier précédent, ou peut-être ce chevalier lui-même ayant embrassé la cléricature, déclara à Guillaume de Fougères qu'il jouissait à sa vie durant, dans la paroisse de Saint-Mard-le-Blanc, d'une dîme appartenant à l'abbaye de Rillé et devant lui retourner après sa mort [1].

La Gravelle est une ancienne maison noble dans la paroisse du Tiercent, voisine de Saint-Mard, et les chanoines de Rillé possédaient encore quelques dîmes en Saint-Mard au XVIIe siècle. Quant à l'Hermitaye, village existant encore près du bourg de Saint-Mard, et appelé dans les actes du XVIIe siècle l'Hermitage, il donna son nom à un fief possédé jusqu'à la Révolution par l'abbaye de Saint-Georges. La tradition demeurée à l'Hermitaye est que des religieux ou religieuses habitèrent jadis en ce lieu; cette tradition est confirmée par le nom du village et par les souvenirs historiques des dames de Saint-Georges et du clerc Guillaume de la Gravelle.

TALENSAC. — A côté du village de la Chapelle-ès-Oresve on montre l'emplacement d'un ancien ermitage et celui d'une chapelle qui donna son nom à ce village. Il est probable qu'un membre de la famille Oresve, fort nombreuse dans le pays, avait fondé cette chapelle qui conserve son nom, mais dont on n'a plus qu'un vague souvenir.

Terminons en disant qu'il existe dans plusieurs autres paroisses, notamment en Sens, Trévérien, Saint-Just, Trans, etc., des villages qui se nomment l'Hermitage; comme nous n'avons rien trouvé concernant les ermites qui eussent pu leur donner ce nom, nous ne croyons pas devoir nous arrêter à leur sujet.

---

1. *Bibl. Nat., Mém. de Bret.*, 22, 323.

IV. — MAISONS DE RETRAITE

C'est au diocèse de Vannes que naquit, au xvii° siècle, l'œuvre des retraites, grâce au zèle du P. Huby, Jésuite, de Louis Eudo de Kerlivio, grand-vicaire de Vannes, et de Mlle Catherine de Francheville. Ces pieux personnages fondèrent des maisons où les hommes et les femmes furent successivement admis à suivre des exercices communs de spiritualité. Cette œuvre, particulière à la Bretagne, produisit bien vite de si beaux fruits que tous les évêques de la province l'établirent dans leurs diocèses : les uns confièrent leurs maisons de retraite à des religieuses, les autres à de pieuses dames dites Dames de la Retraite, qui, à l'exemple de Mlle de Francheville et de ses compagnes, vivaient en communauté, sans faire de vœux monastiques et sans porter d'habit religieux, mais consacrant leur vie à travailler au salut des âmes.

BÉCHEREL. — Le 31 octobre 1705, Geneviève Ginguené du Boisjean, Hélène des Cognets, Marguerite Le Cointerault et Françoise Duchemin des Vergers, demeurant ensemble au faubourg de la Porte-Berthault, à Bécherel, s'unirent entre elles pour « faire faire des retraites spirituelles tant d'hommes que de femmes [1]. » Elles bâtirent une chapelle à cet effet, et le *Pouillé ms. de Saint-Malo* constate que bientôt les retraites de Bécherel furent assez fréquentées. « La maison n'est pas mal, ajoute-t-il, et la chapelle est assez propre. » En 1727, Marguerite Le Cointerault, supérieure de la maison de retraite de Bécherel, céda cet établissement aux Hospitalières de Saint-Thomas de Villeneuve, dont elle embrassa la règle, à la condition que ces dames entretiendraient les œuvres de la retraite

---

[1]. *Arch. dép. d'Ille-et-Vil.* — D'après les traditions de la congrégation de Saint-Thomas, les Dames de la Retraite commencèrent leurs pieux exercices dès 1691, quatorze ans avant d'avoir signé leur acte d'association.

et des écoles charitables qui s'y trouvaient fondées; il fut stipulé que les retraites continueraient d'être faites par des prêtres nommés par l'évêque de Saint-Malo. M⁹ʳ des Maretz approuva cette cession le 31 janvier 1727. (V. p. 214.)

Interrompues par la Révolution, les retraites de Bécherel ont été reprises en 1814 et continuent d'être tenues par les Dames de Saint-Thomas.

Dol. — Une maison de retraite fut fondée à Dol en 1701 par l'évêque Jean-François de Chamillart, qui la confia aux Hospitalières de Saint-Thomas de Villeneuve. Les bâtiments situés rue du Moulin furent en partie reconstruits en 1779. La Révolution a détruit complètement l'œuvre des retraites de Dol, qui contribuait beaucoup à l'entretien de l'Hôtel-Dieu de cette ville.

On voit encore près du pont de l'Archevêque cette maison de retraite, dont la porte est surmontée de la date 1779 et du blason mutilé de l'évêque de Dol. La chapelle Saint-Marc, qui l'avoisinait, était commune aux retraitants et aux malades de l'Hôtel-Dieu.

Fougères. — La maison de retraite de Fougères fut fondée en 1716, dans la paroisse de Saint-Léonard, au côté Sud du faubourg Roger, par le marquis de la Chesnelaye-Romilley et Mlle Le Loup de la Corbinais; le premier donna le terrain et la seconde fit la plus grande partie des frais pour la construction des bâtiments. On se contenta d'abord d'une maison et d'une chapelle provisoires; mais en 1745, le 3 mai, fut posée la première pierre d'un nouvel édifice par François Guérin, seigneur de la Grasserie; la chapelle fut ensuite transférée dans une salle de ce nouveau bâtiment, et elle fut bénite le 8 octobre 1748, sous l'invocation de la Sainte Vierge Mère de miséricorde. De 1778 à 1780 on construisit encore un autre corps-de-logis dans lequel la chapelle fut de nouveau transférée et bénite le 12 février 1784, sous le même vocable que précédemment.

Le nombre des retraites était de quatre par an, deux pour les hommes et deux pour les femmes ; elles étaient ordinairement prêchées par les PP. Récollets, dont le couvent était voisin. La maison était administrée par un prêtre directeur et par des dames charitables qui prenaient simplement le nom de directrices : les premières furent Mlles Marguerite Le Loup de la Galandais, Suzanne Le Poitevin de la Boisardière et Magdeleine Le Poitevin de Bonair.

La Révolution dispersa les Dames de la Retraite, et leur maison, déclarée propriété nationale en 1792, fut transformée en caserne. Deux ans plus tard, un incendie occasionné par l'imprudence des soldats détruisit la partie des bâtiments qui avaient été le plus récemment construits, et notamment la chapelle [1].

Ce qui reste debout de cette maison est maintenant une propriété particulière. Une nouvelle maison de retraite a été fondée à Fougères en 1825, mais dans l'ancien couvent des Récollets.

GUIGNEN. — Julienne Le Viel, Claudine Charpentier, Guillemette Jagu et Jeanne Gicquel s'associèrent au bourg de Guignen et y achetèrent en 1714 et 1725 une maison avec jardin situés près l'église paroissiale, pour y faire faire des retraites et tenir une école charitable. En 1731, ces pieuses femmes cédèrent leur établissement, estimé 125 liv. de rente, aux Hospitalières de Saint-Thomas de Villeneuve, à la condition que ces religieuses continueraient les œuvres établies. (Voy. p. 214.) Julienne Le Viel et ses compagnes furent admises comme associées par les Hospitalières et conservèrent même durant leur vie la jouissance d'une partie de la maison. Vers cette époque, la chapelle de l'établissement fut dédiée à l'Immaculée-Conception.

Les retraites de Guignen se firent jusqu'au moment de la

---

1. M. Maupillé, *Reg. paroiss. ms. de Saint-Léonard de Fougères.*

Révolution, et elles étaient dirigées par des prêtres nommés par l'évêque de Saint-Malo[1]. La Révolution chassa de Guignen les Dames de Saint-Thomas et vendit nationalement leur maison, qui depuis quelques années a été donnée par les propriétaires aux religieuses de la Providence de Ruillé pour tenir seulement une école.

Hédé. — Nous avons raconté précédemment (V. p. 292) la fondation de l'hôpital de Hédé, faite en 1712 par Sébastienne Beillet des Rangées, Nicole James, Hélène Ravenel et Geneviève Le Sénéchal. Ces pieuses femmes fondèrent dans le même local une maison de retraite qui fut inaugurée le 15 décembre 1718. Nous n'avons que peu de renseignements sur cet établissement, détruit en 1792, et qui ne semble pas avoir jamais eu beaucoup d'importance. La chapelle existe encore, convertie en remise; c'est une simple nef terminée en hémicycle, avec corniche à modillons.

Marcillé-Robert. — Nous avons également vu (V. p. 295) que les pieuses fondatrices de l'hôpital et de l'école charitable de Marcillé-Robert confièrent leur établissement en 1737 aux Hospitalières de Saint-Thomas de Villeneuve. C'est à ces dernières que l'on doit la fondation d'une maison de retraite à Marcillé; l'évêque de Rennes leur envoyait des Eudistes pour prêcher les retraitants. Détruite par la Révolution, cette maison de retraite n'a pas été rétablie.

Montfort. — Lorsque Mathurin Dousseau, recteur de Coulon, releva l'hôpital de Montfort (V. p. 299), il y adjoignit une maison de retraite. M. Dousseau avait d'abord songé, sur l'avis de Mgr de la Bastie, à bâtir près de l'hôpital un logis pour huit missionnaires chargés de faire des missions dans le diocèse de Saint-Malo; mais après la mort de ce prélat, son successeur, Mgr des Laurents, engagea le recteur de Coulon à fonder plutôt une maison de retraite, « dont le profit tournerait au bien des pauvres, sans que l'hôpital con-

---

[1]. Arch. dép. d'Ille-et-Vil. (fonds de Saint-Malo).

tribuât en rien à cette fondation. » C'est ce qui eut lieu, et la première retraite fut prêchée à Montfort vers 1770 ; ce fut M. du Boishamon, recteur de Bédée, qui en fut le supérieur. Après sa mort, le fondateur, M. Dousseau, fut nommé par l'évêque pour le remplacer. D'après une lettre de ce dernier (d'environ 1786), dans laquelle il prie Mgr de Saint-Malo de le relever de ses fonctions et de confier la direction des retraites à M. Jollive, recteur de Bédée, il semble que les retraites de Montfort étaient prêchées par des prêtres séculiers du diocèse. Lorsqu'en 1773 les Filles de la Sagesse vinrent, à la prière de M. Dousseau, tenir l'hôpital de Montfort, elles acceptèrent aussi le soin de la maison de retraite [1]. Ces deux œuvres existent encore, tenues par les mêmes religieuses.

PLEINE-FOUGÈRES. — D'après le *Registre paroissial* de Pleine-Fougères, il existait avant la Révolution dans ce bourg une maison de retraite tenue, croit-on, par de pieuses laïques. Cet établissement, situé vis-à-vis la grande porte de l'église, fut vendu nationalement et n'a pas été rétabli depuis. La maison et ses jardins existent encore et sont maintenant des propriétés privées.

RENNES. — Nous avons précédemment parlé (V. p. 241) de la fondation, par Mme Budes, de la congrégation des Filles de la Sainte Vierge, destinée aux écoles et à l'œuvre des retraites. La première retraite prêchée à Rennes eut lieu au mois d'août 1760, dans la nouvelle maison bâtie par les religieuses dans la rue Saint-Hélier. Cette œuvre prospéra jusqu'à l'époque de la Révolution, qui chassa les sœurs en 1792. Mais les Filles de la Sainte Vierge ont pu rentrer dans leur couvent vers 1825 et elles y continuent l'œuvre des retraites.

ROMAGNÉ. — Dans cette paroisse se trouve la chapelle Sainte-Anne-de-la-Bosserie, fondée en 1602. Le P. Énouf, Eudiste, ayant obtenu ce bénéfice en 1688, y introduisit ses confrères de la congrégation de Jésus et Marie en 1690. On

---

[1]. *Arch. dép. d'Ille-et-Vil.* (fonds de Saint-Malo).

augmenta alors les bâtiments dépendant de la chapelle, pour y recevoir des ecclésiastiques et des laïques qui voulaient y faire des retraites. Toutefois, cet établissement n'eut pas une longue durée : les Eudistes, craignant que les fondateurs de la chapelle ne présentassent pour ce bénéfice un prêtre étranger à leur congrégation, se retirèrent de la Bosserie le 5 octobre 1719 [1].

Saint-Servan. — Dès le 21 mars 1679, Sébastien du Guémadeuc, évêque de Saint-Malo, chargea une pieuse fille, Mlle Josseline Alleaume du Bois-Robin, de « louer dans les faubourgs de Saint-Malo (c'est-à-dire à Saint-Servan) une maison avec cour, jardin et chapelle, » pour y établir l'œuvre des retraites. Mais, quelques années plus tard, de riches et généreux Malouins voulurent rendre définitif cet établissement : Noël Danycan, sieur de l'Espine, et Marguerite Chantoiseau, sa femme, achetèrent le 22 septembre 1698 un terrain appelé la Pièce de la Croix, situé proche l'église paroissiale de Saint-Servan ; ils y construisirent une maison assez vaste et une chapelle, sur la porte de laquelle ils placèrent leurs armoiries et celles de Mgr du Guémadeuc ; lorsque tout fut achevé, ils en firent don « à Dieu et à son Église, » le 28 janvier 1701, demandant que l'évêque de Saint-Malo y fondât l'œuvre des retraites et dédiât la chapelle « à la Nativité de Notre-Seigneur Jésus-Christ [2]. »

M. et Mme Danycan méritèrent ainsi d'être appelés les vrais fondateurs de la maison de retraite de Saint-Servan. Toutefois, d'après l'abbé Manet, les bâtiments de ce nouvel établissement ne furent bénits que le 29 janvier 1725, par Alain Le Sage, qui fut depuis pénitencier de Saint-Malo [3].

Tant que vécut Mlle Josseline Alleaume, cette bonne fille tint elle-même la maison de retraite ; mais après sa mort, M. Danycan crut devoir la remplacer par des religieuses, et il

---

1. Communication du R. P. Haudebourg, Eudiste.
2. Arch. dép. d'Ille-et-Vil., 2 H.
3. Grandes recherches ms. sur Saint-Malo.

fit venir à Saint-Servan des Filles de la Croix, dont nous avons parlé. (V. p. 203.) Ces dernières bâtirent une nouvelle église en 1738 et la dédièrent à saint Joseph, saint François de Sales et saint Vincent-de-Paul. Leur maison se trouvant dans le fief de Châteauneuf, le seigneur de ce nom prétendit avoir droit à tous les honneurs de fondateur dans leur église.

Cet établissement des retraites fut confirmé par lettres patentes du roi données en janvier 1754 [1]; les Filles de la Croix le dirigèrent avec succès jusqu'à l'époque de la Révolution. Leur couvent appartient maintenant, en grande partie du moins, aux Petites Sœurs des Pauvres, mais il n'y reste plus rien de l'ancienne église.

Vitré. — Jean-Baptiste Nouail, prêtre de Vitré, qui fut plus tard trésorier de la Magdeleine, fonda la maison de retraite de Vitré; il fit venir de Fougères Françoise Le Loup de la Corbinais, sœur de la directrice des retraites de cette ville, et trois sœurs, Mlles Le Poitevin. Ces pieuses dames commencèrent la première retraite à Vitré au mois de mai 1716, et obtinrent l'autorisation de Mgr Turpin de Crissé de continuer leur œuvre. En 1733, Mgr de Vauréal donna un règlement à cette maison de Vitré et confirma Jean-Baptiste Nouail dans la qualité de directeur, l'autorisant à choisir les confesseurs et prédicateurs nécessaires et accordant à ces derniers les mêmes pouvoirs qu'à des missionnaires. En même temps, l'évêque confirma les demoiselles Jacqueline, Suzanne et Magdeleine Le Poitevin, toutes trois sœurs, dans l'administration du temporel de la maison.

Ces dames reconnurent en 1746 tenir du prieuré de Sainte-Croix leur maison de retraite située au faubourg de la Mériais. Leur chapelle avait été construite en 1723, et c'étaient les Eudistes qui prêchaient habituellement les exercices des retraites tant pour les hommes que pour les femmes [2].

1. *Arch. dép. d'Ille-et-Vil.* (fonds de Saint-Malo).
2. *Journal hist. de Vitré*, 280, 313, 344.

En 1790, Mlles Duchemin et de la Porte, directrices, firent la déclaration suivante de leur établissement : « Les immeubles et revenus consistent uniquement dans la maison vieille et mal bâtie et un jardin dans lequel est bâtie la chapelle. Cette maison et jardin sont évalués à 150 liv., et les réparations annuelles à environ 50 liv. Le surplus des ressources de cet utile établissement consiste dans le modique bénéfice résultant de la pension que payent les personnes qui, cinq fois par an, viennent s'y retirer pendant huit jours, pour s'y renouveler dans l'esprit du christianisme. On observe que les demoiselles directrices payent elles-mêmes leur pension, tant la maison est peu aisée. Les autres charges, outre les réparations, sont une rente de 30 liv. due à Mme de Traissan (propriétaire du fief du prieuré de Sainte-Croix), et une rente viagère de 75 liv. à une autre personne[1]. »

A l'époque de la Révolution, la maison de retraite de Vitré servit d'abord d'Hôpital-Général, puis fut vendue nationalement en 1796. L'abbé Breteau de la Guérétrie la racheta en 1808 pour en faire un Petit-Séminaire, mais en 1819 il la rendit à l'œuvre des retraites, qui s'y continue.

---

1. *Arch. dép. d'Ille-et-Vil.*, 1 V, 28.

SECONDE SECTION

ÉTABLISSEMENTS ACTUELS

LIVRE PREMIER

COMMUNAUTÉS DIOCÉSAINES

CHAPITRE UNIQUE

Communautés d'hommes : Prêtres de l'Immaculée-Conception, Oratoriens de Saint-Philippe de Néri. — Communautés de femmes : Adoratrices de la Justice de Dieu, Cœur immaculé de Marie (Filles du), Immaculée-Conception (Sœurs de l'), Petites Sœurs des Pauvres, Sainte Vierge (Filles de la), Saints Cœurs de Jésus et de Marie (Sœurs des).

En retraçant brièvement ici l'histoire des communautés ecclésiastiques et religieuses de l'archidiocèse de Rennes, nous ferons par là même connaître tous les établissements religieux de notre pays. Comme nous ne nous proposons point d'écrire en détail nos annales contemporaines, nous ne diviserons pas cette seconde section de la même manière que la première : au lieu de grouper ensemble les couvents, les hôpitaux, les écoles, etc., nous étudierons simplement, les unes après les autres, les différentes communautés qui dirigent ou tiennent ces établissements. Nous distinguerons toutefois les communautés diocésaines — c'est-à-dire celles qui, nées dans le diocèse, y conservent leurs maisons principales et s'y dévouent particulièrement, — des communautés étrangères au diocèse qui ont seulement des maisons plus ou moins nombreuses chez nous. C'est à la première série de ces communautés que nous consacrerons tout ce chapitre, en commençant par nos communautés diocésaines d'hommes.

I. — COMMUNAUTÉS D'HOMMES

PRÊTRES DE L'IMMACULÉE-CONCEPTION

Il faut remonter aux années 1821 et 1822 pour trouver la double origine de cette société de prêtres, née sous l'épiscopat de M⁰ʳ Mannay, évêque de Rennes. D'une part, ce furent des prêtres auxiliaires réunis à Rennes pour donner dans le diocèse des retraites et des missions; de l'autre, les directeurs d'une école ecclésiastique fondée à Saint-Méen. Nous raconterons plus loin les commencements de cette école, mais il nous faut dire ici quelques mots des premiers débuts de ces prêtres missionnaires.

Dès 1821, M⁰ʳ Mannay, voulant fonder dans son diocèse l'œuvre des missions et des retraites, fut secondé dans ce dessein par MM. Hoguet, chanoine honoraire; Beaulieu, curé de Saint-Sulpice de Fougères; Corvaisier, curé de Tinténiac, et Coëdro, curé de Montauban. L'évêque ne voulut pas que les trois curés qu'il appelait à son œuvre de prédilection se démissent de leurs titres; il pourvut aux besoins de leurs paroisses de manière à ce qu'elles souffrissent le moins possible de l'absence habituelle de leurs pasteurs. Ce n'était qu'un essai.

Ces quatre premiers Missionnaires (c'est le nom qu'on leur donna dès l'origine) furent d'abord logés chez le R. P. Blanchard, au Pont-Saint-Martin, où ils reçurent pendant quelques mois de ce saint prêtre l'hospitalité la plus cordiale. De là ils allèrent habiter la maison de retraite, rue Saint-Hélier, où venaient de rentrer les Filles de la Sainte Vierge; ils résidaient d'ailleurs fort peu à Rennes, leurs travaux de missions se succédant alors presque sans interruption.

Heureux témoin d'un succès qui dépassait ses espérances,

M⁸ʳ Mannay, dûment autorisé par ordonnance royale du 22 janvier 1823, acheta à Rennes, le 9 avril de la même année, l'ancienne maison des Carmes déchaussés (V. p. 129) pour y placer ses Missionnaires; ceux-ci y entrèrent le 17 octobre 1823. Mais, au moment même où se faisait cette translation définitive, M. Beaulieu reprit le ministère paroissial; M. Hoguet, qui avait jusque-là exercé les fonctions de supérieur, voulut en être déchargé à cause de ses infirmités, et M. Coëdro dut se résigner à prendre la direction de la communauté et des missions diocésaines, charge qu'il conserva jusqu'à sa mort.

Pendant que se formait ainsi à Rennes un noyau de Missionnaires, M⁸ʳ Mannay obtenait une autre ordonnance royale, datée du 12 février 1823, l'autorisant à fonder une école ecclésiastique dans les anciens bâtiments de l'abbaye de Saint-Méen (V. t. II, p. 120); les prêtres auxquels l'évêque confia cet établissement formèrent de leur côté comme une seconde société religieuse, en germe du moins.

« De bonne heure ces deux éléments eurent le désir de se fondre ensemble pour constituer une seule congrégation, afin d'assurer à leurs œuvres la stabilité. Mais M⁸ʳ Mannay n'approuvait point ce projet; il encourageait l'association et ne voulait rien de plus. C'est à son successeur sur le siège de Rennes, M⁸ʳ de Lesquen, qu'il fut donné de bénir cette union entre deux familles d'un égal dévouement. Il le fit dès le début de son épiscopat, au mois de juin 1825; et ce prélat, de si douce et si sainte mémoire, est à juste titre regardé comme le fondateur et le père de la congrégation [1]. »

Dès l'année suivante, en 1826, la société naissante obtint du Saint-Siège un premier encouragement et reçut de son supérieur général une ébauche de constitution.

Ce premier supérieur n'était autre que l'abbé Jean-Marie

---

1. *Notice hist. ms. sur la Société des Prêtres de l'Immaculée-Conception.* — Une bonne partie de notre étude est extraite de cette intéressante notice, qu'a bien voulu nous communiquer le R. P. supérieur général.

Robert de la Mennais, l'ancien vicaire général de la grande aumônerie de France et le fondateur des Frères qui portent son nom [1]; il était aidé dans sa tâche par son frère, l'abbé Félicité, le célèbre auteur de l'*Essai sur l'Indifférence*.

« Dans la pensée première de ses fondateurs, la congrégation devait se consacrer exclusivement, sous l'autorité des évêques, à la direction des séminaires et aux missions. Mais dès lors l'abbé Félicité de la Mennais avait vu dans cette société de prêtres, dont son frère était le supérieur général, un instrument propre à assurer la réalisation de ses desseins de rénovation philosophique, politique et religieuse. Il n'eut pas de peine à y faire pénétrer ses idées, et bientôt son influence y devint prépondérante. Des hommes d'un talent déjà mûri, des jeunes gens pleins d'ardeur et d'avenir venaient se grouper autour de lui; il les fit entrer au noviciat et les y appliqua à des études dont il déterminait l'objet et le plan. A son instigation fut achetée l'ancienne communauté des Ursulines de Malestroit, destinée à devenir le centre intellectuel de la nouvelle école.

« Enfin, en septembre 1829, l'abbé Félicité fut élu supérieur général, son frère Jean-Marie recevant de lui tous ses pouvoirs et continuant sous le titre de vicaire général à gouverner la congrégation. L'ancienne constitution fut abrogée et l'on en promulgua une nouvelle. Les nouveaux statuts furent un résumé des idées du maître : « Les souverainetés tempo« relles de l'Europe ont cessé d'être catholiques depuis plu« sieurs siècles et tendent à asservir l'Église; le sens privé « de Descartes a été la cause de toutes les erreurs philoso« phiques et religieuses; aucun Ordre religieux actuellement « existant n'est propre à reconstituer catholiquement les gou« vernements devenus despotiques et athées, à régénérer l'en« seignement de la philosophie, de la théologie et de toutes

---

1. Né à Saint-Malo, le 8 septembre 1780, de Pierre-Louis Robert de la Mennais, armateur en cette ville.

« les sciences; il est donc nécessaire de fonder un nouvel
« Ordre approprié aux besoins de l'Église; la congrégation
« qui prend le nom de Congrégation de Saint-Pierre sera cet
« Ordre; elle ouvre une mission européenne [1]. »

Malgré cette nouvelle constitution, les deux maisons fondées dans notre diocèse, à Rennes et à Saint-Méen, n'en continuaient pas moins leurs œuvres dans les mêmes conditions que précédemment. « Le mouvement d'idées provoqué par la Révolution de 1830, le programme exposé et défendu par le journal l'*Avenir* vinrent malheureusement jeter la fermentation dans les esprits. Les principaux membres de la congrégation crurent devoir adopter, soutenir et propager les principes de leur supérieur, qu'ils regardaient de bonne foi comme appelé à régénérer la société. Ils eurent leurs partisans, mais ils rencontrèrent aussi des contradicteurs; deux partis se formèrent, des discussions irritantes s'ensuivirent, et de là naquirent contre eux des préventions qui eurent plus tard les conséquences les plus fâcheuses [2].

« L'Encyclique *Mirari vos*, du 15 août 1832, ne mit pas fin immédiatement aux débats soulevés. Plusieurs crurent demeurer dans la pensée et dans les intentions du Souverain-Pontife en disant que l'Encyclique n'était pas un jugement doctrinal, qu'elle se bornait à désapprouver la lutte engagée et à imposer un silence devenu nécessaire sur des questions agitées imprudemment. On pouvait donc, suivant eux, conserver son opinion sur la légitimité des libertés réclamées, se réserver même de les soutenir et de les faire triompher plus tard, lorsque les circonstances seraient devenues plus favorables.

« L'abbé Jean-Marie de la Mennais adopta d'abord cette interprétation et s'efforça de la faire partager à ses confrères. Certes, les intentions étaient pures et la bonne foi indiscu-

---

1. *Notice hist.* précitée.
2. *Ibidem.*

table; il n'y eut pas moins là une erreur de fait qui, jointe à certaines vivacités de langage, soulevait des défiances quelquefois passionnées et même malveillantes. Il fut donné alors aux Missionnaires de comprendre combien la voie où ils étaient engagés les jetait en dehors des conditions essentielles au succès de leur ministère, et quels obstacles au bien suscitaient ces polémiques, suite à peu près inévitable de l'état de chose inauguré en 1829. Un bref adressé à l'archevêque de Toulouse leur révélait d'ailleurs quel était le sens précis de l'Encyclique. Leur soumission ne se fit pas attendre. Après la déclaration de M. Coëdro, supérieur de la Mission de Rennes, pendant la retraite ecclésiastique de 1833, dont il prêchait les exercices, un acte d'adhésion pleine et entière à la doctrine de l'Encyclique fut adressé à Mgr de Lesquen par tous les membres de la congrégation réunis à Saint-Méen pour leur retraite annuelle[1]. »

Déjà, sur l'ordre de l'évêque de Rennes, Félicité de la Mennais avait dû abandonner ses fonctions ou plutôt son titre de supérieur général, et Jean-Marie, son frère, avait été élu pour le remplacer. De ce moment Félicité cessa de faire partie de la congrégation.

On crut tout apaisé, et dans sa circulaire du 4 novembre 1833, Mgr de Lesquen se réjouissait de voir rétablie l'union des esprits et des cœurs; mais de nouvelles difficultés surgirent tout à coup, plus graves peut-être encore que les précédentes.

« L'Encyclique *Singulari vos*, du 25 juin 1834, après avoir condamné les *Paroles d'un Croyant* qui venaient de paraître, censurait, sans le nommer toutefois, et en se bornant à en signaler l'opposition avec l'enseignement de l'Église, le système du sens commun. Le supérieur général n'avait pas attendu cet acte pontifical pour exprimer ses sentiments sur le nouveau livre de son frère. Dès la première publication

---

1. *Notice hist.* précitée.

qui en fut faite, il avait adressé à tous ses religieux la défense de le lire et d'en laisser pénétrer un seul exemplaire dans aucune de leurs communautés. Mais la forme de la censure qui frappait la philosophie du sens commun le porta de nouveau à croire que l'on exagérait la pensée du Souverain-Pontife. Ce que l'Encyclique appelait « système trompeur et tout à fait blâmable » n'était pas à ses yeux le fond du système lui-même, mais les commentaires erronés que quelques-uns y ajoutaient, les conséquences qu'à tort on en faisait sortir. Parmi les Missionnaires et à Saint-Méen, on était très-convaincu, au contraire, que la doctrine condamnée était bien la philosophie du sens commun, telle qu'elle se trouvait formulée dans l'*Essai* et autres ouvrages écrits sous la même inspiration, telle qu'elle était enseignée à Saint-Méen et à Malestroit. Le jour même où l'Encyclique parvint à Saint-Méen, M. Haran, professeur de philosophie, en donna lecture à ses élèves et rétracta devant eux l'enseignement qu'il leur avait donné jusqu'alors. De leur côté, les Missionnaires et les principaux membres de la congrégation, M. Coëdro en particulier, pressaient M. de la Mennais de publier une profession de foi qui impliquât la réprobation de la doctrine condamnée. M. de la Mennais estimait qu'on allait au-delà de la parole pontificale; d'ailleurs il craignait de blesser un frère qu'il aimait et de créer, en rompant avec lui, un obstacle insurmontable à un retour qu'il voulait toujours espérer. Il refusait donc absolument de se prêter à la déclaration que ses confrères sollicitaient de lui, qu'ils croyaient devoir à leur conscience et savaient être seule capable de dissiper les soupçons dont ils étaient l'objet.

« Il est aisé de comprendre que cette situation devenait de jour en jour plus difficile; bientôt elle parut intolérable. Alors un très-grand nombre de profès de la congrégation allèrent se jeter entre les bras de leur évêque et lui témoignèrent le désir d'une rupture douloureuse, mais nécessaire. Mgr de Lesquen en jugea comme eux, et, le 2 septembre 1834, il écrivit à M. de la Mennais :

« Je vois avec douleur, mon cher coopérateur, que la con-
« grégation est divisée, malgré tous les efforts et les sacrifices
« que j'ai constamment faits et les avis paternels que j'ai
« donnés. Plusieurs des membres qui la composent deman-
« dent une séparation ; leurs raisons m'ont paru trop fortes
« pour m'y refuser. En conséquence, je crois devoir vous
« prévenir que je prends sous ma direction immédiate tous
« ceux qui se séparent de vous, et que je les charge de mon
« Petit-Séminaire de Saint-Méen et de ma maison des Mis-
« sionnaires. Je laisse une entière liberté à ceux qui voudront
« vous suivre...[1] »

La séparation était consommée. M. Coëdro réunit autour de lui le plus grand nombre de ses confrères et reprit avec eux l'œuvre première sur les bases plus modestes, mais plus sûres, de 1825. L'évêque de Rennes, comme on vient de le voir, confia à la congrégation renaissant ainsi les missions de son diocèse et le Petit-Séminaire de Saint-Méen ; le 14 septembre 1834, M. Coëdro fut élu supérieur général. M. de la Mennais avait demandé à demeurer simple membre de la congrégation et l'on avait d'abord paru goûter ce projet. Mais de nouvelles réflexions amenèrent Mgr de Lesquen et M. Coëdro à penser que mieux valait une séparation complète. M. de la Mennais put dès lors se consacrer exclusivement à ses deux grandes œuvres : les Frères de l'Instruction chrétienne et les Sœurs de la Providence de Saint-Brieuc.

La congrégation entra dès lors dans une voie toute nouvelle. Le nouveau supérieur général, le R. P. Coëdro, fut assisté de quatre conseillers, les PP. Corvaisier, Lévêque, Énoch et Fontaine. Il comprit que son principal soin devait être de donner à cette société déjà si éprouvée la stabilité et

---

1. *Notice hist.* précitée.

la paix dans une organisation définitive. » Se mettant aussitôt à l'œuvre, il traça d'une main ferme des statuts beaucoup plus complets que les premiers. Au vœu d'obéissance seul émis jusqu'alors, il ajouta ceux de pauvreté et de chasteté, introduisant ainsi dans l'Institut la vie religieuse avec toutes ses obligations. Puis, dans un vaste cadre de constitutions et de règles, il traita du gouvernement de la société, des œuvres qu'elle se proposait d'entreprendre, de l'admission et de la formation des sujets, des vertus et des pratiques pieuses qui devaient y assurer une vie religieuse et sacerdotale; il termina par les détails d'un coutumier et d'un cérémonial. C'était à vrai dire l'œuvre d'un fondateur, et Mgr de Lesquen en y ajoutant, le 27 août 1840, la sanction de son approbation, posait avec le P. Coëdro les bases d'une société toute nouvelle, celle qui existe encore maintenant[1]. »

Quelques mois après, le 5 décembre 1840, le P. Coëdro, chanoine honoraire et vicaire général de Rennes, mourut prématurément à Saint-Méen, âgé de cinquante-trois ans, sa congrégation ne comptant encore que vingt religieux.

Si petit que fût ce nombre des Missionnaires, Mgr Brossais Saint-Marc, successeur de Mgr de Lesquen sur le siège de Rennes, réclama cependant leur concours quand il voulut, en 1842, établir dans sa ville épiscopale l'institution Saint-Vincent-de-Paul. Plus tard, il fit également appel à la congrégation pour la direction du collège de Saint-Malo, du Grand-Séminaire de Rennes et du collège de Vitré.

« En même temps que ces établissements lui étaient confiés, la congrégation avait conçu le désir bien légitime de se voir admise au rang des familles religieuses canoniquement reconnues et adoptées par l'Église universelle. Mgr Saint-Marc ne l'ignorait pas. Aussi quand il fut élevé à la dignité archiépiscopale jugea-t-il le moment opportun de solliciter cette faveur; ce fut lui qui, de lui-même, pressa le R. P. Genée,

---

[1]. *Notice hist.* précitée.

supérieur général de la société, d'exécuter ce projet. Une supplique fut adressée à Rome au mois de janvier 1861. Outre la bienveillante recommandation de Mgr Saint-Marc, cette supplique était fortement appuyée par Mgr l'évêque de Saint-Brieuc et plusieurs autres évêques. Le bref « laudatif » ne se fit pas attendre : il est daté du 2 mars de la même année. Deux ans plus tard, le 22 août 1863, la congrégation recevait le bref « approbatif » de l'Institut; elle y est désignée sous le titre de Société des Prêtres de l'Immaculée-Conception, de Saint-Méen, « *pium Presbyterorum Institutum sub titulo Immaculatæ Conceptionis B. M. V. a Sancto Mevenno*[1]. »

La Sacrée-Congrégation des évêques et réguliers accompagnait ces décrets de certaines notes indiquant des corrections à faire dans les constitutions. En 1872, les Prêtres de l'Immaculée-Conception sollicitèrent et obtinrent du Saint-Siège quelques autres modifications.

« Actuellement l'Institut est gouverné par un supérieur général qui est élu par les suffrages de son Chapitre[2]; la charge de ce supérieur est de dix ans, mais il peut être réélu, sauf approbation du Saint-Siège qui détermine les conditions de la réélection; il est assisté d'un conseil composé de quatre membres.

« Le noviciat se fait à Bellevue, près Rennes; il dure un an ou deux, selon que les sujets sont prêtres ou non. Il est suivi de vœux temporaires de trois ans, après lesquels on doit prendre des engagements perpétuels ou se retirer.

« On reçoit dans la congrégation des ecclésiastiques et des frères-coadjuteurs.

---

1. *Notice hist.* précitée. — Les Missionnaires n'avaient pris qu'en septembre 1854 ce nom de Prêtres de l'Immaculée-Conception; mais dès 1825 l'Immaculée-Conception était déjà la fête principale de la société.

2. Voici la liste des supérieurs généraux de la société, tous chanoines honoraires de Rennes : Jean-Marie Robert de la Mennais (1825-1829), — Félicité Robert de la Mennais (1829-1832), — Jean-Marie Robert de la Mennais (1832-1834), — Pierre Coëdro (1834-1840), — Jean Corvaisier (1840-1844), — Louis Lebrec (1844-1848), — Prosper Bréchat (1848-1858), — Gilles Genée (1858-1863), — Jean Le Mené (1863-1868), — Célestin Cartier (1868-   ).

« Le but assigné aux Prêtres de l'Immaculée-Conception est de se consacrer dans la pratique des conseils évangéliques : 1° Au ministère des missions et des retraites, de la prédication dans les villes et dans les campagnes; 2° à la direction des collèges et des Séminaires; 3° enfin aux missions étrangères, dans le cas où la chose deviendrait possible [1]. »

Quelques mots maintenant sur les divers établissements tenus par la Société des Prêtres de l'Immaculée-Conception.

1° Maison de la Mission à Rennes. — Nous avons vu qu'en 1823 Mgr Mannay acheta l'ancien couvent des Carmes déchaussés, situé à Rennes, rue de Fougères, pour y loger ses Missionnaires. Cette vieille maison était dans un état pitoyable; ce que voyant Mgr de Lesquen, il fit appel à la charité du clergé et des fidèles de son diocèse. On répondit généreusement à cette voix vénérée; le P. Dinomais, l'un des Missionnaires, fit avec le plus grand zèle des quêtes qui produisirent d'abondantes aumônes, et le 1er janvier 1837 la maison actuelle fut commencée; elle était terminée à la fin de décembre 1840.

L'ancienne chapelle des Carmes avait été bâtie en 1693, et la première pierre en avait été bénite par Mgr de Beaumanoir. Elle menaçait ruine lorsqu'elle fut achetée en 1823 par Mgr Mannay : aussi Mgr de Lesquen et le P. Coëdro formèrent-ils le dessein de la reconstruire. M. Aussant, qui depuis se fit Dominicain, donna le plan d'un nouvel édifice; M. Mellet, architecte, ne fit que continuer son œuvre; ce fut la première chapelle de style ogival construite de nos jours dans la ville de Rennes. Mgr Saint-Marc en bénit la première pierre le 6 juillet 1841 et fit la bénédiction solennelle de l'édifice achevé le 11 décembre 1844. Cette chapelle, dédiée à l'Immaculée-Conception, est enrichie de vitraux peints et surtout de remarquables boiseries sculptées, œuvre de M. Hérault;

---

1. *Notice hist.* précitée.

elle se compose d'une nef terminée par une abside fort élégante, et présente extérieurement une jolie façade et un petit clocher octogonal très-élancé.

Comme nous l'avons dit, la maison de la Mission, placée sous le patronage de saint Méen et sise dans la paroisse de Notre-Dame, est occupée par cette portion des Prêtres de l'Immaculée-Conception qui se livre spécialement à la prédication des missions et des retraites; elle est, de plus, la résidence ordinaire du supérieur général de la société.

2° *Noviciat de Bellevue.* — Le manoir de Bellevue, situé dans la paroisse de Notre-Dame de Rennes, mais en dehors de la ville, près du Tertre de Joué, était au siècle dernier une maison de campagne à l'usage des Jésuites, qui tenaient alors le collège de Rennes. (V. précéd., p. 439.) Vendu après le départ de ces religieux, Bellevue devint en 1769 une propriété particulière. De nos jours, la famille Blin de Saint-Aubin, qui possédait alors cette terre, la vendit, le 19 novembre 1841, aux Prêtres de l'Immaculée-Conception; ceux-ci placèrent en ce lieu le noviciat de leur société, qui se trouvait auparavant d'abord à Malestroit (jusqu'en 1834), puis à la Mission de Rennes (de 1834 à 1842).

Plus récemment, les Missionnaires ont créé à Bellevue un juvénat qui a été inauguré le 2 février 1876.

Le petit manoir de Bellevue porte sur son fronton central le chiffre 1618, date probable de sa construction; il a été restauré en 1858 par les Missionnaires et occupe le centre d'un carré qu'entourent des douves et terrasses à la façon des siècles derniers; de jolis jardins garnissent ce carré.

La chapelle actuelle est moderne; c'est un édifice gothique en forme de croix, dédié à l'Immaculée-Conception de la Très-Sainte Vierge; la maison elle-même est sous le patronage de saint Méen et de saint Vincent-de-Paul.

3° *Grand-Séminaire de Rennes.* — Les Prêtres de l'Immaculée-Conception ayant dirigé pendant vingt ans le Grand-Séminaire de Rennes, c'est ici l'occasion pour nous de parler de cet établissement depuis la Révolution jusqu'à nos jours.

Nous avons dit précédemment (p. 447) que les Eudistes tenaient le Grand-Séminaire lorsqu'éclata la tempête révolutionnaire; maîtres et élèves furent alors dispersés. Quand revinrent des jours un peu plus calmes, le R. P. Pierre Blanchard, Eudiste et ancien supérieur du Petit-Séminaire, quitta l'Espagne, où il avait cherché un refuge contre la persécution, et rentra à Rennes dès la fin de 1797. Ayant été nommé vicaire général de Mgr Bareau de Girac, alors le seul évêque légitime de Rennes, il chercha aussitôt à combler les vides que la Révolution avait faits dans le sanctuaire et réunit dès 1798 autour de lui quelques élèves, tant humanistes que théologiens.

Le P. Blanchard trouva d'abord un asile chez M. Talhouët de Brignac, ancien conseiller au Parlement de Bretagne, dans l'hôtel duquel il resta caché pendant un certain temps, n'osant encore se montrer trop ouvertement. Mais en 1800 il crut pouvoir s'installer avec quelques jeunes gens à la Mettrie, maison de campagne située près de Montgermont, à peu de distance de Rennes. En 1801, il afferma, tout près de là, la Hautière, en Saint-Grégoire, y trouvant un logement plus convenable pour ses élèves. « M. Blanchard était là tout à la fois supérieur, économe, professeur d'humanités, de philosophie, de théologie; en même temps, en qualité de vicaire général, il gouvernait seul le diocèse de Rennes, plaçait les prêtres qui revenaient de l'exil, répondait aux lettres nombreuses qu'on lui écrivait dans ces temps difficiles, et, en outre, desservait la paroisse de Montgermont. Son incroyable activité faisait face à tout [1]. »

Bientôt la Hautière se trouva trop étroite pour contenir tous les disciples du savant et vertueux Eudiste. M. Talhouët de Brignac, dont il élevait les trois fils, vint encore à son secours et mit à sa disposition les mansardes de son hôtel,

---

[1]. M. Valleray, *Les vrais Amis du Peuple*, 27.

situé place du Palais, à Rennes. Le P. Blanchard s'y établit et y réunit jusqu'à trente élèves, dont quelques-uns demeuraient en ville. « Il commença à les y nourrir gratuitement, avec le secours de quelques aumônes, le produit des dispenses accordées dans le diocèse, et aussi le fruit de ses travaux. Les salles du rez-de-chaussée furent transformées en une chapelle publique. Plusieurs prêtres de science et de zèle, entre autres MM. Morin et Beuchère, anciens Eudistes, MM. Hoguet et Gautier, se joignirent à M. Blanchard, soit pour la célébration de l'office divin et l'administration des sacrements aux fidèles, soit pour l'instruction des jeunes gens [1]. »

Cependant, le nombre de ces derniers allant toujours croissant, le P. Blanchard chercha une maison à louer. M. Brossais Saint-Marc, riche négociant en toiles, père de S. Ém. le cardinal Saint-Marc, consentit à lui affermer, au prix de 1,200 fr. par an, l'ancien couvent et le chœur de l'église des Cordeliers (V. p. 131), situés place du Palais, qu'il avait achetés 31,700 fr. Ce qui tenait lieu alors de Grand et de Petit-Séminaire, c'est-à-dire les élèves du latin, de philosophie et de théologie, furent donc installés aux Cordeliers dès le 24 juin 1802. Deux ans plus tard, M. Saint-Marc, voyant ces jeunes étudiants faire l'édification de toute la ville par leur piété, leurs vertus et leurs succès, légua au P. Blanchard, par son testament du 8 mai 1804, la pleine et entière propriété du local qu'occupait ce dernier, et mourut le 26 du même mois, sans lui avoir rien dit de cette disposition.

En 1808, les cours de théologie furent séparés des cours d'humanités; alors s'établirent d'un côté le Grand-Séminaire, dont nous allons continuer à parler, et d'autre côté le Petit-Séminaire, qui nous occupera plus tard.

Dès 1803, le Grand-Séminaire de Rennes avait été rétabli de droit par le Concordat, mais il ne le fut de fait qu'en 1808, par les soins de Mgr Énoch. Napoléon Ier ayant, le 14 juin

---

[1]. M. Valleray, *Les vrais Amis du Peuple.*

1807, concédé l'ancien couvent de la Trinité (V. p. 217) pour contenir cet établissement, le Grand-Séminaire y fut installé l'année suivante, après une cérémonie solennelle faite à la cathédrale. Déjà aussi, en 1803, le P. Guillaume Morin, ancien Eudiste et supérieur du Grand-Séminaire avant la Révolution, avait été prié par Mgr de Maillé, dont il était grand-vicaire honoraire, de reprendre ses fonctions; mais comme il vivait avec le P. Blanchard dans la maison des Cordeliers, commune aux théologiens et aux humanistes, son supériorat était plutôt nominatif qu'effectif. Aussi considère-t-on généralement comme premier supérieur du nouveau Grand Séminaire M. René Breteau de la Guérétrie, nommé à ce poste en 1808 et mort en odeur de sainteté, curé de Saint-Martin de Vitré, en 1840. Son successeur fut M. Jean-Baptiste Millaux, qui gouverna le Grand-Séminaire de 1809 à 1823, et mourut évêque de Nevers; puis vinrent MM. Théodore Salmon (1823-1843) et René Bessaiche (1843-1852).

Le Grand-Séminaire demeura à la Trinité jusqu'en 1820; à cette époque, l'administration diocésaine acheta l'ancien monastère des Carmélites (V. p. 191) et y transféra cet établissement.

Depuis lors, le Grand-Séminaire se trouve dans la paroisse dite aujourd'hui de Notre-Dame. Mais il n'occupe plus les vieux bâtiments claustraux du Carmel : ceux-ci ont été complètement rasés, et l'on a construit dans leur enclos, vers 1860, un vaste édifice qui se recommande sinon par sa beauté architecturale, du moins par son intelligente distribution.

L'église conventuelle des Carmélites ayant été détruite à la suite de la Révolution, on convertit d'abord en chapelle un côté du cloître; plus tard, on construisit une chapelle de style néo-grec qui existe encore, dédiée maintenant au Sacré-Cœur. Quand le nouveau Grand-Séminaire fut rebâti, on y joignit une nouvelle chapelle, dédiée à l'Immaculée-Conception, ressemblant plutôt à une salle quelconque qu'à un sanctuaire. C'est cette dernière qui sert aux exercices religieux des séminaristes.

Outre la chapelle du Sacré-Cœur, il existe aussi dans les jardins du Grand-Séminaire une petite chapelle, dernier débris de l'établissement des Carmélites en ce lieu. Cet oratoire, dédié à sainte Anne, est un édifice du xvii° siècle.

Mais nous voici bien loin des Prêtres de l'Immaculée-Conception; il est temps de revenir vers eux.

Nous avons vu que depuis la restauration des études théologiques à Rennes, le Grand-Séminaire avait été jusqu'en 1852 entre les mains des simples prêtres du diocèse; les PP. Blanchard et Morin, quoique anciens Eudistes, n'étaient, en effet, considérés alors que comme des vicaires généraux de l'évêque de Rennes, leur Congrégation de Jésus et Marie n'étant point encore reconstituée.

En 1852, M#r Saint-Marc confia la direction de son Grand-Séminaire à la Congrégation des Prêtres de l'Immaculée-Conception, et cette société la conserva jusqu'en 1872. Pendant ce temps, les supérieurs du Grand-Séminaire furent successivement les RR. PP. François Énoch (1852-1855), — Jean Allain (1855-1863), — Jean Le Mené (1863-1865), — Théodose Labbé (1865-1872).

A cette dernière époque M#r Saint-Marc rendit son Grand-Séminaire au clergé séculier de son diocèse; il mit à la tête de cet établissement d'abord M. Théodose Labbé, qui, ayant quitté la congrégation des Missionnaires, continua d'être supérieur pendant un an (1872-1873), puis M. Constant Guillois, qui gouverne le Séminaire depuis 1873.

4° *Petit-Séminaire du diocèse de Rennes.* — Nous venons de voir le P. Blanchard reconstituer tout à la fois le Grand et le Petit-Séminaire de Rennes de 1798 à 1808.

Lorsqu'à cette dernière date le Grand-Séminaire eut été transféré à la Trinité, le Petit-Séminaire demeura seul aux Cordeliers, sous la direction du bon P. Blanchard.

Mais quelque temps après le gouvernement impérial exigea,

sous peine de destitution, que les chefs d'établissements ecclésiastiques d'instruction secondaire s'engageassent à y enseigner *toutes* les doctrines professées par l'Université d'alors; le P. Blanchard refusa de faire cette promesse, et le Petit-Séminaire fut en conséquence fermé le 11 décembre 1811.

Toutefois la maison des Cordeliers appartenait en propre au Père Blanchard, lui ayant été personnellement léguée par M. Saint-Marc. Aussi le 23 juin 1812 le P. Blanchard donna-t-il au diocèse de Rennes ce vieux monastère pour qu'on pût y rétablir un Séminaire. Mgr Énoch s'empressa de réaliser ce projet et rouvrit, dès la fin de la même année, son Petit-Séminaire aux Cordeliers; il le mit sous la direction de M. Yves des Rieux, autorisé à cet effet par le grand-maître de l'Université, et que l'évêque nomma chanoine en 1815.

Le successeur de ce dernier fut M. Théodore Salmon, qui gouverna de 1818 à 1823. De son temps, le Petit-Séminaire fut transféré, en 1820, des Cordeliers à la Trinité. On commençait alors, en effet, le percé de la rue Louis-Philippe, qui détruisit l'église et une partie du vieux couvent des Cordeliers; en même temps, la Trinité se trouvait vide, le Grand-Séminaire se transportant à cette époque dans l'ancien monastère des Carmélites.

Le Petit-Séminaire demeura peu de temps à la Trinité; les bâtiments de cet antique couvent menaçaient ruine, et dès 1825 l'on dut songer à les évacuer. L'évêque de Rennes ordonna alors la translation de cet établissement à Vitré; la maison de la Trinité fut démolie, et sur ses fondations fut dressée la place qui porte encore son nom.

Le collège de Vitré, établi alors dans l'ancien couvent des Ursulines, et dont nous reparlerons bientôt, devint donc Petit-Séminaire diocésain. Mais cet état de choses ne dura que six ans, car ce collège-séminaire fut fermé par arrêté du préfet d'Ille-et-Vilaine en date du 28 mai 1831.

Le Petit-Séminaire avait alors pour supérieur M. Ruault,

qui avait remplacé en 1830 M. Nouel, supérieur lui-même depuis 1823.

Après la fermeture de l'établissement de Vitré, le Petit-Séminaire fut transféré à Saint-Méen, où se trouvait établie une maison d'instruction dont il nous faut maintenant faire connaître l'origine.

Nous avons vu plus haut que l'ancienne abbaye de Saint-Méen était devenue en 1645 le Grand-Séminaire du diocèse de Saint-Malo (V. p. 472). La Révolution détruisit évidemment ce Séminaire, dont les Lazaristes avaient la direction, ayant à leur tête comme supérieur le R. P. Julien Grardel.

Quand la paix fut rendue à notre contrée, un décret de 1807 attribua à la commune de Saint-Méen la propriété des édifices, cours et jardins de l'ancien Séminaire, à la condition d'y établir une école secondaire enseignant jusqu'à la classe de quatrième inclusivement.

Le P. Grardel, qui pendant toute la période révolutionnaire était demeuré caché dans le pays, s'offrit pour tenir ce nouvel établissement et fut accepté; il se mit immédiatement à l'œuvre et réunit quelques élèves. En 1810, M. Bédel, fondateur au Lou-du-Lac d'une école de même genre, amena ses jeunes gens à Saint-Méen et ne tarda pas à prendre, sur la prière du P. Grardel, la direction de la maison.

Les troubles de 1815 dispersèrent les élèves de Saint-Méen, et M. Bédel fut nommé curé de Montfort.

En 1818, le P. Grardel, appelé par l'évêque de Rennes et le Conseil Municipal de Saint-Méen, et agréé par l'Université, releva le collège de Saint-Méen et en reprit la direction, qu'il conserva jusqu'en 1823[1].

C'était, comme l'on voit, un collège communal soumis à l'Université; mais la ville de Saint-Méen se trouvait hors

---

[1]. *Notice hist. ms. sur le Petit-Séminaire de Saint-Méen*, communiquée par le P. Lemarié, supérieur de cette maison.

d'état d'entretenir les bâtiments anciens et délabrés de cette maison ; aussi se fit-elle autoriser en 1823 à céder au Diocèse de Rennes toutes ces vieilles constructions et leurs dépendances pour l'établissement d'une école ecclésiastique ; toutefois, elle ne céda que la jouissance indéfinie et conserva la propriété, dans le cas où l'école cesserait d'exister. Mgr Mannay accepta cette convention et nomma en 1823, sur la prière du P. Grardel, âgé et infirme[1], supérieur de l'école ainsi reconstituée le P. Dubreil, qui devint en même temps curé de Saint-Méen en 1826[2].

Le P. Énoch, successeur du P. Dubreil en 1827, dirigeait la maison de Saint-Méen lorsque Mgr de Lesquen, voyant son Petit-Séminaire fermé à Vitré, transféra en 1831 cet établissement à Saint-Méen et le confia aux Missionnaires, qui l'y tiennent encore[3].

De nouvelles négociations furent entamées en 1837 entre Mgr de Lesquen et la municipalité de Saint-Méen. Après ordonnance royale du 22 mai 1841, et par acte du 12 juillet suivant, la commune de Saint-Méen vendit, sans restriction cette fois, au Diocèse de Rennes, la propriété du Séminaire et ses dépendances, sauf l'aile méridionale et le jardin de l'Aumônerie[4], pour la somme de 20,000 fr.

La chapelle actuelle du Petit-Séminaire fut bâtie vers 1845 et placée sous l'invocation de la Sainte Vierge ; la maison elle-même demeura sous le patronage de saint Méen.

Reconstruits en grande partie de nos jours sous l'épiscopat

---

1. Le P. Julien Grardel mourut chanoine honoraire le 1er mars 1831, âgé de quatre-vingts ans.
2. Les Prêtres de l'Immaculée-Conception ont conservé la jouissance de la cure de Saint-Méen jusqu'en 1852.
3. Le P. Énoch conserva la direction de Saint-Méen jusqu'en 1852, qu'il devint supérieur du Grand-Séminaire. Après lui ont successivement gouverné Saint-Méen : les PP. Morel, Lecomte, Frotin, Lemoine et Lemarié.
4. Dès 1702 cette aile du bâtiment principal et ce jardin avaient été affectés par la commune au logement du curé de Saint-Méen ; ce fut le presbytère jusqu'en 1853, époque à laquelle Mgr Saint-Marc échangea avec la commune ces immeubles contre un terrain où fut bâti le presbytère actuel.

de Mgr Saint-Marc, les bâtiments du Petit-Séminaire de Saint-Méen n'offrent rien de bien intéressant.

5° *Institution Saint-Vincent de Rennes.* — En 1842 commença la vaillante lutte des catholiques pour la liberté de l'enseignement. « Mgr Saint-Marc ayant constaté dans le cours de philosophie du collège royal de Rennes des erreurs de doctrine sur des points graves, les déféra au ministre de l'instruction publique ; n'ayant pas obtenu satisfaction, il retira l'aumônier. Dès lors sa grande préoccupation, sa grande œuvre fut de doter sa ville épiscopale d'une maison d'éducation offrant au point de vue religieux toutes les garanties possibles. Il improvisa immédiatement (au mois d'octobre 1842), dans la maison des Missionnaires diocésains, un pensionnat qui était obligé de conduire ses élèves aux classes du collège, mais dont la direction, confiée à un prêtre du plus grand mérite, M. Brécha, rassurait absolument les familles chrétiennes. En même temps il jetait les fondements d'un vaste édifice, destiné à devenir un grand collège ; sans compter et sans regarder derrière lui, il engageait sa fortune dans cette vaste entreprise. Aussi, quand la loi de 1850 vint donner la liberté, il était prêt le premier : l'institution Saint-Vincent ouvrait ses portes et comptait bientôt ses élèves par deux et trois cents[1]. »

Cette maison de Saint-Vincent-de-Paul, construite rue de Fougères, dans la paroisse de Notre-Dame, fut naturellement confiée aux Prêtres de l'Immaculée-Conception ; ceux-ci s'honoraient, en effet, d'avoir en leur congrégation le P. Brécha, élu bientôt par eux supérieur général, et véritable fondateur avec Mgr Saint-Marc de l'institution Saint-Vincent.

L'établissement de Saint-Vincent fut ouvert dès le mois d'octobre 1844, mais les directeurs continuèrent de conduire leurs élèves au collège royal jusqu'en 1849 ; à cette époque ils purent, grâce à la protection de M. de Falloux, enseigner

---

1. M. de la Borderie, *Revue de Bret. et Vendée*, XXXVIII, 312.

chez eux, et bientôt après ils jouirent des bienfaits de la loi de 1850.

Les Missionnaires ont encore aujourd'hui plusieurs d'entre eux à la tête de la maison dont nous nous occupons. Quant aux édifices de Saint-Vincent, malgré leurs vastes proportions, ils n'ont rien de monumental, mais ils occupent le centre d'un fort bel enclos. Leur chapelle, intérieurement de style ogival, occupe le rez-de-chaussée d'un des grands corps-de-logis.

6° *Collège de Saint-Malo.* — Nous avons raconté (p. 463) l'histoire de la Préceptorerie de Saint-Malo, dirigée avant 1790 par Pierre Engerand. Lorsque la Révolution eut cessé ses ravages, ce savant et saint prêtre essaya d'ouvrir de nouveau une école ecclésiastique à Saint-Malo. « Cette institution, fondée en 1802, fut tout à la fois collège, Petit-Séminaire et Grand-Séminaire, puisqu'on y enseignait même la théologie. La tempête révolutionnaire avait tout emporté. La jeunesse française presque tout entière avait été appelée sous les armes. Les collèges étaient devenus déserts, les Séminaires avaient disparu. Le clergé persécuté avait vu ses rangs s'éclaircir. Le collège de Saint-Malo fut une de ces institutions appelées à régénérer la France, en ressuscitant, en faisant comme renaître de ses cendres un clergé que ses ennemis croyaient anéanti[1]. » Autour du principal, M. Engerand, se groupèrent des professeurs distingués tels que MM. Jean-Marie de la Mennais et Vielle. Ce dernier, — après la mort de M. Engerand, arrivée dès 1805, — fut mis à la tête de la maison et eut aussi d'excellents collaborateurs dans MM. Hay, de Léhen, Bachelot, Levêque, etc.

En 1808 cet établissement acquit, moyennant une modique rente viagère, de M. Le Fer de Beauvais, un bel hôtel situé près la chapelle de Saint-Aaron[2]; c'est encore aujour-

---

1. M. l'abbé Dinard, *Vie de M. Bachelot*, 26.
2. François Le Fer, sieur de Beauvais, avait acheté cet hôtel en 1714 de Joseph de la Haye, seigneur de Plouer.

d'hui le corps-de-logis principal du collège de Saint-Malo.

L'école ecclésiastique de Saint-Malo fut supprimée en 1812, par suite des rigueurs de l'Université. Jean-Marie de la Mennais en était alors supérieur depuis quelques années. Il résista tant qu'il put aux ordres tyranniques du gouvernement impérial. Obligé de céder et voyant son institution changée en un collège municipal, il réussit au moins à faire nommer directeur de cette maison un homme dont il connaissait la foi et les bons principes, M. Querret.

Ce dernier tint le collège de Saint-Malo depuis 1812 jusqu'en 1823; à cette dernière époque il y fut remplacé par l'abbé François Manet, savant auteur de plusieurs ouvrages historiques sur la Bretagne. Mais cet établissement perdit ensuite peu à peu son importance, et il était presque réduit à néant quand la ville de Saint-Malo eut la bonne pensée d'en confier la direction, en 1849, à l'évêque de Rennes. Mgr Saint-Marc s'empressa aussitôt d'y envoyer des Prêtres de l'Immaculée-Conception, ayant à leur tête le P. Le Mené. Depuis cette époque, le principal du collège de Saint-Malo appartient à cette congrégation, qui en a fait une des meilleures institutions scolaires du diocèse de Rennes.

La chapelle de ce collège n'offre aucun intérêt; bâtie en 1858 par la ville, dont elle est la propriété, et dédiée à l'Immaculée-Conception, elle a été bénite par Mgr Saint-Marc en 1859.

7° *Collège de Vitré*. — Nous avons peu de chose à dire du collège de Vitré. L'ancien établissement scolaire dont nous avons parlé (p. 484) ayant cessé de subsister en 1791, lorsque les prêtres furent obligés de s'éloigner, ses bâtiments furent vendus par la ville, à qui ils appartenaient.

Après la Révolution, un arrêté des consuls du 23 août 1803, accepté par la ville, accorda à celle-ci l'ancien couvent des Ursulines (V. p. 239) pour y installer un nouveau collège. « Cet établissement, dans lequel les ecclésiastiques étaient en grande majorité, dépendait de l'Université de Rennes. Le

21 août 1825, l'évêque diocésain, sur la proposition de la ville, accepta le collège pour y placer son Petit-Séminaire; mais celui-ci fut fermé par arrêté du préfet du 28 mai 1831, et remplacé de nouveau par un établissement universitaire. Enfin, en 1853, la ville passa un traité avec l'évêque de Rennes et lui confia son collège[1]. » Mgr Saint-Marc pria alors les Prêtres de l'Immaculée-Conception de prendre la direction du collège de Vitré; ceux-ci acceptèrent cette charge avec le concours de quelques ecclésiastiques séculiers; mais tout dernièrement ces derniers ont été mis seuls à la tête de l'établissement par Mgr Place, en septembre 1880.

La chapelle du collège de Vitré est encore l'ancienne église des Ursulines; elle était, semble-t-il, dédiée jadis à saint Joseph, mais elle a été de nos jours placée sous le patronage de l'Immaculée-Conception.

8° *Orphelinat de Launay.* — Près de la petite ville de Saint-Méen se trouve un orphelinat agricole fondé et tenu par les Prêtres de l'Immaculée-Conception. La propriété de Launay fut donnée en 1846 à la congrégation par l'un de ses membres, le P. Perschais, mais elle fut considérablement accrue en 1871 par l'acquisition d'une terre voisine appartenant à M. l'abbé Orain. A cette époque on régularisa les constructions, et grâce à de généreux bienfaiteurs on créa un établissement fort bien conçu et très-intéressant. Il ne s'y trouve encore qu'une chapelle provisoire à l'intérieur des bâtiments.

9° *Établissement de Saint-Lazare.* — En 1853, les Prêtres de l'Immaculée-Conception achetèrent la propriété de Saint-Lazare, située près Montfort, et dont nous avons longuement parlé (V. p. 299). Ils avaient alors l'intention d'y fonder un noviciat de frères-coadjuteurs, mais ils abandonnèrent ce projet à la fin de 1869. Depuis cette époque ils se contentent

---

1. M. l'abbé Paris-Jallobert, *Journal hist. de Vitré*, 431.

d'avoir un gardien pour la chapelle et ils afferment la métairie.

10° Petit-Séminaire de Versailles. — Par l'entremise de M⁰ʳ Maupoint, évêque de Saint-Denis, qui avait connu leur congrégation pendant qu'il était vicaire général de Rennes, les Prêtres de l'Immaculée-Conception furent appelés par M⁰ʳ l'évêque de Versailles à diriger le Petit-Séminaire de ce diocèse. Ils y entrèrent au commencement de l'année scolaire 1864 et y restèrent huit ans. Sous leur direction cet établissement s'accrut considérablement, et il comptait à leur départ plus de deux cents internes.

11° Maison de Montcontour. — En 1865, la Société acheta sur les hauteurs de la ville de Montcontour, au diocèse de Saint-Brieuc, une charmante propriété pour y établir une résidence de Missionnaires. En 1872 on y commença, sur un plan considérable, la construction d'un beau bâtiment resté inachevé.

12° Maison de Guernesey. — Grâce au généreux concours d'un négociant français, la Société tenta en 1859 de fonder à Guernesey, île anglaise dépendant du diocèse catholique de Southwark, une résidence de Missionnaires et une maison d'éducation. Le but principal était de s'occuper de la colonie française. Pour l'atteindre, les Prêtres de l'Immaculée-Conception demandèrent à M⁰ʳ Grant, évêque de Southwark, l'érection de leur chapelle en congrégation distincte de celle de Saint-Joseph, qui servait aux Irlandais. Sa Grandeur n'ayant pas cru pouvoir obtempérer à cette requête, l'abandon de Guernesey fut décidé, le 14 août 1863, par les Missionnaires. Mais, plus tard, le Diocèse de Southwark voulut bien accepter la chapelle des Prêtres de l'Immaculée-Conception, qui la lui laissèrent à condition expresse qu'elle servirait toujours au culte pour les besoins des Français catholiques de l'île.

ORATORIENS DE SAINT-PHILIPPE DE NÉRI

La maison de Saint-Philippe de Néri, connue vulgairement sous le nom d'Oratoire de Rennes, a été fondée en 1864 par M. Marie Guitton, vicaire général de Rennes. Mgr Saint-Marc en approuva le règlement le 17 février 1865.

Cette œuvre a pour but principal l'étude des sciences ecclésiastiques et celle des sciences naturelles et profanes dans leurs rapports avec la science sacrée; son but secondaire consiste dans la prédication et l'exercice du saint ministère.

L'Oratoire de Rennes occupe ce qui reste de l'ancien hôtel de la Trésorerie de Saint-Pierre (V. tome Ier, p. 149); il n'a pas de chapelle proprement dite et possède seulement un petit sanctuaire à l'intérieur de la maison.

II. — COMMUNAUTÉS DE FEMMES

ADORATRICES DE LA JUSTICE DE DIEU

L'an 1827, la Congrégation des Sœurs adoratrices de la Justice de Dieu prit naissance au bourg de Laignelet, près Fougères, dans une humble mansarde occupée par Anne Boivent, qui tenait de petites écoles dans cette paroisse, dont se trouvait alors recteur M. Le Taillandier.

Ce saint prêtre, étant précédemment vicaire à Saint-Georges-de-Reintembault, avait connu et su apprécier Anne Boivent, pauvre fille de la campagne native de Saint-Georges, faisant déjà l'école aux petites filles de cette paroisse et recueillant chez elle des infirmes et des malades pour les soigner. Lorsqu'il fut nommé recteur de Laignelet, l'humble maîtresse d'école vint s'établir dans ce bourg, et plusieurs pieuses filles s'associèrent à elle pour s'occuper de bonnes œuvres. M. Le Taillandier leur donna alors une règle de vie, et cette réunion devint le noyau d'une société religieuse se dirigeant avec ardeur vers un même but de perfection.

Cette association toutefois n'avait été jusqu'alors qu'une œuvre de circonstance, formée sans dessein prémédité. Un jour, Anne Boivent, en religion sœur Marie-Thérèse, communiqua à M. Le Taillandier une idée qui l'avait beaucoup occupée dans son oraison. « Il m'a semblé, lui dit-elle, entendre une voix purement intérieure qui me disait au nom de Dieu : On honore et on aime ma bonté et ma miséricorde, mais ma justice on la craint et on ne l'aime pas. » Comme cette pensée exprime une vérité profonde qui n'est guère comprise que des âmes grandement élevées vers Dieu et accoutumées à le considérer dans tous ses attributs infinis, M. Le Taillandier en fut frappé et conçut aussitôt l'idée d'une société consacrée à l'adoration et à l'amour de la Justice divine. Il s'occupa par suite à dresser une règle dont l'esprit fût tout de sacrifice et d'immolation, convenable à une congrégation s'offrant aux rigueurs de cette justice de Dieu. Il est bon de remarquer cependant que cette immolation et ce rôle de victime offerts à ses filles spirituelles par le Père fondateur consiste plutôt dans l'immolation de la volonté et de l'amour-propre que dans les mortifications et les pénitences extérieures.

La nouvelle règle établie par M. Le Taillandier fut soumise à l'évêque de Rennes, Mgr de Lesquen, qui l'approuva, le 25 janvier 1831, dans ces termes : « Ayant lu avec attention les règlements de cette religieuse et pieuse réunion dont le but est d'adorer la justice de Dieu et de prier pour la conversion des pécheurs, nous avons approuvé et approuvons tout ce qui fait partie desdits règlements. »

Cette approbation de l'évêque diocésain contribua puissamment au développement de la société naissante et donna l'idée de l'établir à Fougères, le prélat ayant permis de l'étendre dans tout son diocèse. La Providence y pourvut : les Missionnaires diocésains, qui venaient d'acheter les bâtiments de l'ancienne abbaye de Rillé (V. tome II, 595), à la porte de Fougères, voulurent bien les céder à M. Le Taillandier; celui-ci traita donc avec eux et acquit Rillé le 24 octobre 1833; le 28 du même mois, trois sœurs prirent possession de cet établissement, qui devint ainsi la maison-mère de la nouvelle congrégation.

Toutefois de grandes épreuves de tout genre assaillirent en ce moment le vénérable fondateur et la pieuse Anne Boivent, devenue en religion sœur Marie-Thérèse. Tous les moyens humains sur lesquels ils avaient cru devoir compter s'évanouirent en un clin-d'œil. Dieu fit voir alors que cette fondation était son œuvre et il se chargea de la conduire lui-même à bonne fin. Il disposa quelques âmes pieuses en faveur de la communauté naissante; grâce à leurs aumônes et à l'économie des sœurs, les dettes s'acquittèrent peu à peu. Des malades incurables furent accueillis avec empressement et soignés avec tendresse dans la maison-mère; des établissements se formèrent dans les campagnes pour l'éducation de la jeunesse et le soin des malades à domicile; quelques enfants sourds et muets recueillis à Rillé donnèrent enfin naissance à une nouvelle œuvre qui concilia aussitôt à la congrégation l'estime et les sympathies de toutes les classes de la société.

Mais cette extension des œuvres de la pieuse association des Adoratrices de la Justice de Dieu obligea les fondateurs à faire quelques modifications dans leur règle. Elles furent soumises à l'appréciation de Mgr Saint-Marc, successeur de Mgr de Lesquen, et ce prélat les approuva par ordonnance épiscopale du 13 mars 1846. Quelques semaines plus tard, le 30 avril, Mgr Saint-Marc vint lui-même à Rillé bénir solennellement la chapelle de la communauté naissante; ce sanctuaire fut placé sous l'invocation et le patronage de Notre-Dame des Sept-Douleurs.

Par décret impérial en date du 1er février 1853, la congrégation des Sœurs adoratrices de la Justice de Dieu fut légalement reconnue et autorisée comme congrégation hospitalière et enseignante.

Le 26 avril 1858, Mgr Saint-Marc étant revenu visiter la communauté de Rillé, nomma M. Le Taillandier chanoine honoraire de l'Église de Rennes. Ce vertueux prêtre s'endormit quelques années plus tard dans la paix du Seigneur, en 1870 : il avait vu le devancer dans l'éternité la mère Marie-Thérèse, qui s'était associée à tous ses labeurs et à toutes ses bonnes œuvres. L'un et l'autre reposent à Rillé, au milieu de leurs filles spirituelles, toujours empressées à prier sur leurs tombes.

Quiconque a visité Fougères a vu sur le coteau opposé à la ville, au-dessus du cours sinueux du Nançon, s'élever en amphithéâtre le bel établissement de la communauté de Rillé; on n'y trouve pas, il est vrai, de monuments proprement dits, mais la chapelle est jolie, les bâtiments nouveaux sont construits avec goût, les jardins sont vastes et bien tenus. Quant à la position, elle est vraiment remarquable : on jouit à Rillé d'un vrai panorama. La vue s'étend à souhait sur les grandes ruines du château de Fougères, sur la pittoresque église de Saint-Sulpice, sur toute la verdoyante vallée du Nançon, et plus haut sur les rues grimpantes de la vieille ville, dominée par la belle église Saint-Léonard et par l'antique beffroi municipal; mettez pour cadre à ce tableau véritablement enchanteur une campagne splendide de verdure, éclairée par un beau soleil et mouvementée par les industries modernes, et vous n'aurez encore qu'une faible idée de la ville de Fougères et de la belle perspective qu'offre le couvent de Rillé.

Devenu, comme nous l'avons dit, la maison-mère de la congrégation des Adoratrices de la Justice de Dieu, l'établissement de Rillé renferme actuellement, outre le *noviciat* des religieuses, les œuvres suivantes : Un *hospice libre d'incurables*, commencé au début de la congrégation, en 1833; une trentaine de malades y sont admis et sont soignés par six religieuses, qui jour et nuit sont à leur service. — Une *institution de sourds et muets*, dirigée par dix religieuses; cette école mixte et départementale a été fondée en 1846; trente boursiers y sont entretenus par le département. — Un *pensionnat* libre de jeunes filles fondé en 1858; très-florissant maintenant, il n'occupe pas moins de onze religieuses. — Enfin, une *salle d'asile* et un *orphelinat*.

En outre, les Sœurs adoratrices ont encore à Fougères un *ouvroir* de jeunes filles, placé sous la protection des Saints Anges et fondé en 1865.

Dans les campagnes, la congrégation a des établissements dans quatre-vingt-sept paroisses, dont quatre-vingt-quatre du diocèse de Rennes et trois de celui de Laval; en voici la liste, faite dans l'ordre chronologique de fondation, avec indication des œuvres de chaque maison [1].

1° *Laignelet.* — Berceau de la congrégation; école de filles dirigée d'abord par la fondatrice et continuée maintenant par trois religieuses.

2° *Mézières.* — École communale de filles fondée en 1840; quatre religieuses y sont employées à l'instruction des enfants et aux soins des malades pauvres.

3° *Romagné.* — École communale de filles fondée en 1841; soin des malades pauvres; quatre religieuses.

4° *Pont-Main* (Mayenne). — École mixte libre fondée en 1842; soin des malades pauvres; quatre religieuses. — C'est cette école que fréquentaient les petits enfants favorisés, le 17 janvier 1871, de l'apparition surnaturelle de la Très-Sainte Vierge; deux de ces enfants appartenaient au diocèse de Rennes, et le miracle eut lieu en présence des sœurs.

---

1. Cette liste ainsi que les détails précédents sont extraits d'une *Notice hist. ms.* qu'a bien voulu nous communiquer la R. M. supérieure générale des Adoratrices de la Justice divine.

5° *Gosné*. — École communale de filles fondée en 1844; soin des malades pauvres; trois religieuses.

6° *Saint-Ouen-des-Alleux*. — École communale de filles fondée en 1846; trois religieuses.

7° *Landéan*. — École communale de filles fondée en 1846; soin des malades pauvres; trois religieuses.

8° *Poilley*. — École communale de filles fondée en 1846; soin des malades pauvres; quatre religieuses.

9° *La Chapelle-Saint-Aubert*. — École communale mixte fondée en 1847; soin des malades pauvres; trois religieuses.

10° *La Fontenelle*. — École communale de filles fondée en 1848; soin des malades pauvres; trois religieuses.

11° *Saint-Étienne-en-Coglais*. — École communale de filles fondée en 1850; soin des malades pauvres; quatre religieuses.

12° *Beaucé*. — École communale mixte fondée en 1851; soin des malades pauvres; trois religieuses.

13° *Saint-Ouen-de-la-Rouairie*. — École communale de filles fondée en 1851; soin des malades pauvres; pensionnat; quatre religieuses.

14° *Lecousse*. — École communale de filles fondée en 1851; soin des malades pauvres; trois religieuses.

15° *Saint-Hilaire-des-Landes*. — École communale de filles fondée en 1851; trois religieuses.

16° *Saint-Sauveur-des-Landes*. — École communale de filles fondée en 1853; soin des malades pauvres; trois religieuses. — Hospice libre de vieillards fondé au château de Chaudebœuf, en 1863, par Mme de la Haye de Saint-Hilaire, née Victoire Mouësan de la Villirouet; chapelle dédiée à saint Joseph; neuf religieuses.

17° *Saint-Mard-le-Blanc*. — École communale de filles fondée en 1853; soin des malades pauvres; quatre religieuses.

18° *Andouillé-Neuville*. — École libre de filles fondée en 1853; soin des malades pauvres; trois religieuses.

19° *La Celle-en-Luitré*. — École communale mixte fondée en 1854; soin des malades pauvres; trois religieuses.

20° *Montreuil-sur-Ille.* — École communale de filles fondée en 1854; soin des malades pauvres; quatre religieuses.

21° *Saint-Germain-en-Coglais.* — École communale de filles fondée en 1854; salle d'asile; pensionnat; soin des malades pauvres; chapelle construite par M. Lesacher, recteur, pour la réunion des Enfants de Marie; cinq religieuses.

22° *La Richardais.* — École communale mixte fondée en 1854; soin des malades pauvres; quatre religieuses.

23° *Le Minihic.* — École communale de filles fondée en 1855; soin des malades pauvres; quatre religieuses.

24° *Le Petit-Fougeray.* — École de hameau mixte fondée en 1855; soin des malades pauvres; trois religieuses.

25° *Melesse.* — École libre de filles fondée en 1855; pensionnat; soin des malades pauvres; six religieuses.

26° *Saint-Aubin-des-Landes.* — École communale mixte fondée en 1856; soin des malades pauvres; trois religieuses.

27° *Saint-Christophe-de-Valains.* — École communale mixte fondée en 1856; soin des malades pauvres; trois religieuses.

28° *Saint-Sulpice-des-Landes.* — École communale de filles fondée en 1857; soin des malades pauvres; deux religieuses.

29° *Sens.* — École libre de filles fondée en 1857; pensionnat; soin des malades pauvres; quatre religieuses.

30° *Saint-Christophe-des-Bois.* — École communale de filles fondée en 1857; soin des malades pauvres; deux religieuses.

31° *Chevaigné.* — École communale de filles fondée en 1857; soin des malades pauvres; trois religieuses.

32° *Thourie.* — École communale de filles fondée en 1857; soin des malades pauvres; trois religieuses.

33° *Vergeal.* — École communale mixte fondée en 1857; soin des malades pauvres; trois religieuses.

34° *Billé.* — École communale de filles fondée en 1857; soin des malades pauvres; trois religieuses.

35° *Epiniac.* — École communale de filles fondée en 1857; soin des malades pauvres; trois religieuses.

36° Balazé. — École communale de filles fondée en 1857; soin des malades pauvres; trois religieuses.

37° Mécé. — École communale mixte fondée en 1857; soin des malades pauvres; trois religieuses.

38° Parcé. — École communale de filles fondée en 1857; soin des malades pauvres; trois religieuses.

39° Parthenay. — École communale mixte fondée en 1857; soin des malades pauvres; trois religieuses.

40° Baguer-Pican. — École communale de filles fondée en 1858; soin des malades pauvres; trois religieuses.

41° Mondevert. — École communale mixte fondée en 1858; soin des malades pauvres; trois religieuses.

42° Luitré. — École communale de filles fondée en 1858; soin des malades pauvres; trois religieuses.

43° La Chapelle-aux-Filsméen. — École communale de filles fondée en 1858; soin des malades pauvres; deux religieuses.

44° Noë-Blanche. — École communale de filles fondée en 1858; soin des malades pauvres; trois religieuses.

45° Chanteloup. — École communale de filles fondée en 1858; soin des malades pauvres; hospice fondé par M. de Pracontal; cinq religieuses.

46° Tremblay. — École libre de filles fondée en 1858; soin des malades pauvres; quatre religieuses.

47° Montours. — École communale de filles fondée en 1858; soin des malades pauvres; trois religieuses.

48°. Saint-Benoît-des-Ondes. — École communale de filles fondée en 1858; soin des malades pauvres; quatre religieuses.

49° Drouges. — École communale de filles fondée en 1859; soin des malades pauvres; trois religieuses.

50° Poligné. — École communale de filles fondée en 1859; soin des malades pauvres; trois religieuses.

51° La Chapelle-Erbrée. — École communale mixte fondée en 1859; soin des malades pauvres; trois religieuses.

52° *Torcé*. — École communale mixte fondée en 1859 ; soin des malades pauvres ; trois religieuses.

53° *Liffré*. — École communale de filles fondée en 1859 ; pensionnat ; soin des malades pauvres ; cinq religieuses.

54° *Chauvigné*. — École communale de filles fondée en 1860 ; soin des malades pauvres ; trois religieuses.

55° *Erbrée*. — École communale de filles fondée en 1860 ; soin des malades pauvres ; trois religieuses.

56° *Saint-Rémy-du-Plain*. — École libre de filles fondée en 1860 ; pensionnat ; soin des malades pauvres ; trois religieuses.

57° *Marcillé-Raoul*. — École communale de filles fondée en 1860 ; trois religieuses.

58° *Coglès*. — École communale de filles fondée en 1860 ; soin des malades pauvres ; trois religieuses.

59° *La Couyère*. — École libre mixte fondée en 1860 ; soin des malades pauvres ; quatre religieuses.

60° *Montreuil-le-Gast*. — École libre de filles fondée en 1861 ; soin des malades pauvres ; trois religieuses.

61° *Les Brûlais*. — École communale mixte fondée en 1862 ; soin des malades pauvres ; trois religieuses.

62° *Louvigné-du-Désert*. — Hospice libre de vieillards fondé en 1862 ; chapelle dédiée à saint Joseph ; cinq religieuses.

63° *Livré*. — École libre de filles fondée en 1862 ; soin des malades pauvres ; quatre religieuses.

64° *La Dominelais*. — École communale de filles fondée en 1862 ; soin des malades pauvres ; trois religieuses.

65° *Fleurigné*. — École communale de filles fondée en 1862 ; soin des malades pauvres ; trois religieuses.

66° *Lalleu*. — École libre de filles fondée en 1862 ; soin des malades pauvres ; trois religieuses.

67° *Bréal-sous-Vitré*. — École libre de filles fondée en 1863 ; soin des malades pauvres ; trois religieuses.

68° *Meillac*. — École communale de filles fondée en 1866 ;

hospice libre fondé et entretenu par Mlle du Vautenet; chapelle; soin des malades pauvres à domicile; huit religieuses.

69° *Ercé-en-la-Mée.* — École communale de filles fondée en 1867; soin des malades pauvres; trois religieuses.

70° *Cuguen.* — École communale de filles fondée en 1867; soin des malades pauvres; quatre religieuses.

71° *Arbrissel.* — École communale mixte fondée en 1868; soin des malades pauvres; trois religieuses.

72° *Lévaré* (Mayenne). — École communale de filles fondée en 1869; soin des malades pauvres; deux religieuses.

73° *Saint-Germain-du-Pinel.* — École communale de filles fondée en 1869; soin des malades pauvres; trois religieuses.

74° *Saint-Médard.* — École communale de filles fondée en 1870; soin des malades pauvres; trois religieuses.

75° *Le Loroux.* — École libre de filles fondée en 1871; soin des malades pauvres; trois religieuses.

76° *Mellé.* — École communale de filles fondée en 1871; soin des malades pauvres; trois religieuses.

77° *Taillis.* — École communale mixte fondée en 1872; soin des malades pauvres; trois religieuses.

78° *Goven.* — École communale de filles fondée en 1872; soin des malades pauvres; trois religieuses.

79° *Teillay.* — École communale de filles fondée en 1873; trois religieuses.

80° *Brielles.* — École libre de filles fondée en 1873 dans la maison de l'ancienne chapellenie de la Tour; soin des malades pauvres; trois religieuses.

81° *La Chapelle-Janson.* — École communale de filles fondée en 1873; soin des malades pauvres; trois religieuses.

82° *Mernel.* — École communale mixte fondée en 1874; deux religieuses.

83° *Vitré (Notre-Dame de).* — École libre de filles fondée en 1876; huit religieuses.

84° *La Chapelle-Bouëxic.* — École communale de filles fondée en 1877; trois religieuses.

85° *Saulnières*. — École communale mixte fondée en 1877; soin des malades pauvres; trois religieuses.

86° *La Pellerine* (Mayenne). — École communale mixte fondée en 1877; soin des malades pauvres; trois religieuses.

87° *Parigné*. — École communale de filles fondée en 1879; soin des malades pauvres; trois religieuses.

CŒUR IMMACULÉ DE MARIE (FILLES DU)

Nous avons raconté précédemment (V. p. 201) l'origine de la congrégation des Filles du Cœur immaculé de Marie. Ce ne fut qu'en 1842 que les Demoiselles des Incurables, — comme on les appelait alors, — obtinrent de l'évêque de Rennes la permission de faire des vœux, afin d'être encore plus définitivement unies à Dieu et aux pauvres malades. Mgr Saint-Marc chargea à cette époque M. Frain, un de ses vicaires généraux, de rédiger des règles pour cette congrégation. M. Frain mit en œuvre la règle commune établie par Mlle du Verger et suivie par ses filles, et il obtint du prélat une approbation épiscopale en date du mois de février 1842. Le nouvel Institut prit alors le nom de Société des Filles du Cœur immaculé de Marie. Il a été récemment autorisé, par décret du 9 juin 1875, comme congrégation hospitalière diocésaine [1].

Voici quelle est la liste des établissements charitables tenus par cette congrégation :

1° *Hospice des Incurables*, à Rennes, paroisse Saint-Sauveur; c'est la maison-mère de la société. (V. p. 344.)

2° *Hôpital-Général de Vitré*. — Jusqu'en 1856 la congrégation des Filles du Cœur immaculé de Marie ne s'était point établie en dehors de l'hospice des Incurables de Rennes; à cette époque elle accepta de tenir l'Hôpital-Général de Vitré,

---

1. Notice ms. sur les Incurables. — M. Keller, *Les Congrégations relig. en France*, p. 484.

à la suite d'une donation de 30,000 fr. faite aux hospices de Vitré par Mᴵˡᵉ de Freslon, à condition qu'une salle spéciale d'incurables fût créée à l'hospice général[1]. La chapelle de cette maison est dédiée à saint Joseph.

3° *Asile Le Graverend, à Bruz.* — M. Le Graverend ayant légué son manoir des Pommerayes, en Bruz, à l'administration des Hospices de Rennes, celle-ci fonda en cette maison un asile pour les vieillards et le confia en 1874 aux soins des religieuses des Incurables. On y a construit récemment une chapelle dédiée à saint Joseph.

4° *Hospice de Châteaubourg.* — Ce petit hôpital, entièrement indépendant de toute administration civile, appartient à la congrégation. Il a été fondé spécialement pour les pauvres des campagnes qui ne peuvent être reçus dans les hospices des villes. Tous les pauvres abandonnés y sont reçus, soit momentanément, soit pour la vie, en aussi grand nombre que la maison peut en contenir ; présentement il y en a une soixantaine. On vient d'y bâtir une jolie petite chapelle dédiée à Notre-Dame du Sacré-Cœur, mais la maison est sous le patronage de saint Joseph.

5° *Asile de la Guilmarais, en Vitré.* — En 1878, Mᵐᵉ Le Breton, née Émilie Philippe de Trémaudan, donna sa propriété de la Guilmarais, — sise en Saint-Martin de Vitré, à une demi-lieue de cette ville, — aux Filles du Cœur immaculé de Marie, pour y recevoir les pauvres qui ne peuvent être admis à l'Hôpital-Général de Vitré. Trois de ces religieuses y sont entrées au mois d'octobre 1878, et une chapelle dédiée au Sacré-Cœur de Jésus y a été bénite, le 18 septembre 1879, par M. Desnos, chanoine de Rennes[2].

---

1. *Journal hist. de Vitré*, p. 310.
2. *Ibidem*, p. 343.

IMMACULÉE-CONCEPTION (SOEURS DE L')

La congrégation des Sœurs de l'Immaculée-Conception naquit à Saint-Méen en 1831, sous les auspices de Mgr de Lesquen, alors évêque de Rennes, et par les soins du Révérend Père Corvaisier, Missionnaire diocésain et curé de Saint-Méen.

Ce vénérable prêtre fonda cette œuvre avec Mlle Pélagie-Hélène Le Breton de Maisonneuve, devenue en religion sœur Saint-Félix. Une humble maison appartenant à cette pieuse fille fut le berceau de la communauté. Le but que se proposèrent les nouvelles religieuses fut de se dévouer à l'instruction des jeunes filles, au soin des pauvres et des malades.

Cette congrégation commença, comme toutes les œuvres de Dieu, en luttant contre les difficultés et les souffrances. Les premières années, de 1831 à 1835, furent des plus laborieuses pour la fondatrice, « qui eut à subir des peines de toutes sortes, et qui eut alors besoin de toute l'énergie de sa foi pour supporter les combats que lui apportait chaque jour [1]. »

De 1835 à 1842, la petite famille religieuse ne fit que prendre des forces dans le secret de la prière et de la retraite; se confiant en la Providence, elle attendait sous l'œil de Dieu ses desseins sur elle.

Mais en 1842 Mgr Saint-Marc daigna prendre sous sa haute protection la congrégation naissante et lui donna pour supérieur M. Maupoint, alors son vicaire général, devenu depuis évêque de Saint-Denis en l'île de la Réunion. Ce dernier fit le plus grand bien à la communauté de Saint-Méen

---

[1]. *Notice ms. sur la Congrégation des Sœurs de l'Immaculée-Conception*, communiquée par la R. M. supérieure générale. — La mère Saint-Félix avait commencé par être religieuse de la Providence, à Saint-Brieuc. Sur le conseil de Mgr de Lesquen, elle quitta cette congrégation peu de temps avant la scission opérée entre MM. de la Mennais et les Missionnaires de Rennes, et se mit sous la direction de ces derniers.

en lui fournissant des sujets et en procurant des fondations aux religieuses déjà formées.

En 1851, Mgr Saint-Marc voulut que les Sœurs de l'Immaculée-Conception occupassent à Saint-Méen une maison dite de l'Enfant-Jésus, plus spacieuse que celle qu'elles habitaient alors. Il fallut bientôt, au reste, agrandir cette maison elle-même en y ajoutant deux ailes, dont une est la chapelle de la communauté ; celle-ci a été achevée en 1861.

Enfin, on vient encore de construire un autre grand bâtiment d'habitation que rendait nécessaire l'augmentation du personnel de la congrégation, qui a été autorisée par décret du 8 novembre 1852.

Les Sœurs de l'Immaculée-Conception ont aujourd'hui quarante-quatre établissements dans le diocèse de Rennes, une vingtaine dans celui de Quimper, et quelques autres dans les diocèses de Saint-Brieuc, Vannes et Laval. Leur première maison fondée après celle de Saint-Méen fut celle de Tréflez (Finistère), paroisse où fut recteur saint Yves. Dans les Côtes-du-Nord, elles occupent les anciens bâtiments de l'abbaye de Saint-Jacut.

Voici la nomenclature des maisons que la congrégation possède dans l'archidiocèse de Rennes ; chacun de ces établissements a son oratoire ou sa petite chapelle ; quelques-uns de ces sanctuaires sont desservis de temps à autre ; tous ont pour patrons la Sainte Vierge ou saint Joseph.

1º Saint-Méen. — Maison-mère et noviciat de la congrégation ; la chapelle principale est dédiée à l'Immaculée-Conception ; une autre chapelle de pèlerinage, dédiée à Notre-Dame, se trouve dans l'enclos. La Sainte Vierge, saint Joseph, sainte Anne et saint Méen sont les principaux patrons de la société. Pensionnat et externat ; école libre de filles, où les pauvres sont reçues gratuitement ; cent dix religieuses et novices.

2° *Vern.* — École libre de filles fondée en 1851 ; quatre religieuses.

3° *Plesder.* — École libre de filles fondée en 1851 ; soin des malades pauvres ; trois religieuses.

4° *Hédé.* — École libre de filles fondée en 1851 ; pensionnat ; cinq religieuses.

5° *Broons.* — École communale mixte fondée en 1851 ; trois religieuses.

6° *Brécé.* — École communale mixte fondée en 1851 ; trois religieuses.

7° *Tinténiac.* — École libre fondée en 1852 ; soin des malades pauvres ; cinq religieuses.

8° *Plélan-le-Grand.* — École communale de filles fondée en 1852 ; six religieuses.

9° *Montgermont.* — École communale mixte fondée en 1852 ; soin des malades pauvres ; trois religieuses.

10° *Pancé.* — École communale de filles fondée en 1852 ; trois religieuses.

11° *Saint-Aubin-du-Cormier.* — École libre de filles fondée en 1852 ; cinq religieuses.

12° *Tresbœuf.* — École libre de filles fondée en 1852 ; soin des malades pauvres ; trois religieuses.

13° *Pacé.* — École communale de filles fondée en 1852 ; soin des malades pauvres ; cinq religieuses.

14° *Quédillac.* — École libre de filles fondée en 1852 ; trois religieuses.

15° *Betton.* — École communale de filles fondée en 1853 ; pensionnat ; cinq religieuses.

16° *Servon.* — École communale de filles fondée en 1853 ; quatre religieuses.

17° *Saint-Aubin-d'Aubigné.* — École communale de filles fondée en 1853 ; cinq religieuses.

18° *Saint-Jean-sur-Vilaine.* — École communale de filles fondée en 1854 ; soin des malades pauvres ; quatre religieuses.

19° Guipel. — École communale de filles fondée en 1854; quatre religieuses.

20° La Chapelle-du-Lou. — École communale mixte fondée en 1854; trois religieuses.

21° Orgères. — École libre de filles fondée en 1854; trois religieuses.

22° Boisgervilly. — École communale de filles fondée en 1854; deux religieuses.

23° Saint-Suliac. — École libre de filles fondée en 1855; soin des malades pauvres; trois religieuses.

24° Vezin. — École communale mixte fondée en 1856; soin des malades pauvres; quatre religieuses.

25° Thorigné. — École communale de filles fondée en 1856; trois religieuses.

26° Saint-Grégoire. — École communale de filles fondée en 1856; quatre religieuses.

27° Pleine-Fougères. — École communale de filles fondée en 1857; cinq religieuses.

28° Saint-Domineuc. — École communale de filles fondée en 1858; trois religieuses.

29° Gévezé. — École communale de filles fondée en 1858; quatre religieuses; chapelle bénite par Mgr Saint-Marc en 1866.

30° Vieuxviel. — École communale de filles fondée en 1859; soin des malades pauvres; trois religieuses.

31° Rimou. — École communale de filles fondée en 1859; trois religieuses.

32° Coesmes. — École libre de filles fondée en 1859; quatre religieuses.

33° Saint-Thurial. — École libre de filles fondée en 1861; trois religieuses.

34° Le Theil. — École libre de filles fondée en 1861; trois religieuses.

35° Ossé. — École libre de filles fondée en 1868; soin des malades pauvres; quatre religieuses.

36° *Vignoc*. — École libre de filles fondée en 1872; trois religieuses.

37° *Renac*. — École libre de filles fondée en 1872; trois religieuses.

38° *Trévérien*. — École libre de filles fondée en 1873; soin des malades pauvres; trois religieuses.

39° *Muel*. — École libre de filles fondée en 1873; trois religieuses.

40° *Rennes (Notre-Dame)*. — École libre de filles fondée en 1874; externat; quatorze religieuses.

41° *Treffendel*. — École libre de filles fondée en 1874; trois religieuses.

42° *Ercé-près-Liffré*. — École libre de filles fondée en 1876; trois religieuses.

43° *Brie*. — École communale de filles fondée en 1877; soin des malades pauvres; trois religieuses.

44° *Pleumeleuc*. — École libre de filles fondée en 1878; soin des malades pauvres; trois religieuses.

PETITES SOEURS DES PAUVRES

La fondation de la Société des Petites Sœurs des Pauvres restera à jamais dans l'histoire comme un des plus beaux titres de gloire dont puisse saintement s'enorgueillir le diocèse de Rennes.

C'est à Saint-Servan que naquit cette congrégation si humble dans ses commencements et si prodigieusement répandue aujourd'hui dans l'univers entier.

Comme toutes les villes maritimes, Saint-Servan renferme beaucoup de pauvres : les fureurs de l'Océan engloutissent si souvent les pères et les soutiens de famille! Aussi un jeune vicaire de cette paroisse, M. Le Pailleur, fut-il frappé de bonne heure des besoins qu'éprouvaient à Saint-Servan les vieillards abandonnés; il conçut aussitôt le projet de leur venir en aide, et voici comment il le mit à exécution :

« Le 20 janvier 1838, une jeune ouvrière s'étant présentée à son confessionnal, M. Le Pailleur reconnut qu'elle était propre à l'œuvre qu'il méditait. Il la prépara à la vie religieuse sans lui découvrir son secret, qu'il ne lui révéla que plus tard et progressivement.

« Il lui associa une autre jeune ouvrière, aussi d'une grande vertu. Pendant deux ans et demi il éprouva ces deux jeunes personnes [1], et il leur avait recommandé de prendre soin d'une pauvre aveugle âgée de quatre-vingt-dix ans.

« Au bout de ce temps il leur parla clairement de son œuvre, et leur dit de porter cette bonne vieille dans la mansarde de deux pauvres servantes qui voulaient bien se prêter à cet acte de charité; que là elles pourraient continuer de soigner leur aveugle, qui leur était devenue bien chère.

« Elles la portèrent en effet; c'était le 15 octobre de l'année 1840. L'une des deux servantes, nommée Jeanne Jugan, pria le fondateur de la joindre aux deux jeunes ouvrières pour devenir religieuse ainsi qu'elles [2]; l'autre, nommée Fanchon Aubert, est restée dans l'Ordre au rang des pauvres vieillards.

« La mansarde, où l'on était depuis environ un an, devint insuffisante; on avait reçu une deuxième infirme et une quatrième sœur. Le fondateur loua un rez-de-chaussée, sombre et assez misérable, où il logea douze pauvres et les quatre sœurs, qu'il nomma dès lors les Sœurs des Pauvres [3].

« La première que Dieu lui avait envoyée, et qui fut appelée Marie-Augustine de la Compassion, devint supérieure générale, et elle l'est encore aujourd'hui.

« Il y avait un an qu'on habitait le rez-de-chaussée; les pauvres se présentaient, mais on ne pouvait plus en recevoir.

---

1. Marie Jamet, devenue sœur Marie-Augustine de la Compassion, et Virginie Trédaniel, en religion sœur Marie-Thérèse de Jésus.

2. Jeanne Jugan, née à Cancale en 1793, devint sœur Marie de la Croix; morte à la Tour-Saint-Joseph en 1879.

3. C'est à Nantes seulement que, pour la première fois, on leur donna le nom de *Petites Sœurs des Pauvres*, qui leur est resté.

C'est à ce moment que le fondateur acheta une maison de 22,000 fr., sans posséder aucune ressource, s'appuyant uniquement sur Dieu; mais sa foi était grande !

« Il donna pour bases principales à sa *petite famille*, comme il l'appelle, la sainte pauvreté et une confiance sans bornes en la divine Providence, voulant que les Petites Sœurs n'aient ni rentes, ni revenus assurés, qu'elles quêtent le pain de leurs pauvres et qu'elles vivent au jour le jour, attendant tout de la Providence.

« Tel est le récit succinct de la fondation de l'œuvre des Petites Sœurs des Pauvres[1]. »

Par décret en date du 9 juillet 1854, le Souverain-Pontife Pie IX approuva la congrégation des Petites Sœurs des Pauvres fondée par M. Le Pailleur; ce dernier fut nommé supérieur de cette petite famille, dont il conserve toujours le gouvernement.

La congrégation fut aussi admise à jouir en France des bénéfices de la reconnaissance légale, par un décret daté du 9 janvier 1856.

Les Petites Sœurs des Pauvres font des vœux de trois ans; elles vivent sous la règle de saint Augustin et sous les constitutions propres qui leur ont été données par leur Père fondateur, M. Le Pailleur.

Ces constitutions, adaptées au genre de vie des Petites Sœurs des Pauvres, ont reçu la sanction suprême du Siège apostolique par un bref du pape Léon XIII en date du 1er mars 1879[2].

Le noviciat, qui était jadis établi à Rennes, étant devenu trop à l'étroit dans cette ville, a été transféré à la Tour-Saint-Joseph, près Bécherel, en la paroisse de Saint-Pern.

Aujourd'hui la petite œuvre, commencée si humblement à Saint-Servan, est devenue une des plus imposantes et des

---

1. M. Ribeyre, *Hist. des Petites Sœurs des Pauvres*, 6, 7, 8.
2. M. Léon Aubineau, *Hist. des Petites Sœurs des Pauvres*, 101.

plus puissantes manifestations de la charité dans notre siècle. Plus de trois mille Petites Sœurs ont embrassé l'Institut de M. Le Pailleur et vivent selon l'esprit qu'il leur a inspiré. Elles occupent en France et à l'étranger deux cent quatre maisons. Elles soignent et elles nourrissent plus de vingt mille pauvres vieillards.

« Les merveilles des premiers jours se sont renouvelées de toutes parts. Le petit noyau planté il y a quarante-trois ans par une main sacerdotale a pris, dans l'abnégation et l'humilité, une germination admirable ; il est devenu un grand arbre, ses rameaux s'étendent au loin ; ils ne couvrent pas seulement la France et une partie de l'Europe, ils s'étendent sur l'Afrique et sur l'Amérique. Beaucoup d'âmes se reposent à leur ombre et y chantent, comme dans un asile béni, leur dernier cantique d'actions de grâces dans la paix et dans l'amour de Dieu [1]. »

Voici maintenant, par ordre chronologique, la liste des maisons dépendant des Petites Sœurs des Pauvres et la date de ces diverses fondations :

En 1840 : Saint-Servan.

En 1846 : Rennes et Dinan.

En 1847 : Tours.

En 1849 : Nantes, Paris (rue Saint-Jacques), Besançon.

En 1850 : Angers, Bordeaux, Rouen, Nancy.

En 1851 : Paris (rue du Regard, transférée aujourd'hui avenue de Breteuil), Londres (Portobello), Laval, Lyon (la Villette).

En 1852 : Lille, Marseille, Bourges, Pau, Vannes, Colmar, La Rochelle, Dijon, Saint-Omer, Brest.

En 1853 : Chartres, Liège (Belgique), Bolbec, Londres (Saint-Pierre), Paris (rue Picpus).

En 1854 : Toulouse, Saint-Dizier, Le Havre, Blois, Bruxelles (Belgique), Le Mans, Tarare, Paris (rue Notre-Dame-des-Champs).

---

1. M. Aubineau, *Histoire* précitée, 74.

En 1855 : Orléans.

En 1856 : Strasbourg, la Tour-Saint-Joseph, Caen, Saint-Étienne, Perpignan, Louvain (Belgique), Montpellier.

En 1857 : Jemmapes (Belgique), Agen, Poitiers.

En 1858 : Saint-Quentin, Lisieux, Annonay.

En 1859 : Amiens, Roanne.

En 1860 : Valenciennes, Grenoble, Draguignan, Châteauroux, Roubaix, Boulogne-sur-Mer.

En 1831 : Dieppe, Béziers, Clermont-Ferrand, Genève (Suisse), Lyon (Croix-Rousse), Metz.

En 1862 : Manchester (Angleterre), Bruges (Belgique), Nice, Lorient, Nevers, Flers, Glascow (Écosse), Bristol (Angleterre).

En 1863 : Villefranche, Cambrai, Barcelone (Espagne), Dundée (Écosse), Namur (Belgique), Manrèse (Espagne), Édimbourg (Écosse), Anvers (Belgique), Niort, Grenade (Espagne).

En 1864 : Birmingham (Angleterre), Paris (rue Philippe-de-Girard), Lérida (Espagne), Lorca (Espagne).

En 1865 : Malaga (Espagne), Antequera (Espagne), Plymouth (Angleterre), les Sables-d'Olonne, Troyes, Leeds (Angleterre).

En 1866 : Ostende (Belgique), Newcastle-on-Tyne (Angleterre), Maubeuge.

En 1867 : Madrid (Espagne), Nîmes, Toulon, Jaën (Espagne), Tourcoing, Cherbourg, Valence.

En 1868 : Périgueux, Waterford (Irlande), Reus (Espagne), Brooklyn (Amérique), Cincinnati (Amérique), Alger (Afrique), Nouvelle-Orléans (Amérique), Dunkerque.

En 1869 : Reims, Baltimore (Amérique), Saint-Louis (Amérique), Vic-en-Bigorre, Philadelphie (Amérique), Louisville (Amérique), Cannes, Aoste (Italie).

En 1870 : Boston (Amérique), Cleveland (Amérique), New-York (Amérique).

En 1871 : Washington (Amérique), Albany (Amérique).

En 1872 : Huesca (Espagne), Pittsburgh-Allegheny-City (Amérique), Salamanque (Espagne).

En 1873 : Judianopolis (Amérique), Gand (Belgique), Grasse, Troy (Amérique), Rochefort, Chantenay, Lons-le-Saulnier, Détroit (Amérique).

En 1874 : Saint-Pierre-lès-Calais, Charleroi (Belgique), Mataro (Espagne), Richmond (Amérique), Liverpool (Angleterre), Autun.

En 1875 : Birkenhead (Angleterre), Jérez-de-la-Frontera (Espagne), Limoges, Cork (Irlande), Saint-Denis.

En 1876 : Milwaukee (Amérique), Chicago (Amérique), Auch, Londres (Sainte-Anne).

En 1877 : Palma (îles Majorques), Rive-de-Gier, Zamora (Espagne), Tarragone (Espagne), Saintes, Armentières, Vienne (en Dauphiné), Cadix (Espagne), San-Lucar de Barrameda (Espagne).

En 1878 : Pampelune (Espagne), La Valette (île de Malte), Murcie (Espagne), Manchester (Angleterre), Séville (Espagne), Catane (Italie), Médina-Sidonia (Espagne), Newark (Amérique), Vitoria (Espagne), Écija (Espagne), Saint-Sébastien (Espagne), Gevone (Espagne), Baeza (Espagne).

En 1879 : Plasencia (Espagne), Naples (Italie), Bilbao (Espagne), Lyon-Vaise, Tortosa (Espagne), Carcassonne, Caceres (Espagne).

En 1880 : Brooklyn-Sainte-Famille (Amérique), La Madeleine-lès-Lille, Brighton (Angleterre), Germantown (Amérique), Liverpool-Saint-Joseph (Angleterre), Rome (Italie), Carlisle (Angleterre), Tolède (Espagne).

En 1881 : Valladolid (Espagne), Providence (Amérique), Aciréale (Italie), Preston (Angleterre), New-York-Saint-Joseph (Amérique), Bone (Afrique), Bruxelles (deuxième maison), Ossuna (Espagne), Turin (Italie), Barcelonne (deuxième maison), Dublin (Irlande).

En 1882 : Tunis (Afrique), Le Ferrol (Espagne), Carthagène (Espagne), Milan (Italie), Messine (Italie).

En résumé, la congrégation des Petites Sœurs des Pauvres possède aujourd'hui deux cent quatre maisons, dont : quatre-vingt-seize en France, seize en Angleterre, trois en Écosse, trois en Irlande, onze en Belgique, trente-huit en Espagne, vingt-quatre en Amérique, trois en Afrique, huit en Italie, une en l'île de Malte et une en Suisse. De tels chiffres sont plus éloquents que tout ce qu'on pourrait écrire en faveur de cet admirable Institut.

Racontons maintenant avec quelques détails les fondations faites par les Petites Sœurs dans le diocèse de Rennes.

1° Saint-Servan. — En 1842, le nombre des pauvres recueillis par les Petites Sœurs augmentant sans cesse, M. Le Pailleur acheta une grande maison occupée avant la Révolution par la communauté des Filles de la Croix. (V. p. 203.) « On n'avait rien, il est vrai, pour payer. L'abbé Le Pailleur vendit sa montre d'or, quelques autres effets et sa chapelle d'argent. Jeanne Jugan avait une petite somme, une autre de ses compagnes avait quelques économies; Fanchon Aubert y joignit le restant de ce qu'elle possédait. Le tout mit à peu près à même de solder les frais du contrat. On chargea la Providence de pourvoir au surplus. Elle ne fit pas défaut: au bout d'un an, la maison, qui avait coûté 22,000 fr., était entièrement payée [1]. »

L'hospitalité fut offerte si généreusement par les Petites Sœurs à Saint-Servan, qu'au bout de dix-huit mois cette grande maison se trouva pleine : cinquante vieillards y étaient logés. Pour nourrir tout ce monde on n'avait que la quête, et elle suffisait; les dessertes des tables, les morceaux de pain et de viande abondaient entre les mains des sœurs.

Aujourd'hui l'asile de Saint-Servan a été considérablement augmenté; les Petites Sœurs, au nombre de seize, y recueillent cent six pauvres. On a bâti une chapelle ogivale bien simple, mais propre et convenable, dédiée à l'Immaculée-Conception; la maison elle-même est sous la protection de la Sainte-Croix, en souvenir de son ancienne destination. On vient aussi d'y

---

[1]. M. Aubineau, *Hist. des Petites Sœurs*, 27.

annexer une ferme voisine du Rosais, où les vieillards valides peuvent aller s'occuper à différents petits travaux. Enfin, à quelque distance de Saint-Servan, sur la côte, les Petites Sœurs ont une maisonnette de repos et un petit oratoire au village du Minihy, dans la paroisse de Rothéneuf.

2° *Rennes.* — Aussitôt que la maison de Saint-Servan eut grandi, la sœur Marie-Augustine partit pour Rennes, en 1846, afin de chercher les moyens d'y créer un asile pour les vieillards. Cette seconde fondation présentait un intérêt spécial : il s'agissait, en effet, de savoir si le miracle charitable de Saint-Servan pourrait se renouveler ailleurs.

Aucune crainte n'arrête la Petite Sœur; aussi sa plus grande préoccupation ne fut-elle pas de trouver un local : elle cherchait avant tout des pauvres, de vieux pauvres à soigner; il n'en manquait pas à Rennes.

« Elle s'installe avec ses vieillards dans une modeste habitation du faubourg de Nantes. Le voisinage n'est pas de premier choix. Qu'importe, il s'agit d'implanter l'œuvre, et déjà elle existe, car les habitants et les soldats qui fréquentaient les cabarets du quartier ne marchandent pas leur sympathie à l'institution naissante. Bientôt on put trouver une maison plus convenable, et avec le concours des militaires on transféra les vieux indigents de l'asile provisoire dans le nouveau local [1]. »

Mais la ville de Rennes ne devait pas se contenter de figurer la seconde sur la liste des centres possédant cette institution charitable. L'œuvre des Petites Sœurs était née dans la catholique Bretagne : c'est en Bretagne qu'elle devait avoir son centre et pour ainsi dire son cœur et son point d'appui.

En 1852, l'évêque de Rennes accueillit avec faveur la pensée d'établir dans son diocèse la maison-mère, le noviciat de la nouvelle congrégation, et ce fut à la Piletière, près de

1. M. Ribeyre, *Hist. des Petites Sœurs*, 23.

la ville de Rennes, à l'extrémité du faubourg de Paris, que s'établit le centre de l'institution.

La Piletière forme un ensemble de vastes bâtiments construits d'une manière fort irrégulière, qui d'un côté sont bornés par la route de Paris, et de l'autre sont baignés par les eaux de la Vilaine. C'était, avant la Révolution, un vaste ouvroir fondé pour les pauvres par le vénérable abbé Carron, et dont nous avons eu occasion de parler. (V. p. 345.)

« Le 31 mars 1852, Mgr Saint-Marc vint bénir la chapelle. A son arrivée il fut reçu par le R. P. fondateur, par la bonne mère supérieure et par les supérieures locales, qui lui présentèrent vingt-quatre postulantes demandant l'habit de religion, et dix-sept novices qui le priaient de recevoir leur profession[1]. »

Quatre ans plus tard, les vastes constructions de la Piletière ne pouvaient plus contenir le noviciat des Petites Sœurs, et il fallut le transférer ainsi que la maison-mère à la Tour-Saint-Joseph.

L'établissement de Rennes est sous la protection de saint Michel. La chapelle en est dédiée à l'Immaculée-Conception ; construite en plein cintre, elle est de la plus grande simplicité. Il y a, en outre, un oratoire particulier aux religieuses pour leurs exercices de piété. Les Petites Sœurs, au nombre de quarante, recueillent aujourd'hui plus de trois cents pauvres à la Piletière.

3° *La Tour-Saint-Joseph.* — La maison de Rennes ne pouvant plus renfermer, comme nous venons de le dire, le noviciat des Petites Sœurs et l'asile de leurs pauvres, — présentant dès 1856 une agglomération de cinq cents personnes, religieuses et vieillards, — on résolut de séparer complètement le noviciat des asiles et de créer une maison-mère isolée des pauvres. D'après les conseils de Mgr Saint-Marc, les fondateurs cherchèrent dans la campagne du diocèse de Rennes

---

1. M. Ribeyre, *Hist. des Petites Sœurs*, 24

un lieu propre à la fondation qu'ils projetaient. Sur les confins du diocèse, dans la paroisse de Saint-Pern, à peu de distance de la petite ville de Bécherel, ils trouvèrent en vente une vaste propriété composée d'un vieux manoir et de bois, prairies et terres labourables, qui se nommait la Tour.

Cette terre tire son nom d'une vieille tour en ruines couverte de lierre et bâtie sur le roc ; c'est le dernier vestige d'une antique forteresse ruinée, semble-t-il, dès avant 1513, et qui a pu être le berceau de la noble famille de Saint-Pern. Mais au commencement du XVIe siècle elle n'appartenait point à cette famille : en 1513, Eustache Le Bel possédait, du chef de Jeanne Callouel, sa femme, « le lieu et métairie de la Tour ô le moulin, noble et ancien [1]. » Toutefois les de Saint-Pern rentrèrent plus tard en possession de cette propriété ; ils firent alors bâtir un nouveau manoir et y joignirent une chapelle. En 1730, François de Saint-Pern, seigneur de la Tour, habitant le château de ce nom, fonda une messe chaque dimanche dans sa chapelle de la Tour. Gabriel de Saint-Pern, seigneur de Champalaune, possédait aussi la Tour en 1780, et au commencement de ce siècle sa famille y résidait encore.

Dès que M. Le Pailleur eut visité la Tour : « C'est là le lieu, dit-il en se tournant vers la mère générale, c'est là le lieu que le bon Dieu nous destine. »

« En effet, l'acquisition fut faite le 30 janvier 1856, au prix de 212,000 francs. Pour payer cette somme on avait 18,000 francs. Ce fut alors que le bon Dieu envoya à la famille des Petites Sœurs un jeune ecclésiastique qui s'y attacha et fournit de ses deniers la majeure partie de la somme due. Ce fut lui encore qui contribua à faire élever les constructions du noviciat, que l'on commença bientôt à bâtir. Nous avons nommé M. l'abbé Lelièvre ou le Père Ernest-Marie, à qui l'Angleterre, l'Écosse et l'Irlande sont aussi redevables de leurs diverses maisons de Petites Sœurs.

---

1. *Réformation de la Noblesse dans la paroisse de Saint-Pern.*

« Le 25 juillet de la même année, Mgr l'évêque de Rennes vint bénir la nouvelle maison et y présider à une cérémonie de vêture et de profession, qui se fit dans un bois de sapins remplacé par le noviciat actuel, édifice vaste et simple dont la première pierre fut posée par Mgr Maupoint, évêque nommé de Saint-Denis de la Réunion [1]. »

En donnant les plans des bâtiments, le bon Père avait marqué la place que devait occuper l'église, dont la construction était ajournée faute de ressources. Il y déposa une statuette de saint Joseph. Deux bienfaiteurs tout dévoués à l'œuvre des Petites Sœurs, M. et Mme Féburier, se trouvaient en ce moment à la Tour; la petite statue posée sur le gazon attira leurs regards; elle semblait les inviter — eux qui n'ayant pas d'enfants jouissaient d'une grande fortune — à lui élever un monument. Répondant à cet appel intérieur fait à leur piété, aussi fervents que charitables, M. et Mme Féburier cédèrent volontiers à l'inspiration divine; ils appelèrent aussitôt un architecte et lui firent dresser un plan fort grandiose. Grâce à leur pieuse générosité, un superbe édifice s'est élevé en l'honneur de saint Joseph, dont la statue domine toute la maison; aussi celle-ci a-t-elle pris le nom de la Tour-Saint-Joseph.

Nous n'entreprendrons point ici la description des vastes bâtiments de la Tour; le plan général est un grand corps-de-logis flanqué de quatre ailes sur chaque façade; au centre apparaît l'église, édifice de style pseudo-roman, œuvre de M. Mellet, architecte. Cette église très-vaste se compose de trois nefs accompagnées de chapelles, d'un vaste transept où se trouve une crypte, et d'une abside pentagonale avec déambulatoire; au-dessus des nefs collatérales règnent d'immenses tribunes. La tour carrée est flanquée de tourelles à ses angles et surmontée d'une flèche que termine la statue de saint Joseph. L'ensemble de ce monument, tout construit en beau

---

1. M. Ribeyre, *Hist. des Petites Sœurs*; 28.

granit, est imposant, d'un style sinon à l'abri de toute critique, du moins noble, sévère et religieux.

Comme toutes les églises des Petites Sœurs des Pauvres, celle-ci est sous le vocable de l'Immaculée-Conception. Elle fut très-solennellement consacrée, le 5 septembre 1869, par Mgr Saint-Marc, alors archevêque de Rennes, assisté de Mgr Guynemer de la Hailandière, ancien évêque de Vincennes.

« Sous l'habile direction de M. l'abbé Le Pailleur, l'ancienne propriété de la Tour s'est améliorée; le sol pierreux et inculte a été défriché; des plantations nombreuses, d'immenses travaux de drainage y ont été faits; le dessèchement de vastes étangs, en assainissant le terrain, l'a rendu fécond en récoltes; de sorte que ce nouveau noviciat offre toutes les conditions désirables de commodité et d'hygiène pour le nombreux personnel qui l'habite en ce moment.

« C'est là que, de différentes contrées de l'Europe et de l'Amérique, d'illustres personnages, des princes de l'Église, de grands bienfaiteurs sont venus s'édifier dans ce nouveau séminaire de la charité chrétienne[1]. »

Le noviciat de la Tour-Saint-Joseph abrite en ce moment environ six cents personnes; et dans ce nombre, cinq cent quatre religieuses, novices et postulantes, venues de France, d'Angleterre, d'Espagne, de Belgique, d'Allemagne, etc., se forment à la vie toute d'abnégation et de dévouement de la Petite Sœur des Pauvres.

SAINTE VIERGE (FILLES DE LA)

Nous avons dit précédemment (p. 242) que les Filles de la Sainte Vierge furent chassées de leur maison de la rue Saint-Hélier en 1792. Lorsqu'un peu de paix revint en France, l'une d'elles, Mlle Françoise Lévêque-Beaumard, voulut consacrer sa fortune au relèvement de sa chère communauté, et

---

[1]. M. Ribeyre, *Hist. des Petites Sœurs des Pauvres*, 29.

la laissa dans ce but aux mains de Mlles Esther-Pélagie Vatar et Marie-Anne de Trémereuc.

Le ciel bénit ce projet : vingt-neuf ans après la dispersion, Mlles Vatar et de Trémereuc reprirent possession de l'ancienne maison de retraite et la rendirent à Dieu et à Marie.

« Ce résultat n'avait pas été atteint sans traverses. Ne croyant plus à la possibilité d'acquérir leur ancien immeuble, ces dames avaient d'abord acheté l'ancien couvent des Carmélites, dont elles ne tardèrent pas à reconnaître l'insuffisance et la mauvaise distribution. Il fallut revendre avec perte. Peu de temps après cet échec, le gouvernement donna à l'abbé Carron, de vénérable mémoire, l'ancienne demeure des Filles de la Sainte Vierge en compensation des terrains qu'on lui avait confisqués au début de la Révolution. M. Carron, dont la bourse s'épuisait en largesses quotidiennes, manifesta l'intention de vendre. Mlles Vatar et de Trémereuc saisirent cette heureuse occasion.

« Elles furent promptement entourées et secondées par de courageuses compagnes, dont plusieurs appartenaient aux familles les plus chrétiennes et les plus estimées de Rennes.

« Pour se conformer à la loi, les Filles de la Sainte Vierge demandèrent à être autorisées par le gouvernement. Le Conseil d'État vérifia leurs statuts, et le 17 janvier 1825 une ordonnance royale autorisa définitivement la communauté.

« On vit bientôt renaître le beau temps des retraites. Ceux qui en suivaient les saints exercices se comptèrent par centaines[1]. »

Afin d'arriver à la perfection que demande leur vocation, les Filles de la Sainte Vierge déclarèrent vouloir se lier désormais par des vœux. Aux trois vœux ordinaires de pauvreté, de chasteté et d'obéissance, elles ajoutèrent celui de travailler à la gloire de Dieu et au salut des âmes conformément aux statuts de leur congrégation. Ces nouvelles règles, plus par-

---

1. *Semaine Religieuse de Rennes*, XII, 722.

faites que les premières, furent approuvées par Mgr Saint-Marc, évêque de Rennes, le 24 mai 1856.

Les Filles de la Sainte Vierge ne possèdent que leur seule maison de Rennes ; mais dans cet établissement, outre l'œuvre des retraites prêchées par les Missionnaires diocésains, les sœurs s'occupent de l'instruction des petites filles et tiennent un pensionnat et une école.

La chapelle, réédifiée de nos jours avec une science et un goût archéologiques incontestés par M. le chanoine Brune, est dédiée au Sacré-Cœur de Jésus. C'est un bel édifice de style ogival primitif, composé d'une nef avec une vaste abside polygonale bien décorée de vitraux peints.

Dans l'enclos s'élève aussi un petit sanctuaire dédié à Notre-Dame de Lourdes : simple rectangle à chevet droit, de style ogival, cet édicule fort joli a été récemment construit en reconnaissance de la guérison de la supérieure de la maison, atteinte de cécité et guérie à la suite d'une neuvaine à Notre-Dame de Lourdes.

SAINTS CŒURS DE JÉSUS ET DE MARIE (SOEURS DES)

En 1845 vivaient dans la paroisse de Paramé deux modestes chrétiens, vraiment dignes de ce nom, faisant chacun dans sa position le plus de bien possible aux pauvres, à l'exemple de leur divin Maître : l'un était un propriétaire-cultivateur appelé Henri Le Marié, célibataire, et possesseur d'un domaine d'une certaine étendue connu sous le nom de ferme des Chesnes ; l'autre était une pieuse femme, Mlle Amélie Fristel, née à Saint-Malo en 1798, et fille d'un notaire de cette ville, anciennement juge de paix à Dol. Pendant que M. Le Marié, modeste dans ses goûts, conservant les simples habitudes de la vie des champs et « n'ayant d'autre luxe que la bienfaisance, » se faisait une loi d'exercer l'hospitalité envers tous les malheureux qui venaient frapper à sa porte des Chesnes, Mlle Fristel, après avoir perdu ses parents, se consacrait au service des pauvres en créant à Paramé même un bureau de charité pour procurer de l'ouvrage aux mères de famille indigentes et pour venir en aide aux nécessiteux. Aucun rapport de société habituelle n'existait entre ces deux personnes, « mais — comme le dit fort bien l'auteur anonyme d'une intéressante *Notice* à laquelle nous empruntons ces détails, — pour les âmes inspirées par l'amour de leurs semblables il est un centre commun où elles s'entendent, s'expliquent et se pénètrent réciproquement; ce centre, c'est le Dieu de toute charité et de toute intelligence [1]. »

Aussi M. Le Marié, désirant d'assurer après sa mort des secours permanents aux vieillards et aux invalides qu'il aimait à soulager durant sa vie, crut ne pouvoir mieux faire que d'instituer Mlle Fristel sa légataire universelle; il ne lui imposa d'ailleurs aucune condition, ne doutant pas un instant du bon usage qu'elle ferait de sa fortune. En effet, aussitôt après la mort de ce généreux bienfaiteur, arrivée le 25 juin 1816, Mlle Fristel, apprenant quelles ressources lui arrivaient inopinément, comprit qu'elle devait se considérer non comme propriétaire, mais comme dépositaire du talent que le divin Père de famille lui confiait, pour le faire fructifier au profit des pauvres. « Accompagnée d'une domestique pieuse et dévouée, qui ne l'a jamais quittée, et de deux amies qui se font ses auxiliaires provisoires, elle entre dans la maison des Chesnes pour n'en plus sortir; elle y fait entrer avec elle trois ou quatre vieillards, les plus abandonnés de la commune, et dont elle va se faire la servante. Tel est son cortège, telle est la prise de possession de son héritage [2]. »

Dieu bénit les efforts de son humble servante; il lui inspira de se consacrer à la vie religieuse tout en se donnant aux pauvres. Bientôt la maison de M. Le Marié devint l'asile de Notre-Dame-des-Chesnes; une chapelle s'y éleva, et de pieuses

---

1. La sœur Marie-Amélie Fristel, 32.
2. Ibidem, 33.

filles se mirent sous la direction de Mlle Fristel. Mgr Saint-Marc, évêque de Rennes, approuva leur congrégation le 20 octobre 1852, permit à ces bonnes filles de revêtir l'habit régulier, et délégua M. Maupoint, son vicaire général, pour recevoir leurs vœux, le 11 novembre 1853. Les religieuses se trouvèrent alors au nombre de sept; la fondatrice prit le nom de sœur Marie-Amélie, et la congrégation nouvelle des Saints Cœurs de Jésus et de Marie fut dès lors solidement établie.

Au soin des indigents entretenus à l'asile des Chesnes, la bonne mère Marie-Amélie joignit bientôt la direction des petites écoles dans les paroisses pauvres, sur le désir que lui en témoigna le premier pasteur du diocèse. Un décret impérial, en date du 21 février 1859, ratifia ces dispositions et autorisa l'établissement à Paramé de la congrégation enseignante et hospitalière des Sœurs des Saints Cœurs de Jésus et de Marie. Ainsi se réalisa la prédiction qui avait été faite à Mlle Fristel, — alors qu'étant encore dans le monde elle faisait une retraite au Rocher, en Saint-Servan, — qu'elle deviendrait la mère d'une nombreuse famille religieuse.

Que dirions-nous de plus de la mère Marie-Amélie? Comme l'écrit son biographe, son existence fut surtout « une vie cachée en Dieu; mais précisément parce qu'elle s'absorba dans l'union avec la divine lumière, elle en fut comme toute pénétrée d'un rayonnement doux, paisible et fort, qui lui fit accomplir humblement de grandes choses » pour le bien de sa congrégation. Dieu appela vers lui sa fidèle servante en octobre 1866; atteinte d'une congestion mortelle, elle perdit la parole et ne la recouvra plus, tout en conservant son entière connaissance. « La bonne mère, prévoyant le genre de sa mort, avait souvent répété à ses compagnes : « Lorsque « je ne pourrai plus parler, je lèverai la main droite, ce sera « pour vous bénir. » En effet, pendant les quelques jours de son agonie, malgré les souffrances auxquelles elle paraissait en proie, on la voyait soulever de temps à autre sa chère main défaillante comme pour la poser sur la tête de ses filles agenouillées, offrant à Dieu leurs prières, leurs vœux, leurs mortifications et leurs larmes, pour obtenir la conservation d'une existence si précieuse. La messe se célébrait chaque jour à la même intention dans la chapelle, au milieu d'un grand concours de fidèles. Les bons vieillards de l'asile priaient sans cesse, le chapelet à la main, pour leur mère si dévouée. Hélas! son œuvre était finie sur la terre; Dieu la voulait au ciel [1]! »

Ce fut le dimanche 14 octobre, fête de la Maternité de la Vierge, que la mère Marie-Amélie rendit doucement son âme au Seigneur.

A côté de cette pieuse femme, nous devons faire figurer parmi les fondateurs de la maison des Chesnes Mgr Maupoint, évêque de Saint-Denis de la Réunion, et M. l'abbé Alexandre Pâris : le premier, chargé par Mgr Saint-Marc, — alors qu'il n'était que vicaire général de Rennes — de diriger les premiers pas de la congrégation naissante, lui porta toute sa vie le plus vif intérêt, et lui fut souvent d'un grand secours; le second, vicaire à Paramé, renonça à ce poste pour se consacrer tout entier, en qualité d'aumônier, au développement de l'œuvre de la mère Marie-Amélie. Ce pieux ecclésiastique, nommé chanoine honoraire de Saint-Denis de la Réunion, mourut aux Chesnes en juillet 1870; les religieuses des Saints Cœurs en garderont longtemps le souvenir, unissant dans leurs regrets et dans leurs prières son nom vénéré à celui de leur bonne mère fondatrice.

Aujourd'hui, la congrégation des Saints Cœurs de Jésus et de Marie est répandue dans le diocèse de Rennes; elle a, de plus, des maisons dans ceux de Vannes, Blois et Coutances, et elle ne craint pas d'aller en fonder jusqu'en Angleterre. C'est ainsi que la petite semence répandue par les charitables fondateurs des Chesnes est en train de devenir un grand arbre. « Pour que Dieu continue de lui donner l'accroisse-

---

1. *La sœur Marie-Amélie Fristel*, 83.

ment, la mère Marie-Amélie — dit le biographe de cette dernière — obtiendra les chaudes haleines, les tièdes ondées, les rayons du midi et les rosées des nuits. Et, grâce à sa prière, si le vent de l'épreuve vient à souffler, les cimes secouées et élargies vers le ciel affermiront, en les plongeant dans le sol, les racines de la jeune plante[1]. »

Voici maintenant la liste des divers établissements que possède la congrégation des Saints Cœurs de Jésus et de Marie. Dans de nombreuses paroisses et durant plusieurs épidémies, ces bonnes religieuses se sont signalées par leur dévouement et ont ainsi mérité la juste reconnaissance des populations.

1° *Notre-Dame-des-Chesnes, en Paramé.* — Maison-mère et noviciat placés sous la protection de la Très-Sainte Vierge. — Asile renfermant une quarantaine de vieillards des deux sexes, choisis autant que possible parmi les pauvres de Paramé; chapelle ogivale dédiée aux Saints Cœurs de Jésus et de Marie; nouvelle construction conventuelle assez importante et fort bel enclos agricole; vingt-cinq religieuses et une vingtaine de novices. — Pendant la guerre de 1870, les religieuses établirent une ambulance aux Chesnes et furent demandées pour soigner les blessés dans les ambulances de Versailles. Sur le conseil de M⁵ʳ Saint-Marc, elles partirent six pour se rendre à ce poste périlleux; au Mans, elles se trouvèrent au milieu d'un combat, leur voiture fut arrêtée, et elles faillirent tomber entre les mains de l'ennemi. Rendues à Versailles, elles coururent encore de plus grands dangers, car l'une d'elles ayant fait évader un prisonnier français, fut sur le point d'être fusillée par les Prussiens. Ces pauvres sœurs, exténuées de fatigues et d'émotions, ne rentrèrent aux Chesnes qu'après trois mois et demi d'absence; l'une d'entre elles mourut d'épuisement quelque temps après.

---

1. *La sœur Marie-Amélie Fristel*, 88.

2° *Le Thélin.* — École communale mixte fondée en 1856; trois religieuses.

3° *Cornillé.* — École communale fondée comme école mixte en 1856, maintenant école de filles; soin des malades pauvres; trois religieuses.

4° *Saint-Thual.* — École communale de filles fondée en 1856; trois religieuses.

5° *Saint-Senoux.* — École communale de filles fondée en 1857; deux religieuses.

6° *Le Châtellier, en Pléchâtel.* — École communale mixte de hameau fondée en 1857; trois religieuses. — On bâtit actuellement près de cette école, située à deux lieues du bourg paroissial, une chapelle où les sœurs pourront faire leurs exercices de piété.

7° *Maxent.* — École de filles fondée en 1857; cours d'adultes; pensionnat; soin des malades pauvres; quatre religieuses.

8° *Saint-Uniac.* — École communale mixte fondée en 1857; pensionnat; cours d'adultes; soin des malades pauvres; trois religieuses.

9° *Chancé.* — École communale mixte fondée en 1858; deux religieuses.

10° *Tressé.* — École communale mixte fondée en 1858; soin des malades pauvres; deux religieuses.

11° *Le Crouais.* — École communale mixte fondée en 1858; deux religieuses.

12° *Saint-Gondran.* — École communale mixte fondée en 1858; deux religieuses.

13° *Langan.* — École communale mixte fondée en 1859; deux religieuses.

14° *L'Hermitage.* — École communale de filles fondée en 1859; deux religieuses.

15° *Moigné.* — École communale mixte fondée en 1859; deux religieuses.

16° Saint-Ganton. — École communale de filles fondée en 1859; deux religieuses.

17° Saint-Georges-de-Gréhaigne. — École communale mixte fondée en 1860; cours d'adultes; trois religieuses.

18° Campel. — École communale mixte fondée en 1860; cours d'adultes; trois religieuses.

19° Montdol. — École communale de filles fondée en 1860; deux religieuses.

20° Châteauneuf. — École libre de filles fondée en 1860; pensionnat; quatre religieuses.

21° Loutehel. — École communale mixte fondée en 1861; deux religieuses.

22° La Chapelle-Thouarault. — École communale de filles fondée en 1862; pensionnat; deux religieuses.

23° Le Sel. — École libre de filles fondée en 1862, devenue école communale; trois religieuses.

24° Cherrueix. — École communale de filles fondée en 1862; soin des malades pauvres; pensionnat; quatre religieuses.

25° Le Verger. — École communale de filles fondée en 1862; pensionnat; deux religieuses.

26° Véneffles. — École communale mixte fondée en 1862; deux religieuses.

27° Lassy. — École communale mixte fondée en 1863; deux religieuses.

28° Lillemer. — École communale mixte fondée en 1863; cours d'adultes; deux religieuses.

29° Saint-Péran. — École communale de filles fondée en 1864; cours d'adultes; deux religieuses.

30° Saint-Gonlay. — École communale mixte fondée en 1864; cours d'adultes; deux religieuses.

31° Saint-Maugand. — École communale de filles fondée en 1864; cours d'adultes; deux religieuses.

32° Crévain. — École libre mixte fondée en 1865; cours d'adultes; deux religieuses.

33° *La Bosse*. — École communale mixte fondée en 1865; soin des malades pauvres; trois religieuses.

34° *Noyal-sous-Bazouges*. — École communale de filles fondée en 1866; soin des malades pauvres; cours d'adultes; trois religieuses.

35° *Moussé*. — École communale mixte fondée en 1866; deux religieuses.

36° *La Fresnais*. — École libre de filles fondée en 1867; pensionnat; soin des malades pauvres; cinq religieuses.

37° *Bonnemain*. — École communale de filles fondée en 1867; soin des malades pauvres; trois religieuses.

38° *Roz-sur-Couasnon*. — École communale de filles fondée en 1867; soin des malades pauvres; pensionnat; quatre religieuses.

39° *Trimer*. — École communale mixte fondée en 1868; cours d'adultes; deux religieuses.

40° *Hirel*. — École libre de filles fondée en 1868; deux religieuses.

41° *Rothéneuf*. — École mixte fondée en 1870; deux religieuses. — Attenant à la maison d'école se trouve l'ancienne chapelle de Saint-Michel-des-Sablons, qui sert d'oratoire aux sœurs.

42° *Saint-Léonard*. — École libre mixte fondée en 1871; cours d'adultes; trois religieuses.

43° *Chaumeray, en Guipry*. — École libre mixte fondée en 1872; deux religieuses. — La chapelle frairienne de Sainte-Magdeleine est à côté de cette école, sise à deux lieues du bourg, et les sœurs entretiennent ce sanctuaire et y font leurs exercices de piété.

44° *Château-Malo*. — École libre de filles fondée en 1872; deux religieuses. — L'école se fait dans l'ancienne chapelle frairienne de Château-Malo qu'a remplacée une église paroissiale moderne.

45° *Saint-Guinou*. — École libre de filles fondée en 1872;

visite des malades pauvres; cours d'adultes; trois religieuses.

46° *Saint-Séglin.* — École communale de filles fondée en 1873; deux religieuses.

47° *Lanrigan.* — École communale mixte fondée en 1873; cours d'adultes; deux religieuses.

48° *Coganne, en Paimpont.* — École communale mixte fondée en 1874; cours d'adultes; deux religieuses. — Cette école de hameau, située à deux lieues du bourg, est à côté d'une chapelle frairienne où les sœurs font leurs exercices de piété.

49° *Bruc.* — École communale de filles fondée en 1874; soin des malades pauvres; trois religieuses.

50° *Pontréan.* — École libre de filles fondée en 1874; cours d'adultes; deux religieuses.

51° *Carfantain.* — École libre mixte fondée en 1874; deux religieuses.

52° *Guernesey* (Angleterre). — École et pensionnat fondés en 1874; soin des malades pauvres; quatre religieuses.

53° *Saint-Brieuc-des-Iffs.* — École communale mixte fondée en 1875; deux religieuses.

54° *Saint-Aubin-du-Pavail.* — École communale mixte fondée en 1875; classe de chant; deux religieuses.

55° *Borel.* — École communale mixte fondée en 1875; cours d'adultes; deux religieuses.

56° *Saint-Raoul* (Morbihan). — École communale mixte fondée en 1876; soin des malades pauvres; deux religieuses.

57° *Saint-Ouen* (Loir-et-Cher). — École libre de filles fondée en 1878; soin des malades pauvres; trois religieuses.

58° *Redon.* — Dans le collège de cette ville tenu par les PP. Eudistes, sept religieuses remplissent depuis 1878 les fonctions d'infirmières et de lingères et tiennent un ouvroir; elles ont un oratoire particulier.

59° *Tudhoc* (Angleterre). — Orphelinat mixte fondé en 1878; sept religieuses.

60° Saint-Jean de Ploërmel (Morbihan). — École communale mixte fondée en 1879 ; deux religieuses.

61° Saint-Ydeuc. — École libre de filles fondée en 1881 ; deux religieuses.

62° Coutances (Manche). — Dans le lycée de cette ville, cinq religieuses tiennent l'infirmerie et la lingerie depuis 1881.

LIVRE DEUXIÈME

COMMUNAUTÉS ÉTRANGÈRES

CHAPITRE I

COMMUNAUTÉS D'HOMMES

Carmes déchaussés, — Eudistes, — Lazaristes, — Récollets, — Frères des Écoles Chrétiennes, — Frères de l'Instruction Chrétienne.

CARMES DÉCHAUSSÉS

RENNES

Nous avons vu que les Carmes déchaussés avaient été chassés de Rennes par la Révolution (V. p. 130). Ils rentrèrent dans cette ville en 1856 et cherchèrent à s'établir dans la même paroisse qu'avaient habitée leurs prédécesseurs, c'est-à-dire en la paroisse de Notre-Dame, remplaçant aujourd'hui l'ancienne paroisse de Saint-Jean.

Trois Pères s'installèrent d'abord, avec l'autorisation de Mgr Saint-Marc, dans une petite maison de la rue de Fougères; mais leur modeste sanctuaire, bénit le 2 juillet 1856, devint bientôt trop étroit, et il 'eur fallut chercher un local plus vaste. Après un court séjour dans la rue de Paris, ils commencèrent, en 1864, la construction d'un véritable monastère avec une élégante chapelle et de beaux cloîtres, dans la rue de Belair. La chapelle, dédiée à l'Immaculée-Conception, fut consacrée par Mgr Saint-Marc le 5 avril 1867. Ce couvent, qui renfermait un scholasticat et quatorze religieux, semblait devoir prospérer lorsque parurent, le 29 mars 1880, les décrets enjoignant aux congrégations religieuses l'ordre de se faire autoriser par le gouvernement. Les RR. PP. Carmes ne crurent pas devoir demander cette autorisation et se virent alors en proie à une véritable persécution. Le 20 octobre, les portes de leur monastère furent brisées par ordre et en présence du préfet d'Ille-et-Vilaine, qui expulsa violemment les vénérables religieux de leurs cellules; mais ceux-ci traversèrent la ville au milieu des acclamations d'une foule enthousiaste, jalouse de leur rendre hommage. A peine arrivés dans une maison hospitalière, ils y reçurent la visite de M⁰ʳ l'archevêque de Rennes, venant, leur dit-il lui-même, « saluer en eux des confesseurs de la foi. »

Depuis cette triste journée, l'église conventuelle, dont les portes furent scellées par l'autorité civile, est restée fermée au public. Le prieur du monastère et le provincial y demeurent seuls, tolérés comme propriétaires de l'immeuble. Ils ont permis qu'une école libre, tenue par les Frères des Écoles Chrétiennes, se fisse dans une partie de leurs bâtiments claustraux devenus déserts.

EUDISTES

Les Eudistes ou Prêtres de Jésus et Marie (V. p. 155) furent chassés, comme nous l'avons dit, de leurs établissements par la Révolution et dispersés de tous côtés. Toutefois, nous venons de voir (p. 547) le R. P. Blanchard, ancien supérieur du Petit-Séminaire de Rennes, rentrer d'exil dans cette ville dès la fin de 1797; il y fut bientôt rejoint par le P. Guillaume Morin, supérieur de l'ancien Grand-Séminaire de Rennes, et par quelques autres confrères. Nous avons pu admirer l'étonnante activité que le P. Blanchard mit alors à reconstituer les écoles ecclésiastiques dans la ville de Rennes.

Dès 1816, le P. Blanchard fit quelques démarches en vue

du rétablissement de la congrégation des Eudistes, mais elles demeurèrent infructueuses. Il lui fallut attendre dix ans : à cette époque, la société put se reconstituer à Rennes, le 19 janvier 1826. Dans leur assemblée générale tenue ce jour-là dans la maison du Pont-Saint-Martin, les Eudistes élurent supérieur général de leur congrégation celui qui le méritait si bien à tant de titres, Pierre-Charles Blanchard, alors chanoine, vicaire général et recteur de l'Académie de Rennes[1].

Depuis cette époque, la société des Prêtres de Jésus et Marie prospère d'une manière évidente et rend les plus grands services à l'archidiocèse de Rennes.

D'après leurs constitutions mêmes, les Eudistes n'ont point de maison-mère. Le chef-lieu de la société est toujours la maison qu'habite le supérieur général; depuis le rétablissement de leur association, ce fut d'abord la maison de Rennes, puis celle de Redon ; c'est aujourd'hui celle de Paris.

Voici quels sont les établissements tenus maintenant chez nous par ces pieux et savants prêtres[2].

1° RENNES.

Nous avons vu le P. Blanchard obligé de quitter une seconde fois le Petit-Séminaire de Rennes, dont il était supérieur (V. p. 550). Il en sortit au mois de décembre 1812, l'année qui suivit la fermeture de l'établissement, après avoir donné au Diocèse de Rennes la maison des Cordeliers, qui lui appartenait en propre. Mais le P. Blanchard n'en continua pas moins de se consacrer tout entier à l'éducation de la jeunesse. Il se retira dans une maison près du Pont-Saint-Martin, à la porte de Rennes, maison qu'il fit bâtir dans un champ acquis de ses deniers; c'est aujourd'hui l'École Nor-

---

1. Le P. Blanchard, né à Carantilly, au diocèse de Coutances, en 1753, avait déjà été élu supérieur général par quelques Eudistes le 20 janvier 1798, après son retour à Rennes. (V. le P. Martine, *Vie du P. Eudes.*)

2. Nous devons presque tous les renseignements qui suivent à l'obligeance des PP. Gabler, supérieur de la maison de Rennes, et Haudebourg.

male[1]. Il y ouvrit un pensionnat en 1815 et y recueillit d'abord de pauvres enfants de la campagne, au nombre de douze; mais dès 1819 il en eut quarante-neuf, et en 1824 cent dix-huit, quand les bâtiments de sa propriété eurent été augmentés. La plupart de ces jeunes gens se destinaient à l'état ecclésiastique et, malgré l'éloignement, suivaient les cours du collège royal, au moins pour les classes supérieures.

Nommé par la Restauration proviseur de cette dernière maison, le P. Blanchard devint bientôt recteur de l'Académie de Rennes et supérieur général des Eudistes; il n'en continua pas moins de résider le plus souvent au milieu de ses élèves du Pont-Saint-Martin. Mais, le 2 juin 1828, il acheta l'ancien couvent des Capucins, situé dans la paroisse Saint-Aubin (V. précéd., p. 117). La division des grands vint s'y établir au mois d'octobre de l'année suivante, et le Pont-Saint-Martin fut complètement évacué à la fin de 1831.

Sur les entrefaites éclata la Révolution de Juillet et mourut le P. Blanchard; ce saint et savant prêtre, qui avait rendu tant de services au diocèse de Rennes, décéda au Pont-Saint-Martin le 14 septembre 1830. Jérôme-Marie Loüis de la Morinière, ex-professeur de rhétorique au collège royal de Rennes, destitué par le gouvernement de Louis-Philippe, lui succéda en qualité de supérieur de la maison de Rennes et de supérieur général des Eudistes[2].

Pour conserver le souvenir de la paroisse Saint-Martin, dont l'église, avant sa démolition, était voisine du couvent des Capucins, les Eudistes donnèrent le nom de Saint-Martin à la pension qu'ils avaient créée dans cet ancien monastère, et celle-ci le conserve encore. A partir de 1849, les élèves de quatrième et des classes supérieures abandonnèrent le collège royal pour suivre les cours de l'institution Saint-Vin-

---

1. La ville de Rennes acheta cet établissement 81,000 fr., en 1838.
2. Le R. P. Loüis naquit à Amanlis, diocèse de Rennes, le 27 février 1790; nommé supérieur général le 14 septembre 1830, il mourut à Rennes le 30 janvier 1849.

cent, ouverte à cette époque par Mgr Saint-Marc, évêque de Rennes.

Le noviciat des Eudistes fut établi dans la maison de Rennes le 29 septembre 1837, mais plus tard, en 1850, on le transféra à la Roche-du-Theil, près de Redon.

Le 6 avril 1858 furent commencées les nouvelles constructions de l'institution Saint-Martin de Rennes. En place du vieux couvent des Capucins, fort délabré, s'élevèrent un beau corps-de-logis, pouvant renfermer trois cents élèves, et une charmante chapelle, de style ogival primitif; ce dernier édifice, dédié à saint Martin, fut solennellement consacré, le 6 août 1872, par Mgr Guynemer de la Hailandière, ancien évêque de Vincennes. Dans cette chapelle, — véritable église construite avec beaucoup de goût par M. le chanoine Brune, — on remarque en outre du maître-autel, du côté de l'évangile, les autels de la Sainte-Vierge, des Saints-Cœurs de Jésus et de Marie, Saint-Stanislas Kostka et Saint-Théophile, et du côté de l'épître ceux des Saints-Anges, de la Sainte-Famille, Saint-Louis de Gonzague et Sainte-Anne. La nef, fort vaste, est terminée par une belle abside polygonale et accostée d'une double série d'élégantes chapelles; dans les arcatures de cette nef sont de beaux bas-reliefs sculptés en pierre, représentant les stations du Chemin-de-Croix.

La fête patronale de cette chapelle est l'invention du corps de saint Martin, célébrée le 4 juillet.

Au bas de l'édifice, deux petits édicules renferment les cœurs des RR. PP. Blanchard et Loüis, supérieurs généraux et restaurateurs de la société des Eudistes, dont les corps reposent aujourd'hui dans le cimetière de la Roche-du-Theil.

2° REDON.

A. — Institution Saint-Sauveur.

Le 25 août 1838, le P. Loüis, supérieur général de la société des Eudistes, acheta les bâtiments de l'ancienne abbaye de Saint-Sauveur de Redon, convertis depuis la Révolution en maison d'éducation [1].

Le 22 octobre 1839, Louis-Alex.-Marie Gaudaire [2] fut nommé par le P. Loüis supérieur du nouveau pensionnat de Redon, qui devint bientôt florissant et put ouvrir toutes les classes à partir de 1849.

Dès 1845 on construisit le bâtiment qui fait suite à l'ancien monastère. Le 17 février 1856 fut posée la première pierre de la chapelle, qui fut bénite en août 1857 et consacrée le 20 janvier 1868 par Mgr Saint-Marc, archevêque de Rennes, sous le vocable des Sacrés Cœurs de Jésus et Marie. Cette chapelle se compose d'une nef avec un beau chevet droit et de deux jolies petites chapelles, décorées avec un goût exquis et dédiées, l'une à saint Convoyon, abbé de Redon, l'autre à sainte Anne, patronne de la Bretagne. Le maître-autel, en marbre blanc, est d'un travail très-remarquable. Sous l'un des petits autels on vénère les reliques de saint Vincent, martyr, extraites des catacombes de Rome. On a dit avec beaucoup de justesse de la chapelle du collège de Redon, construite en style ogival pur, qu'elle « est tout simplement un chef-d'œuvre d'élégance, d'originalité et de difficulté vaincue [3]. »

Outre cette grande chapelle, on remarque dans l'établissement de Redon quatre oratoires moins importants :

1° Chapelle de la congrégation de la Sainte Vierge ; c'est une ancienne salle ou sacristie abbatiale assez remarquable, et déjà signalée par nous. (V. t. II, p. 192.)

2° Oratoire de l'Annonciation, construit dans les bâtiments occupés par les religieuses (V. précéd., p. 596) et affecté à leurs exercices de piété.

---

1. Le petit collège de Redon fut fondé par la municipalité de cette ville en 1804 et confié à M. Lefranc, prêtre et ancien professeur du collège de Vannes. A ce premier principal succédèrent MM. Lardoux, Criaud et Vannier, également prêtres; ce dernier se désista en faveur des Eudistes en 1838.

2. Le R. P. Gaudaire naquit à Ménéac, diocèse de Vannes, le 14 septembre 1805, fut élu supérieur général des Eudistes le 19 février 1840, et mourut à Redon le 20 avril 1870.

3. *Revue de Bret. et de Vendée*, 1857. — *Hist. de Redon*, 330.

3° Oratoire de Saint-Joseph, attaché à l'infirmerie.

4° Oratoire de Saint-Michel, situé à la hauteur des voûtes de l'ancienne chapelle et particulier, croyons-nous, aux frères servants.

B. — Maison du Sacré-Cœur.

Le 7 février 1873, Ange-Marie-Vincent Le Doré, supérieur général des Eudistes[1], acheta la propriété du Cleu, située dans le faubourg Saint-Michel, à Redon[2]. Il y installa, le 26 mars suivant, les missionnaires de sa société; le 30 du même mois de mars fut bénite la chapelle du Cleu, sous le vocable du Sacré-Cœur.

L'ancien manoir du Cleu étant insuffisant comme habitation, les Eudistes ont entrepris à côté la construction d'une autre maison, offrant un caractère vraiment religieux; on y remarque surtout une belle salle de chapitre et un intéressant commencement de cloître.

Dans cette maison du Sacré-Cœur demeurent non-seulement les Eudistes missionnaires, mais encore — entièrement toutefois séparés d'eux — les jeunes gens destinés à recruter la société; ces derniers suivent les cours supérieurs de l'institution Saint-Sauveur.

3° LA ROCHE-DU-THEIL.

Le 9 octobre 1840, les Eudistes achetèrent près de Redon, mais en la paroisse de Bains, la propriété de la Roche-du-Theil[3]. On y ouvrit, le 1er octobre 1850, le noviciat de la

---

1. Le R. P. Le Doré, né à Auray le 10 avril 1834, élu supérieur général le 6 juillet 1870, gouverne actuellement la société; nous avons à le remercier de sa parfaite obligeance à notre égard.

2. Ce manoir est ancien : en 1539, Robert Robert rendit aveu à l'abbé de Redon pour « son lieu du Cleuz, sis paroisse de Redon, » qu'il tenait de lui « à debvoir de foy, hommage et rachapt. » Antoine Robert, sieur du Cleu, fit la même chose en 1571. Dès le commencement du XVIIIe siècle, le Cleu appartint à la famille Chaillou de l'Étang, qui l'a vendu elle-même aux Eudistes.

3. C'était un vieux manoir, appartenant en 1539 au seigneur de la Jouardaye. En 1580, François de Maigne, seigneur de la Roche, le tenait avec « ses jardins, vignes

société[1], et, dans les premiers jours d'octobre 1852, les cours de théologie pour les Eudistes, qui étaient obligés jusqu'alors d'aller les suivre à Paris au séminaire de Saint-Sulpice.

Le 1er mars 1854 on posa la première pierre du bâtiment qui remplace l'ancien manoir, et les théologiens purent l'occuper dès le mois d'octobre suivant.

Les Eudistes missionnaires résidèrent aussi à la Roche avant l'établissement de la maison du Sacré-Cœur de Redon. Actuellement, la Roche n'est plus qu'un scholasticat pour les élèves en théologie; l'établissement tout entier est sous le patronage de saint Gabriel.

La chapelle de la Roche, joli édifice de style ogival, fut bénite au mois de mai 1855 par Mgr Saint-Marc, évêque de Rennes. Elle comprend deux sanctuaires superposés : la partie supérieure, dédiée à l'Immaculée-Conception, est réservée aux Pères et aux élèves en théologie; la partie inférieure, dédiée à sainte Anne, est ouverte au public; on y vient beaucoup vénérer les reliques de saint Modeste, martyr, extraites des catacombes de Rome.

Les Eudistes ont, en outre, dans leur bois une autre chapelle bâtie sous le vocable de saint Joseph, élégante rotonde posée sur le versant d'une colline; au sommet de celle-ci s'élève un calvaire, au pied duquel on jouit d'un admirable panorama sur la vallée de l'Oult et sur le bel enclos de la Roche.

LAZARISTES

RENNES

La maison des Lazaristes ou Prêtres de la Mission (Voy. p. 159) a été fondée à Rennes en 1875 par de pieuses per-

---

et colombier, » de l'abbé de Redon, « à debvoir de foy, hommage et rachapt. » La famille du Bouëxic posséda ensuite cette terre, qui appartenait en dernier lieu à Mme du Bot, née Le Mallier de Chassonvillo.

1. Ce noviciat a été transféré en 1870 dans le diocèse de Vannes, à Saint-Joseph de Kerlois, près de Hennebont.

sonnes qui voulaient fournir aux paroisses pauvres de notre diocèse l'avantage des missions. Par cette fondation même, les Lazaristes sont obligés d'être au moins quatre religieux à Rennes et de prêcher gratuitement dans toutes les paroisses de l'archidiocèse, lorsque les curés et recteurs les y invitent. Les seules villes de Rennes, Saint-Malo, Fougères, Vitré et Redon ne jouissent pas du privilège de la gratuité, et les Prêtres de la Mission n'ont pas d'ailleurs coutume d'y prêcher.

L'établissement des Lazaristes de Rennes, si utile, comme l'on voit, pour nos pauvres campagnes, est rattaché à la province de l'Isle-de-France.

Leur maison se trouve à Rennes dans la paroisse Notre-Dame, au faubourg de Fougères ; elle ne possède encore qu'une chapelle intérieure provisoire.

RÉCOLLETS

RENNES

En 1876, deux Pères Franciscains-Récollets (V. p. 163), Frères-Mineurs de l'Étroite Observance, vinrent prêcher à Bourg-des-Comptes une mission dont cette paroisse a gardé un profond souvenir. Une circonstance particulière en solennisa la clôture. Le cardinal Saint-Marc, archevêque de Rennes, qui avait son château en Bourg-des-Comptes, vint présider la fin de cette mission. « Les pieux résultats obtenus par les deux religieux de Saint-François lui parurent tels qu'il exprima aussitôt le désir de les voir fonder un couvent de Récollets dans sa ville archiépiscopale. Un pareil vœu était digne du cœur si chaud de l'archevêque de Rennes ; il connaissait le caractère particulier des religieux auxquels il faisait appel, il savait leur infatigable dévouement aux classes laborieuses et les services que le clergé paroissial pouvait attendre de ces auxiliaires zélés.

« Quelques mois plus tard, au commencement de 1877, un immeuble était acheté, et l'on fondait le couvent dans le faubourg de Redon, à l'extrémité d'un quartier populeux éloigné de l'église paroissiale de Toussaints, habité surtout par des ouvriers, par des gens de travail peu favorisés de la fortune. Ce sont là toujours les premiers amis des disciples de saint François[1]. »

Ce nouveau couvent fut rattaché à la province de Saint-Bernardin de Sienne, la seule que possèdent actuellement en France les Pères Récollets.

Bientôt, sur les dessins de M. le chanoine Brune, une belle et vaste église de style roman surgit de terre ; en peu de temps, ses trois nefs se développèrent et ses grandes lignes de granit s'élancèrent vers le ciel ; déjà le fronton sévère de l'édifice portait à son sommet une belle statue de saint Joseph, choisi comme patron par les Pères. En même temps s'élevait tout près, et s'appuyant aux bas-côtés de l'église, un monastère complet avec son cloître et ses cellules.

Cependant toutes ces constructions n'étaient point achevées et les Récollets habitaient encore la vieille maison qu'ils avaient acquise en arrivant à Rennes, quand l'heure de la persécution sonna pour eux comme pour les Carmes.

Dès la nuit du 13 au 14 juillet 1880, le couvent des Récollets fut assailli une première fois par une bande de soixante à quatre-vingts vauriens. « Après avoir mis en pièces le grand portail, ces misérables entrèrent dans la cour, s'armèrent de pierres, de tuiles, de pavés, et s'attaquèrent à la maison elle-même. Vitres, persiennes, volets, tout fut réduit en miettes, tandis que ces forcenés vociféraient d'affreuses menaces contre les religieux. Ceux-ci, pendant cet ignoble assaut, qui dura

---

[1]. *Expulsion des PP. Récollets à Rennes*, 6. — Quelques années auparavant, en 1865, les Pères Oblats de Marie avaient essayé de fonder un couvent dans ce même faubourg de Redon ; mais, découragés de bonne heure, ils s'étaient retirés après un court séjour parmi nous.

trois quarts d'heure, s'étaient retirés et mis en prière dans la chambre du supérieur [1]. »

Le prétexte de cette agression sauvage était le refus que faisaient les Récollets de se soumettre aux décrets du 29 mars. Aussi le 29 octobre suivant le couvent fut-il de nouveau attaqué, non plus cette fois par une plèbe éhontée, mais bien par l'autorité civile elle-même représentée par le commissaire de police central. Comme chez les Carmes, les portes du couvent des Récollets furent brisées, les cellules furent envahies et les religieux furent expulsés.

Avant de quitter leur couvent et après en avoir franchi la porte, les Récollets, au nombre de cinq, se jetèrent aux pieds de leur supérieur et lui demandèrent sa bénédiction, puis tous ensemble se dirigèrent vers une maison amie située à l'autre extrémité de la ville.

Mais un spectacle imposant, que n'oublieront jamais ceux qui l'ont vu, se présenta alors : ce fut une foule immense, enthousiaste, agitant des chapeaux, des mouchoirs et criant : Vivent les Récollets! Ce cri se répercuta dans tout le faubourg de Redon en se prolongeant jusqu'au placis de la Croix-de-la-Mission et au-delà. « Aucune expression ne peut rendre, — dit un témoin oculaire, — cette magnifique marche triomphale qui traverse alors toute la ville. On se précipite sur le passage des Pères, on veut leur serrer les mains, toucher au moins respectueusement le bord de leurs vêtements. On se met à genoux sur leur passage pour recevoir leur bénédiction. La joie éclate sur tous les visages, des larmes sont dans bien des yeux, et pendant tout ce temps retentit ce cri formidable et non interrompu : Vivent les Récollets! Vive la religion! Vivent les Pères! A bas les crocheteurs! La foule est si compacte que les Pères et leurs amis sont pour ainsi dire portés. Il faut leur frayer un passage. »

Le cortège gagne enfin le boulevard Sévigné et l'hôtel hos-

---

[1]. *L'Expulsion des PP. Récollets*, 20.

pitalier offert aux Récollets. « Là un groupe nombreux stationnait aussi, attendant l'arrivée des Pères. Tous s'empressent pour serrer la main des confesseurs de la foi.

« La grille est ouverte, et le P. Paul, entre le P. Joseph et le P. Arsène, se tourne vers la foule au haut des marches du perron. A ce moment un profond silence se fait : ces milliers d'hommes et de femmes de toutes conditions s'agenouillent pour recevoir la bénédiction des trois vénérables religieux.

« Jamais peut-être la population de Rennes n'avait affirmé sa foi, son amour pour la religion, avec cette force et cette énergie[1]. »

Aujourd'hui, les travaux du couvent des Récollets sont interrompus; leur chapelle provisoire est fermée, les scellés ayant été mis sur les portes de ce sanctuaire par le commissaire ; et le Père supérieur reste seul avec quelques frères, comme gardien de l'immeuble qui promettait de devenir un si beau monastère !

FRÈRES DES ÉCOLES CHRÉTIENNES

Nous avons précédemment raconté l'origine des Frères des Écoles Chrétiennes fondés par le vénérable Jean-Baptiste de la Salle (V. p. 157), et nous avons signalé les bienfaits qu'ils répandirent avant 1790 dans le peuple de nos villes. La Révolution récompensa le dévouement des Frères par la dispersion, la prison et l'échafaud. Mais dès que la paix revint, ces vrais amis du peuple se réunirent de nouveau pour recommencer leur œuvre d'enseignement charitable. Ce fut toutefois seulement le 17 mars 1808 que le décret d'organisation de l'Université leur rendit une existence légale.

Présentement[2] les Frères des Écoles Chrétiennes possèdent

---

1. *L'Expulsion des PP. Récollets*, 43, 44.
2. Nous devons tous les documents qui suivent à l'obligeance du cher frère Asclépiade, archiviste de l'Institut des Frères des Écoles Chrétiennes.

dans notre archidiocèse sept établissements ; ceux-ci sont tous pourvus d'une petite chapelle ou du moins d'un oratoire où les Frères peuvent faire en commun leurs exercices religieux.

1° et 2° Rennes. — Les établissements scolaires tenus de nos jours en cette ville par les Frères appartenaient naguère à trois catégories distinctes.

A. Écoles communales. — Dès le mois de mai 1809, le Conseil municipal de Rennes, voulant rétablir dans cette ville l'instruction populaire détruite par la Révolution, vota 4,000 fr. pour une école tenue par quatre Frères, auxquels il se proposait de rendre la maison qui avait servi de résidence à leurs confrères du siècle dernier (V. p. 452). Mgr Énoch, évêque de Rennes, le maire de cette ville et les chanoines Le Forestier et Maugendre eurent à ce sujet une correspondance active avec le supérieur général des Frères ; toutefois on dut attendre neuf ans l'inauguration de l'école sollicitée. Ouverte en 1818, celle-ci prospéra tellement qu'il lui fallut bientôt onze Frères et en 1840 quinze. Au mois de janvier 1881, cet établissement, situé rue d'Échange, comprenait vingt-huit Frères dirigeant trois écoles publiques : l'une en Saint-Aubin, l'autre en Toussaints et la troisième en Notre-Dame. Les élèves, répartis en dix-neuf classes, montaient alors au nombre de mille deux cent trente-sept, auxquels il fallait ajouter cent quinze jeunes apprentis et cent six adultes fréquentant les cours du soir. Malgré cette prospérité, l'administration municipale n'a pas reculé devant le retrait de ces trois écoles aux Frères ; elle les a confiées à des instituteurs laïques dans le courant de l'année dernière.

B. Écoles libres des Carmes et de Toussaints. — Lorsque les Frères des Écoles Chrétiennes eurent été renvoyés de leur maison de la rue d'Échange et des écoles communales en 1881, un comité, aussi intelligent que dévoué, s'empressa, suivant le vœu presque unanime de la population, de créer des écoles libres qu'il leur confia. Il fallut d'abord trouver un local pour loger ces pieux instituteurs : les Carmes, qui venaient peu de mois auparavant d'être expulsés de leur monastère (V. p. 600), offrirent alors aux Frères, persécutés comme eux, une généreuse hospitalité dans leur maison devenue déserte; les Frères acceptèrent cette fraternelle proposition et vinrent s'installer au couvent des Carmes, où ils se trouvent présentement. De là ils dirigent deux écoles libres, l'une établie dans ce même enclos des Carmes, en la paroisse de Notre-Dame, l'autre située sur le boulevard de la Tour-d'Auvergne, dans la paroisse de Toussaints.

Une troisième école libre devait s'ouvrir dans la rue d'Échange, non loin de l'ancienne maison des Frères; mais lorsque les bâtiments scolaires furent tout prêts à recevoir les élèves, l'administration municipale s'opposa à leur ouverture, sous prétexte qu'ils étaient trop voisins de l'école laïque. Aussi vient-on de construire une nouvelle école libre dans la rue Saint-Yves, en la paroisse de Saint-Sauveur, et on espère pouvoir l'ouvrir prochainement.

C. École de Saint-Hélier. — Cette école et la communauté des Frères qui la dirige sont aussi de création récente, mais complètement distinctes des établissements qui précèdent. Elles doivent leur existence au zèle du Comité d'Enseignement libre d'Ille-et-Vilaine, qui a fait les frais de premier établissement, et qui pourvoit encore maintenant à l'entretien du personnel, du local et du mobilier. Arrivés le 1er octobre 1875 au nombre de quatre, les Frères durent s'adjoindre deux nouveaux maîtres dès l'année suivante. Cette école continue de prospérer et rend de grands services à tout le quartier de la gare, peuplé d'ouvriers; elle est située sur le boulevard Laënnec, dans la paroisse de Saint-Hélier, dont on lui donne vulgairement le nom.

3° *Saint-Malo.* — Après la Révolution, la ville de Saint-Malo fut l'une des premières à rappeler les Frères des Écoles Chrétiennes, dont elle gardait bon souvenir (V. p. 467). Aussitôt que Napoléon Ier eut rendu le décret du 17 mars 1808 qui consacrait l'existence légale de leur Institut, le maire de

Saint-Malo, M. Aug. Thomas, demanda trois Frères; mais le supérieur général, accablé de semblables requêtes, eut le regret de ne pouvoir les lui envoyer. Ce ne fut que quatorze ans plus tard, le 21 mai 1822, que l'établissement projeté fut ouvert, grâce à un legs de 696 fr. de rente fait en 1810 par Mlle Auffray de la Gâtinais, et grâce surtout aux instances des principaux habitants de Saint-Malo, tels que M. de Bizien, maire de cette ville, l'abbé Félicité Robert de la Mennais, M. de Châteaubriand, l'illustre auteur du *Génie du Christianisme*, Robert Surcouf, le célèbre corsaire, et Mgr de Pressigny, alors archevêque de Besançon, jadis évêque de Saint-Malo.

La nouvelle école, divisée en trois classes, compta dès le début plus de deux cents élèves; mais il fallut bientôt doubler le personnel des maîtres et multiplier les classes. Aujourd'hui, les Frères sont à Saint-Malo au nombre de seize; ils y dirigent dix classes élémentaires, une école supérieure et des cours du soir pour les adultes.

4° *Argentré*. — Ouvert le 1er octobre 1871, cet établissement est dû au zèle de M. le curé-doyen du lieu et au concours généreux de ses paroissiens. Le Conseil municipal l'a reconnue comme école communale à la fin de 1872; les Frères y sont au nombre de quatre.

5° *Martigné-Ferchaud*. — Cette paroisse doit son école chrétienne aux pressantes instances de Mgr Saint-Marc, archevêque de Rennes, du préfet d'Ille-et-Vilaine et des autorités paroissiales et municipales. Mme Doussault du Breil fit une fondation à ce sujet, le curé contribua largement aux frais d'établissement, et le Conseil municipal fit le reste. Après avoir été très-florissante depuis le 1er octobre 1872, date de son ouverture, cette école s'est vue en 1878 l'objet de mesures administratives particulièrement hostiles qui ont amené sa fermeture. Mais des bienfaiteurs aussi dévoués que généreux ont tenu à rétablir cette maison comme école libre, dirigée par quatre Frères.

6° *Le Grand-Fougeray.* — Cet établissement a été fondé vers 1876 par les soins et en grande partie aux frais du clergé de la paroisse et de quelques personnes de la localité. C'est une école libre ayant un pensionnat, le tout dirigé par cinq Frères.

7° *Saint-Méloir-des-Ondes.* — L'école chrétienne de Saint-Méloir est due à l'initiative de la municipalité, qui pourvoit à toutes les dépenses; le cardinal Saint-Marc contribua beaucoup aussi à son établissement. Les Frères ont ouvert cette école le 8 octobre 1877 et y sont au nombre de quatre.

FRÈRES DE L'INSTRUCTION CHRÉTIENNE

Cette congrégation d'instituteurs chrétiens est l'œuvre de deux prêtres bretons également dévoués : Gabriel Deshayes, curé d'Auray, et Jean-Marie Robert de la Mennais, que nous connaissons déjà.

En 1816, M. Deshayes réunit à Auray six pieux jeunes gens, dans le but de les préparer à l'enseignement du peuple des campagnes. L'année suivante, M. de la Mennais, alors vicaire général de Saint-Brieuc, forma dans cette ville une école toute semblable, rassemblant chez lui trois jeunes Bretons qui savaient à peine quelques mots de français et n'ayant d'ailleurs aucune connaissance de l'œuvre entreprise à Auray.

« Les deux petites congrégations se réunirent en 1819; elles prirent pour devise : *Dieu seul!* et les deux fondateurs furent reconnus tous les deux supérieurs de l'Institut, avec les mêmes attributions et les mêmes droits, « chef-d'œuvre de folie, » disait gaiement M. de la Mennais, qui n'amena pas d'ailleurs le plus petit désaccord entre eux.

« Cependant M. Deshayes ayant été nommé en 1821 supérieur des Missionnaires de Saint-Laurent et des Sœurs de la Sagesse, le poids de la direction des Frères porta surtout sur son pieux collaborateur. Les Frères d'Auray furent alors partagés : les uns suivirent l'abbé Deshayes à Saint-Laurent-sur-

Sèvre et y devinrent la souche des Frères de Saint-Gabriel, dont la part d'action fut limitée à la rive gauche de la Loire ; les autres quittèrent Auray pour Josselin, puis pour Ploërmel, où les Frères de Saint-Brieuc vinrent les rejoindre [1]. »

Ploërmel devint dès lors le centre de la congrégation des Frères de l'Instruction Chrétienne, qui fut autorisée par ordonnance royale en date du 1er mai 1822. Ce fut là que pendant trente-six ans, de 1825 à 1861 [2], s'exerça le zèle apostolique de l'infatigable abbé de la Mennais.

Voyant que la préoccupation de ce siècle est la grave question de l'instruction et de l'éducation des masses, M. de la Mennais prépara à Ploërmel, — sans s'occuper désormais des Frères dirigés par M. Deshayes et complètement séparés des siens, — des instituteurs vraiment chrétiens, destinés, d'après leurs statuts mêmes, à faire face à toutes les exigences scolaires, dans les écoles rurales d'un seul Frère aussi bien que dans les pensionnats des grandes villes. M. de la Mennais compléta ainsi l'œuvre du vénérable de la Salle, et combla pour la Bretagne les lacunes de l'institution des Frères des Écoles Chrétiennes, dont les membres, comme on le sait, ne peuvent aller moins de trois, et doivent vivre partout en communauté.

« La nouvelle congrégation — a raconté M. de la Mennais lui-même — eut pour but principal de fournir des instituteurs chrétiens à nos pauvres campagnes, si complètement dénuées de tout moyen d'instruction, et qui, on doit le dire, en sentaient si peu l'importance. Mais pour la répandre au milieu d'elles, il était nécessaire que les maîtres d'école inspirassent aux familles une grande confiance par le titre et l'habit religieux, et, de plus, que la dépense des écoles fût très-modique : on ne pouvait espérer le succès qu'à cette double condition.

---

1. *Lettres inédites de J.-M. et F. de la Mennais*, Introduction, LVIII.
2. M. Jean-Marie de la Mennais mourut le 20 décembre 1860, à Ploërmel. M. Gabriel Deshayes était mort dès le 28 décembre 1841, après avoir ordonné qu'une partie de ses cendres reposât un jour avec celles de M. de la Mennais.

On fixa donc le traitement annuel des Frères à 480 fr., mais le curé devait donner chez lui la pension ou la leur faire donner par un ecclésiastique de la paroisse.

« Ce qui d'abord embarrassa le plus, ce fut la difficulté de trouver dans les bourgs un local commode et assez vaste pour contenir tous les enfants, car bientôt ils se présentèrent en foule; mais cet obstacle, qui paraissait insurmontable, n'arrêta pas l'œuvre, grâce aux soins et au zèle de MM. les curés. Ils avaient pour l'école des Frères soit un bâtiment dépendant de leur presbytère, soit leur salon même, et je me rappelle avec attendrissement que l'un d'eux établit la classe dans sa chambre à coucher et fit porter son lit au grenier. Plus on était mal, mieux tout allait : c'était le bon temps[1]. »

Mais on se mit à bâtir, et en 1844 l'Institut comptait en Bretagne cent quatre-vingts établissements et cinq cents Frères.

A la fin de 1837, le ministre de la marine proposa aux Frères de l'Instruction Chrétienne de leur confier les écoles qu'il avait le dessein de fonder dans nos colonies; ils y consentirent et se chargèrent de cette œuvre, très-belle assurément, mais bien périlleuse.

Présentement « les Frères de Ploërmel ont des établissements à la Martinique, dans la Guadeloupe, le Sénégal et la Guyane. Le climat meurtrier de ces contrées ne parvient jamais à décourager leur dévouement et leur charité. Tantôt sous un ciel torride, tantôt par un froid hyperboréen, tantôt sous des pluies torrentielles, ils se mettent à la recherche des malheureux nègres voués à de pénibles labeurs, à l'asservissement et à l'ignorance. Ils les instruisent, les attirent à eux, et bientôt leurs écoles se remplissent d'une foule affectueuse et docile. Pendant qu'un frère surveille les classes, un autre s'en va de grand matin jusque dans les habitations les plus éloignées, avant le départ pour le travail, pour les catéchiser

---

1. *Mémoire* adressé par M. de la Mennais, en 1844, au Cercle catholique de Paris.

et les instruire; puis il les suit dans les champs, et continue son œuvre durant les intervalles de repos que ménage une exploitation avide. Qu'une révolte éclate parmi les nègres, le frère est là pour les calmer et les ramener à la douceur et à l'obéissance [1]. » Divers écrivains racontent à ce sujet des traits touchants que nous regrettons vivement de ne pouvoir reproduire ici [2].

Mais les Frères de l'Instruction Chrétienne ne font pas le bien seulement dans les colonies françaises, ils le font encore et surtout dans notre pays. Toutes leurs écoles sont groupées en cinq provinces, comme suit :

1° La province du Midi ou de Gascogne, dont le siège est à Lavacan, près Auch; — 2° la province de Normandie, dont le chef-lieu est à Flers (Orne); — 3° la province des Colonies, qui comprend la plupart des colonies françaises et, de plus, Haïti; — 4° la province de l'Ouest, composée des départements du Morbihan, des Côtes-du-Nord et du Finistère; — 5° la province de l'Est, renfermant les départements d'Ille-et-Vilaine et de la Loire-Inférieure, plus quelques écoles dans la Mayenne et le Maine-et-Loire, à Paris, à Orléans, etc.

La Bretagne est comprise tout entière dans ces deux provinces de l'Ouest et de l'Est, qui tirent leur nom de leur situation respective relativement à Ploërmel, chef-lieu et maison-mère de tout l'Institut.

Dans l'archidiocèse de Rennes les Frères de l'Instruction Chrétienne dirigent : quatre-vingt-huit écoles communales, — vingt-trois écoles libres, — deux cours préparatoires dans deux collèges ecclésiastiques (à Saint-Vincent de Rennes et à Saint-Malo), — une classe primaire et un cours de dessin professionnel à l'imprimerie Oberthur, à Rennes, — un postulat ou juvénat à Livré.

---

1. M. Keller, *Les Congrégations religieuses en France*, 634.
2. Par un bref du 1er février 1851, Pie IX a solennellement approuvé et béni l'Institut des Frères de l'Instruction Chrétienne. (*L'abbé J.-M. de la Mennais*, par l'auteur des *Contemporains*, p. 250.)

Pour tenir tous ces établissements sont employés deux cent cinquante-deux frères, instruisant environ quatorze mille enfants, sans compter les adultes [1].

Voici maintenant le tableau de ces écoles dans notre archidiocèse; nous les plaçons par ordre chronologique de fondation :

1° *Tinténiac.* — École communale fondée en 1820; deux frères.

2° *Montauban.* — École communale fondée en 1821; deux frères.

3° *Rhétiers.* — École communale fondée en 1823, puis abandonnée. — École libre ouverte le 4 septembre 1871; trois frères; pensionnat.

4° *Bédée.* — École communale fondée en 1823; deux frères.

5° *Saint-Briac.* — École libre fondée en 1823; cours de navigation; trois frères.

6° *Saint-Servan.* — École communale fondée en 1823; douze frères.

7° *Combour.* — École communale fondée en 1824; cinq frères.

8° *Paramé.* — École créée libre en 1824, devenue communale vers 1835; trois frères.

9° *et 10° Fougères.* — Les Frères furent appelés à Fougères en 1824 par MM. Gaultier, curé de Saint-Léonard, Beaulieu, curé de Saint-Sulpice, et de Valloys, maire. Ils s'installèrent d'abord sur la place du Brûlis, puis rue du Château, en Saint-Sulpice, dans une maison que leur donna Mlle Bourgeois; une partie d'entre eux vint occuper en 1858, près de l'église Saint-Léonard, une autre maison que leur acheta M. Ches-

---

[1]. *Lettre* du très-honoré frère Cyprien, supérieur général des Frères de l'Instruction Chrétienne, en date du 7 novembre 1881. Nous devons à son obligeance les renseignements qui suivent, concernant les écoles tenues par sa congrégation; nous regrettons seulement de n'avoir pu, faute de place, utiliser toutes les intéressantes notes qu'il a bien voulu nous fournir.

nay, curé de cette paroisse. Les Frères dirigent donc deux écoles libres à Fougères : une en Saint-Léonard, où ils sont sept maîtres, et une en Saint-Sulpice, où ils sont six; à chacune de ces écoles est annexé un pensionnat.

11° *Gaël.* — École communale fondée en 1824; deux frères.

12° *Baguer-Morvan.* — École communale fondée en 1825; deux frères.

13° *Melesse.* — École libre fondée en 1825, devenue communale en 1835; deux frères.

14° *Gennes.* — École communale fondée une première fois en 1825 et interrompue en 1833, rendue aux Frères en 1870; un frère.

15° *Montfort.* — École libre fondée en 1826, devenue communale en 1842; installée dans l'ancien couvent des Ursulines; quatre frères.

16° *Maure.* — École communale fondée en 1826; deux frères.

17° *La Bazouge-du-Désert.* — École communale fondée en 1826; deux frères.

18° *Saint-Méen.* — École communale fondée en 1826; deux frères.

19° *Bazouges-la-Pérouse.* — École libre fondée en 1826, devenue communale en 1835; quatre frères.

20° *Betton.* — École communale fondée en 1827; le recteur paya le frère et lui donna sa pension jusqu'en 1855, que le Conseil municipal prit à son compte la rétribution scolaire; deux frères.

21° *Plerguer.* — École libre fondée en 1827, devenue communale un peu plus tard; deux frères.

22° *Iffendic.* — École libre fondée en 1828, devenue communale; trois frères.

23° *La Boussac.* — École communale fondée en 1828; deux frères.

24° *Vitré.* — École communale fondée en 1829; elle fut

fermée le 30 juin 1832 et ouverte de nouveau le 23 septembre 1833 comme école libre; en 1850, la municipalité lui a rendu le titre d'école communale; pensionnat; cours supérieur; quatorze frères.

25° *Bains*. — École communale fondée en 1830; trois frères.

26° *Cancale*. — École libre fondée en 1832; cours de navigation; six frères.

27° *Redon*. — École communale fondée en 1833; douze frères.

28° *Dinart-Saint-Énogat*. — École communale fondée en 1833, devenue libre en 1878; trois frères.

29° *Cesson*. — École libre fondée en 1834, devenue communale en 1836; deux frères.

30° *Pleurtuit*. — École communale fondée en 1834; trois frères.

31° *Messac*. — École fondée en 1834 et interrompue en 1839, rétablie comme école communale en 1857; deux frères.

32° *Médréac*. — École communale fondée en 1834 et retirée aux Frères quinze ans plus tard; école libre fondée en 1857, transformée en école communale en 1871; deux frères.

33° *La Chapelle-Chaussée*. — École communale fondée en 1836; deux frères.

34° *Paimpont*. — École communale fondée vers 1836; deux frères.

35° *Servon*. — École communale fondée en 1837; un frère.

36° *Miniac-Morvan*. — École communale fondée en 1839; quatre frères.

37° *Châteaubourg*. — École communale fondée en 1843; un frère.

38° *Talensac*. — École communale fondée en 1846; un frère.

39° *Saint-Grégoire*. — École libre fondée en 1847, devenue communale l'année suivante; un frère.

40° *Goven.* — École communale fondée en 1847; deux frères.

41° *Saint-Coulomb.* — École communale fondée en 1848; deux frères.

42° *Rennes.* — École libre et pensionnat fondés dans la paroisse de Notre-Dame en 1848, sur la promenade du Thabor; cours supérieur; neuf frères.

43° *Breteil.* — École communale fondée en 1849; un frère.

44° *Guipry.* — École libre fondée en 1849, devenue communale en 1861; deux frères.

45° *Boisgervilly.* — École communale fondée en 1850; un frère.

46° *Pléchâtel.* — École communale fondée en 1851; un frère.

47° *Cintré.* — École communale fondée en 1851; un frère.

48° *Janzé.* — École communale fondée en 1851; trois frères; oratoire.

49° *Amanlis.* — École communale fondée en 1851; deux frères.

50° *Bain.* — École libre fondée par le clergé en 1852; pensionnat; cinq frères.

51° *Le Minihy-sur-Rance.* — École communale fondée en 1852; deux frères.

52° *Landujan.* — École communale fondée en 1852; un frère.

53° *Saint-Senoux.* — École communale fondée en 1851; un frère.

54° *Plélan.* — École communale fondée en 1852; deux frères.

55° *Irodouer.* — École communale fondée en 1852; deux frères.

56° *Étrelles.* — École communale fondée en 1852; un frère.

57° *Saint-Jacques-de-la-Lande.* — École communale fondée en 1853; un frère.

58° *Pleugueneuc.* — École libre fondée en 1853, devenue communale peu après ; deux frères.

59° *Guichen.* — École communale fondée en 1853 ; deux frères.

60° *Quédillac.* — École libre fondée en 1854, devenue communale en 1856 ; un frère.

61° *Châteauneuf.* — École communale fondée en 1854 ; un frère.

62° *Saint-Onen.* — École communale fondée en 1854 ; un frère.

63° *Dol.* — École libre fondée en 1855, établie depuis 1866 dans les bâtiments de l'ancien collège de Dol ; quatre frères.

64° *Saint-Suliac.* — École communale fondée en 1855 ; un frère.

65° *La Bouëxière.* — École communale fondée en 1855 ; pensionnat ; quatre frères.

66° *Sainte-Marie.* — École communale fondée en 1856 ; deux frères.

67° *Le Lou-du-Lac.* — École communale fondée en 1856 ; un frère.

68° *Sainte-Anne-sur-Vilaine.* — École communale fondée en 1857 ; un frère.

69° *Saint-Just.* — École communale fondée en 1857 ; deux frères.

70° *Acigné.* — École communale fondée en 1857 ; deux frères.

71° *Bais.* — École libre fondée en 1858, devenue communale dès janvier 1859 ; trois frères.

72° *Brue.* — École communale fondée en 1859 ; un frère.

73° *Piré.* — École libre fondée en 1859, devenue communale en 1871 ; trois frères.

74° *Gosné.* — École communale fondée en 1859 ; un frère.

75° *Le Rheu.* — École communale fondée en 1859 ; un frère.

76° *Le Sel.* — École libre fondée en 1861, devenue communale en 1872; un frère.

77° *Bourg-des-Comptes.* — École libre fondée en 1861; deux frères.

78° *Bréal-sous-Montfort.* — École libre fondée en 1863; deux frères.

79° *Le Vivier.* — École libre fondée en 1863, devenue communale en 1878; deux frères.

80° *Erbrée.* — École libre fondée en 1864, devenue communale en 1866; un frère.

81° *Marcillé-Robert.* — École libre fondée en 1864; un frère.

82° *Livré.* — École libre fondée en 1864; postulat ou juvénat créé en 1876; trois frères.

83° *Balazé.* — École communale fondée en 1865; un frère.

84° *Rannée.* — École libre fondée en 1866; deux frères.

85° *Saint-Germain-du-Pinel.* — École communale fondée en 1866; un frère.

86° *La Guerche.* — École libre fondée en 1867; pensionnat; cours supérieur; neuf frères.

87° *Drouges.* — École libre fondée en 1868; un frère.

88° *Saint-M'hervé.* — École libre fondée en 1868, devenue communale en 1872; un frère.

89° *Saint-Jean-sur-Vilaine.* — École communale fondée en 1868; un frère.

90° *Cornillé.* — École communale fondée en 1868; un frère.

91° *Laignelet.* — École communale fondée en 1868; un frère.

92° *Domalain.* — École communale fondée en 1869; deux frères.

93° *Saint-Pierre-de-Plesguen.* — École communale fondée en 1869; deux frères.

94° *Pontréan.* — École libre fondée en 1870; un frère.

95° *Lohéac.* — École communale fondée en 1870; un frère.

96° *Saint-Brice*. — École libre fondée en 1871 ; quatre frères.

97° *Mordelles*. — École libre fondée en 1872, devenue communale en 1874 ; deux frères.

98° *Guignen*. — École libre fondée en 1872 ; un frère.

99° *Izé*. — École communale fondée en 1872 ; deux frères.

100° *Saint-Séglin*. — École communale fondée en 1873 ; un frère.

101° *Bonnemain*. — École communale fondée en 1873 ; deux frères.

102° *Vignoc*. — École libre fondée en 1873 ; un frère.

103° *Javené*. — École communale fondée en 1874 ; un frère.

104° *Fleurigné*. — École libre fondée en 1874, devenue communale en 1875 ; un frère.

105° *Romillé*. — École communale fondée en 1875 ; deux frères.

106° *Liffré*. — École libre fondée en 1875 ; deux frères.

107° *Trans*. — École libre fondée en 1875 ; deux frères.

108° *Le Châtellier*. — École communale fondée en 1875 ; deux frères.

109° *Visseiche*. — École libre fondée en 1875 ; un frère.

110° *Noë-Blanche*. — École communale fondée en 1876 ; un frère.

111° *Cardroc*. — École communale fondée en 1877 ; un frère.

CHAPITRE II

COMMUNAUTÉS DE FEMMES

Adoration perpétuelle (Dames de l'), — Bon-Secours (Sœurs du), — Carmélites, — Carmélites d'Avranches, — Charité (Filles de la), — Charité de Notre-Dame d'Évron (Sœurs de la), — Charité de Saint-Louis (Sœurs de la), — Franciscaines de Calais, — Franciscaines de Sainte-Marie-des-Anges, — Hospitalières de la Miséricorde, — Hospitalières de Saint-Thomas de Villeneuve, — Instruction chrétienne (Sœurs de l'), — Jésus de Kermaria (Filles de), — Marie-Joseph (Sœurs de), — Notre-Dame-de-Charité (Sœurs de), — Providence de Créhen (Filles de la), — Providence de Buillé (Sœurs de la), — Providence de Saint-Brieuc (Filles de la), — Retraite (Dames de la), — Sacré-Cœur (Dames du), — Sacré-Cœur de Jésus (Sœurs du), — Sagesse (Filles de la), — Saint-Esprit (Filles du), — Saint-Joseph de Cluny (Sœurs de), — Saint-Martin (Sœurs de), — Sainte-Famille de Bordeaux (Sœurs de la), — Sainte-Famille de Nantes (Sœurs de la), — Sainte-Marie (Filles de), — Trinitaires, — Ursulines, — Visitandines.

ADORATION PERPÉTUELLE (DAMES DE L')

Les Dames des Sacrés-Cœurs de Jésus et de Marie, plus connues sous le nom de Dames de l'Adoration perpétuelle, forment une congrégation non autorisée, régulièrement constituée en 1804, et ayant sa maison-mère à Paris, rue de Picpus.

« Né sous le régime de la Terreur, cet Institut eut pour berceau la ville de Poitiers. Les pieux fondateurs conçurent le plan de la congrégation d'après les besoins de ces temps de malheurs et de ruines. La réparation et l'enseignement sont le double but qu'ils voulurent atteindre en se dévouant à l'adoration perpétuelle de jour et de nuit et à l'éducation de la jeunesse, notamment celle des enfants pauvres[1]. »

---

1. M. Keller, *Les Congrégations religieuses en France*, 484.

La maison-mère fut fondée à Paris dès 1804; là et partout où elles sont établies, les Dames des Sacrés-Cœurs « tiennent à leurs frais une école gratuite pour les enfants pauvres et admettent aussi gratuitement, selon leurs ressources, dans leurs pensionnats et leurs externats, des enfants appartenant à des familles honorables, mais dont la fortune ne répond pas à la naissance [1]. »

Outre leurs maisons fondées en France, les Dames de l'Adoration perpétuelle ont des établissements dans l'Amérique du Sud et dans l'Océanie, où elles se dévouent tout spécialement à l'instruction gratuite des enfants pauvres.

Ces religieuses ont deux maisons dans l'archidiocèse de Rennes.

1° Rennes. — Les Dames des Sacrés-Cœurs de Jésus et de Marie vinrent en cette ville en 1819 et achetèrent les anciens bâtiments du monastère des Carmélites (V. p. 191); mais dès l'année suivante elles reconnurent la difficulté pour elles de s'installer convenablement dans ce vieux couvent, et elles le revendirent aussitôt. Elles firent alors l'acquisition de l'ancien Hôtel des Demoiselles ou maison de l'Enfant-Jésus, situé dans le faubourg d'Antrain (V. p. 444). C'est encore là, dans la paroisse de Saint-Aubin, qu'elles habitent maintenant. Elles y ont un pensionnat et une école de petites filles pauvres; leur chapelle, construite vers 1840, n'a guère de caractère architectural.

2° Saint-Servan. — Lorsque les Ursulines eurent abandonné l'ancien monastère des Récollets, situé à Saint-Servan (Voy. p. 235), les Dames des Sacrés-Cœurs firent l'achat de ces bâtiments et y fondèrent un établissement qui existe encore; elles ont, comme nous l'avons dit (p. 169), agrandi la maison et restauré la chapelle, dédiée maintenant à Notre-Dame-de-la-Paix. Elles tiennent en ce lieu un pensionnat de jeunes filles et une école d'enfants pauvres. Le public continue d'ap-

---

1. M. Keller, *Les Congrégations religieuses en France*, 434.

peler leur maison Sainte-Anne, en souvenir des Ursulines qui, après la Révolution, y transférèrent leur communauté de Saint-Malo, dédiée à sainte Anne.

BON-SECOURS (SOEURS DU)

Cette congrégation fut fondée dans le diocèse de Troyes par M. l'abbé Paul Millet, vicaire à Arcis-sur-Aube et desservant de Villette. Dans l'exercice du saint ministère paroissial, ce digne prêtre s'éprit de compassion pour les pauvres malades privés de soins convenables. Après avoir réfléchi et prié beaucoup, il jeta les yeux autour de lui et communiqua ses pensées à quelques âmes pieuses et généreuses. Ainsi se forma en 1840, à Arcis, le petit noyau des Sœurs du Bon-Secours. Le 24 février 1843, Mgr de Séguin des Hons approuva, par décision épiscopale, l'Institut naissant.

Dès le 24 octobre de la même année, le zélé fondateur transporta à Troyes sa petite colonie, et le 22 septembre 1844 eut lieu une cérémonie religieuse comprenant six professions et six vêtures. Le lendemain, sœur Augustin, de pieuse mémoire, fut établie régulièrement supérieure de la nouvelle communauté. Dès lors la maison-mère fut fixée à Troyes et celle d'Arcis fut mise sous sa dépendance.

Le but que se propose cette congrégation est le soin des malades à domicile; les sœurs s'occupent des malades de toutes les classes de la société et à quelque religion qu'ils puissent appartenir; les rétributions offertes pour leurs soins sont facultatives aux familles qui les demandent, mais les sœurs ne peuvent rien exiger d'elles-mêmes. Cette gratuité absolue des soins est un des caractères distinctifs de l'association.

Les fondations des Sœurs du Bon-Secours commencèrent dès 1846, et depuis cette époque la congrégation a ouvert cent seize établissements. Le Souverain-Pontife a daigné approuver l'Institut par décret du 16 mars 1877, et le gouvernement l'avait autorisé dès le 14 août 1852[1].

Rennes. — La congrégation du Bon-Secours de Troyes ne possède dans notre diocèse qu'une maison fondée à Rennes, le 15 juillet 1876. Les sœurs de la maison de Vannes étaient auparavant appelées souvent à Rennes par plusieurs familles qui désiraient les voir s'établir dans cette ville. M. de la Morlais en parla au cardinal Saint-Marc, qui approuva volontiers leur établissement chez nous. Les sœurs se fixèrent dans la paroisse de Toussaints, très-populeuse, et ayant par suite beaucoup de pauvres. Elles y occupent un simple appartement de la rue de l'École-de-Médecine, où elles ont un petit oratoire ; mais elles se rendent pour les offices religieux à l'église de la paroisse.

CARMÉLITES

Le Carmel moderne n'a point de maison-mère ; chacun de ses membres aime à vénérer le berceau de l'Ordre en France dans le premier couvent fondé à Paris en 1604 par les religieuses espagnoles filles et compagnes de sainte Thérèse. Unis entre eux par les mêmes règles et les liens de la charité que resserrent de fréquents rapports, les monastères du Carmel sont sous l'obéissance immédiate de leurs évêques respectifs et ne forment en France qu'une grande famille.

Rennes. — Les Carmélites n'ont jamais possédé dans notre diocèse qu'un monastère, situé à Rennes ; nous avons dit que la Révolution les en chassa (V. p. 191). Revenues de nos jours en cette ville, elles y ont fondé une nouvelle maison ; en voici l'historique et la description en quelques mots, d'après une intéressante *Notice ms.* qu'on a bien voulu nous remettre et qui nous semble suffisamment complète. Nous

---

[1]. *Notice histor.* sur Paul-Sébastien Millet, fondateur de la congrégation du Bon-Secours.

ajouterons seulement que, d'après M. Keller, les Carmélites étaient en 1880, à Rennes, au nombre de soixante-cinq.

« En 1841, les Révérendes Mères Carmélites de Troyes, cédant aux instances de pieux et respectables ecclésiastiques, avaient tenté une fondation à Brienne-le-Château, dans le même diocèse. Mais après seize années d'efforts persévérants pour s'y maintenir, elles durent en reconnaître l'impossibilité et songer à transférer ailleurs la communauté. Par l'entremise de la Révérende Mère prieure de Tours, l'autorisation de s'établir à Rennes fut sollicitée de Mgr Saint-Marc, alors archevêque de cette ville. Le prélat accueillit cette demande avec une grande bienveillance, et dès lors ne cessa plus de donner en toute occasion les marques d'un paternel intérêt à cette communauté si éprouvée.

« La translation eut lieu en 1857. Les religieuses firent l'acquisition au faubourg de Paris d'un terrain et d'anciens bâtiments dont une partie avait été tout récemment détruite par un incendie. C'est là qu'elles s'établirent d'abord, attendant de la bonté divine les moyens de poursuivre leur œuvre. La Providence ne leur fit pas défaut, et par l'intermédiaire de cœurs nobles et généreux, comme en sait produire la terre de Bretagne, elle leur procura des secours suffisants pour permettre de bâtir d'abord une chapelle, puis un monastère régulier. M. le chanoine Brune voulut bien donner les plans et prendre lui-même la direction des travaux avec un dévouement qui lui a acquis des droits inaliénables à la reconnaissance des filles de sainte Thérèse.

« Les bâtiments du monastère se composent : d'une chapelle construite en 1861, dans le style ogival primitif; elle est d'un aspect simple, gracieux et tout à fait monastique; Mgr Saint-Marc en fit la bénédiction le 6 août 1862, sous le vocable de la Sainte Famille; — et d'un cloître dont les arcades en ogives entourent un préau carré au centre duquel s'élève un calvaire en granit de Kerinan. Ce cloître donne entrée dans toutes les pièces importantes du rez-de-chaussée :

le chœur des religieuses, dont la grille s'ouvre au côté gauche de l'autel majeur, le réfectoire, le chapitre, etc., et les sacristies situées au côté opposé au chœur et surmontées de l'infirmerie et d'une tribune ayant vue sur le sanctuaire. Enfin des cellules occupent en grande partie le premier étage.

« Une cour plantée d'arbustes et de fleurs précède la chapelle et l'entrée du monastère, qu'entoure un vaste jardin renfermant des ermitages dédiés à différents saints, et protégé de murs élevés qui forment clôture. »

CARMÉLITES D'AVRANCHES

L'Institut des Sœurs du Tiers-Ordre de Notre-Dame du Mont-Carmel a été établi à Avranches en 1686 par les soins de Mgr Froulay de Tessé, alors évêque de cette ville, avec l'aide de M. Fleury, vicaire à Saint-Paul de Paris.

Ces sœurs furent d'abord connues sous le nom de Maîtresses des Écoles charitables de l'Enfant-Jésus.

Deux seulement furent à l'origine appelées à Avranches, mais leur nombre s'accrut bientôt et devint même considérable; dès le principe, elles reçurent à leur école plus de deux cents enfants.

En 1703, ces religieuses adoptèrent la règle du Tiers-Ordre du Mont-Carmel et prirent alors le nom de Sœurs de Notre-Dame du Mont-Carmel. Ce changement eut lieu à l'instigation d'un saint prêtre nommé Jean Dubois et avec l'approbation d'un prélat breton, Mgr de Coëtanfao, évêque d'Avranches. Les sœurs se répandirent ensuite dans un très-grand nombre de paroisses, se consacrant entièrement à l'instruction des enfants. La Révolution ferma leurs maisons; mais quand de meilleurs jours commencèrent à luire, les Carmélites d'Avranches rouvrirent quelques-unes de leurs écoles. Un don tout providentiel vint à leur secours : un brillant officier de marine, M. Verdun de la Crenne, touché au récit du bien que faisaient ces bonnes sœurs et de celui qu'elles étaient appelées à faire si on leur venait en aide; fonda une rente en faveur de leurs établissements. Encouragées par ce bienfait, les mères de la congrégation se vouèrent avec un nouveau zèle à former des sœurs pour l'Institut.

Depuis cette époque, les Carmélites d'Avranches ont pris beaucoup d'extension, et elles dirigent aujourd'hui plus de trois cents écoles. Le gouvernement leur a confié un cours normal et a reconnu leur congrégation, par décret en date du 23 octobre 1852, comme congrégation hospitalière et enseignante avec supérieure générale. L'Institut comprend, en effet, maintenant des institutrices et des garde-malades; en outre, la plupart des sœurs institutrices donnent gratuitement des soins aux malades dans l'intervalle des classes [1].

Voici quels sont les établissements possédés par les Carmélites d'Avranches dans l'archidiocèse de Rennes :

1° Saint-Georges-de-Reintembault. — École de filles; salle d'asile; soin des malades.

2° Baulon. — École de filles.

3° Combourtillé. — École de filles.

4° Dompierre-du-Chemin. — École de filles.

5° Forges. — École mixte.

6° Le Ferré. — École de filles.

7° Montreuil-sur-Pérouse. — École de filles.

8° Monthault. — École mixte.

9° Princé. — École de filles; soin des malades.

10° Saint-Mard-sur-Couasnon. — École de filles.

11° Saint-Pern. — École de filles.

CHARITÉ (FILLES DE LA)

Les pieuses Filles de saint Vincent-de-Paul, que nous avons déjà trouvées établies avant la Révolution dans plusieurs de

---

1. *Notice hist. ms.* — M. Keller, *Les Congrégations religieuses en France*, 163.

nos paroisses (V. p. 193), possèdent actuellement dans l'archidiocèse de Rennes les maisons suivantes :

1° *Domagné.* — Maison de charité ou miséricorde fondée en 1858. On appelle miséricordes, dans la congrégation des Filles de la Charité, les établissements ayant pour but les œuvres de jeunesse, classes et ouvroirs, et le soulagement des pauvres à domicile [1].

2° *Fougères.* — Le Bureau de bienfaisance de cette ville y appela les Filles de la Charité en 1853, pour visiter les familles pauvres et distribuer des secours aux indigents. Elles s'installèrent en arrivant dans une maison construite sur la tour de l'ancien Hôtel-Dieu et précédemment occupée par le chapelain de Saint-Nicolas. Mais en 1857, Mme de Kersalaun disposa en leur faveur de son hôtel situé rue Châteaubriand, paroisse de Saint-Léonard, et les bonnes religieuses y demeurent depuis lors. A l'intérieur de leur établissement se trouve une petite chapelle qui a été bénite en 1857 [2].

3° *Guerche (La).* — Les Filles de la Charité occupent depuis 1877 l'hôpital Saint-Jean de la Guerche. (V. p. 288.)

4° *Lanhélin.* — École mixte et miséricorde fondées en 1862.

5° *Redon.* — Maison de charité ou miséricorde fondée en 1844; chapelle.

6° *Rennes.* — Les Filles de la Charité ont quatre établissements en cette ville :

A. — *En Notre-Dame* : Asile d'aliénés de Saint-Méen; les sœurs y ont été appelées en 1847.

B. — *En Notre-Dame* : Orphelinat de garçons fondé en 1850, près de l'institution Saint-Vincent-de-Paul, par Monseigneur Saint-Marc; chapelle bénite par Mgr Place le 2 février 1879 [3].

---

1. *Notice ms. sur les maisons des Filles de la Charité.*
2. M. Maupillé, *Reg. parois. ms. de Saint-Léonard de Fougères.*
3. Dans cette même paroisse de Notre-Dame, les Filles de la Charité s'occupaient aussi avant 1869 des détenus et de la chapelle de la *prison départementale.*

C. — *En Saint-Sauveur* : Bureau de charité fondé en 1673 (V. p. 194); orphelinat de filles, ouvroir; visite des malades; chapelle.

D. — *En Saint-Étienne* : Hôpital militaire; les sœurs y sont entrées en 1858; chapelle.

7° *Saint-Malo.* — Les Filles de la Charité ont deux établissements dans cette ville :

A. — Maison de charité fondée en 1681 (V. p. 197). Les sœurs y ont maintenant deux écoles gratuites de filles; leur chapelle est dédiée au Sacré-Cœur [1].

B. — Maison de retraite et orphelinat de filles au Rocher. Cet établissement, situé en Saint-Servan, mais dépendant de Saint-Malo pour le spirituel, fut fondé en 1823 par M. Hay, vicaire à Saint-Malo, et Mlle Duguen. La chapelle, dédiée à l'Assomption de la Sainte Vierge, fut bénite le 3 mai 1827. Les Filles de la Charité furent appelées en cette maison en 1857, et en 1874 le Rocher fut cédé à la cure de Saint-Malo à condition que le curé continuerait d'y élever les orphelines pauvres de sa paroisse. Les exercices des retraites y sont faits par les Lazaristes de Rennes [2].

8° *Saint-Méen.* — Maison fondée en 1649 (V. p. 194); hôpital, orphelinat, salle d'asile; chapelle bénite le 25 novembre 1852 par le R. P. Étienne, supérieur général des Lazaristes.

9° *Tronchet (Le).* — Maison de charité et école mixte fondées en 1865.

10° *Vitré.* — Maison de charité fondée en 1787 dans la paroisse de Notre-Dame (V. p. 201); orphelinat établi en 1813 dans le même établissement; celui-ci contient, en outre, un ouvroir depuis 1867 et occupe une douzaine de religieuses.

---

1. A la page 197, il y a eu confusion entre la maison donnée en 1749 par Mme de Coëtquen aux Filles de la Charité et la maison de charité sise rue Maupertuis. Cette dernière maison n'a jamais appartenu aux Filles de saint Vincent-de-Paul; connue sous le nom de la *Providence*, elle fut fondée vers 1712 par Mlle Gardin des Prez, dame de charité de Saint-Malo, et est actuellement dirigée par Mme de Maison, également dame de charité.

2. *Reg. paroiss. ms. de Saint-Malo.*

En peu de temps une chapelle, construite dans le style renaissance, s'élèvera à côté du curieux hôtel du xvi° siècle qu'habitent ces saintes filles.

CHARITÉ DE N.-D. D'ÉVRON (SŒURS DE LA)

La congrégation des Sœurs d'Évron a été fondée par une pieuse veuve, Mme Thulard, en 1682; son but spécial est l'instruction de la jeunesse et le soin des malades; elle a été autorisée le 13 novembre 1810. Elle se compose actuellement de dix-huit cents sœurs professes, converses et novices, qui tiennent, outre la maison-mère d'Évron au diocèse de Laval, trois cent trente-sept établissements répartis comme il suit : cent soixante-dix-huit au diocèse de Laval, cent trente-et-un au diocèse du Mans, huit au diocèse de Séez, neuf au diocèse d'Angers, cinq en l'archidiocèse de Rennes, trois au diocèse de Blois, deux au diocèse de Chartres et un au diocèse de Versailles [1].

Voici les maisons que possède chez nous cette congrégation :

1° *Antrain*. — École de filles et salle d'asile.

2° *Bazouge-du-Désert (La)*. — École de filles.

3° *Le Pertre*. — École de filles.

4° et 5° *Fougères*. — Deux établissements dans la paroisse de Saint-Léonard :

A. — Maison Saint-Joseph. Après la Révolution, Mlle Duval, ancienne religieuse de la congrégation des Gigonnes, et Mme Sainte-Thérèse, ancienne Urbaniste, ouvrirent une école pour les filles sur la place du Brûlis. Déjà âgées, elles firent venir en 1816, pour les seconder, trois religieuses de la congrégation d'Évron, auxquelles elles s'associèrent. Peu après, sur la demande de M. Gaultier, curé de Saint-Léonard, la

---

1. *Notice hist. ms.* — M. Keller, *Les Congrégations religieuses en France*, 240.

Communauté de ville accorda à ces bonnes filles une partie des bâtiments de l'ancien couvent des Ursulines, et notamment la chapelle de ce monastère. Les Sœurs d'Évron s'y installèrent au mois de mai 1817, et Mlle Duval s'empressa de faire restaurer la chapelle, abandonnée en 1792. (V. p. 231.)

Cet établissement, connu sous le nom de Saint-Joseph, patron de la chapelle, a été considérablement augmenté de nos jours; il s'y trouve maintenant un nombreux pensionnat, une école de filles et une salle d'asile.

B. — Maison de Retraite. En 1825, M. Gaultier, curé de Saint-Léonard, secondé par quelques personnes pieuses, acheta ce qui restait debout de l'ancien couvent des Récollets (Voy. p. 163) et en fit une maison de retraite.

La vieille chapelle, convenablement restaurée, fut solennellement bénite le 1er décembre 1827, sous le vocable de Sainte Marie refuge des pécheurs, ou Notre-Dame-de-Miséricorde; on lui donna pour second patron saint François d'Assise, en souvenir des religieux qui l'avaient bâtie, et dès le lendemain s'ouvrit la première retraite.

Les Sœurs de la Charité d'Évron administrent actuellement cette maison; à l'œuvre des retraites elles ont joint un ouvroir [1].

CHARITÉ DE SAINT-LOUIS (SOEURS DE LA)

Cette congrégation a été fondée à Vannes en 1803 par Mme Molé de Champlâtreux, née Marie-Louise-Élisabeth de Lamoignon. Cette dame vint en Bretagne à l'instigation de Mgr Maynaud de Pancemont, nommé évêque de Vannes par le premier consul; le prélat, qui dirigeait à Paris Mme Molé, songea à utiliser pour le bien de son diocèse le zèle admirable et les vues bienfaisantes de sa pénitente; c'est ainsi

---

[1]. M. Maupillé, *Reg. paroiss. ms. de Saint-Léonard de Fougères.*

que la pieuse femme fut amenée à fonder à Vannes un établissement qui semblait d'abord devoir naître à Paris.

Mme Molé avait connu par expérience toutes les horreurs de la Révolution ; elle avait vu son mari mourir sur l'échafaud, elle avait elle-même été jetée en prison avec ses enfants pendant la Terreur, et elle avait ainsi envisagé de près la mort. Aussi les crimes que la France avait commis à cette terrible époque, l'immense réparation que demandaient tant de forfaits, mirent-ils au cœur de cette fervente chrétienne le besoin de s'immoler pour obtenir de Dieu le pardon de son pays. Comme les écrits de Mme Molé le prouvent à chaque page, l'œuvre qu'elle se proposa fut une œuvre de pénitence et de réparation [1].

Mme Molé s'immola donc complètement ; elle quitta son pays, son magnifique château de Champlâtreux et son hôtel de Paris ; elle dit adieu à ses enfants, après avoir pourvu à leur sort, et elle vint en cette Bretagne, que Paris regardait alors comme une contrée sauvage et déserte, où elle n'avait ni parents, ni amis, ni fortune.

Arrivée à Vannes, Mme Molé acheta en cette ville les bâtiments de l'ancienne communauté du Père-Éternel et elle y fonda la congrégation des Sœurs de la Charité de Saint-Louis ; elle en devint la supérieure générale et prit le nom de mère Saint-Louis.

Le but de cet Institut est, comme nous venons de le dire, l'expiation et la réparation des crimes commis en France pendant la Révolution. Les œuvres sont : l'éducation des enfants, et surtout des enfants pauvres, les retraites, les prières et les pénitences pour la conversion des pécheurs.

La congrégation reçut l'approbation du premier consul le 17 septembre 1804 et fut reconnue par ordonnance royale en date du 21 mars 1816. Elle a été approuvée par le Saint-Siège en 1840. Elle se compose aujourd'hui d'environ deux cents

---

1. Le P. Levé, *Vie de Madame Molé de Champlâtreux*.

religieuses, réparties en une douzaine d'établissements, dont la maison-mère est le Père-Éternel, à Vannes. Dans l'archidiocèse de Rennes, elle possède seulement deux maisons, Pléchâtel et Paimpont.

1° *Pléchâtel.* — Vers 1815, M. Lohier, recteur de Pléchâtel, se mit en rapport avec la fondatrice des Sœurs de la Charité de Saint-Louis. Il lui fit connaître qu'une âme pieuse, Mlle Giffard, mettait au service de la congrégation une maison avec ses dépendances, située au bourg de Pléchâtel, et offrait encore de subvenir aux frais d'installation des sœurs. Par un heureux effet de la volonté divine, cette maison était l'ancien prieuré des Bénédictins, fondé par les disciples de saint Convoyon au IX° siècle (V. tome II, p. 211); le Seigneur semblait ainsi vouloir que ce fût toujours une demeure de paix et de prière. Le 14 septembre 1816, le nouvel établissement fut définitivement constitué. La mère Saint-Louis y conduisit elle-même quatre religieuses, deux sœurs de chœur et deux oblates. La première supérieure de Pléchâtel fut la mère Sainte-Julie, qui succéda plus tard à la fondatrice dans le gouvernement général de la congrégation [1].

Pendant longtemps les sœurs de Pléchâtel se bornèrent à élever, instruire et former au travail de petites filles pauvres, reçues soit comme internes, soit comme externes. Mais en 1864 M. Bellamy, curé de Pléchâtel et supérieur de la communauté, conçut le projet d'y établir des retraites à l'instar de celles de la maison d'Auray. L'établissement fut alors agrandi par les soins et aux frais du bon curé; une chapelle, ayant pour patronne la Très-Sainte Vierge, sous le titre de l'Immaculée-Conception, fut bâtie par M. Saint-Marc; enfin, les Missionnaires diocésains vinrent prêcher les premières retraites en 1866.

Toutefois, la bénédiction solennelle de la nouvelle chapelle du couvent de Pléchâtel n'eut lieu que le 11 juin 1872; elle

---

1. *Notice ms.* — Le P. Lové, *Vie de Madame Molé de Champlâtreux.*

fut faite par Mᵍʳ Bécel, évêque de Vannes, en présence de Mᵍʳ Saint-Marc, archevêque de Rennes, d'un nombreux clergé et d'une foule immense. Depuis lors, l'œuvre des retraites se continue à Pléchâtel ; nulle part ailleurs on ne trouve mieux la solitude profonde et le recueillement parfait que nécessitent ces pieux exercices. Rien de plus beau, par exemple, qu'une procession de retraitants sur l'admirable levée du couvent, promenade sans rivale dans tous les alentours, où la grandeur pittoresque du paysage s'unit aux intéressants travaux d'art entrepris d'abord par le charitable M. Lohier, puis continués par le clergé de Pléchâtel. Là se trouvent de charmantes stations de piété : la grotte de Lourdes, parfaitement imitée, l'oratoire de saint Joseph, et surtout le gracieux édicule de Notre-Dame de la Salette. Tous ces petits monuments, jetés avec art dans les rochers, au-dessus du cours majestueux de la Vilaine, font de la communauté de Pléchâtel et de ses dépendances une de nos plus intéressantes maisons religieuses.

2° *Paimpont.* — M. Fourmont, recteur de cette paroisse, y appela les Sœurs de la Charité de Saint-Louis pour instruire les petites filles ; elles arrivèrent à Paimpont le 1ᵉʳ mai 1846, au nombre de quatre, trois sœurs de chœur et une oblate. Elles s'établirent dans une partie de l'ancienne abbaye des Génovéfains (V. tome II, p. 676). Les commencements de la fondation furent rudes et laborieux, mais le Seigneur était tout près : d'un de leurs appartements les sœurs pénétraient dans la tribune de l'église paroissiale.

L'établissement de Paimpont fut créé comme école libre de filles, mais en 1856 il est devenu communal.

FRANCISCAINES DE CALAIS

La congrégation des Franciscaines, dont la maison-mère est à Calais, date, dans sa forme actuelle, de 1852, époque à laquelle s'opéra, sous les ordres de l'évêque d'Arras, la fusion de sept maisons de Franciscaines existant dans son diocèse. Depuis cette époque, les Franciscaines de Calais ont fondé en France vingt-cinq établissements, dont plusieurs sont entièrement à leur charge et n'ont d'autres ressources que la charité publique, qui ne leur fait, du reste, jamais défaut. Ce sont des maisons de garde-malades, des hospices civils et militaires, des asiles pour la vieillesse, des écoles, salles d'asile, orphelinats, ouvroirs, etc. Partout où elles sont établies, ces sœurs donnent gratuitement leurs soins aux malades pauvres. Elles ont été autorisées en 1854 [1].

Dol. — Dans l'archidiocèse de Rennes, les Franciscaines de Calais ne possèdent qu'une maison : c'est celle de Dol, fondée en 1867. Les religieuses y ont des classes de filles, une salle d'asile et un ouvroir. Leur chapelle est dédiée à saint François d'Assise.

FRANCISCAINES DE SAINTE-MARIE DES ANGES

En 1870, Mgr Freppel, évêque d'Angers, fonda cette congrégation dans sa ville épiscopale. Son but primitif fut de recueillir les orphelines que faisait la guerre sévissant alors en France. Depuis, à cette œuvre extérieure de charité les Franciscaines de Sainte-Marie des Anges ont ajouté l'adoration perpétuelle du Très-Saint-Sacrement, la tenue de pensionnats pour l'éducation des jeunes filles de classes élevées, et, enfin, l'œuvre des missions étrangères [2].

Saint-Servan. — Les Franciscaines de Sainte-Marie ne possèdent dans l'archidiocèse de Rennes que la seule maison des Corbières, située dans la ville même de Saint-Servan. C'est le 12 juin 1877 qu'elles s'y sont établies, à la suite de la donation que Mme de Kersauson fit en leur faveur de sa belle pro-

---

1. M. Keller, *Les Congrégations religieuses en France*, 49.
2. *Notice ms.* sur la congrégation de Sainte-Marie des Anges.

priété des Corbières, située à l'embouchure de la Rance, dans une position très-pittoresque.

Répondant à l'objet principal de leur Institut, les religieuses des Corbières y pratiquent l'adoration perpétuelle du Très-Saint-Sacrement et tiennent un petit pensionnat. De plus, comme œuvre extérieure de charité, elles font la visite à domicile des malades pauvres.

Leur monastère et leur chapelle, posés au milieu d'un beau parc dont la mer baigne les pieds, sont sous le vocable de saint Michel archange.

HOSPITALIÈRES DE LA MISÉRICORDE

Ces religieuses, établies aux derniers siècles dans notre diocèse, continuent d'y desservir avec le plus grand dévouement les Hôtels-Dieu de *Rennes*, *Vitré* et *Fougères*. Nous avons précédemment parlé de leurs maisons dans ces différentes villes, et nous ne pouvons que renvoyer le lecteur à ce que nous en avons dit, la congrégation n'ayant pas fait de nouvelles fondations. (V. p. 206, 208 e. 210.)

HOSPITALIÈRES DE SAINT-THOMAS DE VILLENEUVE

Nous avons entretenu nos lecteurs (V. p. 211) de la fondation et de l'état actuel de la congrégation des Dames de Saint-Thomas de Villeneuve; voici maintenant quelques mots sur les divers établissements, au nombre de onze, qu'elles possèdent dans l'archidiocèse de Rennes[1].

1° Baguer-Morvan. — Pensionnat fondé à la suite d'une donation autorisée par le gouvernement en 1849; externat et école gratuite pour les petites filles pauvres; chapelle :

---

[1]. Ce qui suit est extrait d'une *Notice ms.* qu'a bien voulu nous envoyer la Révérende Mère générale.

2° *Bain.* — Fondation d'un hospice autorisée par décret du 9 octobre 1854; pensionnat, externat et école gratuite; chapelle dans l'intérieur de la maison, dédiée à l'Immaculée-Conception.

3° *Bécherel.* — Les Dames de Saint-Thomas vinrent en cette ville dès 1727 (V. p. 214); depuis la Révolution, leur établissement a été autorisé par décret du 19 octobre 1808; maison de retraite pour les séculiers des deux sexes; pensionnat et école gratuite; chapelle.

4° *Marcillé-Robert.* — Chargées en 1737 de la tenue d'un petit hospice à Marcillé-Robert (V. p. 215), les Dames de Saint-Thomas en furent chassées en 1791; elles revinrent en 1857 et rachetèrent deux ans plus tard leur ancienne maison; mais au lieu d'y tenir comme jadis un hôpital et une maison de retraite, elles ont un pensionnat, un externat, une école charitable et une salle d'asile; leur chapelle, rebâtie sur l'emplacement de l'ancienne, est dédiée à l'Immaculée-Conception.

5° *Redon.* — En 1811, les Filles de la Sagesse s'étant retirées de l'hôpital de Redon (V. p. 312), les Dames de Saint-Thomas les y remplacèrent; elles dirigent encore cet établissement et ont aussi une salle d'asile annexée à l'hôpital. La chapelle de cette maison est dédiée à saint Pierre.

De 1850 à 1856, les Dames de Saint-Thomas ont eu aussi le soin de la lingerie et de l'infirmerie de l'institution Saint-Sauveur.

6°, 7°, 8°, 9° *Rennes.* — Cette ville possède quatre maisons tenues par les Hospitalières de Saint-Thomas :

A. — En la paroisse de Notre-Dame, l'Hôpital-Général, section des hommes, établi dans les bâtiments de l'ancienne abbaye de Saint-Melaine (V. tome II, p. 3); chapelle dédiée à saint Melaine.

B. — Dans la même paroisse de Notre-Dame, l'Hôpital-Général, section des femmes, établi dans l'ancien Petit-Séminaire, rue de Paris (V. p. 447); chapelle.

C. — Dans la paroisse de Saint-Étienne, rue Saint-Louis,

noviciat pour les sœurs coadjutrices et maison de repos pour les religieuses âgées et infirmes; pensionnat, ouvroir et école charitable. Cet établissement, qui occupe l'emplacement de l'ancien couvent des Minimes (V. p. 160), a été fondé en 1825; chapelle dédiée à la Visitation de la Sainte Vierge.

D. — Dans la paroisse de Saint-Laurent, près de l'église de ce nom, pensionnat et école charitable fondés en 1858 et autorisés par décret du 12 novembre 1860; chapelle dédiée à sainte Catherine.

10° et 11° Saint-Malo. — Les Dames de Saint-Thomas tiennent deux hôpitaux dans cette ville :

A. — Hôtel-Dieu, où elles furent installées dès 1687 (Voy. p. 211); chapelle Saint-Sauveur.

B. — Hôpital-Général, où elles se trouvaient dès 1693 (V. p. 211); chapelle Saint-Yves.

INSTRUCTION CHRÉTIENNE (SOEURS DE L')

Cette congrégation fut fondée dans le diocèse de Vannes par un saint prêtre, Gabriel Deshayes, né à Beignon, devenu curé d'Auray et vicaire général de Vannes, dont nous avons déjà parlé à propos des Frères de l'Instruction Chrétienne (V. p. 614). L'œuvre commença en 1807, à Beignon même, par la réunion de quatre ou cinq jeunes personnes qui se dévouèrent à l'instruction des enfants de cette paroisse. Parmi ces pieuses filles était Mlle Michelle Guillaume, native de Beignon, qui devint la première supérieure de la société.

Établie dans le but de combattre à la fois l'ignorance et la misère, résultat inévitable de la Révolution que l'on venait de traverser, la congrégation de l'Instruction Chrétienne se développa très-rapidement, malgré des oppositions très-vives et en dépit de la pénurie de ses ressources; car nulle part les sœurs ne recevaient alors de traitement, et la plupart des élèves étaient admises gratuitement.

En 1828, le siège de la maison-mère fut transféré dans le

diocèse de Nantes, à Saint-Gildas-des-Bois, dans les bâtiments d'une ancienne abbaye de Bénédictins. L'Institut fut autorisé par ordonnance royale du 24 septembre 1836.

Comme à son origine, cette congrégation continue d'avoir pour but l'instruction des enfants dans les campagnes et le soin des malades pauvres soit dans de petits hôpitaux, soit à domicile. Aux termes de leurs constitutions, les Sœurs de l'Instruction Chrétienne, appelées vulgairement Sœurs de Saint-Gildas, ne doivent jamais s'établir dans les villes. Elles sont présentement plus de mille religieuses [1].

Cette congrégation possède chez nous cinq maisons, savoir :

1° *Bréal-sous-Montfort.* — Pensionnat et école de filles fondés en 1828.

2° *Chapelle-Saint-Melaine.* — Pensionnat et école de filles fondés en 1828.

3° *Saint-Brice-en-Coglais.* — Pensionnat et école de filles fondés en 1837.

4° *Monterfil.* — Pensionnat et école de filles fondés en 1864 ; soin des malades pauvres.

5° *Le Châtellier.* — Pensionnat et école de filles fondés en 1875 ; soin des malades pauvres.

JÉSUS DE KERMARIA (FILLES DE)

La société des Filles de Jésus est une congrégation hospitalière et enseignante fondée vers 1840 et ayant sa maison-mère à Kermaria, près de Locminé, dans le diocèse de Vannes. Cet Institut a été successivement approuvé par le gouvernement le 31 octobre 1842, le 12 mai 1853 et le 28 juin 1857 ; il se compose d'environ cinq cents religieuses, répandues surtout dans l'évêché de Vannes [2].

---

1. *Notice ms.* — M. Keller, *Les Congrégations religieuses en France,* 318.
2. M. Keller, *Les Congrégations religieuses en France,* 650.

Dans l'archidiocèse de Rennes, les Filles de Jésus ont neuf établissements, savoir :

1° *Breteil.* — École de filles.
2° *Domloup.* — École de filles; visite des malades pauvres.
3° *Lieuron.* — École mixte.
4° *Lohéac.* — École de filles.
5° *Pipriac.* — École de filles.
6° *Le Rheu.* — École de filles; visite des malades pauvres.
7° *Saint-Malon.* — École de filles; visite des malades pauvres.
8° *Sixt.* — École de filles; visite des malades pauvres.
9° *Talensac.* — École de filles; visite des malades pauvres.

MARIE-JOSEPH (SOEURS DE)

Cette congrégation prit naissance dans les prisons de Lyon en 1805. A cette époque, M**ll**e Élisabeth Duplex, habitant cette ville, touchée de l'état déplorable dans lequel se trouvaient les prisonniers, commença à leur faire des visites régulières. Bientôt quelques autres âmes pieuses se joignirent à elle, et peu à peu se forma de la sorte une petite société qui voulut avoir un règlement de vie et un costume uniforme. Un peu plus tard, un logement leur fut offert dans l'enceinte même d'une des prisons, et dès lors elles purent jour et nuit poursuivre leur œuvre de dévouement.

Apprenant le succès qu'obtenait M**ll**e Duplex, l'autorité ecclésiastique l'engagea à s'affilier, ainsi que ses compagnes, à une congrégation religieuse. M**ll**e Duplex entra par suite, en 1819, chez les Sœurs de Saint-Joseph à Lyon, et passa trois mois à la maison-mère pour en prendre l'esprit de la règle et l'habit; elle reçut alors le nom de sœur Saint-Polycarpe.

Les Sœurs de Saint-Joseph s'occupant exclusivement de l'enseignement, leur noviciat était peu propre à former des religieuses pour le service des prisons; aussi établit-on un second noviciat à cet effet, et la sœur Saint-Polycarpe en fut nommée supérieure provinciale.

En 1840, le gouvernement appela les Sœurs de Saint-Joseph (section des prisons) à la surveillance des maisons centrales de Montpellier et de Fontevrault. Prévoyant que l'œuvre des prisons prendrait désormais de l'extension, le cardinal de Bonald, archevêque de Lyon, donna toute liberté aux Sœurs de Saint-Joseph pour suivre chacune son attrait particulier : les unes purent, comme par le passé, s'en tenir aux premières constitutions, et les autres furent autorisées à quitter le diocèse pour fonder une nouvelle congrégation.

Ce fut en vertu de cette autorisation que la supérieure provinciale des Sœurs des Prisons vint, au mois de février 1841, suivie d'environ quatre-vingts professes, novices et postulantes, s'établir au Dorat, petite ville du diocèse de Limoges, où elle fut reçue avec grande bonté par l'évêque, Mgr de Tournefort. La société des Sœurs des Prisons prit à cette occasion le nom de Congrégation des Sœurs de Marie-Joseph, et celles-ci modifièrent leur habit religieux.

En 1852, le gouvernement leur accorda la reconnaissance légale. Vers la même époque, de nouvelles constitutions, approuvées par l'évêque de Limoges, furent données à la nouvelle congrégation, qui, sous l'influence divine, continua de grandir et ajouta à l'œuvre des prisons la création de plusieurs maisons de refuge pour les libérées et des maisons de préservation pour les jeunes filles.

Le Souverain-Pontife Pie IX approuva les constitutions des Sœurs de Marie-Joseph d'abord pour dix ans, en 1863, puis définitivement en 1873 [1].

La congrégation suit la règle de saint Augustin. Elle possède dans notre archidiocèse trois maisons sises dans la ville de Rennes.

---

1. *Notice ms.* sur la congrégation des Sœurs de Marie-Joseph.

1° Prison centrale de femmes. — Les Sœurs de Marie-Joseph y sont venues en 1850, alors que cette prison se trouvait établie dans les anciens bâtiments du Petit-Séminaire (Voy. p. 449). Maintenant, la prison centrale, entièrement bâtie à neuf, se trouve dans la paroisse de Toussaints; sa chapelle a pour patron et titulaire saint Joseph. La fin particulière de leur Institut étant d'assister spirituellement et corporellement les prisonniers, les sœurs se dévouent à passer leur vie dans ce lieu de pénitence pour surveiller les femmes détenues, leur donner l'éducation religieuse et industrielle dont elles ont besoin, les former enfin aux vertus chrétiennes ainsi qu'aux habitudes d'ordre, d'obéissance, de travail et de tempérance.

2° Solitude de Marie-Joseph. — C'est une maison de refuge et de préservation fondée en 1852 et située dans le faubourg Saint-Hélier, non loin de l'église paroissiale de ce nom. La chapelle en est également dédiée à saint Joseph. Cet établissement est le complément de l'œuvre des prisons; il comprend deux sections : dans l'une sont reçues les femmes libérées, qui trouveraient difficilement à se placer honnêtement au sortir de la Maison centrale; dans l'autre sont admises les orphelines pauvres que l'abandon conduirait infailliblement à la misère et au déshonneur. Dans cette maison les sœurs ont un ouvroir où elles enseignent à ces pauvres femmes et jeunes filles des états convenables qui leur permettent plus tard de vivre honnêtement en travaillant.

3° Prison départementale. — Les Sœurs de Marie-Joseph ont été appelées à la prison départementale d'Ille-et-Vilaine en 1869. Elles y ont une chapelle sise, comme la prison, dans la paroisse de Notre-Dame et dédiée à saint Joseph.

NOTRE-DAME DE CHARITÉ (SOEURS DE)

Nous avons déjà raconté la fondation de cet Institut, créé pour tenir les maisons de refuge, et l'établissement des religieuses de Notre-Dame de Charité à Rennes, en 1673, au monastère de la Sainte-Trinité (V. p. 216 et 217); comme elles en furent chassées en 1792, il nous reste maintenant quelques mots à dire sur leur retour parmi nous.

Rennes. — En 1808, le gouvernement, qui s'était emparé pendant la Révolution de l'ancien monastère des Calvairiennes de Saint-Cyr (V. p. 184), en destina les bâtiments à former un refuge pour les femmes de mœurs dépravées. Il en confia la direction à une ancienne Fille de Notre-Dame de Charité, dont l'établissement à Rennes fut autorisé comme communauté indépendante le 14 août 1811[1]. Cette religieuse n'agit toutefois qu'en son propre nom; elle réunit avec elle quelques pieuses femmes qui lui aidèrent à tenir la maison. Ce fut seulement en 1821 que la congrégation des Filles de Notre-Dame de Charité consentit à se charger elle-même de la maison de Saint-Cyr; elle y envoya à cette époque plusieurs religieuses tirées du monastère de Caen et obtint de Louis XVIII des secours assez importants qui permirent de faire les réparations les plus urgentes aux bâtiments.

Présentement, « la communauté de Saint-Cyr comprend une maison de refuge pour les repenties et une maison de préservation pour les jeunes filles orphelines ou abandonnées. Les sœurs leur donnent les premières notions de l'instruction et s'occupent surtout à les former à divers travaux manuels pour les mettre en état de gagner honorablement leur vie. Le concours des sœurs à ces deux œuvres est entièrement gratuit[2]. »

Nous pouvons ajouter que les femmes et jeunes filles dont s'occupent les religieuses sont divisées à Saint-Cyr en huit catégories complètement séparées, cinq pour les pénitentes et trois pour les préservées. Les plus intéressantes de ces diverses classes sont les sœurs du Tiers-Ordre de Saint-Fran-

---

1. M. Keller, *Les Congrégations religieuses en France*, 486.
2. Ibidem.

çois d'Assise et celles du Tiers-Ordre du Cœur de la Mère Admirable; les premières sont des pénitentes converties et les secondes des jeunes filles préservées qui suivent toutes les règles de la vie religieuse et se consacrent entièrement au cloître.

La maison de Saint-Cyr renferme aujourd'hui environ quatre-vingt-dix religieuses de Notre-Dame de Charité, deux cent cinquante pénitentes et près de deux cents préservées.

Les bâtiments de ce monastère sont naturellement considérables, car les pénitentes n'y ont aucun rapport avec les préservées; ils sont bien posés sur le coteau dominant les cours de la Vilaine et de l'Ille. La chapelle est une partie de la nef de l'ancienne église conventuelle des Calvairiennes; les différentes classes de pénitentes sont renfermées dans les chapelles latérales sous d'épaisses grilles qui leur enlèvent toute communication avec le public.

PROVIDENCE DE CRÉHEN (FILLES DE LA DIVINE)

Cette congrégation a été fondée en 1822 par M. Guy-Louis-Pierre Homery, recteur de Créhen, dans le diocèse de Saint-Brieuc.

Une foi vive, une profonde humilité, une entière confiance dans la Providence, un zèle ardent pour le salut des âmes et le soulagement des misères humaines furent les vertus qui caractérisèrent cet homme de Dieu. Né à Ploubalay le 25 août 1781, M. Homery loua à Créhen une petite maison, y réunit quatre jeunes filles d'ouvriers n'ayant d'autres moyens d'existence que le produit de leur travail, et leur confia douze petites orphelines. Tel fut le commencement de l'œuvre charitable de ce bon recteur, mort en odeur de sainteté à la communauté de Créhen le 14 décembre 1861.

L'Institut des Filles de la Divine Providence a pour but l'instruction des petites filles, le soin des malades et l'œuvre des retraites spirituelles. Autorisée par ordonnance royale en date du 18 novembre 1841, cette congrégation compte aujourd'hui trois cent soixante-huit religieuses et soixante-treize maisons, dont soixante-cinq dans le diocèse de Saint-Brieuc (y compris la maison-mère de Créhen), cinq dans celui de Quimper, une dans celui de Vannes et deux dans l'archidiocèse de Rennes [1].

Ces deux dernières sont les suivantes :

1° *La Boussac*. — École de filles fondée en 1847; salle d'asile; soin des malades pauvres; cinq religieuses.

2° *Saint-Broladre*. — École de filles fondée en 1864; soin des malades pauvres; quatre religieuses.

PROVIDENCE DE RUILLÉ (SOEURS DE LA)

M. Dujarié, nommé curé de Ruillé-sur-Loir, au diocèse du Mans, en 1803, trouva dans cette paroisse deux pieuses personnes qui voulurent bien, à sa prière, s'occuper d'instruire les enfants et de visiter les pauvres malades; il leur bâtit une maisonnette qui prit le nom de la Petite-Providence. D'autres bonnes filles s'étant jointes à ces deux premières et les curés du voisinage voulant fonder dans leurs paroisses des maisons semblables, M. Dujarié envoya ses soeurs se former à la vie religieuse au couvent des Incurables de Baugé. Elles y allèrent au nombre de sept, et après leur noviciat on leur donna un habit religieux et elles revinrent à la Petite-Providence se remettre sous la direction du bon curé de Ruillé.

De 1806 à 1816, sept maisons seulement furent fondées par la petite société; mais celle-ci ne tarda pas à prendre un rapide accroissement sous la direction de deux saintes femmes venues à Ruillé du fond de la Bretagne, Mlles Rolland du Roscoat et Cécile Lecor.

Mlle du Roscoat, en religion soeur Marie-Madeleine, fut nommée supérieure générale de la congrégation naissante en

---

1. *Notice ms.* — M. Keller, *Les Congrégations religieuses en France*, 536.

1820; mais elle mourut deux ans plus tard, ayant toutefois fondé dans ce court espace de temps quatorze maisons. Cécile Lecor, en religion sœur Marie, lui succéda dans le gouvernement général de la société; elle était née en l'île de Bréhat (Côtes-du-Nord) et avait commencé par faire l'école à Pléhédel, paroisse où se trouve le château du Roscoat, ce qui lui fit connaître la mère Marie-Madeleine. Elle donna un grand essor à sa congrégation et mourut comme une sainte en 1873.

En 1820, M. Dujarié avait donné des constitutions à la société qu'il avait formée; mais en 1834 Mgr Bouvier, évêque du Mans, voulut revoir lui-même ces règles et approuva ensuite par ordonnance épiscopale la nouvelle congrégation. Enfin, les constitutions des Sœurs de Ruillé furent approuvées par le Souverain-Pontife Pie IX en 1861.

Aujourd'hui, la congrégation des Sœurs de la Providence de Ruillé possède cent quatre-vingt-dix établissements répartis dans seize diocèses en France et dans celui de Vincennes en Amérique; il y a environ neuf cents sœurs pour les desservir. L'Institut a été autorisé par ordonnance royale du 19 novembre 1826[1].

La maison-mère se trouve maintenant au bourg même de Ruillé-sur-Loir; c'est un vrai monastère, avec une fort belle église conventuelle consacrée en 1858 par Mgr Nanquette, évêque du Mans, en présence d'un grand nombre de prêtres, dont plusieurs appartenaient au diocèse de Rennes.

La congrégation des Sœurs de Ruillé, ayant pour but l'instruction des enfants et le soin des malades pauvres, possède, en effet, de nombreux établissements chez nous; on n'en compte pas moins de cinquante-deux, dont voici la nomenclature :

1° *Andouillé.* — École de filles.
2° *Argentré.* — École de filles.

---

1. *Hist. de la Congrégation des Sœurs de la Providence de Ruillé*, 442.

3° *Availles.* — École de filles· hôpital.

4° *Bains.* — École de filles.

5° *Bazouges-la-Pérouse.* — École de filles; soin des malades pauvres.

6° *Bourg-des-Comptes.* — École de filles.

7° *Brutz.* — École de filles.

8° *Cancale.* — École de filles; asile pour les enfants et les vieillards; chapelle dédiée à saint Pierre.

9° *Cesson.* — École de filles.

10° *Chantepie.* — École de filles; visite des malades pauvres.

11° *Chapelle-du-Lou (La).* — École mixte.

12° *Domalain.* — École de filles; hôpital.

13° *Étrelles.* — École de filles.

14° *Feins.* — École de filles; visite des malades pauvres.

15° *Fougeray.* — École de filles.

16° *Gennes.* — École de filles.

17° *Guerche (La).* — École de filles; salle d'asile; ouvroir; chapelle dédiée à Notre-Dame de la Salette.

18° *Guichen.* — École de filles.

19° *Guignen.* — École de filles.

20° *Iffendic.* — École de filles.

21° *Izé.* — École de filles; chapelle.

22° *Laillé.* — École de filles; soin des malades pauvres.

23° *Langon.* — École de filles.

24° *Martigné-Ferchaud.* — École de filles; soin des malades pauvres.

25° *Maure.* — École de filles; salle d'asile.

26° *Messac.* — École de filles.

27° *Montauban.* — École de filles; chapelle dédiée au Sacré-Cœur de Jésus et bénite par Mgr de Lesquen le 23 octobre 1832.

28° *Moulins.* — École de filles; visite des malades pauvres.

29° *Moutiers.* — École de filles.

30° *Noyal-sur-Vilaine.* — École de filles.

31° *Piré*. — École de filles; visite des pauvres et des malades.

32° *Plerguer*. — École de filles; visite des malades pauvres.

33° *Pleugueneuc*. — École de filles.

34° *Rannée*. — École de filles.

35°, 36° et 37° *Rennes*. — En Notre-Dame : École de filles, rue de Belair; pensionnat et chapelle, faubourg de Paris. — En Saint-Aubin : École de filles et salle d'asile.

38° *Rhétiers*. — École de filles; hôpital.

39° *Romillé*. — École de filles et salle d'asile.

40° *Saint-Didier*. — École de filles; visite des malades pauvres.

41° *Saint-Gilles*. — École de filles; visite des malades pauvres.

42° *Saint-Jacques-de-la-Lande*. — École de filles.

43° *Saint-Just*. — École de filles; visite des malades pauvres.

44° *Saint-Malo-de-Phily*. — École de filles.

45° *Sainte-Anne-sur-Vilaine*. — École de filles; soin des malades pauvres.

46° *Sainte-Marie*. — École de filles.

47° *Saint-Méloir-des-Ondes*. — École de filles.

48° *Saint-Onen*. — École de filles.

49° *Saint-Pierre-de-Plesguen*. — École de filles.

50° *Saint-Servan*. — Bureau de bienfaisance de Saineville, tenu avant la Révolution par les Filles de la Charité et confié en 1828 aux Sœurs de Ruillé; chapelle dédiée à Notre-Dame du Sacré-Cœur.

51° *Vignoc*. — École de filles.

52° *Visseiche*. — École de filles; visite des malades pauvres.

PROVIDENCE DE SAINT-BRIEUC (FILLES DE LA)

Saint-Brieuc vit naître cet Institut au sein d'une congrégation de jeunes filles établie en cette ville à la suite de la mission de 1816. Cette congrégation avait pour supérieure Mlle Marie-Anne Cartel, âme d'élite vouée à toutes les bonnes œuvres. Deux autres demoiselles de la congrégation s'attachèrent à Mlle Cartel : c'étaient Mlles Marie Conan et Fanny Chapelain. Ces trois pieuses filles se mirent sous la direction de M. Jean-Marie Robert de la Mennais, vicaire général de Saint-Brieuc et fondateur des Frères de l'Instruction Chrétienne, et se vouèrent à l'enseignement de la jeunesse. Elles reçurent le 25 mars 1821 de ce respectable prêtre des constitutions et prononcèrent leurs vœux le même jour [1].

La maison-mère des Filles de la Providence est à Saint-Brieuc; elles y élèvent chaque année plus de six cents enfants, ayant un pensionnat et deux externats. L'Institut a été autorisé comme congrégation diocésaine le 7 avril 1877. La Sainte Vierge est la première patronne de la congrégation, saint Joseph en est le second patron, l'Immaculée-Conception est la fête principale de la maison-mère. Cette congrégation ne se propage qu'assez lentement; elle compte six maisons dans le diocèse de Saint-Brieuc et sept dans l'archidiocèse de Rennes. Voici quelles sont ces dernières :

1° et 2° Combour. — École communale de filles fondée en 1840; oratoire avec réserve du Saint-Sacrement; salle d'asile; dix religieuses. — Hôpital fondé en 1876 par M. Delafosse, curé de Combour; chapelle provisoire; trois religieuses.

3° Rennes. — En 1873, M. Gandon, curé de Toussaints, appela dans sa paroisse les Filles de la Providence pour tenir une école gratuite abandonnée alors par les Filles de Marie; cette maison, située rue du Vieux-Cours, contient aujourd'hui un pensionnat, un externat et une école gratuite; elle élève

---

1. Notice ms. sur la Congrégation de la Providence de Saint-Brieuc — Dans sa Vie de l'abbé de la Mennais, M. de Mirecourt dit que les religieuses de la Providence prononcèrent leurs premiers vœux pendant la nuit de Noël 1818, à Saint-Brieuc même, dans la chapelle de Notre-Dame-du-Refuge, un an après la fondation des Frères de l'Instruction Chrétienne.

chaque année plus de cinq cents enfants; une chapelle est construite dans l'enceinte de l'établissement, elle appartient au curé de Toussaints, mais les sœurs en ont la jouissance; vingt-deux religieuses.

4° *Saint-Jouan-des-Guérets.* — École communale de filles fondée en 1857; soin des malades pauvres; cinq religieuses.

5° *Saint-Lunaire.* — École communale de filles fondée en 1869; soin des malades pauvres; quatre religieuses.

6° *Saint-Malo.* — Pensionnat fondé en 1864, avec externat établi en 1867; chapelle dédiée à la Sainte-Famille; dix-huit religieuses.

7° *Saint-Père-Marc-en-Poulet.* — École libre de filles fondée en 1861; soin des malades pauvres; trois religieuses.

RETRAITE (DAMES DE LA)

La Congrégation de la Retraite, ou Société de Marie, tire son origine des pieuses associations de dames établies en Bretagne par M. de Kerlivio et Mlle de Francheville pour la direction des maisons de retraite. Primitivement, les membres de ces associations ne faisaient pas de vœux. (V. p. 524.)

Redon. — « En 1820, Mgr Mannay, évêque de Rennes, obtint de Mgr de Crouseilhes, évêque de Quimper, quelques Dames de la Retraite de la maison de Quimper, pour fonder à Redon une maison semblable. Ces dames, au nombre de trois, à la tête desquelles était Mme du Cléguer, femme d'un rare mérite, achetèrent à bas prix, vu son état de dégradation, l'ancien monastère des Calvairiennes (V. p. 187), et s'y établirent. Grâce à la coopération active de M. Hattais, curé de Redon, et au concours bienveillant des principaux habitants de la ville, elles ne tardèrent pas à pouvoir ouvrir leur maison aux personnes des deux sexes qui désiraient suivre les exercices des retraites.

« Dès leur début, les retraites de Redon furent très-nombreuses. Elles ont été dirigées d'abord par les prêtres de la paroisse et des paroisses environnantes, puis par les Missionnaires diocésains. Un des corps du bâtiment fut mis à la disposition des dames qui voudraient s'y retirer en qualité de pensionnaires.

« Afin de donner plus de stabilité à l'œuvre et pour satisfaire aux pieux désirs des trois fondatrices, l'évêque de Rennes décida que les membres de la communauté de Redon feraient des vœux simples après quelques années d'épreuves. Le jour de l'Exaltation de la Sainte-Croix, 14 septembre 1823, Mme du Cléguer et ses compagnes se lièrent à Dieu et à leur sainte œuvre par les trois vœux de religion, auxquels elles ajoutèrent celui de travailler toute leur vie au salut du prochain. Cette profession eut lieu à la suite d'une retraite donnée par le R. P. Maillard, de la Compagnie de Jésus. Ce même religieux traça pour le nouvel Institut une règle calquée presque entièrement sur celle de sa Compagnie[1]. » C'est vers cette époque que les Dames de la Retraite prirent le nom de Dames de la Société de Marie.

« Peu de temps après leur consécration, les religieuses de la Société de Marie joignirent à leur première œuvre celle de l'éducation, et voulurent exercer d'abord ce genre d'apostolat en faveur des enfants pauvres. Une école gratuite fut donc ouverte dans la maison de Redon plusieurs années avant qu'on y établît un pensionnat pour les jeunes filles des classes élevées.

« En 1827, Mgr de Lesquen, non moins dévoué à cet établissement que ne l'avait été son prédécesseur, obtint du gouvernement une ordonnance royale, datée du 17 janvier, qui reconnaissait l'existence du nouvel Institut et permettait à ses membres de se répandre en divers lieux. Cette ordonnance donnait à la maison de Redon le titre de maison-mère; elle conserva ce titre jusqu'en 1837. Il passa alors à la mai-

---

[1] D. Jausions, *Histoire de Redon*, 327, 328.

son fondée à Angers en 1826, et qui, sous la haute et paternelle protection de Mgr Montault, avait pris en peu de temps un développement assez considérable [1]. »

Depuis l'époque de cette translation à Angers de la maison-mère, les religieuses de la Société de Marie, ou Dames des Retraites, ont reçu du gouvernement une seconde autorisation le 8 février 1854 et ont formé quatre nouveaux établissements. Nous n'avons dans notre diocèse que celui de Redon; mais si cette communauté n'est plus en réalité le chef-lieu de l'Institut, elle n'a pas cessé pour cela d'être pour le cœur des religieuses une véritable maison-mère, et elles n'oublieront jamais ce que les premières années de son existence ont coûté à leurs vénérables fondatrices de sollicitudes, de sacrifices et de travaux.

SACRÉ-COEUR (DAMES DU)

Cette congrégation a été fondée par la mère Sophie Barat, déclarée vénérable le 18 juillet 1879 par le Souverain-Pontife Léon XIII, et dont la béatification est prochainement attendue.

Dirigée par les PP. Varin d'Ainvelle, de Tournély et Barat, — ce dernier son propre frère, — faisant tous partie de la société dite des Pères de la Foi, Sophie Barat ne tarda pas à marcher rapidement dans la voie de la perfection.

Le but principal des Pères de la Foi était de prêcher des missions et de répandre le culte du Sacré-Cœur. Mais « il ne suffisait pas à leur zèle sacerdotal de travailler à relever la religion par les hommes. Les femmes, les mères de famille, les épouses chrétiennes, les jeunes filles vertueuses devaient avoir aussi une part très-considérable, et plus grande que jamais, dans la rénovation de la société. C'est pourquoi Tournély fut inspiré de fonder, parallèlement à son Institut de missionnaires, et presque sur le même plan, un Institut de

---

[1]. D. Jausions, *Histoire de Redon*.

femmes consacrées à l'instruction non-seulement des enfants pauvres, mais des classes élevées et influentes du monde.

« Se dévouer au Cœur de Jésus, disent les Mémoires du temps, ressusciter l'amour de Jésus dans les âmes et la lumière de sa doctrine dans les esprits; pour cela prendre les sentiments et les dispositions intérieures de ce Cœur divin et les répandre par le moyen de l'éducation de la jeunesse : tel fut le but de Tournély dans la conception de cet Ordre de femmes. En conséquence, cet Ordre devait porter le nom du Cœur de Jésus, selon que le divin Maître lui-même s'en était ouvert à son serviteur[1]. »

Ce fut le 21 novembre 1800 que Sophie Barat et trois pieuses compagnes se consacrèrent solennellement au Cœur de Jésus dans la petite chapelle des Pères de la Foi à Paris; l'année suivante, la première maison de la congrégation des Dames du Sacré-Cœur fut fondée à Amiens, et Mme Barat en fut nommée supérieure.

L'Institut se développa rapidement ensuite et fut approuvé par le Souverain-Pontife Léon XII en 1826. Obligé d'abréger cet aperçu historique, nous ne pouvons que signaler ici à nos lecteurs l'admirable Vie de Mme Barat, qui renferme toute l'histoire de sa congrégation, car cette sainte religieuse n'est morte qu'en 1865, à l'âge de quatre-vingt-cinq ans.

Aujourd'hui le Sacré-Cœur a des maisons non-seulement dans toute la France, mais pour ainsi dire dans toute l'Europe, notamment dans l'Italie, l'Espagne, l'Angleterre, la Suisse, l'Autriche, la Hollande, l'Irlande, l'Écosse, etc.; il s'étend, en outre, dans les deux Amériques et il vient de s'établir tout dernièrement dans la Nouvelle-Zélande.

Cet Institut a été approuvé d'abord par Napoléon Ier le 10 mars 1807, puis par Charles X en avril 1827, et enfin par Napoléon III au mois d'août 1853.

Rennes. — Ce fut à la demande de l'évêque Mgr Saint-Marc,

---

1. *Hist. de la vénérable mère Barat*, I, 39.

et sur l'initiative de M. l'abbé Carron, que le Sacré-Cœur s'établit à Rennes en 1846, dans une modeste maison entourée de jardins et appelée Bégasson, située dans la paroisse de Saint-Étienne. Cette propriété, relevant jadis féodalement du prieuré de Saint-Cyr, avait successivement appartenu aux familles Le Duc de la Bouquinaye, Blanchart, Le Bel de Lesnen, Le Gonidec des Aulnays, de Plouer, de Bégasson et de Sceaulx. C'est cette dernière famille qui vendit Bégasson aux religieuses du Sacré-Cœur.

Celles-ci arrivèrent à Rennes conduites par une des premières compagnes de Mme Barat, la mère Catherine de Charbonnel de Jussac, femme éminente qui, sous la Terreur, s'était dévouée pour la foi, les ministres de l'Évangile et le soulagement des proscrits [1].

Parmi les sœurs nouvellement installées à Rennes se trouvait aussi Marie Lataste, devenue célèbre par les révélations dont elle fut privilégiée : « Dieu, s'emparant de cette âme, l'avait envahie de sa lumière et de sa grâce, et depuis la fin de l'année 1839 Marie Lataste était avec Jésus-Christ en communication extraordinaire [2]. » Cette sainte fille mourut à Rennes dès l'année suivante, à peine âgée de vingt-cinq ans, après avoir fait ses vœux sur son lit d'agonie : « Le 10 du mois de mai, vers quatre heures du matin, rapporte sa supérieure, lorsque autour de sa cellule une multitude d'oiseaux s'éveillaient dans les grands arbres et chantaient les louanges de leur Créateur, la sœur Marie Lataste prêta l'oreille, sourit, baisa le crucifix et rendit son âme à Dieu [3]. » L'humble cellule où elle exhala si doucement son dernier soupir est devenue un oratoire dédié au Sacré-Cœur de Jésus, et la confiance des fidèles y amène de nombreux pèlerins.

L'ancien manoir de Bégasson étant insuffisant pour contenir le pensionnat fondé par les Dames du Sacré-Cœur, fut des-

---

1. V. *Histoire de Madame Barat*, I, 83.
2. *Ibidem*, II, 273.
3. *Vie de Marie Lataste*, I, 122.

tiné par elles à renfermer une école gratuite de petites filles pauvres ; puis, en 1852, l'on bâtit la maison actuelle, contenant le monastère et le pensionnat. C'est dans cette dernière demeure que fut reçu, pendant les tristes évènements de 1870-71, le noviciat général de la société, obligé de quitter Conflans, près Paris. La communauté des Carmélites de Meaux y trouvait en même temps un asile.

Pendant plusieurs années le Sacré-Cœur de Rennes dut se contenter d'une chapelle provisoire. La belle église de style ogival primitif qu'on y admire aujourd'hui fut consacrée, ainsi que l'autel majeur, le 23 octobre 1861, par Mgr Saint-Marc, archevêque de Rennes. C'est un édifice en forme de croix, avec abside polygonale ; de riches verrières garnissent les nombreuses fenêtres du sanctuaire et des transepts, et d'élégantes stalles en bois sculpté occupent la nef entière.

Toutes les maisons et chapelles du Sacré-Cœur sont de droit dédiées au divin Cœur de Jésus, mais chacune d'elles reçoit, de plus, un patron spécial : la maison de Rennes reconnaît sainte Anne pour sa patronne, et l'autel majeur de l'église est sous son vocable ; les autels latéraux sont dédiés à la Sainte Vierge et à saint Joseph.

Un oratoire sous le vocable de *Mater Admirabilis* existe, en outre, dans l'intérieur de la maison [1].

SACRÉ-COEUR DE JÉSUS (SOEURS DU)

La société des Sœurs du Sacré-Cœur de Jésus a été fondée en 1652 pour tenir des écoles, des hôpitaux, des orphelinats et des ouvroirs ; elle fournit même des garde-malades. La maison-mère de cette congrégation est à Coutances, et l'École Normale, dirigée dans cette même ville par ces religieuses, est très-florissante. L'Institut, comprenant environ cinq cents

---

[1]. *Notice ms. sur le Sacré-Cœur de Rennes.*

sœurs, a été autorisé par le gouvernement les 9 avril 1846 et 15 novembre 1858[1].

Cette congrégation n'a dans notre archidiocèse qu'une seule maison, c'est l'école de filles de *Louvigné-du-Désert.*

SAGESSE (FILLES DE LA)

Les Filles de la Sagesse, que nous connaissons déjà (Voy. p. 221), possèdent dans notre archidiocèse dix-neuf établissements, dont voici la nomenclature[2] :

1° Bais. — Maison d'instruction et de charité fondée en 1853; asile de vieillards; chapelle dédiée à la Sainte Vierge.

2° Chapelle-Chaussée (La). — Maison d'instruction et de charité fondée en 1860; chapelle de Notre-Dame de Lourdes.

3° Dol. — Hôpital; bureau de charité; ouvroir; salle d'asile; les Filles de la Sagesse sont venues à Dol en 1875.

4° et 5° Fougères. — Deux établissements, fondés l'un et l'autre avant la Révolution.

A. — *Hôpital-Général,* dans la paroisse Saint-Léonard (V. p. 283); chapelle dédiée à saint Louis.

B. — *Maison de la Providence,* en la paroisse de Saint-Sulpice (V. p. 225); école de filles; chapelle dédiée à la Sainte-Trinité.

6° Gaël. — École de filles et maison de charité fondées en 1834.

7° Iffs (Les). — École de filles et maison de charité fondées dès 1788. (V. p. 225.)

8° Janzé. — Hôpital avec chapelle intérieure; école de filles et maison de charité avec oratoire.

9° Louvigné-de-Bais. — Maison d'instruction pour les filles

---

1. M. Keller, *Les Congrégations religieuses en France,* 162.
2. V. le P. Fontenau, *Hist. de la Congrégation de la Sagesse,* 529, 530.

et de charité pour les pauvres fondée en 1751 (V. p. 222); chapelle.

10° Miniac-Morvan. — École de filles et Bureau de charité fondés en 1764. (V. p. 223.)

11° Montfort. — Hôpital avec chapelle; maison de retraite; école de filles et salle d'asile; établissement fondé en 1773. (V. p. 224.)

12° Paramé. — Maison d'instruction et de charité fondée en 1804 (V. p. 429); salle d'asile; oratoire.

13° Pleurtuit. — École de filles et maison de charité fondées en 1837; oratoire.

14° Rennes. — En la paroisse de Saint-Étienne, pensionnat et école charitable; cette maison, fondée en 1724 au haut du faubourg de Brest, a été transférée après la Révolution dans la rue du Manège (V. p. 221 et 454); chapelle dédiée à sainte Philomène.

15° Rozlandrieuc. — Maison d'instruction et de charité fondée en 1871.

16° Saint-Briac. — École de filles et visite des pauvres malades; maison fondée en 1819; chapelle.

17° Saint-Coulomb. — Maison d'instruction et de charité fondée en 1815.

18° Saint-Servan. — Hôpital du Rosais (V. p. 358); les Filles de la Sagesse y sont venues en 1814; chapelle de la Sainte-Trinité.

19° Vivier (Le). — École de filles et visite des pauvres malades; maison fondée en 1862.

SAINT-ESPRIT (FILLES DU)

La congrégation des Filles du Saint-Esprit, appelées vulgairement Sœurs Blanches à cause de leur costume, naquit à Plérin, dans le diocèse de Saint-Brieuc. Cet établissement est dû à la charité d'une pauvre veuve nommée Marie Balavoine et d'une bonne fille des champs appelée Renée Durel, qui se consacrèrent à l'instruction des enfants et au soin des malades pauvres sous la direction de Jean Leuduger, chanoine et scholastique de Saint-Brieuc, et de M. Allenou de la Garde, recteur de Plérin. Vers 1706, ces deux pieuses femmes virent se joindre à elles deux ou trois filles du Tiers-Ordre de Saint-François, et toutes ensemble elles vinrent habiter au Légué une maison appartenant à Renée Burel. M. Leuduger rédigea à leur intention une sorte de règle et leur prescrivit divers exercices qui furent approuvés par Mgr de Frétat de Boissieux, évêque de Saint-Brieuc.

Un peu plus tard, René Allenou de la Ville-Angevin étant devenu recteur de Plérin à la place de son oncle, résolut de fixer l'école de sa paroisse et le berceau de la société des Sœurs Blanches au bourg même de Plérin ; il y acheta donc une maison en 1720 et put bientôt y réunir jusqu'à deux cents enfants.

La congrégation du Saint-Esprit se fonda définitivement en 1733 et fut approuvée le 24 avril de cette année-là par Mgr Vivet de Montclus, qui confirma Marie Balavoine dans son poste de supérieure[1].

Chassées par la Révolution, les Sœurs Blanches purent rentrer dans leur maison de Plérin dès au commencement de 1800 ; dix ans après elles furent approuvées comme association d'instruction et de charité par décret impérial du 13 novembre 1810. Leur maison-mère fut transférée en 1829 de Plérin à Saint-Brieuc, où elle est encore. Leur congrégation possède aujourd'hui deux cent quatre-vingt-six maisons et environ treize cents religieuses répandues dans toute la Bretagne, principalement dans les diocèses de Saint-Brieuc et de Quimper.

Cette pieuse association embrasse tous les genres d'œuvres de bienfaisance chrétienne : elle soigne les malades pauvres à

---

[1]. V. sur cette congrégation une bonne notice historique de M. Ruparts, *Portraits bretons*, 131.

domicile et tient des hôpitaux et maisons de charité; elle se livre à l'éducation de la jeunesse, non-seulement dans les villes, mais encore et surtout dans les campagnes; elle dirige des ouvroirs et a des salles d'asile.

« Les Filles du Saint-Esprit, dit M. Keller, se sont toujours distinguées par un admirable dévouement dans les épidémies, et elles pourraient montrer de nombreuses lettres émanées de hauts fonctionnaires de l'administration qui rendent à leur courage et à leur charité un éclatant hommage. Dans ces moments pénibles, elles ont toujours répondu à l'appel qui leur était fait, se dispersant à travers les villages pour aller partout faire face au fléau[1]. »

Les Filles du Saint-Esprit possèdent dans l'archidiocèse de Rennes les quatre maisons dont voici les noms :

1° *Chavagne*. — École mixte et visite des malades; maison fondée en 1822; trois religieuses.

2° *La Bouëxière*. — École de filles fondée en 1825; visite des malades; oratoire; cinq religieuses.

3° *La Gouesnière*. — École de filles fondée en 1862; visite des malades; trois religieuses.

4° *Rennes*. — En la paroisse de Toussaints, tenue de l'infirmerie et de la lingerie du Lycée; établissement fondé vers 1871; trois religieuses.

SAINT-JOSEPH DE CLUNY (SŒURS DE)

Les religieuses de Cluny ont pour but l'éducation de la jeunesse, le soin des malades dans les hôpitaux et dans les asiles d'aliénés, et la tenue de quelques pénitenciers dans les colonies.

Au commencement de ce siècle, la révérende mère Javouhey fonda cet Institut pour s'occuper spécialement des enfants

---

1. *Les Congrégations religieuses en France*, 532.

pauvres parmi les populations les plus délaissées; aussi se dévoua-t-elle à la moralisation des noirs de nos colonies. Dès 1816 elle envoyait des sœurs à l'île Bourbon et successivement dans tous les pays d'outre-mer appartenant à la France.

Actuellement, la congrégation de Saint-Joseph de Cluny a des établissements non-seulement en France, à Rome et en Irlande, mais encore dans la plupart des colonies françaises et anglaises d'Amérique et d'Afrique, au Pérou, à Haïti et dans l'île de Madagascar. Elle a été autorisée par le gouvernement les 17 janvier 1827 et 21 juillet 1870. Sa maison-mère est à Paris et ses religieuses sont au nombre d'environ deux mille[1].

Châteaubourg. — Dans l'archidiocèse de Rennes les Sœurs de Saint-Joseph de Cluny n'ont qu'une maison, située à Châteaubourg, et fondée en 1864 par M. Denis, curé de cette paroisse. Cet établissement a un double but : former à la vie religieuse des sujets qui sont envoyés à Paris après dix-huit mois de noviciat, — et donner l'instruction à des jeunes filles dans un pensionnat et dans une école communale tenues par les Sœurs.

La maison de Châteaubourg est sous le patronage de saint Joseph; elle est admirablement posée au sommet de la colline sur laquelle s'échelonnent les maisons du bourg, et elle est décorée d'une jolie chapelle de style ogival.

SAINT-MARTIN (SŒURS DE)

Cette congrégation, dont la maison-mère est à Bourgueil, dans l'archidiocèse de Tours, fut fondée d'abord sous le nom de Tiers-Ordre du Carmel. En 1824, les sœurs qui la composaient se mirent sous la protection de saint Martin, le grand

---

1. M. Keller, *Les Congrégations religieuses en France*, 400.

évêque de Tours, et en prirent le nom. Elles ont été autorisées par ordonnance royale du 16 avril 1846.

Au nombre d'environ deux cents, ces religieuses instruisent les jeunes filles, visitent les indigents, soignent les malades à domicile et se consacrent à toutes les œuvres de miséricorde[1].

La congrégation de Saint-Martin n'a chez nous qu'un établissement, c'est celui de *Nouvoitou*, qui a pour but la tenue d'une école de filles et la visite des malades pauvres.

SAINTE-FAMILLE DE BORDEAUX (SOEURS DE LA)

La congrégation des Sœurs de la Sainte-Famille, ayant sa maison-mère à Bordeaux, a été fondée en 1820 et autorisée par ordonnance royale du 7 juin 1826.

Cet Institut a des pensionnats, des salles d'asile, des crèches, des jardins d'enfants, des écoles et des orphelinats gratuits; de plus, les religieuses soignent les malades à domicile et dans les hôpitaux.

La congrégation des Sœurs de la Sainte-Famille se compose d'environ huit cents sœurs qui ont des établissements soit hospitaliers, soit scolaires, dans tous les pays de l'Europe et dans diverses contrées de l'Asie et de l'Afrique[2].

Cette pieuse société se subdivise en sept branches, et dans chacune d'elles les sœurs portent un nom particulier; dans notre archidiocèse se trouvent trois de ces branches, occupant en tout sept maisons :

1° *Sœurs de l'Espérance*. — Ces religieuses vont garder les malades à domicile; elles sont établies à *Rennes* dans la paroisse de Notre-Dame, et à *Saint-Malo*; dans l'une et l'autre

---

1. M. Keller, *Les Congrégations religieuses en France*, 598.
2. *Ibidem*, 113.

de ces maisons elles ont des chapelles desservies et dédiées à la Très-Sainte Vierge.

2° *Sœurs de l'Immaculée-Conception.* — Celles-ci tiennent des écoles et visitent les malades pauvres; elles sont établies à *Bédée, Mordelles, Québriac* et *Saint-M'hervé.*

3° *Sœurs Marthes.* — Ces dernières s'occupent à Rennes de la tenue de la maison de Mgr l'archevêque et de la porterie des Sœurs de l'Espérance.

SAINTE-FAMILLE DE NANTES (SOEURS DE LA)

Cette petite association n'a été fondée qu'en 1856, à Nantes, par M. l'abbé Laurent, alors vicaire à Notre-Dame-de-Bon-Port, en cette ville. Le but principal de ces religieuses est de visiter les malades, de faire les ménages des familles pauvres et de recueillir dans des asiles des orphelins et de jeunes aveugles. La maison-mère de la Sainte-Famille est à Nantes dans le parc de Grillot, en la paroisse de Saint-Clair.

Depuis sa fondation récente, — écrivait M. Keller en 1880, — la congrégation de la Sainte-Famille de Nantes a déjà recueilli près de trois mille orphelins [1].

Ces religieuses n'ont dans notre archidiocèse qu'une seule maison, c'est l'orphelinat des garçons fondé à *Saint-Servan* par M. le curé de cette paroisse; elles y sont venues en 1874, le 10 juillet, et se servent de la jolie chapelle de Saint-Joseph qui avoisine l'orphelinat [2].

---

[1]. *Les Congrégations religieuses en France,* p. 324.

[2]. L'orphelinat des garçons de Saint-Servan fut fondé en 1868 et tenu provisoirement jusqu'en 1874 par les Demoiselles de Nazareth. Comme ces dernières ne sont pas des religieuses proprement dites et que nous n'aurons pas occasion, par suite, de parler d'elles dans ce volume, disons un mot ici de leur établissement. Il y a une cinquantaine d'années, Mlles Le Fer de la Motte et Magon de la Vieuville formèrent, avec quelques autres pieuses congréganistes de Saint-Servan, une petite association, qui existe encore, pour diriger un orphelinat de petites filles. Leur maison porte le nom de Nazareth. Leur chapelle, dédiée à la Sainte Vierge, vient d'être rebâtie par la supérieure actuelle, Mlle Fournier de Bellevue.

SAINTE-MARIE (FILLES DE)

Dans la première moitié de ce siècle, un bon curé du diocèse de Saint-Brieuc, M. Joachim Fleury, recteur de Broons de 1817 à 1849, ancien confesseur de la foi pendant la Révolution, gémissait de voir dans sa paroisse l'ignorance des enfants et l'abandon des malades pauvres. Il eut la pensée de charger de l'œuvre charitable d'instruire les enfants et de soigner les malades deux pieuses personnes du bourg de Broons nommées Louise et Laurence Lemarchand. Après s'être préparées quelque temps à leur double mission dans des établissements spéciaux, ces deux bonnes filles élevèrent à Broons une école, et dans l'intervalle des classes visitèrent les malades de la paroisse. Pour demeurer constantes dans cette voie de charité, elles acceptèrent un petit règlement de vie que leur traça M. Fleury, et s'engagèrent par vœu à exercer les bonnes œuvres dont ce dernier les avait chargées.

C'était en 1828; l'institution était exclusivement pour la localité, et ni M. Fleury, ni ses filles, n'avaient l'idée de fonder une congrégation. Toutefois quelques pieuses âmes s'étant jointes à Mlles Lemarchand, M. Fleury, pour assurer l'existence de sa maison de charité et d'instruction, résolut de rattacher ses filles spirituelles à quelque famille religieuse; mais en vain s'adressa-t-il à plusieurs associations établies déjà dans le diocèse de Saint-Brieuc, ses démarches furent infructueuses. C'est alors que M. Le Mée, vicaire général de Saint-Brieuc, suggéra au saint curé de Broons l'idée de réunir ses pieuses filles en congrégation particulière; il finit par triompher des vives oppositions de M. Fleury, et ainsi fut fondée l'association des Filles de Sainte-Marie. Ses constitutions et sa règle furent approuvées en 1845 par Mgr Le Mée, devenu évêque de Saint-Brieuc, et la congrégation reçut l'autorisation civile le 30 mars 1849.

Les Filles de Sainte-Marie ont leur maison-mère au bourg

de Broons, et elles ont choisi comme fête patronale de leur association la Présentation de la Sainte Vierge. Elles sont aujourd'hui plus de trois cent cinquante religieuses répandues dans les diocèses de Saint-Brieuc, Vannes, Rennes, Bourges, Paris et Beauvais. Elles tiennent des pensionnats et des écoles, visitent les malades pauvres, dirigent l'École des Sourdes-Muettes de Saint-Brieuc, tiennent des ouvroirs, et fournissent des sujets pour l'infirmerie, la lingerie et même la cuisine aux séminaires et aux collèges.

Les Sœurs de Broons, — comme on les appelle vulgairement chez nous, — ont trois établissements dans l'archidiocèse de Rennes :

Boistrudan. — École mixte et visite des malades pauvres ; maison fondée le 28 septembre 1851 ; trois religieuses.

2° *Rennes*. — A l'institution Saint-Martin, tenue par les Eudistes, petite classe aux tous jeunes enfants, classe dite de l'Enfant-Jésus ; tenue de l'infirmerie, de la lingerie et de la cuisine ; le tout depuis 1876.

3° *Saint-Malo*. — Au collège de cette ville, surveillance des plus jeunes enfants, soins de l'infirmerie, de la lingerie et de la cuisine, depuis 1877.

TRINITAIRES DE VALENCE

« En 1650, deux ans après l'établissement des Pères Trinitaires dans la cité lyonnaise, M. de Morange, vicaire général du diocèse de Lyon, conçut le projet d'associer aux œuvres et aux mérites de ces bons religieux quelques jeunes personnes qu'à cette fin il réunit en communauté, et auxquelles il donna le scapulaire de l'Ordre et les constitutions des religieuses Trinitaires d'Espagne et de Portugal, déjà approuvées par Sa Sainteté Urbain VIII.

« Ces dignes filles, non contentes de coopérer par leurs quêtes et par leurs propres aumônes à la rédemption des captifs, voulurent encore aider l'Église dans la rédemption des âmes en se consacrant à l'éducation de la jeunesse et au service des pauvres et des malades dans les hôpitaux. Dieu bénit visiblement leurs efforts, car en très-peu de temps cette œuvre naissante compta six maisons dans le seul diocèse de Lyon[1]. »

Sur les entrefaites, Mgr de Cosnac, évêque de Valence, appela dans sa ville épiscopale, pour y tenir l'Hôtel-Dieu, les religieuses Trinitaires de Lyon. Elles y arrivèrent en 1685 et se virent bientôt demandées dans d'autres localités; mais, quelques années plus tard, les Trinitaires de Valence se séparèrent de celles de Lyon et formèrent une association particulière qui put continuer ses œuvres au milieu même de la Révolution.

La congrégation des Trinitaires de Valence fut autorisée par décret impérial du 16 juillet 1810; elle fut plus tard reconnue par Pie IX le 22 septembre 1869, et ses constitutions furent approuvées par ce même Pontife le 8 mai 1874.

Cet Institut, dont la maison-mère est encore à Valence (Drôme), s'est surtout répandu dans le Nord et dans le Midi de la France, ainsi qu'en Algérie; dans cette dernière colonie les Trinitaires sont au nombre de trois cents religieuses, tenant trente-deux maisons.

Depuis quelques années la congrégation des Trinitaires de Valence s'est accrue par l'aggrégation des Trinitaires de Plancoët et des Sœurs de la Charité de Bayeux; ces deux associations, manquant de sujets, ont obtenu de se réunir aux religieuses dont nous nous occupons. Présentement, les œuvres des Trinitaires de Valence sont donc le service des malades dans les hôpitaux, l'éducation de la jeunesse, la tenue des orphelinats, des salles d'asile et des ouvroirs.

Dinart. — Les Trinitaires n'ont dans notre archidiocèse qu'une seule maison, située dans la jolie petite ville de Dinart; en voici l'origine : En 1871, les Sœurs de la Charité

---

1. *Notice ms. sur la congrégation des Trinitaires de Valence.*

de Bayeux, ayant obtenu de faire partie de l'Institut des Trinitaires de Valence, cédèrent à ces dernières leur maison nouvellement fondée à Dinart pour l'instruction des jeunes filles. Depuis lors les Trinitaires tiennent cet établissement, qui renferme un pensionnat, une école charitable et une chapelle provisoire. Par un hasard providentiel, cette maison des religieuses Trinitaires, admirablement située au fond de la baie du prieuré de Dinart, au milieu de grands arbres se plongeant littéralement dans la mer, avoisine les ruines si pittoresques de la chapelle et du vieux couvent des moines Trinitaires fondé en ce même lieu au XIII° siècle. (V. p. 169.)

URSULINES

Nous avons suffisamment parlé déjà (V. p. 230) de la congrégation des Ursulines, établie parmi nous depuis assez longtemps. Chacune de leurs communautés est indépendante. Depuis la Révolution, ces religieuses ont vu leur association autorisée comme congrégation enseignante par décret impérial du 9 avril 1806. Elles ont rétabli ou fondé dans l'archidiocèse de Rennes quatre couvents dont nous allons dire quelques mots.

1° Châteaugiron. — Cette communauté est l'œuvre de deux anciennes Ursulines du monastère de Redon, qui, réfugiées à Châteaugiron dans leurs familles pendant la Révolution, s'y dévouèrent à donner l'instruction aux petites filles de leur ville natale. Quand revint un peu de paix, ces pieuses femmes, nommées Mmes Nourry, en religion sœur des Séraphins, et sœur Saint-Jean, demeurèrent à Châteaugiron pour y continuer leur bonne œuvre et achetèrent la chapelle de la Trinité. Elles parvinrent ainsi à reconstituer une petite communauté religieuse qui fut autorisée par ordonnance royale du 5 août 1826. Plus tard, en 1857, elles firent l'acquisition de l'ancien prieuré bénédictin de Sainte-Croix (V. tome II, p. 88) et s'y établirent. Elles y sont présentement au nombre d'une quarantaine de religieuses, tenant un pensionnat de jeunes filles et une école charitable. Elles forment les enfants, dit M. Keller, à divers ouvrages manuels, « particulièrement à la broderie des tulles, qui fournit aux enfants pauvres le moyen de venir de bonne heure en aide à leurs familles. Des secours en vêtements et en vivres sont distribués régulièrement aux pauvres de la paroisse et envoyés à domicile aux infirmes et aux vieillards. Par les élèves qu'elles attirent, par les travaux qu'elles font faire, les Ursulines font beaucoup de bien au commerce et aux ouvriers de Châteaugiron; sans elles, ces derniers n'auraient souvent, pendant l'hiver, pas d'occupation et partant pas de pain [1]. »

L'ancienne église priorale de Sainte-Croix ayant été rasée avant leur arrivée en ce lieu, les Ursulines n'ont qu'une chapelle provisoire dans l'intérieur de leur couvent.

2° *Montfort.* — Après la Révolution, quelques Ursulines de l'ancien monastère de Hédé (V. p. 239) se réunirent à Rennes dans une maison de la rue Châlais, et, sans oser reprendre leur costume religieux, elles se dévouèrent à l'instruction de la jeunesse. Parmi elles était une postulante native de Hédé, nommée Marie Guynot-Brémard, femme de grande entreprise; cette dernière, de concert avec la mère Félicité, dont la famille était riche, acheta l'ancienne abbaye de Saint-Jacques de Montfort (V. tome II, p. 636) dans l'intention d'y établir un couvent d'Ursulines. Par contrat du 25 septembre 1806, ces pieuses femmes devinrent donc propriétaires des vieux bâtiments claustraux des Génovéfains, des jardins et dépendances, et de la métairie de la Porte. Mlle Brémard mit tant d'activité à restaurer toutes ces constructions ruinées par la Révolution qu'elle put bientôt prier les Ursulines de quitter Rennes pour venir habiter l'Abbaye de Montfort. Elles s'y réunirent au nombre de onze et choisirent pour leur supérieure la mère Sainte-Thérèse, entrée au monastère de Hédé

---

1. *Les Congrégations religieuses en France*, 488.

en 1769. M. d'Humières, vicaire général de Rennes, vint, le 7 septembre 1807, bénir la chapelle du nouveau couvent de Saint-Jacques, et le lendemain, fête de la Nativité de Notre-Dame, il reçut les vœux de Mlle Brémard; toutes les anciennes religieuses renouvelèrent en même temps leurs promesses et reprirent leurs vêtements monastiques que la Révolution les avait forcées d'abandonner [1].

Depuis cette époque, la communauté des Ursulines de Montfort n'a fait que prospérer; elle fut autorisée par ordonnance royale du 20 novembre 1816.

Ces religieuses se dévouent surtout à l'instruction des enfants; non-seulement elles ont un pensionnat de jeunes filles, mais encore une école gratuite fort nombreuse; dans cette dernière, cent cinquante à deux cents enfants sont entièrement à la charge du couvent, car les Ursulines confectionnent des vêtements pour leurs élèves indigentes et leur fournissent même chaque jour la nourriture dont elles ont besoin.

Les patrons des Ursulines de l'Abbaye, — comme on les appelle à Montfort, — sont saint Augustin, dont elles suivent la règle, sainte Angèle de Mérici, fondatrice de leur Ordre, et sainte Ursule, dont elles portent le nom. Leur chapelle conventuelle est, ainsi que nous l'avons dit, l'ancienne église abbatiale de Saint-Jacques; il existe de plus, dans les jardins de la communauté, une chapelle moderne dédiée à la Sainte Vierge.

La communauté se composait en 1881 de trente-quatre religieuses de chœur, onze sœurs converses et trois postulantes.

3° *Redon.* — Nous avons vu les Ursulines chassées de Redon par la tourmente révolutionnaire (V. p. 236); après leur départ, leur couvent fut changé en caserne. Mais en 1810 une délibération du Conseil municipal de Redon, très-bienveillante pour ces religieuses, les autorisa à rentrer dans

---

1. *Notice ms.* communiquée par Mme la supérieure du couvent de Montfort.

leur monastère, qu'elles durent toutefois racheter de leurs deniers. Leur établissement fut approuvé en qualité de communauté indépendante par ordonnance royale du 30 juillet 1826.

Les bâtiments du couvent des Ursulines de Redon sont à peu près tels qu'ils existaient avant la Révolution; leur chapelle est également la même. Les religieuses, au nombre d'une cinquantaine, y ont un pensionnat de jeunes filles et des classes gratuites fréquentées par environ deux cents enfants pauvres; ceux-ci ont toujours été, depuis la fondation du couvent, à la charge exclusive de la communauté [1].

4° *Vitré*. — Les Ursulines de Vitré ayant été chassées de leur couvent par la Révolution (V. p. 239), se réfugièrent en partie dans une maison voisine de l'église Notre-Dame. Elles voulurent bien s'y charger en 1795 d'y tenir un petit hôpital, tout en vivant en séculières, en apparence du moins [2].

Quand la paix fut rendue à la France, les Ursulines purent reprendre, en 1806, leur costume religieux; leur association fut même approuvée comme communauté indépendante par décrets impériaux du 17 février 1807 et du 21 septembre 1808. Toutefois elles ne purent rentrer dans leur ancien monastère converti en collège, mais elles furent autorisées à prendre possession de l'ancien couvent des Bénédictines de Vitré (V. p. 178), « à charge de payer aux hospices de cette ville, auxquels cette maison et ses dépendances avaient été précédemment transférées, une redevance annuelle de mille francs. » Elles acceptèrent ces conditions et firent depuis un arrangement avec la Commission des hospices [3].

« Conformément aux constitutions approuvées par une bulle du pape Paul V, dit M. Keller, cette communauté est vouée à l'instruction des jeunes filles, et spécialement des enfants pauvres, qu'elle assiste dans la mesure de ses res-

---

1. M. Keller, *Les Congrégations religieuses en France*, 486.
2. M. l'abbé Paris-Jallobert, *Journal histor. de Vitré*, 475, 590, etc.
3. *Ibidem*.

sources. Le dimanche, les sœurs enseignent la doctrine chrétienne aux personnes âgées.

« Soixante familles indigentes reçoivent habituellement des secours de la communauté, qui paye, en outre, les loyers de plusieurs familles et procure chaque année un état à trois ou quatre enfants. De plus, les Ursulines viennent en aide au Bureau de bienfaisance. Leur concours a ces œuvres d'enseignement et de charité est entièrement gratuit[1]. »

Le couvent actuel des Ursulines de Vitré n'offre rien d'intéressant par lui-même; il se trouve dans la paroisse de Sainte-Croix; mais la chapelle de ces religieuses est ornée, dans ses jours de fête de belles tapisseries d'Aubusson qui furent données en 1776 à l'occasion de la profession d'Esther-Fortunée Le Gonidec, en religion sœur Marie-François de Sales. Mises en vente pendant la Révolution, elles furent acquises par la famille Le Gonidec, qui les offrit de nouveau à la communauté en 1809.

VISITANDINES

Rennes. — Nous avons vu la Révolution chasser de leurs monastères les deux communautés de la Visitation-Sainte-Marie de Rennes (V. p. 243 et 245); voici ce que devinrent ensuite ces saintes filles, d'après une touchante *Notice ms.* qu'on a bien voulu nous communiquer :

« Les religieuses expulsées tant du premier que du deuxième monastère de Rennes se réunirent dans une maison de cette ville, située rue du Four-du-Chapitre; mais la Nation les obligea à se disperser pour ne demeurer que quatre ou cinq ensemble. Elles prirent donc de petits loyers aussi rapprochés que possible. Pour observer leur règle comme aussi pour vivre du peu qui leur était donné, on ne fit la cuisine que chez la supérieure, la très-honorée mère Amélie Hay de Bonteville,

---

1. *Les Congrégations religieuses en France*, 484.

et une courageuse sœur converse, nommée Marie-Françoise Briand, se chargea de porter dans des paniers de clisse, à l'heure marquée par les constitutions, le repas frugal destiné à chaque ménage. Mais à midi toutes venaient chez la supérieure prendre leurs obédiences. » La faible indemnité fournie par le gouvernement ne suffisant pas toutefois à faire vivre ces pauvres femmes, elles usèrent de leurs petits talents et s'appliquèrent surtout à enseigner les enfants. « La plupart de leurs familles leur firent mille offres avantageuses, comme de recommencer les partages, ou de les recevoir chez elles, mais ces véritables épouses de Jésus-Christ, heureuses dans la pauvreté et la persécution pour la justice, préférèrent à toutes choses demeurer unies dans ce lien de dilection qui faisait leur gloire et leur consolation. » Beaucoup moururent dans l'espace de vingt ans qu'elles durent passer ainsi, et leurs compagnes ne songèrent qu'en 1817 à reconstituer une communauté.

Dans cette intention elles louèrent d'abord une petite maison dans la rue Basse, mais bientôt des sujets se présentèrent, et il fallut songer à agrandir le local; malheureusement les fonds manquaient presque totalement. « Dieu, qui avait résolu le rétablissement du premier monastère de la Visitation de Rennes, suscita alors une riche veuve qui se crut destinée à lui servir d'instrument. Mme de Kerisnel, née de Poulpiquet, avait perdu son mari dans des circonstances qui rappellent le veuvage de la sainte fondatrice de la Visitation ; elle racheta une partie de l'ancien emplacement du premier monastère, car les bâtiments claustraux n'existaient plus. Pendant quatre années, cette pieuse novice sacrifia son ardent désir d'être consacrée à Dieu par la sainte profession pour se livrer à toutes les fatigues et à toutes les privations que réclamaient la reconstruction du monastère et le rétablissement de la communauté. Elle vit enfin ses efforts couronnés de succès et elle mérita de devenir la mère de celles à qui elle avait rendu le bonheur en leur redonnant la vie religieuse. »

Le couvent de la Visitation est situé dans la paroisse de Notre-Dame; il renferme une cinquantaine de religieuses, dont une partie s'occupent de la tenue d'un pensionnat de jeunes filles. La chapelle principale est dédiée à la Très-Sainte Vierge; c'est un édifice moderne sans aucun style. Il y a dans les jardins une autre petite chapelle élevée en l'honneur de saint Joseph.

FIN DU TOME TROISIÈME

ADDITIONS & CORRECTIONS

Pages Lignes   *Ajoutez :*

366,   3.   Châteauneuf. — Il serait singulier qu'une seigneurie de l'importance de celle de Châteauneuf n'eût pas été dotée d'un hôpital au moyen-âge. Aussi pensons-nous qu'un établissement charitable de ce genre se trouvait jadis au village de Dolet, à une petite distance de Châteauneuf. Là existaient encore au xviii° siècle un fief appartenant aux Chevaliers-Hospitaliers (V. p. 73) et une chapelle dont jouissait alors le recteur de Châteauneuf, quoiqu'elle fût en dehors de sa paroisse, deux circonstances qui corroborent notre sentiment. Nous reparlerons plus tard de la chapelle Saint-Gilles de Dolet, dans le volume des *Paroisses*.

393, 21.   Il est fait mention au siècle dernier de l'*école des garçons* d'Antrain, et vers 1775 M. Lucas, prêtre de cette paroisse, faisait faire jusqu'à la quatrième à ses écoliers.

400,   7.   Bazelles. — Le recteur Gilles Hévin fonda une *école de garçons* en cette paroisse en 1675 ; il chargea le chapelain de la Tour de la tenir et lui donna pour cet office la métairie de la Rabinière, au Pertre.

462,   9.   Saint-Grégoire. — Il est fait mention du *maître d'école* de cette paroisse dans une visite pastorale vers 1690.

462, 25.   Saint-Jean-sur-Vilaine. — Il y avait en cette paroisse une *école de garçons* que dirigeait en 1682 et 1687 N. Le Boucher.

482,   9.   Peu de temps avant la Révolution, François Galles, prêtre de Tremblay, tenait en cette paroisse une école qui conduisait les élèves jusqu'en sixième inclusivement.

503, 32.   Gennes. — La tradition locale veut qu'il y ait eu un ermitage jadis près du village du Bois-Morice ; on y montre encore une fontaine dite de Saint-Julien, qui semble rappeler le souvenir d'un ancien oratoire en ce lieu.

ADDITIONS ET CORRECTIONS.

Pages	Lignes	Au lieu de	lisez :
159,	1,	559,	159.
107,	10,	Voy. la rectification faite au bas de la page 633, note 1.	
190,	5,	la Providence de Rillé,	la Providence de Ruillé.
203,	9,	voulut y placer,	voulut quelque temps après y placer.
241,	5,	SAINTE VIERGE (FILLES DE LA),	VIERGE (FILLES DE LA SAINTE).
304,	9,	Saint-Tual,	Saint-Thual.
386,	20,	fondée en 1602,	fondée de 1602 à 1712.
494,	27,	saint Mars,	saint Marse.
644,	13,	Ajoutez : 10° Cintré, école de filles.	
650,	31, 32 et 33.	Cette liste des Écoles de la Providence de Ruillé doit être modifiée comme il suit [1] :	

Supprimez : *Andouillé,* — *Chapelle-du-Lou (La)* — et *Vignoc.*

Ajoutez :
- *Acigné.* — École de filles ; visite des malades pauvres.
- *Amanlis.* — École de filles ; visite des malades pauvres.
- *Cornuz.* — École de filles.
- *Guipry.* — École de filles.
- *Médréac.* — École de filles.
- *Sougeal.* — École de filles.

1. L'erreur provient de ce que les Sœurs de la Providence de Ruillé ne nous ont point envoyé, malgré nos demandes réitérées, la liste de leurs maisons dans notre archidiocèse. Obligé de prendre cette liste dans l'*Ordo diocésain* de 1882, p. 164, nous nous sommes aperçu trop tard des nombreuses inexactitudes qu'il renferme.

TABLE DES CHAPITRES

                    Page.

Introduction au troisième volume.................... V

DEUXIÈME PARTIE : LES MONASTÈRES

Première Section : Établissements existant avant 1790.
(Suite et fin.)

Livre deuxième : Les Collégiales.

Chapitre unique.. 3

Livre troisième : Les Commanderies.

Chapitre unique.. 63

Livre quatrième : Les Couvents.

Chapitre I : Couvents d'hommes....................... 103
Chapitre II : Couvents de femmes..................... 175

Livre cinquième : Les Hôpitaux et autres Établissements d'assistance publique.

Chapitre I.. 247
Chapitre II... 313

Livre sixième : Les Écoles.

Chapitre unique : Séminaires, Collèges, Écoles, etc. 389

Livre septième : Autres Établissements religieux.

Chapitre unique : Anciens Monastères, Minihys, Ermitages, Maisons de Retraite.. 487

Seconde Section : Établissements actuels.

Livre premier : Communautés diocésaines.

Chapitre unique.. 535

Livre deuxième : Communautés étrangères.

Chapitre I : Communautés d'hommes............................. 599
Chapitre II : Communautés de femmes........................... 625

TABLE DES MATIERES

	Pages.
Adoration perpétuelle (Dames de l').	625
Adoratrices de la Justice de Dieu.	550
Anciens Monastères.	487
Asiles.	570
581, 582, 589, 592, 632, 633, 651.	
Assistance publique avant 1790 (L').	247
376.	
Augustins.	109
Augustines, voy. Hospitalières de la Miséricorde.	
Bénédictins.	114
Bénédictines.	175
Blanches (Sœurs), voy. Filles du Saint-Esprit.	
Bon-Pasteur (Filles du).	180
Bon-Secours (Sœurs du).	627
Broons (Sœurs de), voy. Filles de Sainte-Marie.	
Capucins.	110
Carmes (Grands).	120
Carmes déchaussés.	120
509.	
Carmélites.	191
628.	
Carmélites d'Avranches.	630
Catherinettes, voy. Dominicaines.	
Calvairiennes.	184
Charité (Filles de la).	193
631.	
Charité de Montoire (Dames de la).	285

	Pages.
Charité de Notre-Dame d'Évron (Sœurs de la).	634
Charité de Saint-Louis (Sœurs de la).	635
Chesnes (Sœurs des), v. Sœurs des Saints Cœurs.	
Cœur Immaculé de Marie (Filles du).	201
569.	
Collégiales.	3
Collèges avant 1790.	409
411, 414, 416, 434, 435, 463, 464.	
Collèges actuels.	535
550.	
Commanderies.	67
Communautés diocésains d'hommes.	335
Communautés diocésaines de femmes.	559
Communautés étranger. d'hommes.	609
Communautés étrangères de femmes.	625
Couvents d'hommes avant 1790.	109
Couvents de femmes av. 1790.	175
Cordeliers.	131
Cluny (Sœurs de), voy. Sœurs de Saint-Joseph.	
Croix (Filles de la).	203
Dominicains.	145
Dominicaines.	205
Écoles avant 1790.	303
à 480.	
Écoles actuelles de garçons.	611
et 618.	

	Pages.
Écoles actuelles de filles.	563
592, 626, 631, 632, 635, 636, 639, 640, 643, 644, 649, 650, 653, 655, 659, 660, 663, 664, 666, 668, 670, 671, 673.	
École de sourds et muets.	563
Ermitages.	504
Eudistes.	155
600.	
Espérance (Sœurs de l'), voy. Sainte-Famille de Bordeaux.	
Franciscains, voy. Cordeliers.	
Franciscaines de Calais.	638
Franciscaines de Sainte-Marie des Anges.	639
Frères Mineurs, voy. Cordeliers.	
Frères Prêcheurs, voy. Dominicains.	
Frères des Écoles Chrétiennes.	157
610.	
Frères de l'Instruction Chrétienne.	614
Grises (Sœurs), voy. Filles de la Charité.	
Gigonnes, voy. Filles de l'Instruction Chrétienne.	
Hôpitaux avant 1790.	256
257, 260, 261, 262, 263, 266, 267, 268, 275, 289, 292, 293, 294, 295, 296, 298, 306, 308, 321, 331, 335, 344, 345, 346, 347, 348, 353, 355, 358, 362, 369, 677.	
Hôpitaux actuels.	562
564, 566, 567, 569, 570, 632, 640, 641, 642, 651, 652, 653, 660, 661.	
Hôtels-Dieu.	249
269, 277, 325, 349, 365, 640, 641, 642.	
Hôpitaux-Militaires.	254
345, 633.	
Hospices.	253
Hospice d'aliénés.	342
632.	
Hospitaliers (Chevaliers).	64

	Pages.
Hospitalières de la Miséricorde.	208
640.	
Hospitalières de Saint-Thomas.	211
640.	
Hôtel des Gentilshommes.	439
Hôtel des Demoiselles.	441
Immaculée-Conception (Prêtres de l').	536
Immaculée-Conception (Sœurs de l').	571
Immaculée-Conception de Bordeaux (Sœurs de l'), v. Ste-Famille de Bordeaux.	
Incurables (Hospices des).	344
562, 569.	
Incurables (Demoiselles des), voy. Filles du Cœur immaculé.	
Instruction publique avant 1790 (L').	389
Instruction Chrétienne (Filles de).	227
Instruction Chrétienne (Sœurs de).	642
Institution St-Vincent à Rennes	554
Institution St-Martin à Rennes	601
Institution St-Sauveur à Redon	603
Jacobins, voy. Dominicains.	
Jésuites.	158
Jésus et Marie (Prêtres de), voy. Eudistes.	
Jésus de Kermaria (Filles de).	643
Lazarets.	252
257, 379.	
Lazaristes.	359
606.	
Léproseries.	249
258, 259, 272, 276, 288, 290, 293, 294, 296, 299, 313, 354, 359, 360, 370.	
Maladreries.	249
255, 258, 259, 260, 263, 266, 268, 272, 274, 275, 285, 291, 293, 295, 296, 297, 306, 307, 312, 349, 354, 357, 363.	
Marie-Joseph (Sœurs de).	644
Marmites des Pauvres.	194
197, 198 et 200.	

TABLE DES MATIÈRES.

	Pages.
Marthes (Sœurs), voy. Sainte-Famille de Bordeaux.	
Minihys.	502
Minimes.	180
Mission (Prêtres de la), voy. Lazaristes.	
Missionnaires, voy. Prêtres de l'Immaculée-Conception.	
N.-D. de Charité (Filles de).	216 et 646.
Oblats de Marie.	608
Oratoriens de Saint-Philippe de Néri.	550
Ordre du Temple.	62
Ordre de Saint-Jean de Jérusalem.	64
Ordre de Saint-Lazare.	106
Ordre de N.-D. du Mont-Carmel	106
Orphelinats.	557 563, 596, 632, 633, 666.
Passion (Filles de la).	215 468.
Petites Sœurs des Pauvres.	575
Providence (Filles de la).	215 374, 454.
Providence de Créhen (Filles de la).	648
Providence de Ruillé (Sœurs de la).	649 et 678.
Providence de Saint-Brieuc (Filles de la).	652
Récollets.	163 607.
Retraite (Maisons de) av. 1790.	524
Retraite (Maisons actuelles de)	630 586, 632, 635, 637, 641, 654, 661.
Retraite (Dames de la).	654
Ruillé (Sœurs de), voy. Adoratrices de la Justice de Dieu.	
Sacré-Cœur (Dames du).	656
Sacrés-Cœurs (Dames des), voy. Dames de l'Adoration perpétuelle.	
Sacré-Cœur de Jésus (Sœurs du)	659
Saints Cœurs de Jésus et Marie (Sœurs des).	588
Saint-Clément (Prêtres de).	374

	Pages.
Saint-Esprit (Filles du).	661
Saint-Gildas (Sœurs de), voy. Sœurs de l'Instruction Chrétienne.	
Saint-Joseph de Cluny (Sœurs de).	663
Saint-Martin (Sœurs de).	664
Saint-Méen (Sœurs de), voy. Sœurs de l'Immaculée-Conception.	
Saint-Thomas de Villeneuve (Dames de), voy. Hospitalières de Saint-Thomas.	
Saint-Vincent-de-Paul (Filles de), voy. Filles de la Charité.	
Saint-Yon (Frères de), v. Frères des Ecoles Chrétiennes.	
Sainte-Famille de Bordeaux (Sœurs de la).	665
Sainte-Famille de Nantes (Sœurs de la).	666
Sainte-Marie (Filles de).	667
Sainte Vierge (Filles de la).	241 586.
Sagesse (Filles de la).	221 660.
Sanitats.	252 273, 337, 352.
Santé (Hôpital de la).	344
Séminaire (Grand-) de Rennes.	443 346.
Séminaire (Grand-) de Dol.	406
Séminaire (Grand-) de Saint-Malo (à Saint-Méen).	472
Séminaire (Petit-) de Rennes.	447 550.
Séminaire (Petit-) de Saint-Malo (à Saint-Servan).	476
Templiers.	62
Trinitaires.	169
Trinitaires de Valence.	668
Union Chrétienne (Filles de), voy. Filles de l'Instruction Chrétienne.	
Urbanistes.	228
Ursulines.	230 335, 670.
Visitandines.	242 674.

TABLE DES NOMS DE LIEUX

ET

NOMENCLATURE DES ÉTABLISSEMENTS PROPRES A CHAQUE LOCALITÉ

Acigné. — Hôpital, 255. — Écoles, 392, 623 et 678. — Ermitage, 504. — Frères de l'Instruction chrétienne, 622. — Sœurs de la Providence de Ruillé, 678.
Aleth. — Ancien monastère, 489.
Amanlis. — Assistance publique, 376. — Écoles, 621 et 678. — Frères de l'Instruction Chrétienne, 621. — Sœurs de la Providence de Ruillé, 678.
Andouillé-Neuville. — Écoles, 564. — Adoratrices de la Justice de Dieu, 564.
Antrain. — Maladrerie, 255. — Assistance publique, 376. — Écoles, 393, 634 et 677. — Sœurs de la Charité d'Évron, 634.
Arbrissel. — École, 568. — Adoratrices de la Justice de Dieu, 568.
Argentré. — Écoles, 613 et 650. — Frères des Écoles Chrétiennes, 613. — Sœurs de la Providence de Ruillé, 650.
Availles. — Hôpital, 257 et 651. — Assistance publique, 377. — Écoles, 603 et 651. — Sœurs de la Providence de Ruillé, 651.
Baguer-Morvan. — Assistance publique, 377. — Écoles, 619 et 640. — Frères de l'Instruction Chrétienne, 619. — Hospitalières de Saint-Thomas, 640.
Baguer-Pican. — École, 566. — Adoratrices de la Justice de Dieu, 566.
Bain. — Hôpital, 257 et 641. — Assistance publique, 377. — Écoles, 394, 621 et 641. — Frères de l'Instruction Chrétienne, 621. — Hospitalières de Saint-Thomas, 641.
Bains. — Léproserie, 259. — Écoles, 395, 620 et 651. — Minihy, 503. — Maison de la Roche-du-Theil, 505. — Eudistes, 505. — Frères de l'Instruction Chrétienne, 620. — Sœurs de la Providence de Ruillé, 651.
Bais. — Écoles, 622 et 660. — Frères de l'Instruction Chrétienne, 622. — Filles de la Sagesse, 660.
Balazé. — Filles de la Charité, 109. — Assistance publique, 377. — Écoles,

395, 566 et 623. — Adoratrices de la Justice de Dieu, 566. — Frère de l'Instruction Chrétienne, 623.

BAULON. — Assistance publique, 377. — Écoles, 396 et 631. — Ermitage, 504. — Carmélites d'Avranches, 631.

BARENTON. — Ancien monastère, 489.

BAUSSAINE (LA). — Assistance publique, 377. — École, 396.

BAZOUGE-DU-DÉSERT (LA). — Maladrerie, 258. — Assistance publique, 377. — Écoles, 396, 619 et 634. — Ermitage, 505. — Frères de l'Instruction Chrétienne, 619. — Sœurs de la Charité d'Évron, 634.

BAZOUGES-LA-PÉROUSE. — Léproserie, 258. — Écoles, 397, 619 et 651. — Ermitage, 506. — Frères de l'Instruction Chrétienne, 619. — Sœurs de la Providence de Ruillé, 651.

BAZOUGES-SOUS-HÉDÉ. — Léproserie, 258. — École, 397.

BEAUCÉ. — École, 564. — Adoratrices de la Justice de Dieu, 564.

BÉCHEREL. — Hospitalières de Saint-Thomas, 214 et 641. — Écoles, 397 et 641. — Maison de retraite, 524 et 641.

BÉDÉE. — Maladrerie, 259. — Assistance publique, 377. — Écoles, 398, 618 et 666. — Frères de l'Instruction Chrétienne, 618. — Sœurs de l'Immaculée-Conception de Bordeaux, 666.

BELLEVUE. — Noviciat des Prêtres de l'Immaculée-Conception, 546.

BETTON. — Ancien monastère, 490. — École, 573 et 619. — Sœurs de l'Immaculée-Conception, 573. — Frères de l'Instruction Chrétienne, 619.

BILLÉ. — École, 565. — Adoratrices de la Justice de Dieu, 565.

BLANC-ESSAY. — Ancien monastère, 490.

BOISGERVILLY. — Écoles, 574 et 621. — Sœurs de l'Immaculée-Conception, 574. — Frère de l'Instruction Chrétienne, 621.

BOISTRUDAN. — École, 668. — Filles de Sainte-Marie, 668.

BONNEMAIN. — Maladrerie, 259. — Écoles, 595 et 624. — Sœurs des Saints Cœurs, 595. — Frères de l'Instruction Chrétienne, 624.

BOSSE (LA). — École, 595. — Sœurs des Saints Cœurs, 595.

BOUEXIÈRE (LA). — Maladrerie, 260. — Écoles, 398, 622 et 663. — Ermitages, 507 et 508. — Frères de l'Instruction Chrétienne, 622. — Filles du Saint-Esprit, 663.

BOURGBARRÉ. — Assistance publique, 377.

BOURG-DES-COMPTES. — Maladrerie, 260. — Écoles, 623 et 651. — Frères de l'Instruction Chrétienne, 623. — Sœurs de la Providence de Ruillé, 651.

BOUSSAC (LA). — Assistance publique, 377. — Écoles, 619 et 649. — Frères de l'Instruction Chrétienne, 619. — Filles de la Providence de Créhen, 649.

BOVEL. — École, 596. — Sœurs des Saints Cœurs, 596.

BRAIN. — École, 399.

BRÉAL-SOUS-MONTFORT. — Léproserie, 259. — Assistance publique, 377. — Écoles, 399, 623 et 643. — Frères de l'Instruction Chrétienne, 623. — Sœurs de l'Instruction Chrétienne, 643.

BRÉAL-SOUS-VITRÉ. — École, 567. — Adoratrices de la Justice de Dieu, 567.

BRECÉ. — École, 573. — Sœurs de l'Immaculée-Conception, 573.

BRETEIL. — Assistance publique, 378. — Écoles, 399, 621 et 644. — Minihy, 503. — Frère de l'Instruction Chrétienne, 621. — Filles de Jésus de Kermaria, 644.

Brie. — Assistance publique, 378. — Écoles, 399 et 575. — Ermitage, 509. — Sœurs de l'Immaculée-Conception, 575.
Brielles. — Écoles, 568 et 677. — Adoratrices de la Justice de Dieu, 568.
Broons. — École, 573. — Sœurs de l'Immaculée-Conception, 573.
Bruc. — Assistance publique, 378. — Ermitage, 509. — Écoles, 596 et 622. — Sœurs des Saints Cœurs, 596. — Frère de l'Instruction Chrétienne, 622.
Brulais (Les). — École, 567. — Adoratrices de la Justice de Dieu, 567.
Bruz. — Filles de la Charité, 199. — Assistance publique, 378. — Écoles, 400 et 651. — Asile Le Graverend, 570. — Filles du Cœur immaculé de Marie, 570. — Sœurs de la Providence de Ruillé, 651.
Campel. — École, 594. — Sœurs des Saints Cœurs, 594.
Cancale. — Hôpital, 260. — Assistance publique, 378. — Écoles, 400, 620 et 651. — Ermitage, 509. — Frères de l'Instruction Chrétienne, 620. — Sœurs de la Providence de Ruillé, 651. — Asile, 651.
Candroc. — Assistance publique, 379. — Écoles, 401 et 624. — Frère de l'Instruction Chrétienne, 624.
Carfantain. — Ancien monastère, 491. — École, 596. — Sœurs des Saints Cœurs, 596.
Celle-en-Coglais (La). — Ancien monastère, 491.
Celle-en-Luitré (La). — Ancien monastère, 491. — École, 564. — Adoratrices de la Justice de Dieu, 564.
Césambre. — Cordeliers, 143. — Récollets, 165. — Ermitage, 520.
Cesson. — Hôpital, 201. — Écoles, 401, 620 et 651. — Frères de l'Instruction Chrétienne, 620. — Sœurs de la Providence de Ruillé, 651.
Champeaux. — Collégiale, 30. — École, 401.
Chancé. — École, 593. — Sœurs des Saints Cœurs, 593.
Chanteloup. — École, 566. — Hospice, 566. — Adoratrices de la Justice de Dieu, 566.
Chantepie. — Hôpital, 262. — Assistance publique, 379. — Écoles, 401 et 651. — Sœurs de la Providence de Ruillé, 651.
Chapelle-aux-Fils-Méen (La). — École, 566. — Adoratrices de la Justice de Dieu, 566.
Chapelle-Bouëxic (La). — École, 568. — Adoratrices de la Justice de Dieu, 568.
Chapelle-Chaussée (La). — Assistance publique, 379. — Écoles, 401, 620 et 660. — Frères de l'Instruction Chrétienne, 620. — Filles de la Sagesse, 660.
Chapelle-des-Fougeretz (La). — Assistance publique, 379. — Écoles, 402.
Chapelle-du-Lou (La). — École, 574. — Sœurs de l'Immaculée-Conception, 574.
Chapelle-Erbrée (La). — École, 566. — Adoratrices de la Justice de Dieu, 566.
Chapelle-Janson (La). — Assistance publique, 379. — Écoles, 402 et 568. — Adoratrices de la Justice de Dieu, 568.
Chapelle-Saint-Aubert (La). — École, 564. — Adoratrices de la Justice de Dieu, 564.
Chapelle-Saint-Melaine (La). — École, 643. — Sœurs de l'Instruction Chrétienne, 643.

CHAPELLE-THOUARAULT (LA). — École, 594. — Sœurs des Saints-Cœurs, 594.
CHARTRES. — Maladrerie, 263. — École, 403.
CHATEAUBOURG. — Écoles, 403, 620 et 664. — Hospice, 570. — Filles du Cœur immaculé de Marie, 570. — Frère de l'Instruction Chrétienne, 620. — Noviciat, 664. — Sœurs de St-Joseph de Cluny, 664.
CHATEAUGIRON. — Hôpital, 263. — Écoles, 403 et 670. — Ursulines, 670.
CHATEAU-MALO. — École, 595. — Sœurs des Saints Cœurs, 595.
CHATEAUNEUF. — Hôpital, 677. — Écoles, 404, 594 et 622. — Sœurs des Saints Cœurs, 594. — Frère de l'Instruction Chrétienne, 622.
CHATELLIER (LE). — Temple de la Violette, 70. — Assistance publique, 379. — Écoles, 404, 624 et 643. — Frères de l'Instruction Chrétienne, 624. — Sœurs de l'Instruction Chrétienne, 643.
CHATILLON-EN-VENDELAIS. — Assistance publique, 379. — Écoles, 404.
CHAUVIGNÉ. — École, 567. — Adoratrices de la Justice de Dieu, 567.
CHAVAGNE. — Assistance publique, 379. — Ancien monastère, 491. — École, 663. — Filles du Saint-Esprit, 663.
CHERRUEIX. — École, 594. — Sœurs des Saints Cœurs, 594.
CHESNES (N.-D. DES). — Sœurs des Saints Cœurs, 592.
CHEVAIGNÉ. — École, 565. — Adoratrices de la Justice de Dieu, 565.
CINTRÉ. — Assistance publique, 379. — Écoles, 621 et 678. — Frère de l'Instruction Chrétienne, 621. — Sœurs de Jésus de Kermaria, 678.
CLAYES. — École, 405.
COESMES. — École, 574. — Sœurs de l'Immaculée-Conception, 574.
COGLES. — Écoles, 405 et 567. — Adoratrices de la Justice de Dieu, 567.
COMBOUR. — Hôpital, 266 et 653. — Maladrerie, 266. — Écoles, 618 et 653. — Frères de l'Instruction Chrétienne, 618. — Filles de la Providence de Saint-Brieuc, 653.
COMBOURTILLÉ. — Assistance publique, 379. — École, 631. — Carmélites d'Avranches, 631.
CORNILLÉ. — Assistance publique, 379. — Écoles, 406, 593 et 623. — Sœurs des Saints Cœurs, 593. — Frère de l'Instruction Chrétienne, 623.
CORNUZ. — Hôpital, 267. — École, 678. — Sœurs de la Providence de Ruillé, 678.
COUYÈRE (LA). — École, 567. — Adoratrices de la Justice de Dieu, 567.
CREVAIN. — École, 594. — Sœurs des Saints Cœurs, 594.
CROUAIS (LE). — École, 593. — Sœurs des Saints Cœurs, 593.
CUGUEN. — Maladrerie, 268. — Assistance publique, 380. — École, 568. — Adoratrices de la Justice de Dieu, 568.
DINART. — Trinitaires, 169. — Hospice, 269. — Écoles, 620 et 669. — Frères de l'Instruction Chrétienne, 620. — Trinitaires de Valence, 669.
DINGÉ. — Assistance publique, 380. — Ermitage, 509.
DOL. — L'Hôpital de Dol, 71. — Hôtel-Dieu, 269 et 660. — Hôpital-Général, 271. — Léproserie, 272. — Maladrerie, 272. — Sanitat, 273. — Assistance publique, 380. — Grand-Séminaire, 406. — Collège, 408. — Écoles, 410, 622 et 639. — Ancien monastère, 492. — Maison de retraite, 525.
Carmes, 120. — Eudistes, 157. — Frères de l'Instruction Chré-

tienne, 622. — Bénédictines, 179. — Hospitalières de Saint-Thomas, 180 et 213. — Filles de la Sagesse, 224 et 660. — Visitandines, 243. — Franciscaines de Calais, 639.

Domagné. — Écoles, 410 et 632. — Filles de la Charité, 632.

Domalain. — Assistance publique, 380. — Écoles, 623 et 651. — Frères de l'Instruction Chrétienne, 623. — Sœurs de la Providence de Ruillé, 651.

Dominelais (La). — École, 567. — Adoratrices de la Justice de Dieu, 567.

Domloup. — École, 644. — Filles de Jésus de Kermaria, 644.

Dompierre-du-Chemin. — Assistance publique, 380. — École, 631. — Carmélites d'Avranches, 631.

Dourdain. — Maladrerie, 274.

Drouges. — Assistance publique, 380. — Écoles, 566 et 623. — Adoratrices de la Justice de Dieu, 566. — Frère de l'Instruction Chrétienne, 623.

Éancé. — Assistance publique, 380.

Épiniac. — Assistance publique, 380. — École, 565. — Adoratrices de la Justice de Dieu, 565.

Ercée. — Maladrerie, 274. — Assistance publique, 380. — Écoles, 567 et 623. — Adoratrices de la Justice de Dieu, 567. — Frère de l'Instruction Chrétienne, 623.

Ercé-en-la-Mée. — École, 568. — Adoratrices de la Justice de Dieu, 568.

Ercé-près-Liffré. — Écoles, 411 et 575. — Sœurs de l'Immaculée-Conception, 575.

Essé. — Assistance publique, 380.

Étrelles. — Écoles, 411, 631 et 651. — Frère de l'Instruction Chrétienne, 631. — Sœurs de la Providence de Ruillé, 651.

Feins. — École, 651. — Sœurs de la Providence de Ruillé, 651.

Ferré (Le). — Maladrerie, 275. — École, 631. — Carmélites d'Avranches, 631.

Fleurigné. — Maladrerie, 275. — Écoles, 567 et 624. — Adoratrices de la Justice de Dieu, 567. — Frère de l'Instruction Chrétienne, 624.

Fontenelle (La). — École, 504. — Adoratrices de la Justice de Dieu, 504.

Forges. — École, 631. — Carmélites d'Avranches, 631.

Fougeray. — Hôpital, 275. — Léproserie, 276. — Collège, 411. — Écoles, 412, 614 et 651. — Frères des Écoles Chrétiennes, 614. — Sœurs de la Providence de Ruillé, 651.

Fougères. — Collégiale, 8. — Hôtel-Dieu, 277 et 640. — Hôpital-Général, 283 et 660. — Maladrerie, 285. — Lazaret, 287. — Orphelinat, 563. — Assistance publique, 380. — Hospice d'Incurables, 562. — École de sourds et muets, 563. — École du XIe siècle, 413. — Collège de Rillé, 414. — Collège Saint-Yves, 414. — Écoles, 415, 563, 618, 634 et 660. — Maison de retraite, 525 et 635. — Établissement de Rillé, 562.

Récollets, 163. — Frères de l'Instruction Chrétienne, 618. — Filles de la Sagesse, 225 et 660. — Filles de l'Instruction Chrétienne, 227. — Urbanistes, 228. — Ursulines, 230. — Hospitalières de la Miséricorde, 210 et 640. — Adoratrices de la Justice de Dieu, 559. — Filles de la Charité, 639. — Sœurs de la Charité d'Évron, 634.

Fresnais (La). — École, 595. — Sœurs des Saints Cœurs, 595.
Gael. — Hôpital et léproserie, 287. — Écoles, 619 et 660. — Frères de l'Instruction Chrétienne, 619. — Filles de la Sagesse, 660.
Gahard. — Ancien monastère, 492.
Gavrain. — Ancien monastère, 492.
Gennes. — Assistance publique, 380. — Écoles, 415, 619 et 651. — Ermitage, 677. — Frère de l'Instruction Chrétienne, 619. — Sœurs de la Providence de Ruillé, 651.
Gévezé. — Assistance publique, 380. — Écoles, 416, 574. — Sœurs de l'Immaculée-Conception, 574.
Gosné. — Assistance publique, 380. — Ermitage, 509. — Écoles, 504 et 622. — Adoratrices de la Justice de Dieu, 504. — Frère de l'Instruction Chrétienne, 622.
Gouesnière (La). — Assistance publique, 381. — Écoles, 416 et 663. — Filles du Saint-Esprit, 663.
Goven. — Ermitage, 510. — Écoles, 508 et 621. — Adoratrices de la Justice de Dieu, 508. — Frères de l'Instruction Chrétienne, 621.
Guerche (La). — Collégiale, 4. — Commanderie du Temple, 67. — Hôpital, 288 et 632. — Léproserie, 290. — Assistance publique, 381. Collège, 410. — Écoles, 418, 623 et 651.
Frères de l'Instruction Chrétienne, 623. — Filles de la Sagesse, 221. — Filles de la Charité, 632. — Sœurs de la Providence de Ruillé, 651.
Guichen. — Écoles, 418, 622 et 651. — Frères de l'Instruction Chrétienne, 622. — Sœurs de la Providence de Ruillé, 651.
Guignen. — Hospitalières de Saint-Thomas, 214. — Maladrerie, 291. — Écoles, 418, 624 et 651. — Maison de retraite, 526. — Frères de l'Instruction Chrétienne, 624. — Sœurs de la Providence de Ruillé, 651.
Guipel. — Assistance publique, 381. — École, 574. — Sœurs de l'Immaculée-Conception, 574.
Guipry. — Maladrerie, 291. — Assistance publique, 381. — Écoles, 595, 621 et 678. — Sœurs des Saints Cœurs, 595. — Frères de l'Instruction Chrétienne, 621. — Sœurs de la Providence de Ruillé, 678.
Hédé. — Temple de Hédé, 77. — Ursulines, 239. — Hôpital, 292. — Léproserie, 293. — Assistance publique, 381. — Écoles, 419, 573. — Maison de retraite, 527. — Sœurs de l'Immaculée-Conception, 573.
Hermitage (L'). — Ermitage, 510. — École, 593. — Sœurs des Saints Cœurs, 593.
Hirel. — École, 595. — Sœurs des Saints Cœurs, 595.
Iffendic. — Assistance publique, 381. — Écoles, 419, 619 et 651. — Frères de l'Instruction Chrétienne, 619. — Sœurs de la Providence de Ruillé, 651.
Ifs (Les). — Filles de la Sagesse, 229 et 660. — Assistance publique, 381. — Écoles, 419 et 660.
Ile Saint-Samson (L'). — Ancien monastère, 492.

IRODOUER. — Assistance publique, 381. — Écoles, 621 [1]. — Frères de l'Instruction Chrétienne, 621.

IZÉ. — Écoles, 420, 624 et 651. — Frères de l'Instruction Chrétienne, 624. — Sœurs de la Providence de Ruillé, 651.

JANZÉ. — Assistance publique, 381. — Écoles, 624 et 660. — Frères de l'Instruction Chrétienne, 624. — Hôpital, 660. — Filles de la Sagesse, 660.

JAVENÉ. — École, 624. — Frère de l'Instruction Chrétienne, 624.

LAIGNELET. — Adoratrices de la Justice de Dieu, 559 et 563. — Écoles, 563 et 623. — Frère de l'Instruction Chrétienne, 623.

LAILLÉ. — Assistance publique, 381. — Écoles, 420 et 651. — Sœurs de la Providence de Ruillé, 651.

LALLEU. — École, 567. — Adoratrices de la Justice de Dieu, 567.

LANDAVRAN. — Écoles, 420.

LANDÉAN. — Cordeliers, 139. — Ermitages, 511. — Écoles, 564. — Adoratrices de la Justice de Dieu, 564.

LANDUJAN. — Écoles, 420, 621. — Frères de l'Instruction Chrétienne, 621.

LANGAN. — École, 593. — Sœurs des Saints Cœurs, 593.

LANGON. — Écoles, 421 et 651. — Sœurs de la Providence de Ruillé, 651.

LANHÉLIN. — École, 632. — Filles de la Charité, 632.

LAN-MAELMON. — Ancien monastère, 493.

LANRIGAN. — École, 599. — Sœurs des Saints Cœurs, 599.

LASSY. — École, 594. — Sœurs des Saints Cœurs, 594.

LECOUSSE. — École, 564. — Adoratrices de la Justice de Dieu, 564.

LIEURON. — École, 644. — Filles de Jésus de Kermaria, 644.

LIFFRÉ. — Ermitages, 511 et 512. — École, 567 et 624. — Adoratrices de la Justice de Dieu, 567. — Frères de l'Instruction Chrétienne, 624.

LILLEMER. — Maladrerie, 293. — École, 594. — Sœurs des Saints Cœurs, 594.

LIVRÉ. — École, 567 et 623. — Adoratrices de la Justice de Dieu, 567. — Juvénat, 623. — Frères de l'Instruction Chrétienne, 623.

LOHÉAC. — Hôpital, 293. — Écoles, 623 et 644. — Frère de l'Instruction Chrétienne, 623. — Filles de Jésus de Kermaria, 644.

LONGAULNAY. — Léproserie, 294. — Écoles, 421.

LOROUX (LE). — Assistance publique, 381. — École, 569. — Adoratrices de la Justice de Dieu, 569.

LOU-DU-LAC (LE). — Écoles, 552, 622. — Frère de l'Instruction Chrétienne, 622.

LOUVENEL. — École, 594. — Sœurs des Saints Cœurs, 594.

LOUVIGNÉ-DE-BAIS. — Filles de la Sagesse, 422 et 660. — Assistance publique, 381. — Écoles, 422 et 660.

LOUVIGNÉ-DU-DÉSERT. — Filles de l'Instruction Chrétienne, 227. — Hospices, 294 et 567. — Écoles, 422 et 660. — Adoratrices de la Justice de Dieu, 567. — Sœurs du Sacré-Cœur, 660.

---

1. L'*Ordo* diocésain de 1882 dit, p. 109, que l'école d'Irodouer est actuellement tenue par les Sœurs de l'Immaculée-Conception de Saint-Méen, mais cet établissement ne figure pas sur la liste que nous a envoyée la R. Mère supérieure générale de cette congrégation.

LUITRÉ. — École, 566. — Adoratrices de la Justice de Dieu, 566.
MARCILLÉ-RAOUL. — Maladrerie, 295. — École, 567. — Adoratrices de la Justice de Dieu, 567.
MARCILLÉ-ROBERT. — Hospitalières de Saint-Thomas, 215 et 641. — Hôpital, 295. — Assistance publique, 382. — Écoles, 423, 623 et 641. — Maison de retraite, 527. — Frère de l'Instruction Chrétienne, 623.
MARPIRÉ. — Assistance publique, 382. — École, 423.
MARTIGNÉ-FERCHAUD. — Hôpital, 296. — Assistance publique, 382. — Écoles, 423, 613 et 651. — Frères des Écoles Chrétiennes, 613. — Sœurs de la Providence de Ruillé, 651.
MAURE. — Maladrerie, 296. — Écoles, 424, 619 et 651. — Frères de l'Instruction Chrétienne, 619. — Sœurs de la Providence de Ruillé, 651.
MAXENT. — Léproserie, 296. — Écoles, 424, 593. — Ermitage, 514. — Sœurs des Saints Cœurs, 593.
MECÉ. — École, 566. — Adoratrices de la Justice de Dieu, 566.
MÉDRÉAC. — Écoles, 425, 620 et 678. — Frères de l'Instruction Chrétienne, 620. — Sœurs de la Providence de Ruillé, 678.
MEILLAC. — École, 567. — Hospice, 567. — Adoratrices de la Justice de Dieu, 567.
MELESSE. — Assistance publique, 382. — École 565, 619. — Adoratrices de la Justice de Dieu, 565. — Frères de l'Instruction Chrétienne, 619.
MELLÉ. — École, 568. — Adoratrices de la Justice de Dieu, 568.
MENDEN. — Ancien monastère, 493.
MERNEL. — École, 568. — Adoratrices de la Justice de Dieu, 568.
MESSAC. — Temple de la Coëffrie, 91. — Assistance publique, 382. — Écoles, 425, 620 et 651. — Ermitage, 515. — Frères de l'Instruction Chrétienne, 620. — Sœurs de la Providence de Ruillé, 651.
MÉZIÈRE (LA). — Assistance publique, 382. — Écoles, 425.
MÉZIÈRES. — Maladrerie, 297. — Écoles, 426, 563. — Adoratrices de la Justice de Dieu, 563.
MINIAC. — Écoles, 426.
MINIAC-MORVAN. — Filles de la Sagesse, 223 et 661. — Maladrerie, 297. — Assistance publique, 382. — Écoles, 426, 620 et 661. — Frères de l'Instruction Chrétienne, 620.
MINIHIC-SUR-RANCE (LE). — Minihy, 503. — Écoles, 565 et 621. — Adoratrices de la Justice de Dieu, 565. — Frères de l'Instruction Chrétienne, 621.
MOIGNÉ. — Ancien monastère, 493. — École, 593. — Sœurs des Saints Cœurs, 593.
MONDEVEZ — École, 566. — Adoratrices de la Justice de Dieu, 566.
MONTAUBAN. — Maladrerie, 297. — Assistance publique, 382. — Écoles, 626 et 651. — Frères de l'Instruction Chrétienne, 619. — Sœurs de la Providence de Ruillé, 651.
MONTAULT. — Assistance publique, 382. — Écoles, 426 et 631. — Ermitage, 516. — Carmélites d'Avranches, 631.
MONTDOL. — Ermitage, 516. — École, 594. — Sœurs des Saints Cœurs, 594.
MONTERFIL. — École, 643. — Sœurs de l'Instruction Chrétienne, 643.
MONTFORT. — Temple de Montfort, 77. — Hôpital, 298 et 661. — Léproserie, 299. — Assistance publique, 382. — Écoles, 427, 619 et 661. — Maison de retraite, 527 et 661. — Saint-Lazare, 557.

Frères de l'Instruction Chrétienne, 619. — Filles de la Providence, 215. — Filles de la Sagesse, 224 et 661. — Ursulines, 295 et 671.

MONTGERMONT. — École, 573. — Sœurs de l'Immaculée-Conception, 573.
MONTOURS. — École, 566. — Adoratrices de la Justice de Dieu, 566.
MONTREUIL-DES-LANDES. — Ancien monastère, 494.
MONTREUIL-LE-GAST. — Ancien monastère, 493. — École, 567. — Adoratrices de la Justice de Dieu, 567.
MONTREUIL-SUR-PÉROUSE. — Écoles, 427 et 631. — Carmélites d'Avranches, 631.
MONTREUIL-SUR-ILLE. — Ancien monastère, 494. — École, 565. — Adoratrices de la Justice de Dieu, 565.
MORDELLES. — Écoles, 624 et 666. — Frères de l'Instruction Chrétienne, 624. — Sœurs de l'Immaculée-Conception de Bordeaux, 666.
MOULINS. — Assistance publique, 382. — École, 651. — Sœurs de la Providence de Ruillé, 651.
MOUSSÉ. — Assistance publique, 382. — École, 595. — Sœurs des Saints Cœurs, 595.
MOUTIERS. — Assistance publique, 383. — Ancien monastère, 494. — École, 651. — Sœurs de la Providence de Ruillé, 651.
MUEL. — École, 575. — Sœurs de l'Immaculée-Conception, 575.
NOE-BLANCHE. — Écoles, 566 et 624. — Adoratrices de la Justice de Dieu, 566. — Frère de l'Instruction Chrétienne, 624.
NOUVOITOU. — Assistance publique, 383. — Écoles, 428 et 605. — Sœurs de Saint-Martin, 605.
NOYAL-SOUS-BAZOUGES. — École, 595. — Sœurs des Saints Cœurs, 595.
NOYAL-SUR-SEICHE. — Assistance publique, 383. — École, 428.
NOYAL-SUR-VILAINE. — École, 651. — Sœurs de la Providence de Ruillé, 651.
ORGÈRES. — Assistance publique, 383. — École, 574. — Sœurs de l'Immaculée-Conception, 574.
OSSÉ. — Assistance publique, 383. — Écoles, 428 et 574. — Sœurs de l'Immaculée-Conception, 574.
PACÉ. — École, 573. — Sœurs de l'Immaculée-Conception, 573.
PAIMPONT. — Assistance publique, 383. — Ermitages, 517. — Écoles, 598, 620 et 638. — Sœurs des Saints Cœurs, 598. — Frères de l'Instruction Chrétienne, 620. — Sœurs de la Charité de Saint-Louis, 638.
PANCÉ. — École, 573. — Sœurs de l'Immaculée-Conception, 573.
PARAMÉ. — Bénédictins, 114. — Assistance publique, 383. — Écoles, 420, 618 et 661. — Asile, 588. — Sœurs des Saints Cœurs, 588. — Frères de l'Instruction Chrétienne, 618. — Filles de la Sagesse, 661.
PARCÉ. — École, 566. — Adoratrices de la Justice de Dieu, 566.
PARIGNÉ. — Assistance publique, 383. — Écoles, 420, 569. — Adoratrices de la Justice de Dieu, 569.
PARTHENAY. — École, 566. — Adoratrices de la Justice de Dieu, 566.
PERTRE (LE). — Assistance publique, 383. — Écoles, 430 et 634. — Sœurs de la Charité d'Évron, 634.
PETIT-FOUGERAY (LE). — École, 565. — Adoratrices de la Justice de Dieu, 565.
PIPRIAC. — Maladrerie, 300. — Assistance publique, 383. — Écoles, 430 et 644. — Filles de Jésus de Kermaria, 644.

TABLE DES NOMS DE LIEUX.

Piré. — Filles de la Charité, 200. — Assistance publique, 383. — Écoles, 431, 623 et 652. — Frères de l'Instruction Chrétienne, 622. — Sœurs de la Providence de Ruillé, 652.

Pléchatel. — Assistance publique, 383. — Écoles, 431, 593, 621 et 637. — Maison de retraite, 637. — Sœurs des Saints Cœurs, 599. — Frère de l'Instruction Chrétienne, 621. — Sœurs de la Charité de Saint-Louis, 637.

Plaz. — Ancien monastère, 494.

Pleine-Fougères. — Maladrerie, 306. — Écoles, 431 et 574. — Maison de retraite, 528. — Sœurs de l'Immaculée-Conception, 574.

Plélan. — Écoles, 432, 573 et 621. — Sœurs de l'Immaculée-Conception, 573. — Frères de l'Instruction Chrétienne, 621.

Plerguer. — Assistance publique, 383. — Écoles, 432, 619 et 652. — Frères de l'Instruction Chrétienne, 619. — Sœurs de la Providence de Ruillé, 652.

Plesder. — École, 573. — Sœurs de l'Immaculée-Conception, 573.

Pleuguenuc. — Écoles, 622 et 652. — Frères de l'Instruction Chrétienne, 622. — Sœurs de la Providence de Ruillé, 652.

Pleumeleuc. — Écoles, 432 et 575. — Sœurs de l'Immaculée-Conception, 575.

Pleurtuit. — Hospice, 306. — Maladrerie, 307. — Assistance publique, 384. — Écoles, 620 et 661. — Frères de l'Instruction Chrétienne, 620. — Filles de la Sagesse, 661.

Pocé. — Assistance publique, 384.

Poilley. — Maladrerie, 307. — Assistance publique, 384. — Écoles, 493 et 564. — Adoratrices de la Justice de Dieu, 564.

Poligné. — Assistance publique, 384. — École, 566. — Adoratrices de la Justice de Dieu, 566.

Pontréant. — Écoles, 500 et 622. — Sœurs des Saints Cœurs, 599. — Frère de l'Instruction Chrétienne, 622.

Portal (Le). — Ancien monastère, 495.

Princé. — Écoles, 433 et 631. — Carmélites d'Avranches, 631.

Québriac. — Écoles, 433 et 666. — Sœurs de l'Immaculée-Conception de Bordeaux, 666.

Quédillac. — Maladrerie, 307. — Minihy, 503. — Écoles, 573 et 622. — Sœurs de l'Immaculée-Conception, 573. — Frère de l'Instruction Chrétienne, 622.

Rannée. — Assistance publique, 384. — Écoles, 623 et 652. — Frères de l'Instruction Chrétienne, 623. — Sœurs de la Providence de Ruillé, 652.

Raux. — Ancien monastère, 496.

Redon. — Hôpital, 308 et 641. — Assistance publique, 384. — Collège, 334 et 603. — Écoles, 434, 620, 654 et 672. — Maison du Sacré-Cœur, 603. — Maison de retraite, 654. — Ancien monastère, 496. — Eudistes, 603. — Frères de l'Instruction Chrétienne, 620. — Bénédictines, 177. — Calvairiennes, 187. — Ursulines, 230 et 672. — Sœurs des Saints Cœurs, 599. — Filles de la Charité, 632. — Hospitalières de Saint-Thomas, 641. — Dames de la Retraite, 654.

Renac. — Maladrerie, 312. — École, 575. — Sœurs de l'Immaculée-Conception, 575.

RENNES. — Temple de Rennes, 75. — Augustins, 109 et 110. — Capucins, 117. — Grands Carmes, 123. — Carmes déchaussés, 129 et 599. — Cordeliers, 131. — Dominicains, 145. — Eudistes, 157 et 601. — Jésuites, 150. — Minimes, 160. — Lazaristes, 606. — Récollets, 607. — Oratoriens de Saint-Philippe de Néri, 559. — Prêtres de l'Immaculée-Conception, 536. — Frères des Écoles Chrétiennes; 158 et 611. — Frères de l'Instruction Chrétienne, 621.

Filles du Bon-Pasteur, 183 et 188. — Calvairiennes, 184 et 188. — Carmélites, 191 et 628. — Filles de la Charité, 194, 632 et 633. — Filles du Cœur Immaculé de Marie, 202 et 569. — Dominicaines, 204. — Hospitalières de la Miséricorde, 206 et 640. — Hospitalières de Saint-Thomas, 212 et 641. — Filles de Notre-Dame de Charité, 217 et 647. — Filles de la Sagesse, 221 et 661. — Ursulines, 231 et 233. — Filles de la Sainte Vierge, 241 et 586. — Visitandines, 243, 245 et 674.

Sœurs de l'Immaculée-Conception 575. — Petites Sœurs des Pauvres, 562. — Dames de l'Adoration perpétuelle, 626. — Sœurs du Bon-Secours, 628. — Sœurs de Marie-Joseph, 640. — Sœurs de la Providence de Ruillé, 652. — Filles de la Providence de Saint-Brieuc, 653. — Dames du Sacré-Cœur, 657. — Filles du Saint-Esprit, 663. — Sœurs de l'Espérance, 665. — Sœurs Marthes, 666. — Filles de Sainte-Marie, 668.

Léproserie, 313. — Hôpital Saint-Thomas, 321. — Hôpital Saint-Jacques, 323. — Hôtel-Dieu, 325 et 640. — Hôpital Sainte-Anne, 331. — Hôpital Sainte-Marguerite, 335. — Sanitat, 337. — Hôpital-Général, 339 et 641. — Hospice Saint-Méen, 342 et 632. — Hôpital des Incurables, 344 et 569. — Hôpital-Militaire, 345 et 633. — Hôpital de la Piletière, 345. — Assistance publique, 384. — Orphelinats, 632 et 633.

Anciennes écoles, 431. — Collège Saint-Thomas, 435. — Hôtel des Gentilshommes, 439. — Hôtel des Demoiselles, 441. — Grand-Séminaire, 443 et 546. — Petit-Séminaire, 347. — Institution Saint-Vincent, 554. — Institution Saint-Martin, 601. — Écoles, 450, 453, 454, 611, 612, 621, 641, 642, 652, 653, 657, 661.

Ancien monastère de Saint-Cyr, 407. — Ancien monastère de Saint-Pierre-du-Marché, 500. — Maison de retraite, 528 et 586. — Maison de la Mission, 545.

RETIERS. — Assistance publique, 384. — Écoles, 455, 618 et 652. — Frères de l'Instruction Chrétienne, 618. — Hôpital, 632. — Sœurs de la Providence de Ruillé, 652.

RHEU (Le). — Hôpital, 350. — Assistance publique, 384. — Écoles, 455, 622 et 644. — Frère de l'Instruction Chrétienne, 622. — Filles de Jésus de Kermaria, 644.

RICHARDAIS (LA). — École, 503. — Adoratrices de la Justice de Dieu, 503.

RIMOU. — École, 574. — Sœurs de l'Immaculée-Conception, 574.

ROCHE-DU-THEIL (LA). — Eudistes, 603.

ROMAGNÉ. — Eudistes, 157. — Assistance publique, 384. — Écoles, 456 et 503. — Maison de retraite, 528. — Adoratrices de la Justice de Dieu, 503.

ROMILLÉ. — Temple de Romillé, 77. — Écoles, 456, 624 et 652. — Minihy, 503. — Frères de l'Instruction Chrétienne, 624. — Sœurs de la Providence de Ruillé, 652.

ROZLANDRIEUC. — École, 661. — Filles de la Sagesse, 661.

ROZ-SUR-COUASNON. — Hôpital Saint-Jean, 104. — École, 595. — Sœurs des Saints Cœurs, 595.

ROTHÉNEUF. — Minihy, 504. — École, 595. — Sœurs des Saints Cœurs, 595.

SAINT-ARMEL. — Assistance publique, 384. — École, 456. — Ancien monastère, 490.

SAINT-AUBIN-D'AUBIGNÉ. — Écoles, 456 et 573. — Sœurs de l'Immaculée-Conception, 573.

SAINT-AUBIN-DES-LANDES. — Assistance publique, 385. — Écoles, 457 et 565. — Adoratrices de la Justice de Dieu, 565.

SAINT-AUBIN-DU-CORMIER. — Hôpital, 347. — Assistance publique, 385. — Écoles, 457 et 573. — Sœurs de l'Immaculée-Conception, 573.

SAINT-AUBIN-DU-PAVAIL. — École, 500. — Sœurs des Saints Cœurs, 506.

SAINT-BENOIT-DES-ONDES. — Assistance publique, 385. — École, 566. — Adoratrices de la Justice de Dieu, 566.

SAINT-BRIAC. — Assistance publique, 385. — Écoles, 457, 618 et 661. — Ancien monastère, 490. — Frères de l'Instruction Chrétienne, 618. — Filles de la Sagesse, 661.

SAINT-BRICE. — Écoles, 624 et 643. — Frères de l'Instruction Chrétienne, 624. — Sœurs de l'Instruction Chrétienne, 643.

SAINT-BRIEUC-DES-IFFS. — Assistance publique, 385. — Écoles, 458 et 506. — Sœurs des Saints Cœurs, 506.

SAINT-BROLADRE. — Hôpital, 348. — École, 649. — Filles de la Providence de Créhen, 649.

SAINT-CHRISTOPHE-DES-BOIS. — École, 565. — Adoratrices de la Justice de Dieu, 565.

SAINT-CHRISTOPHE-DE-VALAINS. — École, 565. — Adoratrices de la Justice de Dieu, 565.

SAINT-COULOMB. — Écoles, 458, 621 et 661. — Ermitage, 517. — Frères de l'Instruction Chrétienne, 621. — Filles de la Sagesse, 661.

SAINT-DIDIER. — Ermitage, 517. — École, 652. — Sœurs de la Providence de Ruillé, 652.

SAINT-DOMIN. — Ancien monastère, 487.

SAINT-DOMINEUC. — Assistance publique, 385. — Écoles, 460 et 574. — Sœurs de l'Immaculée-Conception, 574.

SAINT-ÉTIENNE-EN-COGLAIS. — École, 564. — Adoratrices de la Justice de Dieu, 564.

SAINT-GANTON. — École, 594. — Sœurs des Saints Cœurs, 594.

SAINT-GEORGES-DE-GRÉHAIGNE. — École, 594. — Sœurs des Saints Cœurs, 594.

SAINT-GEORGES-DE-REINTEMBAULT. — Assistance publique, 385. — Écoles, 461 et 631. — Carmélites d'Avranches, 631.

SAINT-GERMAIN-DU-PINEL. — Assistance publique, 385. — Écoles, 568 et 623. — Adoratrices de la Justice de Dieu, 568. — Frères de l'Instruction Chrétienne, 623.

SAINT-GERMAIN-EN-COGLAIS. — Écoles, 461 et 565. — Ermitage, 519. — Adoratrices de la Justice de Dieu, 565.

SAINT-GERMAIN-SUR-ILLE. — Assistance publique, 385. — École, 461.

SAINT-GILLES. — Assistance publique, 385. — Écoles, 461 et 652. — Sœurs de la Providence de Ruillé, 652.
SAINT-GONDRAN. — Hôpital, 349. — Assistance publique, 385. — École, 593. — Sœurs des Saints Cœurs, 593.
SAINT-GONLAY. — École, 594. — Sœurs des Saints Cœurs, 594.
SAINT-GRÉGOIRE. — Assistance publique, 386. — Écoles, 574 et 620. — Sœurs de l'Immaculée-Conception, 574. — Frère de l'Instruction Chrétienne, 620.
SAINT-GUINOU. — Assistance publique, 386. — École, 595. — Sœurs des Saints Cœurs, 595.
SAINT-HILAIRE-DES-LANDES. — Maladrerie, 349. — Assistance publique, 386. — Écoles, 462 et 564. — Adoratrices de la Justice de Dieu, 564.
SAINT-JACQUES-DE-LA-LANDE. — Assistance publique, 386. — Écoles, 621 et 652. — Frère de l'Instruction Chrétienne, 621. — Sœurs de la Providence de Ruillé, 652.
SAINT-JEAN-SUR-COUASNON. — Écoles, 462.
SAINT-JEAN-SUR-VILAINE. — Assistance publique, 386. — Écoles, 573, 623 et 677. — Sœurs de l'Immaculée-Conception, 573. — Frère de l'Instruction Chrétienne, 623.
SAINT-JOUAN-DES-GUÉRETS. — Assistance publique, 386. — Écoles, 462 et 654. — Ermitage, 518. — Filles de la Providence de Saint-Brieuc, 654.
SAINT-JUST. — Ancien monastère, 498. — Écoles, 622 et 652. — Frères de l'Instruction Chrétienne, 622. — Sœurs de la Providence de Ruillé, 652.
SAINT-LÉONARD. — École, 595. — Sœurs des Saints Cœurs, 595.
SAINT-LUNAIRE. — Ancien monastère, 498. — École, 654. — Filles de la Providence de Saint-Brieuc, 654.
SAINT-MALO. — Hôtel-Dieu, 349 et 642. — Hôpital-Général, 351 et 642. — Sanitat, 352. — Assistance publique, 386. — Préceptorerie, 463. — Collège, 463 et 555. — Ancien monastère, 499. — Minihy, 504. — Ermitages, 520 et 522. — Écoles, 467, 468, 612 et 654. — Maison de retraite, 633. — Orphelinat, 633.
Bénédictins, 114. — Récollets, 167. — Frères des Écoles Chrétiennes, 158 et 612. — Bénédictines, 175. — Filles de la Charité, 197 et 633. — Hospitalières de Saint-Thomas, 211 et 642. — Ursulines, 234. — Filles de la Providence de Saint-Brieuc, 654. — Sœurs de l'Espérance, 665. — Filles de Sainte-Marie, 668.
SAINT-MALO-DE-PHILY. — École, 652. — Sœurs de la Providence de Ruillé, 652.
SAINT-MALON. — Hôpital, 353. — École, 644. — Filles de Jésus de Kermaria, 644.
SAINT-MARCAN. — Ancien monastère, 499.
SAINT-MARD-LE-BLANC. — Maladrerie, 354. — Assistance publique, 386. — Ermitage, 522. — École, 564. — Adoratrices de la Justice de Dieu, 564.
SAINT-MARD-SUR-COUASNON. — Écoles, 472 et 631. — Carmélites d'Avranches, 631.
SAINT-MAUGAND. — École, 594. — Sœurs des Saints Cœurs, 594.

SAINT-MAUR. — Ancien monastère, 499.
SAINT-MÉDARD. — Écoles, 472 et 568. — Adoratrices de la Justice de Dieu, 568.
SAINT-MÉEN. — Lazaristes, 159. — Filles de la Charité, 194 et 633. — Hôpital, 355 et 633. — Assistance publique, 388. — Orphelinat, 633. — Grand-Séminaire, 472. — Écoles, 474, 572 et 619. — Petit-Séminaire, 550. — Maison de Launay, 557. — Sœurs de l'Immaculée-Conception, 572. — Frères de l'Instruction Chrétienne, 619.
SAINT-MÉLOIR-DES-ONDES. — Léproserie, 354. — Assistance publique, 386. — Écoles, 475, 614 et 652. — Frères des Écoles Chrétiennes, 614. — Sœurs de la Providence de Ruillé, 652.
SAINT-M'HERVÉ. — Écoles, 475, 623 et 666. — Frère de l'Instruction Chrétienne, 623. — Sœurs de l'Immaculée-Conception de Bordeaux, 666.
SAINT-MOACH. — Ancien monastère, 500.
SAINT-ONEN. — Maladrerie, 357. — Assistance publique, 386. — Écoles, 475, 622 et 652. — Frère de l'Instruction Chrétienne, 622. — Sœurs de la Providence de Ruillé, 652.
SAINT-OUEN-DES-ALLEUX. — Écoles, 564. — Adoratrices de la Justice de Dieu, 564.
SAINT-OUEN-DE-LA-ROUAIRIE. — Maladrerie, 357. — École, 564. — Adoratrices de la Justice de Dieu, 564.
SAINT-PÉRAN. — École, 594. — Sœurs des Saints Cœurs, 594.
SAINT-PÈRE-MARC-EN-POULET. — École, 654. — Filles de la Providence de Saint-Brieuc, 654.
SAINT-PERN. — Écoles, 475 et 631. — Petites Sœurs des Pauvres, 583. — Carmélites d'Avranches, 631.
SAINT-PIERRE-DE-PLESGUEN. — Assistance publique, 386. — Ancien monastère, 500. — Écoles, 623 et 652. — Frères de l'Instruction Chrétienne, 623. — Sœurs de la Providence de Ruillé, 652.
SAINT-RÉMY-DU-PLAIN. — École, 567. — Adoratrices de la Justice de Dieu, 567.
SAINT-SAUVEUR-DES-LANDES. — Écoles, 564. — Adoratrices de la Justice de Dieu, 564. — Hospice, 564.
SAINT-SÉGLIN. — École, 596 et 624. — Sœurs des Saints Cœurs, 596. — Frère de l'Instruction Chrétienne, 624.
SAINT-SENOUX. — Assistance publique, 386. — Écoles, 593 et 621. — Sœurs des Saints Cœurs, 593. — Frère de l'Instruction Chrétienne, 621.
SAINT-SERVAN. — Capucins, 119. — Lazaristes, 160. — Récollets, 169. — Frères de l'Instruction Chrétienne, 618. — Filles du Bon-Pasteur, 181. — Calvairiennes, 186. — Filles de la Charité, 198 et 199. — Filles de la Croix, 203. — Ursulines, 235 et 238. — Petites Sœurs des Pauvres, 581. — Dames de l'Adoration perpétuelle, 626. — Franciscaines de Sainte-Marie-des-Anges, 639. — Sœurs de la Providence de Ruillé, 652. — Filles de la Sagesse, 661. — Sœurs de la Sainte-Famille de Nantes, 666. — Demoiselles de Nazareth, 666. Hôpital, 358 et 661. — Léproserie, 359. — Assistance publique, 387. — Petit-Séminaire, 476. — Écoles, 478, 618, 626, 639, 652. — Maison de retraite, 529. — Orphelinats, 666.

Saint-Suliac. — Assistance publique, 387. — Ancien monastère, 501. — Écoles, 574 et 622. — Sœurs de l'Immaculée-Conception, 574. — Frère de l'Instruction Chrétienne, 622.
Saint-Sulpice-des-Bois. — Assistance publique, 387.
Saint-Sulpice-des-Landes. — École, 565. — Adoratrices de la Justice de Dieu, 565.
Saint-Thual. — Écoles, 479 et 593. — Sœurs des Saints Cœurs, 593.
Saint-Thurial. — Écoles, 479 et 574. — Sœurs de l'Immaculée-Conception, 574.
Saint-Uniac. — École, 593. — Sœurs des Saints Cœurs, 593.
Saint-Ydeuc. — École, 597. — Sœurs des Saints Cœurs, 597.
Sainte-Anne-sur-Vilaine. — Écoles, 622 et 652. — Frère de l'Instruction Chrétienne, 622. — Sœurs de la Providence de Ruillé, 652.
Sainte-Colombe. — Léproserie, 360.
Sainte-Marie. — Écoles, 622 et 652. — Frères de l'Instruction Chrétienne, 622. — Sœurs de la Providence de Ruillé, 652.
Saulnières. — École, 569. — Adoratrices de la Justice de Dieu, 569.
Sel (Le). — Écoles, 479, 594 et 623. — Sœurs des Saints Cœurs, 594. — Frère de l'Instruction Chrétienne, 623.
Sens. — Écoles, 479 et 565. — Adoratrices de la Justice de Dieu, 565.
Servon. — Assistance publique, 387. — Écoles, 573 et 620. — Sœurs de l'Immaculée-Conception, 573. — Frère de l'Instruction Chrétienne, 620.
Sixt. — École, 644. — Filles de Jésus de Kermaria, 644.
Sougeal. — École, 678. — Sœurs de la Providence de Ruillé, 678.
Taillis. — École, 568. — Adoratrices de la Justice de Dieu, 568.
Talensac. — Écoles, 481, 620 et 644. — Ermitage, 523. — Frère de l'Instruction Chrétienne, 620. — Filles de Jésus de Kermaria, 644.
Taurac. — Ancien monastère, 501.
Teillay. — École, 568. — Adoratrices de la Justice de Dieu, 568.
Theil (Le). — Assistance publique, 387. — École, 574. — Sœurs de l'Immaculée-Conception, 575.
Thélin (Le). — École, 593. — Sœurs des Saints Cœurs, 593.
Thorigné. — École, 574. — Sœurs de l'Immaculée-Conception, 574.
Thourie. — Assistance publique, 387. — École, 565. — Adoratrices de la Justice de Dieu, 565.
Tinténiac. — Léproserie, 360. — Assistance publique, 387. — Écoles, 481, 573 et 619. — Sœurs de l'Immaculée-Conception, 573. — Frères de l'Instruction Chrétienne, 619.
Torcé. — Assistance publique, 387. — École, 567. — Adoratrices de la Justice de Dieu, 567.
Tour-Saint-Joseph (La). — Petites Sœurs des Pauvres, 589.
Trans. — Écoles, 624. — Frères de l'Instruction Chrétienne, 624.
Treffendel. — École, 575. — Sœurs de l'Immaculée-Conception, 575.
Tremblay. — Assistance publique, 387. — Écoles, 482, 566 et 677. — Adoratrices de la Justice de Dieu, 566.
Tresbœuf. — Assistance publique, 387. — École, 573. — Sœurs de l'Immaculée-Conception, 573.
Tressé. — Assistance publique, 387. — École, 593. — Sœurs des Saints Cœurs, 593.

Trévérien. — Écoles, 482 et 575. — Sœurs de l'Immaculée-Conception, 575.
Trimer. — Assistance publique, 387. — Écoles, 482 et 595. — Sœurs des Saints Cœurs, 595.
Tronchet (Le). — École, 633. — Filles de la Charité, 633.
Venèfles. — Temple de Venèfles, 70. — École, 594. — Sœurs des Saints Cœurs, 594.
Vergeal. — Assistance publique, 387. — Écoles, 482 et 565. — Adoratrices de la Justice de Dieu, 565.
Verger (Le). — École, 594. — Sœurs des Saints Cœurs, 594.
Vern. — Écoles, 483 et 573. — Sœurs de l'Immaculée-Conception, 573.
Vezin. — Hôpital, 362. — Assistance publique, 388. — École, 574. — Sœurs de l'Immaculée-Conception, 574.
Vieuxviel. — École, 574. — Sœurs de l'Immaculée-Conception, 574.
Vieuxvy. — Maladrerie, 363.
Vignoc. — Hospice, 304. — Écoles, 575 et 624. — Sœurs de l'Immaculée-Conception, 575. — Frère de l'Instruction Chrétienne, 624.
Villamée. — Assistance publique, 388.
Ville-ès-Nonains (La). — Hôpital de Port-Stablon, 101 et 364.
Visseiche. — Assistance publique, 388. — Écoles, 483, 624 et 652. — Frère de l'Instruction Chrétienne, 624. — Sœurs de la Providence de Ruillé, 652.
Vitré. — Collégiales, 4 et 20. — Temple de Vitré, 69. — Hôtel-Dieu, 365 et 840. — Hôpital Saint-Yves, 369. — Léproserie, 370. — Lazaret, 373. — Hôpital-Général, 373 et 569. — Assistance publique, 388. — Collège, 484 et 556. — Écoles, 486, 569, 619 et 673. — Maison de retraite, 530. — Asile de la Guilmarais, 570. — Orphelinat, 633.

Augustins, 113. — Dominicains, 153. — Frères de l'Instruction Chrétienne, 619. — Bénédictines, 178. — Filles de la Charité, 200 et 633. — Hospitalières de la Miséricorde, 209 et 640. — Hospitalières de Saint-Thomas, 212. — Ursulines, 230 et 673. — Adoratrices de la Justice de Dieu, 569. — Filles du Cœur immaculé de Marie, 569. — Demoiselles de la Retraite, 530.
Vivier (Le). — Écoles, 633 et 661. — Frères de l'Instruction Chrétienne, 633. — Filles de la Sagesse, 661.